Map of the Americas (historical)

TRIO. · SAGVENAI · CANADA · TERRA CORTEREALIS · Frislant 60
NOVA · CHILAGA · NOVA FRANCIA · NORVMBEGA
MOCOSA · C. de laborador · Dus Cirnes
AVACAL · APALCHEN · belle isle · C. blancos
CALICVAS · TAGIL · Iguas · C. de S. Iulien · des oisseaux
CAPASCHI · CAPASCHI · COSSA · LA FLORIDA · C. doblado · Baccalaos · y. de area
Chastean · Dobretan · Arredonda · y.a Verde · Coruo · Graciosa
y.a de garca · Flores · Fayal · Pico · Terçera
Santana · Iuan de samp.o · Michel · Canariç insule
La bermuda · Sept cités · **MARE ATLANTICVM** · 30
Lucayo · Gunao · Harutio
CVBA · Cuaba · Amnana · Isabella · P. de plata · Anegada
YVCATAN · Iamaica · HISPANIOLA · S. Domingo · Boriquen · S. Antonio 20
Angilla · Baruada · Antigua · Deseada · S. Vincete · S. Lucia
S. Crus · Marigalante · Dominica · Martino · S. Lucia · S. Vincente · S. Nicolas
S. Bernardo · Cubaco · Braua · S. Iacomo
Insulę de C. Verde · Solis · Iuego · del Juego
Benezuela · Cariaco · Paria · Monte espeço · Ancon
S. Paulo
Insf. de los galepegos · Cartago · Carthago · **ORIENS**
Infs. de los galopegos · Popoā · Neiua · Caribana · R. de S. Vincente Tincon · 340 · 350
310 · 320 · 330
280 · 290 · Thomeban · Pastoco · Tiinada · C. Blanco · C. de palmar · S. Roque
Arauali · Aiauari · R. Arboledos · Orylliana · Aguada · Ora
Carampar · Chiramos · Amazonum uel Orellana fl. · R. de S. domingo
P. Payto · Tumbes · Chilmaeara · Asuquiri samia · Picora · Humas · Fernando de loronno
Trupillo · Moxupe · Chira · Trapicari · Mapaos · Amazones · Inſ. Trinitatis metallifere · R. de Pernambuco · C. de S. Agostino
P. Vermejo · Parmongra · Seneca · Chontcal · Lima · Caxamalca · Guamachuco · Curura · Picora · Maragnon fl. · Ponto real ad quem Galli mercatum nauigant.
Los farallon.es · Callas inf. · Los Reyes · Pachacama · Pinchas · Chichane · Cotumba · Canas · Maragnon fl. · BRESILIA a Lusitanis A.o 1504 inuenta. · Monte fra goso · R. real · R. Gungun · R. de S. Agostin · R. de S. Helena · P. Seguro · R. de Brasil Pesqueria
Hacari · Quilca · Vraso · **PERV** · R. de la sum... · Chuchiago · Cipira · Placa · Arica · Chiquana · Coquit · R. · Trinidad
Tacama punta · Tarapaca · PARANA · Potosi · Chilachi · P. de S. Vincete · C. Frio · Ascension
P. Morollones · Piſaqua · Copaiapo · Giurumata · Pacatequa · S. Maria
R. de Chiriguaua · CHARCAS · Mepenes · Rio Peri · El gran rio de Paranaaes · Morpim · P. de Sols · Baia real · S. Cateli na inſ.
Coquimbo · R. Guarbo · Ningatu · R. de Pruma · Poza ino. · R. Rodrigo
Yarapaca · Paca · R. de mecoretas · Yaella · Tibiquiri
Porocalma · C. de Chili · Atacama · **PATAGONVM REGIO**, ubi incolę sunt gigantes · R. Xanaes · S. Espiritu · P. Plata · C. de S. Maria
y.as ystas da lexos · chili · Quintete · R. Santo · Caramagna · C. de S. pun̄ta fondo · P. cralvares · y.a de Aque
Lucengo · R. Itura · R. Pombo · P. de palma · C. de S. Maria · R. de Sabin · Arena garda · Baia de barco anegados · C. S. Domingo · P. de Iuan ferrano · Baia fin fondo
In Peru:
1. Tarama 6. Chiquisamba
2. Xaura   7. Ayauiri
3. Agouaco 8. Capacica
4. Pacalcama 9. Guamçga
5. Ayramba
DIES. · FRETVM MAGELLANICVM · Archipelago del C. · Golfo des

PACIFICO.

JN290932

図説 世界文化地理大百科
古代のアメリカ

Michael Coe
イェール大学人類学教授
ピーボディー自然史博物館長

Dean Snow
ニューヨーク州立大学アルバニー校人類学教授

Elizabeth Benson
ワシントン・ダンバートンオークス財団先コロンブスコレクション前館長
カリフォルニア大学バークレー校アンデス研究所研究員

Editor Graham Speake
Art Editor Andrew Lawson
Map editors Nicholas Harris, Zoë Goodwin
Text editor Robert Peberdy
Index Ann Barrett
Design Adrian Hodgkins
Production Clive Sparling

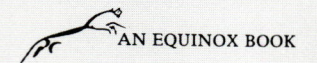

AN EQUINOX BOOK

Published in North America by Facts On File, Inc., 460 Park Avenue South, New York, N.Y. 10016

Published in Great Britain by Facts On File Ltd, Collins Street, Oxford, England OX4 1XJ

Planned and produced by Equinox (Oxford) Ltd, Littlegate House, St Ebbe's Street, Oxford, England OX1 1SQ

Copyright © Equinox (Oxford) Ltd, 1986

All rights reserved. No part of this book may be reproduced in any form without the permission of the publisher except for reasonable brief extracts used in reviews or scholarly works.

口絵　二つの土器に描かれたマヤの襲撃部隊。捕えられた裸の男が、首を斬られて生贄となるために引かれていくところである。

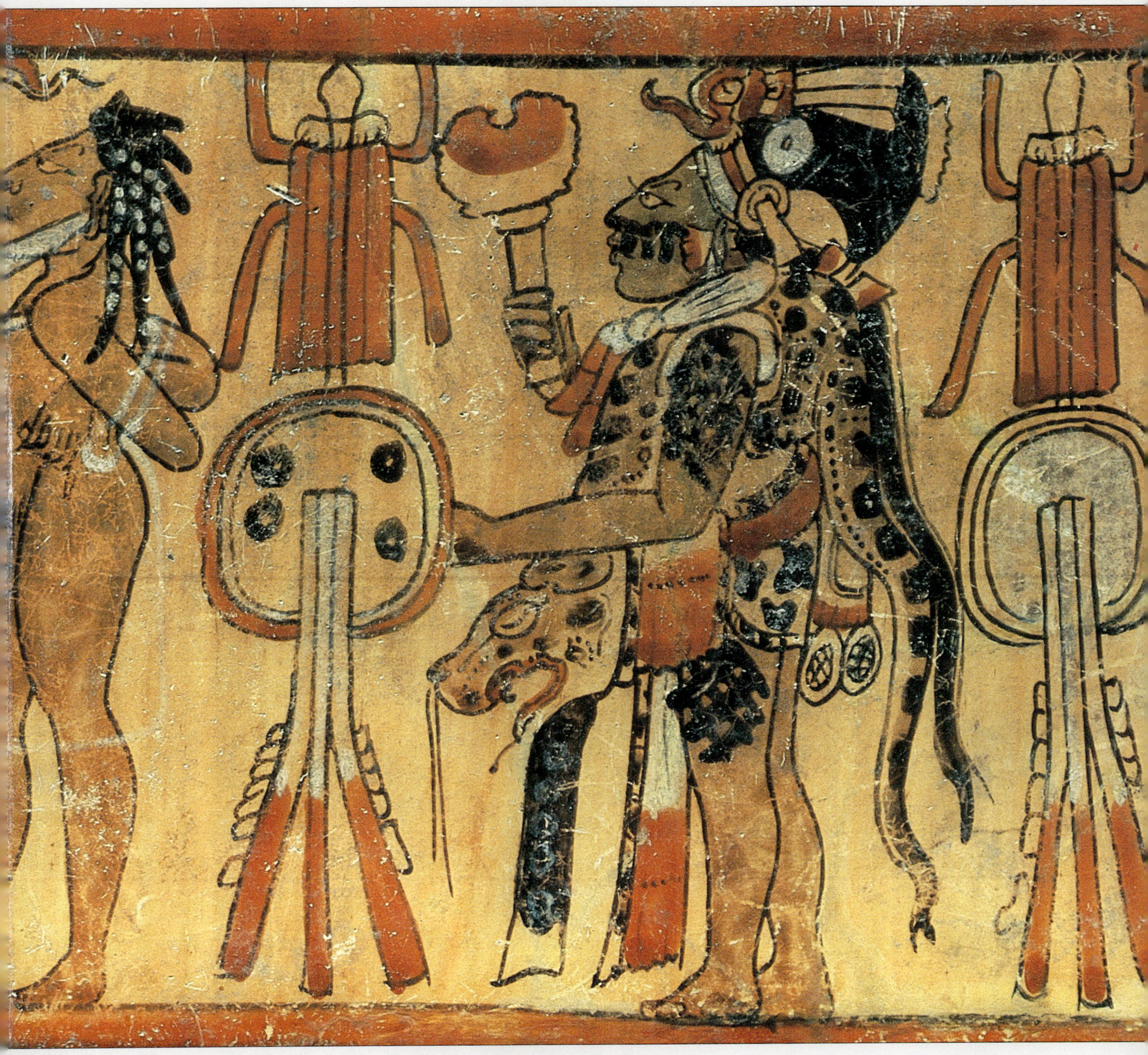

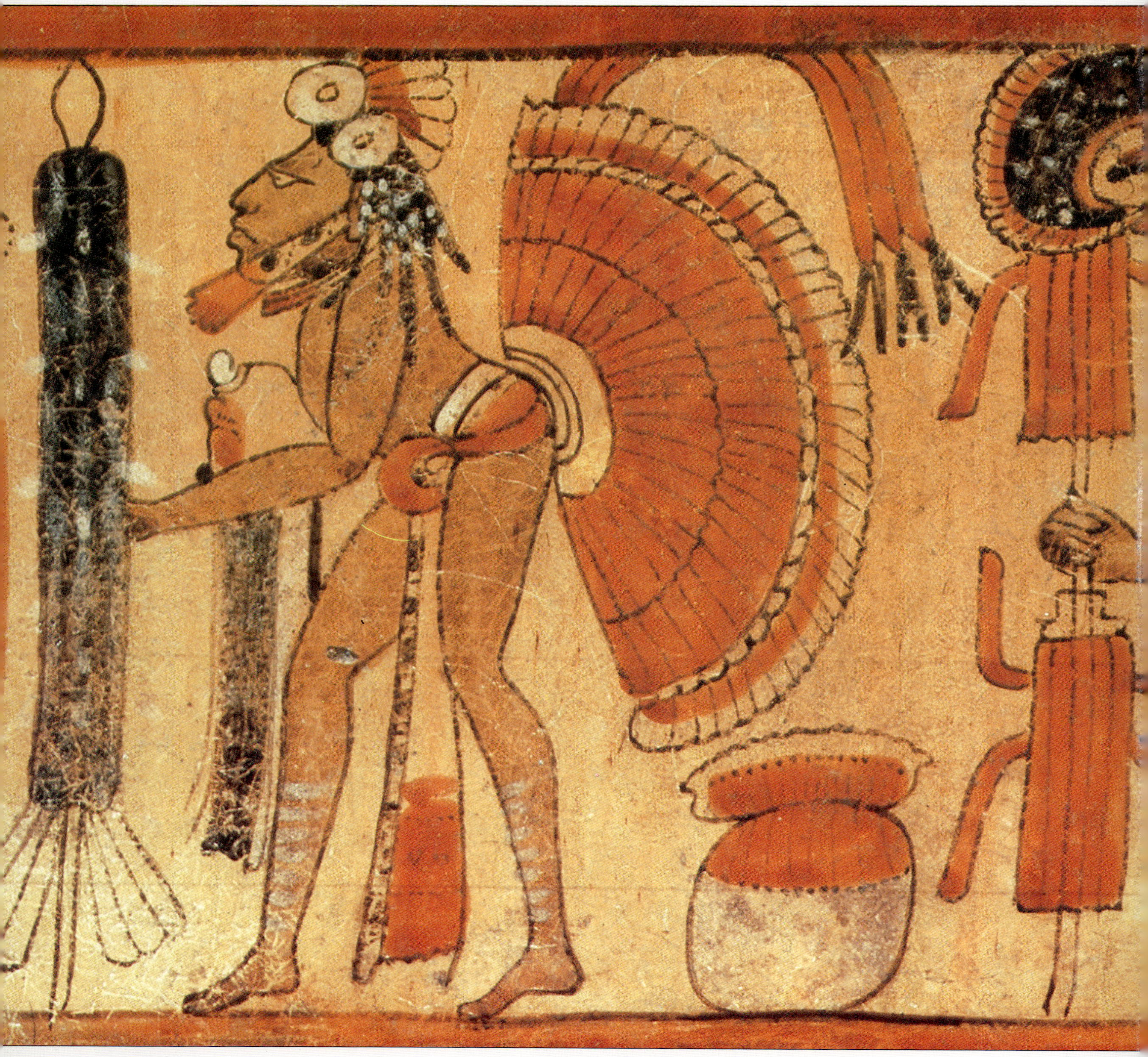

図説 世界文化地理大百科
古代のアメリカ
Atlas of
ANCIENT
AMERICA

マイケル・コウ
ディーン・スノウ　著
エリザベス・ベンソン

寺田和夫　監訳

朝倉書店

目　次

　　8　年　表
　10　序

第1部　新　大　陸

　13　新大陸の文化と環境
　17　ヨーロッパ人による発見と征服
　24　推測の時代から科学的研究の時代へ

第2部　最初のアメリカ人

　28　居住のはじまり

第3部　北アメリカ

　36　古　期
　42　文化領域
　　極北領域 43　東部ウッドランド領域 48
　　グレートプレーンズ（大平原）62　西部砂漠地帯 67
　　先史時代の南西部領域 68　カリフォルニア領域 79
　　北西海岸領域 81

第4部　メソアメリカ

　85　文化と自然環境
　89　文化の発達
　　形成期の村落 91　オルメカ文明 94　メキシコ西部の墳
　　墓文化 103　古典期の国家テオティワカン 104
　　古典期ベラクルス文明 110　マヤ文明の出現 114
　　古典期マヤ文明 114　トルテカの出現 133　後古典期の
　　オアハカ 141　タラスカ王国 143　アステカ王国 143

第5部　南アメリカ

　153　地勢と資源
　157　文化と宗教
　160　文化領域
　　アンティル諸島 160　中間領域の首長制社会 162
　　アマゾーニア 167　エクアドル 171　中央アンデス 173
　　チャビン・デ・ワンタルとチャビン様式 178
　　パラカス文化 181　ナスカ文化 182　モチーカ 182
　　ティアワナコとワリ 189　チムー 194　インカ 197
　　南アンデスとティエラ・デル・フエゴ 205

第6部　生きている遺産

　224　図版リスト
　226　参考文献
　228　訳者のことば
　229　地名索引
　237　索　引

トピックス

- 52 ホープウェルの副葬品
- 58 サザン・カルト
- 72 ミンブレス土器
- 96 オルメカの超自然的世界
- 108 メソアメリカの球戯
- 118 マヤの文字と暦
- 130 ハイナ島の芸術
- 138 マヤの地下の世界
- 148 アステカの神々
- 168 南アメリカの冶金術
- 184 砂漠の地上絵
- 198 聖なる石
- 204 アンデスの織物
- 208 文化の衝突
- 210 エスキモーの生活
- 212 ホピの儀式
- 216 プレーンズ・インディアンの生活
- 218 北西海岸の儀礼用仮面
- 220 今日に残る伝統的な生活
- 222 今日に残る伝統的な儀礼

遺跡

- 41 ポヴァティ・ポイント
- 55 マウンドヴィル
- 56 カホキア
- 60 エメラルド・マウンド
- 74 メサ・ヴァーデとキャニオン・ドゥ・シェイ
- 78 チャコ・キャニオン
- 98 ラ・ベンタ
- 106 テオティワカン
- 110 エル・タヒン
- 112 モンテ・アルバン
- 116 ティカル
- 121 ヤシュチラン
- 122 パレンケ
- 125 コパン
- 128 ウシュマル
- 135 トゥーラ
- 137 チチェン・イツァー
- 143 ミトラ
- 150 テノチティトラン
- 167 サン・アグスティン
- 179 チャビン・デ・ワンタル
- 188 モチェ
- 190 ティアワナコ
- 195 チャン・チャン
- 200 クスコ

地図リスト

- 12 アメリカ大陸の地形
- 16 原住民の人口分布と16世紀におけるヨーロッパ人の探検
- 19 16世紀におけるヨーロッパ人による征服
- 28 ウィスコンシン氷河の広がり
- 32 新大陸におけるパレオ・インディアンの諸伝統
- 37 北アメリカの気候と植生
- 40 北アメリカの古期諸文化
- 42 北アメリカ原住民の言語Ⅰ
- 44 北アメリカ原住民の言語Ⅱ
- 46 極北領域の考古学
- 51 アディーナ＝ホープウェル文化と関連諸文化
- 54 ミシシッピ文化と関連諸文化
- 61 北部イロクォイ諸族
- 64 グレートプレーンズの農耕民と狩猟民
- 67 西部砂漠地帯
- 69 先史時代の南西部領域
- 80 カリフォルニアの領域
- 81 北西海岸領域
- 84 メソアメリカの気候と植生
- 86 メソアメリカ原住民の言語
- 89 テワカン河谷
- 91 古期と形成期
- 95 オルメカの中心地域
- 103 メキシコ西部の墳墓文化
- 104 古典期のメソアメリカ文明
- 115 マヤ文明，形成期後期と原古典期
- 126 古典期マヤ文明
- 133 トルテカ王国
- 141 後古典期マヤ文明
- 142 後古典期オアハカ地方のミシュテカとサポテカ
- 144 アステカ支配下のメキシコ盆地
- 146 アステカ王国
- 152 南アメリカ大陸の植生
- 154 南アメリカ大陸の気候
- 156 南アメリカ大陸の土着言語
- 161 中央アメリカ南部とアンティル諸島の文化
- 166 コロンビア
- 174 南アメリカの初期の遺跡
- 176 中央アンデスの初期の文化
- 184 ナスカの地上絵
- 186 前期中間期のアンデス文化
- 189 ティアワナコとワリの拡大
- 193 後期中間期のアンデス文化
- 196 インカ帝国
- 215 インディアンの村とホピおよびナバホの居留地

年表

(千年単位) (百年単位)
20 000　　　　　10 000　9000　8000　7000　6000　5000　4000　3000　2000　1000 紀元前 0 紀元後 100

アメリカ全域

後期石期（アラスカ）

前期石期　　　中期石期　　　　　　古期（特定環境への原住民バンドの適応）

（北アメリカ）クローヴィス　フォルサム　　槍状尖頭器伝統

前10000年ごろ，ベネズエラのエル・ホボ遺跡で，尖頭器，スクレーパー出現

● 前10000—8000年ごろ，多くの動物種が絶滅

オルメカの巨石人頭像，ラ・ベンタ遺跡，前900—400年ごろ

フォルサム尖頭器，前9000年ごろ

バルディビアの土偶，前3000—1800年ごろ

北アメリカ

エスキモー諸文化第Ⅰ期　　　　　　　　　　エスキモー諸文化第Ⅲ期

エスキモー諸文化第Ⅱ期　　エスキモー諸文化第Ⅳ期

東部ウッドランド

東部ウッドランド

グレートプレーンズ（大平原）

南西部 先史文化諸伝統

南西部

カリフォルニア諸族の発生

北西海岸　古期諸文化，前7700年までに成立

メソアメリカ

古　期　　　　　　　形成期前期　　形成期後期

トウモロコシの利用，前5000年までに始まる　　　　　　オルメカ　形成期中期

テオティワカン

オコス文化，前1500年ごろ　　イサパ文化

バラ文化，前1600年ごろ

南アメリカ

アラワク族，アンティル諸島に移住

コロンビア，プエルト・オルミーガの土器，前3000年ごろ ●　　サン・アグスティン

ラス・ベガス文化　　　　　　　　　　　　　　　バルディビア文化　チョレーラ

草創期　前期ホライズン

チャビン　モチェ

パラカス　ナスカ

綿花の栽培，前3500年までに始まる ●

最古の金属器，前1500年ごろ ●

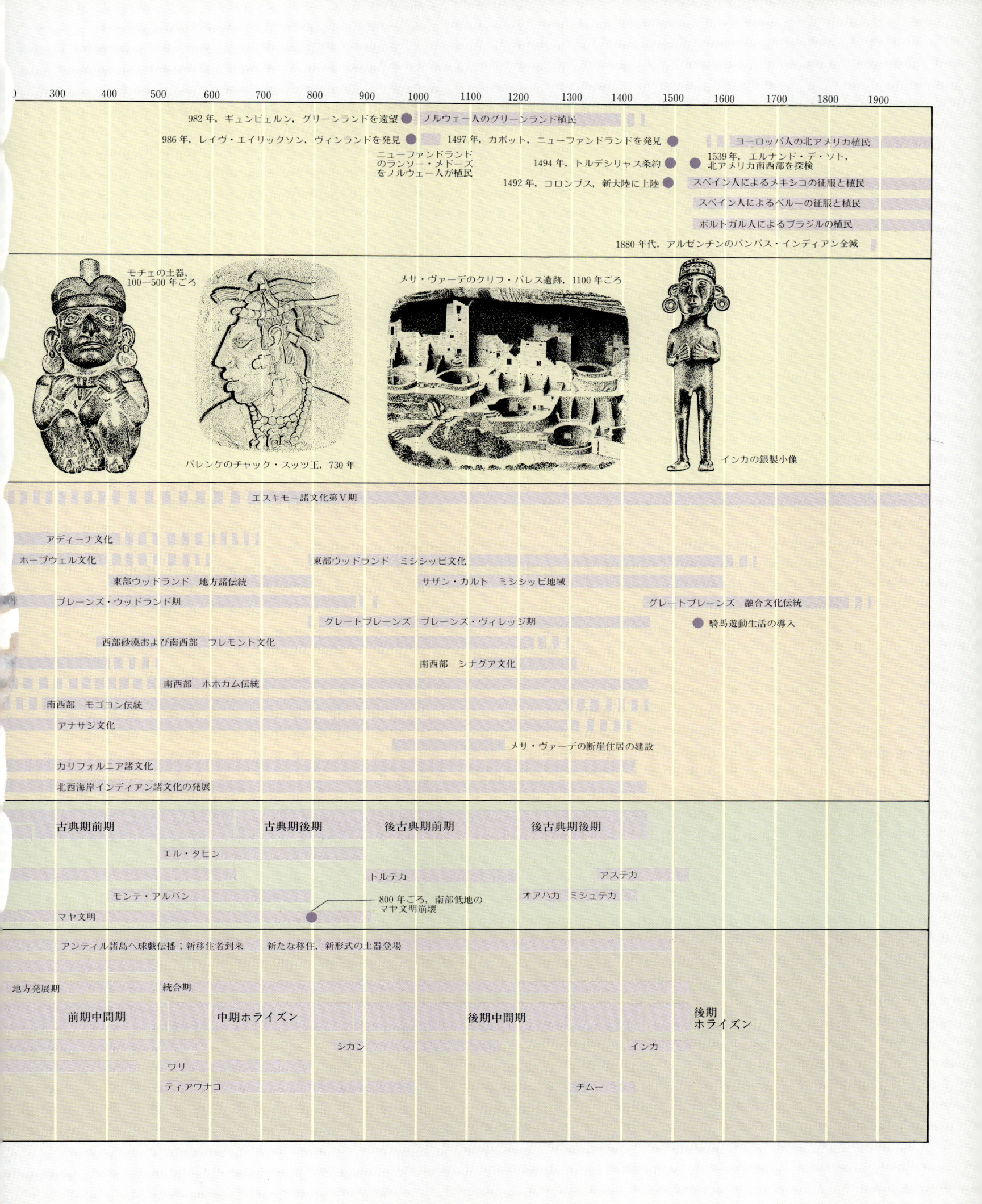

| | 300 | 400 | 500 | 600 | 700 | 800 | 900 | 1000 | 1100 | 1200 | 1300 | 1400 | 1500 | 1600 | 1700 | 1800 | 1900 |

982年, ギュンビェルン, グリーンランドを遠望 ● ノルウェー人のグリーンランド植民
986年, レイヴ・エイリックソン, ヴィンランドを発見　　1497年, カボット, ニューファンドランドを発見 ●　　ヨーロッパ人の北アメリカ植民
ニューファンドランドのランソー・メドーズをノルウェー人が植民　　1494年, トルデシリャス条約 ●　　1539年, エルナンド・デ・ソト, 北アメリカ南西部を探検
1492年, コロンブス, 新大陸に上陸　　スペイン人によるメキシコの征服と植民
スペイン人によるペルーの征服と植民
ポルトガル人によるブラジルの植民
1880年代, アルゼンチンのパンパス・インディアン全滅

モチェの土器, 100—500年ごろ
メサ・ヴァーデのクリフ・パレス遺跡, 1100年ごろ
パレンケのチャック・スッツ王, 730年
インカの銀製小像

エスキモー諸文化第Ⅴ期
アディーナ文化
ホープウェル文化　　東部ウッドランド　ミシシッピ文化
東部ウッドランド　地方諸伝統　　サザン・カルト　ミシシッピ地域
プレーンズ・ウッドランド期　　グレートプレーンズ　プレーンズ・ヴィレッジ期　　グレートプレーンズ　融合文化伝統
● 騎馬遊動生活の導入
西部砂漠および南西部　フレモント文化
南西部　ホホカム伝統　　南西部　シナグア文化
南西部　モゴヨン伝統
アナサジ文化　　メサ・ヴァーデの断崖住居の建設
カリフォルニア諸文化
北西海岸インディアン諸文化の発展

古典期前期　　古典期後期　　後古典期前期　　後古典期後期
エル・タヒン
トルテカ　　アステカ
モンテ・アルバン　　オアハカ　ミシュテカ
マヤ文明　　800年ごろ, 南部低地のマヤ文明崩壊

アンティル諸島へ球戯伝播；新移住者到来　　新たな移住, 新形式の土器登場
地方発展期　　統合期
前期中間期　　中期ホライズン　　後期中間期　　後期ホライズン
シカン　　インカ
ワリ
ティアワナコ　　チムー

序

　1492年10月12日，コロンブスは，バハマ諸島の小島に上陸した．それは，ヨーロッパ人も，またアメリカ大陸の原住民も到底予想しえなかったほどに世界の歴史の流れを変えてしまう出来事であった．数千年間にわたり互いにまったく交渉もなく発展してきた二つの文化伝統が，突然接触を余儀なくされ，そしてその後どちらも元の姿のままに留まることは，けっしてなかった．

　原住民（アメリカ・インディアンあるいはインディオ）が多数生存している国では，アメリカ大陸の考古学をなぜ研究するのかという質問を発する必要はない．というのは，過去は明らかに現在の一部として残っているからだ．そうでない場合には，古代アメリカの諸文化は，好奇心をそそるが，風変わりなものであると，また興味深いかもしれないが，世界史の流れとは関係ないものと見なされがちである．だが，このような見方は，世界の食糧供給に（多くの国で主作物となっているトウモロコシ，マメ，ジャガイモ，マニオク〔キャッサバ〕），医療に（キニーネ，コカ，ストリキニーネ），また世界の芸術的遺産に，アメリカ大陸の原住民が貢献した事実を忘れている．今世紀になって，ヨーロッパの画家や彫刻家が「原始」芸術を再発見するにともない，アメリカ大陸土着の工芸品――オルメカの翡翠，マヤの土器，ペルーの織物，ハイダの仮面――は，単なる民族誌上の骨董品としてではなく，本物の芸術作品として評価されるようになっている．ヘンリー・ムーアらの芸術家は，アステカやトルテカの彫刻に負っていることをみずから認めているし，現代の文学者（ノーベル賞作家のミゲル・アンヘル・アストゥリアスなど）も，原住民の神話から霊感をえているのである．

　この変化は，もちろん近年の現象であるが，二つの文明の接触直後から，アメリカ大陸は，常にヨーロッパの知識社会の本流に貢献してきた．征服者たちの発見した原住民は，まったく新しい人々，聖書にも記されておらず，当時知られていた世界の地誌にもあらわれていなかった．しかしながら，何とかしてかれらを全体図の中に収めねばならなかった．何者なのか．どこからやってきたのか．霊魂を宿しているのか．まったく未知の大陸が発見され，著しく異なる社会構造が見い出されたことは，一連の倫理的問題をひきおこし，と同時に，ヨーロッパの諸制度を評価する試金石ともなった．政治学者の中には，インディオをキリスト教と文明に浴していない野蛮人と見なす者や，またモンテーニュやディドロやルソーのように，特権と政治的抑圧を基盤としたヨーロッパの体制を攻撃する手段として，「高貴なる野蛮人」の神話を創りあげる者がいた．さらに，新たに発見された大地は，社会的実験を行う実験室にもなった．それは，現実の世界においては，パラグアイのイエズス会の布教活動であり，虚構の世界では，トマス・モアの『ユートピア』であった．

　アメリカ大陸は，また，科学としての考古学の発展にも寄与している．18世紀初頭までに，アメリカ大陸原住民の中でもとくに原始的な人々は，ギリシア人やローマ人の著述に見られる古代ヨーロッパの諸部族に相当する生きた実例と考えられるようになった．先史時代のヨーロッパの石斧は，イロクォイ族やトゥピナンバ族が使用する石器と比較され，学者たちは，人間が青銅と鉄を知る以前に石器時代が存在したという考えを形造った．その他にも，アメリカ大陸における証拠に依拠して，発展の図式が想定され，農耕が発生する前に狩猟採集の時代が存在したことが論じられた．

　人間の行動の進化に対するこの関心は，現代の考古学の中心に置かれ，考古学者は再び，まったく性質は異なるものの，人類に普遍的な疑問を提起している．今から約1万年前に多種の大型哺乳動物が絶滅したのは，乱獲が原因ではなかったのか．なぜ，またいかにして農耕が狩猟採集にとってかわったのか．世界各地で最初の国家が勃興した要因は何であったか．文化の発展は，一般的な法則によって支配されているのか，それとも人間の行動はあまりに複雑で，純粋に科学的な説明は不可能なのか．全世界を関心の対象とするこのような疑問を検討する際に，アメリカ大陸における証拠は欠かせないものであり，長いあいだ孤立していたアメリカ大陸には，研究上の利点があるといえる．旧世界のデータのみに基づく一般的な図式は常に，アメリカ大陸でも同様なことがおこっただろうかという単純な問いに発して検証することができるのである．

　それゆえ，本書が主として，人々とその行動，土着のアメリカ人とかれらが築いたきわめて多様な文化を扱っているのには大きな意味がある．過去におけるこの多様性を知り，現在のアメリカ大陸を理解するために，この地域を一体として紹介し，1万年前のティエラ・デル・フエゴ島の狩猟民からアステカとインカという，文明の発展したすばらしい王国までのすべてを見わたす本が必要とされる．芸術と工芸品，また遺跡紹介で詳述する重要な遺跡も，その中にふくまれる．しかし，これらの考古学的遺物を正しく理解するためには，遺物がかつて置かれていたように，そして実際に生きていた人々の作品として，見なければならない．あらゆるものが特定の景観の中で存在する．すなわち地図が必要なのである．本書は，何よりもまず，歴史の文脈で作られた地図帳で，たえず変化した過去の景観を，自然・文化・政治のすべての面から再現したものである．

　このような仕事は，もはや1人の著者の手にはおえない．今日の考古学者は専門分化しているので，以下の各部は，マイケル・コウ（第1，2，4部），ディーン・スノウ（第1，3部），エリザベス・ベンソン（第5部）が分担した．第6部は全員が担当して執筆したものである．

ウォーウィック・ブレイ

第1部　新大陸

THE
NEW WORLD

アメリカ大陸の地形

新大陸の文化と環境

新大陸の原住民はいずれもアジアに共通の起源をもっているが,「典型的」なアメリカ・インディアンといえるような人々は存在しない(典型的なエスキモーという言い方もできない).これらの人々は新大陸への最初の移住以来,広い範囲にわたってさまざまな環境のもとで自然淘汰の圧力をうけ,とくに気候の要因によって身体面で多様な表現型をとるようになった.しかし,いずれも褐色の肌,黒い瞳,直毛の黒い髪であることにはかわりがない.

下左 アマゾンの上流,エクアドルのウバノ川流域に住むヒバロ族.アメリカの熱帯地方の原住民は,他の地方の人々にくらべて背が低く,体格もあまりがっしりとしていない.

下中央 合衆国モンタナ州に住むクロー・インディアンの一集団であるメディスン・クロー.プレーンズ地方で馬に乗って狩猟を行うインディアンは新大陸原住民の中でもっとも背が高く,がっしりした体格をしている.

下右 夏服を着たノスタク・エスキモー.厳しい寒さへ適応したエスキモー(イヌイト)は体つきがずんぐりとして手足も相対的には短くなった.目を保護するために,まぶたには脂肪がたまっている.

新大陸をスペイン人が「発見」した当時,この大陸には,北の高緯度地方に住むエスキモーやアリュートから,最南端のマゼラン海峡やホーン岬周辺に住むオナ族,ヤーガン族に至るまで,およそ4千万人の原住民がいた.そして北回帰線と南回帰線との間の地帯では,当時のヨーロッパやアジアではまったく知られていなかった文明がおこり,世界史上まれにみるすばらしい発展をとげていた.新大陸には,原始的な狩猟採集民文化から,単純な農耕社会,そして強大な帝国にいたるまで,旧大陸に見られたあらゆるタイプの文化が存在していたのである.

今日,この古代の栄光は記憶のかなたに消え去ろうとしている.猛威をふるった疫病と,何百年にもわたるヨーロッパの軍事的,文化的,宗教的攻勢の中で,原住民人口は往時のほんの一部にまで減少してしまった.パラグァイのように土着のグァラニー語が国語の一つになっている場合を除けば,アメリカ原住民の言語が現代国家において公用語としての地位を獲得している例はないし,国連の代表権をもっている原住民集団もない.中南米の原住民インディオはカトリック系白人にとって必要な労働力であったが,常に蔑視されていたし,北米の原住民インディアンはプロテスタント系白人から悪魔のように恐れられていた.どちらにしても,ヨーロッパ人の技術は,最も進んだ原住民文化でさえたち打ちできないほど進歩していたのである.ヨーロッパ人の居住に適した地域では,原住民が未来を切り開く可能性はほとんどなかった.

言語と人種

世界には互いに通じない別々の言語が3000種類ほど知られているが,このうち約400の言語が新大陸で用いられていた.ただし人口推定の場合と同じように,正確な言語の数を示すことはむずかしい.語彙集や辞書などが作成された時期の問題がある.ヨーロッパ人との最初の接触から数十年で作られたものもあれば,数百年もたってから作成された場合もあるからだ.接触時に広がった疫病,原住民に対する圧迫,追放,あるいは撲滅などによって生じた混乱は言語にも多大な影響をおよぼしたにちがいない.言語の分類は19世紀にまずジョン・ウェズリー・パウエル少佐が手がけた.その後,言語学者は系統的に関連する原住民の言語をまとめて,およそ100「語族」に分類した.その方法はインド=ヨーロッパ語族(ヨーロッパとペルシャ,インドの諸言語の大部分がふくまれる)の分類法と同じ考え方によっている.

このように多岐にわたる言語が見られることは,新大陸が長いあいだ旧大陸から文化的に隔離されていたことを物語る.ベーリング海峡をはさんで新旧両大陸の極北地方で話されているエスキモーの言語を除けば,旧大陸の言語とはっきりとした関係をもつ新大陸の言語は知られていない.ただし,アサバスカン語(北アメリカ北西部のインディアンや合衆国南西部のナバホやアパッチ・インディアンなどが話す言葉)が東アジアのいくつかの言語と親縁関係にあるという意見もある.

新大陸の言語がアジア起源であることは立証できないが,

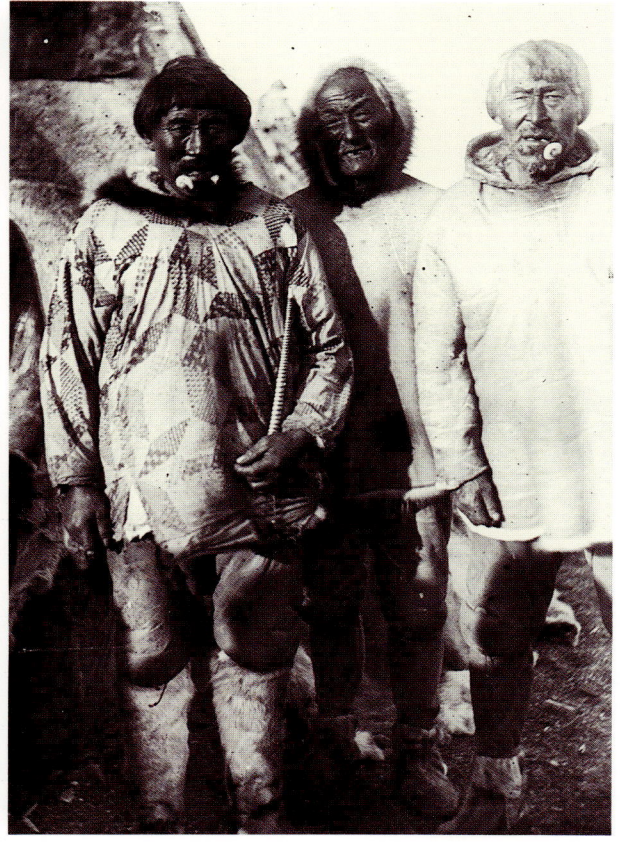

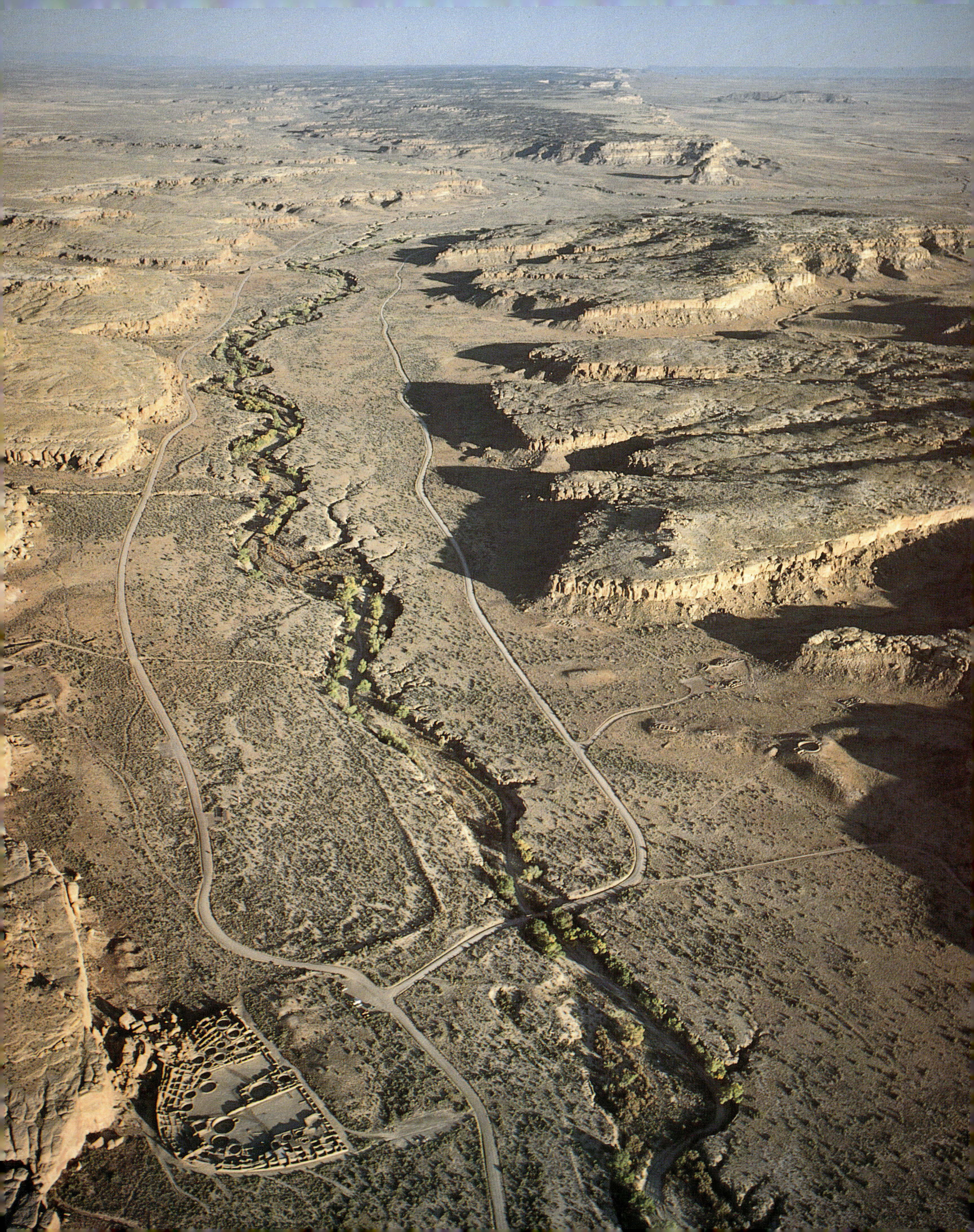

左　ニューメキシコ州のチャコ・キャニオンを北西より望む．アメリカの現代文明から隔絶されたキャニオンには，今も12のプエブロ（多くの居室をもつアパート式の大きな村）遺跡と300以上の小型の遺跡がそのまま残されている．これらの遺跡はかつて，「チャコ文化現象」と呼ばれた大規模な交易圏の中に入っていた（p.78参照）．手前にはきちんとした発掘調査がなされて有名になった遺跡プエブロ・ボニートが見える．この峡谷の住居はアナサジ・インディアンが建造したもので，その最盛期は10世紀中ごろから12世紀中ごろまでであった．しかし，一見すると恒久的な村を造っていたかに見えるアナサジ・インディアンの生活も，農業条件に大きく左右され，必ずしも安定したものではなかったことを見逃してはならない．12世紀後半には繰り返し旱魃にみまわれ，交易圏は大幅に縮小してしまった．

人種的には，アメリカの原住民がすべてモンゴロイドに属することは形質人類学者の一致した見解となっている．しかし，長いあいださまざまな環境のもとに分かれていたために自然淘汰が働き，体型やその他の表現型にはかなりの違いも見られる．たとえば極寒の地に住むエスキモー（イヌイト）は体つきがずんぐりして手足も短いが，これは明らかに体熱の損失を最低限にとどめようとした適応の結果である．一般には緯度が高い地方に住む人々の方が（エスキモーを除いて）熱帯地方の人々よりも背が高く体重も重い傾向が見られる．しかし，このような差はあっても，先コロンブス期にアジア以外の地から人々が渡来したと考える理由はまったくない．

新大陸の環境

南北アメリカ大陸の面積は，ユーラシア大陸とアフリカ大陸をあわせた面積よりはるかに小さいので，人口が少なく話される言語の数も多くなかったのはうなずける．しかし環境は実に多様であった．先コロンブス期においても，北部グリーンランドの北極エスキモーから南米最南端の南緯45度を越える地方に住むフエゴ人に至るまで，ほとんどありとあらゆる場所に人が住んでいた．したがってアメリカ原住民の住んでいた環境を一言で述べることはとてもできない．

地形上最も特徴的なことは，大きな山脈がアラスカからロッキー山脈，さらに南米大陸の西側のアンデス山脈と，南北にずっと連なっている点である．この「アメリカ大陸の屋台骨」の東側には，北米のミシシッピ水系や南米のオリノコ水系，アマゾン水系などが形づくる広大な平地が見られる．大陸の東側で高地になっているのは合衆国東部のアパラチア山脈と南米のブラジル高原ぐらいである．

しかし新大陸の文化発展や人口の増加を考える時，高度の問題よりもはるかに重要なことは主作物の耐寒性であった．トウモロコシ，マメ，トウガラシ，カボチャなどの作物はいずれも熱帯起源であるため，食糧が豊富な低緯度地方の方が人口密度が高かった．たとえばトウモロコシの栽培は北米東部では五大湖地方がほぼ限界であり，その北になると人口密度はきわめて低くなる．アステカ，マヤ，インカなどの古代文明も農業の発達を基盤においていた．これらの高度な文化が熱帯地方に見られたのはけっして偶然ではない．

環境と文化

数千年にわたる文化的発展と環境の多様性が，実にさまざまな形の文化的適応を生じさせてきた．最も高度な文化はメソアメリカ（スペイン人による征服時において文明段階に達していたメキシコと中央アメリカの地域の一部）とインカ帝国の領域であったアンデス地帯に見られた．この二つが古代アメリカの「核」地域であり，そこには発達した政治組織をもつ大きな国家が形成され，都市や大規模な建造物，記念碑的な彫刻などが見られ，何よりも重要なことには，組織だった国家宗教が存在していた．

二つの「核」地域のあいだには中央アメリカの南部地域，コロンビア，西部ベネズエラ，北部エクアドルなどが位置しており，考古学者は適切な言葉が見あたらないので，ただ「中間地域」とよんでいる．ここではトウモロコシ農耕が行われていたので人口はかなり多かったが，首長制社会以上のレベルに到達することはなかった．同じことはコロンブスが「発見」した新大陸の島々，つまりカリブ海島嶼部の場合にもあてはまる．ちなみにコロンブスはそこがアジアのはずれであることを最後まで確信していた．

メソアメリカの北方とアンデスの南方にはそれほど複雑な文化はなかったが，やはり農耕を営む社会があり，合衆国東部および南東部のミシシッピ文化のように新大陸最大のピラミッド建築を擁するカホキアなどの大居住遺跡を生み出したところもある．

アンデス山脈の東側にあたるオリノコ川およびアマゾン川流域の熱帯雨林地域では，トウモロコシ農耕ではなくマニオクの生産を基礎にした部族社会ないし首長制社会が存在していた（今日でも同じである）．これらの社会はヨーロッパ人から見れば「原始的」であるかもしれない．しかし，そこには，南米の先コロンブス期における定住生活のはじまりや古代アメリカの宗教のある側面を理解する重要な手がかりがあるように思える．

農業文化圏の外側，降霜日数が多いため熱帯起源の作物の生育が不可能な地方では，やむなく狩猟採集生活がつづけられた．それはある面ではアメリカ大陸に最初にやってきた更新世末期の狩人の遊動的生活に類似していた．しかし古代アメリカの非農耕民を全部ひとまとめにしてしまうのは誤りであろう．同じ狩猟民の中でも，北アメリカ北西海岸においてサケ漁を中心に大きな村落社会を築いた人々や，アザラシやクジラなど海獣類を獲物にするエスキモーやアリュートのように独特の狩猟経済を確立し，高い生産性をあげた社会もあった．

「核」地域以外の原住民文化について考える時，もう一つ注意すべきことがある．その民族についての記録がいつ作成されたのか，つまり「民族誌的現在」という問題である．ヨーロッパ人やヨーロッパ系アメリカ人は原住民に対し政治的，文化的に圧迫を加え，その人口を減少させていったが，同時に原住民の暮しを一変させるような新しい文化要素ももたらした．そして，これらの文化を記録したのも，ほかならぬヨーロッパ系の人々であった．たとえば，アメリカ・インディアンの「典型」とされている合衆国西部のプレーンズ・インディアンの伝統的生活様式の場合を見てみよう．プレーンズ・インディアンは，いったん本格的にバッファロー猟をはじめた後は，スペイン人が北アメリカに導入した馬に完全に依存した生活をおくるようになってしまった．プレーンズ文化を記録した「民族誌的現在」とは，白人との接触以降の馬を使うようになった時代のことなのである．

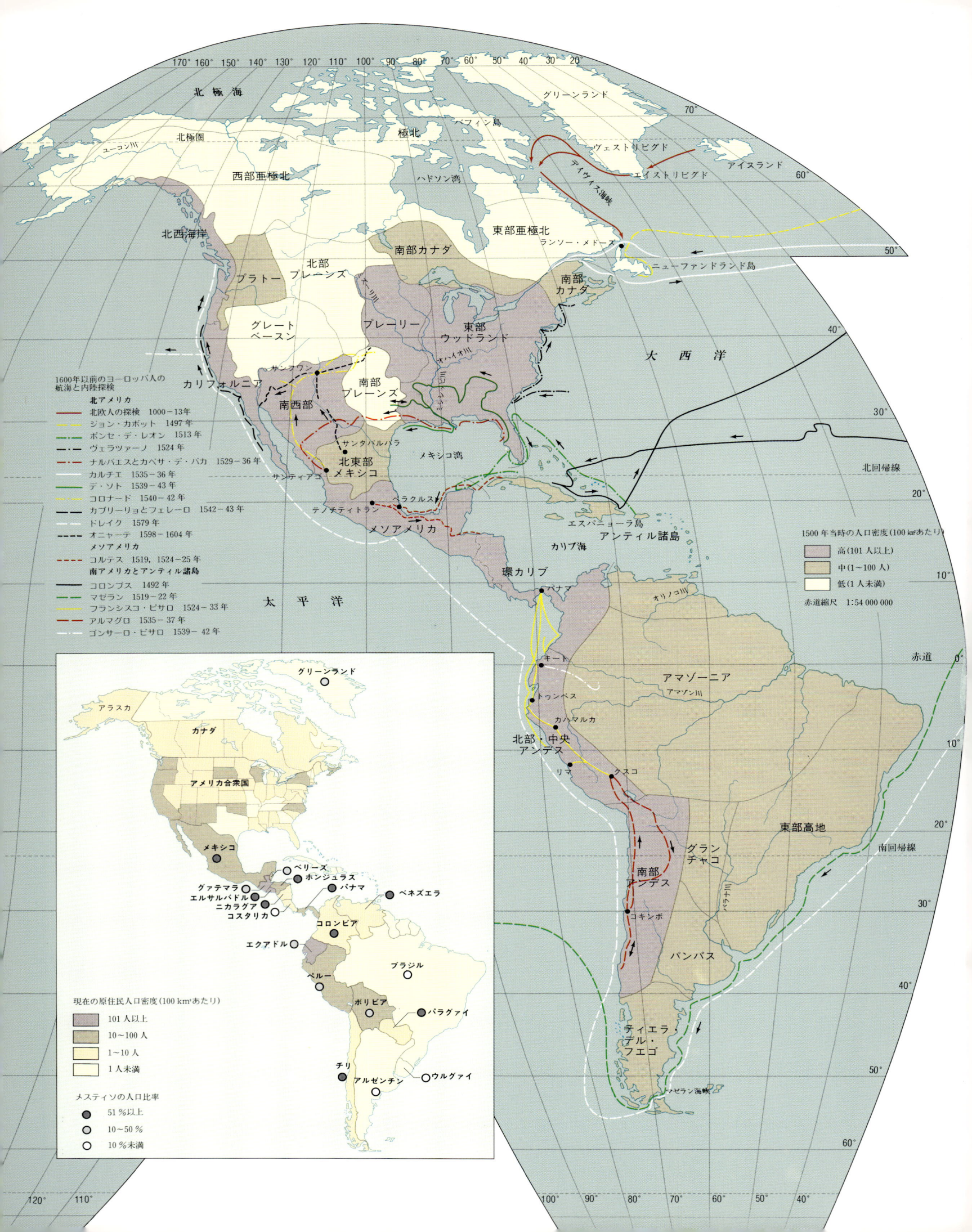

地図：1600年以前のヨーロッパ人の航海と内陸探検／1500年当時の人口密度／現在の原住民人口密度

凡例

1600年以前のヨーロッパ人の航海と内陸探検

北アメリカ
- 北欧人の探検　1000-13年
- ジョン・カボット　1497年
- ポンセ・デ・レオン　1513年
- ヴェラツァーノ　1524年
- ナルバエスとカベサ・デ・バカ　1529-36年
- カルチエ　1535-36年
- デ・ソト　1539-43年
- コロナード　1540-42年
- カブリーリョとフェレーロ　1542-43年
- ドレイク　1579年
- オニャーテ　1598-1604年

メソアメリカ
- コルテス　1519, 1524-25年

南アメリカとアンティル諸島
- コロンブス　1492年
- マゼラン　1519-22年
- フランシスコ・ピサロ　1524-33年
- アルマグロ　1535-37年
- ゴンサーロ・ピサロ　1539-42年

1500年当時の人口密度（100 km²あたり）
- 高（101人以上）
- 中（1～100人）
- 低（1人未満）

赤道縮尺 1:54 000 000

地域名（本図）

北極海、グリーンランド、ユーコン川、北極圏、バフィン島、アイスランド、西部亜極北、ハドソン湾、極北、ヴェストリビグド、エイストリビグド、デイヴィス海峡、北西海岸、南部カナダ、北部、ランソー・メドーズ、ニューファンドランド島、プラトー、プレーンズ、グレートベースン、プレーリー、東部ウッドランド、南部カナダ、オハイオ川、カリフォルニア、サンタフェ、南西部、南部プレーンズ、大西洋、サンタバルバラ、北東部メキシコ、メキシコ湾、サンティアゴ、北回帰線、テノチティトラン、ベラクルス、メソアメリカ、エスパニョーラ島、アンティル諸島、環カリブ、カリブ海、太平洋、キト、アマゾーニア、アマゾン川、トゥンベス、カハマルカ、北部・中央アンデス、リマ、クスコ、赤道、東部高地、グランチャコ、南部アンデス、コキンボ、南回帰線、パンパス、ティエラ・デル・フエゴ、マゼラン海峡

挿入図：現在の原住民人口密度（100 km²あたり）
- 101人以上
- 10～100人
- 1～10人
- 1人未満

メスティソの人口比率
- 51%以上
- 10～50%
- 10%未満

挿入図の地名
アラスカ、グリーンランド、カナダ、アメリカ合衆国、メキシコ、ベリーズ、グァテマラ、ホンジュラス、エルサルバドル、ニカラグア、パナマ、コスタリカ、ベネズエラ、コロンビア、エクアドル、ペルー、ブラジル、ボリビア、パラグアイ、チリ、アルゼンチン、ウルグアイ

ヨーロッパ人による発見と征服

原住民の人口分布と16世紀におけるヨーロッパ人の探検

コロンブスによる発見直前の新大陸の人口分布は，当然のことながらまったくの推測でしかない．1500年における人口推定は用いる資料によって大きくかわってくる．ここでは人口密度の幅をかなり大きくとった分布図を載せている．本当はこれでは実態を十分把握できないが，大方の合意を得るためにはこれしか手がない．ただし，ヨーロッパの探検者が到来した直後から原住民人口が激減したことについては誰も異論はないようだ．南北両アメリカ大陸の各地でヨーロッパの病気が急速に広まり，原住民の社会は大打撃をうけた．しかしそれだけではなく，場所によっては戦争によって全滅してしまうこともあった．このような災難に対し原住民はほとんど抵抗するすべもなく，わずかに，ヨーロッパ人の居住地域から遠く離れた地方でしか生きのびていくことはできなかった．

激減した原住民人口はそのままついに回復しなかったので，15世紀末の人口分布状況は今日までだいたい同じようにつづいている（挿入図）．純粋のインディアン人口はやはりアンデスと中部アメリカに多く，合衆国では居留地のある州にインディアンの人口が多い．このほかに数千万人の人々が部分的に原住民の血を引いている．インディオとヨーロッパ人との混血メスティーソで，今日のラテンアメリカ諸国の人口のかなりの部分をしめている．

1492年にヨーロッパ人が新大陸を「発見した」というのは，あるいは，実際には西暦1000年ごろであったというのはヨーロッパ人やヨーロッパ系アメリカ人の見方であり，いわば錯覚にすぎない．自分たちの過去に精通したアメリカの原住民は，もっとはるか昔にアジアにいた祖先が氷河時代にこの大陸を「発見した」ことを知っている．合衆国に住む多くのインディアンは，新大陸発見についてのヨーロッパ人の考え方はまったくおかしいと主張している．

そうはいっても，ヨーロッパ人やヨーロッパ系アメリカ人にとっては，自分たちの祖先がいつアメリカの原住民と最初に接触したのかはいつも気になる問題である．それに，この接触が旧大陸の白人に長いあいだにわたって利益をもたらすことになり，一方，新大陸の褐色の肌の人にはとんでもない災難であったという事実の重みはだれも否定できない．

ヴァイキングの時代以前にもヨーロッパと北アメリカのあいだに人の行き来があったとする主張は，単なる願望や民族意識と結びついている場合が多い．アイルランドの修道士が新大陸にわたったという航海の話がよい例であろう．6世紀のアイルランドの修道士ブレンダンが「聖人に約束された土地」である地上の楽園を求めた航海である．しかしイギリスの歴史家ジェフリー・アッシュがいうように，さまざまなブレンダン伝説の中には何かしらの真実もふくまれているかもしれない．アイルランドの修道士たちがかなり簡単な造りの船で海洋に乗り出し，各地に根拠地を建設していたことは，オークニー諸島，シェトランド諸島，フェロー諸島に見られる移住の痕跡によって確かめられている．アイスランドにもわたっていた可能性が高い．北方や西方にむかったというブレンダンの海上巡礼の話は，後の時代になってもいくつかの書物の中で繰り返し語りつがれ，西ヨーロッパでは広く知られた話になっていた．コロンブスも第1回目の航海に出る前からブレンダンの話はよく知っていたようだ．ブレンダンと仲間の修道士の一行がグリーンランドに達していた可能性は皆無とはいえず，別の航海ではもっと南の暖かい陸地，つまり新大陸に本当にわたっていたかもしれない．もしそうだとすれば，そここそ，求めていた地上の楽園と信じたことであろう．

しかしアイルランド人が新大陸にわたっていたという考古学的証拠はないし，もともとブレンダン伝説そのものが不思議な出来事の話ばかりであり，その大半は作りごとのようだ．ところが西暦1000年ごろの北欧のヴァイキングの大遠征となると話は別である．アイスランドとグリーンランドへの北欧人の移住は実際におこった事実である．ノルウェーの海岸を出航したヴァイキングの若者の一行は自分たちの土地を求めて北大西洋の各地を征服し，このように遠く離れた島々へも移住を行っていた．北欧人の遺物は北アメリカの極北部エルズミーア島からも発見されている．ヴァイキングがもっていた発達した造船技術や航海術がそれを可能にさせたのであろう．北欧人の船はアイルランド人の小舟とはくらべものにならないほど進歩していたのである．

グリーンランドを最初に遠望したのはギュンビェルンという男である．10世紀前半のことであった．982年には有名な赤毛のエイリックがギュンビェルンの見た島を目指して船出し，実際に発見してその海岸部を探検した．このときエイリックは島に人影を見い出すことはなかった．かつてそこに住んでいたエスキモーはその時はいなかったのである．アイスランドにもどったエイリックは400名の人員に牛，羊，ヤギを加えた移住団を組織した．こうして，この極北の島に2カ所の移住村，西村と東村が建設された．ただし実際には両方とも島の南西海岸にあり，島の西側と東側というわけではない．西暦1000年以降グリーンランドはヨーロッパのキリスト教世界の一部となり，教会が建てられ司教区が置かれたし，ノルウェーとの通商も定期的に行われるようになった．しかし，1400年よりやや後に，住民はことごとく死に絶えてしまった．その原因は謎のままである．

グリーンランドとバフィン島のあいだにあるデイヴィス海峡を越すのは北欧の船乗りにとってはなんでもないことであったろう．グリーンランドに住みついたヴァイキングが北アメリカの北東端の沿岸地方について知るのは時間の問題であった．北欧の英雄伝説サガは三つの土地について述べている．第1の土地は不毛の寒冷地ヘルランドで，バフィン島（北極圏内の島）の東海岸のことであるとされている．2番目はヘルランドの南の森林の地マルクランドで，現在のラブラドル地方の海岸部と考えてよい．第3の地がヴィンランドである．ヨーロッパの古地図とサガに書かれている内容を手がかりにすれば，ヴィンランドは北にあるマルクランドの方角にまっすぐのびた細長い半島か島と考えられる．この土地は他の二つの場所とは異なり，野生のブドウや「野生の小麦」が茂り，人が住める場所であったという．

『グリーンランド人のサガ』によればヴィンランドが最初に発見されたのは986年のことで，たまたま風に流され航路をはずれた船乗りが見つけたとされている．その後に実際にここに上陸して居住したのはレイヴ・エイリックソンであった．ヴィンランドではスクレリングと呼ばれる土着の民とのはげしい衝突があったが，何回かの遠征によって移住者が定住できる村もなんとかできあがった．スクレリングとはおそらくエスキモーのことにちがいない．

ヴィンランドとは一体どこのことだろうか．さしたる根拠もないままコッド岬とロードアイランドの南のさまざまな場所が勝手に候補地としてあげられてきたが，ノルウェーの学者ヘルゲ・イングスタが長年にわたる探索調査の結果，ニューファンドランド島の北端であるという結論を下した．イングスタはそこでランソー・メドーズという北欧人の村の跡を発見して発掘調査も行っている．これは北アメリカでは唯一疑問の余地がないとされる北欧人の遺跡であり，たしかにサガが伝えている場所にちがいない．いくつかの放射性炭素年代測定の結果も西暦1000年ごろの居住の跡であることを示している．家屋の基礎構造，出土遺物，泥鉄鉱を溶鉱した跡などは，ノルウェー，アイスランド，グリーンランドの中世北欧人の典型的な村に共通して見られるものであった．

ヴァイキングの渡来は新大陸の人々にとってどれほどの影響をおよぼしたのであろうか．おそらく，きわめてわずかであったにちがいない．当時ニューファンドランド島の北端にいたのはドーセット文化をもったエスキモーであった．ヴァイキングがもってきたり現地で作った鉄の鍛造品は重宝がら

17

コロンブスの航海

「発見」という時には,事実上の発見と,意味のある発見とを区別しなければいけない.その一例をあげれば,有名なインカの遺跡マチュ・ピチュは1911年のハイラム・ビンガムの探検のずっと前から発見されていた(付近の谷間に住んでいる地元の人々は知っていたにきまっている)が,それを世界中に知れわたらせたのはビンガムである.コロンブスの場合にも,このことはあてはまる.実際に新大陸を発見したのはヴァイキングであったが,この大陸を地図の上に示したのはコロンブスであり,コロンブスの探検が大規模なヨーロッパ人の植民をまねき,過去500年にわたってアメリカ原住民に多大な犠牲をしいるもとになったのである.

クリストファー・コロンブスは貧しいジェノヴァ人であったが,スペインのフェルナンドとイサベルのカトリック両王によってとりたてられ「大洋の提督およびインディアスの総督」の称号を与えられた.大西洋を越えてインディアスの東側に到達しようというコロンブスの探検計画は,まずポルトガル国王ジョアン2世に提出されたが断わられ,その後でスペインの両王に認められて援助を受けることになった.このころのヨーロッパの知識人なら誰でも知っていたように,コロンブスも地球はまるいと考えていた.また,西方の「約束の地」に達したというブレンダンの航海伝説も知っていたし,実際にアイスランドにわたったことがあり,そこでヴァイキングがグリーンランドやヴィンランドを発見し植民したという話も耳にしていたにちがいない.しかし,パオロ・トスカネリの地理学理論に依拠したコロンブスは大西洋の広さをかなり少なく計算しており,アジアの東側の沿岸部の島々はヨーロッパからそれほど遠くはないと考えていた.コロンブスは4回にわたる大航海をなしとげた後でも,最後まで自分は大西洋航路を経てインディアス東部(アジアの東)に達したと確信していた.まったく「新しい」大陸に至ったとは考えなかったのである.

1492年10月12日の金曜日,午前零時を少しすぎたころ,帆船ニーニャ号で陸地の存在が確認された.朝になるとそこに裸の人々が住んでいることもわかった.コロンブス提督は上陸して王室の旗をかかげ,この土地がスペイン王室のものであることを宣言した.そこはバハマ諸島の一つの小さな島で,原住民はグァナハニとよんでいたが,スペイン人によってサンサルバドルと命名された.島の人々は友好的で敵意はまったく感じられなかった.コロンブスは,親切にすればキリスト教への改宗も容易であろうと考え,赤い帽子と,ガラス玉でできた大して値打ちのない首飾りを与えた.こうしてヨーロッパ人とアメリカの原住民との関係がはじまった.

コロンブスは第1回目の航海においてキューバにまで達し,さらにエスパニョーラ島に小規模な植民地を築いて帰国した.その後の3回の航海では,西インド諸島の探検をつづけるとともに,オリノコ川河口に達し南米本土に上陸したし,ホンジュラス沿岸も航行した(この時マヤ人の交易用大型カヌーに出会っている).

ポルトガルの探検と植民は,アフリカの沿岸部を南下し東へまわってインドへむかっていた.スペインとポルトガル両国のあいだで外交上の争いが生じてきたので,教皇アレクサンデルVI世は,この2大国に世界を二分割する南北の線をひいた.この分割案は1494年に両国の合意をみた(トルデシリャス条約).西経45度付近を境として西側のすべてをスペイン,東側をポルトガルが領有するという取り決めであった.この境界線が後に発見された南アメリカ本土を通過していたため,ポルトガルはアマゾン河口の南,今日のブラジル東部の領有を主張することができた(ポルトガルは1500年にブラジルを発見した).

コロンブスの最初の航海の前にも,バスク人の漁師やブリストル地方の漁民が豊かなタラの漁場を求めて北アメリカの北東部沿岸の大陸棚で操業しており,もしかしたら本土にも上陸していたかもしれないと主張する人もいる.いずれにせよ,1497年には,ブリストルの商人が船をしたてて,ジェノヴァ人の船長ジョン・カボットの指揮のもとに船出している.この時ニューファンドランド島や北アメリカ本土が発見された可能性が高い.しかしイギリスと,それに対抗するフランスが北アメリカへの植民計画に着手するのはまだ100年も先のことである.

16世紀の北アメリカ

16世紀はヨーロッパ人による北アメリカ探検の歴史の黎明期であった.グリーンランドへの北欧人の入植を可能にしていた温暖な気候は数世紀のあいだに次第に寒冷化し,15世紀前半にはグリーンランドの植民地は完全に姿を消していた.北欧人の探検の経験は後世のヨーロッパ人の探検者に伝えられたとはいえ,ほとんどうわさの域を出なかった.15世紀にポルトガル人やその他の国の漁師のあいだで北アメリカについての情報が流れていた可能性もあるが,はっきりした証拠はなにもない.

16世紀初頭,ヨーロッパ人は新大陸をアジアの一部と考えており,少なくともアジアの沿岸部の島々に達していると思っていた.このころの探検は,いかにしてその地を利用し開発するかということよりも,どうすればそこを迂回してむこう側にいけるのかにもっぱら関心があった.太平洋へ抜ける

上 コロンブスの航海はエスパニョーラ島を中心にして行われた.エスパニョーラ島は初期のスペイン植民地経営の中心地であった.コロンブスはそこがアジアの沿岸部付近の島であると思っていた.その1世紀後にベルギーの画家テオドーレ・ドゥ・ブリーはコロンブスのエスパニョーラ島上陸の様子を銅版画に描いた.ドゥ・ブリーは新大陸にわたったことはなかったが,全14巻の『アメリカ史』にアメリカの旅を題材にした挿絵をかいている.ドゥ・ブリーの視点は常にヨーロッパの側にある.この図は到着したスペインの探検隊にインディオが贈り物をもって迎えているところである.しかし,それはインディオが作ったものというよりも,ヨーロッパの貴金属細工師が新大陸の金を溶かして作った製品のように見える.このとき実際にコロンブスが受けとった贈り物はオウム,槍,木綿の糸玉であった.また,ドゥ・ブリーはタイノ族が下帯をつけているように描いているが,本当は衣類は何もまとっておらず,ただ鳥の羽根と金の装身具をつけ,身体を赤と黒に塗っていた.

16世紀におけるヨーロッパ人による征服
スペイン人がアメリカ大陸でたちどころに自らの帝国を築きあげたということは,その前にあったメソアメリカとアンデスの文明がいかに効率のよい組織をもっていたかを立証している.征服者(コンキスタドール)はアステカの王,インカの王になりかわって数百万の人々を支配する国家を手に入れたのである.こうして征服した土地はスペイン王室の手にわたった.新しく発見した大陸の分配についてのポルトガルとの取り決めは1494年に確定していた.

水路の発見は 16 世紀のあいだ中ずっと期待されつづけた事柄であった．多くの探検者は，ひたすら岸沿いの航行をつづけ，まれに上陸したとしても，内陸へはほんのわずかしか立ち入ることがなかった．この時期目立った内陸探検（エントラーダ）は数えるほどしかなく，いずれもスペイン人によるものであった．著名な探検者としてはエルナンド・デ・ソト，フランシスコ・バスケス・デ・コロナード，アルバル・ヌーニェス・カベサ・デ・バカなどがあげられる．

　探検者の多くは，とくに内陸部を目指した者は，コルテスやピサロが行った征服の再現を夢みていた．16 世紀に北アメリカの海岸部に築かれた初期の集落は，主として宝物を積んだスペインの船を襲撃する目的でイギリス人やフランス人が建設した出撃基地であり，これを防ぐためにスペイン人が海岸部に設けた砦であった．このほかにスペインの宣教師が原住民を改宗させる目的で海岸部の各地に点々と住んでいた．北アメリカでその地に根ざして農業を行う本格的な植民がはじまるのは 17 世紀になってからのことである．

　15 世紀に腕のよい漁師がニューファンドランド沖の漁場を発見していた可能性は十分にある．しかし，漁師はそれを秘密にしていたし，文字を書けなかったから記録には残っていない．16 世紀になるとバスク人，ブルターニュ人，ポルトガル人，イギリス人，フランス人などの漁師が毎年のようにニューファンドランド沖の漁場グランド・バンクで漁を行っていたのは確実である．16 世紀なかばには，漁期になると 50 隻以上の漁船がやってきていたし，1580 年には 100 隻以上，16 世紀末には 200—300 隻にも達していたという．ヨーロッパ南部からくる漁師は魚を保存するために塩も積み込んでいたので，陸にあがるのは，ごくたまに水やたき木，食糧などが必要になった時だけであった．

　ヨーロッパ北部の漁師は安価な塩が手に入らなかったので，陸地に一時的な基地を設け，そこで干魚にして国にもち帰った．16 世紀中ごろ，ヨーロッパではビーバーの毛皮から作るフェルト帽が大流行した．ほどなくヨーロッパ産のビーバーの供給がとだえがちとなり，毛皮を他の資源地に求めるようになってきた．漁師が仕事のかたわら基地でインディアンと交易すればよい金になるのに気がついたのは当然であろう．こうして海岸地方のインディアンの村は，17 世紀前半にハドソンやシャンプランなどの探検家に出会う数十年も前に，ヨーロッパ人との交易をはじめていた．17 世紀には，すでにインディアンはヨーロッパ人が何を求めているのかを十分知っていたし，その見返りとして自分たちがほしいものもはっきりしていた．

海岸部の探検

　16 世紀にメキシコより北で行われた探検の記録は不完全なものであり不明な点が多い．それでも，ヨーロッパ人とインディアンの接触はほとんど毎年のように北アメリカのどこかで生じていた．その多くは，内陸ではなく海岸部であった．1500 年にはガスパル・コルテ＝レアルがグリーンランドのフェアウェル岬を目にしている．しかし，その後，帰途，ラブラドルの北東海岸沿いに進み，ニューファンドランド付近を航行したことまでわかっているが，そこで消息を絶ってしまった．翌年，船団の中でただ一隻の船だけがポルトガルに帰還した．そこで今度は弟のミゲル・コルテ＝レアルが，1502 年に，兄の航路をたどる探検に出た．しかし，やはり航海の途上で行方不明になってしまった．

　1508 年ごろセバスチャン・カボットが父ジョン・カボットと同じ航路をたどってアメリカにむかったというが，その航海についてはほとんど記録が残されていない．1513 年にはフワン・ポンセ・デ・レオンがフロリダ海岸を探検した．その同じ海岸をアントニオ・デ・アラミーノスが 1517 年に訪れている．この人物は後にメキシコ征服の際にエルナン・コルテスの案内人をつとめた男である．1520 年ごろにはジョアン・ファグンデスがニューファンドランドの探検を行った．ポンセ・デ・レオンは 1521 年にフロリダの植民を試みたが，インディアンの攻撃にあい致命傷を受けて撤収した．1524 年の夏，フランス王室に仕えていたイタリア人ジョヴァンニ・ダ・ヴェラツァーノはカロライナから海岸部を北上する探検を行い，各地でインディアンと接触している．スペイン王室に仕えるポルトガル人エスタバン・ゴメスも数カ月おくれてヴェラツァーノの後を追っているが，その詳細は知られていない．1526 年にはルーカス・バスケス・デ・アイリョンがサウスカロライナの海岸にサンミゲル・デ・グァルダペという町を建設したが，ほどなく放棄した．翌 1527 年には，ジョン・ラットがイギリス船に乗りヴェラツァーノの探検ルートを北から南へ逆にたどる旅を行っている．

　1528 年，ラットがイギリスへの帰還の途にあるころ，パンフィロ・デ・ナルバエスがフロリダ探検を開始した．ナルバエスは，かつて 1520 年にメキシコの地において，総督ディエゴ・ベラスケスの命に従わないコルテスをキューバに連れもどす任務を受けたが，それに失敗した人物である．そして 8 年後のこの試みもうまくいかなかった．ナルバエスは上陸部

ヨーロッパ人による発見と征服

隊を率いてタンパ湾付近を探検しているうちに，船を見失ってしまった．一行は海岸の平野を北に進み，フロリダ半島の北西部にまで達した．そこで急造の船をしつらえて再び海上に出た．ところがメキシコ湾岸沿いに航行し今日のテキサス州ガルヴェストンの近くまできたところで嵐に会って一行は散りぢりとなり，ナルバエスと多くの部下はそのまま消息を絶ってしまったのである．しかしアルバル・ヌーニェス・カベサ・デ・バカとエステバンという名のアフリカ人および数人の男を乗せた小舟だけが岸に流れついた．こうしてテキサスから北西部メキシコまで砂漠地帯を横断する7年間もの内陸行（エントラーダ）がはじまった．カベサ・デ・バカは1536年になってようやく西部メキシコのスペイン人基地にたどりついた．この人物は，後にインディアンの土地を歩きまわった旅の記録を書きあらわした．

フランスのジャック・カルチエがカナダへの最初の航海を行ったのは1534年である．翌年出発した第2回目の航海は2年間にわたるもので，このときスタダコネ（現在のケベック）に町を建設しようとしたがうまくいかなかった．ちょうど同じころリチャード・ホアもイギリス王室の命を受けて同地域の探検を行っている（その成果はカルチエ以上にかんばしくなかった）．

内陸の探検

1539年にエルナンド・デ・ソトは合衆国南西部への内陸探検を開始した．この同じ年，マルコス・デ・ニーサは，カベサ・デ・バカの同行者であったエステバンを連れてメキシコから北上して南西部への探検を行った．このニーサの探検に基づいて，翌年，コロナードの遠征隊が組織された．1541年にはデ・ソトとコロナードがそれぞれ率いる二つの重要な内陸探検が続行中であり，同じ年カルチエが北東部への第3回目の航海に出発していた．

翌1542年，カルチエは探検を終えてフランスに帰国し，新しく建設された町シャルルブール・ロワイヤルはロベルヴァルが率いる新しい遠征隊にひきつがれた．コロナード隊はデ・ソト隊と数百kmまで接近したところでひきかえし，メキシコに帰還した．デ・ソト隊が帰還したのは翌年になってからである．同じ1543年にロベルヴァルも帰国した．

これと前後して，1542年にはフワン・ロドリゲス・カブリーリョが，カリフォルニア海岸部の探検を行ったが，このときサンフランシスコ湾の入口にあたる金門海峡は見落としている．37年後にここを探検したドレイクの場合と同じである．しかしカブリーリョはドレイク湾には立ち寄っていた．翌1543年になってカブリーリョは死亡したが，航海はバルトロメー・フェレーロの手でつづけられた．

1549年に修道士ルイス・デ・カンセルはタンパ湾岸に布教のための村を築こうとしたが，その10年前にやってきたデ・ソト隊のことを覚えていたインディアンに襲われて命を落としてしまった．その10年後になってトリスタン・デ・ルナ・イ・アレヤーノがペンサコーラ湾のオチューズに布教のための村を作ることに成功した．オチューズの村は2年後の1561年にアンヘル・デ・ビリャファーネの救援をあおぐことになる．ルナを救出したビリャファーネは，東海岸にサンタエレナの町を築こうとしたが失敗におわった．この年スペイン人ペドロ・メネンデス・デ・アビレスは海岸地方の探検の機会をえて，北方のチェサピーク湾にまで達していた．一方，フランスの新教徒ジャン・リボーは1562年にパリ島にシャルルフォートの町を建設した．また2年後にはルネ・グレーヌ・ド・ロードニエールがセントジョンズ川のほとりに，より堅固なカロリーヌ砦を築いた．1565年，ド・ロードニエールは，

対スペイン戦の2回目の遠征途上にあったイギリス人ジョン・ホーキンズから補給物資を受けとっている．しかし，メネンデス・デ・アビレスはフランス人の町をつぎつぎに陥落させ，捕えたフランス人を処刑し，一方サンアグスティン（セントオーガスティン），サンマテオ，サンタエレナなどのスペイン人町を建設した．その翌年にペドロ・デ・コロナスはスペインの支配圏をさらに拡げようとしてチェサピーク湾にも基地を作ろうとしたが，これは失敗におわった．

1567年，ジョン・ホーキンズは3度目の航海に出た．このときの副官がまだ20代なかばのフランシス・ドレイクであった．デイヴィッド・イングラムも乗組員の1人に加わっていたらしいが，メキシコ湾岸地方で下船したようだ．イングラムはそこからニューブランズウィックまで2年以上にわたって旅をし，道中いろいろなインディアンの村に立ち寄ったといっているが，多くの歴史家はこの話を疑問視している．フランスは1568年にスペインに対する報復を行い，ドミニク・ド・グルジュがスペイン人の町サンマテオを破壊した．1570年にはスペインのイエズス会がヨーク川のほとりに伝道の村を建設したが，同じ年，サンアグスティンの町はイギリス人の攻撃を受け，翌年には，イエズス会宣教師はインディアンによって皆殺しにされてしまった．

スペインが南部地方に点在する町をまとめていこうとしているころ，他のヨーロッパの国々は北西方面からアジアに行く航路の発見に目をむけていた．まずエアネス・コルテ＝レアルが手がけ，つづいてイギリスの探検家マーチン・フロビッシャーが1576年に探索を開始した．フロビッシャーはその後の2年間で，第2回，第3回とつづけて航海を実施してい

16世紀にヨーロッパに届いたアメリカのインディオについての印象や具体的な報告に対して，当時の人々はおおむねインディオに好意的な反応を示した．ドゥ・ブリーが描いているようなスペイン人による過酷な仕打ちは（上）同情をよび，イギリスの探検家ジョン・ホワイトの描いた魅力的な絵はインディオが高貴な人々であるという印象を与えた（右）．それはシェイクスピアの戯曲『テンペスト』にもうかがえる．

る．そのころフランスはサンタエレナの北で失地回復を試みていた．1579年にはフランシス・ドレイクがカリフォルニア沿岸部の探検を行った．ドレイクは，以前のカブリーリョと同様にサンフランシスコ湾には気づかなかったが，北上してバンクーバー島にまで達した後，再び南下して，のちにその名をとって，ドレイク湾とよばれる場所まで引きかえした．ドレイクは，そこで進路を西にかえて，太平洋横断の航海に乗り出していった．

南西部地方へのスペインの関心は1581年に再燃した．フランシスコ・サンチェス・チャムスカードは少数の兵士と宣教師を率いて北上し，プエブロ・インディアンの土地に侵入していった．翌年チャムスカードは帰還したが同行した宣教師のうち1名は死亡し，2名は現地で行方不明になってしまった．1582年アントニオ・デ・エスペーホがこれらの宣教師を探索するために出発した．しかし，宣教師が死んだことを知ると，目的をかえて内陸探検を実施している．

ハンフリー・ギルバートがニューファンドランド島の海岸部を探検し，エティエン・ベレンジャーがファンディ島の探検を行ったのは1583年である．1584年にはウォルター・ローリーの命令をうけたフィリップ・アマダスとアーサー・バーロウが海岸地方に町を建設するための予備調査を行い，翌年ローリー卿自身がロアノウクの町を築いた．同じ年にはジョン・デイヴィスが北西航路の発見にむけて第1回目の航海に出かけた．1586年にはフランシス・ドレイクがサンアグスティン町のスペイン人を一掃し，デイヴィスが2回目の航海にいどんだ．また，ロアノウクの町は放棄された．1587年にはデイヴィスの第3回目の航海が行われ，ロアノウクへの再植民がはかられた．1588年にビンセンテ・ゴンサーレスがチェサピーク湾の探検の帰途ロアノウクに立ち寄った時には町は健在であったが，1590年にジョン・ホワイトがロアノウクの救援にいったときにはすでに遅く，そこにはまったく人影も見られなかった．

1590年代，大西洋岸の南部はスペイン人が支配しており，北部の沿岸ではフランス人，バスク人，ポルトガル人，イギリス人の漁師が腕を競っていた．1593年にはジョージ・ドレイクがマグダレン島を襲撃した．翌年，イギリス王室に仕えていたバスク人ステバン・デ・ボカールがニューファンドランド島の沿岸部探検を行った．1597年にはイギリス人がマグダレン島への植民を企てて上陸したが追いはらわれ，この計画は失敗した．イギリスが北アメリカに恒久的な植民地を確立するのは17世紀になってからである．

同じころスペイン人は南西部探検に本格的に取り組んでいた．フワン・デ・オニャーテは1598年に多数の移住者集団を率いて北上し，ニューメキシコに入ってリオグランデ谷の上流サンフワンに植民地を築いた．こうしてインディアンの村々に対するスペイン人の苛酷な支配がはじまる．それはその後80年間もつづいた．

16世紀には，ヨーロッパ人とインディアンの接触は時々生じる程度の一時的なものであり，その場所も海岸部付近がほとんどであった．しかし，それは後の大々的な接触の前触れであった．交易品が双方にむかって流れはじめ，新旧両大陸の文化はたがいに相手の文化を変質させていた．この傾向は17世紀になるとかなりはっきりする．

人口の激減

ヨーロッパ人が発見した当時のアメリカ原住民の人口については，まだ試算の段階である．原住民についての記録がなされる前に疫病が蔓延してしまったために人口推定が困難になっている場合も多い．今のところ妥当といえる試算では，極北，亜極北，プレーンズ，グレートベースンなどの地域では人口密度が低く，100 km²あたり1人未満と推定されている．100 km²あたり1-100人という中程度の密度であった地域はカナダ南部，プラトー，メキシコ北東部などである．その他の地域では100 km²あたり101人以上と人口密度が高かったようだ．

ヨーロッパ起源の疫病は16世紀前半にはすでにメソアメリカに蔓延し，わずかながら残された記録によれば，北アメリカでも散発的に疫病が発生しはじめていた．1600年以降はヨーロッパ人の探検も頻繁になり，大規模な遠征隊が派遣され，恒久的な植民地が築かれるようになった．これと同時に北アメリカでは天然痘，はしか，インフルエンザその他の致命的な病気がひろまり，インディアンの人口は激減していった．このころすでにメキシコでは原住民インディオの人口が最悪の状態となり1492年当時のわずか5%にまで落ちこんでいた．

このように各地にひろがっていった疫病がなかったとしても，ヨーロッパ人の拡張に対して，北アメリカのインディアン文化はとてもたちうちできなかったかもしれない．ヨーロッパは，すでに世界中にひろがりつつあった経済システムの中心であり，領土を基盤とする民族国家がこの経済成長を推進させていた．ところがメキシコより北のアメリカ大陸ではこのような先進国家はついに出現しなかった．はっきりと設定された国境をはじめとする国家組織に見られる多くの特徴が北アメリカのインディアン社会には欠落していたのである．1600年以降におこった人口の減少は，いずれは崩壊するインディアン社会の避けがたい運命の訪れを早めただけにすぎないのかもしれない．

16世紀のラテンアメリカ

1492年以降，ラテンアメリカ（メキシコ，中央アメリカ，南アメリカおよびスペイン語圏のカリブ海の島々）の原住民インディオをスペイン人やポルトガル人が支配下におくということが，どういうことなのかが問題となった．そしてこれについての議論は，アメリカ大陸本土のメキシコやペルーの植民地化が進行する10年も前にすでにはじまっていた．しかもその議論はイベリア半島の両国の拡張政策に対する国外からの批判としてではなく，マドリッドやリスボンの宮廷内において権威と影響力をもっていた法律家や聖職者によってなされたのである．

スペイン領アメリカでは，早くも1511年に，ドミニコ会士アントニオ・デ・モンテシーノスがエスパニョーラ島（現在のハイチおよびドミニカ共和国）の植民者に対して，島の原住民タイノ族を「残酷な恐るべき」隷属状態においている人々は大きな罪を犯していることになるという，有名な説教を行った．1492年当時のエスパニョーラ島原住民の人口推定については諸説あるが，おそらく300万人弱であったと思われる．それが，1539年には，ヨーロッパ人がもたらした病気と残虐な扱いや過重な労働があいまって激減し，タイノ族は絶滅寸前の状態にまで追いこまれていた．

1539年ごろになると，征服者（コンキスタドール）のいきすぎを抑制する法律の制定は，単に社会的，道徳的な必要性によるものだけではなくなってきた．ペルーにおいてスペイン人同士が征服の利権争いからはげしい内戦を繰りひろげているとの報告がスペインにもたらされ，王室はその権威を示す方法の検討を迫られていた．法律の制定が政治的にきわめて重要な意味をもってきたのである．カリブ海の島々におい

てスペイン人が出会った原住民社会は定住村落を作り，ある程度発達した政治組織ももっていたが，奴隷制度やその他の労働力徴発の仕組みはもたず，中間的な発展段階にとどまっていた．これに対して1519—21年のメキシコ征服と1533年のペルー征服においてスペイン人は高度に発達した社会組織，行政組織をもつ複合社会に直面した．征服が直接もたらしたものは，アステカとインカ文明およびそれ以前の多くの古代アメリカ文明が残した財宝の山である．しかし略奪品以上に，数百万人のインディオに租税を課し，その労働力を利用することによって，はるかに大きな利益をあげることができた．スペイン人の渡来以前に存在していた国家が実施していた社会的経済的政策によって，インディオはすでに賦役や課税の経験をもっていたのである．

1536年ごろになるとペルーの征服者達は，必ずしも固定的ではなかったが二つの集団に分裂するようになった．ピサロ派（ピサロ兄弟つまりフランシスコ・ピサロとその3人の異母弟，1人の異父弟の支持者）とアルマグロ派である（ディエゴ・デ・アルマグロの支持者．アルマグロはパナマからペルーへの遠征におけるピサロの盟友であり，チリ遠征を企て，そこにインカ帝国の首都クスコに匹敵する都を探し求めていたがうまくいかず，ペルーにもどっていた）．抗争を繰り返す両派の指導者は権勢欲にかられ，つき従う者はインディオから税と労働奉仕を得る権限エンコミエンダの付与を求めていた．エンコミエンダ制とはエスパニョーラ島で最初に実施された制度であり（イベリア半島での起源をたどればムーア人からの国土回復運動レコンキスタの中で生じたものである），王室が，征服者に対してインディオの労働力を自由に行使する権利を認めるかわりに，インディオを無差別に奴隷にすることを押えようとしたいわば妥協の産物である．インディオ社会の共同体が保存されたことは，この制度の利点であるといえる．エンコミエンダの保有者は王室から寄託された土地とは別の場所に住むことが多く，インディオの世襲の首長（カシーケあるいはクラカ）をそのまま認めて，かわりに税を集めさせていたからである．

しかし実情は異なっていた．ラス・カサスが繰り返し指摘しつづけたように，その制度がスペイン人側に課している義務，つまりインディオを保護し，聖職者を派遣し，教育を与えるという義務はほとんど守られず，一方，課税や労働力徴発はインディオ共同体を圧迫し破滅に追いこむほど苛烈に行われた．

王室はラス・カサスらの訴えに応えて1542年にさまざまな法律からなる「新法」という法典を発布した．それによれば，王室官吏，聖職者およびペルーにおける騒乱の関係者全員のエンコミエンダは没収とし，それ以外のエンコミエンダも保有者が死ぬと権限は王室にもどされることになっていた．そして，新しいエンコミエンダの認可は行わないことが明記された．この制度は事実上廃止の方向にむかったかに見えた．しかし，これに対して，ペルーにいたスペイン人はただちに行動をおこした．ほとんど誰もが内戦に関係していたためエンコミエンダ没収という危機に直面したからである．人々は内部の不和をおさめてゴンサーロ・ピサロのもとに結束し（フランシスコ・ピサロはすでに騒乱の中で暗殺されていたし，ディエゴ・デ・アルマグロも殺されていた）1544年にリマに着任し，「新法」を実施しようとした初代ペルー副王ブラスコ・ヌーニェス・ベラに叛旗をひるがえして挙兵した．一方王室は，1545年に，法令の中で最も厳しい条項を撤回することを決定した．ヌエバ・エスパーニャ副王体制のもとでは，エンコミエンダ制がないと，1540—41年に北部メキシコのミシュトンでおこったようなインディオの反乱を鎮圧することができないというメキシコからの意見をとりいれた決定であった．しかしペルーのヌーニェス副王の窮地を救うには遅すぎた．1546年にヌーニェス副王はピサロ軍との戦いで敗死したのである．1547年に，ゴンサーロ・ピサロ追討のため，新たな王室全権ペドロ・デ・ラ・ガスカが派遣されてきた．法令の修正は，ペルー植民地の主だった人々を納得させ，ガスカ支持にまわらせた．1548年5月，クスコ市の近くでの激しい戦闘の末，ピサロは敗れて処刑され，最後まで王党側につかなかった人々のエンコミエンダは没収されてラ・ガスカ軍の指導者の間で分配された．ちょうどそのころ，本国スペインのバリャドリードでは，「インディオの使徒」ラス・カサスと征服の弁明者フワン・ヒネス・デ・セプールベダ両者の，審議官を前にした公開論争の準備が進められていた．セプールベダは，ラス・カサスが非難する残虐行為はたしかに不愉快なものだが，アメリカ原住民にキリスト教文化をもたらすというスペイン人の責任を考えれば，それほど大きなことではないと述べ，「原住民は文明社会の徳高き君主と国家の権威のもとにおくことが必要である．そうなれば，支配者から力と知恵と法を学びとり，より正しい道徳，より価値のある習慣，より文明的な生活を実践することができる」と論じた．論争の結果は公表されなかったが，その後，王室はセプールベダの出版を許可しなかったし，一方，ラス・カサスの方は1552年に有名な『インディアスの破壊についての簡潔な報告』の第1版を出すことを許されている．

ラテンアメリカにおけるヨーロッパ人の支配に関する「黒い伝説」は，1492年から数十年の間にカリブ海の島々や海岸地方に見られた一攫千金を狙う征服者のでたらめな蛮行を目撃したラス・カサスやその他の宣教師の話がもとになっている．ただし「黒い伝説」とは，ずっと後になってつくられた言葉である．当時は王室の権威は十分にいきわたらず，植民者の側も原住民人口を維持することが長期的に見れば経済上得策であることをよく認識していなかった．しかし，インディオ文明の中心地であったメキシコ，中央アメリカ，ペルーなどが植民地化された16世紀後半になると，最悪の支配形態はやわらぎ，以前よりも組織だった管理体制のもとで植民地支配が行われるようになった．インディオの理論上の自由と植民者の側の必要性を折合いわせたエンコミエンダ制などのように，さまざまな工夫によって，実質的にスペイン人社会にインディオの労働力と生産物に対する権益を与えようとするやり方がとられた．エンコミエンダ制はヌエバ・エスパーニャでもペルーでも18世紀はじめまで存続したが，実際には，多くのエンコミエンダは2世代目以降王室に返還され，これらの土地は地方代官コレヒドールの管理下に置かれるようになった．コレヒドールの職務は，租税制度の管轄にあり，成人インディオが支払うべき税を，年2回の分割払いで徴収し，王室に納めることであった．

スペイン人のためにインディオを働かせる別の重要な制度として，副王の権限によって労働力を割りあてて徴発する仕組みもあった．その労働の内容は公的な市会の仕事の場合もあり，個人の私的な仕事の場合もあった．

原住民のさまざまな運命

1533年当時ペルー全体では900万人と推定された原住民人口は17世紀前半には50万人あまりにまで減少した．この低い人口レベルは18世紀前半までつづき，1800年になってようやく70万人に上昇した．とくに海岸地方はほとんど壊滅状態に陥ったが，そのおもな原因は疫病であった．天然痘がもたらされたのは征服者ピサロが上陸するよりも前のことである．天然痘の最初の流行はインカの王ワイナ・カパックの

インカ王はスペイン人に捕らわれた身の非運を嘆き悲しんだ．スペイン人は「罪もない」王を処刑したのである．

命を奪っている．ただし，スペイン人の残虐行為や戦火のひろがり（それは征服以前にも見られた），インディオ世界の崩壊という心理的衝撃が人々の生殖能力に与えた影響などが人口減少の大きな要因となったことも確かである．ヌエバ・エスパーニャ（メキシコと中央アメリカ）でも人口衰退のパターンは同様であった．征服時の人口は1100万人から2500万人とさまざまに推定されているが（最近は低い数値の方がとられている）1625年には125万人にまで減少している（1800年には250万人に回復した）．ここでも病気が主たる要因になっていた．

アンデス山脈の東側や南アメリカ南部の広大な地域に分散して住んでいた原住民の人口については，あまりよくわかっていない．その一つの理由は，これらの地域がスペインやポルトガルの国家体制の中に完全に組み込まれることがなかったため，征服以前の人口を復元する手がかりになる植民地時代の納税記録が存在しないことである．現在チリのパタゴニア地方などに住むアラウカーノ族は，16世紀はじめには100万人を数えていたと考えられている．アラウカーノ族は半遊動的な生活を送っており，はっきりした政治的中心は存在しなかった．したがって，メキシコやペルーの場合のように，少人数の征服者だけで発達した国家組織の中枢を襲い，以前からあったアステカあるいはインカなどの君主の座に自分たちが坐るだけで支配が可能になるというわけにはいかなかった．このような理由もあって，アラウカーノ族をスペイン帝国に同化させることはついにできなかった．チリの征服には長い年月を要した．前線ではたえず戦闘が繰り返され，時に協定が結ばれることがあってもすぐに破棄されるという状態が長いことつづいたが，結局アラウカーノ族はしだいに南の方へ追われていった．しかし19世紀に近代国家に編入されるまで，10万人のアラウカーノ族が白人からの独立を保ちつづけていたという．

後にポルトガル領ブラジルとなる地域にヨーロッパ人が最初に訪れたのは1500年のことだが，その当時の人口を推定することもきわめてむずかしい．この地域はあまりに多くの部族社会に分散していたし，スペイン王室にくらべると，ポルトガル王室は原住民を保護したり人口統計をとることには，まったく関心を示さなかったからである．推定人口は250万人から500万人と諸説あるが，近年は高い数値の方がよく用いられている．はっきりしていることは，ポルトガルの植民が本格化した1533年には海岸地方一帯に点々と住んでいたトゥピ＝グァラニー系諸族が，1600年までに人口が大幅に減少してしまったという点である．やはり疫病がその大きな要因であり，たとえば1562―65年にかけてバイーア地方では天然痘で3万人もの原住民が死亡している．しかしスペイン領アメリカにくらべると，インディオ掃討や奴隷狩りもかなり重要な要因になっていた．たとえばバイーア海岸に住んでいたトゥピナンバ族は，ブラジルの第3代総督メン・デ・サ（1557―72年）によって徹底的に駆逐され，奴隷にされ，あるいは殺されてしまった．このため16世紀のブラジルの首都であったサルバドール付近では300以上の村が壊滅している．このような政策によって海岸地方の労働力が不足したため，17世紀前半には北方のアマゾン地方や南方のパラグァイでも奴隷狩りがはじまった．しかし労働力不足が最終的に解消されたのは黒人奴隷の輸入によってであった．アマゾン地方やパラグァイでの奴隷狩りは，名目的にはスペイン領であった広大な領域にポルトガル人がはいりこみ，実際にブラジルの国境をひろげる結果となった．スペインはそれらの地域にあまり関心をもっていなかった．すぐに開発できる貴金属はないし，原住民を容易に同化させて労働力にする見込みもなかったからである．1610年にパラグァイにやってきたイエズス会は，グァラニー族がポルトガル人の侵入に対抗するのを助け，1767年にスペイン王室の命令によってイエズス会が追放されるまでに，推定10万人のグァラニー族を文化変容やもっと悲惨な結果から守った．パラグァイ西部チャコ地方の少数部族は，ただ，ヨーロッパ人の居住域から遠く離れていたというだけの理由で，生き残ることができた．それは多くのアマゾン地方のインディオの場合と同じである．アマゾン流域全体で生き残ったインディオはおそらく100万人ぐらいであろう．

パラグァイのイエズス会が宣教師以外のあらゆるヨーロッパ人からインディオを隔離しようとしたのは，16世紀前半にドミニコ会士ラス・カサスが行った多くの試みの論理的延長であったともいえる．かつてラス・カサスは，アメリカの原住民は，植民地社会から隔離されれば，キリスト教徒として平穏な生活をおくることができると主張し，それを実際に証明しようとした．王室に自説の正しさを示そうとしたラス・カサスの試みは失敗におわったが，植民地社会はそれぞれ別の社会階層の体系と別々の政治統制の仕組みをもつインディオとスペイン人の二つの「共和国」をかかえたものとして建設されるのがよいという考え方は，17世紀になってもスペインの植民地における立法の根底に強くうかがわれた．この考え方は，征服直後に，少数のスペイン人が数百万人のインディオを支配するためには，土着の貴族を存続させ，そればかりかいろいろな特権さえも与えなければならなかったという事情もある程度反映している．ペルーでは1549年までクスコに傀儡のインカ王を擁立していたし，インカ貴族の娘たちの多くはエンコミエンダの保有者であるスペイン人と結婚していた．スペイン人到来の直前に死んだインカ王ワイナ・カパックの孫にあたるサイリ・トゥパックは，1550年代の後半はユカイの谷で優雅な生活をおくっていた．サイリの孫娘でチリの軍事総督を父にもつ女性は，1616年にオロペッサ侯爵の称号を受けている．メキシコでも似たような政策がとられ，モテクソマ大王の2人の娘にはインディオの村々を支配する永代のエンコミエンダが認可された．この両地域ではスペイン王室は18世紀までインディオ貴族の地位と特権を認めていたのである．

土着の貴族の存続によって，形式的にはインディオの共同体をスペイン人の町から分離させることが可能であった．その一つの利点は16世紀前半のインディオ政策への批判者たちが指摘していた虐待を防いだことである．しかしスペイン王室がこの目的にそって法制化を試みても，どうにもならない現実の社会的，経済的圧力がそれをなしくずしにしていった．スペイン人女性の数の不足，インディオの私的な奴隷化，町へのインディオの流入，インディオ共同体に隣接した場所にスペイン人の領地が設置されたことなどが要因となってインディオでもスペイン人でもない混血のメスティーソが誕生し，やがて大きな社会集団を形成するようになったのである．16世紀以降，表面的にはヨーロッパの文化と価値がラテンアメリカ社会を支配してきた．しかし北アメリカの場合にくらべると，ラテンアメリカでは，少なくとも征服以前から発達した社会が存在した地域においては，人々はスペインによる植民地化という蹂躙の中で最初の100年をなんとか生きのびて，やがて自分たちの血と文化を支配者であるヨーロッパ人の血と文化に混ぜあわせ，今日のメスティーソ（混血）社会の基礎を作りあげていった．

暴力による支配．ひざまずくインディオを拍車のついた長靴で蹴るスペイン人．

推測の時代から科学的研究の時代へ

新大陸にいた住民はいったいどのような人々なのか．どこからやってきたのだろうか．これらについての推測は，最初の接触の時からすでにはじまっていた．コロンブスは，アジア（インディアス）の東部の原住民であり，おそらくマルコ・ポーロが記した大汗国の臣民であろうと考えた．原住民を強制労働に使おうとしたスペイン人は，インディオがそもそも人間なのか，魂をもった存在なのかどうかを問題にした．もしそうでなければ，鉱山や農園で奴隷として働かせることができるからである．

教会は原住民が救うことのできる魂をもった人間であるという決定を下し，ただちにスペイン領アメリカに宣教師を派遣して改宗事業を開始した．16世紀にアメリカにわたった修道士や神父はかなり学識の高い人々が多かった．メキシコの原住民の伝承の中には自分たちの祖先が舟にのり東の海をわたってやってきたという話がある．これを聞き知った宣教師の多くは，旧約聖書にある「イスラエルの消えた10支族」の末裔であると確信した．ヘブライ語を話す人々などどこにもいなかったという事実も，あまり問題にはならなかったようである．この説は後々までも伝えられ，今なお信奉者が存在している．

1590年にイエズス会のホセ・デ・アコスタ神父は『新大陸自然文化史』を著し，その中で，これとは別の考え方を呈示している．新大陸の原住民はユダヤ人よりもタタール人によく似ており，したがって北東アジアからこの大陸にわたってきた，という説である．いうまでもなく，時の試練をへて今日なお妥当性を失わないのはアコスタ神父の説の方である．ただしアコスタはアジアから新大陸への移住がいつ，どこで，なぜ生じたのかを知る手だてはまったくもちあわせていなかった．アコスタの時代には西ヨーロッパの人々は，まだシベリア，アラスカおよびベーリング海峡のことについては何も知らなかった．

アメリカ独立戦争の後，白人がアパラチア山脈を越えて西のインディアンの土地に押し寄せていくにつれ，別の新しい推測も生れてきた．とくに19世紀前半にはさまざまな説があらわれた．オハイオ川やミシシッピ川流域にやってきた白人は，当時その地に住んでいたインディアンにも何だかわからなかった古代のマウンド（築山）を発見した．マウンドの中には墓が設けられており，銅製品，真珠，雲母その他のめずらしい材料を用いたすばらしい供物がおさめられていることもあった．これらのマウンドを築いた謎の人々は「マウンド・ビルダー（築山の建設者）」とよばれるようになった．当時の風潮は人種主義的であり，一般には反インディアン的であったため，マウンド・ビルダーが褐色の肌のインディアンとはとても考えられず，おそらく，ずっと昔に姿を消した白人がいたにちがいないとされた．

コロンブス到来のはるか前にアメリカに白人がいたという考えは，ウェールズ人が西方の新大陸へわたったらしいという話を後世になっていろいろ脚色したマドック伝説にも依拠している．マンダン族などのプレーンズ・インディアン諸族の中には，かつては，色の白いインディアンもいて，それがマドックが率いたウェールズ人移住者の子孫であったという説は長い間信じられてきたし，今もそう思っている人がいる．

モルモン教の創始者ジョウゼフ・スミス・ジュニア（1805－44年）は明らかにこのような考えに影響を受けている．ニューヨーク州の北部地方出身の若者スミスは，目の前に天使があらわれるという体験をして，後に「変型エジプト文字」とよぶようになる文字を刻んだ黄金の板を示され，それを読み翻訳することのできる魔法の眼鏡を借してもらったという．スミスは後になって記憶をもとにしてその内容を書き取らせた．これが『モルモン教典』として知られる書物である．『モルモン教典』には，聖地パレスティナから新大陸へ渡った2度にわたる大西洋横断の移住について書かれている．第1回目に渡来したのはジャレディット族である（現在，モルモン教の権威者たちは，それを古代メキシコのオルメカの人々と考えている）．2回目の移住者はレヒとその家族および友人であった．新天地でレヒが死んだ後，息子の中で年下のネフィが指導者の地位につき，これに従う人々はニーファイトとよばれるようになった．ニーファイトは旧大陸原産の小麦，牛，馬その他のものを新大陸にもたらし，都市や神殿を築いた．しかしネフィの兄たちが継承権を奪われたことに恨みをいだきはじめたので，神はのろいをかけて褐色の肌にかえてしまった．これらの人々はラマナイトとよばれるようになり，今日われわれの知っているアメリカ・インディアンの祖先となった．『モルモン教典』の物語はニーファイトがラマナイトによって全滅させられるところでおわる．

ジョウゼフ・スミスは，メキシコと中央アメリカでマヤの遺跡を発見したスティーヴンズとキャザーウッドの書物を読んだ時，この文明を築いたのは褐色の肌のインディアンではなく白人にちがいないと考え，マヤ人は「ニーファイト」であると断言した．褐色の肌のラマナイトおよびその子孫はどんどん退化していったので，そのようなすばらしい文化を生み出すことはできなかったというのである．

「消えた10支族」の話から着想を得たのはスミスだけではなかった．キングズバラ子爵エドワード・キング（1719年生まれ）は征服以前に書かれたメキシコの文書資料をことごとく再版して出版しようと試み莫大な資金を投じたが，ついに破産し，最後は負債者を収監する牢の中で死去した人物である．キングはメキシコの古代文明を生み出した人々はヘブライ人の巡礼の子孫であるということをなんとか証明しようとしたのである．しかし，このドンキホーテ的企てのおかげで，マヤの『ドレスデン絵文書（コデックス）』などきわめて重要な文書資料がはじめて完全な形で多くの学者の目に触れるようになり古代アメリカの研究に大きな進展をもたらした．

もっと乱暴な説も繰り返し提唱され，実際に，少なからぬ支持を得ている．アトランティスやムーなどの失われた大陸の文明説や，エリック・フォン・デニケンの一連の著作ですっかり有名になった宇宙からの訪問者説などである．このような考え方が支持されるのは，アメリカの原住民が偉大な文明を築いたということを，ヨーロッパ人やヨーロッパ系アメリカ人がなかなか認めたがらないという一般的傾向が反映しているようだ．

しかし，これまで述べてきた諸説はともかくとして，アジアから太平洋を越えて伝えられた文化要素はあるかもしれないし，その可能性をまじめに検討すべきであるとする最近の

上　アメリカやヨーロッパで19世紀中頃に，メキシコとグァテマラに存在するマヤ文明の遺跡が広く知られるようになったのは，2人のたぐいまれな人物の才能と好奇心のおかげである．1人は合衆国市民ジョン・ロイド・スティーヴンズ（1805－52年），もう1人はイギリス人フレデリック・キャザーウッド（1799－1854年）である．2人は2回にわたる苦難の旅（1839－40年，1841－42年）の中で多くのマヤ遺跡を探訪したが，その多くはそれまでまったく知られていなかった遺跡であった．この体験をスティーヴンズは文章に，キャザーウッドはスケッチ画と石版画であらわした．双方とも正確で生き生きと表現されていた．上の石版画はトゥルムの神殿で，キャザーウッドが入り口の右に見える．

右　トマス・ジェファスン（1743－1826年）は作家であり，政治家であり，地主であり，考古学の先駆者でもあった．ジェファスンは科学的な考古学が確立するはるか以前にインディアンのマウンド遺跡の発掘を行っている．この発掘は，マウンド内の堆積が層位的に積み重なっているという仮説を立証しようと試みたものである．これを確認したジェファスンは，その結果を克明に記録に残した．

研究には耳を傾ける必要があろう．この太平洋を越えた伝播を示すものとして，とくにメソアメリカの暦法に見られるいくつかの特徴があげられている．たとえば『ドレスデン絵文書』に書かれたマヤの天体食の暦が中国の漢王朝の時代に発達した暦とまったく同じ原理に基づいているのは，偶然の一致とは考えにくいかもしれない．

このような東アジアあるいは東南アジアからの伝播が，いつ，どのようにして生じたのかは明らかにされていない．アジア起源を思わせるような特徴の中には，氷河時代にシベリア経由でアラスカにもたらされていたという可能性もある．当時の初期狩猟民が，知的伝統を何もたずさえてこなかったとはとても考えられない．新大陸に見られる動物を中心としたシャマニズム的宗教の特徴の中には，きわめて古いアジア的基層文化に由来するものもあるかもしれない．ただし，いくつかの文化要素については，このような古い起源を想定することはできない．ポール・トルストイは新大陸の熱帯地方に見られる樹皮紙（たとえばマヤ文明の絵文書に用いられた樹皮紙）製作の複雑な技法をその例としてあげており，それは東南アジアとインドネシア，さらに場所を特定するならセレベス島とモルッカ諸島に起源をもとめることができると論じた．このようなきちんとした学者による伝播論は尊重すべきかもしれないが，残念ながら狂信的主張が後をたたないのも事実である．

考古学の時代

最初に科学的な考古学調査を行ったのは博学多才なトマス・ジェファスンであった．まだ合衆国大統領に選出される前の1782年ごろ，ジェファスンはヴァージニアの自分の地所にあったマウンドの試掘を行い，注意深い観察記録を残した．ジェファスンは1784年に公刊された報告書の中で，マウンドには4層に積み重なった堆積がみとめられ，それぞれの堆積層の中にいくつかの埋葬の跡があったと記しており，それらの資料からインディアンの集団埋葬が行われていたという結論を出した（ジェファスンはマウンドがアメリカ原住民以外の何者かが築いたなどとはまったく考えなかった）．

なさけないことに，層位発掘が再び行われるのは20世紀になってからである．しかし，19世紀は大規模な考古学的探査が行われた時代であり，新大陸の古代文明が発見され，遺跡が地図の上に記され，それぞれの文明についての本格的な研究も開始されるようになった．これらの古代文明はアメリカの原住民が築きあげたものという見方も定着した（ケイレブ・アトウォーターなどは例外といえる．アトウォーターはオハイオのマウンド群をきちんと扱った最初の書物を1820年に出版しているが，それはメキシコ経由で移住したインド人が築いた建造物であると考えていた）．

19世紀初頭にはアントニオ・デル・リオがマヤ古典期の遺跡パレンケの調査を行っている．しかし，人々がメキシコや中央アメリカの密林に栄えた壮大なマヤ文明に想像力を駆り

たてられるようになったのは，アメリカの法律家ジョン・L・スティーヴンズとイギリスの地誌画家フレデリック・キャザーウッドの大発見のおかげである．その成果は1841年と1844年に公刊されている．この書物は観察の記述と視覚的描写の手本といわれ，今日でもこれをしのぐものはあまりない．

新大陸の先史に関する初期の現地調査としては，そのほかに，E・G・スクワイヤーとE・H・デイヴィスによるミシシッピ河谷のホープウェル文化とミシシッピ文化のマウンドの調査（1848年公刊），スミソニアン研究所のウィリアム・H・ホームズによるメキシコおよび中央アメリカの古代都市調査，ヨハン・チュディらとともにスクワイヤーが行ったペルーとボリビア諸遺跡の調査などがあげられる．アレクサンダー・フォン・フンボルトも，ラテンアメリカを旅行し，調査研究を行っているので，その名がしばしばひきあいに出されるが，新大陸の考古学の発展への貢献はそれほど顕著とはいえない．

19世紀には，アメリカ合衆国で人類学および考古学の大規模な研究機関も創設された．ハーバード大学のピーボディ博物館，スミソニアン研究所のアメリカ民族学部門，カリフォルニア大学などである．それでも新大陸の考古学は依然として層位発掘法以前の状態にとどまっており，それぞれの先史文化相互の年代関係や，原住民文化がどのくらい古いのかについてはほとんどわからなかった．しかし，19世紀になされた彫大な貢献を軽視することはできない．たとえばオーストリア生れのテオバート・メーラー（ピーボディ博物館所属）やイギリス人アルフレッド・P・モーズレーが行ったマヤの都市遺跡の調査，石彫の研究，多くの写真記録などを考えてみればよい．このとき公刊された立派な報告書は，今日なお，マヤ碑文研究の基礎資料になっている．

このつぎの段階が，『アメリカ考古学史』を著したゴードン・ウィレーとジェレミイ・サブロフのいう「層位法革命」である．考古学調査法の一つとして用いられる層位法（遺跡に堆積した時代順に土層を識別する方法）は，もともとスコットランド人チャールズ・ライエルが地質学調査に用いたもので，イギリスにおいて，ピット＝リヴァース将軍の研究と著作によって改良された方法である．それが新大陸考古学に採用されるのはずいぶん遅れた．最初の層位発掘はドイツ人の考古学者マックス・ウーレ（後に「ペルー考古学の父」とよばれる）によってサンフランシスコ湾岸地方のエマリーヴィルの貝塚遺跡で行われた．その報告書が出版されたのは1903年である．メソアメリカでこの方法がとられたのは1911年であった．メキシコ人マヌエル・ガミオが，偉大な人類学者フランツ・ボアズの指示にしたがって，メキシコ市の近くのアスカポツァルコ遺跡で層位発掘を行い，形成期（当時は「古期」とよばれた）からテオティワカン文化，そしてアステカ文化に至る考古学的編年を明らかにしている．北アメリカではネルズ・C・ネルソンが先駆者であり，1913年と1915年にニューメキシコ州ガリステオ盆地にあるブエブロ文化の遺跡で層位発掘を行った．ネルソンは明らかにウーレや他のヨーロッパの考古学者の影響をうけて，この最も基礎的な方法といえる層位法を採用したようだ．

20世紀前半は科学的考古学が大きく発展する時代であり，カナダ，アメリカ合衆国，ラテンアメリカの各地で大規模な調査研究がひんぱんに行われた．豊富な財源をもつ研究機関の調査がこの時期の主流であった．たとえばマヤ研究を発展させたワシントンのカーネギー研究所，ペルーをおもな対象にしたカリフォルニア大学，合衆国南西部の研究を行ったハーバード大学などである．相対年代による文化の編年は北米の極北地方から南米の南端ティエラ・デル・フエゴに至るまで各地で確立し，さまざまな文化が地域ごと，発展段階ごとに分類できるようになった．また，この時期に，メキシコの国立人類学歴史学研究所のように，合衆国以外の各地に研究機関が創設され，新大陸原住民についての知識を集積する重要な場となってきた．

現代の考古学研究の発展

しかし，ある文化の年代はいったいどのくらい古いのだろうか．層位法によって相対的編年，つまりA文化はB文化より古く，B文化はC文化より古いということが決定できるようになったのは一つの成果であったが，それを西暦に対応させるとどうなるのか．1940年ごろには地質学者と考古学者が，アメリカの原住民は少なくとも11000年前には新大陸にいたことを地質学的年代決定法によって明らかにした．たとえば，氷河の活動にともない生成される縞状粘土堆積の分析から年代を決定する方法である．合衆国南西部の研究においては，天文学者A・E・ダグラスが年輪年代法を考案し，古代ブエブロ文化のアパート式の住居跡に残された木材の梁の年輪の分析によって年代測定を行った．この方法によって南西部地方では先史遺構と文化の年代が正確に測定できるようになった．マヤ地域では，19世紀に新聞の編集者ジョウゼフ・T・グッドマンが手がけたマヤ暦と西暦の対照の試みが完成し，マヤ暦を刻んだおびただしい数の石彫の年代が判明した．600年間にわたるマヤ古典期文明の絶対的な編年が確立したのである．

新大陸考古学における真の発展は1940年代後半に生じた．シカゴ大学の化学者ウィラード・F・リビーが炭素14年代法あるいは放射性炭素年代測定法を開発したのである．これは炉跡の炭などの古い有機物から年代を測定する方法である．この画期的な測定方法が出現する前には，新大陸の諸文化が非常に古いという事実を認める考古学者は少なく，公刊されていた各地域の編年も見当ちがいのものがかなり多かった．放射性炭素年代法は合衆国南西部とマヤ地域以外の場所にも絶対年代を与え，一般には多くの文化がそれまで考えられていたよりもずっと古いことを明らかにした．ただし南西部の先ブエブロ期にあたるバスケットメーカー文化のように，むしろ新しい年代に書きかえられた場合もある．放射性炭素年代法は年代測定のやり方をかえただけではなかった．たとえばオルメカ文明の年代がはるかに古いことが判明し，それにともなって文化の発展過程そのものについての考え方も大幅に修正されたのである．

第2の大きな発展は，土器，石器，金属器などの考古遺物を物理学的，化学的に分析する技術が発達したことである．それによって古代の交易網の復元や原料の入手法を推定することも可能になった．

最近大きな潮流となっている一つの理論的動向がある．一面では，生物学や生態学を拠りどころにして，古代の人間集団が環境の変化に対しいかにして文化的に適応したかを解明しようと試み，さらに，一方では，社会人類学の視点から，考古学資料をもとに，古代アメリカ原住民社会の構造や社会過程を論じようとする立場であり，「新しい考古学ニューアーケオロジー」としてもてはやされているものである．それが新大陸先史文化の理解にとって，どのように「新しい」のか，いかに重要であるのかは，やがて時が明らかにしてくれるだろう．

第 2 部　最初のアメリカ人
THE FIRST AMERICANS

居住のはじまり

　生物種としての人類の進化は，地質年代でいえば，およそ250万年前にはじまる更新世，あるいは氷河時代に主としておこった．類人猿に似たわれわれの祖先から今日の現生人類に至る進化は旧大陸で生じたのであり，新大陸ではこの進化が見られなかったことははっきりしている．新大陸への最初の人間の移住は，かなり後になって，更新世の末期に行われたのである．その点については，いささかの疑いをはさむ余地もない．最も有力な論拠となるのは，ヒトの仲間であるホモ属の古い形態の生物種は新大陸には存在せず，現生人類に一番近いネアンデルタール人の骨さえも発見されていないという事実である．今まで古い堆積土の中から発見された人骨はすべて形質的には現生人類に属するものであった．

　氷河時代には，長期間にわたる氷河の発達と地球規模の気温低下が幾度となく繰り返された．これらの氷期と氷期の間に間氷期があり，その時には暖かくなって気温も現在の状態に近くなっていた．氷期の中では最後の氷期が最も厳しく，およそ8万年前にはじまり，紀元前7000年ごろまでつづいた．その後，世界中の氷河は後退をはじめた．北アメリカの最後の氷期はウィスコンシン氷期とよばれている．

　ウィスコンシン氷期の最盛期には，北アメリカ北部は厚い氷床におおわれ，ユーラシア大陸の北端にも氷床の発達が見られた．そしてあいだの海は一面が叢氷状態となっていた．この時期，ウィスコンシン氷河と，ユーラシア大陸のヴュルム氷河の発達によって，地球上の陸地の30％ほどが氷におおわれていたと考えられている．あまりにも多くの水分が陸地に凍結していたため，海水面は少なくとも85mは低下し，現在の大陸棚の大部分は地表になっていた．とくに重要なことは，シベリアとアラスカのあいだが陸つづきになった点である．北アメリカの大陸部では，南はオハイオ川とミシシッピ川の合流点あたりまで分厚い氷床におおわれていた．氷床の

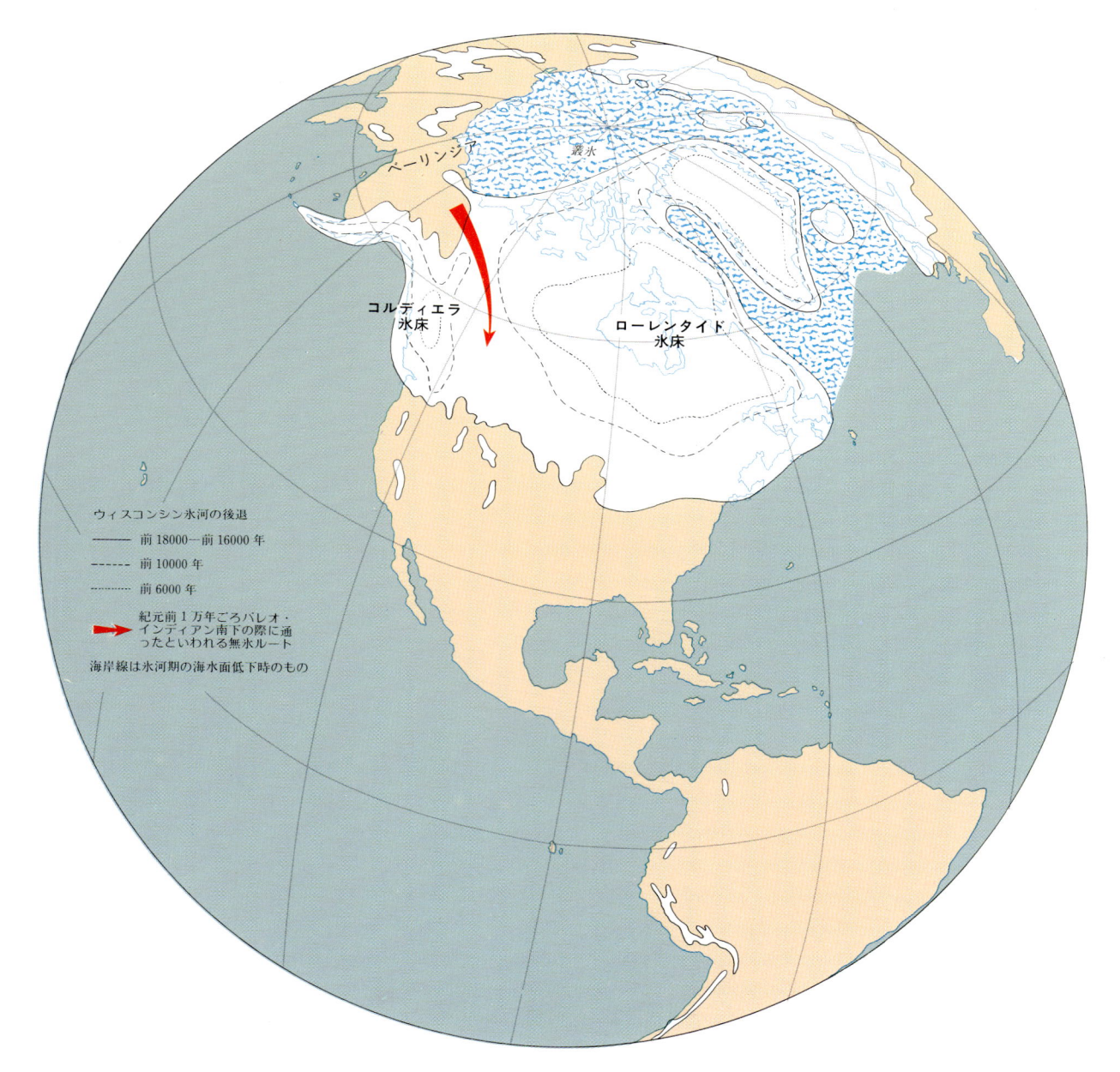

ウィスコンシン氷河の後退
― 前18000―前16000年
― 前10000年
― 前6000年

→ 紀元前1万年ごろパレオ・インディアン南下の際に通ったといわれる無氷ルート

海岸線は氷河期の海水面低下時のもの

ウィスコンシン氷河の広がり
更新世末期には北半球のかなりの地域は巨大な氷床におおわれていた．新大陸に初めて人があらわれたのはこの頃であった．膨大な量の水分が凍結したため海水面はかなり低下し，シベリアとアラスカの間には幅広い陸の橋が出現した．そこは氷に閉ざされることもなかった．一説によれば，最古のパレオ・インディアンは当初ベーリンジアの一部をなしていたアラスカに留まっており，前1万年ごろになって形成された無氷の回廊を抜けて南下し，やがてクローヴィス文化の人々が各地で乱獲をはじめて大動物を絶滅に追いやったという．しかし，当時そのような回廊地帯が存在したという明確な証拠はなく，前1万8000年ごろと推定されるコルディエラ氷床とローレンタイド氷床の合体以前にアメリカ・インディアンの祖先は南の低緯度地方にすでに達していたとする意見もある．

上　小ダイアメッド島（アメリカ合衆国）からながめたベーリング海峡．真ん中に見えるのが大ダイアメッド島（ソビエト連邦）であり，その向うにシベリアの沿岸部（デジネフ岬）が見える．更新世の末期，この一帯は陸地になっていて，狩猟採集民の集団は簡単に新大陸にわたることができた．しかし現在でもこの海峡は人や物の行き来の障壁にはなっていないようだ．実際，ソビエト政府が禁止するまではエスキモーは定期的に海峡を越えて往復していた．

厚さが3000 mに達するところもあった．また，メキシコの高原部や，南アメリカのアンデス山脈でも大規模な氷河の発達が見られた．

ウィスコンシン氷期の大半の期間は新大陸に人が住んでいなかったことがはっきりしている．最初の移住者が氷におおわれていない場所にようやく到達した時，そこは現在とはまったく違う環境であった．たとえば，現在のグレートプレーンズ，中西部地方（ミッドウエスト），ペンシルヴェニア州，ニュージャージー州は氷床の末端のすぐ南側にあたり，ツンドラ地帯となっていた．その南，合衆国中部地方の大部分は北方森林帯であった．当時，ヴァージニア州などは，現在のラブラドル地方南部のような景観を呈していたのである．草原は，おそらくもっと南の合衆国南西部やメキシコにかけてひろがっていたと思われる．

この新しい土地は，最初の移住者の目には狩猟民の天国のように見えたことだろう．更新世末期には大型の草食動物が大群をなして徘徊していた．当時，そこにいたのはウマ，マンモス，マストドン，大型バイソン，ラクダ科の動物などである．これらの草をはむ動物に加えて，絶滅種の巨大なオオカミの仲間ディルスオオカミや地上性のオオナマケモノなどの危険な獣もいた．しかし，これらの動物は，人間の到来と氷河の後退にともなって，やがて死滅していった．

人はいつ北アメリカにやってきたのか？

新大陸アメリカに人類ホモ・サピエンスが到来した正確な年代の決定は，考古学がかかえている難問の一つになっている．いつ，どのようにして移住が行われたのかは，学者の中でも意見がさまざまに分かれているのである．しかし，どこから移住したかという点になると，おおかたの意見は一致している．ユーコン川流域地方を中心とするアラスカの大部分と東部シベリアのかなりの地域は，氷河時代にも氷におおわれてはいなかった．ウィスコンシン氷期においては地球規模で海水面が低下したため，二つの大陸の間には幅1600 kmにわたる陸地が出現し（今はチュクチ海，ベーリング海峡およびベーリング海に没している）巨大な陸橋で結ばれたかたちになっていた．当時の人々は，シベリアからアラスカまで氷に閉ざされていないツンドラ地帯を歩いてわたることができたと思われる．しかし，今日でもベーリング海峡は，舟を操るエスキモーの人々などにとっては，二つの大陸のあいだに横たわる障壁というよりもむしろ交通路になっている．アジアからの最初の移住者が海上を航行できなかったと断言する根拠はまったくない．放射性炭素年代測定によれば，少なくとも2万年前には，オーストラリア・アボリジニ（オーストラリア原住民）の祖先が海をわたっている．オーストラリアは氷河時代においても他の大陸とは陸つづきになっていなかったから，このとき渡った人々は舟をもっていたことになる．

アメリカ大陸における初期の人間の居住については考古学者の意見は大きく二つに分かれている．一方には，初期の遺跡や簡単な石器をもつ文化の年代が2万年以上も前にさかのぼるとする放射性炭素年代測定の結果に重きをおく学者がおり，他方には，紀元前1万年よりも古い居住の証拠は多くの点で非常に疑わしいと見る学者がいる．たとえば，C・ヴァンス・ヘインズ・ジュニアとポール・マーティンは，はっきりパレオ・インディアン（古インディアン）文化と認めることができるのはクローヴィス文化からであり，それは紀元前1万年よりもやや後になって合衆国西部にあらわれたが，起源はアラスカにあったと主張している．そして，アメリカ・インディアンの祖先は，このころになって西のコルディエラ氷床と東のローレンタイド氷床のあいだにできた無氷地帯の回廊を南下することができたという仮説をたてた．クローヴィスの人々は両面加工の剥片から作った投射用尖頭器という強力な狩猟具をもっていた．マーティンによれば，更新世の大型動物（メガフォーナ）の急速な絶滅は，この道具を考案した人間による「乱獲」が原因であったという．

クローヴィス期よりも前のもっと古い時代にもアメリカ大陸に人がいたと考える人々は，マーティンらの仮説が主として三つの点で欠陥があると指摘している．第1点は，ロッキー山脈の東側に当時そのような無氷地帯の回廊があったとい

居住のはじまり

う根拠が薄弱であること，第2点は，更新世のメガフォーナは人間が死滅させたとしなくても，気候の変動で十分説明できるということ，第3点としては，アラスカで知られている最古の石器はアジア型の細石刃であり，その年代は最古のクローヴィス遺跡の年代よりもけっして古くはないということである．つまり，クローヴィス型石器およびそれに類似した石器製作技法は，アラスカの石器文化から発達したのではなく，それよりもはるかに古い，もっと単純な新大陸の文化基盤から発展してできあがったものに違いないと主張する．

アービング・ラウスは石器の類型論を基礎にして，初期のアメリカ人についての一つの図式を呈示している．ここでは，それを多少修正しながら採用させてもらうことにしよう．それによれば，新大陸の「石器時代」は石期とよばれ，前期，中期，後期の3時期に分けられている．

石器時代の最古の文化——前期石期

紀元前1万年よりも前に新大陸に人がいたとする主張に対しては，これまで，手厳しい批判がなされており，批判の方が正しい場合も多い．しかし，事実として，紀元前1万年よりもはるか昔に人がいたことを示す確かな証拠が存在するのである．ラウスの見解によれば，前期石期は刃の部分のみを調整した不規則な形状の剝片石器の製作によって特徴づけられる．この技法は2万年以上も昔にさかのぼるかもしれない．ただ，奇妙なことに，前期石期に関する資料はアラスカにはまったくなく，むしろ良好な資料はカナダや合衆国よりも南のメソアメリカや南アメリカから得られている．

この非常に古い時代のものとされる遺物については，とくに慎重に考える必要がある．それでも懐疑論者からの批判に十分応えられるような前期石期の遺跡は確かに存在する．カナダのユーコン地方北部のオールド・クロー盆地はベーリンジアの東端に位置している．ベーリンジアとはウィリアム・アーヴィングの言葉を借りれば「更新世において氷床におおわれていなかった北アメリカ北部西端と東部シベリアを含む亜大陸」である．ウィスコンシン氷期の後期において，ベーリンジアと南のもっと恵まれた地方との間には氷床がひろがっており，人がそれ以上南に進むことは不可能な時期もあったらしい．発見者がオールド・クローの文化遺物としているものは，石器ではなく，人為的に割られたり，細工された更新世の哺乳動物の骨であった．一つは獣皮のうら側の肉をそぎ落とす道具で，カリブーの骨で作られていた．そのほかに加工の痕跡が認められるマンモスの骨が2点発見されている．細工は骨の組織がまだ新鮮な状態のうちに行われたようだ．これらの骨から直接測定された年代は，29100年前，27000年前および25750年前であった．

オールド・クロー遺跡では層位関係が把握できなかったが，メドウクロフト岩蔭遺跡ではさまざまな遺物をふくむ堆積土が何層かに分かれていることが確認された．この遺跡はペンシルヴェニア州ピッツバーグの南西48 km，オハイオ州との州境付近にあり，そばをオハイオ川の支流の小さな川が流れている．かつてアパラチア山脈の中でも氷河におおわれていなかった場所である．発掘者のジェイムズ・アドヴァジオらがのべているように，この遺跡は，まさしく「新大陸におけるクローヴィス以前の人間の居住の年代を決定する最良の資料」を与えてくれた．岩蔭内の堆積土の最下層にあたるI層には，石器はふくまれていなかったが，まとまった量の炭化物（人間の活動の痕跡にちがいない）と，炭化した樹皮の切れ端らしいものがあり，いずれも17000年以上前という放射性炭素年代測定の結果が得られた．その上層はII a下層とよばれ，層内の下から3分の1くらいの所で発見された炉跡から採取された炭化物の年代は10850年前から14225年前（前8900—前12275年）であった．出土した遺物はすべて石器で，菱形状の「ナイフ」形剝片，石刃，片面加工の剝片，両面加工の剝片，彫刻刀形石器（グレイバーとマイクロエングレイバー），鋸歯状剝片や加工中に打ち欠かれた残滓などが見られ，それとともに両面加工の槍状尖頭器が1点発見された．メドウクロフト遺跡では，これらの地層から更新世の絶滅動物の骨が出土しなかったので，この資料を疑問視する人もいる．しかし，これは前期石期の候補としては申し分ないように思える．

北アメリカで前期石期の資料が発見されている遺跡はメドウクロフトだけではない．アイダホ州中南部ウィルスン・ビュート洞穴からは3点の前期石期タイプの石器と獣骨が発見され，14500年前および15000年前という二つの放射性炭素年代が得られている．さらにもっと確かな資料はテキサス州のリーヴァイ岩蔭遺跡に見られる．そこは1959—1960年と1974年にハーバート・アレグザンダーが発掘した遺跡で，何層かにきちんと分かれたパレオ・インディアン時代の堆積土があり，前期石期という時期が広い地域にわたって存在したことを明確に示す証拠となっている．

クローヴィス以前の非常に古い時代の遺物はラテンアメリカでも発見されている．メキシコ市の東南東125 kmのところにあるプエブラ州のバルセキーヨ・ダムの貯水池のほとりで，シンシア・アーウィン＝ウィリアムズは初期狩猟民の一時的なキャンプの跡を何カ所か発見し調査を行った．そこでは層位関係が明確な二つの堆積層が確認され，いずれの地層内にも，解体のために運ばれたと考えられるさまざまな絶滅種の動物の骨がふくまれていた．マンモス，マストドン，ウマ，エダヅノレイヨウ，ディルスオオカミやその他の小動物である．ラウスは，この遺跡から出土した石器がすべて剝片石器で調整が刃部だけに限られていることに着目している．そのうちの2点は片面加工の投射用尖頭器である．これらのさまざまな種類の石器はいずれもアメリカ大陸の他の前期石期の遺跡に見られるものと似かよっていた．

南アメリカでは，リチャード・S・マクニーシュがペルー山地のアヤクーチョ盆地にあるピキマチャイ洞穴で発掘調査を行い，いまだ論争中とはいえ，どうやら前期石期と見なしてもよい資料を提出している．マクニーシュがパカイカサ文化相と命名した最下層から，加工の痕跡が認められる大型の剝片が数点と，ナマケモノやウマかラクダの仲間などの絶滅種動物の骨が出土したのである．また14700—20000年前という放射性炭素年代も得られている．

南アメリカの前期石期のもう一つの候補はチリ中南部にあるモンテ・ベルデ遺跡であり，放射性炭素年代測定の結果の一つは12500年前を示した．いくつか列をなして建てられた木造の家屋ないし建造物の跡が見られる村落遺跡で（知られる限り新大陸最古の村），木製と石製の道具，植物遺残，マストドンの骨などが出土している．これはほかには類例のない特殊な遺跡である．

これまでの話をまとめてみると，アメリカ・インディアンの祖先がいつアメリカ大陸にわたってきたかは，結局はっきりとはしないが，現在の知見では，おそらく2万年以上前であったと推定できる．当時形成されていたベーリング陸橋が重要な役割を果たしていたようだ．しかし，このアジアからの最古の移住者が舟をもっていたとすれば，コルディエラ氷床の南の太平洋沿岸部に直接やってくることもできたかもしれない．中期石期にあたるクローヴィスやフォルサムなど，はっきり認められている石器時代の文化の起源は，今のところ前期石期にあると考えられるが，この時期の文化の実体に

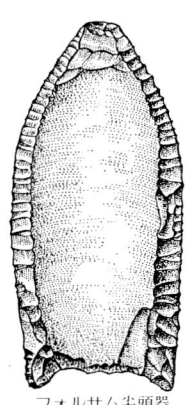

フォルサム尖頭器

ついてはよくわからない点も多い．

中期石期における主要な尖頭器伝統

　紀元前1万年以降，ローレンタイド氷床の南側では，前期石期の石器にかわって両面加工の投射用尖頭器に代表される中期石期の石器製作が開始された．ラウスによれば，これらの石器はアヤクーチョやバルセキーヨなどで発見されている剝片で作った簡単な細工の片面加工の尖頭器から発展したものであり，それは新大陸のさまざまな地方で独立して考案されたようだ．前期石期の場合とは異なり，中期石期の年代の古さについて疑問視する人はあまりいない．

　1926年以前には，初期アメリカ人の遺物，つまり氷河時代の末期に今は絶滅してしまった動物を狩猟していた人々の痕跡についての議論は，懐疑的立場の方に分があった．しかし，その年の夏にデンバー自然史博物館の研究者のグループによってニューメキシコ州のフォルサム村の近くで重要な発見がなされた．絶滅種のバイソン（ビソン・アンティクース）の骨と明確な共伴関係にある石器の発見である．打製両面加工の立派な槍先で，それはバイソンの肋骨の間に突きささっていた．その石器は製作工程の最終段階で，基部から槍先にむけて細長い剝片が打ち欠かれ，両面ともえぐったような縦溝が作られていた．初期アメリカ人の探究がぜん注目を集めるようになった．しかし，放射性炭素年代測定法が考案されるまでは，その年代を決定することはできなかった．

　まもなく合衆国西部でフォルサムよりもさらに古い狩猟文化の存在が明らかにされた．それはクローヴィスとよばれる別のタイプの投射用尖頭器をともなっており，明らかにフォルサム石器の祖型とみなすことができた．クローヴィス尖頭器は概してフォルサム尖頭器よりも長く，縦溝は一度だけの剝離ではなくて何回も繰り返し打ち欠いて作られていた．最後の剝離が一番長い溝を残しているが，それでも全体の3分の1か半分の長さしかない．縦に溝をつける技法はなかなか高度な技術を必要とするもので，それ以前の旧大陸のいかなる石器技法にも見られない独特のものであった．おそらく，なんらかの実利的意味があったと思われる．木の柄に，簡単にしかもしっかりと装着するための工夫であったのかもしれない．この考えを支持する証拠もある．この尖頭器は，縦溝のある範囲だけ両脇の刃の部分がつぶされていることが多く，ちょうど柄に縛りつける紐が擦り切れないようにしていると解釈できるのである．

　クローヴィス文化は，パレオ・インディアンの文化の中では，最も広い範囲に分布しており，年代も一番はっきりわかっている．それは紀元前1万年よりやや後にはじまり，紀元前9200年ごろまでつづいた．小さなバンド集団を構成していた狩猟採集民の文化であり（採集活動の方はほとんどわからないが）おもな獲物は更新世がおわるまで合衆国西部の平原を大群をなして徘徊していたウーリー・マンモスやインペリアル・マンモスなどであった．西部の「古典的」クローヴィスの遺跡のほとんどは，このような動物を仕留め，解体した場所である．たとえばイーミル・ホーリーはアリゾナ州南部のレーナー・ランチ遺跡で9頭分のマンモスの骨やウマ，ビソン・アンティクース，バクなどの骨を掘り出した．その場には13本のクローヴィス尖頭器（1本は水晶製）と8個の解体用の石器も残されていた．動物の屠殺と解体の過程で獲物の残骸にまぎれてしまったものであろう．これらの動物は川の水を飲んでいるところを襲われたようだ．

　クローヴィス文化の「標準遺跡」はニューメキシコ州クローヴィスの近くにあるブラックウォーター・ドロー遺跡である．ここでは，クローヴィスの遺物がフォルサムの遺物層よりも下の地層で発見された．また，フォルサムの層の上をおおっている堆積土からは後期パレオ・インディアン文化に属するプラノ（平原）文化の遺物が出土した．この地方は，今は乾燥地帯であるが，更新世には池や湖の多いところであった．ブラックウォーター・ドローも当時は湧き水でできた大きな湖であり，ラクダ科の動物，ウマ，バイソンなどが集まってくる場所であった．これらの動物は湖岸のぬかるみに追いこまれて殺されたようだ．

　クローヴィス文化は合衆国西部だけに見られたわけではない．おそらく同じころに北アメリカの他の地方でも同じような発展がみられたようだ．広い意味ではクローヴィス文化とよんでもよいキャンプ遺跡は各地で発見されている．しかもクローヴィス型あるいはそれに類似した尖頭器は，むしろ西部よりも東部地方に多く見られる．クローヴィス文化の北東端の遺跡は，カナダのノヴァスコシア地方中部にあるデバート遺跡である．狩猟と採集活動のために設けられたキャンプの跡であった．デバートの周辺は現在は森林地帯であるが，当時は，北方100km以内に氷河が迫っており，カリブーやその他のツンドラに住む動物の狩猟を行っていたと推定される．ただし実際の動物の骨は発見されなかった．デバートの放射性炭素年代は前8600年であり，同じような立地のマサチューセッツ州のブル・ブルック遺跡では，およそ前7000年という年代になっている．この数値は，東部のクローヴィス文化の方が時期的に新しく，西部のクローヴィス文化から派生したという可能性を示している．しかし多くの研究者は，両者はほぼ同時期としており，西部の平原地方でクローヴィスからフォルサムへと発展した時，東部地方では，まだクローヴィス石器の使用がつづいていたと考えている．

　クローヴィス有溝尖頭器伝統は新大陸のかなり広い範囲にわたって見られる．ただしクローヴィス型石器の大半は層位発掘ではなく表面採集によって得られたものである．アラスカでもクローヴィスに似た尖頭器が数点発見されている（おそらくコルディエラ氷床とローレンタイド氷床の間に，無氷土地帯のマッケンジー回廊が形成された時，そこを通って北上し，アラスカに伝わったのであろう）．有溝尖頭器はメキシコやグァテマラの各地にも点々と見られ，さらに南のコスタリカのトゥリアルバやグァナカステ，パナマのマッデン湖でも発見されている．

　南アメリカに目を転じると，有溝尖頭器の伝統は縦溝のある基部が魚の尾の形をした魚尾形尖頭器伝統の中に認められる．

　クローヴィス型石器をもつマンモス狩猟民は，およそ1千年間，合衆国西部の全域，すなわちモンタナ州からメキシコとの国境あたりまでを活躍の場としていた．その後，前9000年ごろになるとクローヴィス尖頭器にかわって，もっと小型で精巧なフォルサム尖頭器が製作されるようになった．この時期は，マンモスなどの巨大な動物がほとんど絶滅状態になり，狩人のおもな獲物がバイソン（ビソン・アンティクース）になるころとほぼ一致する．おそらく，この二つの事柄は関連しているのだろうが，立証するのはむずかしい．ニューメキシコ州にあるフォルサム遺跡そのものについてはすでにのべた．そこは動物を屠殺した場所で，少なくとも23頭のバイソンがわなにかかり，殺され，解体された．何回かにわたる発掘によって総計19本のフォルサム型尖頭器が発見されている．

　フォルサム型石器が出土する遺跡で最もよく研究されているのはコロラド州フォート・コリンズの近くにあるリンデンマイヤー遺跡である．ウィスコンシン氷期の後期には，そこは湖岸の湿地であった．狩人はそこに根拠地を置き，近辺で

1926年にニューメキシコ州フォルサムの近くで行われた発掘において，有溝尖頭器とその他の遺物が，絶滅種であるナガヅノバイソンの残骸とともに発見された．その時までずっと考古学界では，そのように非常に古い時代に新大陸に人がいたことについては疑問視されていた．

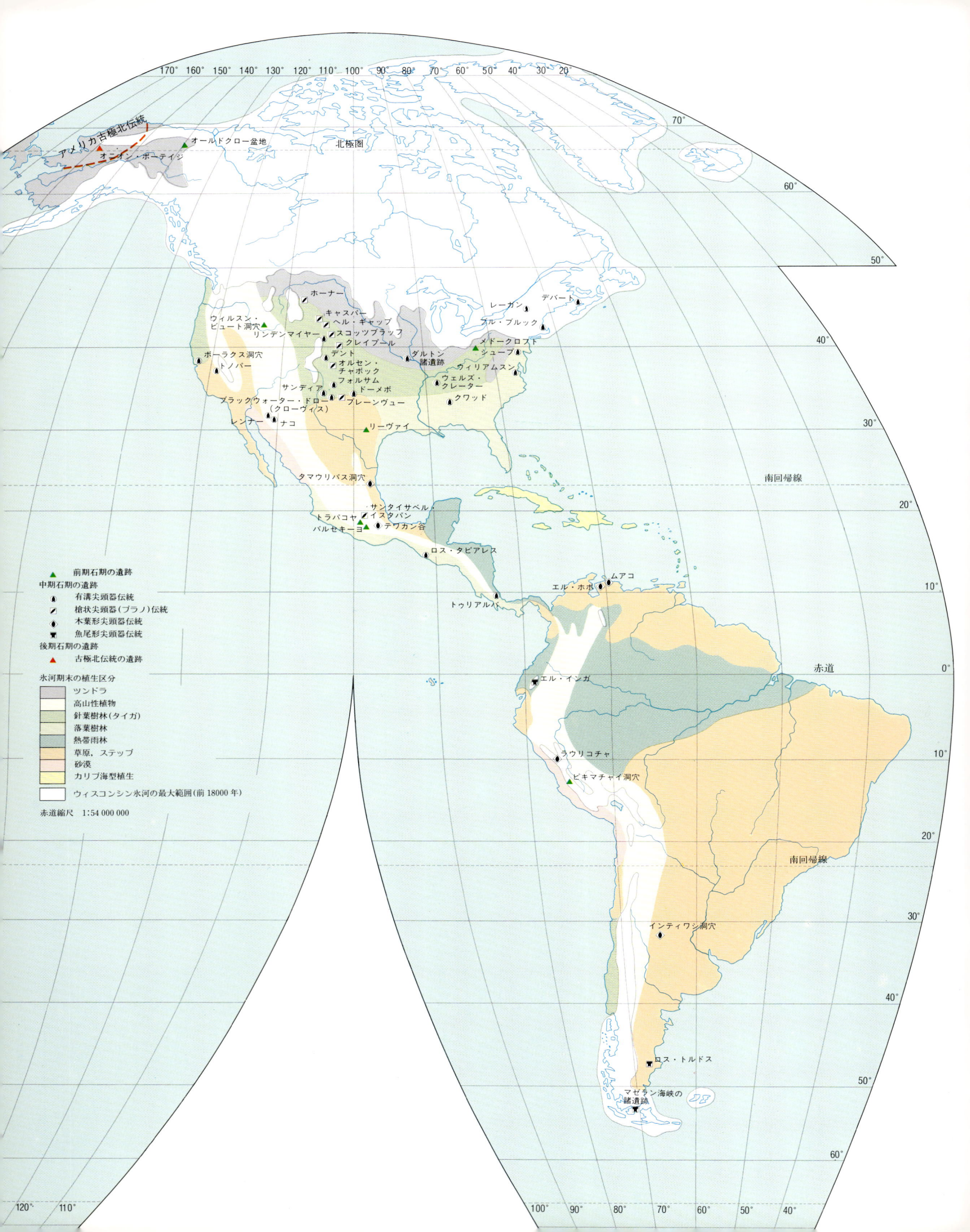

地図：アメリカ大陸の氷河期末植生と石器時代遺跡

凡例

遺跡の分類
- ▲ 前期石期の遺跡
- 中期石期の遺跡
  - ♠ 有溝尖頭器伝統
  - ⚑ 槍状尖頭器（プラノ）伝統
  - ◆ 木葉形尖頭器伝統
  - ⛟ 魚尾形尖頭器伝統
- 後期石期の遺跡
  - ▲ 古極北伝統の遺跡

氷河期末の植生区分
- ツンドラ
- 高山性植物
- 針葉樹林（タイガ）
- 落葉樹林
- 熱帯雨林
- 草原、ステップ
- 砂漠
- カリブ海型植生
- ウィスコンシン氷河の最大範囲（前18000年）

赤道縮尺　1:54 000 000

地名・遺跡名

- アメリカ古極北伝統
- オンオン・ポーテジ
- オールドクロー盆地
- 北極圏
- ウィルスン・ビュート洞穴
- ホーナー
- キャスパー
- ヘル・ギャップ
- レーガン
- デバート
- リンデンマイヤー
- スコッツブラフ
- クレイプール
- フル・ブルック
- メドークロフト・シュープ
- ポーラクス洞穴
- ノパー
- デント
- オルセン・チャボック
- フォルサム
- ドーメボ
- ダルトン諸遺跡
- ウィリアムスン
- サンディア
- ウェルズ・クレーター
- ブラックウォーター・ドロー（クローヴィス）
- プレーンヴュー
- クワッド
- レンナー
- ナコ
- リーヴァイ
- タマウリパス洞穴
- トラパコヤ
- サンタイサベル・イスタパン
- バルセキーヨ
- テワカン谷
- ロス・タピアレス
- エル・ホボ
- ムアコ
- トゥリアルバ
- エル・インガ
- ラウリコチャ
- ピキマチャイ洞穴
- インティワシ洞穴
- ロス・トルドス
- マゼラン海峡の諸遺跡
- 南回帰線
- 赤道

新大陸におけるパレオ・インディアンの諸伝統

この地図には氷河時代の更新世末期における南北両アメリカ大陸の前期石期、中期石期、後期石期の主要な遺跡が示されている。すべてではないが、ほとんどの遺跡は発掘調査がなされている。前期石期の遺跡は、クローヴィス以前の時代のものであり、学者によって意見がさまざまなので、ここではある程度ひろく認められている遺跡だけに限った。これらの遺跡が、新大陸に前1万年以前に人がいた確かな証拠になっている。ただし、それすら認めない学者もいる。

中期石期の遺跡についての論争はほとんどない。有溝尖頭器伝統にふくまれるキャンプ遺跡や屠殺解体現場の遺跡はかなりあり、とくに年代のはっきりしているクローヴィス文化に属する遺跡が多い。その分布はウィスコンシン氷河の南の北アメリカ全域におよんでいる。有溝尖頭器は主としてマンモスやマストドンを仕留めるのに用いられた。この石器製作伝統は南はパナマまで伝わっている。

槍状尖頭器伝統あるいはプラノ伝統は、グレートプレーンズ地方において大型の象にかわってナガヅノバイソンの狩猟が一般的になるころ、クローヴィスやフォルサム文化にかわって登場した。木葉形尖頭器伝統は南アメリカに起源があり、有溝尖頭器伝統より古いかもしれない。これはメソアメリカのいくつかの洞穴遺跡からも発見されている。魚尾形尖頭器も南アメリカで考案されたもので、新大陸最南端における最古の居住はこの伝統に属している。

氷河によって北アメリカの他の地方とは完全に隔離されていたベーリンジアのアラスカでは、北東アジアの石器製作技術が取り入れられた。ここではそれを後期石期文化と呼んでいる。骨製の尖頭器の両脇の溝に細石刃を埋め込むのが特徴である。これは旧大陸の後期旧石器に対応するもので、極北小型道具伝統の祖先型と思われる。この極北小型道具伝統は地図には示していないが、北極海沿岸の最古のエスキモーの人々の間に生じたものである。

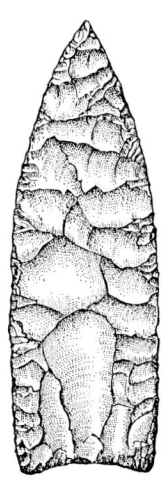

クローヴィス尖頭器

動物を仕留めていた。放射性炭素年代は前8800年ごろである。マンモスなどの大動物は数が減っていたが、まだ生きのびていたようだ。この遺跡からは実際にマンモスの骨も何点かは出土している。しかし、数多く殺され、解体されたのはバイソンであった。フォルサム型投射用尖頭器のほかには、皮をなめすのに用いられた何種類かのスクレイパー、投げ槍や手槍の柄を真っすぐ滑らかにする道具とされている三日月形の輻刀、刻んだり切断する道具、プリズム形剝片石器、きりなどの石器があった。保存状態はよくないが骨角器も何点か発見された。突きぎりやめどのある針などで、おそらくバスケットの製作や皮の衣服の縫製に用いられたのであろう。

合衆国西部の考古学に一つの問題を投げかけているのが、プレーンヴュー尖頭器とよばれる石器の存在である。これはフォルサム型石器に似ているが根元の部分の縦溝がない。北の地方ではフォルサムよりも古く（ワイオミング州東部のヘル・ギャップ遺跡の場合）、南のテキサス州の諸遺跡に見られるものはフォルサムより新しい。この点についてジェシー・ジェニングズは、プレーンヴューは、北の地方ではじまり、後で南の方に伝わったと説明している。

有溝尖頭器の伝統は更新世末期に多数生息していた巨大な動物の狩猟と関係があった。氷河が後退をはじめる紀元前八千年紀になると、これらの動物は気候の変動か、あるいはマーティンがいうような「乱獲」によって（その両方の原因が結びついたのかもしれない）姿を消し、この石器伝統も多くの場所で突然消滅する。それにかわって別の伝統が出現し、とくに南部に起源をもつ槍状尖頭器伝統がひろまった。

中期石期におけるその他の尖頭器伝統

北アメリカで氷河時代がおわろうとしているころ、グレートプレーンズ地方では、おもにバイソンを仕留めるために用いられた両面加工のさまざまな尖頭器が生みだされた。それぞれの型式は、考古学者が最初にそれを認定した遺跡の名をとってよばれている。たとえば、アゲート・ベイスン式、ミッドランド式、スコッツブラッフ式、ヘル・ギャップ式、イードゥン式、クレイプール式、ミルンサンド式などである。これらさまざまな型式の石器は、いずれも槍状尖頭器伝統に属するもので、プラノ（平原）という名でまとめてよばれるようになった。プラノ尖頭器は押圧剝離技法で作られた形のきれいな石器で、その多くは碧玉や蜜色のフリントなど美しい原石から作られ、芸術作品のようにすら思える。表面にいく筋ものさざ波状の痕を残す剝離痕は石刃中央の高まりを境にして左と右が同じ幅でそろっているため、あたかも石刃の横幅全体にわたってつぎつぎと剝片をはいでいったかのような印象を与える。

初期アメリカ人が動物を屠殺し解体した遺跡で資料がよく残っている代表的な遺跡の中には槍状尖頭器伝統に属するものもある。コロラド州中東部のオルセン＝チャボック遺跡は前6500年ごろとされるが、細長い涸れ谷の谷底に200頭ほどのバイソン（ビソン・オクシデンタリス、やがて現生種ビソン・ビソンにとってかわられる）の残骸が発見された。このバイソンの群れはつぎつぎと谷底に追い落とされ、そこで殺されて解体されたようだ。発掘者のジョー・ベン・ホウィートは、これによって22700kgの肉とそのほかに内臓や脂肪が獲得でき、150人が23日間食べていくことができたと試算している。獲物の中には生後数日の幼獣もふくまれているので、狩りが5月末か6月はじめに行われたことがわかる。

槍状尖頭器伝統は前5000年ごろまでつづいたようだ。そのころには氷河時代はとっくにおわっており、更新世の絶滅動物も完全にその姿を消していた。北アメリカでは、以前にくらべてかなり乾燥した暖かい気候となり、まったく別の生活様式をとる古期という時代を迎える。

さらに二つの石器伝統がアメリカ大陸独自のものとしてあげられる。木葉形尖頭器伝統と魚尾形尖頭器伝統であり、いずれもおそらく前期石器の石器からそれぞれ別々に発展してきたものであろう。木葉形尖頭器の方は少なくともクローヴィスと同じくらいの古さであり、起源はもっとさかのぼるかもしれない。

木葉形尖頭器伝統は南アメリカの北部で形成された可能性が高いが、大陸全体にひろく分布している。たとえば、リチャード・マクニーシュが調査したペルー山地のアヤクーチョの岩蔭遺跡でも発見された。この伝統はメソアメリカでは加撃剝離によるレンズ状のレルマ尖頭器に認められる。やはりマクニーシュが中心となって行ったメキシコのプエブラ州ワカン河谷の長期間にわたる考古学＝生態学総合調査において最古の居住跡からこのレルマ尖頭器が発見されている。このアフエレアード文化相は、放射性炭素年代測定によれば前7000年よりも古いとされる。そのころ谷に住んでいた人々は（3家族ぐらいしかいなかった。各家族は4人から8人ほどで、遊動的生活を営んでいたようだ）、レルマ尖頭器を取りつけた槍で絶滅種のウマやエダヅノレイヨウの狩猟を行っており、また、季節ごとに異なった環境地帯を転々と移動し、それに応じてさまざまな動植物（ジャックウサギ、ジネズミ、ネズミなどの小さな動物もふくめて）を利用していた。

メキシコ中央高原では、南の木葉形尖頭器伝統と北の槍状尖頭器伝統がもののみごとに出会っていることが確認された。メキシコ中央高原には更新世以来大きな湖が形成されていた。この湖は、スペイン人によるアステカ征服以降、植民地時代と共和国時代に水が排出されて今は完全に干上がっている。湖は更新世末期に最も大きくなっていたようで、その周囲は、当時の人々にとって絶好の狩猟場であった。

木葉形尖頭器伝統は、主として南アメリカの遺跡に多く見られるが、しかし、北アメリカでも、合衆国アイダホ州のウィルスン・ビュート洞穴の非常に古い地層から発見されている。ただし、その起源は、やはり南アメリカにあったと見るべきであろう。

人類は前9000年には南アメリカの最南端に達していた。それは故ジュニアス・バードが1937年に行ったマゼラン海峡の近くのフェルズ洞穴遺跡およびパリアイケ洞穴遺跡の発掘調査の結果判明している。発掘当時は、まだ放射性炭素年代測定法が考案されていなかったので、これらの洞穴に最初に人が住んだ年代はわからなかった。しかし二つの炉跡から採取された炭が後になって測定され、前9370年と前9080年という結果が得られた。こうして「地の果て」の最古の人類文化が北アメリカのクローヴィス文化と時期的には少なくとも一部重なることがはっきりした。南北両アメリカ大陸では、このころまでに、氷河におおわれていない土地はどこにでも人の姿が見られたことになる。

マゼランI期にあたる地層では玄武岩、チャート、珪岩などの魚尾形尖頭器が、破片もふくめて16点出土しており、それにともなって絶滅種のウマ（パラヒッパリオン・サルダシ）、オオナマケモノ（ミロドン・リスタイ）およびグァナコ（ラマとアルパカの祖先種のラクダ科動物）の骨が発見された。この尖頭器の柄の部分は薄くなっていて、形が魚の尾に似ており、溝がつけられている場合が多い。柄の両脇は稜がすりつぶされ丸みを帯びているものもある。この二つの技法はクローヴィス尖頭器の場合にも見られ、両者に共通している。この南アメリカの最南端に見られた魚尾形尖頭器伝統はかなり広い範囲に分布している。マゼランI期の地層からは、そ

の他に木葉形尖頭器，骨製の突きぎり，骨の剝片，粗製のチョッピング・トゥール（打割器）なども出土している．その上層のマゼランII期になるとウマとナマケモノの骨が見られなくなる．すでに絶滅していたようだ．そして道具としては骨で作られた投射用尖頭器だけが出土する．

後期石期の石刃伝統

ラウスの定義する後期石期の石器は，アジアの後期旧石器時代の石器を起源とするもので，その分布はウィスコンシン氷期末に発達していたローレンタイド氷床およびコルディエラ氷床の北側の地方，とくにアラスカとベーリングおよびシベリア北東部からなっていたベーリンジア亜大陸に限られている．ラウスは，これら諸地域に見られる石器文化には刃部のみを調整した大型石刃か細石刃が見られるので（両方が存在することもある），他の文化とは区別して後期石期としている．石刃は両面加工の石核から剝離させて作られたものもあるが，少なくとも北アメリカでは大型剝片から打ち欠いて作られていた．両面加工の投射用尖頭器は，皆無とはいえないが，ほとんど見られない．ジェイスン・スミスは，これを北東アジア・北西アメリカ細石刃伝統（NAMANT）とよんでいる．それをどのように位置づけるのかは，最初のアメリカ人問題を考える上で決定的に重要である．なぜならば，この伝統をもった人々が新大陸にわたってきたのはやや後の時期であり（およそ14000年前），南に伝わったのは前7000年ごろ，ウィスコンシン最終氷期がおわり氷河が後退しはじめてマッケンジー回廊が形成されてからであった．そこで多くの研究者はつぎのような結論に達している．第1にNAMANTはクローヴィスなどの中期石期の伝統の起源とは関係がないと考えられる．中期石期伝統は，その前にすでに確立していたからである．第2に，中期石期における両面加工の石器伝統は，ウィスコンシン氷河の南側，北アメリカと南アメリカの各地で，それぞれ別々に前期石期の伝統から発展したものにちがいない．つまり，この未分化の前期石期の伝統は，北アメリカの二つの大氷床が合わさって南への道が遮断される前にアジアから伝わってきたのであり，一方，NAMANTはその後でやってきたのである．

NAMANTは三つの亜伝統からなる．一つは類ディウクタイ伝統で，シベリアのレナ川の支流アルダン川のほとりにある標準遺跡ディウクタイからその名がとられている．ディウクタイ洞穴遺跡からは，マンモスとジャコウウシの骨が出土し，それとともに両面調整の石核から作られた細石刃が発見された．類ディウクタイ伝統には木葉形尖頭器も見られるが，それは例外的である．投射用の道具の多くは骨製の尖頭器で，両側に刻まれた溝に細石刃が埋め込まれていた．後期石期の典型的な技法の一つである．放射性炭素年代は前11120年と前10140年であった．

第2の亜伝統はアジア内陸＝沿岸伝統で，日本からカムチャッカ半島にかけて見られ，細石刃が多数出土している．放射性炭素年代は前12340年—前8410年である．この年代を見ても，この亜伝統から両面加工の尖頭器が生まれて新大陸の中期石期の祖型となるには時期的に遅すぎることがわかる．

アメリカ古極北伝統とよばれているのが第3の亜伝統である．この伝統においては調整した石核ではなく，剝片から打ち欠いて細石刃が作られた．両面加工石器の投射用尖頭器はなく，両側に刻まれた溝に細石刃を埋め込む典型的なNAMANT様式の骨製尖頭器だけが見られる．この伝統に属する遺跡として最もよく知られているのがオニオン・ポーテイジで，アラスカ北西部，ベーリング海峡のやや北のチュクチ海に注ぐコブック川のほとりにある．この遺跡は故ルイス・ギディンズによって発見されたもので，厚い堆積土の層位発掘の結果，二つの細石刃文化が識別された．古い方がアクマク文化でギディンズは前13000年—前6650年と推定している（後の年代だけが放射性炭素年代測定の結果である）．その後に見られるコブック文化は前6250年—前6050年である．数千年ものあいだ，野営地として繰り返し利用されたところをみると，そこは魚（アルプスイワナやインカヌーなどの淡水産のサケ科の魚）をとる場所として重要であり，カリブーなどの大型動物の狩猟にも好適な場所であったにちがいない．

後期石期は，内容からいえば完全にアジア的であり，ユーラシア大陸において後期旧石器時代に発達した，かなり特殊化した狩猟採集経済と石刃伝統から派生している．アメリカ・インディアンの文化の発展や起源とは関係がなかったようだ．むしろ，ずっと後の漁労，アザラシとクジラの猟あるいはカリブー猟などを行うエスキモー（イヌイット）の豊かな生活や，その近縁集団であり，それ以上に海産資源に大きく依存するアリュートの生活の先行形態であったと考えられる．

まとめ：パレオ・インディアンの生活

新大陸のパレオ・インディアンについての知識はまだまだ不十分である．新大陸に最初にやってきた人々が，非常に簡単な道具をたずさえて1万年よりも前にウィスコンシン氷河の南側にまで達していた可能性はきわめて高い．しかし，このことを示す証拠が完全にそろっているとはいえない．移住者が通過したにちがいないベーリンジアについてもわからないことが多い（結局永遠にわからないかもしれない）．ベーリンジアの大部分は今はチュクチ海とベーリング海の底に沈んでいるからだ．メソアメリカや南アメリカの熱帯低地地方は樹林におおわれ探索もままならないため，かつてそこにいたパレオ・インディアンのことについてはほとんどわからない．さらに，パレオ・インディアンの遺跡は一般に保存状態が悪い．どのような石器を使い，どのような獲物をとっていたかはある程度理解できるが，植物の利用については資料がほとんど得られない．そのため食生活において植物が占める割合はどうしても低く見積もられがちである．

この最後の点が重要である．すでに植物性の食糧の獲得と調理を行っていたからこそ，その後メソアメリカとアンデス地帯において植物の栽培が開始されたにちがいない．しかも，その時期はウィスコンシン氷河が最終的に後退しはじめてまもなくのことであった．パレオ・インディアンは普通「大型動物の狩猟民」と考えられている．しかし，実際の食糧源としては，ゾウやウマの仲間などの更新世の大型動物よりも，野生の草本植物の種子，果実，堅果類，漿果などや小動物の方に大きく依存していたのかもしれない．たとえば，テキサス州のリーヴァイ岩蔭遺跡などから得られた資料によれば，当時の人々はきわめて小さい取るに足らないような小動物も食べていたようだ．

パレオ・インディアンの生活様式は多くの点でユーラシアの後期旧石器時代の人々の場合とよく似ており，非常に広い範囲の地域にごくわずかの人々しか住むことができなかった．生物学者エドワード・ディーヴィは，当時の文化段階では人間1人が食べていくのに $65\,km^2$ の面積が必要であったと計算した．たとえばメキシコの場合，現在の人口は7千万人以上だが，ディーヴィの試算をもとにすると，農耕以前のパレオ・インディアンの時代には人口は3万人以下ということになる．この点を考慮すれば，パレオ・インディアンの遺跡，とくにクローヴィス以前の遺跡を発見することがきわめてむずかしいのも，それほど不思議ではないかもしれない．

第3部 北アメリカ

NORTH AMERICA

古　　　期

　北アメリカのパレオ・インディアンは，最近の数千年間とは大きく異なった環境の下で暮らしていた．かれらは，定まった領域をもたない遊動的な狩猟採集民であった．更新世がおわるころ（紀元前1万年ごろ），パレオ・インディアンが利用していた狩猟動物の多くが絶滅した．氷床は新しく形成された氷河が南へ動いていくよりも速い速度で溶けていき，これにともなって更新世の動植物相を支えてきた環境は変化した．氷河の後退にあわせて北へ移動することのなかった動植物は死に絶え，これにかわって，それまで狭い小環境に閉じ込められていた動植物が拡散していった．マストドンやマンモス，それに氷河期のバイソンなど，更新世のおもな狩猟動物の絶滅が，どの程度人間の狩猟活動と関連していたのかはまだよくわかっておらず，依然として考古学上の問題となっている．しかし，後氷期のインディアンの集団が，モザイクのように分化しながら変化していく新しい環境のもとで，生きのびる努力をしなければならなかったことは明らかである．

　紀元前8000年を過ぎると，はじめて氷河の重圧を解かれた地域で形成された若い土壌は，さまざまに変化していく動植物種をはぐくみながら，その様相を変化させていった．森林性の動植物は，各種固有の増殖機構に応じて，あるものは早く，あるものは遅く，新しい環境にひろがっていった．徐々に小さくなっていく氷床の周囲で，気象はこれまでとは異なった変化を示すようになり，それに応じて全体の気候も急速に変化していった．

　前8000年以降のアメリカ大陸では，まず，環境に対して急速な再適応が行われただろうということが，現在一般に強調されている．長い時間をへて，現代に近い環境ができあがっていくと，この再適応の過程は，だんだんと緩慢になっていったと考えられる．インディアンのバンド（遊動的な小集団）にとってみれば，このような再適応をはじめたころは，かなり不確実な時代だったといえよう．考古学上の証拠は，この

　北アメリカの地形は，海抜0m以下の乾燥した谷間から，世界でも最高クラスの高山まで，変異に富んでいる．大陸分水界には，地質学的活動がさかんなイエローストーン公園地域がある．右頁下の写真は，高原地帯の縁辺を流れるイエローストーン川の源流部である．イエローストーン川はここから北流し，やがて流路を北東へかえて，ミズーリ川に合流する．

　キャニオン・ドゥ・シェイは，アリゾナ州北東部の高原が浸食されて形成された峡谷である（左下）．写真は，ホワイト・ハウス遺跡の前を流れるチンリ川を写している．この峡谷では，かつて，アナサジ文化の諸村落が栄えていた．現在は，ナバホ族の農家が散在している（p.74参照）．

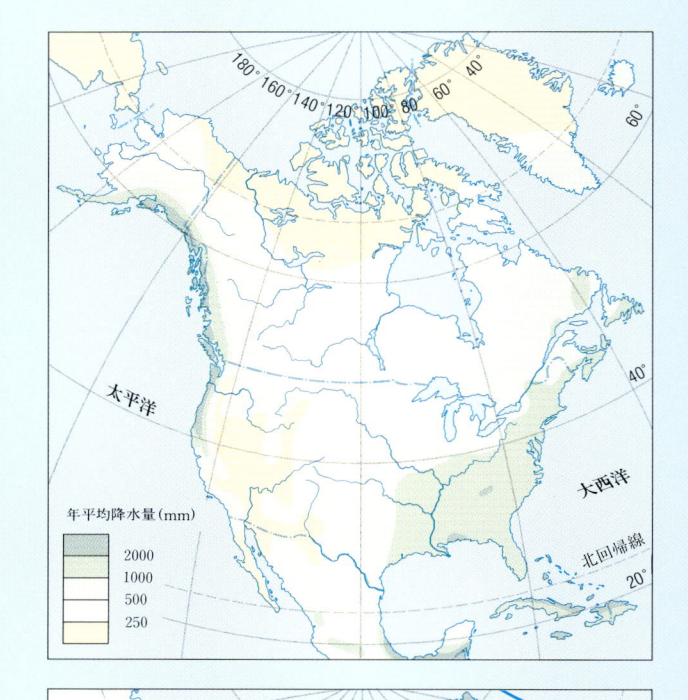

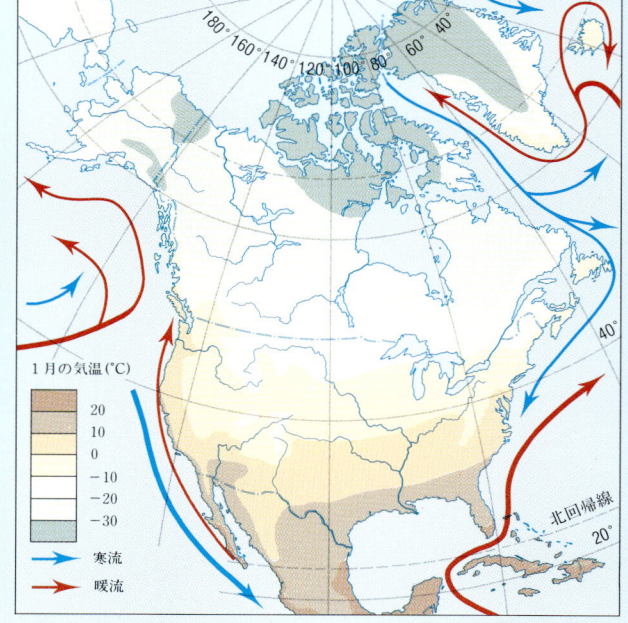

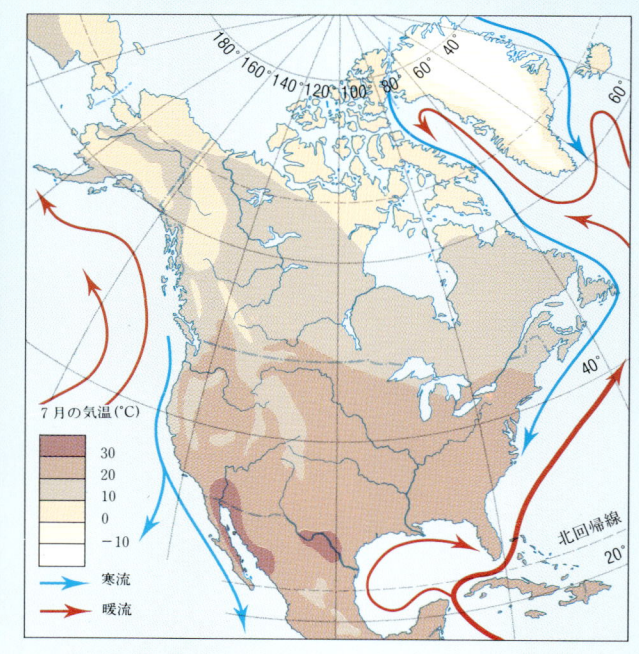

北アメリカの気候と植生

地形と土壌と気候の多様な組合せは、現在の北アメリカに、モザイク状に分布するさまざまな環境地帯を生じさせている。この地図は、現代北アメリカの環境をあらわしているが、最初、先史時代のインディアンが行い、のちにはヨーロッパ系アメリカ人が徹底的に行った環境の改変は無視している。北アメリカの諸環境は、現在とは大きく異なった氷河時代の地形から、1万年の時間をかけて変化してできあがったものである。このあいだに、環境地帯の構成と広がりはともに変化した。時には、非常に大きな変化がおこったこともあった。インディアンの諸集団は、時とともに徐々に変化していく環境条件に適応していかなければならなかった。現代の考古学者たちは、このような人間の適応をうながしてきた過程を、集中的に調査している。多くの場合、古代の環境も先史時代の文化的適応も、歴史時代になって記録がとられる前に失われている場合が多いので、考古学は、狩猟採集から定住農耕にいたる人類の文化発展を理解する唯一の手段となっている。また、新旧両大陸の人々は、長期間にわたって互いにほとんど交渉をもたなかったので、アメリカ大陸は、文明の発生を独自に研究できる、考古学上の実験室ともなっている。ヨーロッパ、アジア、アフリカの文化発展と比較することによって、考古学者は、何が人類すべてに共通の事象であり、何が古代アメリカの諸文化に独特なものであるかを、ともに見出すことができるのである。

- ツンドラおよび氷原
- 針葉樹林帯
- 落葉樹林帯
- 南東部および太平洋岸の針葉樹林帯
- 低湿地森林帯
- 草原
- 矮性カシの森林
- 半乾燥性低木林
- 砂漠
- 中央アメリカのマツ・カシ森林帯

縮尺 1:40 000 000

ころ特殊な生業にかたよらない幅広い適応が行われたことを示している．環境条件が落ち着いてくると，インディアンの諸集団はあえて特殊な適応を行って，もっと安定した生業活動がつねにできるようになった．定まった領域をもたない遊動生活は，限られた領域をバンドが一定の仕方で移動する，限定的な遊動生活へと変化した．考古学者が古期と名付けているこの長い期間は，パレオ・インディアンの専業的大動物狩猟がおわるとともにはじまり，植物栽培が完全に行われるようになるまでつづいた．古期インディアンは，さまざまな動植物種をつぎつぎと利用し，これを最大限に生かした人々だったと定義されている．

古期インディアンのおもな狩猟具は，アトラトル，すなわち投槍器だった．この道具は，最も単純な形態を例にとれば，一端を柄とし，もう一方の端に頑丈な鉤をつけた棒である．狩人は，槍の石突きを鉤に掛け，槍を直接手で投げるかわりに，投槍器の柄をもって投射する．投槍器は，腕を50cmばかり長くする役目をし，手首のスナップの効果を大きくする．腕を長くし，手首の働きを増強するという二つの働きによって，槍のスピードは速くなる．このため，アトラトルで飛ばす槍は，大型の手投げの槍にくらべ，著しく効果的に作用するのである．

古期後期になると，石製の重い鉤がアトラトルに付けられるようになる．このような重い鉤部は，このころまでに，アトラトルがたわみやすい素材で作られるようになっていなければ，何の効力ももちえないはずだ．現代の釣り人やゴルファーが，しなやかな釣竿やシャフトの強みを知っているのと同じように，古期後期の狩猟民は，たわみやすい棒におもりをつけることで狩猟具にエネルギーを蓄わえさせるという利点を発見したのであろう．

古期のおわる時期は，地域ごとに大きく異なっている．植物栽培が早くはじまり，紀元前3千年期には，すでに古期がおわった地域がある一方，古期の狩猟採集のやり方が，ヨーロッパ人が植民したのちまでも根強く残った所もある．したがって，古期という長い時代の終結を前700年としたのは，いくぶん恣意的な選択であるが，古期特有の生態系は，その基盤となった環境とともに，時と所に応じて異なっていることも十分考慮している．

古期のインディアンが直面した適応上の一般的問題は，同じ時代に世界中の人々が直面した問題に類似している．非常におおざっぱにいえば，解決策もまたよくにていた．更新世の狩猟動物がいなくなると，主として，シカやムース（アメリカヘラジカ）やカリブーが狩猟されるようになった．これまでよりももっと小さな動物を狩猟しようとする傾向がつづき，インディアンは，大型動物のかなり粗放的な利用をやめ，多種類の小動物を集約的に利用するようになった．採集・捕獲活動の面では，堅果（ナッツ）類，魚類，貝類の利用が進んだ．

人口密度が高くなっていくと，まだ人が住んでいない地域に移住して，新しい資源を開拓することは不可能になった．辺境地域にさえ人が住み着くようになったからである．このため，従来の広範囲にわたる移動パターンは縮小し，一定のテリトリーの中で限定的な遊動生活が行われるようになっていたと思われる．しかし，この拡散の過程は，必ずしも移住とよべる劇的なものではなかった．拡散の過程が長い時間をかけて行われたことが，考古学的な証拠からわかっている．少数の，規模の小さな集団でも，意図的に長距離の移住を行うことなく，長いあいだに拡散し，最大限に広がっていくことができてきたのである．

右　アラスカ中央部にそびえる，海抜6194mのマッキンリー山．現在でも，インディアンが命名した「ダナリ」山という名称がしばしば使われている．北極に近いこの一帯は，何千年ものあいだナデネ・インディアンの中心的居住地になっていた．先史時代最初の数百年間，アメリカ大陸各地へインディアンが広がっていったころ，おそらくこの地方は，かれらの主要通路となっ

北アメリカ

北アメリカ

右　ユタ州のデンジャー洞穴——古期砂漠文化の標準遺跡——は，グレートソルト湖の現在の水面から34m上方にある．この洞穴では，前9000年ごろから文化的堆積がはじまり，4mにおよぶ堆積ができあがった．何千点もの遺物が発掘調査によって出土している．遺物の多くは，木，繊維，骨，皮革などから作られたものだが，これらは，湿潤した環境では腐敗してしまうものである．この発掘調査や類似したほかの遺跡での発見をもとに，考古学者は，古期のインディアンが，砂漠の過酷な環境に適応していった様子を詳しく解明している．

た．新しい移動パターンにおいては，季節に応じて計画された循環的移動がなされるので，人々が毎年同じ場所に帰ってくることが多い．この変化は，考古学的には，慎重に選択された場所が繰り返し利用されたことを示す証拠や，また，そのような遺跡に見られる食料遺残の堆積から確かめられる．もち運びに便利な簡単な道具類は，次第に大きく複雑なものにかわり，ついには重い磨製石器が登場した．種子を粉にひく重い石の道具が製作され，つねに使用されるようになった．毎年訪れる場所に，そこで使用する道具を保管しておくことで，もち運びという問題は解決された．食料が貯蔵されることも多くなり，またそれにともなって，物質的な富の蓄積も進んだ．

パレオ・インディアンの社会組織はかなり平等なものだったように思われる．移動性が高く，バンドの移動範囲が大きく，また居住地も永続性をもたなかったため，産地の限られた希少な石材を入手し，交換しあうのが容易だったと推測されるからである．

古期のインディアンにあっては，バンドの移動範囲は比較

ポヴァティ・ポイント

前1500年から前700年にかけての遺跡，ポヴァティ・ポイントの中心部は，同心八角形によって構成されている．現在は保存措置が講じられて，公開されている．西側の主マウンドの上からは，春分と秋分の日に，太陽が八角形の中心点の真上に昇ってくるのがはっきりと見える（右下の二つの図）．しかし，このような主マウンドの位置が，本来意図されたものだったかどうかはわからない．赤鉄鉱製の錘（下）は，おそらく釣り具の一種だろう．

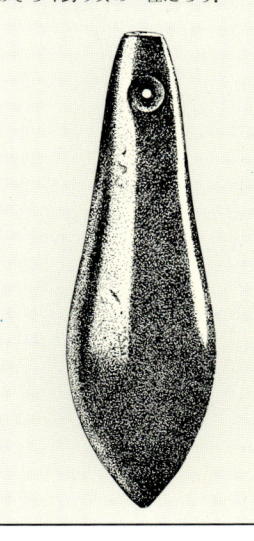

おそらくは北アメリカで最も壮大な古期の遺跡は，ルイジアナ州のポヴァティ・ポイントにある大土製建造物複合であろう．中心部，すなわち村落は，六つの同心八角形によって作られ，最外郭の直径は約1300 mにおよぶ．一つ一つの八角形は，土を盛りあげた畝を組み合わせて作られている．この八角形の複合体は，もともと完全な形で作られていたかもしれない．しかしのちに，付近を流れる川によって，部分的に削り取られてしまった．村の西側，つまり川から離れた所にある大きなマウンドは，高さが20 m以上あり，基底部の長さは200 mをこえる．これは，八角形複合へと下る長い斜面部もふくんだ長さである．北側には，いくぶん小さめのマウンドが立っている．古代メキシコ文化の影響が南方からおよんだのではないかとも考えられるが，ポヴァティ・ポイントは，北アメリカの古期の長い発達過程の産物であると見てよいだろう．

ポヴァティ・ポイントで発見された遺物の中には，何千という土の球があった．これらは，焼石煮沸調理に使われたもののようである．ミシシッピ川流域の沖積土から石を見つけ出すのはむずかしいので，石のかわりに土が使われたのだろう．熱した土の球を入れて食物を煮炊きすれば，容器を直接火にかけなくてすむので，壊れやすい容器や燃えやすい容器も使用できる．数例だが，土で鳥や人間の形が作られていることもある．写真の土偶（下）は，高さ5 cm弱である．

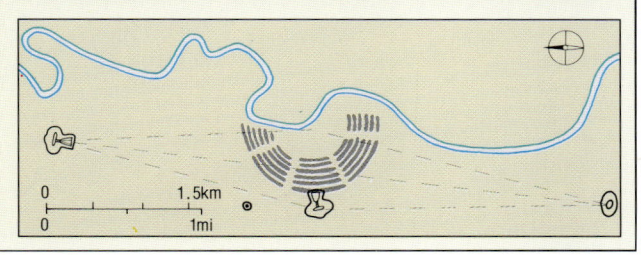

左　北アメリカの古期諸文化
人類の生態系は，簡単にいえば，環境，生業，技術，社会組織，人口によって構成されている．考古学者は，古期の北アメリカについて，これらすべての変数を計測しようとしてきたが，必ずしも完全に成功しているわけではない．生態学的な境界は現在の状況についてさえ決定しがたく，また，古期の状況は現在とかなり異なっていたため，北アメリカ大陸の地域区分にあたっては，変動しにくい境界を基準としなければならない．このような境界が主要分水嶺であり，これは少なくとも過去1万年間は変化していない．図に示した各地域が河川の流域に相当しているのは，そのためである．

的狭く，移動性は小さくなり，社会組織にも不平等の度が増してきた．おそらく，バンド間の競合が激しくなり，移動範囲が縮小した結果だろうが，希少な原材料を広く交換しあう古いパターンは消失し，身近で産出する資源が集中的に利用されるようになった．

古期のおわりごろには，多くのインディアンのバンドが生息環境をうまく利用するようになっていた．草をはみにくるシカをおびき出そうと，森林地帯をひろく焼きはらったのもその一例である．とくに有用な植物を時々育てたり，おそらく意図的なものではなかっただろうが，繁殖させたりもしている．また，古期のおわりごろには，交易と交換の新しい形態があらわれはじめた．これは，平等なバンド間を希少な石材が受けわたされていく古期以前のシステムと一見類似しているように見える．しかし，新しいシステムは，本質的に大きく異なるものだったようだ．目的地に着いた希少な品々が，異なった使われ方をしているからである．遠隔地からもたらされた品物の多くが，埋葬にともなって発見されている．つまり，これらは，次第に競争が激しくなっていく社会の中で，社会的地位の相違を示そうとしたと思わせるような脈絡で使われているのである．たとえば，カナダのラブラドル半島北部のラマー湾周辺で産出するチャートは，南へ，すなわちカナダの大西洋岸諸州（ニューブランズウィック，ノバスコシア，プリンスエドワードアイランドの3州）や合衆国の

メーン州の諸遺跡にもたらされ，珍重されて最後には副葬品となっている．これと反対に，パレオ・インディアンの希少品は，壊れて打ち捨てられた道具としてキャンプ地のごみの中に埋もれてしまっているのである．このような古期後期の交易のあり方は，前700年以降2千年以上にもわたって，もっと複雑な形でくりひろげられることになる．長距離交換と社会の序列化の先駆けをなしたのである．

少なくとも，北アメリカ西部の内陸地方では，更新世の後の気候は，現代よりも温暖で乾燥した状態になっていた．グレートベースン（大盆地）を研究している考古学者は，同じ北アメリカでも他の地域を対象としている考古学者にくらべると，長期間にわたる気温変動の仮説を好んで使ってきている．これによれば，寒冷と湿潤を特徴とする低温期は，前7000年から前5000年にかけておこったという．最高温期（前5000－前2500年）はたくさんの遺跡で確認されており，前4400年ごろにピークがあったことがわかっている．中温期（前2500年以降）になると，逆の傾向が生じ，現代の気候に近づいていった．この過剰ともいえるほどの激しい気候変動は，古期の諸集団に対して強い適応圧を生じさせた．しかし，暑く乾燥した気候も，やがて現在の水準にむかってやわらいでいったため，人々は食料収集から食料生産へとうまく移行していくことができたのである．

文化領域

　伝統的に人類学者は，たくさんの北アメリカ・インディアンの諸文化を，文化領域という地理的な区分に分類してきた．この方法は，何百という地方文化を，少数の，しかも扱いやすい単位にまとめられるという利点をもっている．しかし，不都合な点もいくつかあるので，文化領域という概念は，誤用しないように留意しなければならない．第1の留意点は，文化集団間にはっきりと引かれた境界は，たいていの場合，人類学が作りあげた虚構だということだ．諸民族は，ヨーロッパ的な国境によってではなく，緩衝地帯をはさんで隔てられていることが多い．第2に，文化領域の定義そのものが，かつて何らかの文化的範型が領域の中心部に存在し，周辺に位置する諸文化はこの範型に何とか近づくよう努めてきたかのような印象を与えがちだが，これもまた誤ったとらえ方である．すべての文化は，中心か周辺かを問わず，地域的状況にできるかぎり適応しようとしてきた．われわれがいくつかの文化を文化領域としてまとめるのは，一般化を行うための便法にすぎない．第3に，前述の二つの問題があるために，文化領域は，規模は小さいが重要な文化を正当に扱うことができないという問題をもっている．本書では，あえて文化領域という概念を使ったが，これは概説的な記述をする場合にのみ有効だということをあらかじめ断っておきたい．

　極北地方は広漠としており，非居住地域によって寸断されているが，ふつう単一の文化領域として扱われている．亜極北地方は，西部と東部の二つの文化領域に分かれる．これはナデネ語族とアルゴンキアン語族の区分に対応している．南部カナダ文化領域は，東部亜極北文化領域と東部ウッドランド文化領域の間に設定されている．グレートプレーンズ（大平原）は北部プレーンズと南部プレーンズ，およびその中間にあって固有の性格をもつプレーリーの三つの文化領域に分けられ，東部ウッドランド文化領域も別個なものとして位置づけられてきている．南西部文化領域は，これまでつねに独立したものとして扱われてきたが，メキシコ領内に伸びている部分については，断りなく省かれてきたことがあまりに多かった．これと同様に，北東メキシコ文化領域も，必ずしも独立した文化領域として扱われてきたわけではない．最後に極西部地方は，まず海岸部と山間部に区分される．さらに海岸部は，北西海岸文化領域とカリフォルニア文化領域に分けられ，山間部は，プラトー（高原）文化領域と，グレートベースン（大盆地）文化領域に細分される．文化領域の境界と地名は，『北アメリカ・インディアン・ハンドブック』の諸巻で定められた標準的表記に従った（まだ計画段階の巻もあり，未刊行巻に含まれる地域については，別の古い資料によった．北西海岸，グレートベースン，プラトー，グレートプレーンズ，南西部の各地域に関する巻はまだ刊行されていない）．

　アメリカ・インディアンの諸言語を，できるだけ小数の語族や，その上の分類単位である語族門にまとめあげようという試みを，これまで何人もの学者が行ってきた．研究結果が公刊され，ほかの研究者によっても使われたという意味では，

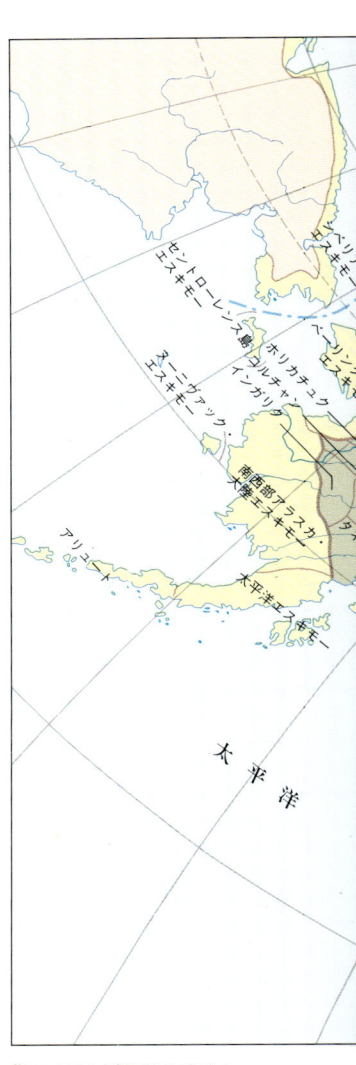

北アメリカ原住民の言語 I
北アメリカ北部は非常に広大な地域だが，三つの主要語族を主体とする，四つの文化領域に大別することができる．極北領域は，エスキモー・アリュート語族の人々の居住地である．東部亜極北領域では，アルゴンキアン・リトワン語族の人々が圧倒的に多く，西部亜極北領域は，ナデネ語族の原郷である．北西海岸領域の諸文化では，ナデネ語族と，いくつかの小語族に属する言語が使用されている．しかし，これらの小語族が古くはどこに起源をもつのか，まだよくわかっていない．

左　アラスカの州都，ジュノー市一帯に見られる険しい地形は，北西海岸の典型である．谷間は，川ではなく，しばしば山岳氷河を擁している．これは，かつてこの地方全体をおおっていた，コルディエラ氷床のなごりである．

北アメリカ

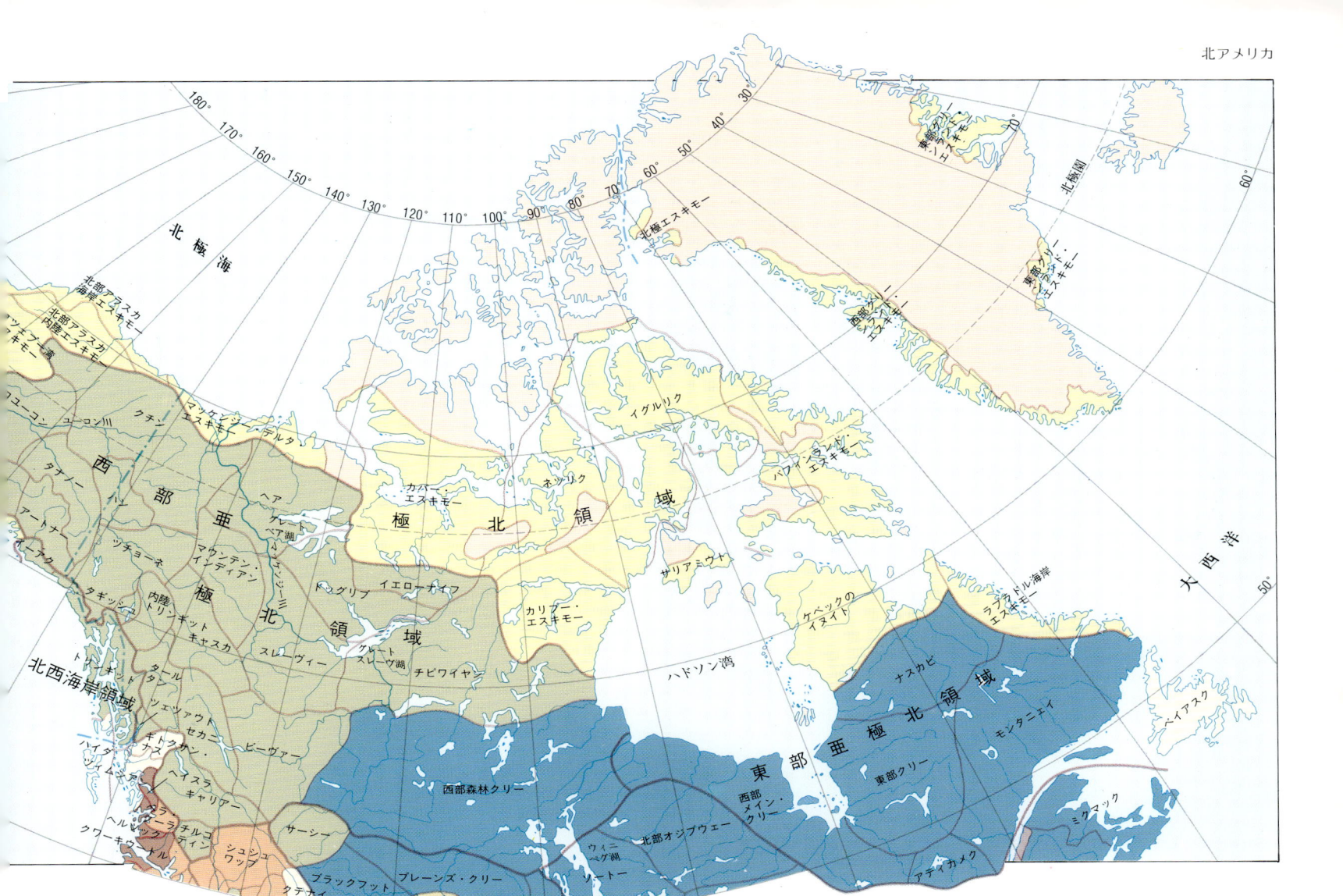

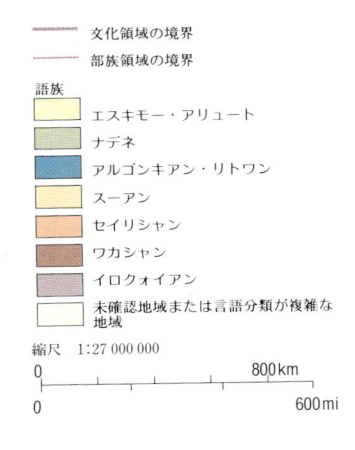

凡例:
- 文化領域の境界
- 部族領域の境界

語族
- エスキモー・アリュート
- ナデネ
- アルゴンキアン・リトワン
- スーアン
- セイリシャン
- ワカシャン
- イロクォイアン
- 未確認地域または言語分類が複雑な地域

縮尺 1:27 000 000
0　　　800km
0　　　600mi

これらの試みは表面的には成功したといえよう．しかし，詳しい検討の結果，このような分類体系には，誤り，証拠不足，楽観的な思い違いがあることが，たびたび指摘されている．このため，本書では，現在用いられているものの中で，最も保守的な分類体系を採用した．すなわち，21 の語族と 32 の孤立語が設定されている．孤立語というのは，よく知られていないので，ほかの言語と一緒にまとめあげることができないものや，位置づけが困難であり，分類できない言語のことである．21 の語族の中でも，つぎの三つは相互の関係があまり強くない言語をまとめたものである．今後の言語学的調査によって，もっと明確な語族に細分されることが望まれる．ホカン語族は，六つの語族と五つの孤立語に，ペヌーティアン語族は，三つの語族と二つの孤立語に分けられるだろうし，オレゴン・ペヌーティアン語族は四つの孤立語にしかならないかもしれない．言語分類に関してこのような慎重な態度を押し進めれば，30 もの語族と 43 もの孤立語を設定しなければならなくなろう．しかし同時に，各語族の言語構成についての確実性は高くなるはずである．だが，将来の研究は，ここで別々のものとしてあげた語族をさらにまとめる方向へむかうことは確実であり，これまでの分類単位が細分されるようなことはないかもしれない．

極北領域

古代の狩猟民のバンドが，最初に新大陸に入ってくる時，現在のアラスカを通ったことは，学界の権威者が一致して認めている．このような最初の移住は，氷河時代に海面が下降することで露出し，かつては地表面となっていた広い大陸棚全域にわたってくりひろげられたにちがいない．しかし，この地域は現在すでに水没しており，考古学者の手の届かないものとなっている．生物学的な意味での新人（ホモ・サピエンス・サピエンス）は，旧大陸において進化した．アメリカ大陸にわたってきたのは，ほぼ 4 万年前にその進化が完成してから後のことであり，しかも，かなり小さな集団をなしてやってきている．したがって，旧大陸では，これよりもずっと古い時代でさえ大量の考古学的証拠があるのにくらべ，アメリカ大陸の最初の居住者に関する証拠は，当然ながら乏しく，広い地域にわたって分散しており，したがって発見がむずかしいのである．

極北地方の考古学は，アラスカ（合衆国），カナダ，グリーンランド（デンマーク）という，異なった国に属する三つの地方で発達した．これらの地方ごとに，また同じ地方の中でも，さまざまな学問的伝統があるが，いろいろな分類法や解釈も，大きく五つの時期（発展段階）を区分することで統合できるだろう．各時期のはじまりとおわりの年代は，大ざっぱに設定してある．これほど広大な地域の中では文化発展に遅速が生じるので，それに対処するためである．

第 I 期

第 I 期は，前 2 万 5000 年ごろにはじまり，前 5000 年ごろにおわる．この時期のものと推定される最も古い証拠は，カ

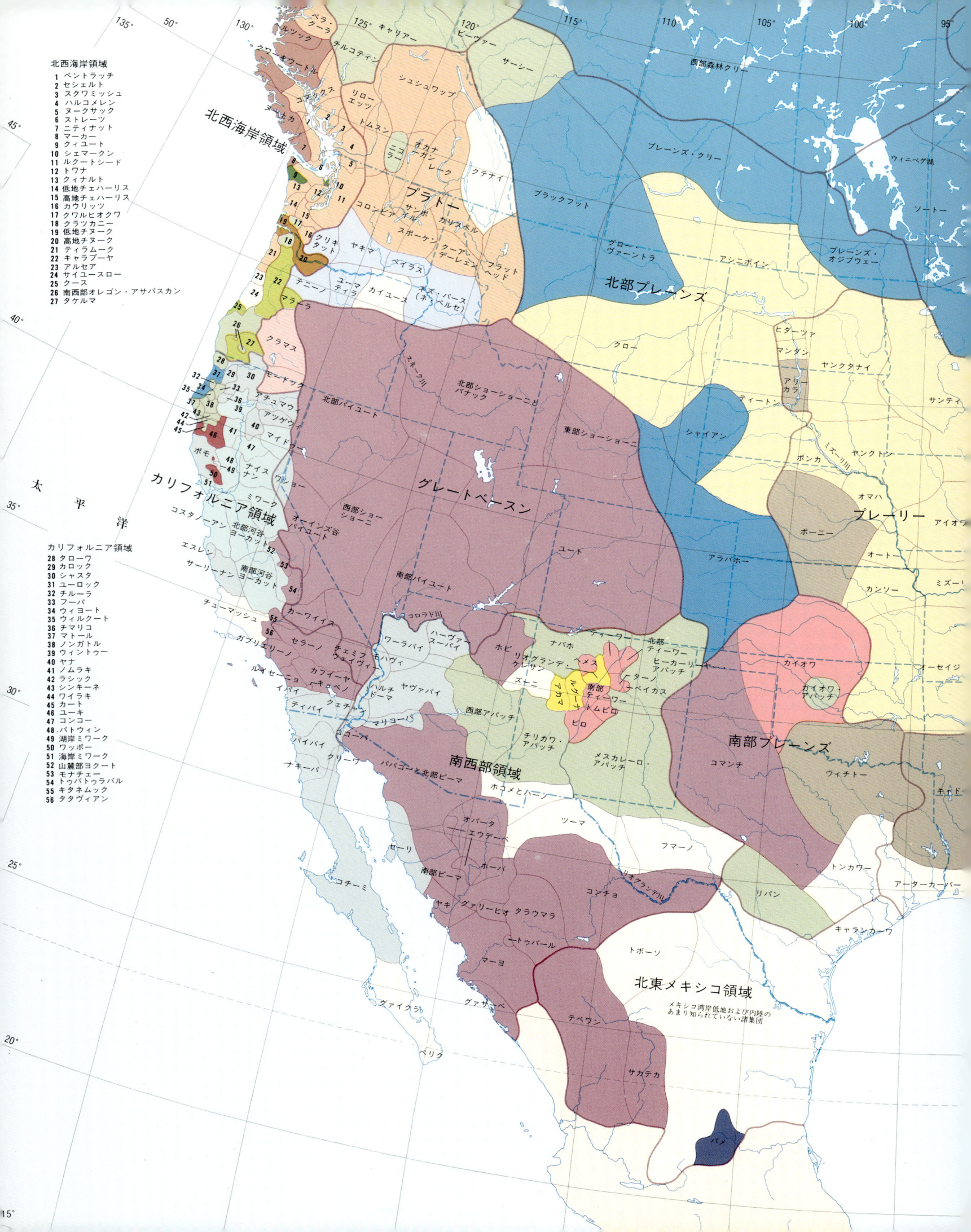

北西海岸領域
1 ベントラッチ
2 セシェルト
3 スクワミッシュ
4 ハルコメレン
5 ヌークサック
6 ストレーツ
7 ニティナット
8 マーカー
9 クィユート
10 シェマークン
11 シルクートシード
12 トワナ
13 クィナルト
14 低地チェハーリス
15 高地チェハーリス
16 カウリッツ
17 クワルヒオクワ
18 クラツカニー
19 低地チヌーク
20 高地チヌーク
21 ティラムーク
22 キャラプーヤ
23 アルセア
24 サイユースロー
25 クース
26 南西部オレゴン・アサバスカン
27 タケルマ

カリフォルニア領域
28 タローワ
29 カロック
30 シャスタ
31 ユーロック
32 チルーラ
33 フーパ
34 ウィヨート
35 ウィルクート
36 チマリコ
37 マトール
38 ノンガトル
39 ウィントゥー
40 ヤナ
41 ノムラキ
42 ラシック
43 シンキーネ
44 ワイラキ
45 カート
46 ユーキ
47 コンコー
48 パトウィン
49 湖岸ミワーク
50 ワッポー
51 海岸ミワーク
52 山麓部ヨクート
53 モナチェー
54 トゥバトゥラバル
55 キタネムック
56 タタヴィアン

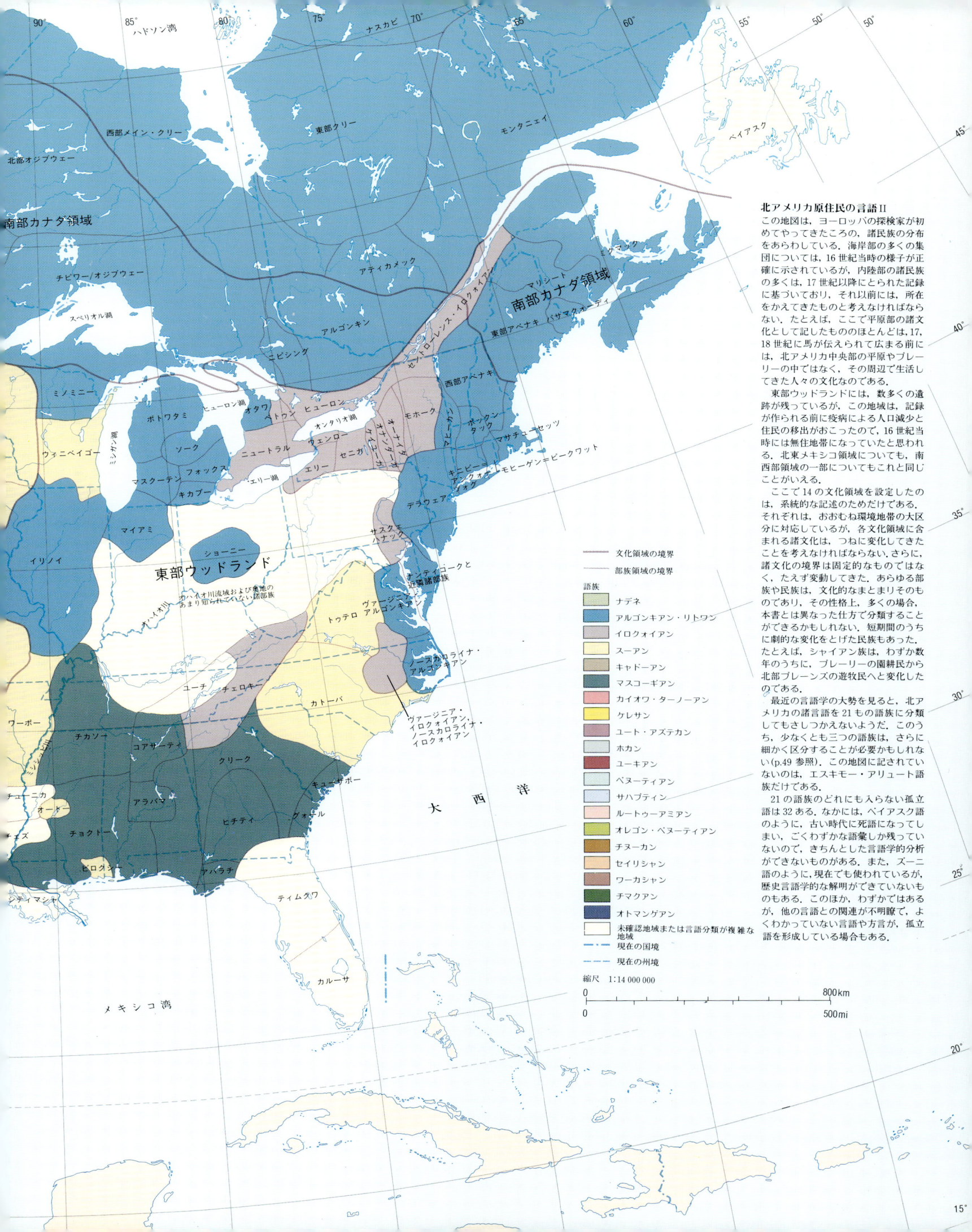

北アメリカ原住民の言語 II

この地図は、ヨーロッパの探検家が初めてやってきたころの、諸民族の分布をあらわしている。海岸部の多くの集団については、16世紀当時の様子が正確に示されているが、内陸部の諸民族の多くは、17世紀以降にとられた記録に基づいており、それ以前には、所在をかえてきたものと考えなければならない。たとえば、ここで平原部の諸文化として記したもののほとんどは、17、18世紀に馬が伝えられて広まる前には、北アメリカ中央部の平原やプレーリーの中ではなく、その周辺で生活してきた人々の文化なのである。

東部ウッドランドには、数多くの遺跡が残っているが、この地域は、記録が作られる前に疫病による人口減少と住民の移出がおこったので、16世紀当時には無住地帯になっていたと思われる。北東メキシコ領域についても、南西部領域の一部についてもこれと同じことがいえる。

ここで14の文化領域を設定したのは、系統的な記述のためだけである。それぞれは、おおむね環境地帯の大区分に対応しているが、各文化領域に含まれる諸文化は、つねに変化してきたことを考えなければならない。さらに、諸文化の境界は固定的なものではなく、たえず変動してきた。あらゆる部族や民族は、文化的なまとまりそのものであり、その性格上、多くの場合、本書とは異なった仕方で分類することができるかもしれない。短期間のうちに劇的な変化をとげた民族もあった。たとえば、シャイアン族は、わずか数年のうちに、プレーリーの園耕民から北部ブレーンズの遊牧民へと変化したのである。

最近の言語学の大勢を見ると、北アメリカの諸言語を21もの語族に分類してもさしつかえないようだ。このうち、少なくとも三つの語族は、さらに細かく区分することが必要かもしれない(p.49参照)。この地図に記されていないのは、エスキモー・アリュート語族だけである。

21の語族のどれにも入らない孤立語は32ある。なかには、ベイアスク語のように、古い時代に死語になってしまい、ごくわずかな語彙しか残っていないので、きちんとした言語学的分析ができないものがある。また、ズーニ語のように、現在でも使われているが、歴史言語学的な解明ができていないものもある。このほか、わずかではあるが、他の言語との関連が不明瞭で、よくわかっていない言語や方言が、孤立語を形成している場合もある。

語族
- ナデネ
- アルゴンキアン・リトワン
- イロクォイアン
- スーアン
- キャドーアン
- マスコーギアン
- カイオワ・ターノーアン
- ケレサン
- ユート・アズテカン
- ホカン
- ユーキアン
- ベヌーティアン
- サハプティン
- ルートゥーアミアン
- オレゴン・ベヌーティアン
- チヌーカン
- セイリシャン
- ワーカシャン
- チマクアン
- オトマンゲアン
- 未確認地域または言語分類が複雑な地域
- 現在の国境
- 現在の州境

文化領域の境界
部族領域の境界

縮尺 1:14 000 000
0 — 800 km
0 — 500 mi

北アメリカ

ナダのユーコン地方のオールド・クロー遺跡，および周辺の関連遺跡から出土した骨製品である．これらは，アメリカ大陸における人類の先史時代のはじまりを告げるものといえよう．新大陸内でも他の地域から出土した遺物に対しては，もっと古い年代があてられることもあるが，これを受け入れている権威者は少ない．また，1万4000年よりもずっと古い考古学的証拠があるという主張は，いっさい受け付けない学者もいる．極北領域における最古の確実な証拠は，前9000年から前6000年にかけて見られる．いくつかの石器複合があるが，まとめてアメリカ古極北伝統とよばれる．これらの石器複合には，核石器，石刃，細石刃がふくまれ，また，現生動物種のほか，バイソンやおそらくはウマやヘラジカなどの遺残も共伴している．

アリューシャン列島にある標準遺跡の名をとって命名されたアナングラ伝統は，アメリカ古極北伝統と関連性をもっていたが，すでに海産資源への適応がなされていたと思われる．しかし，アメリカ古極北伝統のほとんどの遺跡が両面石器をふくんでいるのに対し，アナングラの石器複合では，片面石器が圧倒的に多く，この点でギャラガー・フリント採集地の石器複合と非常によくにている．

第Ⅰ期後半の数千年間は，あらゆる遺跡の遺物が，シベリア内陸部で出土する遺物と基本的によくにている．このような類似性があるため，ベーリング海峡の両側から出土する初期の遺物すべてを，「ベーリング伝統」という包括的な概念でとらえる考古学者もいる．

第Ⅱ期

極北領域では，狩猟と採集が，もっと進んだ食料生産方法に取ってかわられることはなかったが，利用できる資源が地域ごとに異なっていたため，道具の構成にも古くから地域差が生じた．第Ⅱ期は，前5000年ごろにはじまる．前4000年ごろになると，海岸の狩猟民が，内陸の狩猟民には利用不可能な海産資源に適応していたことを示す証拠が，アナングラ伝統およびオーシャン湾伝統双方で見られるようになる．オニオン・ポーテイジ遺跡をはじめ，ツンドラと森林両方の環境地帯に分布するこの時期の遺跡には，内陸の諸資源に対して，さまざまな適応がなされた証拠がある．とはいえ，この地域全体にわたって，北部古期伝統として一括しても差し支えないような文化的一様性を認めることもできる．考古学者の中には，北部古期伝統が，南方の，より古いパレオ・インディアンの文化発展に起源をもっていると考える者もあるが，他方，この伝統を，前の時期からの内部的発展として解釈する者もいる．北部古期伝統の担い手は，北アメリカ西部に居住していた歴史時代のアサバスカン語族の祖先だった可能性もあるが，この仮説については，まだほとんど賛同が得られていない．

第Ⅲ期

前2500年から前1900年ごろにかけて，第Ⅱ期の文化が発展して第Ⅲ期に入った．この変化が最初におこったのは，アラスカ北部とアリューシャン列島だった．この時期の開始とともに，極北領域の先史時代は，アメリカ・インディアンではなく，エスキモーの時代となる．現代エスキモーの諸言語は，アリュート語と，遠いけれども明瞭な関係をもっている．両者の分岐は，少なくともすでに第Ⅲ期にはじまったと思われる．というのは，この時期以降，アリューシャン伝統は，極北領域の考古学におけるのちの文化段階と切り離され，別個の考古学的伝統として発展するからである．アラスカ北部の第Ⅲ期は，極北小型道具伝統という名で知られる特異な道具の複合によって特徴づけられる．初期エスキモーのこの伝統は，アラスカ半島からグリーンランドにいたる極北の海岸一帯に急速にひろまり，発展していった．アリュート語族はこの発展に何の関与もしていない．極北小型道具伝統は，アメリカの極北地域にひろがる前に，シベリア東部で発達したものと考えてよいだろう．一般的にいってこの伝統は，歴史時代のエスキモー諸文化を特徴づけるオイルランプをともなっていない．したがって，この古い時代のエスキモーたちは，明りと暖をとるのに，まだ木を使わなければならなかったはずである．かれらは海と陸の獲物をバランスよく利用しており，ところによってはしっかりした作りの半地下式住居に住んでいた．かれらが使った道具の中には，みごとな細石刃もある．これは，骨や牙や木で作った，もっと大きな道具にはめ込まれる刃として作られたものである．

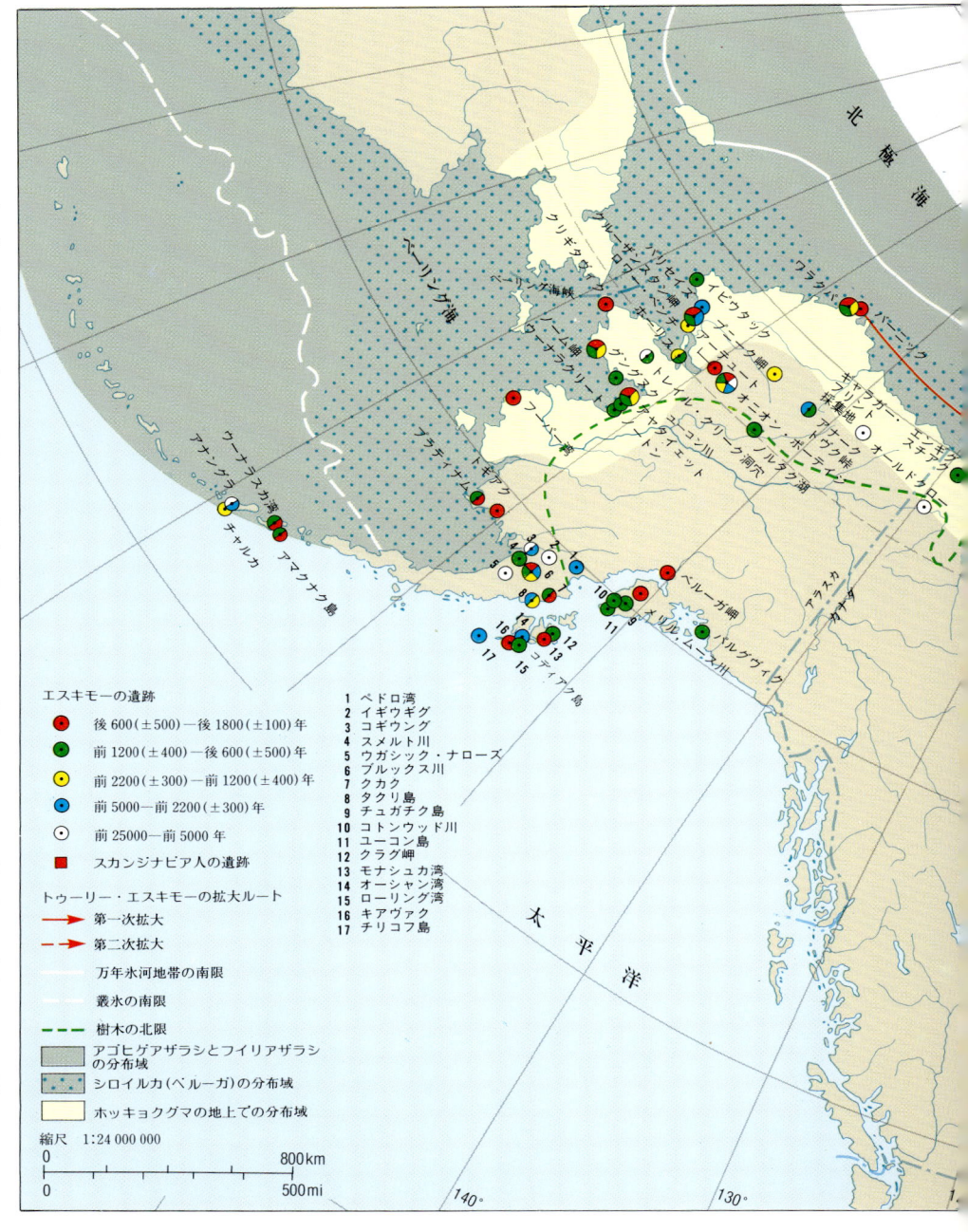

極北小型道具伝統は，東へ拡散していくにつれて，多様化していった．カナダとグリーンランドにある「インデペンダンスⅠ」文化の要素をふくんだ諸遺跡は，先ドーセット（カナダ）やサーカック（グリーンランド）と名づけられた文化とは大きく異なっているようだ．前1900年には，すでに後の

極北領域の考古学

エスキモーとアリュートは，過酷な極北の環境に適応した人々である．かれらは，先史時代をとおして，一般に樹木限界線の外側で，つまり，1年中氷におおわれた地域と流氷の南限とのあいだで暮らしてきた．かれらは，陸上ではホッキョクグマと生活圏を共有していた．海には，アザラシやシロイルカなどの海獣類がおり，必要不可欠なたんぱく質と，照明・暖房用の油の供給源となった．極北領域の編年は，西部地域で最も古くまでさかのぼり，また最も複雑である．アリュートは，エスキモーと親縁関係があるが，これとは早くから離れ，アラスカ南西部の沖合いの島々で，特殊な海洋文化の伝統を作りあげた人々である．アラスカ北部と西部の海岸地域は，のちのエスキモーの発展を準備する重要な舞台となった．カナダとグリーンランドの極北地域では，先史時代において，はじめはドーセット・エスキモーの東方への拡大がおこったが，のちには，トゥーリー・エスキモーが同じようにして拡大し，ドーセット・エスキモーと完全に入れかわった．

エスキモーの遺跡
- 後600(±500)—後1800(±100)年
- 前1200(±400)—後600(±500)年
- 前2200(±300)—前1200(±400)年
- 前5000—前2200(±300)年
- 前25000—前5000年
- スカンジナビア人の遺跡

トゥーリー・エスキモーの拡大ルート
- 第一次拡大
- 第二次拡大

- 万年氷河地帯の南限
- 叢氷の南限
- 樹木の北限
- アゴヒゲアザラシとフイリアザラシの分布域
- シロイルカ（ベルーガ）の分布域
- ホッキョクグマの地上での分布域

縮尺 1:24 000 000

1 ペドロ湾
2 イギウギグ
3 コギウング
4 スメルト川
5 ウガシック・ナローズ
6 ブルックス川
7 ブカカク
8 タクリ島
9 チュガチク島
10 コトンウッド川
11 ユーコン島
12 クラグ岬
13 モナシュカ湾
14 オーシャン湾
15 ローリング湾
16 キアヴァク
17 チリコフ島

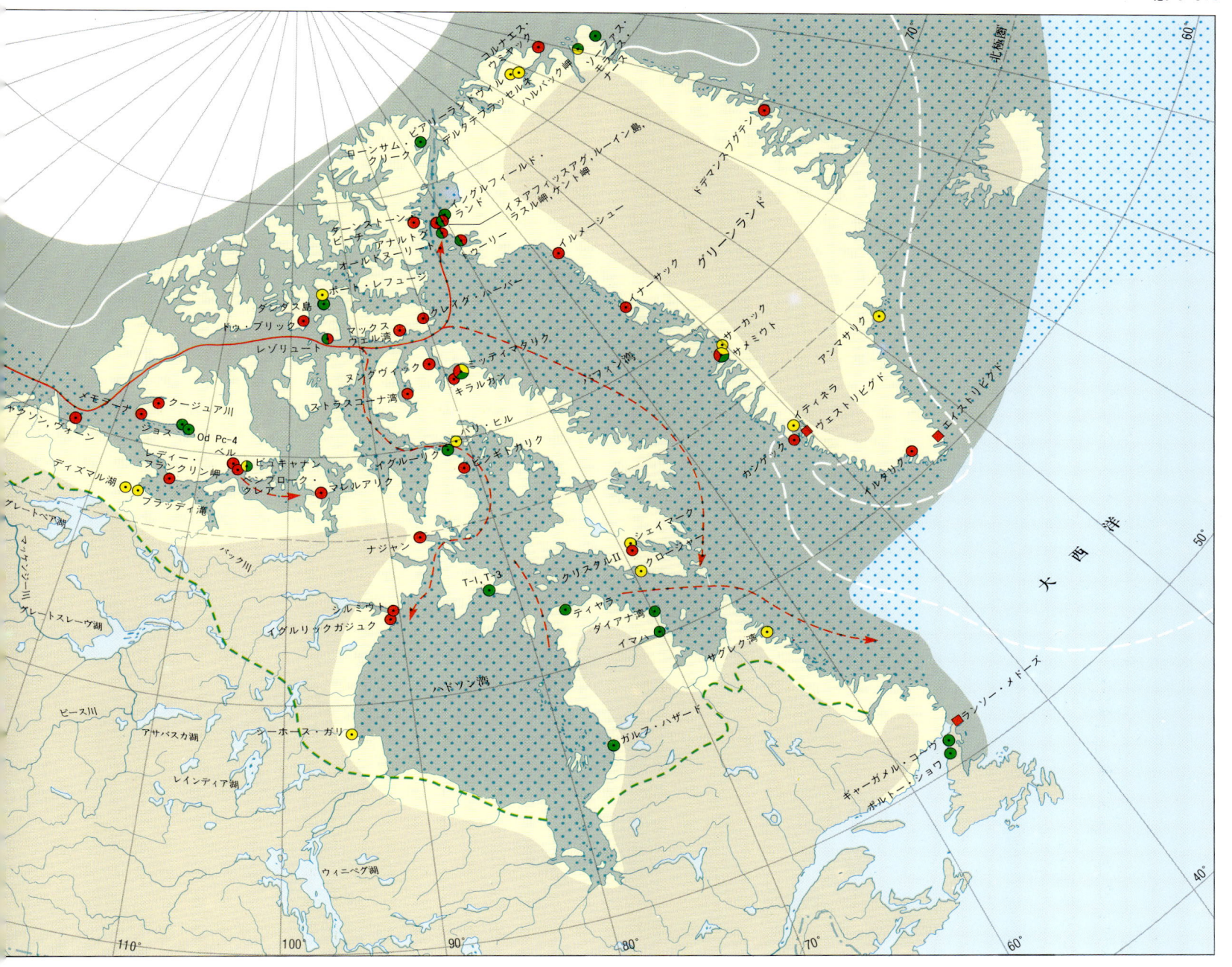

発展の方向は定まっていた．第Ⅲ期の適応は，ところによっては前800年ごろまでつづいたのである．

第Ⅳ期

　第Ⅳ期の開始を告げるのは，極北小型道具伝統の消失である．エスキモーの適応が，海産資源，とくに海獣類を中心とする方向に次第にかわっていくとともに，小型道具伝統も発展的解消をとげた．この変化は，アラスカ北部で最初におこった．前1600年ごろのことと思われる．アラスカ北部の第Ⅳ期は，古い方からホーリス，ノートン，イピュータックという三つの文化期に分けられる．アラスカ北西部のクルーザンスターン岬では，第Ⅳ期のはじめに，古捕鯨文化とよばれる奇妙な発展がおこったが，100年ほどで消滅した．ベーリング海峡より南では，文化的変異は小さく，この時期を通してノートン文化しか見られない．アリューシャン列島の人々は，依然として別個の発展をたどった．コディアック島一帯でも，同じような文化的持続性が見られたが，第Ⅳ期については十分な知識が得られており，カチェマック伝統という別の名前が与えられている．この時期のグリーンランドについては，前の時代のインデペンダンスⅠ文化から，インデペンダンスⅡ文化が発達したと見る考古学者もいる．しかし，極北領域東部を全体的に見れば，カナダでもグリーンランドでも，先ドーセット文化からドーセット文化が発生したと考えることができる．銛の存在，遺跡が海岸部に立地すること，ごみとして捨てられた動物骨，これらすべては，ドーセット文化の食料が，とくにアザラシやセイウチなどの海獣類に依存していたことを物語っている．弓矢や小型の石製ランプも，ドーセットの遺跡から時折出土しているが，アラスカのノートン文化で見つかっているような粗雑な土器は，ドーセット文化には見られない．

　雪の家イグルーを作るのに用いる雪ナイフ，かんじき，小型のそりのランナー（滑走部）など，歴史時代のエスキモー文化の特徴のいくつかは，ドーセット文化で最初にあらわれている．だが，奇妙なことに，ドーセット文化後期の遺跡では，イヌ，弓矢，およびドリルをともなわない場合が多い．これにともなって石製ランプがよく利用されるようになる．おそらく油の供給源である海獣類の狩猟がさらに重要になったのであろう．この変化は，陸と海の狩猟を同様に行う生活から，海の狩猟のみに重点をおいた経済活動へという転換が行われたことをあらわしているのかもしれない．海の狩猟で

北アメリカ

は，1人乗りの舟であるカヤックが重要な役割を果たしたが，ドーセット文化の遺跡から出土しているカヤックの断片を見ると，技術的にはのちの時代と遜色がないことがわかる．

第Ⅴ期

第Ⅴ期は，ベーリング海峡地域では，早くも後100年にははじまっていた．このころ，古ベーリング海文化が，ノートン文化的な前身から発達し，やがて，900年ごろには，アラスカ北部でバーニーック文化を生じさせた．この同じ地域で，また同じ文化的背景のもとで，バーニーック文化はトゥーリー文化へと発展する．トゥーリー・エスキモーの文化は，アラスカの他のエスキモー集落によっても受け入れられたが，極北領域に与えた最も劇的な影響は，東方へむけて急激に拡散したことだった．トゥーリー・エスキモーは，ドーセット・エスキモーの文化を完全に消滅させた．おそらく，実際にはトゥーリー・エスキモーがドーセット・エスキモーに取ってかわったり，ドーセットの集落が生き残って，トゥーリー文化を受け入れるなどの複雑な過程があったことだろう．歴史時代のはじめ，つまり外部とはじめて接触がおこったころ，エスキモーが話していたことばは，グリーンランドからアラスカ北部まで，単一の言語のさまざまな方言でしかなかった．以前に使われていたと思われるドーセット系の言語（諸言語）は，完全に消滅していたのである．

トゥーリーの拡大を促したのは，かれらの技術がすぐれていたことである．この中には，大型の舟であるウミヤックの使用とともにカヤックの船団の組織があり，また，弓矢，何頭もの犬にひかせるソリ，進歩した銛，鯨油のランプ，雪の家イグルー，そして何十という特殊化した道具類があった．当時の恵まれた気候条件は，一方では北欧の人々を西へとむかわせ，他方ではトゥーリー・エスキモーとその獲物であるクジラを東へとむかわせ，こうして二つの文化は，ついにグリーンランドで，食料資源をめぐって競い合うことになった．ひろい地域に分布するトゥーリー文化と，やや多様性が大きいがこれに類似したアラスカの諸文化は，豊かで複雑な一連の文化として歴史時代まで存続し，習慣的にエスキモーという総称でよびならわされることになった．

東部ウッドランド領域：
埋葬用マウンドの建設者たち
前700―後400年

古期がおわるころには，北アメリカのいくつもの地域で，インディアンの諸文化は，集約的な食料収集から，各地方原生の植物を事実上栽培する生活へと，すでに移行していた．これらの植物には，本当の栽培植物が農耕民に対してもつような重要性はけっしてなく，その栽培方法も，現代の方法とはあまりにていない．とはいえ，ヒマワリ，アカザ，タデ，メイグラス，マーシュ・エルダー，ヒョウタン，カボチャ，そしておそらくはトウモロコシの古い品種が栽培され，それらの重要性は少しずつ増大した．このような初期的な園耕は，それまでの伝統であった集約的な狩猟採集とともに行われた．この結果生じた新しい生業形態に基づいた生活を，「栽培生態系」とよぶ考古学者もいる．

種子は重要だが，当時育てられていた植物のすべてが種子を利用するものではなかった．ヒマワリの中には，塊茎を利用するために栽培されたものが少なくとも一種はあり，これはのちに「エルサレムのアーティチョーク」（キクイモのこと）という，かなり不適切な名前でよばれることになった．熱帯性のウリ科植物（ヒョウタンとカボチャ）は，メキシコを通って北アメリカに伝えられ，種子とともに果肉も利用された．

オハイオ州のサーペント・マウンド（蛇のマウンド）は，高い丘の頂上部にうねうねと伸びている．写真の奥に見えるのは，固くとぐろを巻いた尾部である（下図参照）．この蛇は，とぐろを伸ばせば，体長ほぼ400mになる．南へむかって撮ったこの古い写真では，手前にみえる頭部は判然とはしない．楕円形のマウンドを口にくわえているように見える．この土製建造物が，いったいどのような意味をもっているのかは，推測する以外にないが，東部ウッドランドでは，先史時代の2000年間にわたって，鳥と蛇の表象が非常にたくさんあらわれている．マウンド自体からは，考古学的な手がかりがえられていないので，年代決定も，学問的な判断も，ほとんどできない．サーペント・マウンドは，アディーナ文化かホープウェル文化のものだろう．近くにはアディーナ文化のものだとわかっているマウンドがいくつかあるが，その規模や複雑さから，サーペント・マウンドは，ホープウェル文化のものだと考える考古学者が多い．とぐろを巻いた尾部のかたわらにある家（現在は取り壊されてしまっている）の東側に塔が建っており，いまは，そこからこの巨大な蛇を見ることができる．この遺跡は，比較的早い時期に破壊から救われ，考古学的な保存措置が講じられ，現在は，オハイオ州が所有し，保護している．

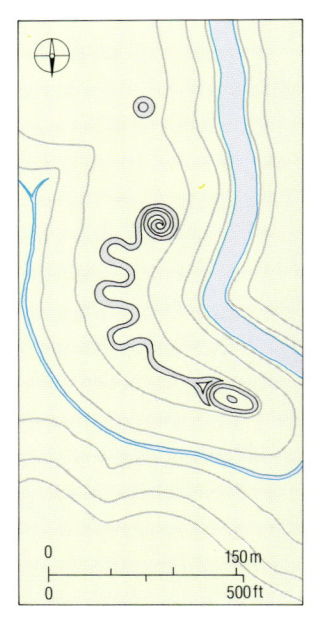

ミシシッピ川流域の数カ所では，前2500年ごろから，ところによっては少なくとも後400年ごろまでのあいだ，インディアンたちは本当の園耕民がなしうるほどではなかったにしても，それ以前の採集民には想像もできなかったほど巧妙に，これらの植物の繁殖と生産を統御したのだった．初期の作物は，後にあらわれた完全な栽培種の近縁種だったが，生産性が低かったことを考えると，狩猟や採集によって集めた野生植物が一時的に不足した時に，おもに補助的食料として使われたものと考えられる．すなわち，このような植物は本当の主作物にはならなかったが，貯蔵することができたので，実際は滅多におこらなかったとはいえ，飢え死にの恐れを身近

に感じていた人々に，これまでの生活との決定的な相違をもたらしたのである．インディアンの集団が，次第に，境界のはっきりした小さな生活域で暮らすようになるにつれて，飢え死にの恐れはいっそう深刻なものになっただろう．いつおこるともしれない野生食料の不足に備えることは，計画的な余剰生産と注意深い貯蔵によってのみ可能だったのではなかろうか．

アディーナ文化

新しい栽培生態系は，アディーナと，その後のホープウェルという文化現象がおこる基盤となった．アディーナ文化は，少なくとも前700年には，オハイオ川流域で発達をはじめていた．前1100年にまでさかのぼる可能性もある．グレーシャル・ケーム文化複合やレッド・オーカー文化複合などの古期後期の発展は，アディーナ文化の発達に影響をおよぼしたようである．アディーナ文化では，古期的な性格をもった初歩的な植物栽培が行われ，長距離交易も新たな形で発展した．アディーナ文化の遺跡は，中心地であるオハイオ州南部と，これに隣接するウェストヴァージニア，ペンシルヴェニア，ケンタッキー，インディアナ諸州の一部にひろがっている．オハイオ州のアディーナ遺跡を特徴づけるのは，土製建造物である．大きな円形，方形，あるいは五角形状に，また，時

には自然の起伏が形作る不定形の稜線にそって，土塁が築かれている．直径100m程度のものが多いが，これらは，本来防御用の建造物ではなく，むしろ聖域の囲いだったようだ．時には，土塁の内側からすくいあげられた土が建造に使われ，内側が窪地になっているものもある．製作後2000年たってからこれを発見したヨーロッパ人の目には，内側に壕が作られているように映ったのだった．

アディーナの人々は，埋葬用マウンド（ベリアル・マウンド）も作った．おそらく，オハイオ州，マイアミズバーグのマウンドが最大だろう．これらの記念碑的建造物の下には，死者が埋葬されている．墓室は，粘土で内張りをした簡単な窪みの場合もあるが，死者を3体も収容できるほど大きなものが丸太で作られていることもある．作りが簡単な墓から発見された遺体には，あらかじめ火葬にされたものが多い．もっと手の込んだ墓からは，遺体に赤いオーカーや，グラファイトを塗った証拠が見つかっており，また，副葬品の質もよい．大型の土塁の内外に作られた小型のマウンドの中には，一人の死者のために一気に作りあげられたものもあるが，とくに丸太作りの墓室をともなったマウンドなどは，時折新たな埋葬を付加するために，長期間入口があいていたように思える．やがて墓室は閉じられ，そのずっと後になって，墓室は，土製マウンドの重みで崩れ落ちた．時には，焼け落ちた建物の上にマウンドが築かれることもあったようで，マウンドの下に柱穴の跡が今も残っていることがある．

アディーナの女たちは土器を製作した．土器は，すでに古期後期に家庭用品として取り入れられたところもある．しかし，アディーナの土器はあまりできのよいものではなく，埋葬儀礼において重要な役割は果たさなかった．アディーナの副葬品は，ふつう，糸巻形の首飾り，彫刻のある石板，円筒形のパイプなどである．一般に，これらはすべて，縞目のあるスレートやきめ細かな石など，ぴかぴかに磨きあげることのできる石材で作られている．石板には，曲線文様や，抽象的な動物文様（ふつうは猛禽類）が彫刻されている．これらは，織物に文様をつけたり，またおそらくは，皮膚に一時的に文様をつけたり，さらには入墨の下絵をつけるのに使われたのではないかと思われる．

円筒形のパイプは，重要な遺物である．直接の植物学的証拠として，小さなタバコの種子がはじめて出土する時代のずっと前から，タバコがあったことを示しているからだ．喫煙の習慣は，起源地の南アメリカから伝播したものと思われる．円筒形のパイプの存在は，タバコという植物と複雑な喫煙具，またおそらくは喫煙儀礼も，すべてアディーナの社会に存在していたことを示している．

16世紀にアメリカ・インディアンが吸っていたタバコは，1600年以降にヨーロッパ人によって発見され，これにかわって栽培されるようになった弱いタバコにくらべると，ずっと強いものだった．このタバコは，一度植え付けるとほとんど人手を借りずに繁殖するので，アディーナ・インディアンが育て，利用していた他の植物ともよく調和していたといえよう．また，このタバコには，ほとんど麻薬と同じような効果があった．タバコが社会・政治的な目的で使われたことは，歴史時代においてよく知られているが，古くは，シャーマンが儀礼に用いたと考えて間違いない．

アディーナの人々は，ミシガン州北部から自然銅を輸入し，鍛造してブレスレット，ビーズ，輪，首飾り，そして斧を作った．銅製品をはじめとする奢侈品は，副葬品の一部をなすことが多く，身分差の指標ともなり，アディーナ社会が，階層社会形成の初期段階にあったことをあらわしている．アディーナ社会は，おそらく，まだ親族原理にしっかりと基づいたものだったろうが，長距離交易を行ったことや，死者の扱いに差があることを考えあわせると，同じ祖先をいただく親族集団であるクランの長が高い身分をもち，親族集団間の交換を統御していただろうと思われる．歴史時代のいくつかのアメリカ・インディアンの社会について，よく知られているパターンである．

ホープウェル文化の工芸

ホープウェルの工芸は，アディーナ文化のあらゆる特徴を受け継ぎ，これを発展させて規模においても複雑さにおいても新しいレベルに到達した．ホープウェルの遺跡は19世紀に発掘されたものが多い．当時は，現在のような技術もなく，発掘の水準も高くはなかった．そのため，ホープウェルの遺跡で年代決定が十分になされているものはほとんどない．また，たくさんの遺跡が盗掘や農耕によって破壊され，出土遺物の多くが散逸している．マウンドは頻繁に発掘されたが，村落遺跡は無視され，そのためホープウェルの日常生活は，いまだにほとんどわかっていないのが実状である．

ホープウェルの埋葬用マウンドは，2段階に分けて建造されたものが多く，この点ではアディーナのマウンドと異ならない．つまり，まず丸太の墓室が建築され，その後これをおおって土のマウンドが作られたのである．標準的なホープウェルのマウンドは，高さ12m，墓底部の直径30mといったところだろう．マウンドの周囲は，しばしば土塁で囲まれているが，これはアディーナのものよりもできばえがよい．円形，四角形，正方形，八角形状に作られた土塁は，直径あるいは長さが500m以上におよぶこともある．また，複数の土製建造物が堤道で結び付けられた例もある．オハイオ州のマウンド・シティー遺跡のように，大きな土塁で囲まれた区域内に埋葬用マウンドが散在していることもあれば，オハイオ州のニューアークのように，巨大な土塁群が，埋葬用マウンドをともなわずに建造されている場合もある．同じくオハイオ州にある巨大なサーペント・マウンドは，埋葬地としてではなく，聖なる形象として機能していたように思われる．

オハイオ州のホープウェルのマウンドからは，アディーナのマウンドで見られるものよりもすぐれた遺物が出土している．自然銅を鍛造して，耳飾り，切抜き細工，人工の鼻（おそらく死者につけるもの），首飾り，ビーズ，ペンダント，そしてパンパイプまでも作られた．薄い銅板には文様が打ち出され，厚い銅板は胸飾りとして使われた．大きな銅塊からは，斧，手斧，儀礼用斧，きりが鍛造された．2本の鹿角を模した，手の込んだ銅製の頭飾りもある．隕鉄や，金塊・銀塊も箔を作るのに用いられた．このような金属箔は，耳飾りや手斧など，他の素材で作られた品物にかぶせられた．方鉛鉱や，水晶，および緑泥岩の塊は，呪物として大切にされていた．

雲母はアパラチア山脈からもたらされ，銅製品とよくにた切抜き細工を作るのに利用された．蛇，人の手，頭，卍形，鳥の爪の形象がよく作られた．巻貝などの貝類，それにワニ，サメ，カマスの顎や歯もすべて外部から取り寄せられたものであり，カメの甲羅やハイイログマの犬歯も集められた．

打製石器は，チャート，玉髄，黒曜石など，他地域から輸入したさまざまな石材を使って製作された．ホープウェルの人々は，日常的な道具を原型として，ただ見せるためだけの美しい道具を作った．また，土器も同じようにして発展させ，副葬品としてのみ使用される，芸術的なみごとな土器を作った．器壁を取り巻くパネルに装飾がほどこされた土器もある．ホープウェルの人々は，人物を模した土偶も作った．洗練された土偶だが，メキシコや合衆国南西部から出土するものとは異なった様式をもっている．これらの土偶から，考古学者

アディーナ=ホープウェル文化と関連諸文化

アディーナ文化の中心地は，オハイオ州にあったが，その影響は，遠くヴァーモント州，ニューヨーク州東部，ニュージャージー州，およびメリーランド州の諸遺跡にも認められる．中心地の外側にも遺跡が分布するのは，オハイオ州からの移民の結果だと考えられたこともあった．しかし，現在では，その地方の人々が，アディーナ文化の交易網にひきこまれて影響を受け，これらの遺跡を作ったと考えるのがよさそうだ．このような外縁部の遺跡から出土するアディーナの完成品は，原材料との交換でもたらされたものと思われる．

アディーナ文化は，前100年ごろオハイオ州で最盛期をむかえ，後400年ごろには滅亡へとむかっていた．ウェストヴァージニア州では，この文化は700年ごろまでつづいたようだが，オハイオ州南部では，これよりも何百年も早く，ホープウェル文化に取ってかわられた．オハイオ州のホープウェル文化は，イリノイ州から刺激を受けてはじまったと思われる．しかし，いわゆる「ホープウェルの相互作用圏」の広範な発展が，オハイオ州を中心にしておこったことには疑いがない．

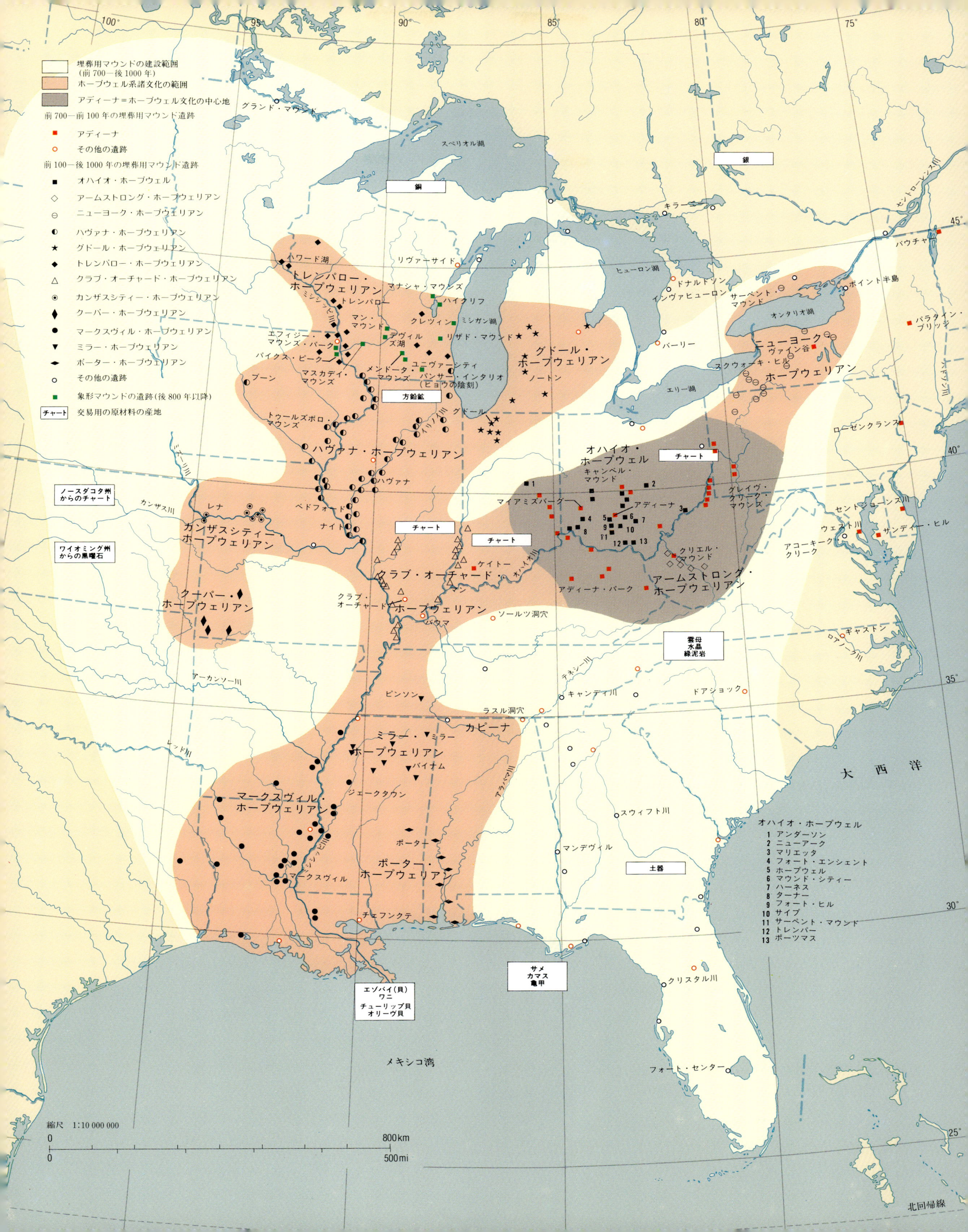

埋葬用マウンドの建設範囲
(前700—後1000年)
ホープウェル系諸文化の範囲
アディーナ＝ホープウェル文化の中心地
前700—前100年の埋葬用マウンド遺跡
アディーナ
その他の遺跡
前100—後1000年の埋葬用マウンド遺跡
オハイオ・ホープウェル
アームストロング・ホープウェリアン
ニューヨーク・ホープウェリアン
ハヴァナ・ホープウェリアン
グドール・ホープウェリアン
トレンパロー・ホープウェリアン
クラブ・オーチャード・ホープウェリアン
カンザスシティー・ホープウェリアン
クーパー・ホープウェリアン
マークスヴィル・ホープウェリアン
ミラー・ホープウェリアン
ポーター・ホープウェリアン
その他の遺跡
象形マウンドの遺跡(後800年以降)
チャート
交易用の原材料の産地
100°
95°
90°
85°
80°
75°
45°
40°
35°
30°
25°
グランド・マウンド
スペリオル湖
銅
銀
キラーニー
セントローレンス川
ヒューロン湖
ミシガン湖
オンタリオ湖
エリー湖
ハワード湖
トレンパロー・ホープウェリアン
トレンパロー
ミシシッピ川
リヴァーサイド
マナシャ・マウンズ
ハイクリフ
クレツィン
ミシガン湖
マン・マウンド
エフィジー・マウンズ・パーク
デヴィル
ズ湖
リザド・マウンド
パイクス・ピーク
メンドータ・マウンズ
ユニヴァーシティ
パンサー・インタリオ
(ヒョウの陰刻)
マスカディ・マウンズ
ブーン
方鉛鉱
グドール・ホープウェリアン
ノートン
グドール
トゥールズボロ・マウンズ
イリノイ川
ハヴァナ・ホープウェリアン
ハヴァナ
ベドフォード
ナイト
ミズーリ川
カンザス川
レナ
カンザスシティー・ホープウェリアン
ノースダコタ州からのチャート
ワイオミング州からの黒曜石
クーパー・ホープウェリアン
ドナルドソン
インヴァヒューロン
サーペント・マウンド
ポイント半島
バウチャー
パラタイン・ブリッジ
ニューヨーク・ホープウェリアン
ヴァイン谷
スクウォーキ・ヒル
バーリー
ハドソン川
ローゼンクランス
オハイオ・ホープウェル
キャンベル・マウンド
チャート
マイアミズバーグ
アディーナ
グレイヴ・クリーク・マウンズ
クリエル・マウンド
アームストロング・ホープウェリアン
アディーナ・パーク
ケイトー
オハイオ川
チャート
チャート
クラブ・オーチャード・ホープウェリアン
クラブ・オーチャード
パウマ
ソールツ洞穴
セントジョーンズ川
ウェスト川
サンディー・ヒル
アコーキーク・クリーク
キャストン
ロアノーク川
雲母
水晶
緑泥岩
テネシー川
キャンディ川
ドアショック
ラスル洞穴
カビーナ
ピンソン
アーカンソー川
レッド川
ミラー・ホープウェリアン
ミラー
バイナム
ジェークタウン
マークスヴィル・ホープウェリアン
マークスヴィル
ポーター
ポーター・ホープウェリアン
チェフンクテ
アラバマ川
スウィフト川
マンデヴィル
土器
大西洋
オハイオ・ホープウェル
1 アンダーソン
2 ニューアーク
3 マリエッタ
4 フォート・エンシェント
5 ホープウェル
6 マウンド・シティー
7 ハーネス
8 ターナー
9 フォート・ヒル
10 サイプ
11 サーペント・マウンド
12 トレンパー
13 ポーツマス
サメ
カマス
亀甲
エゾバイ(貝)
ワニ
チューリップ貝
オリーヴ貝
メキシコ湾
クリスタル川
フォート・センター
縮尺 1:10 000 000
0
800 km
0
500 mi
北回帰線

北アメリカ

は，ホープウェルの人々に典型的な衣装や髪型を復元することができたのである．

ホープウェルの石彫にはさまざまな形態があるが，最も特徴的なものは，台座付きのパイプである．この種のパイプは，湾曲した長方形の台座の上に動物像をのせた形をしている．火皿は，動物の頭か背に彫り込まれ，吸い口は，長方形の平たい台座の一端につけられている．人間の頭部，カエル，ヒキガエル，水鳥，フクロウ，ワシ，ワタリガラス，クマなどの動物は，すべてこのようなパイプに形どられた．また，固く緻密な石炭を使って作られた二つの特異な遺物が知られている．一つは，18cm もある巨大な親指，もう一つは，甲虫のような怪物の像である．その他の石製品の中にも，パイプと同じカトリナイト（硬赤粘土）で作られたものがある．

これほど多様で，しかも質の高い品々を集めるために，ホープウェルの人々は，北アメリカのかなりの部分におよぶ交易網を作りあげた．黒曜石とハイイログマの歯は，ワイオミング州のイエローストーン公園から輸入された．カトリナイトはミネソタ州から，玉髄はノースダコタ州から，雲母，水晶，緑泥岩はアパラチア山脈からもたらされた．方鉛鉱はイリノイ州から，銅はミシガン州北部から取り寄せられた．貝殻，カメの甲羅，サメの歯，カマスの顎骨は，メキシコ湾岸からきている．また，銀塊はカナダのオンタリオ州から輸入された．一方，オハイオ硬赤粘土，縞目のあるスレート，フリント・リッジ・チャート，および土偶や副葬品の土器を作る粘土などは，この地方原産の材料だった．

オハイオ州のホープウェル文化が原材料を外に求めたことの見返りとして，生産地に住むインディアンの諸集団は，ホープウェルの儀礼用品を取り入れた．おそらくは，儀礼そのものも受け入れたことだろう．ホープウェル的な色彩をもった諸文化が土着文化に接ぎ木され，交易網が機能しなくなるまで栄えた．ホープウェル系文化の中心地から離れたところでも，さまざまな文化が埋葬用マウンドの建造という基本的なアイデアを受け入れた．そのため，グレートプレーンズ（大平原）から，東は東部ウッドランド領域のほとんど全域にわたって，何万というマウンドが点在している．ホープウェル系諸文化の発展は 13 の地域でおこったが，その中心地の中には，オハイオ州のホープウェル文化から受け取った製品や，それに加えておそらくは儀礼の知識と交換に，オハイオ州に何を供給していたか明確でないものもある．

著しい浪費は，ホープウェルの諸遺跡で一貫して見られるテーマだった．交易システムが長期間にわたって維持されたのは，少なくとも部分的には，埋葬にともなってつねに奢侈品の消費が行われていたからである．オハイオ州で発見されたイエローストーン原産の黒曜石は，その大部分が単一の墳墓から出土している．大量の原石を集めた個人は，これをたずさえて死んでいったのである．同時期のオハイオ州の諸遺跡で発見された黒曜石製品は，重量比では全体のごくわずかの部分を占めるにすぎない．このように，ホープウェルの埋葬の慣行は，交易システムを通してもたらされる品々をつねに必要とした．かりに，これらの品々が富として蓄えられ，後継者に受け継がれていたとしたら，これほど多くの需要は生み出さなかっただろう．

ホープウェル文化も，後 400 年ごろには衰退にむかった．わずかの中心地域では，なおしばらく存続したようだが，ホープウェル文化を支えた交易網は崩壊していったのである．しかし，衰退の理由はまだ十分にはわかっていない．おそらく，新種の栽培植物がメキシコからもたらされ，ホープウェルの諸集落が依拠していた栽培生態系は，より適応度の高い生態系によって圧迫されたのだろう．新しい集約的な園耕に

ホープウェルの副葬品

ホープウェル文化の中心は，オハイオ州南部，サイオータ川流域にあり，前 100 年から後 600 年にかけて，記念碑的なマウンドをはじめとする土製建造物が作られた．幾何学的な形をした土塁は祭祀用の囲いであり，大きな囲いの中には，いくつもの埋葬用マウンドが作られていることが多い．遺物の中には，美しいものが多く，ホープウェルの細工として有名だが，これらは副葬品として作られたものだった．埋葬の儀式は，めずらしい副葬品をつねに必要とし，その原材料は遠方からもたらされた．

残念ながら，近代的な考古学技術や倫理的な基準ができあがる前に，多くのマウンドが副葬品目当てに盗掘されてしまった．十分な出土記録がとられ，適切な年代決定が行われた遺物はほとんどない．51頁の地図は，ホープウェルの主要遺跡とともに，広範な交易網によってこれらの遺跡と関係をもった，原材料の産地も示している．原材料の産地に近い遺跡から，ホープウェル様式の完成品が出土することがある．このことは，ホープウェルとは単一の文化というよりも，むしろ社会的にも言語的にも異なった諸集団を結び付ける，「国際的」なシステムであったことを示している．

左下　手をあらわした雲母板の切抜き細工．オハイオ州，ロース地方にあるホープウェル標準遺跡の 25 号マウンドから出土した．長さ 29 cm で，本当の手よりも大きく作られている．

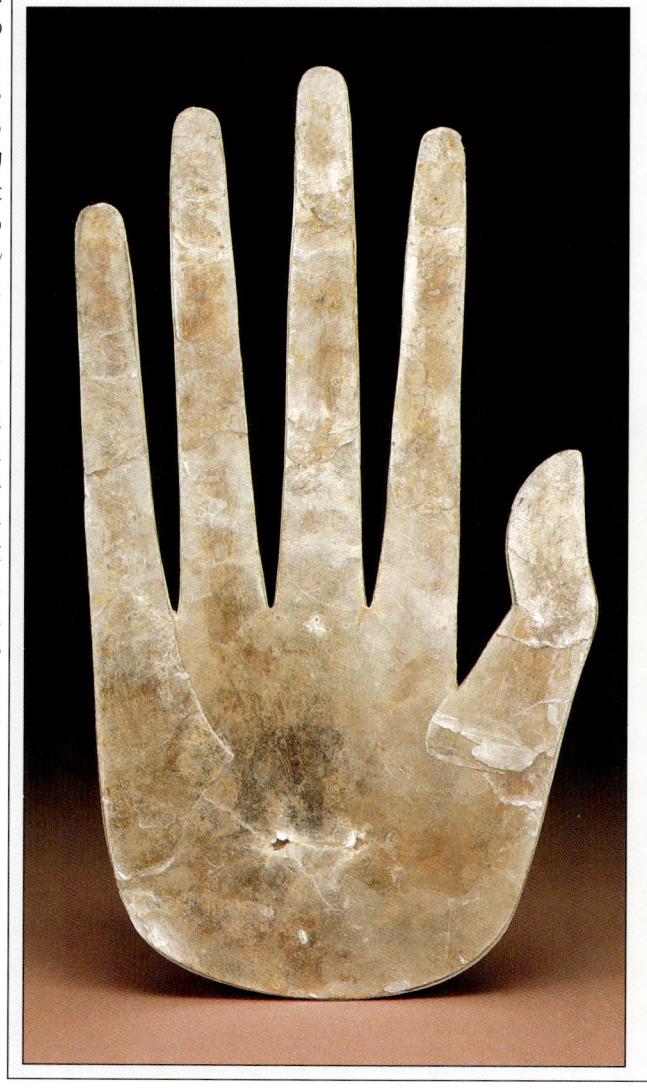

下　凍石（石鹸石）製の，ヒョウをかたどったパイプ．インディアナ州マン遺跡出土．長さ 16 cm のこのパイプは，1916 年に発見された．当時，右の前足は見つからなかったが，20 年以上ものちに，注意深く再発掘が行われて発見された．このような形で様式化された像は，オハイオ州のホープウェル文化では一般的でない．むしろ，同時代のアリソン・カビーナ文化と関連がある．このパイプでは，動物の顔が喫煙者の方をむいていない．このように，顔がむき合わないのはめずらしい．煙がとおる管は，動物の後足がのっている小さな台座の中にあけられている．

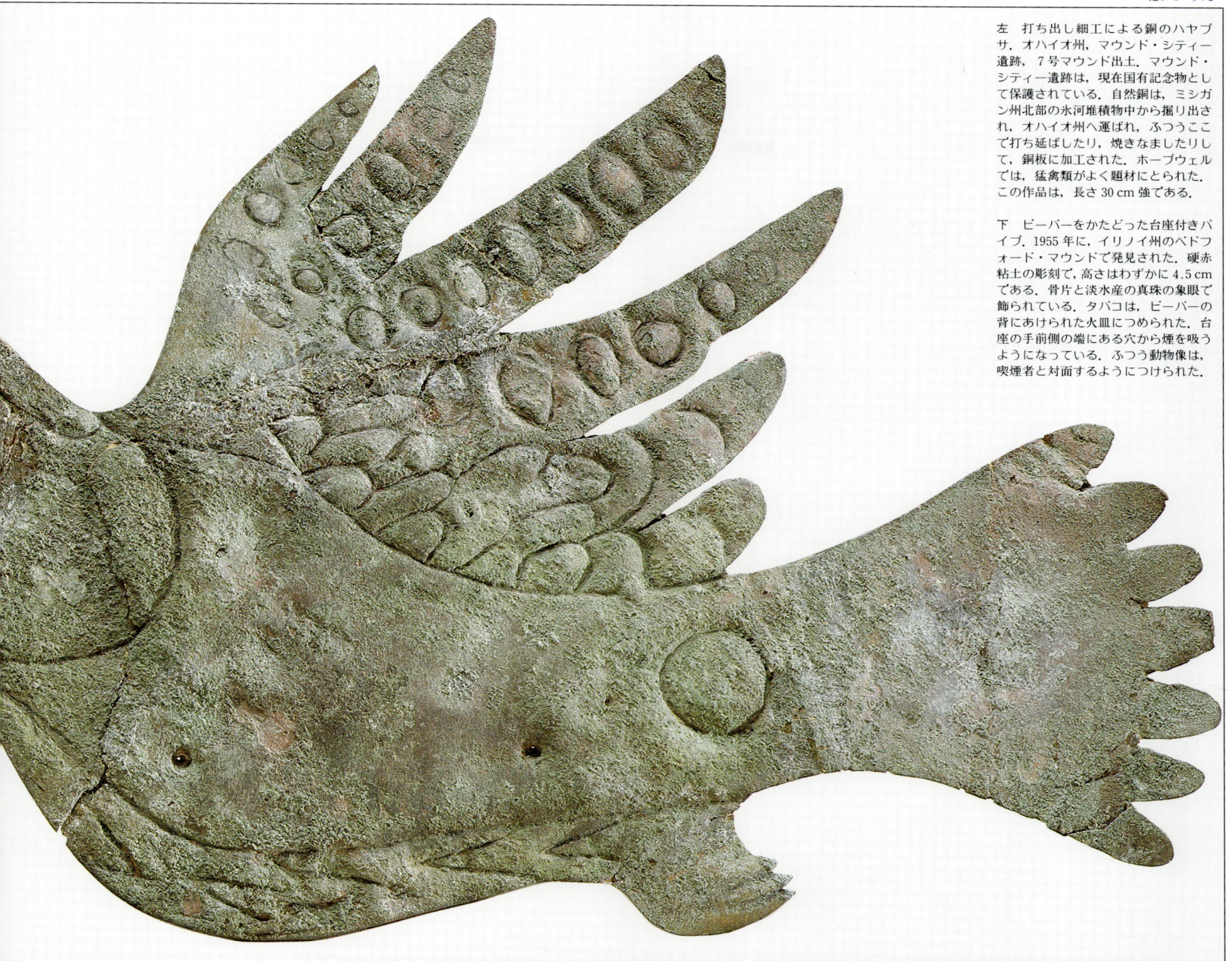

北アメリカ

左 打ち出し細工による銅のハヤブサ．オハイオ州，マウンド・シティー遺跡，7号マウンド出土．マウンド・シティー遺跡は，現在国有記念物として保護されている．自然銅は，ミシガン州北部の氷河堆積物中から掘り出され，オハイオ州へ運ばれ，ふつうここで打ち延ばしたり，焼きなましたりして，銅板に加工された．ホープウェルでは，猛禽類がよく題材にとられた．この作品は，長さ30cm強である．

下 ビーバーをかたどった台座付きパイプ．1955年に，イリノイ州のベドフォード・マウンドで発見された．硬red粘土の彫刻で，高さはわずかに4.5cmである．骨片と淡水産の真珠の象眼で飾られている．タバコは，ビーバーの背にあけられた火皿につめられた．台座の手前側の端にある穴から煙を吸うようになっている．ふつう動物像は，喫煙者と対面するようにつけられた．

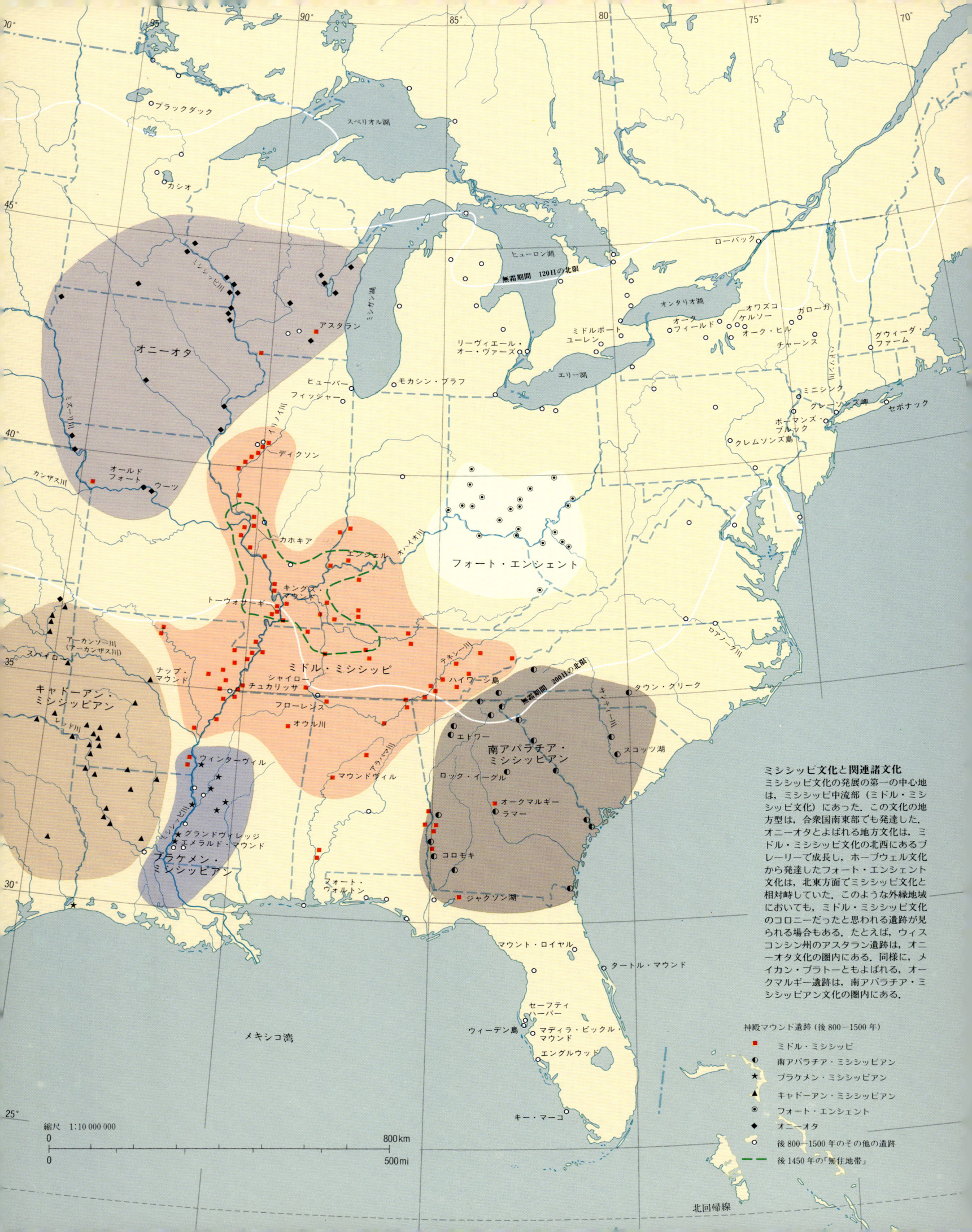

ミシシッピ文化と関連諸文化

ミシシッピ文化の発展の第一の中心地は，ミシシッピ中流部（ミドル・ミシシッピ文化）にあった．この文化の地方型は，合衆国南東部でも発達した．オニーオタとよばれる地方文化は，ミドル・ミシシッピ文化の北西にあるプレーリーで成長し，ホープウェル文化から発達したフォート・エンシェント文化は，北東方面でミシシッピ文化と相対峙していた．このような外縁地域においても，ミドル・ミシシッピ文化のコロニーだったと思われる遺跡が見られる場合もある．たとえば，ウィスコンシン州のアスタラン遺跡は，オニーオタ文化の圏内にある．同様に，メイカン・プラトともよばれる，オークマルギー遺跡は，南アパラチア・ミシシッピアン文化の圏内にある．

神殿マウンド遺跡（後800-1500年）

- ■ ミドル・ミシシッピ
- ◐ 南アパラチア・ミシシッピアン
- ★ ブラケメン・ミシシッピアン
- ▲ キャドーアン・ミシシッピアン
- ⊙ フォート・エンシェント
- ◆ オニーオタ
- ○ 後800-1500年のその他の遺跡
- --- 後1450年の「無住地帯」

縮尺 1:10 000 000

北アメリカ

必要な，豊かな河床部を求める争いの中で，ホープウェルの古い交易網を維持していくことができなかったのかもしれない．あるいは，おそらく乾燥化へとむかう微妙な気候変化が，食料生産力の全般的低下をまねき，交易システムと，これに依存していた埋葬の慣行を維持する力を弱めたとも考えられる．

マウンドを建造する伝統は中心地域では崩壊したが，ウィスコンシン州や，これに隣接するアイオワ州，ミネソタ州の一部では新しい発展を示し，さらに数百年のあいだつづいた．後700年以後になると，マウンドの建造は，象形マウンドの築造へと変化した．ヒョウ，クマ，人間，鳥などの形をしたマウンドが築造されるようになったのである．ウィスコンシン州マジソン近郊にある鳥形のマウンド群は，巨大な翼をもち，中には，翼幅が190mにおよぶものがある．また，マン・マウンドは，頭から爪先まで65mある人間の形をしたものだったが，足の部分は，道路建設の時に切り崩されてしまった．マウンドとは逆に大地をくぼませてヒョウの像も作られ

右 このネコ科動物の座像は，大きく見えるかもしれないが，高さは15cmちょっとしかない．フロリダ州コリア地方の低湿地にあるキー・マーコ遺跡には，ふつうは残りにくい木製品がたくさん残っていた．この木彫もその一つである．キー・マーコは，ヨーロッパ人がアメリカ大陸を発見する直前，ミシシッピ文化拡大の外縁部で栄えた，先史時代のカルサ文化に属する遺跡である．

マウンドヴィル

アラバマ州のマウンドヴィルは，ミドル・ミシシッピ文化の遺跡である．カホキア遺跡よりも小さいが，ミシシッピ文化の逸品のいくつかはこの遺跡から出土している．遺跡は120 haにわたってひろがり，20の神殿マウンドを擁している．最大のマウンドには，11万2000 m³もの土が使われている．遺跡の区域内にある三つの池は，生け簀として使われたようだ．生け簀の魚は，約3000人と推定される人口を養うのに必要な食料の一部だった．この遺跡の建造は，おそらく後1200年ごろにはじまったと思われる．より中心的な集落だったカホキアにくらべると，築造年代は遅い．しかし，マウンドヴィルは，カホキアがすでに衰退期にあった1300年以後も繁栄しつづけた．

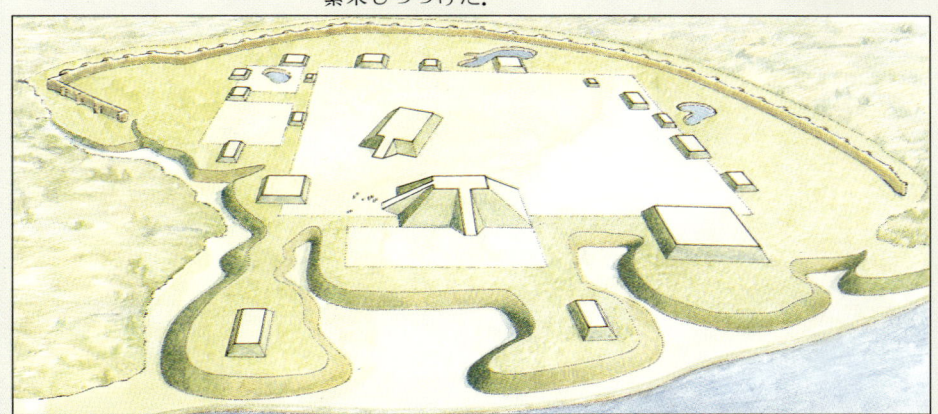

上 アラバマ州にあるミドル・ミシシッピ文化の遺跡，マウンドヴィルを北側から見た復元図．この遺跡の主要建造物と，遺跡を取り囲む防御柵が見わたせる．マウンドを作るために土を取った跡のくぼ地は，魚を飼う生け簀として使われたようだ．

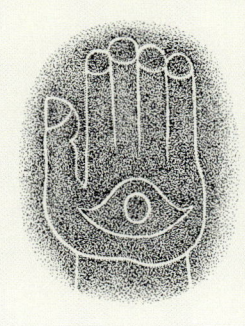

左 手のひらに目を描いたモチーフは，サザン・カルトの象徴体系を構成するたくさんの要素の一つである．この図は，マウンドヴィルで発見された石板からとられている（p.58参照）．この図をはじめ，サザン・カルトに見られる図像の意味については，考古学者の間でまだ定説がない．

た．現在は居住地の芝地になっている所に，像が陰刻のように掘り込まれているのである．象形マウンド遺跡には，屈葬や，骨を束ねた二次埋葬の形で死者が葬られているが，副葬品はほとんどない．もしもマウンド自体がこのようにおもしろい形をしていなかったとすれば，この現象は，ホープウェル系文化の影響を受けて周辺部でおこった，ただの二次的な発展の一つとして片づけられてしまったことだろう．

オハイオ州の中心地では，ホープウェルの後継者たちが，土塁築造の技術を土の要塞の建造に振りむけ，その結果フォート・エンシェント文化がおこったが，同じころ，ミシシッピ文化が発達し，ホープウェルにつづいて，東部ウッドランドの先史時代における広範な文化発展を担うことになった．

東部ウッドランド領域：
神殿マウンドの建設者たち
800－1500年

東部ウッドランドでは，後400年から800年に至る400年間，大文化伝統は発達しなかった．しかし，この間も地域的な諸伝統は発展をつづけ，この時期に繁栄をとげた地域的伝

北アメリカ

カホキア

カホキア遺跡は，イリノイ州，イーストセントルイス市にあり，メキシコよりも北では先史時代最大の都市である．この遺跡が作られたのは後600年ごろのことで，約13 km²の区域内に，100基以上のマウンドが建てられている．1050年から1250年にかけての最盛期には，1万人もの人々が居住していた．カホキアの中心部には，基底部の長さ316 m，幅241 m，高さ30 mをこえる巨大な土製マウンドがあり，マンクス・マウンド（修道士たちのマウンド）とよばれている．このマウンドは，60万 m³の土でできており，ミドル・ミシシッピ文化のインディアンが，箕を使って約18 kgずつ土を運び，何期にもわたって完成させたものである．

マンクス・マウンドと16基の小マウンドによって構成される中心部は，三方を砦柵で囲まれており，残る一方は，カホキア川で画されている．大多数のマウンドは，柵で囲まれた中枢部の外側にある．この都市の，ある小さなマウンドからは，高位の人物の埋葬が発見されている．死者のまわりには，鏃，磨石，雲母が埋められ，6人の男性従者の殉死体が埋葬されていた．また，53人の女性が埋葬された集合墓もそえられていた．

カホキアは，1250年を過ぎると衰退にむかったが，エンジェル，アスタランなどの遺跡は，ミドル・ミシシッピ文化本来の中心地が衰退してからも繁栄をつづけた．結局カホキアは，ヨーロッパ人との接触に先だっておこった，人口崩壊の中心に位置することになった．

右図は，先史時代の都市，カホキアを西から見た俯瞰図である．ミズーリ州セントルイス市にある現代建築のアーチから望遠鏡で見ると，ほぼ同じ景色が見える．砦柵——発掘によって位置が確認された——の中はおよそ120 haで，1200年当時，17の主要建造物が建てられていた．砦柵がめぐらされた中枢部の内外に広がる集落には，1万を優に越える人口があったと思われる．この都市（右上図）には，100を越えるマウンドがあるが，マンクス・マウンドが最大で，現在も30 m以上の高さでそびえている．このマウンドの基底部は，エジプトの大ピラミッドよりも大きく，その規模は，メキシコのプエブラ州チョルーラにある巨大なピラミッドに肉薄している．

乳をやる母と子をあらわした象形壺（上）は，カホキア地域で発見されたもので，このミドル・ミシシッピ文化のセンターに住んだ工芸職人の手によるものと考えられている．高さは15 cmである．

カホキアは，ミシシッピ川流域に広がる豊かなアメリカ低地帯に分布する，少なくとも50の集落の中心に位置していた．ミシシッピ川とその支流の流域には，このほかにもセンターや，植民基地が作られていた．一見帝国を形成したとも思えるこの文化の政治・経済的基盤が何であったかは，今もって不明である．

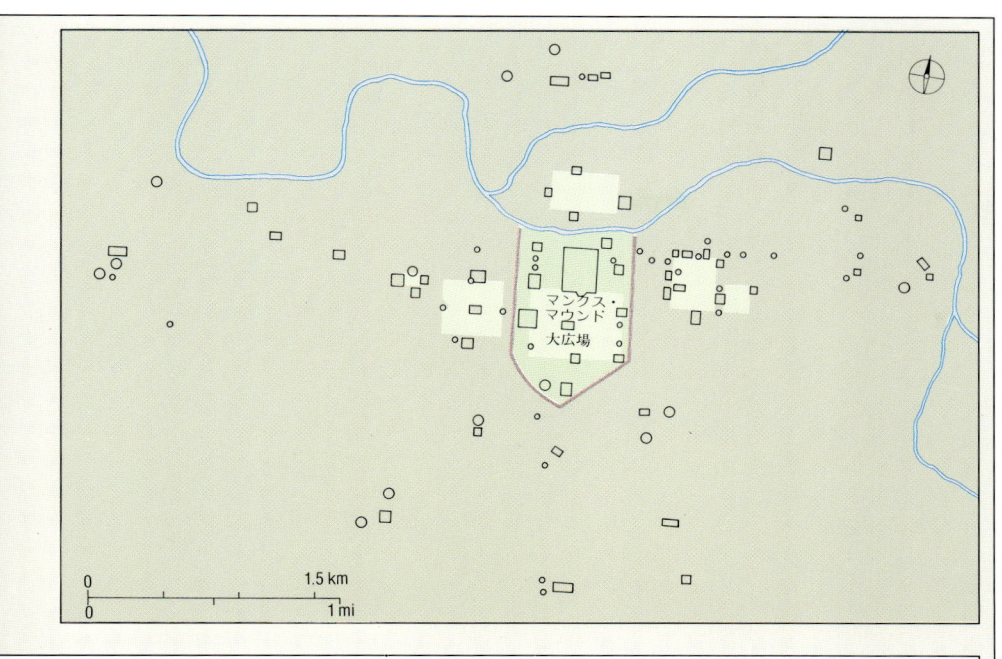

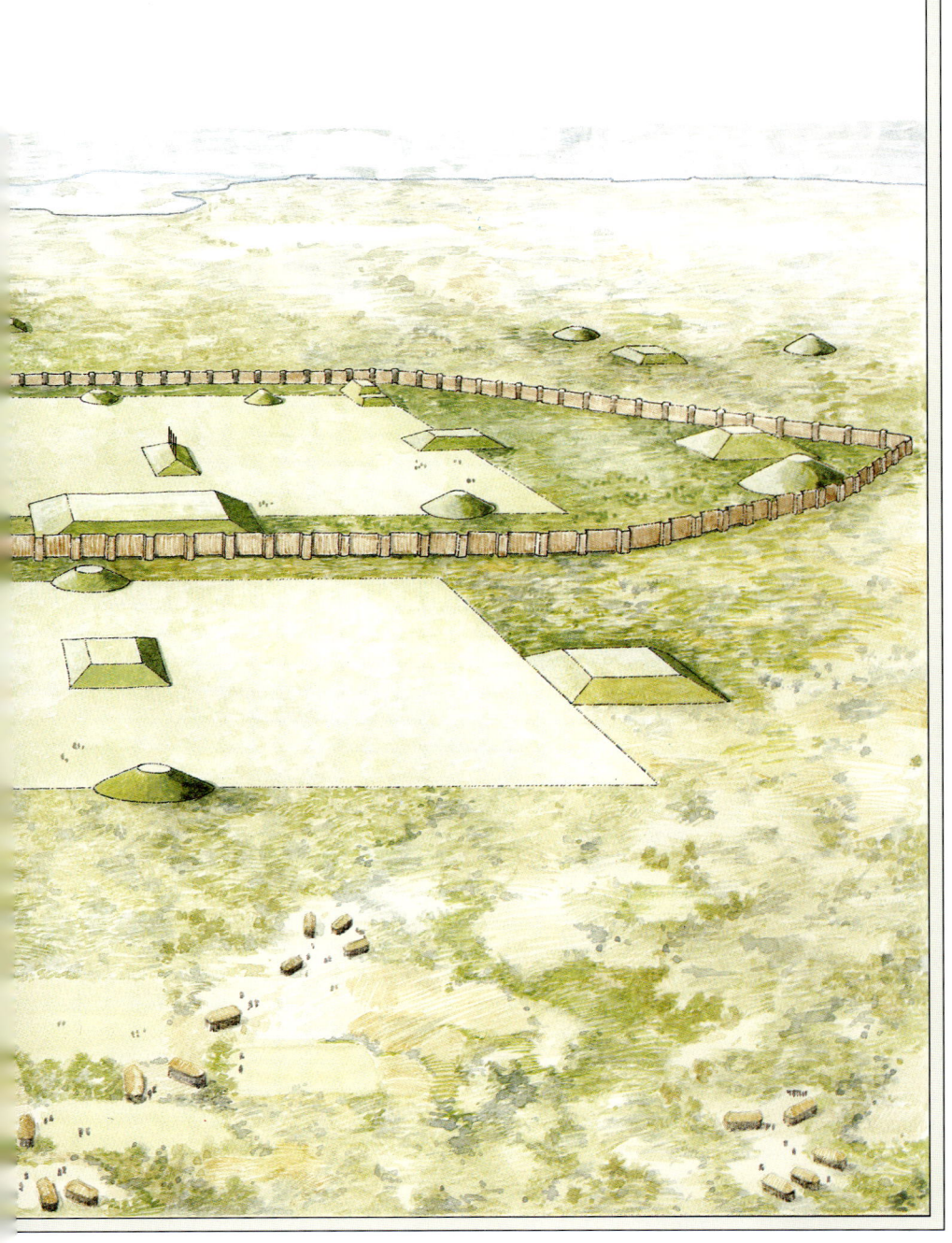

統もあった．ニューヨーク州のポイント・ペニンスラ伝統，フロリダ州のウィーデン島伝統，ルイジアナ州のメキシコ湾岸伝統，また，ウィスコンシン州の象形マウンド伝統がその例である．しかし，これらの諸伝統の多くを結びつけ，共通の宗教儀礼をひろめた，多地域におよぶホープウェルの交易網は，すでに消失してしまっていた．後800年ごろになると，東部ウッドランドで新たな大文化発展がおこり，これまでになかったようなメカニズムで拡大しようとしていた．この新しい文化伝統が，一般にミシシッピ文化伝統とよばれるものである．

ミシシッピ伝統の基礎となったのは，メキシコからもたらされた新種のトウモロコシだった．それまで，本当の意味での栽培植物は，東部ウッドランドの中でも，200日以上の生育期間が保証されるところに限られていた．在来種の中には，穀粒が12ないし14列もある果穂をつけるトウモロコシがあった．新しい栽培植物の中には，霜がおりない日が120日程度あれば生育する品種があったようだ．8列の穀粒をつける耐寒性のトウモロコシも，この中にふくまれていた．これに加えて，少なくとも1000年ごろまでには，メキシコ原産の豆類が栽培植物に加わった．豆は，タンパク質の供給に重要な役割を果たした．そして，野生動物というタンパク源が，どれほど利用できるかによって限定されていた人口密度を上昇させたのである．動物の肉は依然として必要な食料だったが，かつてのように不可欠のものではなくなった．豆が加わることによって，トウモロコシと豆とカボチャという「三姉妹」ができあがり，先史時代後期の園耕に重要な役割を果たすことになった．豆とトウモロコシの組合せは，たがいの不足分を，ほとんど完全に補いあった．トウモロコシには，必須アミノ酸が二つ不足しているが，豆にはこの二つが豊富にふくまれている．トウモロコシは，豆と組み合わせれば，たいていの人に十分なタンパク質を供給できるのである．

ホープウェル時代の人口密度は，イリノイ州で行われた研究結果によると，100 km²あたり40人程度だったようだ．だが，ミシシッピ文化拡大の基礎となった新しい生態系は，ついにはその5倍もの人口密度を許容することとなった．ミシシッピ文化の生態系は，北アメリカ内陸部の大河流域にある，肥沃で生産性の高い低地を中心に展開したが，優良な耕地は比較的少なかった．そのため，新しい生態系のもとで可能になった高い人口密度は，適地が少ないことともあいまって，古い生態系を駆逐しながら，新しい生態系を攻撃的に拡大させることになったのである．ホープウェル文化の拡大は，交易網をパイプとして行われたイデオロギーの拡大だったように思われるが，一方，ミシシッピ文化の拡大は，旧来の住民よりも適応上明らかに優位にあった社会による植民地建設や優良地の奪取を，しばしばともなっていたようである．

このほか，技術的な面についていえば，弓矢は，おそらく後400年から800年にかけての大伝統不在の時期に出現した．パレオ・インディアンの時代から主要な猟具であったアトラトル（投槍器）は，すぐに使われなくなったというわけではないが，先史時代後期の東部ウッドランドにおいては，時とともに弓矢が最も重要な狩猟具となり，アトラトルは先史時代末期に姿を消してしまった．第2の技術革新は，本当の鍬とよべるものが出現したことである．このことは，新しい園耕生態系が，従来の栽培生態系よりも，栽培植物にずっと大きく依存していたことを示している．

ミシシッピ文化の集落は，以前のどんな集落よりも大きかった．町とよんでもさしつかえなく，また時としては都市とさえいえるものもあった．神殿マウンドなどメキシコからの影響を示す都市的要素が，しばしば認められる．主として，

北アメリカ

サザン・カルト

　貝殻の彫刻は，ミシシッピ文化の人々にとって重要な表現手段だった．貝殻全体に，あるいは貝で作った円盤に，特徴的な文様が彫刻された．貝殻に彫刻されたいくつもの特異なモチーフが，ミシシッピ川流域南部の地方文化に属する諸遺跡から発見されている．これらのモチーフが織りなす複合的な体系は，ミドル・ミシシッピ文化ではきわめてまれであり，サザン・カルト（南方の祭式）という名称でよばれるようになった．よく描かれたモチーフとしては，日輪，装飾的な十字文様，開いた掌に描かれた目，飾りのついた矢，目の周りの叉状の装飾，泣いている目，そのほかいくつかの抽象的文様がある．これらのモチーフは，貝殻に彫刻されるのがふつうだが，木製品，石彫，打製石器，描き染めの織物，打ち出し細工をほどこした自然銅の板にも表現されている．サザン・カルト全体に，メキシコからの影響が見られるが，ホープウェルなど，東部ウッドランドに伝統的な要素の反映も感じられる．サザン・カルトのモチーフをもった遺物は，大遺跡から最もよく出土するので，大型の土製神殿マウンドの上やその周囲で行われた儀礼と関係していることは明らかである．サザン・カルトは，後1000年ごろになってから本格化し，スペイン人征服者のデ・ソトがやってくるまでつづいた．しかし，ミシシッピ地域南東部の人々は，最も早い時期にヨーロッパの疫病にかかって死に絶えてしまった．サザン・カルトに関する知識は，記録がとられる以前に，それを担った人々とともに，ついえさってしまったのである．だが，ナチェズ・インディアンの場合だけは，完全とはいえないにしても，きわだった例外になった．フランス人の探検家たちが，まだプラケメン・ミシシッピアン文化が機能していたころに，グランドヴィレッジとエメラルド・マウンドを訪れているからである．かれらが残した記録は，考古学上の発見をわかりやすく解説するためによく引用されている．

　サザン・カルトは，キャドーアン地域から東のジョージア州南部にかけて顕著に見られるが，その要素はもっと北方にもある．

　人面を形どった貝殻（左）で，歯がむき出しになっているのは，戦勝首級の表現であることを示している．目のまわりが叉状に枝分かれしているのは，サザン・カルトによく見られるモチーフであり，このほかにも刻線で表現された例があることを考え合わせると，入墨あるいは顔面彩色の文様を表現しているのかもしれない．ちょんまげのような髪形は，少なくともホープウェル時代にまでさかのぼる，ずいぶん古いものである．この作品の高さは6cmである．

　貝製の円盤（左下）は，上部に2カ所穴があいており，首飾りのようにして掛けられたものと思われる．この円盤にも，彩色か入墨か，どちらかをあらわすようなデザインが描かれた，男性の横顔が表現されている．

　銅板を打ち出して作られた男性の横顔（下）は，オクラホマ州，スパイロー遺跡の，クレイグ・マウンド出土のもので，高さ24cm，サザン・カルトによく見られる要素をともなっている．最も顕著なのは，目のまわりが叉状に描かれていることである．

北アメリカ

右 彫刻がほどこされたこの石の板は，直径30 cm強で，サザン・カルトのさまざまなモチーフを描いている．角のはえた2匹のガラガラヘビは，互いに2カ所で結び合わされており，「目のある掌」のシンボルを囲んでいる．この作品は，アラバマ州のマウンドヴィル遺跡から発見された．

ミシシッピ川，オハイオ川，テネシー川，アーカンソー川，レッド川やそれらに合流する大きな川の流域におこったこれらのセンターは，河川域の集約的な園耕を基盤に発達した．

ミシシッピの社会と経済

ふつうミシシッピ文化の町には，頂上部が平らにならされた神殿マウンドが，1基から20基ある．それらは，神殿をはじめ公共建造物の基壇となったものである．時には，基壇の上にエリートの住居が建てられることもあった．町には，砦柵がめぐらされることが多く，柵の内外に住居が作られていた．

町の周囲の畑では，園耕が集約的に行われた．トウモロコシの作づけが，1シーズンに2度行われる畑もあった．ここでは，トウモロコシがまだ緑で柔らかいうちに収穫され，すぐ食用にされた．また，一度しか作づけをしない畑のトウモロコシは，熟すまで育てられ，乾燥させて貯蔵にまわされた．豆類は，トウモロコシと一緒に植えられ，トウモロコシの茎が豆のつるの支柱の役を果たした．他方，カボチャ，ヒョウタン，ヒマワリ，およびこの地方原産の作物は，畑のまわりに植えられたり，あるいは自生したものが育てられた．このような集約的な農耕ができたのは，しばしば冠水する低地では根の深い雑草が生えないからである．ここでは，掘り棒と鍬だけで，十分大きな収穫を得ることができた．しかし，周辺の台地では事情が異なっていた．台地は，犂と，犂をひくのに必要な動物がヨーロッパからもたらされるまで，ほとんど未耕作地として残されていた．

メキシコや南西部と違って，ミシシッピの農民は水を操作しようとはせず，灌漑も，畑の排水も行わなかった．水利施設が必要な場所へ生活舞台をひろげるかわりに，ミシシッピの農民たちは，最良の沖積地をめぐって争ったのである．現代農民が，かつては生産性の高い土地が多かったと感じるようなところでは，たしかに戦争がおこっていたふしがある．ミシシッピの人々が土地に対していだく要望には非常に切迫したものがあり，少々生産性が劣ったり，少しばかり危険度が高いが，ほかに利用できる土地がある場合でも，かれらは最上の耕地を求めて争いあったのである．

ミシシッピの社会は，常設の役職が存在する身分制社会だったと思われる．このような首長制社会におけるリーダーシップは，おそらく終身的なものであり，世襲的な性格をもっていただろう．小集落は，政治的には大集落に従属し，政治的支配力をもった中心集落には，並はずれて多数の，また精巧な公共建造物が建てられていた．研究のいきとどいた二つのミシシッピのセンター，カホキアとマウンドヴィルでは，首長制が発展してかなり複雑な社会ができており，国家組織がすでに誕生していたと考えている学者もある．これらのセンターでは政治的役職が，たぶん複数の階層に分化していただろうが，国家組織があったというのは，まだ仮説の域を出ず，今後の研究にまたなければならない．

ミシシッピ文化の小型の工芸品としては，磨製石斧や土器，それにパイプが知られている．石斧には，把手と刃部が一体となったものが多い．緻密な石を丸彫りして作られているのである．土器には，前の時代から引きつづいて塑造的装飾技法が使われたが，新しいアイデアがあらわれ，戦勝首級をかたどった土器，長い頸部をもった水差し，丸底の土器などが作られた．メキシコから影響を受けたことがうかがわれる．東部ウッドランドでは，一般に彩色土器はまれだが，ミシシッピ後期の遺跡からは，彩色土器が出土することもある．多くは2色で装飾されており，時には，ネガティヴ彩色技法が使われていることもある．ネガティヴ彩色技法では，最初あ

右上 死は，サザン・カルトで好んで表現されたテーマである．高さ約16 cmのこの象形土器は，ケンタッキー州のパデューカ市近効で発見された．戦勝首級をあらわしており，目は閉じされ，唇は後退して歯がむき出しになっている．髪の生え際の中央に作られた突起と，耳にあけられたたくさんの穴は，このような土器によく見られるものだが，前者の目的は不明である．

右 彫刻をほどこした法螺貝の一部．儀礼用の飾りをつけて丸木舟をこいでいる男をあらわしている．

北アメリカ

エメラルド・マウンド

エメラルド・マウンドは，ナチェズ族が歴史時代に居住していた主要村落の中心部にあった．ナチェズ族はミシシッピ文化の地方型である，プラケメン・ミシシッピアン文化を，ミシシッピ川下流域に住む他の民族とともに担った人々だった．この遺跡は，ミシシッピ州の現ナチェズ市近郊にあり，かつてテネシー州のナッシュヴィルとこの地域をつないでいたインディアンの道路，ナチェズ道の起点にあたっている．

ナチェズ族が疫病と戦争で滅亡する前に，フランス人の探検家たちがルイジアナから訪れ，まだ活力があったころのミシシッピ文化を記述している．その記録は，この地方をはじめ，東部ウッドランドにあるミシシッピアン（ミシシッピ系）の遺物・遺構を作った先史文化を理解するモデルとして，ときどき使われてきた．

ナチェズ族は，「偉大なる太陽」という称号をもった首長によって統治されていた．この首長制社会は母系制で組織され，首長職は首長の姉妹の息子へと受け渡された．社会全体は，はっきりと区別された四つの階級に分かれていた．しかし，厳格な規則にしたがってではあったが，社会的上昇はある程度可能だった．16世紀当時，ナチェズ族の町は少なくとも九つあり，それぞれの町は，エメラルド・マウンドに作られたような公共建造物をもっていた．

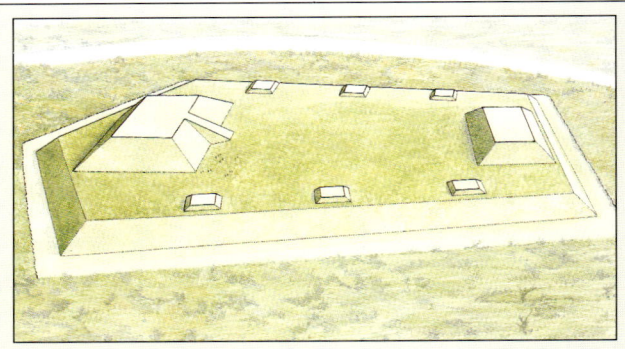

右上　エメラルド・マウンドは，自然の丘をたいらにならし，手を加えて113m×235mの基壇に作りかえたものである．こうしてできあがった基壇の上には，2基の截頭形ピラミッドが乗っていた．大きい方のピラミッドは約10mの高さをもち，周囲の田野からは20mの高さでそびえていた．反対側の端には，小ピラミッドが，両側にはもっと小規模の建物が建てられ，これらの建造物に囲まれた中庭では，ゲームや共同体全体の儀礼が行われた．

右　エメラルド・マウンド出土の石製パイプ．長さ17cmで，ひざまずく捕虜をかたどっている．

る色で彩色された器面にロウで文様が描かれ，その後，別の色がかけられる．土器を焼くとロウが溶け，ロウの上にかかっていた2番目の色も取り除かれる．こうして，ロウで文様が描かれた部分に，最初につけた色が文様となってあらわれるのである．

ミドル・ミシシッピ（ミシシッピ中流）文化とオニーオタ文化の遺跡は，どうやらスー語族のインディアンの祖先によって作られたもののようだ．この地域には，今でもスー語を話すインディアンが住んでいる所もある．奇妙なことに，後1450年ごろには，ミドル・ミシシッピの中心地域に「無住地帯」ができ，それが次第に大きくなっていったように思われる．ヨーロッパの疫病が入ってきた結果だとするには，あまりにも古すぎる．むしろ，内部的な要因によって人々がいなくなるか，あるいは，少なくとも深刻な人口減少がおこったのにちがいない．最近の証拠によると，新大陸の先史時代の都市のほとんどは，人間の吹きだまりだったようだ．それらは社会的に魅力のある大都市だったが，ひどく不衛生な所でもあった．結核は，新大陸にもともとあった疾病で，人間が長期にわたって稠密に生活している限りなくならない．過密と，ゴミを効率的に処理するシステムがないことに関連して生ずる疾病もあった．内部寄生虫による風土病もけっして小さな問題ではなかった．先史時代の都市は，移民が絶え間なく流入してくることによって成り立っており，もし移民がこなくなれば，増大しつづける死亡率を，自然増加だけで補うことはできなかっただろう．この通りだとすれば，ミドル・ミシシッピの中枢地域でおこった都市の崩壊は，後背地につねにいるはずの移民予備軍が使い尽くされてしまった結果，おこるべくしておこったことだと見ることができよう．

東部ウッドランド領域：
北部イロクォイ諸族

ミシシッピ文化が栄えていたころ，周辺地域に住むインディアンのバンドや部族，あるいは民族の生業形態は，狩猟採集，漁労，植物栽培をとりまぜたものだった．古くからの素朴な栽培生態系は，後800年をすぎても，数百年間はうまく機能していた．しかし，何らかの栽培を行っていた諸集団は，そのほとんどが，トウモロコシや豆の耐寒性が高い品種を次第に取り入れていった．新しい品種は，霜のおりない日が年に120日しかないような北方の地域でも栽培することができた．この限界線をこえると，初歩的な栽培すらめったに行われなかった．その結果，カボチャやヒョウタンに加え，アカザやヒマワリなどの北米原産種を育てる古くからの栽培形態は，先史時代最後の何百年かの間に，トウモロコシ・マメ・カボチャを主体とする園耕に完全に置きかえられていったのである．

しかし，ミシシッピ文化が拡大した地域の外側では，新しい園耕生態系は河川の氾濫原での集約的農耕という形態はとらず，むしろ，台地での粗放的農耕が生じた．たとえば，北東部の農耕民は，移動農耕，あるいは焼畑農耕ともよばれる耕作方法をとり，豆とカボチャを間作しながら，毎年トウモロコシを植えつけた．数年たって畑の地味がおとろえ，あるいは虫害におかされると，古い畑は放棄され，森林を切りはらって新しい畑が作られた．また，村はほぼ20年ごとに畑の近くに移された．作物とともに，とくにシカをはじめとする野生の食料も利用された．ミシシッピ文化の集約的園耕民が作ったような恒久的大都市の建設は，このような台地への

右　先史時代後期のイロクォイ村落は，砦柵で囲まれているのがふつうだった．図に示したのは，1690年ごろに居住されたモホーク族の村落，カーナワーグである．しかし，このころ流行した疫病のため，村の規模は縮小し，ロングハウス（複数家族用長屋）も，中心的な炉がふつう三つぐらいしかない小さなものしか作られなかった．このように完全な形で保存されたイロクォイ村落はめずらしい．しかもこの遺跡は，観光客が訪れやすいところにある．イロクォイ諸族は，ミシシッピ文化が広がった地域の外縁部に住んでいたが，植民地時代には，ヨーロッパ列強と最も激しく衝突した．

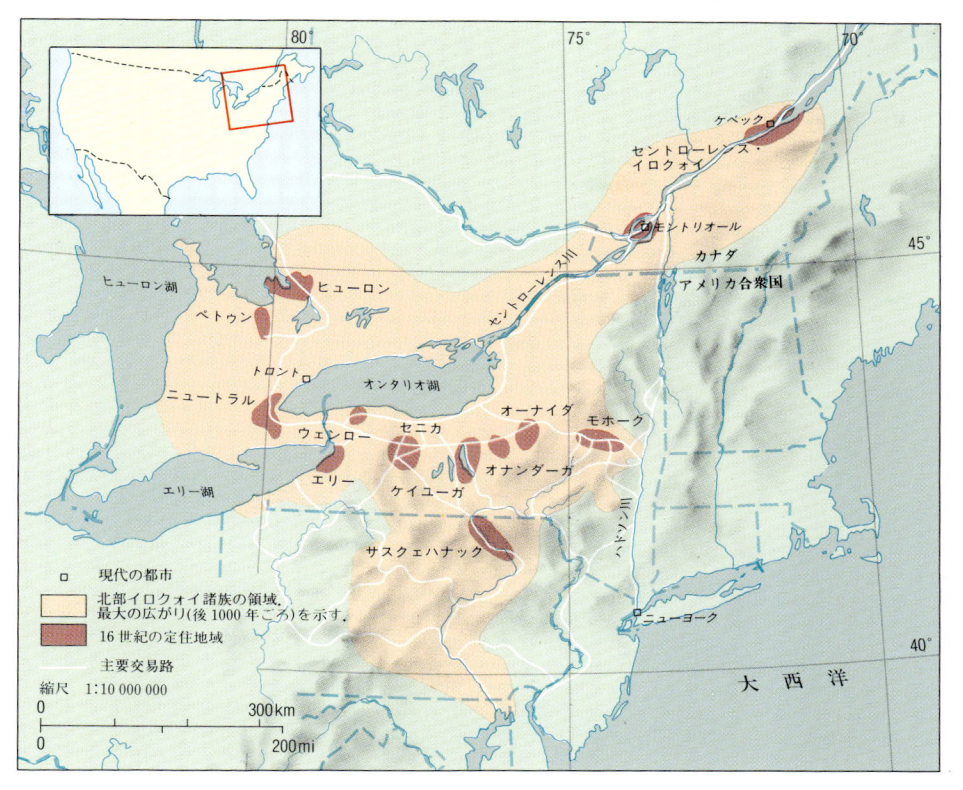

北アメリカ

イロクォイ諸族

イロクォイ諸族が，三姉妹ともいうべき，トウモロコシと豆とカボチャの改良種を主体とする台地の園耕システムを取り入れたのは，1000年ごろのことだった．作物栽培への依存度を一層高めることになったこの変化は，やがて三つのレベルで，人口集中の傾向を生じさせた．その第1は，個々の世帯が結合して，多数の家族が一つの家に同居しはじめたことである．栽培が伝統的に女性の仕事だったことは，ほとんど疑いない．園耕が新たな重要性を帯びたことは，生業面と家庭内での女性の重要度を高めた．新しい複数家族用家屋に住んだのは，おそらく女性を介して親族関係でつながった諸家族であっただろう．

第2のレベルでの人口集中は，村落レベルで進展した．複数家族用家屋のすぐ近くに，同じ型の家屋が作られ，村落は大きくなった．考古学的な確認はむずかしいが，それぞれの家屋には，クランが分節してできた小単位，すなわちリニッジが居住し，村には，各リニッジの長が構成する評議会ができて，地域の問題をつかさどるようになったと思われる．親族関係は，それが本当のものであれ，擬制的なものであれ，大きくひろがって，共同作業や秩序維持をしやすくした．

第3のレベルとは，北部イロクォイ諸族の村落が，秩序だった移住を行って，たがいに近いところに集合するようになったことである．かれらはかつて，小さな集落に散らばって住んでいたが，初期のヨーロッパ人探険家がイロクォイ諸族にはじめて遭遇した時には，すでに13の部族領域に集中して暮らすようになっていた．このような部族化の過程から，ついにはつぎのような12の北部イロクォイ族が生じた．すなわち，セントローレンス・イロクォイ，モホーク，オーナイダ，オナンダーガ，ケイユーガ，セニカ，サスクェハナック，ウェンロ，イアリ，ニュートラル，ペトゥン，ヒューロンの諸族である．

ミシシッピ文化の拡大を特徴づけた激しい競合は，イロクォイ諸族にもひろまった．後期のイロクォイ村落の多くが砦柵で囲まれている．世帯が集中して村ができ，村が寄り集まって部族ができたのも，戦争がその一因だったといってよいだろう．

このような競合関係があったとはいえ，イロクォイの諸村落を，また村落の集合である部族をつなぐ交易ルートも張りめぐらされていた．カヌーの航路もあれば，陸上の道路もあった．16世紀になって，ヨーロッパの物品が海岸に設けられた接触の場にもたらされると，それらは，既存の交易ルートを通って，急速に内陸部にひろまっていった．歴史時代初期の接触の結果発達した毛皮交易は，イロクォイ諸族を世界経済の網の目の中に参入させ，その結果，交換と競合と戦争の新しい力学が生じた．それはまた，北東部の植民地時代史に大きな影響を与えることにもなったのである．

イロクォイ同盟は，最初は，モホーク，オーナイダ，オナンダーガ，ケイユーガ，セニカという本来のイロクォイ民族5族の間で公式に結ばれた，非戦協定だった．この同盟は，しだいに悪化していく部族間の武力抗争を抑える手段として，またおそらくは，イロクォイ5族がつねに戦ってきた，ほかの北部イロクォイ諸族や，近隣の非イロクォイ集団に対して，有利な立場に立つために結成されたのかもしれない．イロクォイ同盟が誕生したのが，ヨーロッパ人との最初の接触の前だったのか後だったのかは，まだわかってはいないが，ヨーロッパ人との接触が，同盟結成の原因になることはほとんどなかっただろう．のちになると，イロクォイ同盟が基に

上 北部イロクォイ諸族
北部イロクォイ諸族という名で知られる諸民族の祖先は，前1700年から前700年ごろ，合衆国北東部に移住してきた人々だったと思われる．言語学的な証拠によれば，このころかれらは，親縁関係のあるチェロキー族から分岐し，近隣に住んでいたアルゴンキアン語族とも別れたと考えられる．考古学的な証拠は，以後おおむねまとまりを保っていたことを示している．しかし，後1000年ごろになると，地図中の影をつけて示した地域に広く分布するようになった．かれらは，1600年ごろ，民族ごとにわかれた小さな領域にまとまって住むようになる．これは園耕の発達が可能にしたことであり，同時に，民族間の対立がまねいた結果でもあった．

適応の中ではとうてい不可能だった．だが，この適応は，ヨーロッパから植民者がやってくるまでは，うまくいっていたのである．

ミドル・ミシシッピ文化の北西部に位置するオニーオタ文化の諸遺跡は，その地域における台地生態系の一例であり，その東にある北部イロクォイ諸族の諸遺跡についても同様のことがいえる．おもな違いはつぎの点にある．つまり，オニーオタ文化は，探険家たちがこのような西方の地にまでやってきた時には，ヨーロッパの影響を受けて大きく変化していたため，歴史時代の記録には，かれらの生態系に関する記述がない．一方，イロクォイ諸族については，彼らの生態系の型が根本的にかわってしまう前に，数十年間にわたってしっかりと記録がとられたので，台地の園耕民の代表例となっているのである．

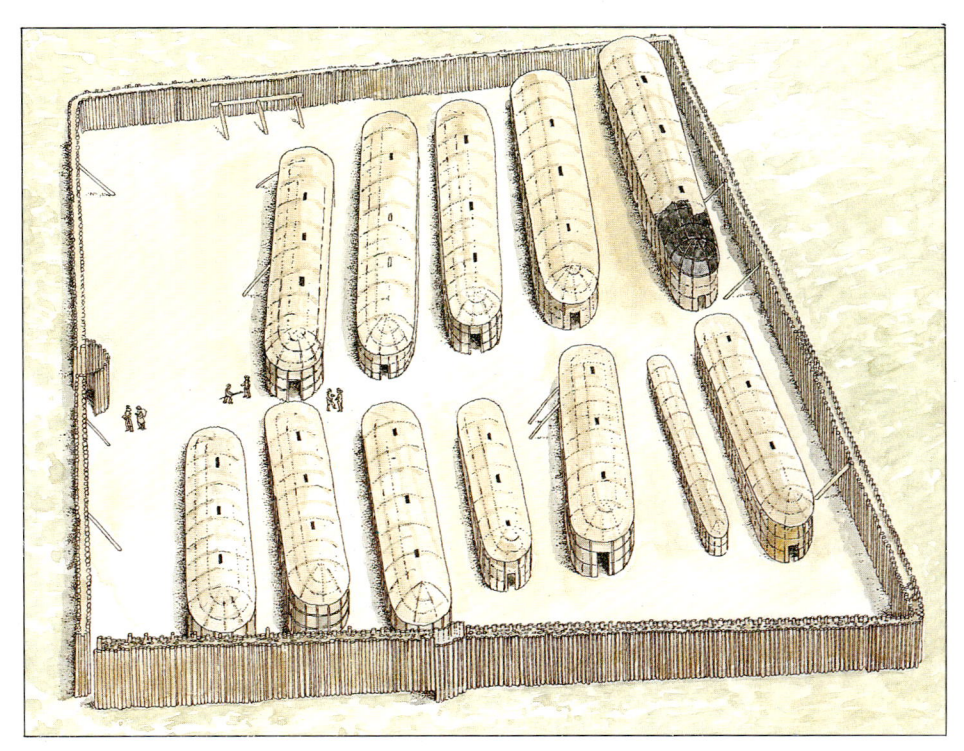

なってイロクォイ連合が結成されるが、これは、ヨーロッパ人との交易や、北アメリカで覇を求めて競いあうヨーロッパ列強間の争いによってうながされ、またそのために必要となって作られた政治的連合だった。だが、イロクォイ同盟もイロクォイ連合も、本当の意味での首長制政治組織を形成したことは一度もなかった。ましてや国家形成などおよぶべくもなかったのである。ミシシッピの文化発展の周縁部で栄えた台地の園耕民たちの中で、親族に基づいた身分制部族組織以上の社会を形成したものは、まったくなかったといってよいだろう。世襲的な地位が発達したとはいえ、それは、高位のリニッジから伝統的にリーダーが選ばれるといった程度のものでしかなく、村落内の政治組織も村落間の結びつきも、一見形式性をもってはいるが、合意によって成立する段階にとどまっていたといえる。

イロクォイの例と比較して考えれば、ミシシッピという文化現象の中枢を形作っていたのが、首長制社会を越えた国家に近い発展であったことがはっきりとわかる。イロクォイ族が住んでいた地域では、園耕の生態系と部族組織で十分であった。しかし、このような適応のシステムは、ヨーロッパからやってきた農民と競合するようになるとうまくいかなかった。ヨーロッパの植民者は、園耕、家畜飼育、林業という、本物の農業の3要素をあわせ行っていた。アメリカ大陸に生息する動物の中には、たとえ家畜化されたとしても、ヨーロッパの役畜に相当するものはなかった。ユーラシアの役畜は、肥料を供給し、運搬し、また犂をひいて、鍬と掘り棒だけでは利用できない土地を耕すことができた。ヨーロッパ人にはこのような強みがあったので、インディアンが粗放的な技術でしか利用できなかった合衆国北東部でも、集約的な植物栽培を行うことができたのである。ヨーロッパ人は畑に柵をめぐらし、恒久的な集落に住んだが、インディアンは、半恒久的な集落に住み、移動耕作に依存した生活を送っていた。すぐれた農業技術をもち、領土に基礎を置いた民族国家の組織に支えられたヨーロッパ人は、たとえヨーロッパ起源の疫病が植民の露払いをしなかったとしても、適応上絶対の優位をほこっていたのである。しかし、実際には、天然痘をはじめとするユーラシアの疫病が、インディアンの人口を減少させた。全人口の95%が失われた地方もあり、ヨーロッパから植民者がやってきたとき、競合者であるインディアンがすでに払拭され、その姿を目にすることさえなかった場合もあった。

グレートプレーンズ(大平原)
前250―後1500年

北アメリカ大陸の中心部には、北半球特有の温暖な草原がひろがっている。ここに住んでいる哺乳動物の多くが、草食獣や、穴居性の動物である。この地域は、かつては、バイソンの分布域の中心だったが、エダヅノレイヨウ(アンテロープ)を ヨーロッパから馬が伝えられるまでは、グレートプレーンズの狩猟民は足に頼って狩りを行っていた。機械も強力な狩猟具もなかったので、アメリカ・バイソンの群れを狩猟するには工夫が必要だった。写真のような崖が、バイソンを追い落とすのによく使われた。狩猟者たちは、岩場の隘路から崖へとバイソンを追込んだ。動物たちはあばれまわり、少なくとも何頭かは崖を転げ落ちて命を落とした。インディアンの狩猟技術を研究してみると、殺した動物の肉の多くは結局くさらせてしまったようである。

北アメリカ

上　グレートプレーンズで馬に乗って狩猟することが広まってから、この地方のインディアンの文化はまったくかわってしまった。かつては園耕民だった者たちが、遊動的な騎馬民族となり、プレーリーとプレーンズで生じた文化的および言語的混交は、複雑な新しい状況をまねいた。騎馬遊動の生活様式は、アメリカ・インディアンの文化の中で新しく生じたものでしかなかったが、奇妙なことにそれは、多くの人々の心に、インディアンの象徴として映ることになった。実際には、この状況は一時的なものであり、ほとんどの地域で、せいぜい100年か、ふつうはもっと短期間しか見られなかった。

ブ)、ミュールジカ、オジロジカ、ヘラジカ、ハイイログマも生息していた。西の方へいくと、草原は高度を増し、乾燥の度を強め、植生も主として丈の低い草で構成されるようになる。この短草草原では、南北で気候が相違するので、研究者たちは、気候の差を文化領域の区分にも使ってきた。東側で見られる高度の低い湿潤した草原は、主として丈の高い草が生えるので、乾燥した西の平原と区別してプレーリーとよばれている。プレーリーは、さらに東へも、すなわちウィスコンシン州南部、イリノイ州のほぼ全域からインディアナ州の北東部にむけて、半島のように突き出してひろがっている。

グレートプレーンズには、古期の採集民が利用した、さまざまな種子や果実や根茎を産する植物が生育していた。わず

かではあるが、これらの中には、東部ウッドランドの初期栽培民が育てた栽培種の祖先種もあった。しかし、グレートプレーンズは農耕の適地からかなりはずれたところにあったので、「栽培生態系」は最初別の所(東部)で発達した。この地方の植物栽培は、すでに園耕に習熟していた集団が、プレーリーを流れる川筋をさかのぼってもたらしたものである。したがって、グレートプレーンズにおける古期以降の先史時代は、主として東部の文化の拡散として、あるいは少なくとも、西方のこの地域にまでおよんだ、東部の影響の伝播として見ることができる。数例ではあるが、南西部に起源をもつ集団が、プレーンズに移住してきた例もある。

北アメリカ・インディアンについては、馬にまたがった平

北アメリカ

グレートプレーンズの農耕民と狩猟民

ミズーリ川流域は，プレーンズの村落が発展をとげた大中心地だった．ミドル・ミズーリ伝統早期の遺跡は，ミズーリ川流域に35以上あり，そのほとんどがサウスダコタ州の流路ぞいに分布している．また，いわゆる拡大ミドル・ミズーリ伝統に属する諸遺跡のほとんどが，ノースダコタ州のミズーリ川流域にある．村落は，細長い長方形の複数家族用家屋が密に集合した形態をとっていた．先史時代後期には，旱魃がおこり，その結果人口移動がおこって，ミドル・ミズーリ伝統晩期の村落のミズーリ川ぞいの分布域は小さくなった．この晩期の分布域に住んでいた人々が，歴史時代になって，ヒダーツァ族，マンダン族として知られるようになったのである．ミドル・ミズーリの村落遺跡には，アーツバーガー，ハフ，トーマス・リッグズ，クロー川，メディスン川，ビッグ・ヒダーツァ，マランダー，メノケン，ダブル・ディッチ，およびスラントなどがある．

中央プレーンズの，プレーンズ・ヴィレッジ期の遺跡としては，カンザス州とネブラスカ州のアッパー・リプブリカン，ネブラスカ，スモーキー・ヒル，ポモナ遺跡などが知られている．これらは，後1000－1400年ころのもので，まとめて中央プレーンズ伝統とよばれている．

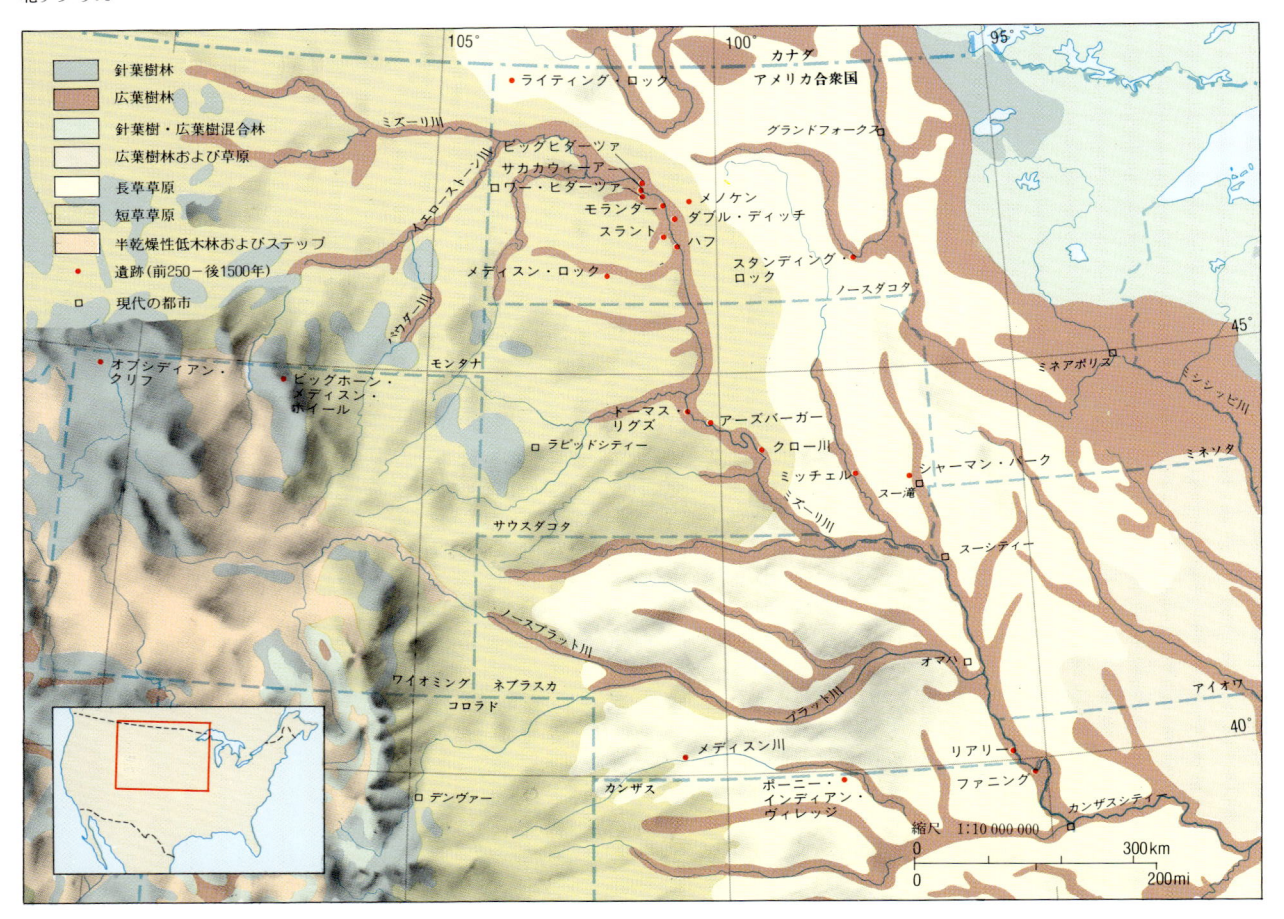

原（プレーンズ）インディアンの戦士というイメージが定着しているが，このイメージの基になったのは最近のできごとでしかない．アメリカ原産の馬は，1万年も前に更新世のほかの狩猟動物とともに死にたえたので，アメリカインディアンは，16世紀にスペイン人が馬をもち込むまでは，馬を知らなかった．馬を使えば，足に頼って狩猟していたころよりも，バイソンの大群に容易に近づくことができた．この新しい適応上の戦略は，多くの園耕民を定住村落から引き離し，遊動的な狩猟生活に参入させた．ユーラシアで牧畜生活ができるようになったのは，農耕民によって群居性の草食動物が家畜化されてからだったと同じように，騎馬猟を行う平原インディアンの諸文化は，馬がもたらされてはじめて可能になったのである．

グレートプレーンズの古期狩猟採集民の数は，それほど多くはなかった．人口密度は低く，ミシシッピ川の支流域をさかのぼり，西へ西へと移動していった東部の栽培民が，彼らの抵抗にあうことはほとんどなかった．プレーリーへ入り込んでいく東部の栽培民の最初の波は，プレーンズ・ウッドランド期におこった．前250年から後950年にかけてのことである．この時期の集落は，おそらくホープウェル系（ホープウェリアン）諸文化からの派生として，あるいは，少なくともその影響を受けて作られたものとして考えられる．カンザスシティー・ホープウェリアン文化は，現在のカンザスシティーの近くに成立した．諸遺跡から出土する証拠は，ホープウェルの交易網に参加していたプレーリーの人々が，トウモロコシを作物の一つとして栽培していたことを示している．このさらに南に位置するクーパー・ホープウェリアン文化については，それほどよくわかってはいないが，カンザスシティーの文化に類似していたと思われる．プレーリー・ホープウェリアン文化集落の規模は，せいぜい3－4ha程度だった．これらの遺跡の土器には，ホープウェルの影響が見られ，また，黒曜石やその他の石材，あるいは自然銅でできた製品を見ると，かれらがホープウェルの交易に参加していたことがわかる．だが，プレーリーの諸集落がこの交易システムのなかでどのような役割を果たしていたのかは，まだわかっていない．オハイオ州のホープウェル文化が，グレートプレーンズで捜し求めたものの中には，イエローストーン公園の黒曜石や，ノースダコタ州西部でとれる高品位の玉髄がふくまれていた．これらの品々は，ミズーリ川を下るルートで運ばれ，カンザスシティー・ホープウェリアンが，その交易を統御していたのかもしれない．

西へ，すなわち上流部にいくと，プレーンズ・ウッドランド期の遺跡は少なくなる．カンザス州とネブラスカ州でいくつか発見されているが，近年の調査によると，さらに西のコロラド州東部へもプレーンズ・ウッドランド期の文化が浸透していった証拠が見つかっている．南部プレーンズの遺跡は，比較的少ない．東部ウッドランドの土器が発見されている場合もあるが，古期の生活様式が継続していた印象が強い．同様に，プレーンズ北西部でも，プレーンズ・ウッドランド期を通して，またその後の時代も，古期の伝統をひいた狩猟採集，とくにバイソンの集団狩猟が依然として行われていた．

ノースダコタ，サウスダコタ2州の東部と，カナダのマニトバ州南部では，埋葬用マウンド（ベリアル・マウンド）の建設が行われた．この文化現象がおこった最北西部にあたる．線形の土塁状の建造物もあれば，円錐形のマウンドもある．マウンドの下には，竪穴が掘られて丸太で囲まれ，死者が埋葬された．プレーンズ北東部では，このような基本的には東部の伝統に加え，平原（プレーンズ）的な雰囲気が加わっている．多くのマウンドに，バイソンの頭や体の骨も埋められたのである．埋葬用マウンドの建設は，この地域には，ミネソタ州を経由して広がっていったようだ．ミネソタ州には，ウィスコンシン州の象形マウンド伝統とよくにた，ホープウェルの後継文化がおこっていたのである．プレーンズ北東部でマウンド建設の伝統を担ったのは，歴史時代のダコタ，ア

シニボイン，シャイアンというインディアンの諸部族の祖先だったと考えられる．

ブレーンズ・ウッドランド期の後期になると，ブレーンズには，新しい狩猟具として弓矢がもたらされた．これを伝えたのは，おそらく，カナダ西部のアサバスカン（ナデネ）語族の狩猟民だったと思われる．彼らは，この革新的な武器をエスキモーから受け取っていた．北部アサバスカン語族が弓矢を獲得したことは，彼らが，ブレーンズ西部から，ついには南西部文化領域にまで首尾よく進出できたことに一役買っていたのかもしれない．

ブレーンズ・ヴィレッジ期

ブレーンズ・ウッドランド期のつぎの時代がブレーンズ・ヴィレッジ期であり，後900年にはじまり，1850年までつづいた．東部からの影響を伝え，また東部からの植民者をもたらす動きが再び生じたが，その起源は，ミシシッピ文化の発展にあった．ブレーンズ・ヴィレッジ期の新しい村落は，ブレーンズ・ウッドランド期の村落にくらべ，さまざまな点でしっかりとしていた．第1に，この時期の集落は比較的大きく，恒久的で，地下にはたくさんの貯蔵穴が作られるのがふつうだった．時には，空堀や砦柵に囲まれて，要塞のように作られることもあった．第2に，家屋として，複数家族用の住居が建てられたが，前の時代にブレーンズで作られたものよりも大きく，耐久性があり，頑丈だった．第3に，種類が豊富で複雑な道具類があった．以前よりも多種の土器，鍬，それに，さまざまな材料を用いた道具が作られたのである．

ブレーンズ・ヴィレッジ期の諸遺跡では，トウモロコシや豆の改良品種が，他の作物とともに栽培されていたようだ．耕作は，大河流域の沖積低地でのみ行われた．この点では，ミドル・ミシシッピの集約的な園耕技術が模倣されたといえよう．しかし，ブレーンズ・ヴィレッジ期の人々の適応には，ミシシッピ文化拡大の縁辺部で見られた台地の移動農耕のシステムに類似した点も認められる．ブレーンズ・ヴィレッジ期の諸集落は，おそらく，首長制社会を作りあげることはなく，ましてや，ミシシッピ文化のいくつかのセンターのような国家に近い政治組織を作りあげることもなかった．

この時期の家屋は，正方形あるいは長方形の耐久性の高い建物だった．家々は，小さな集まりをなして建てられ，このような小集落が川岸の崖ぞいに点在していた．防御施設は一般に作られなかった．13世紀におこった旱魃は，多くの集落を放棄させたようだ．この現象は，乾燥の度が強い高地平原の最西部でとくに著しかった．ブレーンズ中央部の人口は下流域へ流れ，ここでおこった諸集団の混淆の中から，融合文化伝統が生じた．この新しい伝統は，1450年から1680年にかけて，四本柱円形のアース・ロッジ（上部を土でおおった半地下式の家屋）などの新しい文化要素をともなって，ミズーリ川をさかのぼっていった．ポーニー族は，この融合文化伝統の子孫として歴史時代まで残った民族の一つである．一方，その近縁民族であるアリーカラ族は，ミズーリ川中流域で，マンダン族やヒダーツァ族の仲間に加わることになった．

先史時代のおわりごろ，園耕民集団の多くが，定住生活を捨てて騎馬遊動民となった．グレートブレーンズの文化地図は，急速に，かつ劇的に変化することになった．オニーオタ文化の諸集団は，歴史時代になってオートー，ミズーリ，アイオワという名前で知られる，スー語系の諸部族になった．同様に，ウィチトー族はキャドーアン・ミシシッピアン文化から派生し，クロー族はヒダーツァ族から分岐した．ポーニー，クワーポー，カンソー，オーセイジ，ポンカ，オマハの諸集団は，みな東部ウッドランドの縁辺部を離れ，専業的ではなかったにしても，騎馬のバイソン猟に従事するようになった．北部地域では，ダコタ族のさまざまな集団が，アシニボイン族とシャイアン族とともに定住村落を離れ，ティーピー（テント）を携えて，平原部に村を作った．アラパホー，ブラックフット，ネズ・パース（ネ・ベルセ），コマンチ，そして，ショーショーニやアパッチの一部は，古期以来の足に頼る狩猟採集方法を捨てて，生産性が高く，もっとおもしろみのある騎馬遊動民になった．カイオワ族も，かれらの祖先はブレーンズで古期以来の方法で狩猟採集を行っていたと思われるが，騎馬をおぼえてほかの諸族に加わった．結局，マンダン族とヒダーツァ族とアリーカラ族などが，先史時代後期の園耕民の生活様式を保持しつづけた数少ない例となったのである．かれらは，定住村落に住みつづけて，新しく生じた騎馬遊動民が周囲の平原からもたらすバイソンの肉を，交易を通して受け取った．

ブレーンズの遊動民のものとされる遺跡は，円形のティーピーの跡としてしか認められないものが多い．きわだった例外が，ワイオミング州からアルバータ州にかけて分布するメディスン・ホイールである．最大のメディスン・ホイールは，ワイオミング州のビッグホーン山脈にあり，28本のスポークをもった車輪状の構造物が河原石をならべて作られ，車軸受けにあたる部分にも，河原石が積みあげられている．

この種の構造物は，歴史時代のサン・ダンス（太陽踊り）

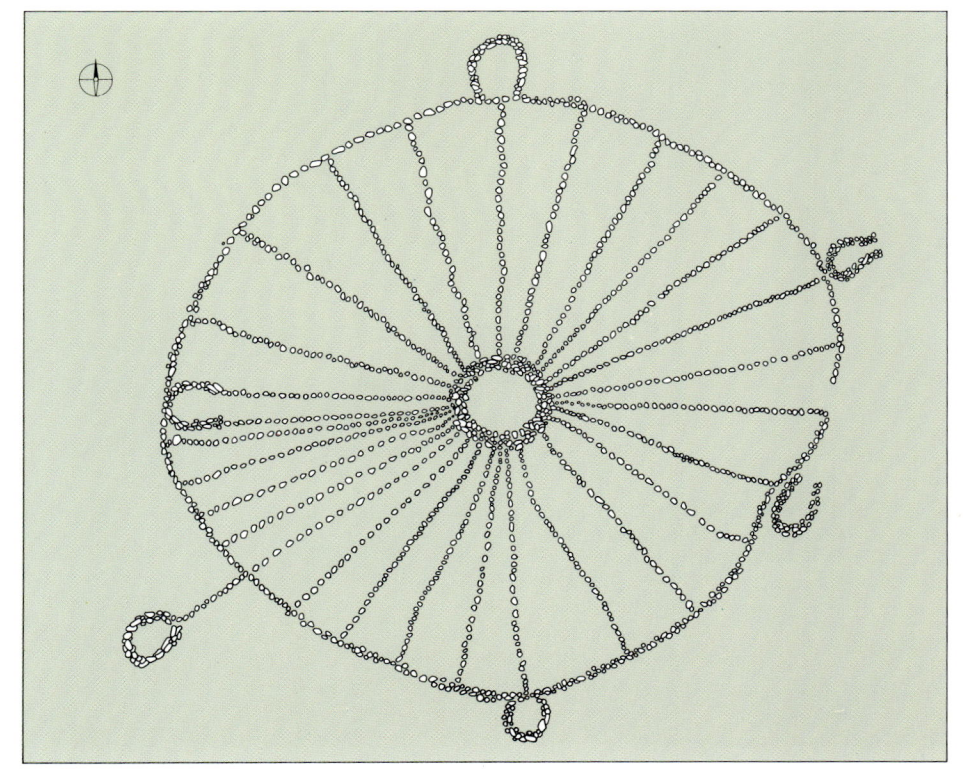

下 太陽のシンボルは，北アメリカ全域にわたって分布しているが，装飾芸術が発達し，保存状態もよい後期の遺跡にとくにひろく見られる．しかし，ペトログリフ（彫刻文様）やピクトグラフ（絵画文様）として，岩場に残っている古い例も知られている．平原（ブレーンズ）インディアンの手持ち式の太鼓には，かつて戦勝首級をかたどった土器に描かれていた，十字形のシンボルがつけられていた．

ブレーンズ高地のメディスン・ホイール（下）は，太陽の巨大なシンボルだったように見えるが，太陽をまつる儀式が行われた聖域でもあっただろう．このような大きな車輪状の構造にあるスポークの内，主要なものは，夏至の日に太陽が昇る方向をさしていることが多い．歴史時代に作られた儀式小屋（右下）も，同じような円形の形態を残しており，入口はしばしば日が昇る方向に作られている．

北アメリカ

小屋と，なんらかの関係をもっているのかもしれない．サン・ダンス小屋とは，歴史時代に平原インディアンの多くが使った壁のない儀式用の建物のことである．サン・ダンスは，夏至のころに行われることが多かったが，メディスン・ホイールのスポークにも，夏至の日に太陽が昇る地点をさしたものがあることがわかっている．

西部砂漠地帯
前1000―後1800年

　西部の砂漠地帯は，二つの異なった地域から構成される．グレートベースン（大盆地）とプラトー（高原）である．グレートベースンの河川は，盆地の限界を画す山脈から流れ下り，盆地内の塩湖へと至る．盆地の湖へ入った水はどこにも流れ出さず，ここで蒸発する．最大の湖は，ユタ州のグレートソルト湖である．グレートベースンから外へ流れ出る川はなく，雨量が少ないため，浅い湖や小河川の多くは，1年中ほとんど枯渇している．近代的な灌漑や輸送システムが導入されるまでは，グレートベースンは食料に乏しく，人口は希薄で，狩猟採集の生活を送る人々しか住めなかった．

　このような厳しい制約から逃れることができた例外の一つが，ユタ州のフレモント文化の発達だった．フレモント伝統は，アナサジ文化から派生したもので，後400年ごろにはすでに確立していたと思われる．しかし，1300年ごろ，南西部

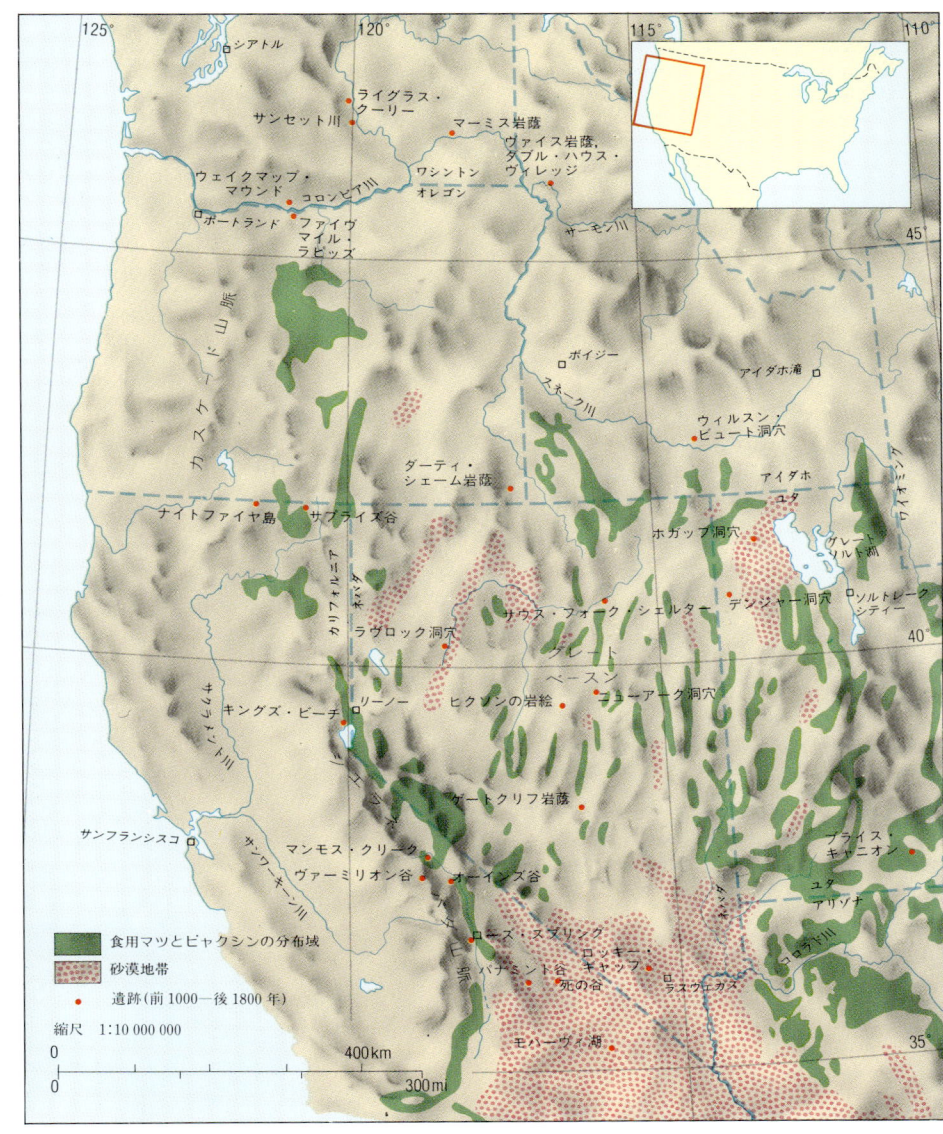

左　西部の砂漠地帯にあるブライス・キャニオン一帯は，桃色の山肌を見せる断崖，ピンク・クリフの絶景がよび物だが，グレートベースンのかなり一般的な景観も見せてくれる．尾根では，ビャクシンや食用マツ，時には黄色の樹皮をもったマツの木立が，砂漠性の灌木と競いあっている．涼しく，また湿気がある峡谷では，ヤナギ，カンバ，カエデ，それにハヒロハコヤナギが生えている．冬になると雪が深くつもり，先史時代のインディアンは，冬用のしっかりした家を作って住まなければならなかった．

下　西部砂漠地帯
グレートベースンは，ネバダ州とユタ州の全域と，オレゴン州とカリフォルニア州の一部に広がっている．周囲の山地から，川が盆地の内側にむけて流れ下るが，盆地内での水の蒸発や浸出は流入量を上回っている．海へ流れ出る川はまったくない．動植物相は主として高度差によって変化する．先史時代のインディアンは，何日間かのサイクルで，あるいは季節的な周期で山腹を上下し，環境を非常にうまく利用して生活した．

の諸伝統をひろくおそった文化的衰退の中で，この文化伝統も消滅し，現在，はっきりとその子孫だといえる者はいない（フレモント文化は，南西部に関する節で詳しく述べる）．

グレートベースンは，ユタ州のほかにオレゴン州南東部，アイダホ州最南部，カリフォルニア州東縁部，南端部をのぞくネバダ州全域にまでひろがっている．しかし，この広大な地域の中で，フレモント文化に匹敵するような先史文化はほかには生じず，この地域では，先史時代のおわりまで，基本的には古期の形態をもった文化がつづいた．

プラトーは，グレートベースンのすぐ北にある山間部であり，コロンビア川とフレーザー川という2本の大河の流域にひろがっている．プラトーは，アイダホ州のほとんど全域と，オレゴン州北東部，ワシントン州東部をふくみ，さらにカナダのブリティッシュ・コロンビア州にまで達する．グレートベースンとプラトーの文化発展の相違は，主として，プラトーの諸文化が大河の資源を利用できたのに対し，グレートベースンはこれを欠いていたという点にある．

グレートベースン（大盆地）地域

ここでは，デンジャー洞穴やホガップ洞穴などの詳しい発掘調査の結果，先史時代の文化変化が長期間にわたって明らかになっている．乾燥地の洞穴からは，投射用尖頭器，碾石，骨器などの残りやすい遺物だけではなく，網，それに，螺旋状に巻き上げたり編み上げたりして作ったバスケットや，そのほかの繊維製品も出土する．人々が何を食べていたかは，人間の糞石にふくまれる種子類などの内容物からわかるし，また，堆積中の動物骨遺残を直接に分析することで復元されている．動物骨遺残としては，バイソン，エダツノレイヨウ，ヒツジ，シカが見つかっているが，齧歯類，ノウサギ，アナウサギなどの小動物にくらべると多くはない．小動物を数多くとらえようとした古期の傾向は他地域ではふつう失われていったが，ここでは先史時代のおわりまで，強固に持続したのである．水鳥や川岸に生息する鳥類は，初期の数千年間には捕獲されているが，前1200年以降の堆積からはあまり見つかっていない．沼沢地がだんだんと干上がっていき，人間の諸集団もこの過酷な環境の圧力を強く受けるようになったことを物語っている．

19世紀の記録によると，グレートベースンの諸集団は，谷底にある川岸の露営地と，山の斜面部にある食用マツ（ピニョン）の木立との間を季節ごとに移動していたという．秋になるとマツの実を集めて貯蔵し，冬の間の食料としたのである．ネバダ州中央部の調査によると，このような生活形態は，少なくとも前2500年までさかのぼるといわれている．

ユタ州ではフレモント伝統が古期的な狩猟採集民のバンド生活にかわって登場し，約900年間つづいた．フレモントの村落の周囲で，生態学的には周辺的な狩猟採集民として生き残った者もあっただろうが，ほとんどの狩猟採集民は，追いはらわれるか，フレモント文化に吸収されるかしたにちがいない．フレモント文化も，14世紀に旱魃におそわれて壊滅し，ユタ州にはショーショーニ，ユート，パイユートなど，ユート・アズテック語族のヌミック語派の祖先が住み着いた．この人々は，カリフォルニア州東南部からネバダ州南部に至る本来の居住地から，北東へむけて拡大したのである．中にはさらに移動をつづけ，馬がもたらされてからは，騎馬遊動生活という新しい慣習を，グレートプレーンズにひろめる役割を負うことになった者たちもいた．

ヌミック語派の拡大は，グレートベースンの考古学者にとって，現在最も興味深い問題だといえよう．文化生態学的な観点でいえば，ヌミック語派は，その前にいた諸集団よりも，明らかに劣っていた．しかし，たとえばすでに述べたように，彼らはフレモント文化の園耕民に取ってかわったし，また，半定住生活をしていたクラマス族の祖先たちも追い出している．環境の変化という圧力が，進んだ適応形態を払拭し，ヌミック語派の人々がとくにうまく適応できた過酷な環境を，新たに作り出したのだと考えてよいかもしれない．ヌミックのバンド集団は，カリフォルニアとネバダ両州の砂漠地帯に対してあらかじめ前適応をとげていたのだといえよう．そのため，フレモントその他の集団が去ったあとに残された空白地帯を埋めることができたのである．

プラトー（高原）地域

プラトーの長い文化発展は，グレートベースンの文化発展とは大きく異なっていた．ここはグレートベースンほど乾燥しておらず，また，海へつづく大河川を擁していたからである．コロンビアとフレーザー両水系の支流部は，太平洋からさかのぼってくる大量のサケ類の産卵地であった．サケをはじめとする川の資源は，古い時代のプラトー諸文化に，グレートベースンでも利用できた資源に加えて，別の食料も与えてくれたのである．前1000年紀には，プラトーのバンド集団の多くが，すでに半地下式のアース・ロッジ——しっかりした作りで，遊動性が高いグレートベースンのバンドにはむかないものだった——をもった半定住的な村落に住んでおり，このような居住形態は，歴史時代までつづいた．

コロンビア水系でのサケの利用は，フレーザー水系ほどには発達しなかったように思われる．少なくともフレーザー水系ほど古い歴史はもっていないようだ．コロンビア川がカスケード山脈を横切る時にできる落差が大きいことが，長い間サケが遡上するのを妨げてきたのではなかろうか．このため，コロンビア水系で生活していた初期のサハプティン語系の諸集団は，フレーザー水系よりもグレートベースンに近い採集技術を身につけなければならなかった．一方，フレーザー水系でセイリッシュ系の言語を話していた人々は，河川指向性を強くもっており，川下の北西海岸領域に住み，自分たちに近い言語を話す人々と，比較的密接な関係をもちつづけた．コロンビア川上流にサケが遡上するようになったのは，後1265年に，カスケード山脈で山崩れがおこってからである．

カリフォルニアとグレートベースンと北西海岸という異なった環境地帯の狭間には，プラトーの延長部がくさび状にのびている．歴史時代のクラマス＝モドック族はこの地域に住んだ人々だった．歴史時代における生活域は，オレゴン州のクラマス湖を中心にひろがっていた．一般にかれらは，半地下式の大きなアース・ロッジに住んでいた．毎年夏になると，家を離れて，そだ掛けの差しかけ小屋で暮らし，その間アース・ロッジの屋根の一部をはぎとって，風を通して住居を乾燥させた．カリフォルニア州のサプライズ谷の諸遺跡でも，前4000年ないし3000年ごろに同じような生活様式が見られたことが，考古学的に確認されている．サプライズ谷では，その後この生活様式は見られなくなる．おそらく，クラマス族の文化的祖先となった人々がここを離れ，ヌミック語派の人々がやってきたことに関係するのではないだろうか．ナイトファイヤ島では，アース・ロッジは少なくとも前2100年ごろから作られ，歴史時代まで使用されていた証拠がある．

先史時代の南西部領域

考古学者は，南西部の先史時代について，三つの大文化伝統と二つの小文化伝統を定義している．これらの諸伝統は，

下 フレモント文化については，その起源も最終的な運命も，はっきりとわかってはいない．しかし，この作品（高さ10cm）のような土偶を見ると，この束の間の周辺的な文化発展が，南方のアナサジ，ホホカム両伝統とつながりをもっていたことが明瞭である．

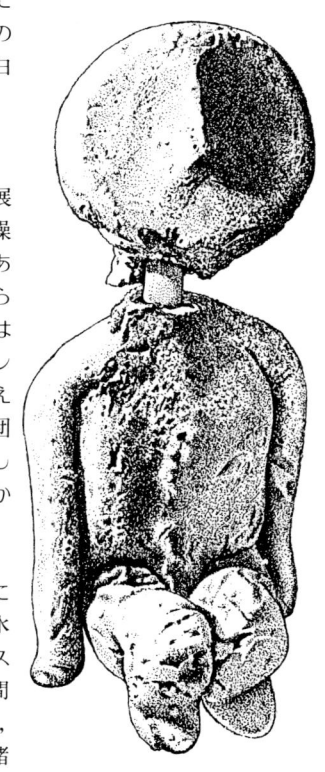

北アメリカ

右　先史時代の南西部領域

先史時代後期の南西部には五つの伝統があった．このうち，アナサジとホホカムとモゴヨンの三つは，南西部の大伝統として考えられている．他の二つ，すなわち，パタヤーンとフレモントは，一般に，これらの大文化発展にたいして周辺的なものだったと見なされている．諸伝統の地理的広がりは，地図上では重なりあっているように見える．この重なりが事実をあらわしている場合もある．つまり，二つの非常に異なった文化伝統に同時にふくまれていた集落もあったのである．しかし，そのほかの場合は，重なり合いは事実ではなく，見かけだけのものにすぎない．つまり，一つの伝統が縮小し，放棄された地域に，ほかの伝統が進出していった結果が示されている．右のような考古地図は，何百年ものあいだに生じたことを1枚の図としてまとめているので，このような重なりあいは避けられないのである．

この地図は，各伝統の最大の広がりを示している．明らかに，すべての伝統が同時に最大の広がりを達成したわけではない．また，それほど明瞭ではないが，各伝統は最初はある方向に，つぎには別の方向にという具合に拡大していったのであり，ある特定の時点で，ここに示したような最大限の広がりをもった伝統などけっしてなかったと考えてよいだろう．ともかく，スペイン人がやってきた時には，すべての伝統の分布域はすでに狭い範囲に縮小してしまっていた．

この地図では，南西部の主要遺跡が，五つの伝統を背景にして示されている．これらすべての遺跡は，一般に公開されているものか，あるいは，公開されてはいないが考古学の文献では非常に重要であり，銘記しなければならないものである．

次頁　この遺跡はモンティズーマ・キャスル（モテクソマの城）とよばれているが，実際には城ではなく，また，コルテスに殺されたメキシコの王とは何の関係もない．この空想的な名前がつけられた断崖住居は，アリゾナ州中央部のヴァーデ河谷に位置している．一般に公開されている多くの南西部遺跡の一つである．この遺跡やその周辺の遺跡を建設したのは，シナグアの名で知られる先史文化を担ったインディアンだった．シナグア文化は，アナサジ文化の影響をかなり受けている．やがて環境が悪化し，ヴァーデ河谷はやむなく放棄された．

最大の発展をとげた時には，合衆国のアリゾナ州，ニューメキシコ州，およびユタ州のほぼ全域と，コロラド州とネバダ州の一部，さらには，メキシコのソノラ州とチワワ州の一部にもひろがった．大伝統は，ホホカム，モゴヨン，アナサジという名で知られる．ほかの二つは，パタヤーン伝統とフレモント伝統であり，両者はともに，南西部の大伝統に対して，周辺的なものだったと考えられている．

南西部の遺跡の年代を正確にはかるために，年輪から年代を読みとる方法（年輪年代決定法）が用いられはじめてから，すでに何十年にもなる．この技術は，とりわけアナサジの遺跡に関して有効であり，また，これほどではないが，モゴヨンの遺跡に関してもよい結果をもたらしてきた．というのは，気候が乾燥しているので，広範だが微妙な気候変化が年輪によく反映されて，しかも木材の保存状態がよいからである．ホホカムについては，適当な木材が残っていない遺跡が多いので，満足のいく編年は得られていない．このような場合は，放射性炭素法，古地磁気法，黒曜石水和法というほかの年代決定法が使われてきている．

南西部の先史諸伝統は，古期の文化をもとに，2000年以上も前に生まれた．土器と園耕は，メキシコから伝えられて前300年ごろには利用されるようになった．土器と園耕の存在から，定住生活がはじまったことも推測される．各伝統は，確かにそれぞれの限界までひろがったことがあったが，ある伝統の最大伸張範囲が，必ずしも，隣接する伝統との境界線を形づくっていたわけではなかった．二つの伝統の境界部では，それぞれの伝統に属する村落が共存しており，その意味では，異なった伝統が重なりあっていることも実際にあった．しかし，地図に見られるような重なりは，ある伝統が放棄したあとに，他の伝統が進出した結果をあらわしている場合が多い．

ホホカム伝統

年代決定法に関して問題があるために，ホホカムの起源がいつかを決定するのは困難である．後600年以降の編年は比較的明瞭だが，それ以前の出来事については決定的な見解がほとんどない．スネーク・タウンの発掘結果に基づいて，ホホカム伝統は，前300年には成立していたと主張する研究者もいるが，この年代は古すぎるとして，後300年，あるいはもっと遅く，後500年という成立年代を提唱している者もいる．

ホホカム文化は，アリゾナ州南部の砂漠地帯を中心に発達した．ここは，のちのピーマ・アルト・インディアンとパパ

ゴー・インディアンの居住地であり，これらのインディアンの集団は，ホホカムの子孫であるとひろく信じられている．ホホカム伝統はメキシコから南西部に進入してきたものであり，この文化の担い手たちが，メキシコの文化要素を南西部にもたらした可能性もある．だが，近年考古学者たちは自生的な文化発展，交易，はるか南の諸文化との宗教上の関係などをふくめた，もっと複雑な解釈を好み，次第にこの説を取りあげなくなってきた．

ホホカムの農民たちは，砂漠で灌漑を行って，作物を育てた．灌漑という技術は，段畑耕作にくらべて2倍の，等高線にそった斜面畑耕作にくらべて4倍ものコストを要するが，この高いコストに見合うだけの生産性をもたらす．この地域では二期作が可能だった．最初の耕作は，遠くの山で雪解けがはじまる3月から4月にかけて行われ，2度目は，山々に雨が降る8月に行われた．

ホホカムの遺跡の特徴は，一般に，淡黄色の地に赤で文様を描いた土器が出土することである．多くの土器は，肩が張っていて重心が低い．少なくともその一つの理由は，彩文による装飾部をできるだけ大きくしようとしたからだろう．このほか，特徴的な遺物としては，柄の装着用に深い溝を彫り込んで長い刃をつけた石斧，石製のパレット，深く切れ込んだ鋸歯状の刃をもつ投射用尖頭器，貝製装身具などがある．パレットとよばれているものは，浅く水を張って鏡として使うか，あるいは，もっと単純に考えて，顔料を粉にするのに使ったものだろう．銅の鈴は，失蠟法で作られているので，この方法を伝えたと思われるメキシコと交易関係がつづいていた証拠の一つとして考えられよう．貝製装身具としては，腕輪やビーズがあるが，その材料はカリフォルニア湾から運ばれたものである．

後600年以降のホホカムの諸遺跡でさらに注目されるのは，球戯場と低い基壇用のマウンドである．この二つは，ともにメキシコからの影響を物語っている．スネーク・タウンとブエブロ・グランデ両遺跡には，立派な球戯場がある．ホホカムの諸遺跡からは，球戯に使われたゴム球も発見されている．球の原料のラテックスは，メキシコで産したものにちがいない．基壇用マウンドは，ふつう1mの高さしかないが（3mをこえることはめったにない），長方形で長さは30mもある．このような建造物は，メサ・グランデなどの中心集落に集中しており，大集落が周辺の小集落と，全集落が使う灌漑水路網を支配していたことをうかがわせる．また，このようなことから，ホホカムの諸集団は独立した村落ではなく，首長制社会として組織されていたと考えられる．

アリゾナ州中部のヴァーデ（ベルデ）河谷は，ホホカムの版図の北端にあたっていたが，ここに住んでいた人々は，三つの大伝統を混ぜ合わせた混成文化を発達させた．この文化はシナグア文化とよばれ，後1100年以降繁栄期にはいった．この地方の火山，サンセット・クレーターが爆発して肥沃な灰層が堆積した結果である．これをきっかけとしておこった繁栄の跡は，トゥージグート遺跡やモンティズーマ・キャッスル遺跡（スペイン人征服時のアステカ王国の王モテクソマの城の意味だが，不適切な名称である）に残っている．土壌がもとの状態にもどった時，シナグアの勢力は明らかに伸びすぎていた．1300年をすぎると，この地域一帯は放棄された．シナグアの多くの集団はホホカムの村落に移住して住み着いたので，二つの民族が共住する集落が形成されることになった．ホホカムの領域内にサラードという別の文化があらわれるのは，このような事情によるのかもしれない．アリゾナ州のカサ・グランデ遺跡は，この文化的融合の一例である．ホホカムの人々は，以前と同じように死者を火葬にし，淡黄色の地に赤で文様を描いた土器に骨灰を入れて埋葬したが，サラードの移民は火葬は行わず，副葬用に赤，黒，白の多色土器を作って，これを死者とともに埋葬したのだった．

ホホカムの伝統家屋は，浅い堅穴住居だった．詳しくいえば，この地域では，砂漠の砂の下に，硬いカリチェ（炭酸カルシウムが凝固したもの）層がある所が多く，ここに浅い窪みを掘って，木舞作りの泥壁の家を作ったのである．しかし，後1300年以降になると，サラード文化の影響を受けて，ホホカムの村落は日乾レンガの壁で周囲を囲った，四角い形をもつようになった．外壁の内側の村落には，カリチェと日乾レンガで，完全に地上式の建物が作られた．カサ・グランデ遺跡にあるグレートハウスは，泥を固めた日乾レンガを何層も積み重ねて作られており，壁は基部で厚く，上にいくほど薄くなっている．グレートハウスの中心部は4階建だが，1階中央の部屋には，補強のために日乾レンガが充填されていた．考古学者は，サラードの移民たちは，トゥージグート遺跡に見られるような石の建築に習熟していたのではないかと推測している．ホホカムの領域には必要な石材がなく，かれらはホホカム伝来の日乾レンガの技術を採用したものの，これを信用せず，そのためにぶ厚い壁をもった建築を建てたのではないかと考えるのである．

1450年ごろ，凶作と，おそらくはアパッチ族の侵略が，ホホカムの政治組織を瓦解させた．スペイン人がはじめてやってきた時には，首長制の政治組織はすでになく，かれらが作り，維持してきた灌漑水路網も放棄されていた．ホホカムの末裔は，小さな集落にひきこもって，点々と居住するようになっていたのである．

モゴヨン伝統

モゴヨン伝統に関する最古の年代は，最初のモゴヨン土器をいつごろのものと見るかによってきまる．まだ不確かな点はあるが，この年代決定は，ホホカムにくらべるとそれほど問題はないようだ．多くの考古学者が，後3世紀のあいだにモゴヨン伝統がはじまったという見解をとっている．その後，褐色地に赤彩をほどこした特徴的な土器が出現すると，モゴヨンの集落は，起源地の支流域にそって拡散していった．これらの集落の特徴は，以前よりも小さな家屋がたくさん建てられたことにある．居住形態が変化したのであろう．このような出来事がおこった年代を，ミンブレス河谷で調べてみると，モゴヨンの人々は，9世紀の後半に伸張をとげたことがわかる．

メキシコのチワワ州にあるカサス・グランデスという大遺跡が詳しく研究され，この遺跡が，モゴヨン伝統の文化圏内にあったことがわかった．調査にあたった考古学者は，カサス・グランデスの主要建築物が建てられたのは1060年ごろであり，この遺跡は1261年以後衰退をはじめ，1350年ごろに滅亡したと考えている．さらに，立地をもとに，この遺跡はメキシコのポチテカ（16世紀におけるアステカ王国拡大の先兵となったことで有名な，長距離交易者階級）が進出してきた基地だったと主張する研究者もある．この問題に決着をつけることは，広く南西部一般の動向を理解する上で不可欠であるが，この地域で何がおこったかを明らかにするためにはまだ調査が不足している．

後1000年以前には，モゴヨンの人々はふつう堅穴式住居に住んでいた．しかし，1000年をすぎると，地上式の多室構造の建築が次第に好まれるようになっていく．このような傾向は，最初，モゴヨンの領域の中でも，アナサジの影響を強く受けた北部地域ではじまった．家屋形態の変化は，男性中心の住居が消失し，歴史時代のプエブロ族の集落で知られてい

るような，女性中心の居住形態が出現したことを反映しているのかもしれない．キーヴァという儀式小屋が発達したことも，この解釈を裏付けている．キーヴァは，古い堅穴式家屋の形式をとどめており，同じ親族に属する男たちによって，儀式用の部屋として使われた．女性中心の居住形態の中では，男性親族が一緒に住むことはないので，このような場が必要となったのだろう．キーヴァの中には，規模が大きいため，大キーヴァとよばれているものがある．大キーヴァは，直径10 mにも達する場合もあるが，一村落に一つしかなく，単一のクランに属する男性成員のものというより，むしろ集落全体の儀式場として機能したのではないかと思われる．小さいキーヴァは，それぞれが特定クランの男性成員によって使われたものであろう．

ミンブレス河谷で，特異な白地黒彩土器の様式が発達したのも，このような変化がおこったのと同じころのことだった．ミンブレス土器は，幾何学文や，様式化された人物や動物の絵で特徴づけられる．しばしば副葬品として用いられており，その場合には，壊したり穴をあけたりして，土器は儀礼的に殺されている．この土器の文様は，現代の芸術愛好家の目をとくにひきつけ，その需要が多いので，盗掘が横行し，ミンブレスの多くの遺跡が取り返しのつかない被害をこうむっている．

モゴヨン伝統は，1100年ごろから衰退しはじめた．1250年ごろ短期間だけ盛り返したが，14世紀を通して再び衰退傾向が加速されていった．モゴヨンの食料生産システムはつねに危険性をはらんでいたが，気候変化によってそのシステムが破壊されると，モゴヨン伝統は，南西部の他の大伝統がそうであったように，内部から崩壊していったのである．早魃，不作，そしておそらくはアパッチ族の侵略者が，かろうじて残ったモゴヨンの集落をわずかの小地域に封じ込めてしまった．アナサジやホホカムの生き残りとともに生活をはじめた者もあったことだろう．ズーニ・プエブロ族は，少なくともその一部に，モゴヨンの末裔をふくんでいるように思われる．

アナサジ

南西部にトウモロコシが伝播したのが前3000年であったという見解をとっている考古学者は多いが，最近行われた再調査によれば，前750年ともっと遅く考えるほうがよいようだ．アリゾナ，ニューメキシコ，ユタ，コロラド4州の州境が直交する「四つかど」地帯で，堅穴住居の村落が出現するのは，前185年ごろのことである．アナサジ伝統を担った人々は，このころはまだ土器を作ることを知らなかった．したがって，アナサジ伝統の最初の時代はバスケットメーカー期と，またつぎの時代は，変形バスケットメーカー期という名でよばれている．後者の時代は後700年でおわり，このあと，最初のプエブロ時代がはじまる．その後のアナサジ伝統の各時期については，年輪年代決定法によって正確な年代が出されている．

アナサジ伝統初期の堅穴住居は，のちの時代のものと比較すると，浅くて作りも簡単である．時代が進むにつれて堅穴はだんだん深くなり，ついには完全な地下式住居となり，かつては煙出し用だった天井の穴が，出入口として使われるようになった．このように深く掘られた後期の堅穴住居では，天井の出入口から煙を出すために，風を送る通風坑をそなえねばならなかった．正式な家屋様式がだんだんとできあがっていくと，通風坑には，風向きを調節する小さな板壁がつけられるようになった．家の床には，厳密に位置を定めてシパプ——小さな穴で，地下の世界から最初の人間が出てきたといわれる穴を象徴している——を作ることも必要だった．

ミンブレス土器

左上　白地黒彩のミンブレスの鉢がはじめて出現するのは，後8世紀のことである．マタクス遺跡出土のこの土器は，その300年後に発達した様式Ⅲに該当する．文様は，主題と背景を意識的に混同させながら，人間と鳥を描いている．

左下　ミンブレスの鉢は，大部分が副葬品として作られたもので，そのほとんどが，底部に穴をうがたれ儀礼的に殺されている．この鉢には，うなり板のようなものを鳴らしている人物が描かれている．様式Ⅲの古典的な白地黒彩鉢として分類されているが，実際には赤味がかった色で描かれている．

　ミンブレス文化は，南西部の大伝統であったモゴヨン伝統から派生した文化の一つである．この文化は，ニューメキシコ州南西部のミンブレス川流域で発達したが，南西部の先史時代全体の中では，孤立した，比較的小さな部分を形成したにすぎない．

　ミンブレス川は，100 kmばかり流れると，メキシコ国境近くの暑熱の海岸で蒸発によって水を失い，消えうせてしまう．ミンブレス文化も，空間と時間の違いはあれ，この川ににた軌跡をたどった．スペイン人の内陸探検がこの地におよび，歴史時代がはじまる前に消滅したからである．ミンブレス文化は小規模で，また，その子孫が誰であるかわかっていないが，ここで作られた土器はこの文化をきわだたせ，何百年たった今でも，われわれの目を楽しませてくれている．

ミンブレス土器

下 この鉢には，人間とコウモリとシカの特徴をあわせもった像が描かれている．おそらくシャマンの変身を表現しているのであろう．この鉢は様式Ⅲのものだが，白地に赤と橙が採色されているので，分類上はミンブレス多色土器とよばれている．

下 極度に様式化されて描かれた2頭のオオツノヒツジを見ると，ミンブレスの鉢が，抽象的表現を好む現代美術の愛好家たちを魅了する理由がわかるだろう．だが，このような作品がもてはやされたために，残念ながら，多くの遺跡が盗掘されてきた．この作品は標準的な大きさをもった様式Ⅲの鉢で，直径は約24cmである．

下 コウモリを描いた様式Ⅲの鉢．人間やほかの動物の特徴は混入していないが，このコウモリの像は，南西部に典型的といえる装飾文様で飾られている．この鉢には，わずかに修復の手が加えられているが，土器を殺す穴はあいていないようだ．

北アメリカ

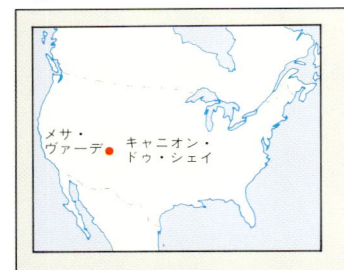

メサ・ヴァーデとキャニオン・ドゥ・シェイ

メサ・ヴァーデ（メサ・ベルデ）は，コロラド州の国立公園，キャニオン・ドゥ・シェイはアリゾナ州の国有記念物である．両者はともに，南西部の高原地域の一部をなす「四つかど」地帯に位置しており，重要なアナサジの諸遺跡をふくんでいる．この二つの峡谷では，川が高原を深く切り裂き，険しい断崖が形成されている．断崖には，崖の上部が張り出した，防御上都合のよい場所が多い．12世紀以降，アナサジの人々は，おもにこのような防御的な場所を選んで，新しい集落を形成した．この一帯は，こうして作られた断崖住居によって有名である．

断崖住居内で，方形のアパート式の小部屋が増えていくと，奥の岩壁ぎわに最初に作られた部屋は，倉庫として利用されるようになった．住居前面の開けた場所には，穴を掘ったり土を埋めたりして，円形地下式のキーヴァを備えた前庭が作られた．キーヴァは，ふだんは妻方の村落に分かれて住んでいる母系クランの男性成員が集まる場所として使われた．

断崖住居は14世紀のはじめごろにはほとんど放棄されてしまった．放棄後は，南西部の大部分の地域から園耕民が去り，かわって，ナバホ族やアパッチ族の遊動民が住みつくことになった．メサ・ヴァーデへは乗用車でいける．キャニオン・ドゥ・シェイでは，外縁部にだけ観光用の道路が作られている．断崖住居にいくには，ふつうガイド付きのトラック・ツアーによらなければならない．

下　メサ・ヴァーデ（メサ・ベルデ）国立公園の中心部は，公園の入口から南へ32kmほどいった所にある．観光道路にそっていくと，メサ（台地）を切って走る峡谷の内側の岩窟遺跡と，岩壁の上に残る遺跡を両方とも見ることができる．ガイド付きのツアーは，まずスプルース・ツリー・ハウス（トウヒの家）を訪ねる．これは，博物館と公園事務所のすぐ近くにある大きな断崖住居である．

メサの平坦な頂上部からは，今でも段畑や，畑が並んでいるのが見える．南西部のこの地方では，前2世紀ごろ，竪穴集落があらわれはじめた．後700年ごろになるとメサの上にアパート式の住居が作られたが，さらに250年ばかりたつと，ほとんどすべての住居が峡谷の断崖にある大きな岩窟に移された．

右　上方の崖の上からながめた，冬のクリフ・パレス（断崖の宮殿）．ここには200以上の部屋と23のキーヴァがある．この写真でも，円形のキーヴァが何基か見えるが，屋根はもうなくなっている．キーヴァに屋根がつけられていた時代には，アパート式住居の前に平坦な空き地があるように見えたはずである．前面にある低層部の部屋の屋根は，後方の高層部の部屋のバルコニーともなっていたが，前面の部屋の多くがすでに壊れてなくなっており，高層部の部屋の入口は，空中にむかってむなしく開いているだけである．

下　近寄って見ると，台形や鍵穴形の入口が混在しているのがわかる．前面下方に見えるのは，屋根がなくなったキーヴァ内面の付柱である．あとで作られた建物によって隠され，暗くなってしまった奥の古い部屋は，倉庫として利用された．クリフ・パレスには，アパートの部屋数にたいして，ふつうよりも多くのキーヴァが作られているので，考古学者は，この村落はメサ・ヴァーデ全住民の中心地だったのではないかと考えている．

ここから約150kmいくと，アリゾナ州のホワイト・ハウス遺跡（右）がある．この遺跡は独立した岩窟の中に作られ，キャニオン・ドゥ・シェイの険しい断崖に今も守られている．

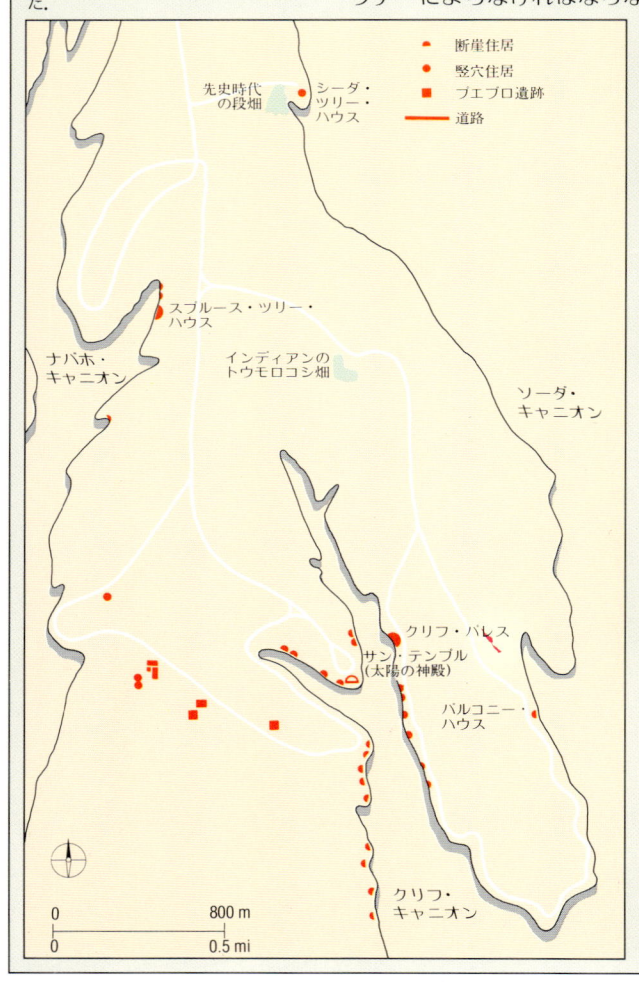

後500年以降，アナサジ伝統は，ホホカム，モゴヨン両伝統からかなり大きな影響を受けながらも，特有の土器様式を発達させていき，白地黒彩の特異な土器がたくさん作られるようになった．少しのちになると，アナサジの人々は，堅穴住居をやめて，石と日乾レンガでできた地上のアパートメント式住居に住むようになる．モゴヨンの場合と同様，堅穴式の家屋はキーヴァとして残され，クランの男性成員によって，儀礼的および社会的目的で使われた．この時期を通して，アナサジ伝統はひろく拡大をとげ，本来の中心地から次第に離れた所に，新しい村落が形成され，1100年ごろには最大のひろがりを示したのである．

メサ・ヴァーデ（メサ・ベルデ）では，後700年ごろに地上式の住居が出現する．メサ・ヴァーデの諸村落は，950年まではこぢんまりとしたアパート式の複合家屋として，断崖上に建設されていたが，1150年ごろになると，ほとんどすべての村落が，断崖内の防御しやすい場所に移った．自然にできた大きな岩蔭には，クリフ・パレス（断崖の宮殿）のような複合建築を建てることができた．クリフ・パレスには，200室以上の部屋と23のキーヴァが作られている．容易に近づけず，防御上よい位置をしめている．とはいえ，部屋数の割にキーヴァの数がかなり多いことを考えると，クリフ・パレスは，メサ・ヴァーデの多くの断崖住居集落のために作られた，祭祀センターではなかったかと推測される．

過去何十年ものあいだ，南西部の衰亡は，1276年から1299年にかけておこったひどい早魃のせいだと考えられていた．この仮説は，もはや誰もが支持しているわけではない．しかし，1300年ごろからアナサジや他の文化伝統の分布域が急激に収縮するのは，明らかに早魃と関係している．アナサジの収縮に続いて，異民族の侵略がおこった．ナバホ族やアパッチ族の侵入を示す証拠が，1500年ごろからはっきりとする．その後数十年の内に，スペイン人征服者が侵入者の列に加わり，南西部のインディアン村落は，土着権力による支配のほかに，異邦人による支配も受けることになった．だが，このような事情にもかかわらず，南西部の大伝統の末裔たちは，いまでも力強く生きつづけているのである．

フレモント

フレモント伝統は，アナサジの影響を受けてユタ州で発展した周辺文化である．この文化発展は，すでに後400年ごろにははじまっていたと思われるが，アナサジの人々がユタ州に移住したことに起源があるのか，あるいはアナサジの影響に基づいてはいるが，本質的には地域的な発展であったのかは，現在でもよくわかっていない．フレモント文化を担ったのは，土着のユート・アズテック語族，すなわち，現代のショーショーニ族などの集団の祖先たちだった可能性もある．ある調査者は，フレモントの人々は，ナバホ族やアパッチ族とつながりをもったナデネ語族であり，ナデネ語族は，カナダから南へ伸張してきたのだとさえ示唆している．大部分の考古学者は，フレモントの文化発展は自生的なものであったと，すなわち，その起源は古期にあり，アナサジの影響を受けて成立したという見解をとっているようである．フレモントの諸遺跡は，はやくも後950年から放棄されはじめ，1150年ごろには分布域が縮小し，1300年以降まで存続した遺跡はほとんどなかった．フレモントの人々が最後にどうなったのかは，いまもって知られていない．

パタヤーン

パタヤーン伝統は，ハカタヤ伝統とよばれることがあるが，いずれにせよ，先史時代の南西部における周辺伝統であった

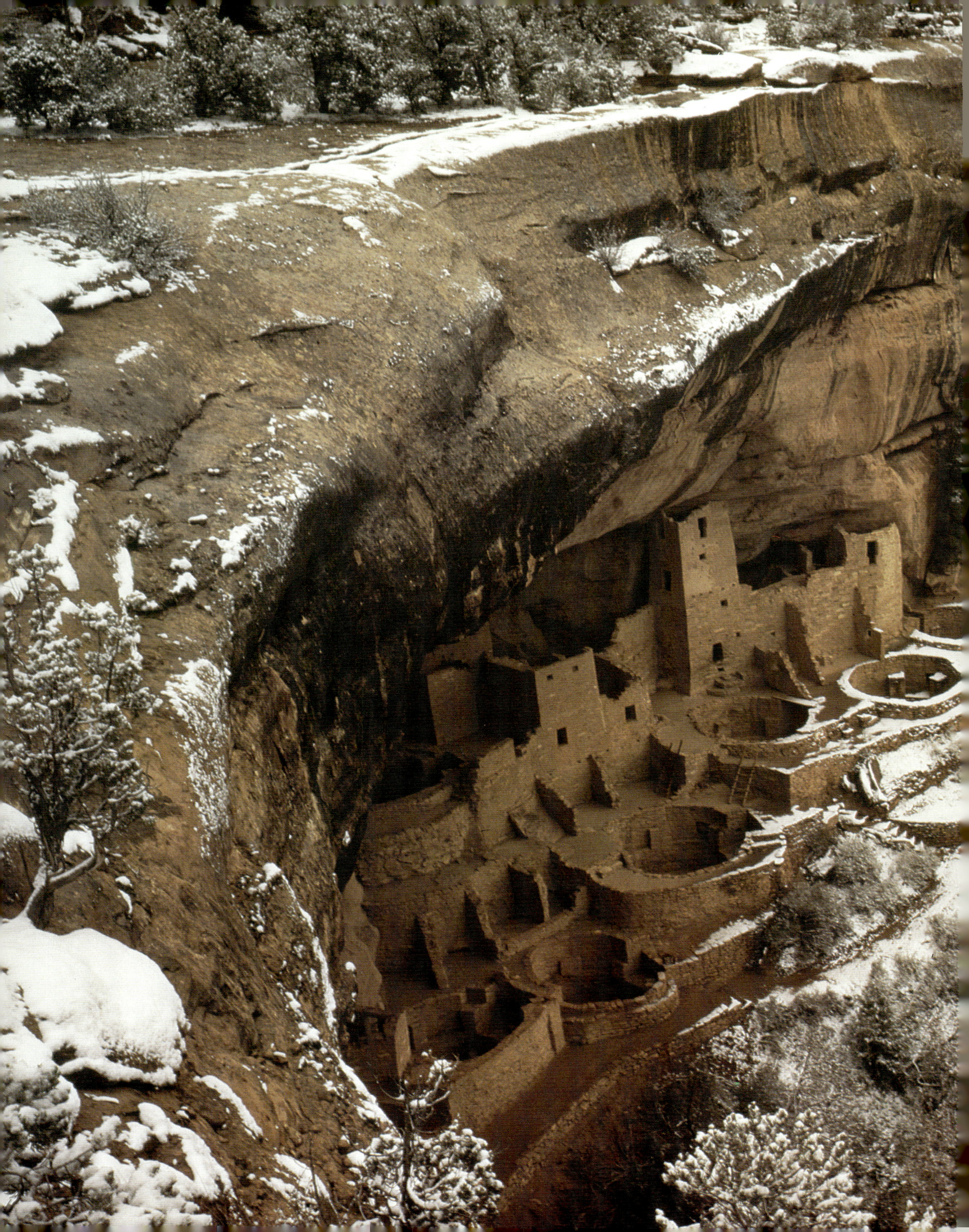

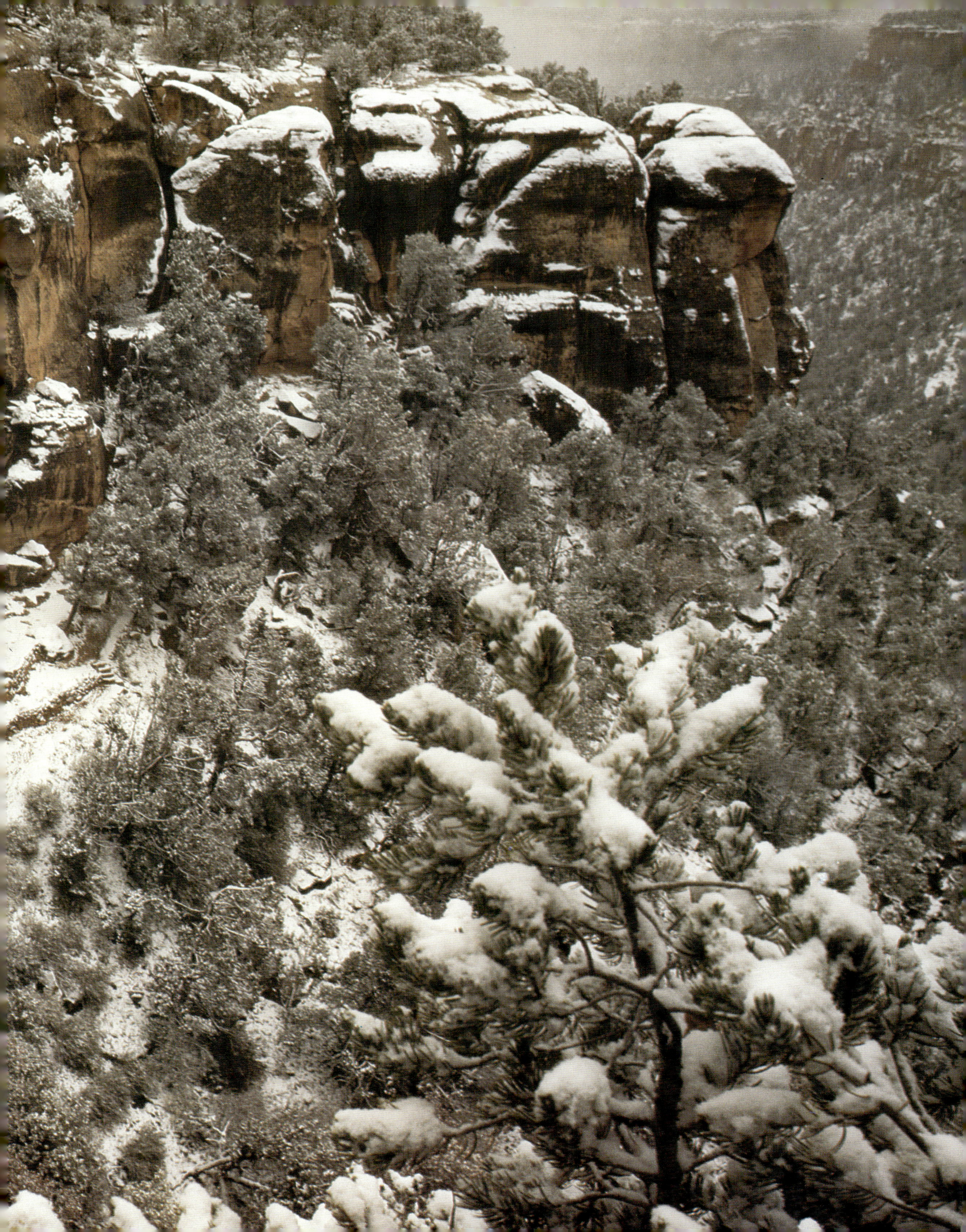

北アメリカ

チャコ・キャニオン

　チャコの文化現象の具体的な性質についてはいまだに定説はないが，チャコ・キャニオンで特異な文化現象が生じたことは疑いがない．チャコの水系は，サンワーン川の流域と周囲の台地一帯に5万3000 km²以上にわたってひろがっている．現在，国有記念物として保護されているチャコ・キャニオンには，計画的に建設された大規模な町が集中しており，峡谷の外側にも，アズテック遺跡やサーモン遺跡などの大遺跡が分布している．チャコ・キャニオンの内外には，公共建造物をともなって計画的に作られた町が125確認されている．町の多くは，先史時代にできた道路で連絡されており，この道路は，現在までに400 km以上が確認されている．チャコ・キャニオンの町の中で最も壮大なのは，プエブロ・ボニートやシェトロ・ケートルなどのD字形の集落である．

　チャコの諸遺跡が栄えたのは，後950年から1300年にかけてのことだった．この遺跡群は，アナサジ伝統の分布域が変化したのちでも，広範囲にわたる交易システムの中心となっていた．10,11世紀ごろのチャコ・キャニオンは，交易システムの北端に位置していたが，12世紀になると，ここを南端とする別の交易システムが成立した．チャコ・キャニオンは，祭祀センターであるとともに，食料や奢侈品，とくにトルコ石の交易センターだったと主張する学者がいる一方，チャコの文化現象は，より多くの品物を運び込もうとする組織的な拡大ではなく，人口増大の結果起こった拡散ではなかったかと考える人々もいる．意見の食い違いが大きいのは，峡谷の周囲の集落を，もともとは独立した町だったがチャコのシステムに引き入れられたと見るか，あるいは，チャコが派出したコロニーだったと見るかという点にある．また，これに関連して，チャコを支えた道路網と交易システムが，生活資材と奢侈品の，おもにいずれを分配するためのものだったかということも問題になっている．

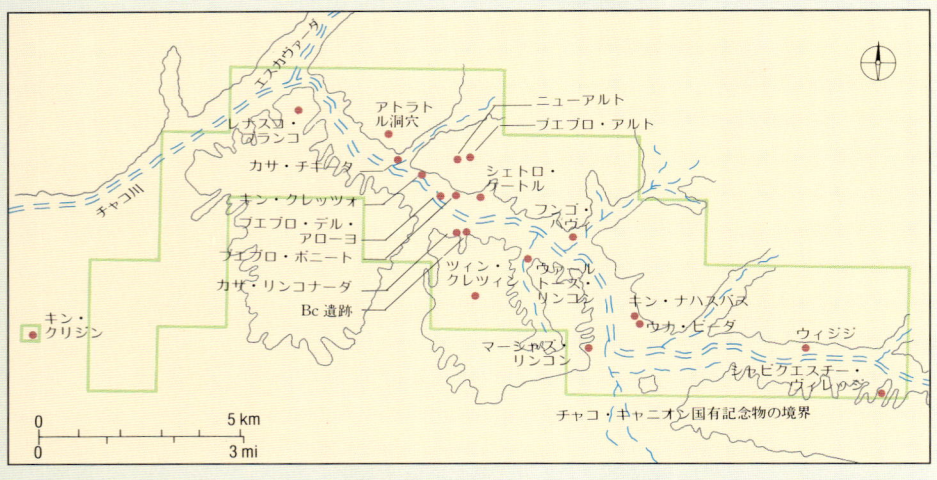

　チャコ・キャニオン（上）は，ニューメキシコ州北西部の人里はなれた所にあるが，かつては，アナサジ文化と長距離交易の中心だった．D字形をした大きなプエブロ（町）が，チャコ川の北岸に分布し，峡谷の険しい崖に守られてたっている．プエブロとプエブロは，またそれらと外の世界とは，徒歩通行用の道でつながれている．道の所々に幅の広い階段がある．駄獣や車は通れないかもしれないが，家畜も車も，先史時代のアメリカ・インディアンには無縁のものだった．しかし，荷を運ぶのが人間であれば，急な階段もやすやすと登れる．そのため，チャコの技術者は，峡谷の周辺にある遠くの町へも，またさらに遠くにある南西部の主要集落へも，ほとんどまっすぐにつづく道を作ることができたのである．

　チャコの諸遺跡からは，白地黒彩の土器（右）がたくさん出土する．その文様は，現代でも非常に魅力的である．素焼でぼそぼそしており，素朴な色合いは，焼成時の化学的還元によって出されたものである．土器はすべて手でこねて作られ，ろくろは使われなかった．

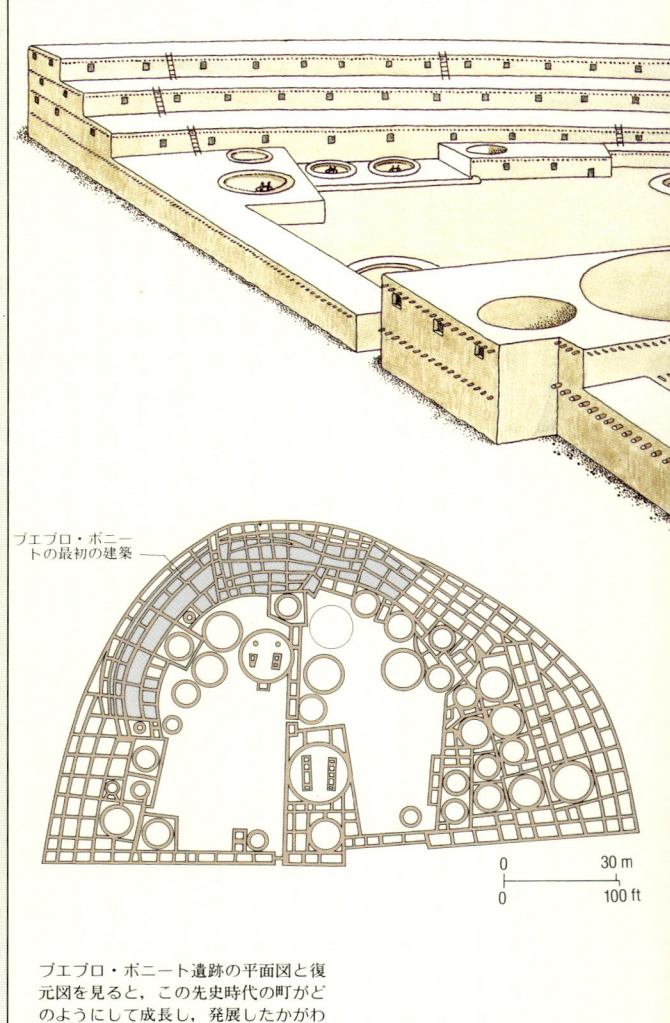

プエブロ・ボニート遺跡の平面図と復元図を見ると，この先史時代の町がどのようにして成長し，発展したかがわかる．町へ入るには，防御壁にはしごをかけて登らなければならなかった．低層部の奥の部屋は，おもに倉庫として使われたと考えられる．住居の各層は階段状に作られているので，下の階の屋根は，バルコニーとして使われたことだろう．

ブエブロ・ボニートは，チャコ・キャニオンにあるD字形のブエブロ（町）遺跡の中で，最も壮大なものである．写真（下）は，後方の崖からとられている．集落の平坦部には大キーヴァが作られた．ここからは内部の造作も見える．ほかのキーヴァは，湾曲したブエブロの後壁沿いに建てられた居室群の近くに配置されており，中には，大キーヴァと同じくらいの規模をもっているものもある．後壁は現在は崩落し鉄の棒で支えられているが，かつては4階建てのアパートの外壁になっていた．この遺跡は1ha以上の面積をもち，少なくとも800室の居室があった（中央の図参照）．1200人以上の人口があったと推測されている．ブエブロ・ボニートは，19世紀にニューヨーク市で近代的な大アパートが建設されるまでは，北アメリカ最大のアパート建築だった．チャコ・キャニオンは，峡谷周辺にあるいくつもの集落とかつては道路網でつながれ，その中心として機能した．すなわち，たくさんの集落が，この先史時代の大交易・交換網の中心地に結びつけられていたのである．

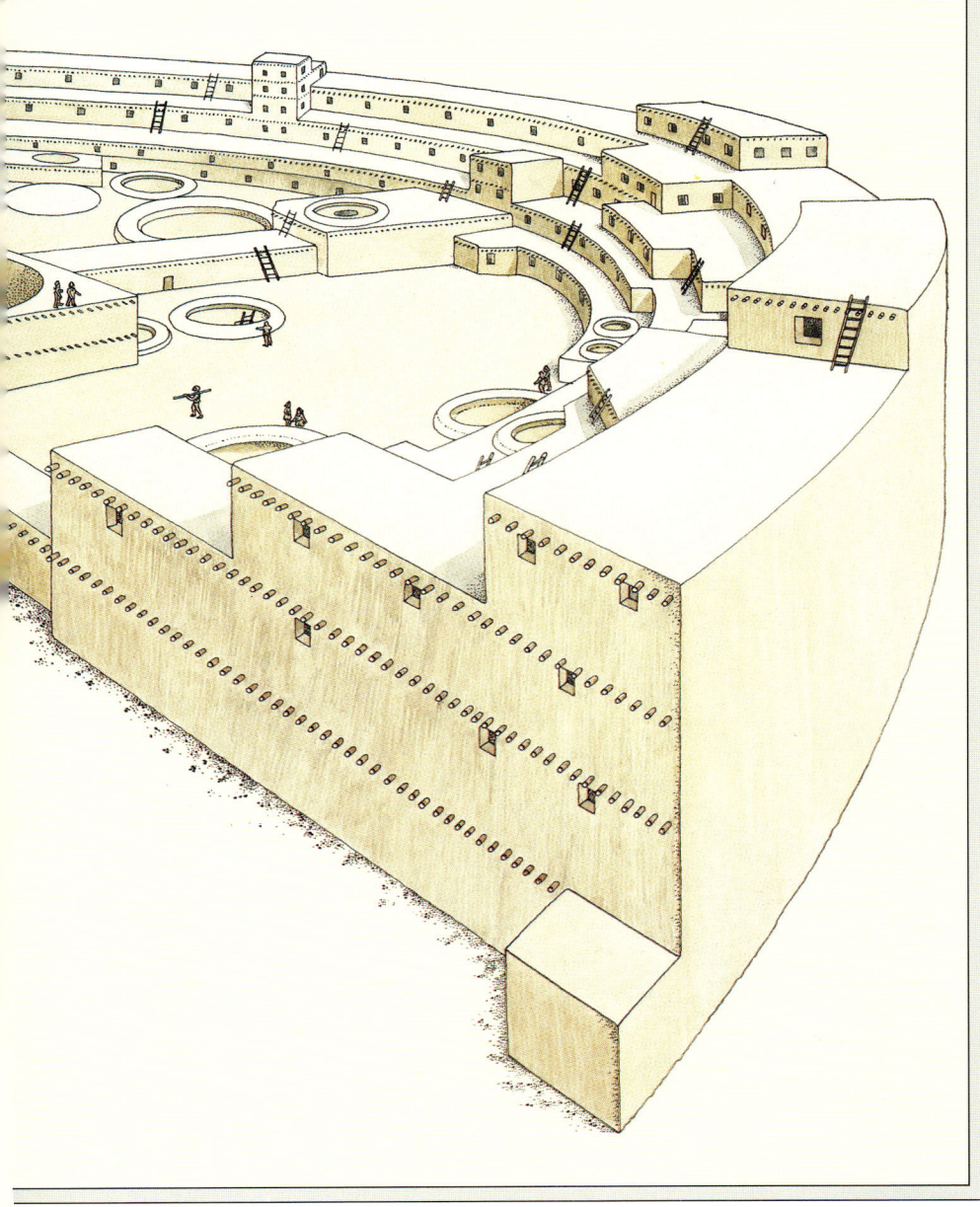

と考えられる．この伝統は，コロラド川流域のホカン語族（とくにユーマン語）のインディアンによって担われたものだったようだ．アリゾナ州西部からカリフォルニア州南東部にかけて居住するユーマン族などが，現代に残るその後裔である．パタヤーン伝統最古の土器は，後500年ごろのものだが，この伝統は，南西部の大伝統に属する大村落の中で発達したものではけっしてない．パタヤーン伝統には，さまざまな地方型があったとされる．その地方型の一つが，アリゾナ州中部のヴァーデ河谷でシナグア文化を誕生させることとなった．シナグア文化は，すでに述べたように，1100年から1300年にかけて最盛期をむかえ，その後ホホカム伝統と融合した．

カリフォルニア領域
後500－1800年

カリフォルニア文化領域は，現在のカリフォルニア州にほぼふくまれる．この文化領域は，ほかにくらべて広いわけではないが，環境の多様性は実に大きい．その原因の一つは，緯度の差が大きいことにある．この地域は，北から南へと1100km以上にわたってひろがっており，南北に10度の緯度差が生じているのである．また，海抜0m地帯から4400mまでと，高度差が大きいことも原因になっている．地形上の要因もある．西側の斜面部では大量の降雨を見る所もあるのに，内陸よりの盆地は乾燥している．そのため，この地域では，セカイヤメスギの深い森林，オークが点在する草原，半砂漠地帯，矮性のカシがしげるやぶなどがあり，植生の変化が大きい．地域ごとに環境が激しく変化するため，カリフォルニアではさまざまな小環境が生じ，しかもその多くは野生食料資源に富んでいた．このような状況は，原初的な農耕すらとりいれる必要性を生み出さず，また，諸集団が小さな生活圏の中で分かれて暮らす傾向を助長したのだった．

現在でもそうだが，カリフォルニアは，さまざまな地域から多くの移住者をひきつけ，これを受け入れてきた．ここには，ほかでは見られないほど多数の，異なった語族の人々が生活していた．さまざまな地方出身のインディアンが，小集団に分かれて，集団の数と同じほど細かく分かれた環境のモザイクへと適応していった．その結果，先史時代の末期には，言語，生業，技術，宗教，そして社会組織の面でさまざまに異なった500あまりの部族によって構成される複雑な状況が生じていたのである．しかし，ヨーロッパ人による植民がはじまるまでは，かれらはすべて基本的には古期の生活様式を維持していた．

ほかの地域とは異なって，豊かで多様な環境をもったカリフォルニアでは，狩猟採集生活が成功し，比較的高い人口密度が生じた．もっとも，この地域と他の北アメリカ地域の人口密度の差は，かつて考えられていたほど大きくなかったようだが，それでも稠密な人口があったといえる．

カリフォルニアの先史学は複雑なので，考古学の概説書では，これをかなり詳しく扱って非常に長く記述するか，あるいは，そっけないほど総括的な記述を行うかのいずれかしかない．ここでは紙幅の関係で，後者の方法をとらざるをえない．

古期のあいだに，おそらく前2000年ごろ，カリフォルニアのインディアンはそれまでの非常に幅のひろい適応から徐々に離れて，もっぱら居住地域に固有の，しかも豊富な資源を集中的に利用するようになった．主たる資源がドングリ類だったところもあれば，海獣類あるいは魚だったところもあった．このような専業化は，北アメリカの他の温帯地域で，古期後期のインディアンが行った原始的な農耕に対比できるものである．前500年ごろには，この独特の過程から特殊な生

北アメリカ

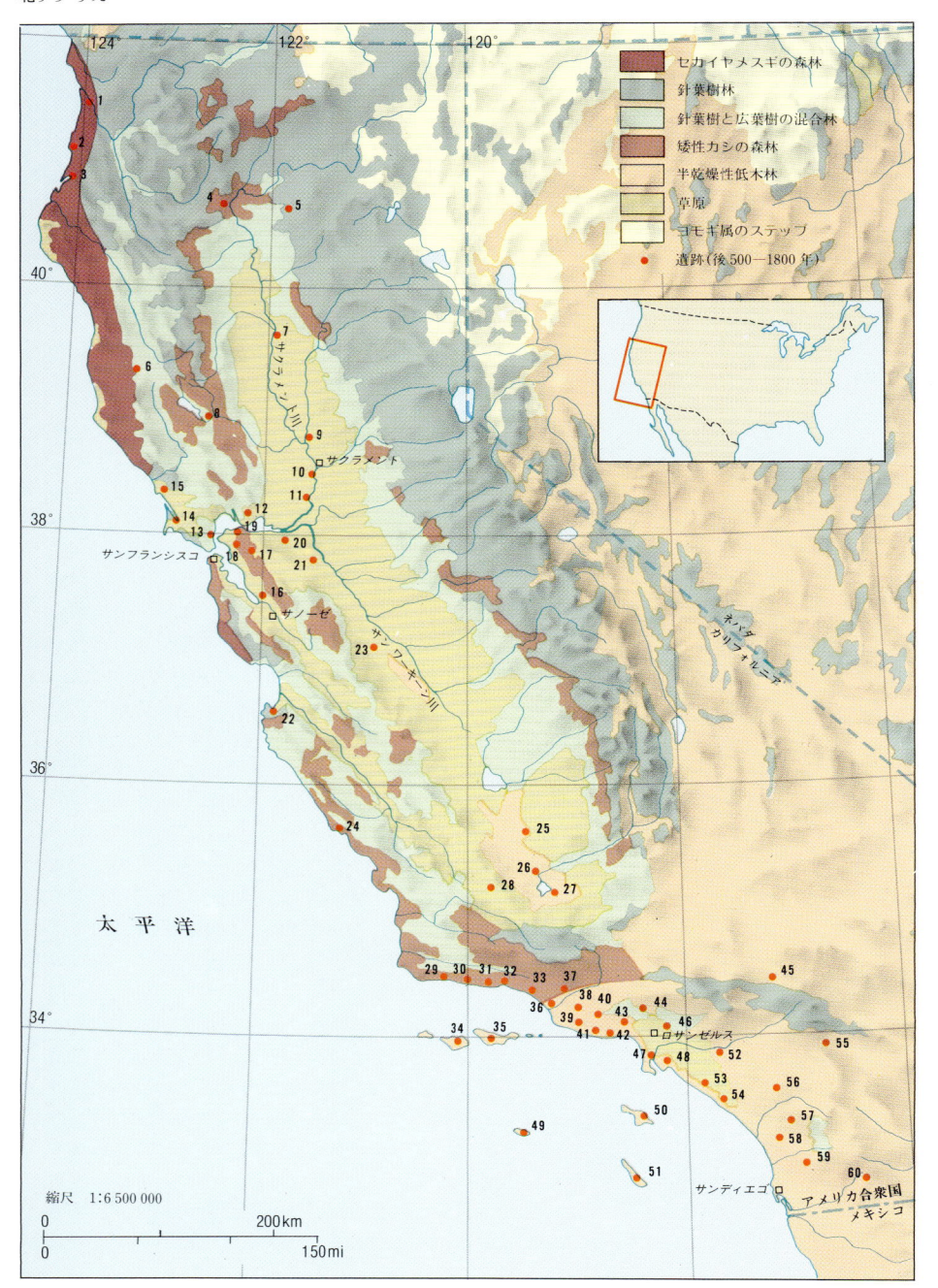

カリフォルニアの領域

カリフォルニアの特徴は、地形と植生の変化が大きいことである。この地域は、太平洋の海流の影響を受けて、どこでも地中海と同じくらいに温暖である。そのためこの地域の環境は、何千年ものあいだ人々をひきつけ、さまざまな地方出身の小集団が住みつくようになった。この地域の先史時代は、たくさんの遺跡の複雑な関連の中で構成されている。

- セカイヤメスギの森林
- 針葉樹林
- 針葉樹と広葉樹の混合林
- 矮性カシの森林
- 半乾燥性低木林
- 草原
- ヨモギ属のステップ
- ● 遺跡（後500—1800年）

1 ストーン湖
2 ツレイ、パトリックス岬
3 ガンサ島
4 ウィスキータウン貯水池、トリニティ貯水池
5 カーロ遺跡、トミ・タッカー洞穴
6 メンドシーノ500
7 ケース遺跡、バンバウア遺跡、フィンチ遺跡
8 ラトルスネーク島
9 ミラー・マウンド、ハウエルズ・ポイント・マウンド、サンドヒル・マウンド
10 マスタング・マウンド
11 キャントレル・マウンド、ジョンソン・マウンド、ベネット・マウンド、モージャ・マウンド、ウィンドミラー・マウンド
12 ゴダード・マウンド、ウッドン谷、キャッペル谷
13 ティブロン
14 レイズ岬
15 ボディーガ湾
16 カイオーティ丘陵
17 アラモ、ダンヴィル
18 エリス・ランディング、ウェスト・バークリー・マウンド、エマリーヴィル貝塚
19 フェルナンデス遺跡、ヴィール遺跡
20 ホッチキス・マウンド、オーウッド第2号マウンド
21 オット・マウンド
22 モンテレイ
23 メンジョーレット
24 サンシミアン川
25 カーン
26 エルク丘陵
27 ビューナ・ヴィスタ丘陵
28 ソールズベリー・ポトレーロー
29 ガヴィオタ、リフーリオー
30 ドス・プエブロズ、エル・キャピタン
31 ゴリタ・スラウ
32 バートン・マウンド
33 リンコン岬
34 サンタローザ島
35 サンタクルーズ島
36 シシロップ、ピタス岬
37 ソウル・パーク、ムーター・フラット
38 コネホ岩蔭、ベントゥーラ70
39 ビッグシカモア・キャニオン、リトルシカモア・キャニオン、ディア・キャニオン
40 センチュリー・ランチ、ミディーア・ヴィレッジ、ミディーア川
41 ツーマジ川、アーロージョ・セクィット、レチューザ・キャニオン
42 マリブ・キャニオン、パラダイス・コーヴ、コーラル・キャニオン、デューム岬、トランカス・キャニオン
43 トパンガ・キャニオン、モーホーランド
44 チャッツ・ウォース、エンシーノ、ビッグトゥージュンガ
45 ラス・フローレンス・ランチ
46 ヤング=ナ
47 マラガ・コーヴ
48 ビクスビ・スラウ
49 サンニコラス島
50 サンタカタリーナ島
51 サンクレメンテ島
52 サンティアゴ・キャニオン、ブラック・スター・キャニオン
53 ニューポート湾、ビックキャニオン
54 ゴフス島、コトン岬
55 スノール川
56 テメクラ川、ヴェール・ランチ
57 パウマ
58 ランチョ・サンルイス・レイ
59 サンヴィセンテ
60 パイン谷、ドリッピング・スプリングズ

上　カリフォルニアのポモ・インディアンは、すばらしい贈答用バスケットを作ったことで有名である。隣の南西部では、何百年ものあいだ美しい土器が作られていたが、カリフォルニアの土着文化の女たちは、その工芸の才を巻き上げ法による篭細工にふり向けた。細紐で巻き上げられたバスケットは、非常にこまかなかがり糸でとじあわせられ、外面には、ハチドリ、キツツキ、ウズラなどの小鳥の羽毛で文様がつけられた。モザイク模様が最終的にできあがるまで、羽毛は何層にもわたってつけられた。

業に専業化したほぼ500の小部族が生じていた。

余剰食料の意図的な生産、貯蔵、交易、および再分配が行われるようになり、このメカニズムによって、毎年きまっておこる季節的な食料不足にも、突発的におこる予期しえぬ食料不足にも対処することができた。余剰食料の備蓄は自家用になる一方、突然食料不足に見舞われた近隣集団に対する交易品としても使うことができた。やがて貝貨が使われはじめると、この交易システムは、さらに効果的に機能するようになった。貝貨は、現代の通貨と同じように、価値を保存することができ、もってさえいれば後になってからでも、食料などの品物を手に入れることができた。

多人数でドングリを集め、魚をとり、あるいはアナウサギを捕獲する生産チームが、地域ごとに組織された。輸送手段としてはカヌーと人手しかなかったが、環境の多様性が非常に大きかったので、余剰生産物を近隣集団へ分け与えることができた。このような食料の再分配は、環境にきわだった多様性がないところでは実現しなかったことである。つまり、どこでも同じ資源が手に入るところでは、ものを過剰に生産して近隣地域に分配する必要がなかったからである。

他の地域を見わたしてみると、環境の多様性が極端に大きく、カリフォルニアで見られたような余剰生産と再分配が出現したところでは、その発展にともなって、地域的な政治権力が誕生した場合が多い。南アメリカの高地がその例である。ここでは主として高度差に起因する環境の多様性が大きかったので、地域ごとに特殊化した食料生産を行うことができた。そして、交易と再分配を統御する首長制組織や真の国家組織が生まれた。この過程で生じた最終的な発展段階を、「帝国」とよんでも過言ではあるまい。しかし、奇妙なことに、カリフォルニアでは、これに類似したものはまったく生まれなかった。その理由は、カリフォルニアで園耕が行われなかったこと、したがって畑地の所有権も水利制度も生じなかったことと、いくらか関係があるのかもしれない。

カリフォルニアでは、政治的な指導力は、ふつう地域的なビッグ・マンの手に握られていた。ビッグ・マンとは、多くの場合、自分自身のパーソナリティーの力で高い地位についた人であり、その地域の生産チームを組織し、統率した。ビッグ・マンには裕福なものが多かった。ビッグ・マンが率いる社会は親族を基礎に組織されていたが、かれは、買収や慈

善，あるいは祭宴や宗教儀礼の主催などの手を使って富を再分配することで，自集団の忠誠心をかちとったのである．近隣の集落との交易は，このようなビッグ・マンによって行われたが，その政治権力を，自集団をこえてかなり広くおよぼした者は，一人としてなかったようだ．カリフォルニアの諸文化は，これ以上複雑な形態の政治組織をもたなかったのに，いかにして，またなぜ，稠密な人口と安定した食料供給を，そして豊かな富をもちえたのかは，人類学者の絶えざる興味の的となっている．

500にもおよぶ特殊な形態に分化したカリフォルニアの諸文化は，非常に特異な遺物をたくさん残している．海岸部の諸文化は，種子植物や堅果を欠いており，ムラサキイガイやアワビ，それに海獣類をおもな食料にしていた．遺跡からは，貝で作ったビーズ，ペンダント，釣り針，護符が出土する．内陸部の諸文化は，種子植物，場所によってはとくにドングリ類を主食にしており，できのよい石臼，石杵，碾石が製作された．隣の南西部では土器が使われたが，カリフォルニアでは土器は使われず，バスケットが好んで使われた．バスケットには，それを製作した地方文化の数だけの様式があった．

おそらく最も有名なのは，ハチドリ，キツツキなどの羽毛のモザイクで装飾された，ポモ族のバスケットだろう．海獣類の狩猟民であり，歴史時代のチューマッシュ族の祖先にあたるカナリーニョ文化の人々は，石鉢（おそらくオイルランプだったと思われる）を作り，また，板材を組んで大型のカヌーを作った．チューマッシュ族は，多彩色の大きな岩絵を制作したことでも知られる．岩絵の多くは，南カリフォルニアの海岸部の岩場に今も残っている．また，南カリフォルニアでは，ふつう石鹸石を用いて，石鉢や喫煙用のパイプが作られた．弓矢は，先史時代末期以前にカリフォルニアに伝えられ，各地方文化は，それぞれ特有な形態の鏃を作ったようである．ここでは数例をあげたにすぎないが，これだけでもカリフォルニアの考古学が，地域的特殊性が絡み合って複雑なものとなっていることがわかるだろう．

北西海岸領域
前3000—後1800年

カリフォルニアと対照的に，北西海岸では植生の変異がほとんど見られない．海岸に平行して山脈が走っているため，カナダ領にむけて突きだしたアラスカ州南部からカリフォルニア州の北の州境に至る帯状の地域全体に，温暖な雨林が形成されている．海流と上空の比較的暖かい気団は，秋から春にかけて北西海岸に霧雨をもたらし，野生の動植物を繁殖させ，河川を増水させる．内陸から山脈を貫通して流れ下るコロンビア川とフレーザー川の二大河川も，山脈に源を発する小河川も，春と夏の数カ月間は回遊魚の群れでいっぱいになる．北西海岸には，カリフォルニアのような複雑で多様な環境はないが，この文化領域全体にわたって見られる環境の豊かさは，カリフォルニアとほぼ同じ水準だといえる．その結果，歴史時代にここで見られた諸文化は，思いもよらぬほどの稠密な人口，入念な儀式活動，物質的な富と財力，およびそれを指標とした社会的身分の重視などでよく知られる特殊な適応形態を示すようになったのである．

少なくとも前7700年ごろには，北西海岸にも古期文化がもたらされた．もっと前の時代には，この地域は氷河によって分断され，あるいはそうでなくても過酷な環境であったため，人々が寄りつかなかったのかもしれない．また，古い時代に人間が住んだとしても，更新世直後の海面の上昇によって遺跡が失われてしまった可能性もある．

前3000年以降になると，先史時代末期に見られた文化へとむかう一般的発展が，北西海岸の全域ではじまるようになった．海棲の貝類が利用され，だんだんと大きな貝塚が堆積していった．北西海岸の諸文化に特徴的な，骨や磨製スレートてきた道具は，前3500年ごろ，プリンスルパート周辺の遺跡であらわれはじめる．西暦紀元ごろには，石製の唇飾り，石製の棍棒，磨製スレート製の尖頭器がひろく見られるようになった．これらは，のちの時代になると，骨や貝をふんだんに使った複合的な道具製作技法に置きかわる．これとよくにた文化発展の過程が，ジョージア海峡とフレーザー・キャニオンでも認められている．

過去2000年の生業形態は，古くから伝統的に行われてきた漁労，鳥の捕獲，陸棲哺乳類の狩猟活動に加えて，川を遡上してくる魚の捕獲，海獣類の狩猟，貝類の採集に力点を置いたものになった．このような集約的な食料収集活動によって，大規模で，ほとんど恒久的な定住集落を作ることができたのである．また，この地域に生育する巨大なヒマヤラスギの幹は木目がまっすぐなので，インディアンは，くさびと槌を使うだけで，これを割って板材を作ることを覚えた．こうして

下　北西海岸領域
北西海岸は，南のカリフォルニア領域にくらべて，地域的な植生の変化は小さい．この地域の広がりは，海岸線のすぐ東にそびえる高い山脈によって狭く制限されている．ほとんどの川は山脈から流れ下り，その流路は比較的短い．フレーザー川とコロンビア川の二つだけは，山脈を貫流しており，内陸の高原部にその源を発している．

かつては，北西海岸に人が住みはじめたのは，ここ数千年来の出来事でしかないと考えられていた．考古学は，この考えが誤っていることを証明したが，北西海岸を陸路旅をするのは，現在でも困難である．このような地形的な制約は，舟による交通を助長し，海岸ぞいの谷間で，言語を異にするさまざまな孤立文化を発達させたのである．ひとたび生活をはじめると，北西海岸のインディアンは，豊かで多様な野生資源に恵まれて繁栄し，現在まで続く独特の芸術品を作りだした．

北アメリカ

できた板材は，北西海岸の家屋の主材料となった．丸木のくり舟製作も発達し，先史時代のおわりごろには，この地方の人々は丸木をくりぬいて大きな軍船を作っていた．

　富と社会階層を重視する北西海岸特有の社会組織は，後500年ごろには，すでにできあがっていた．この地域の豊かな自然環境は，莫大な余剰食料を与えてくれたが，環境は一様で，また，どこでも実にさまざまな食料資源が手に入ったので，集団間での食料の交易や再分配は，それほど大きく発達しなかった．例外的に，個々の水系の上流と下流に住む集団が品物を交換しあう傾向が見られたが，しかし，このような場合でさえ，交換は必要不可欠なものではなく，高度な政治組織を誕生させることにはならなかった．

　とはいえ，自然環境の豊かさは，余剰物品を生み出し，精巧に細工された品々を作らせることになった．オシロイワヤギ（マウンテン・ゴート）の毛は，意匠をこらしたチルカット族の毛布の原料として使われた．貝殻や銅や動物骨は，パイプ，スプーンなどの器具類を装飾したり，手の込んだ儀式用品を作るのに使われた．奇妙なことに，磨製スレートやその他の石材の細工は，次第に行われなくなっていった．先史時代もおわりのころになると，西太平洋から漂着物として鉄が流れつくようになった．鉄で作った利器は，装飾的な木材彫刻の発達を促した．北西海岸インディアンの諸文化は，このような木彫を作ったことで，最もよく知られている．入念な装飾がほどこされたトーテム・ポール，木箱，家屋の柱，装飾板，仮面などの木彫は，かなり遅い時代に発展したものだと思われる．おそらく，石彫への興味が薄れるとともに，これにかわって木彫が発達したのだろう．

　彫刻のある木製品は，銅，バスケット類，織物とともに，富と身分の指標となった．このような品々は，身分の象徴となるとともに，社会的上昇の切符ともなった．その最終産物が，歴史時代のポトラッチという儀式である．ポトラッチの特徴は，自分の身分を認めてもらうために行う，ぜいたくな贈与であり，それは時には，たくわえた余剰物品を故意に破壊することにまで発展した．ものを人に与えるだけでは十分強い主張にならない時には，交易品の毛布の山，精製されたロウソクウオの油がはいった箱，銅板，さらには奴隷までもが，儀礼の場で破壊・殺害されたのだった．

　これまでにわかっている北西海岸の遺跡の多くが，新しい時代のものである．南の地域ではこの傾向がとくに強い．オリンピック半島のオーゼット遺跡はことに壮観であり，ホコ川遺跡もすばらしい．既知の遺跡の多くが新しい時代のものだとはいえ，一見何の関係もない諸語族が北西海岸に混在していることは，さまざまな伝統が長期間にわたって存在し，それぞれ別々に発展をとげたことを示唆している．アラスカ州南部のトリンギット族は，カナダ内陸部で初期のナデネ語族から分岐し，山脈部を横切って海岸へやってきたように思われる．ワシントン州，およびブリティッシュ・コロンビア州の海岸部に住み，海岸セイリッシュ語を話す人々が，内陸のフレーザー川流域のセイリッシュ族と同じ起源をもっていることは明らかである．しかし，ワーカシャン，チマクアン，オレゴン・ペヌーティアン，チヌーカンの諸語族の分布地域をのぞけば北アメリカには，先史時代における起源をもっていないようである．言語学と考古学は，かれらをとりまく状況を，今後，徐々に解明していくことであろう．しかし，現在のところ考古学は不完全にしか文化変化の跡をたどりえず，言語学的な比較研究によって示唆されるこの深い断絶を扱うには大きなギャップがある．

左　北西海岸のトーテム・ポールが作られたのには，さまざまな理由があった．あるものは紋章的な性格をもち，そこには，神話や歴史をないまぜにして，ポールを所有する家族やクランの起源が描かれていた．また，重要な歴史上の出来事を語るものもあり，死者を記念する墓碑として建てられたものもあった．このほか，家の柱にすぎないのだが，建築家が単なる実用性だけでは満足せず，芸術品に仕上げたものもあった．さらに，ポトラッチ・ポールもあった．北西海岸を有名にした，浪費的な地位確認の儀式を記念して建てられたものである．ならず者をばかにし，恥ずかしめるためなど，特殊な目的で作られたポールも，わずかながらあった．

第4部　メソアメリカ
MESOAMERICA

メソアメリカの気候と植生

メソアメリカの地形は、著しい多様性を呈する。根本的な対照は、高地と低地との差にある。メキシコ中央高原は、合流する西シエラマドレ山脈と東シエラマドレ山脈が東西に延びる火山帯によって結ばれた部分に形成されている。前者二つの山脈は、北方では比較的乾燥した、標高の高い草原=砂漠を囲んでいる。ここでは農耕は不可能ではないものの困難であった。一方、南の火山帯では、スペイン人による征服の直前には多数の住民が標高の高い盆地や河谷に居住していた。

低地は、主として広い沿岸平野からなる。この平野は、メキシコ湾北部から南方のテワンテペック地峡にそって延び、さらに東方にひろがって石灰岩台地のユカタン半島を形造っている。太平洋沿いには、もっと狭く細長い低地が延びている。

メソアメリカは、大部分が熱帯に入るので（上、年平均気温を参照）、乾季と雨季がきわめてはっきりしている。乾季は通常、11月から5月末までつづき、5月末に雨が降り出す（左下、3月の降水量を参照）。そしてふつうは夏の中ごろに降雨量がやや減少し、9月から10月にかけて降雨が最高になる（右下、9月の降水量を参照）。

凡例：
- 熱帯雨林
- 落葉樹林
- 南東部および大西洋岸針葉樹林
- 沼沢林
- 中央アメリカの松と楢の森林
- 熱帯草原とサバンナ
- チャパラル（やぶ）
- 半乾燥地の灌木
- 砂漠

年平均気温（C°）: 25 / 20 / 15
暖流

縮尺 1:12 000 000

3月の降水量(mm): 100 / 50 / 10
9月の降水量(mm): 400 / 200 / 100 / 50

文化と自然環境

「メソアメリカ」というのは，スペイン人による征服時に，すでに文明の域に達していたメキシコの中南部とこれに隣接する中央アメリカをさすのに，ポール・キルヒホフが最初に使った用語である．ところで，文明とは何を意味するのであろうか．もちろん，それは社会・政治的な複雑さが一定のレベルにまで達した状態をさし，暗に都市生活という意味をふくんでいる．メソアメリカでは，いつの時代でも多くの人々は村落に住んでいたものの，都市や町に居住していた者もいた．また，文明とは，公共のための建築や芸術の著しい発展をも意味している．キルヒホフは，メソアメリカの文化特徴を一覧表にし，それらの特徴全体がメソアメリカを特徴づけていると述べ，アメリカ大陸その他の大きな文化領域——合衆国南西部一帯，中間領域，アンデス地域など——と対比させている．その文化特徴とは，ピラミッドと神殿，ひろく行われた人身供犠，儀礼の際にみずから血を流す苦行，260日周期と365日周期（ほぼ太陽年に等しい）とを組み合わせた大変複雑で神聖な暦法，象形文字（メソアメリカのみに見られる），複雑な神々の体系，ゴムの球を使う球戯とそのための球戯場，よく組織された大きな市場，灰または石灰を混ぜてゆでたトウモロコシを碾く調理法である．

新大陸の他の地域と同様に，このように高度な文化特徴は，著しく発展した農耕に基盤をおいていた．農耕は，相当長い歴史を有するもので，メソアメリカの住民は，スペイン人が到着する前に6千年以上ものあいだ，トウモロコシ，マメ，カボチャ，トウガラシなどの作物を栽培していた．メソアメリカの多様な環境の下では，多くの栽培様式が存在した．その中で最も発展した方式（キルヒホフも文化特徴の一つとしてあげている）は，チナンパとよばれる盛土をした畑の利用である．この農耕方法は，かつてはアステカ文化（14–16世紀）だけのものと思われていたが，現在では，マヤ地域をふくめ征服前のラテンアメリカでひろく普及していたことがわかっている．

アステカ文化と古典期マヤ文化（3–9世紀）のように，時間と空間ともに遠くへだたった文化のあいだでは，全般的な性格も詳細な点においてもたくさんの相違が見られる．だが，メソアメリカの諸文明すべてが，基本的には似通ってい

征服前のメソアメリカで最も人口密度の高かった地域の一つは，中央メキシコを東西に延びる火山帯の内側あるいは周辺に位置する河谷と盆地が連なる一帯であった．豊かな火山性土壌と豊富な季節的降雨のおかげで，農耕がさかんに行われ，その結果，テオティワカンの国家やアステカ王国が興隆した．ショチカルコ（下）は，火山帯の南側に位置する．後方にその火山帯が遠望される．北方のテオティワカンが衰退した後，ショチカルコは，8世紀に最盛期を迎えた．この地は，マヤの支配下にあったと思われ，マヤの中心地域と中央メキシコをつないでいた．

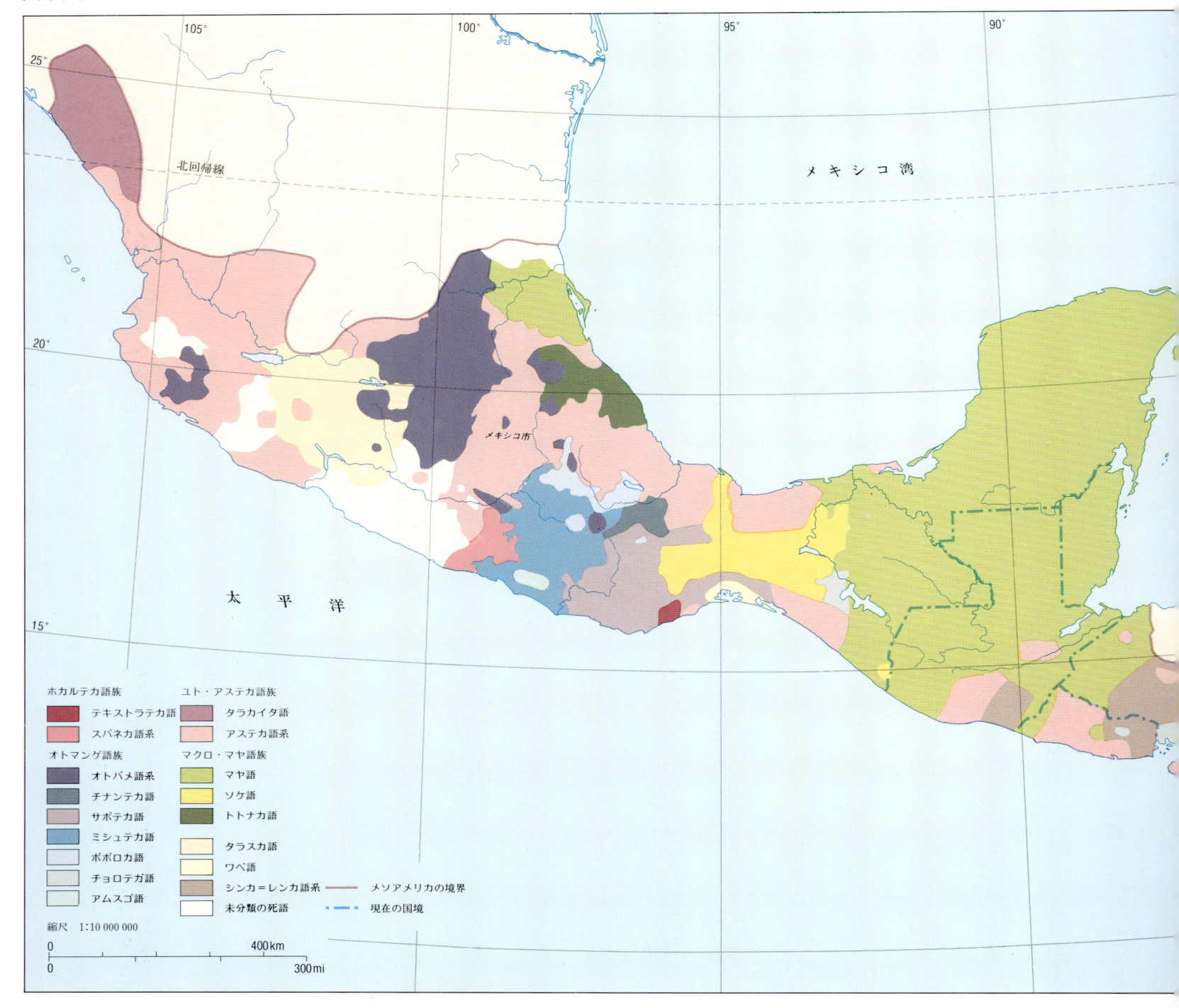

メソアメリカ

凡例

ホカルテカ語族
- テキストラテカ語
- スパネカ語系

オトマンゲ語族
- オトパメ語系
- チナンテカ語
- サポテカ語
- ミシュテカ語
- ポポロカ語
- チョロテガ語
- アムスゴ語

ユト・アステカ語族
- タラカイタ語
- アステカ語系

マクロ・マヤ語族
- マヤ語
- ソケ語
- トトナカ語

- タラスカ語
- ワベ語
- シンカ＝レンカ語系
- 未分類の死語
- メソアメリカの境界
- 現在の国境

縮尺 1:10 000 000

るという証拠もつぎつぎと見つかっている．1から13までの数字と20個の記号とを組み合わせた260日周期の聖なる暦が共通して使用された事実は，長い年月にわたりメソアメリカの諸文化のあいだに相互交流があったこと，また系統的にもある程度の関連があることを明らかにしていよう．たとえば，テオティワカンやトルテカなどのようなメキシコ中央高原の人々が，マヤの低地地方にあらわれていたことを示すデータは豊富に存する．さらに，最近の研究により，中央メキシコの高原地域にマヤ文化が大いに進出していたこともわかっている．オアハカのモンテ・アルバン遺跡には，テオティワカンの使節を描いた浮彫りがあり，大都市テオティワカン自体にもオアハカの商人の住んだ区画が存在していたのである．

現在，メソアメリカのこのような基本的一体性は，少なくとも部分的には，共通の文化的起源となる最初の高文化にさかのぼるという考え方が，メソアメリカ研究者のあいだで支配的である．その最初の高文化とは，オルメカ文化のことで，最盛期は前1200年から前400年，ベラクルス州の南部とタバスコ州のメキシコ湾岸が発祥の地であった．オルメカ人は，メソアメリカではじめて大規模な神殿ピラミッドを築き，大きな岩を遠くから運んできて巨大な石の彫刻を作り，一群の神々を中心とする複雑な宗教と芸術を生み出した人々である．メソアメリカ全土にその文明をひろめる影響力をもち，メソポタミアにおけるシュメール人あるいは東アジアにおける中国人のような役割を果たした．オルメカ人の行ったところ，もしくはオルメカの影響（あるいはその伝統）がおよんだところは，どこでもメソアメリカの中核的な地域になったのである．

メソアメリカ原住民の言語

メキシコと中央アメリカでは、かつて200以上の言語が話されていた。言語学的分析により、その大部分が22の語族に分類された。その内の19は、四つの語族門（共通の祖語から分かれ、親縁関係にある語族をまとめた大集団）にまとめられている。残りの三つの語族は、他とは何の親縁関係もないようである。タラスカ語族（タラスカ語は、西部メキシコの強大な王国の言語）、ワペ語族（テワンテペック地峡南部の太平洋岸地方の言語）、シンカ＝レンカ語族（グアテマラとホンジュラスの言語）がそれである。

メソアメリカ内で最も広い分布をもつ語族は、アステカ語族で、メキシコ北部からコスタリカにまで広がっている。中でも最も重要な言語は、ナワトル語で、アステカ王国の共通語であった。これときわめて近い親縁関係にあるナワト語は、ベラクルス州で話され、またグアテマラとホンジュラスのピピル族もその言語を話していた。

最も凝集力のある語族は、マヤ語族で、地理的にほとんど断続することなく分布している。ワステカ語が唯一の例外で、メキシコ湾岸の北方に離れて存在する。他のマヤ語族の言語といかにして分離したかは明らかでない。

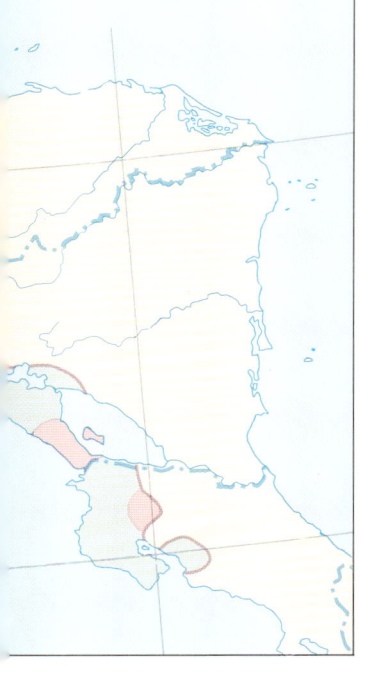

右　ティカルの「ジャガーの神殿」（p.116参照）。ユカタン半島のマヤ文明は、熱帯雨林の中で栄えた。

自然環境

メソアメリカは，全体が熱帯地方に位置しているが，環境の多様性は著しく大きい．地形と気候に見られる相違，すなわち密林におおわれた水の豊富な低地の平野から標高5000mを超える雪をいただいた山頂というような多様性の結果，栽培する作物種，収穫の回数，自給と交易のための天然資源などの点できわめて豊かな地域差が生まれている．そのために，征服前のメソアメリカでは，地域間に強い経済的共生関係ができ，市場と交易網が早くから形成された．テワカン河谷（プエブラ州）での発掘から，そのような相互依存的な共生関係は，はるか先土器時代にまでさかのぼりうることが示唆されている．

メソアメリカ各地の環境は，高地と低地という根本的な対照の上に成り立っている．メキシコの高地は，西シエラマドレ山脈と東シエラマドレ山脈によって形づくられ，はるか北方からひろがってきている．二つの山脈にはさまれた広大な高原台地（アルティプラーノ）は，基本的には砂漠になっている．この内陸の砂漠もしくは乾燥した草原には，豆科のメスキーテという低木，イトラン，各種のサボテンとリュウゼツランなどが生育する．ここでは，農耕は不可能ではないが，困難で，砂漠の住民——アステカの人々によりチチメカ人とよばれていた——は，メソアメリカの北方に住む野蛮で遊動的な辺境の狩猟採集民であった．ただ，西シエラマドレ山地は，比較的水が豊富なために，メソアメリカ文化がかなり北へ進出することが可能になった．この回廊地帯を経て，メソアメリカ文化の影響が——そして，おそらく交易も——北アメリカの南西部文化領域の村落，たとえばチワワ州のカサス・グランデスにおよんだのである．

東と西のシエラマドレ山脈が交わる所には，東西に伸びる火山帯が形成されており，数十の死火山，休火山，活火山がある．もともとはマツやオークの森林におおわれていた（そして，山頂付近には高山植物が生育していた）この壮大な高地は，中央メキシコを決定づける地形である．レルマ川流域のように広い河谷もいくつかあるものの，古代文化の発展にとってはるかに重要だったのは，この高地を横切ってならぶ内陸盆地なのである．その中で最も壮大なのはメキシコ盆地で，広さは約8000 km²あり，かつては「月の湖」とよばれた大きな湖水を擁していた．だが，それも現在では，征服後の排水工事とメキシコ市の近年の市街地拡張の結果，完全に消滅している．メキシコ盆地の住民は，古典期前期のテオティワカン国家（前1世紀—後7世紀）から強大なアステカ王国に至るまで，しばしばメソアメリカの文化と政治を大きく左右してきた．

西方に位置する盆地も大変重要で，中でもパツクアロ湖を囲む盆地は，タラスカ国家の所在地であり，タラスカ文化の中心地であった．火山帯から南東方向へいくと，もっと起源の古い高地に至る．この高地は細かく寸断され，比較的弧立したよりたくさんの盆地が形づくられている．このことは，とくにメキシコ南東部のオアハカ盆地についていえる．ここでは，征服前にきわめて多様な文化と言語が生まれている．オアハカ盆地は，実際には三つの河谷が合流したもので，モンテ・アルバンを中心とするサポテカ文明がおこった所であった．

テワンテペック地峡は，メソアメリカの腰のくびれのような所である．標高は海抜0mから250mほどで，メキシコ湾岸沿いの低地と太平洋岸のテワンテペック湾とを結ぶ便利なルートになり，またマヤ地域とその西方にあるメソアメリカのその他の地域とをつなぐ役割も果たしている．

チアパス州とグァテマラの険しい高地は，もともと変成作用と火山活動によって生まれたものである．グァテマラ南部に連なる火山は，まさに絵葉書のような美しさだといえる．火山性の土壌は豊かであり，またマヤ高地の盆地や河谷は肥沃であるため，人口密度は昔も今も高い．そして，北方の低地ではマヤ族の多くが移動農耕を営むのに対し，高地の農耕は定住傾向が強く，休閑期間も短いので，農業生産性が高い．

メキシコ湾岸にそってアメリカ合衆国（テキサス）との国境から南方へ，そして南東へむかってテワンテペック地峡を通り，さらに東のユカタン半島の基部に至る地帯は，切れ目のない海岸平野を形作っている．メキシコの最大級（最長という意味ではない）の河川の多くが，この平野を流れている．一般的に流域の土壌は河川による堆積によって形成されたもので豊かである．パヌコ川の南側には，土着の文明がいくつか生まれている．中でも一番よく知られているのは，テワンテペック地峡の北側で非常に古い時代におこったオルメカ文明である．

ユカタン半島という「緑の巨大な親指」（とかつてよんだ人がいる）が，メキシコ湾に飛び出ている．これは，広大な石灰岩性の浅堆が数百万年かかって次第に海面上に隆起したものである．半島の南部では（グァテマラ北部のペテン地方のように）丘陵が多くまた湿度が高く，北部は平坦で乾燥している．この地こそ，古典期（3—9世紀）において低地マヤ文明が栄え滅んだ所なのである．ユカタンの地形は，石灰岩のカルスト台地で，河川はまれである（例外は，ウスマシンタ川とベリーズ川）が，水が入手できる洞穴と陥没口が多数存在する．最もよく知られているのは，ユカタン北部でセノーテとよばれる円形の陥没口で，長い間マヤ族が飲用水を得るのに利用し，時には雨の神に生贄として捧げられる人間が，最後に身を投ずる場所ともなった．

メソアメリカは，北回帰線より南に位置するので，年間を通じて熱帯型の降雨があり，農作業もそれに適応する必要があった．際立った乾季は，11月末から5月末まで続く（オルメカ地域では，乾季はさほどはっきりしていない）．この期間，低地では時々しか雨が降らず，高地ではほとんど雨は降らない．雨季は，5月末あるいは6月はじめに開始するので，低地の農民は，その時までに森を切り開きやぶを燃やして畑を作り種を蒔いておかねばならない（盛土の畑を用いない場合である．盛土の畑では，農作業は1年中行われた）．7月末もしくは8月はじめごろまでに，一時的に降雨量が減る——午後にくるはずの雷雨がやってこない——が，その後再び降雨量は増し，9月，10月，11月初旬と降雨がつづく．

メソアメリカで多様な環境を生じさせた一因は，降雨量の相違である．影響力のある文明がなぜある地域では古い時代に生まれ，それ以外の地域はなぜメソアメリカ内の周縁的なものに留まったのかは，この相違に由来するところが大きい．ベラクルス州南部のオルメカ地域とマヤ低地の南部は，毎年，中でも9月に多量の雨にめぐまれる．そのため，これらの地域は，きわめて早くから文明が発展し，その中心地になっていた．一方，ゲレロ州（メキシコ市南方）は極端に乾燥しているので，オルメカ人などの人々の関心をひいたのは，灌漑農耕が食料生産技術として知られ利用できるようになってはじめてであったと思われる．ゲレロ州は文化的に見れば，常にメソアメリカ内の周縁に位置していたのである．

文化の発達

メソアメリカにおける更新世（約200万—1万年前）の終末は，その住民の生活条件を——少なくともメキシコ中部と南部の高地で——大きく変化させた．北アメリカの高緯度地方で氷河が後退していくにつれて，気温は，今日の水準にまで，あるいはおそらくそれ以上に上昇した．現在のメキシコ共和国の大部分では，一層乾燥化が進み，それまで青々としていた草原に砂漠が出現した．もちろん，このような変動が，湿度の高い低地で何をひきおこしたかは実際にはわかっていない．しかし，メソアメリカのほとんどの地域で，マンモス，マストドン，ウマ，ジャイアントバイソンのような草食動物の大きな群れは消滅し，狩猟民に残されたのは，シカ，ウサギ，ジャックウサギなどの貧しい動物相でしかなかった．

当時のメソアメリカの住民は，狩猟の腕よりもむしろ植物性食料の採集民としての能力に依存して生活していたのであろうことを忘れてはなるまい．高地であれ低地であれ，メソアメリカの環境は，昔から野生の植物性食料が豊富で，これらの食料は大いに利用されていたに相違ない．大型の果実，豊かに実る穀類，重量のある根茎類，そして，一般的にすぐれた特性をもった突然変異種を収穫することによって，知らず知らずのうちに栽培化に適した植物群の選択が進んでいったことであろう．

栽培種と野生種の違いは何か，という疑問が生じよう．ソ連の大植物学者N・I・ヴァヴィロフは，栽培化を人間の手によって方向づけられた進化と定義した．われわれ人類の生存がかかっている穀類の中でも最も生産性の高い種は，完全に人間に隷属している．つまり，人間の助けなしにはそれらの栽培種は，もはや種を散らすこともできないのである．トウモロコシは，まさにその好例である．その穂軸と穀粒（種）は，果穂が熟してからも外皮に完全に包まれていて，穀粒が発芽し，次の世代の植物として生長するためには，外皮を剥いで取り出してやる必要がある．マニオク（キャッサバ）も同じで，普通生育する低地では種子を作らないので，人の手で挿木をしなければ殖えない．

紀元前7000年ごろ以降，メソアメリカは新しい段階をむかえた．それは，古期とか初期農耕期とよばれている．この時期は，形成期がはじまるまでつづき，前2000年ごろから定住生活が一般化し，各地に村落が生まれることになる．古期に関する確実な考古学的証拠は，高地にあるが，熱帯の低地では，有機物質の保存状態がきわめて悪いという事実を常に念頭に置く必要がある．人間と植物のあいだの重要なかかわりあいは，おそらく熱帯低地でもおこったと思われるが，何の痕跡も残ってはいない．

テワカンの編年

メソアメリカにおける農耕の起源の探索は，主としてマクニーシュという1人の学者の仕事であった．メキシコのタマウリパスの洞穴や岩蔭での初期の調査は，メソアメリカの北の辺境外で行われたものである．それによって，氷期のおわりと形成期とのあいだの何千年間にインディオの小バンド（遊動的な小集団）は，トウモロコシ，マメ，クリカボチャ，ワカボチャ，トウガラシなどの重要な食用植物の進化に手を加えはじめていたことが明らかにされた．あらゆる植物の中で最初に栽培化されたのは，ヒョウタンであることがわかっている．ヒョウタンは食用にはむかないが，容器としてまた漁網の浮きとして使われたのである．

トウモロコシの起源については，いまだに論争中である．一時期，トウモロコシは，テオシンテとよばれる親縁関係の深い植物から人為淘汰により生まれたと考古学者と植物学者は考えていた．テオシンテとは，現在ではメキシコの南部と西部そしてグァテマラのトウモロコシ畑に自生する雑草である．後に，ポール・C・マンゲルスドルフを中心とする植物学者は，テオシンテはトウモロコシの祖先ではなく，栽培化された初期のトウモロコシとトリプサクム属の別の植物との交配の結果できたものであるとの結論を下した．したがって，トウモロコシの祖先は，すでに絶滅した野生種で，昔は人間の手助けなしに種子を散らす能力があったと考えられた．

この問題に関してさらに証拠を捜し，またメソアメリカの先史時代のうち当時未知であった時期——今では古期と呼ばれる——をもっとはっきりさせるために，マクニーシュはプエブラ州のテワカン河谷の調査をはじめた．乾燥したこの地

テワカン河谷

メソアメリカの農耕の起源と狩猟採集民から定住村落生活への移行に関する最も確かな証拠は，テワカン河谷での調査に由来する．テワカン河谷は，極度に乾燥した所で，洞穴や岩蔭での古い植物遺残の保存状態は，完璧である．前5000年までに栽培化されたトウモロコシの原始的形態が出現するが，その他の作物も栽培されていた．

テワカン河谷は，広い意味で砂漠といえるが，生態学的にいくつかの亜地域に分けられ，各亜地域は，季節に応じて利用された．バンドおよびマイクロバンドのみが居住した古期の間は，これらの集団は，河谷内の小環境を次々わたり歩きながら毎年同じように季節的移動を行ったことであろう．栽培作物は，おそらく水の便のよい川沿いの低地で育てられたと思われる．形成期に灌漑技術を採り入れるまでは，それ以外の場所では，農耕はほとんど不可能だったからである．

メソアメリカ

方には，乾ききった洞穴や岩蔭があり，通常は腐敗してしまうはずの食物の遺残があるだろうと推定された．テワカン河谷の洞穴から層をなして出土する遺物から長期の編年が確立され，これら初期のバンドの生態が調べられた．それによると，エル・リエゴ期（前7000－5000年ごろ）には，半遊動的なマイクロ・バンドが野営地や洞穴に居住し，一連の小環境を（北アメリカの「砂漠の文化」の住民と同様に）季節的に移動し，成熟した種子類やその他の植物性食料を収穫した．人々はまた，アボカド，トウガラシ，アマランサス，ウリ，ワタを植えていた．

つぎのコシュカトラン期の前5000年ごろまでに，栽培化されたトウモロコシ——きわめて原始的でおそらく生産性の低い種類——が，テワカン河谷に出現した．最初に栽培化されたのは正確にどこか，メキシコ南部かそれとも中央アメリカかは，まだわかっていない．栽培化されたトウモロコシの穂軸とともに，実に小さな穂軸が出土している．これは，最初は野生のトウモロコシ——長いあいだ捜し求めた祖先——だと考えられた．しかし，植物学者の中には，ウォルトン・ガリナトのように，それはテオシンテであると考える人がいる．実際，これは最近の植物学の考え方に一致している．すなわち，トウモロコシは，テオシンテが途方もない突然変異をおこしたもので，この変種がメソアメリカの住民により選び取られていったという考え方である．ただし，論争に終止符が打たれたわけではないのはもちろんである．

栽培植物にますます依存していった結果，何がおこったかは明らかである．磨製のメタテ（石臼）とマノ（碾石）が作物，とくにトウモロコシを処理するために作られるようになった．一方，狩猟への依存度は減っている．そして，アベーハス期（前3400－2300年ごろ）までに石で上質の鉢や無頸の壺が作られているが，これには，まもなくあらわれる土器の形を彷彿とさせるところがある．栽培植物を収穫し貯蔵する能力が高まると，人々の定住度が高くなった．円形の堅穴式住居をもつアベーハス期の村が，盆地の底で発見されている．遊動的生活は，次第に定住生活にかわっていった．定住生活の真の指標は，土器である．土器はこわれやすく，たえず野営地を移動しながら持ち運ぶことはできないからである．最初の土器は，テワカン盆地の古期の終末期にあたるプロン期（前2300－1500年ごろ）にあらわれている．しかし，この時期についてはあまりよくわかっていない．

その他の地域の古期

テワカン盆地で古期のあいだにおこった変化は，このように豊富な資料に基づき詳しくわかっているので，トウモロコシやその他の栽培種が，ここで最初に栽培化されたものと考えがちである．けれども，それら栽培種は，別の時代に別の場所で栽培化されたかも知れない．たとえば，トウモロコシは，中央メキシコからパナマまでのどこかで人間によって「馴らされた」可能性がある．また，栽培化の過程で低地地方の果たした役割は，植物遺残の保存状態が悪いために，まったくわかっていないことにも注意する必要があろう．

オアハカではミシガン大学のケント・フラナリーらが，古期に属する洞穴と野外遺跡を発見している．テオシンテのものと思われる花粉とともに，ヒョウタンとカボチャの遺残も出土している（この花粉は，前7400－6700年ごろの層位に属する）．

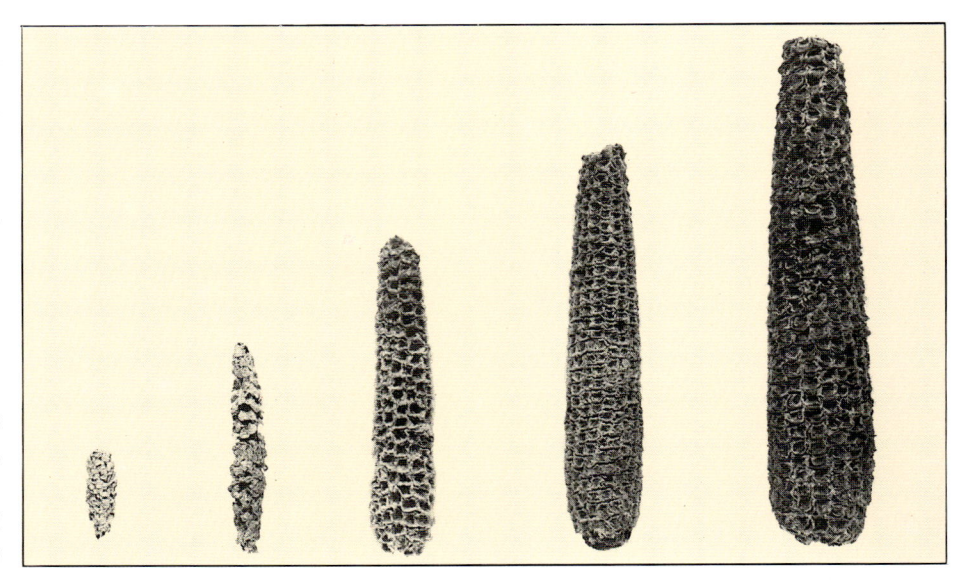

海岸低地，とくにメキシコ湾にそった地方では，マニオクが高地におけるトウモロコシに匹敵する役割を果たしたようだ．ベラクルス州北部の先土器時代の村落遺跡サンタルイサで，考古学者のジェフリー・ウィルカーソンがメタテとマノを発見できなかったことは重要である．というのは，マニオクの調理に，そのような道具は必要ないからである．ベリーズ北部では，マクニーシュがパレオ・インディアンの時代と形成期のあいだの時期にも人々がひろく居住していたことを明らかにしている．これらベリーズの古期遺跡では，植物遺残は出土していないが，時代が進むにつれ，植物性食料の調理に使う，挽き具の出土数が増加していく．もっとも，メソアメリカの大西洋岸や太平洋岸沿いの住民は，魚や貝など，海や河口で採れる食料に大きく依存していたことは確かであろう．

古期：形成期の前ぶれ

アメリカ大陸の原住民の生活に訪れた最大の変化は，農耕の発展であった．これによって，村が生まれ，つぎに町そして最後に都市と文明が誕生した．メソアメリカでは，植物栽培と定住化という対をなす二つの過程は，古期のあいだにおこった．トウモロコシ，マメ，ワカボチャ，クリカボチャなどの植物の，収穫量の多い変種をつぎつぎに選択していった結果，生産性が着実に増大し，人口も著しく増加した．形成

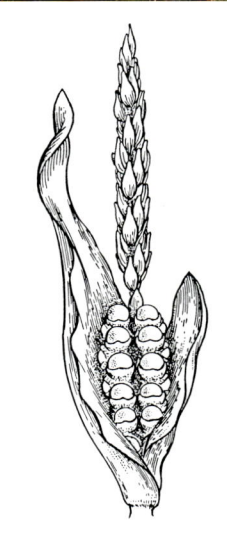

テワカン河谷のサンマルコス洞穴にはトウモロコシの穂軸，外皮，小穂が残っていたので，野生のトウモロコシを復元することができ，穀粒は熟するまで外皮に包まれているが，熟すと外皮がはずれた．

左　野生の小さいトウモロコシ穂軸から紀元後1500年ごろの現生種と同じものまでの5000年間の進化の流れが示されている．現生種のトウモロコシは，野生種よりもはるかに大きく生産性も高い．植物学的性質は，その他の点ではわずかしか変化していない．

左中　コシュカトラン洞穴から見るオレガノ・サボテンとイバラのやぶ．有機性遺物からえられた放射性炭素年代法により，発掘した28におよぶ層で1万年以上にわたる居住の様子が明らかになった．

下　古期と形成期
初期の居住形態を恵まれた環境条件と関係づけようとするのは，危険である．考古学的発見は，どうしても偶然性がつきまとうというのも，その理由である．しかしながら，タマウリパス地方とテワカン河谷の遺跡で見つかった植物栽培の証拠は，メソアメリカの初期の住民が，前7000年ごろに生じた気候の乾燥化にうまく適応した事実を物語っている．この後，形成期にはじまった農耕を基盤にした定住村落生活は，一般にはもっと湿度の高い地域で発達した．太平洋岸，メキシコ湾岸，マヤ低地，そして高地にある肥沃なオアハカ盆地とメキシコ盆地である．

期のはじまる直前の前2000年ごろには，形成期の技術と生活形態のほとんどすべてができあがっていた．それは，調理に使う磨製石器，土器，また時としては土偶，縄，かご，死者に対する特別な処遇，開けた土地に作られた村落などである．しかし，確固とした芸術様式，複雑な宗教，神殿，神殿ピラミッドなどの複雑な文化特徴は，まだあらわれていない．

形成期の村落

　一時代前の考古学者にとって，メソアメリカ最古の文化遺物は，単純な土器の鉢や壺の破片，裸の女性をかたどった手捏ねの土偶のほかにはなかった．当時まだ，これらの出土品の正確な年代を決定する方法はなかったものの，その遺物が，メキシコ盆地やマヤ地域の古典期の大都市遺跡の下に存在する村落文化を特徴づけるものであることはわかっていた．そして，この時代をその古さゆえに「古期」とか「先古典期」と名づけた．また，それらの遺物を作り出したのが，農耕民であったこともわかり，新大陸の「先古典期」は，旧大陸の新石器時代に相当するという考えが生まれた．

　今日一般に，形成期とよばれるこの時代は，かつてのような単純な憶測から考えられるよりもはるかに複雑多様であったことがだんだんと明らかになってきている．事実，この時代には普通の村人だけではなく，大きく発達をとげた文明の支配者や神官もいたことが，現在わかっている．放射性炭素法のおかげで，形成期の年代を決定することも可能になった．しかし，この年代は，あくまでも放射性炭素法による年代であることを忘れてはならない．たとえば，放射性炭素によって紀元前1200年と年代が決定された遺物の実際の年代は，約300年古くせねばならない．それゆえ，オルメカ文明は，放射性炭素法では紀元前1200年ごろはじまったことになるが，正しくは紀元前1500年ごろにはじまったのである．

　メソアメリカでパレオ・インディアン期や古期（先土器期）の遺跡を見つけるのは容易ではないが，それに対し，形成期の遺跡はどこにでも——マヤ地域の遺跡は，その上に建てられた古典期の建築物によってしばしばおおい隠されているが——見い出すことができる．このように遺跡数が著しく増大したのは，マルサスのいうような人口爆発が本当におこったからにちがいないと思われる．トウモロコシのさまざまな変種も，主として移入交雑（自然に生じた雑種が親と戻し交配して新たな雑種を生じること）が生じたり，テオシンテと栽培種との交配がおこることで，人間にとって有利なものに変化した．その結果，果穂は著しく大きくなり，収穫量も増した．今や定住村落は例外ではなく，一般的になった．草葺き屋根の小屋からなる集落，村，そして小さな町さえメソアメリカの各地に見られ，土器と土偶と機織りの綿布の製造もどこでも行われるようになった．

　古期から形成期への移行が，正確にどこでおこったかについては，いまだ論争がつづいている．おもに高地で仕事をしてきた考古学者は，中央メキシコ，とりわけメキシコ盆地を形成期の源と見ているが，低地での経験の長い学者は，湿度が高く暑い海岸低地，とくにチアパス州やグァテマラの太平洋岸沿いの地帯を考えている．ごく最近ではベリーズ北部を候補地にあげる考古学者もいるが，この意見に同調する研究者は，まだほとんどない．

　一般的な見解によると，形成期前期は，放射性炭素法の年代でいえば，前2000年ないし1600年ごろから前900年ごろまでつづき，形成期中期は，前900年ごろから前300年ごろ

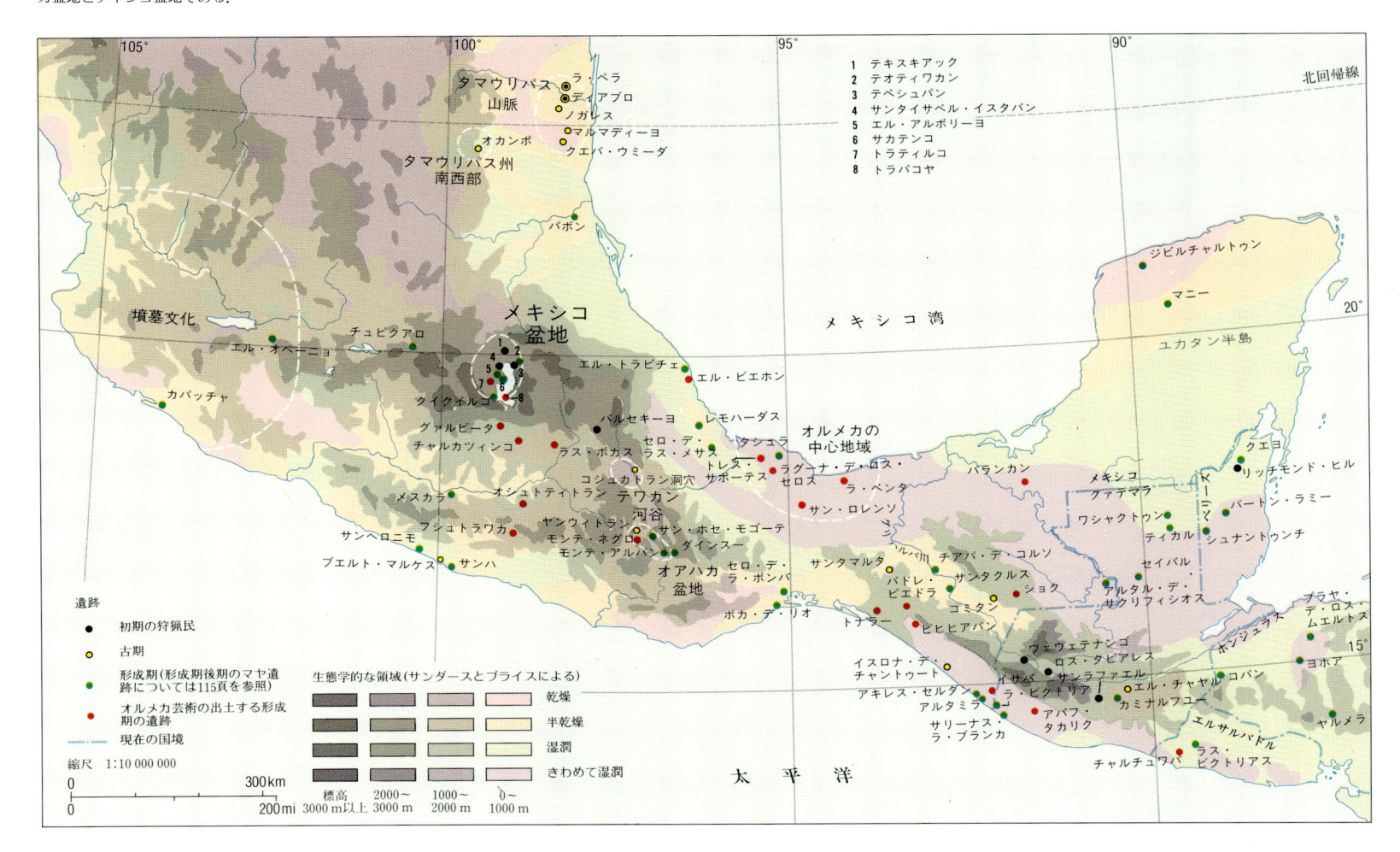

メソアメリカ

まで，さらに形成期後期は，前300年ごろから古典期の開始までつづいた．この古典期のはじまりは，中央メキシコでは西暦紀元前後，マヤ地域では後290年である．

太平洋沿岸

メキシコの太平洋岸の大部分は岩地で，断崖がそびえ立ち，アカプルコのような良好な湾はわずかしかない．しかし，テワンテペック地峡を越えて南東にむかうと，太平洋岸にはチアパス州を経てグァテマラに至る広い平野がひらけている．きわめて暑いが肥沃なこの平野は，考古学的には世界でも最も豊かな地域で，土製のマウンドがいくつも群をなして点在している．外面を河原石でおおったものもある．おそらく耐えがたい暑さのためだと思われるが，大部分は考古学的には未調査である．だが，この平野は，完全な定住村落が非常に早くから発達した地域で，形成期を通じて，またそれ以降も人間と文化が移動していく回廊でもあった．形成期前期の前半には，メキシコ湾岸でオルメカ文明がおこるまで，チアパス南東部とそれに隣接するグァテマラ太平洋岸は，メソアメリカで一番革新的な地方であったと思われる．

この地域（はるか後のアステカ時代にショコノチコとして知られた）最古の土器は，大層複雑でまた洗練されたものであった．形成期の編年は，バラ文化にはじまる．各種の塑造技法によって装飾された，器壁の薄い赤色の無頸の壺（テコマテ）が主要な土器であるバラ文化は，前1600年ごろにさかのぼると考えられている．その後にくるのは，オコス文化（前1500年）で，バラ文化よりはよくわかっている．オコス文化の諸遺跡は，海岸と内陸という環境双方の長所を活用できるような所に立地している．入江や潟で魚を捕り，貝類を採集し，亀を捕えるとともに，海岸から離れた肥沃な土地で，トウモロコシなどの作物を植えることができた．オコスの遺跡としては，たとえば低い土盛りの基壇の上に建てられた10ないし12戸の家からなる小さな村，ラ・ビクトリアがあげられる．この遺跡は，潮のさす入江のすぐそばに位置していたが，この入江は今はなくなっている．

上　オアハカ盆地からテワカン河谷にかけて，南部メキシコ高地に見られる灌木帯．遊動的生活が定住生活にかわった際に，耕作地として使わなければならなかったのは，このような土地であった．

オコス文化の土器は，おもにテコマテと器壁が外側に傾斜した平底の鉢からなり，驚くほど多様な技術で装飾がほどこされている．この技術には，ロッカー・スタンピング（貝殻の波状のへりで，まだ乾いていない粘土上に曲がったジグザグを刻む）や真珠光を放つ桃色の化粧土の利用などがある．後者は，この地域以外ではエクアドルでしか知られておらず，海上の交易を通じて伝播してきたと多くの学者は考えている．また，オコス文化の土偶もやはり洗練されたもので，風変わりでグロテスクな人間や動物をかたどった作品が数多くある．この土偶に関する知識は，チアパス州の海岸にあるアキレス・セルダンというオコス文化の大きな遺跡から最もよく得られているのだが，メソアメリカ最古の芸術を代表するものといえる．

オコス文化のつぎには，いくつかの村落文化がつづくが，奇妙なことに土器と土偶はずっと単純なものになってしまっている．その中で，メキシコ湾岸でオルメカ文化がおこったころに生じたクアドロス文化は，化石化したトウモロコシの穂軸が発見されたことできわめてよく知られている．この化石は，長いあいだに有機物が，捨てられた貝殻の堆積から分離した炭酸塩により置き換えられたもので，マンゲルスドルフによって，このトウモロコシは現在でもユカタン地方に生育する原始的なナル=テル品種に属するものと認定された．クアドロス文化の土器およびそれに類似した土器は，チアパス州の太平洋岸とグァテマラで広範囲にわたってひろまり，さらには，エルサルバドルのラス・ビクトリアス遺跡でも見つかっている．この伝播が，オルメカ文化の拡大とおそらく人々の移動に刺激されておこったことは確かであろう．クアドロス文化の後には，コンチャス文化がおこり，これが沿岸・農耕文化伝統を受けつぎ，形成期中期に至るが，高地グァテマラのラス・チャルカス文化やメキシコ湾岸地域と密接な関係で結ばれていた．

グァテマラ高地

グァテマラ市は，アメリカ大陸の分水嶺近くのひろく肥沃な盆地に位置し，火山活動によってできた山々や丘陵に囲まれている．市の西側は，グァテマラでも考古学的に最も豊かな地帯であったが，土地開発のために大部分が破壊されている．この国の先駆的な考古学者がカミナルフユーと名づけたこの一帯は，長期間にわたって文化が継起した所で，ラス・チャルカスとよばれる形成期の村落文化をもふくんでいる．ラス・チャルカス文化は，下層の火山性凝灰岩にまで掘りさげられた，一連の瓶形の貯蔵穴によってよく知られている．この貯蔵穴からは，白色の土器，白地赤彩土器，土偶，トウモロコシの穂軸，アボカドの種子などの植物遺残が出土している．ラス・チャルカスの住民が到達した文化がどの程度複雑なものであったかは，ほとんどわかっていないが，土製マウンドを築き，その上に耐久性はないものの神殿を建てたと思われる証拠がわずかながらある．ただし，ラ・ベンタという形成期中期の遺跡に代表される偉大なオルメカ文明と同時代におこったことなので，この程度の発展はさほど驚くに価しない．

マヤ低地

主としてマクニーシュの調査によって，形成期の開始以前にもマヤ低地に人々が居住していたことが現在ではわかっている．それゆえ，ペテン地方やユカタン地方で形成期の諸文化に関する証拠が多数見つかっても何の不思議はない．しかし，低地マヤのベリーズ北部にあるクエヨ遺跡のスウェイジー文化が，太平洋岸のいかなる文化よりもはるかに古く，またメキシコ湾岸のオルメカ文化よりも古い，形成期前期のものだとするノーマン・ハモンドの主張に対しては，さまざまな反論が加えられている．放射性炭素法の年代が約1000年もの期間にまたがっている——このようなことは考古学上の時期としてはあまりないことである——だけでなく，土器も形成期中期もしくは後期のものとさえ見えるからである．とはいえ，スウェイジー文化は，低地のマヤの人々が何を食べていたかを明らかにしてくれる．ポップコーン（爆裂種のトウモロコシ）の穂軸，ヤムイモ，ココヤムイモ，さらにはマニオクと思われるものが残っていたからである．

ペテン地方の文化の編年については，もっと確かな根拠が存在している．この地方では，紀元前800年ごろの形成期のシェ期にはじまり，その直後にマモム期がくる．マモム期にはペテン地方とユカタン地方にたくさんの人々が住むようになり，湿地でない限りどこにでも村落が生まれた．この時期の特徴は，形成期を通して低地マヤに典型的な土器であったオレンジ色に近い赤色の土器が出現したことで，石膏でおおわれた神殿基壇があらわれたのも，この時期と思われる．ただ，このような神殿基壇は，形成期後期あるいは古典期に建てられた巨大な建築物におおわれているため掘り出すのは大変むずかしい．

チアパス州のグリハルバ盆地

チアパス州のグリハルバ川は，メキシコ湾岸の平野に至る途中で巨大な峡谷を流れぬけるが，その前に暑く比較的乾燥した盆地を通っている．この盆地は，乾燥しているように見えるものの，形成期を通じて多くの集落が作られた所である．このグリハルバ盆地で最も詳しく発掘調査された遺跡は，チアパ・デ・コルソで，ここには，スペイン人による征服期を経て植民地時代に至る居住の跡が連続して見られる．前1500年から前800年ごろの形成期後期の人々は，トウモロコシを石臼で挽き，球形の無頸壺（テコマテ）を主体とする土器を製作し，手捏ねの土偶を作った．土器全体の構成を見ると，太平洋岸のオコス文化やコンチャス文化と密接な関連がうかがわれる．ロッカー・スタンピングも同じようによく使われている．しかし，この時期のチアパス州中部は，メキシコ湾岸の洗練されたオルメカ文明とも結びついていた．チアパ・デ・コルソから出土した土偶の一つがオルメカのものであることは確実である．また，その下流にある遺跡——現在ではマルパソ・ダムの底に沈んでいる——からは，オルメカ文明のサン・ロレンソ期と密接な関係をもった土器群を出土している．ただし，オルメカ文明の特徴である石の記念碑は見つかっていない．

オアハカ地方

サポテカ文明が栄えたオアハカ盆地は，モンテ・アルバンⅠ期（形成期中期に相当する）以前には大きな湖になっており，古い時代の集落はなかったという誤った考え方が流布していた．そのため，ミシガン大学のプロジェクトが着手されるまでは，盆地の低地で真に古い遺跡をさがす試みはなかったのである．現在では，この盆地で長期にわたる形成期の発展がおこったことがわかっている．形成期は，丘の頂に位置するモンテ・アルバンという城砦がオアハカ中部の大半を支

メソアメリカ

配する勢力として成立するまでつづいた．

形成期前期のサン・ホセ期（前1150—前850年）には，ベラクルス州のオルメカ文化と接触した明らかな証拠が見られる．モンテ・アルバンの北西に位置する村落遺跡のサン・ホセ・モゴーテには，草葺きの屋根，白塗りの土壁をもつ80—100戸の家が建てられた．女性は糸紡ぎ，機織り，裁縫，料理などの家事をし，男は鉄鉱石の鏡（形成期前期にひろく交易された威信財）と貝殻や雲母製の装飾品の製作にあたった．食糧基盤は，トウモロコシ，トウガラシ，カボチャ，そしておそらく低地からもたらされたアボカドなどの作物の栽培であった．

サン・ホセ・モゴーテの土器の中に，オルメカの影響が明瞭に見られるものがある．オルメカの宗教的表象から採ったデザインが碗の外面に彫刻や刻線で表現されている．オルメカ文明がオアハカ盆地に与えた影響の性質についてはまだはっきりとはわかっていないが，フラナリーらは，オアハカにオルメカ人が実際に居住したというより，ここには，村落に居住する部族民がいて，威信の高いベラクルスの高文化と張り合っていたという説明を好んでいる．

メキシコ盆地

メキシコ盆地の大部分を占めていた大きな湖水（「月の湖」）は，葦におおわれた湖岸の沼地とともに，湖の近くに住んだ形成期の村落の住民に，豊富な魚と水鳥，また後にアステカの人々が珍重した蛋白質に富んだ海藻をも提供し，重要な食糧源であったにちがいない．このような湖と盆地の肥沃な土壌のおかげで，形成期前期においてさえかなり多数の農耕民が定住することが可能であった．

盆地内に生まれた居住地の中で最大でしかも最も目覚ましい発展をとげたのは，トラティルコである（この遺跡は，オルメカ文明の影響が他に例を見ないほど強いので，オルメカの項で述べることにする）．トラティルコの住民の中にはベラクルス州南部出身のオルメカ人もいたと思われる．トラティルコの年代は，かつて長いあいだ誤って考えられていた．というのは，昔の考古学者は，これほど複雑で洗練された文化が，当時盆地内で最古の農耕集落だと考えられていた単純な村落遺跡より古いというのはまったく思いもよらなかったからである．問題とされた村落遺跡は，サカテンコとエル・アルボリーヨであるが，これらはおもに形成期中期のもので，年代はトラティルコより新しいのである．この二つの遺跡はともにかつては，メキシコ盆地の広大な水域を構成していた最大の湖であるテスココ湖の北西岸に位置した小さな村であった．1920年代から30年代にかけて行われたトレンチ発掘の結果明らかになったが，最初の居住民の特徴は，トラティルコのよりもはるかに単純な土器を製作したことである．土器のほかには，裸もしくは衣服を少しだけつけた女性土偶が数千も出土しているが，その役割についてはいまだ論争中である（豊饒の儀礼と関係があるのだろうか）．人々は柱を建て，土で壁を作り，屋根を草でふいた家に住んだ．家のまわりには，ごみが大量に散らかり，その中にはシカの骨もふくまれていた．シカは，黒曜石のポイントをつけた槍を用いて近隣の丘で狩猟された．オルメカの痕跡は，いっさい存在しない．メキシコ盆地では，前900年以降オルメカの影響はなくなり，文化的停滞に陥っていった．紀元前後にテオティワカン文明が勃興するまでは，かつてもっていた重要性を回復することはなかったのである．

形成期後期，すなわち紀元前400年ないし300年以降になると，盆地の南西部で短期間ではあったがめざましい発展が見られた．石で表面をおおった巨大な円形「ピラミッド」がクイクイルコに構築されたのである．高さが27mのこの神殿基壇の上には，当時円錐形の建造物が載っていたと考えられ，「老いた火の神」の礼拝の中心になっていたのではないかと思われる．なぜなら，この重要な火の神の形をした土製香炉がここで見つかっているからである．しかし，クイクイルコは短命におわることを運命づけられていた．シクトリ火山の大噴火がおこって，厚い溶岩がクイクイルコをおおってしまったからである．円形ピラミッドの周辺の住民は，逃げ出さねばならなかった．

オルメカ文明

メソアメリカ文明の発生は，そしておそらくは国家への最初の動きも，メキシコ湾岸沿いのベラクルス州南部とそれに隣接するタバスコ州の低湿地でおこった．ここは，オルメカの中心地域なのである．というのは，この地域内にオルメカの主要な遺跡のほとんどと，これまでに発見されたほぼすべての大型石彫が存在しているからである．この地域は，基本的に海岸平野で，ところどころに低い丘が見られるにすぎない．唯一の起伏は，活火山帯のトゥシュトラ山地だけで，オルメカ人は，彫刻に必要な玄武岩をそこで採取した．オルメカの地は，メソアメリカでも最も湿潤なところで，降雨は，5月末から11月までのあいだに集中するが，際立った乾季はない．冬期にも，北風がしばしば冷たい雨や霧雨を降らせるのである．その結果，トウモロコシなどの作物は1年中栽培することができる．

オルメカの風土における最も重要な要素は，雨季に広範囲な地域で生ずる洪水であろう．雨季には，増水した川から水

下　オルメカ文明は，単純な線と力強くどっしりとした形を組み合わせた独特の彫刻様式によって特徴づけられる．その結果生じる重々しい効果は，巨石人頭像からこの小さな翡翠製の胸像に至るまで，大きさにかかわりなくはっきりとあらわれている．

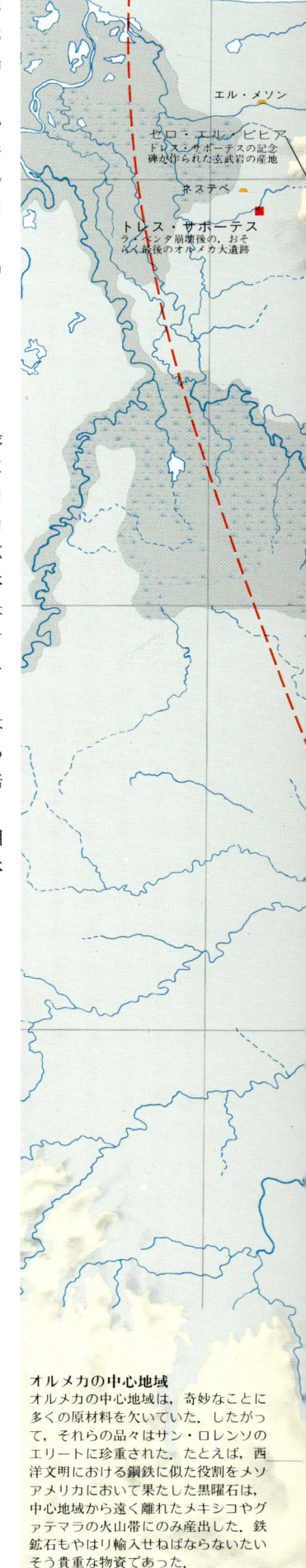

オルメカの中心地域
オルメカの中心地域は，奇妙なことに多くの原材料を欠いていた．したがって，それらの品々はサン・ロレンソのエリートに珍重された．たとえば，西洋文明における鋼鉄に似た役割をメソアメリカにおいて果たした黒曜石は，中心地域から遠く離れたメキシコやグァテマラの火山帯にのみ産出した．鉄鉱石もやはり輸入せねばならないたいそう貴重な物資であった．

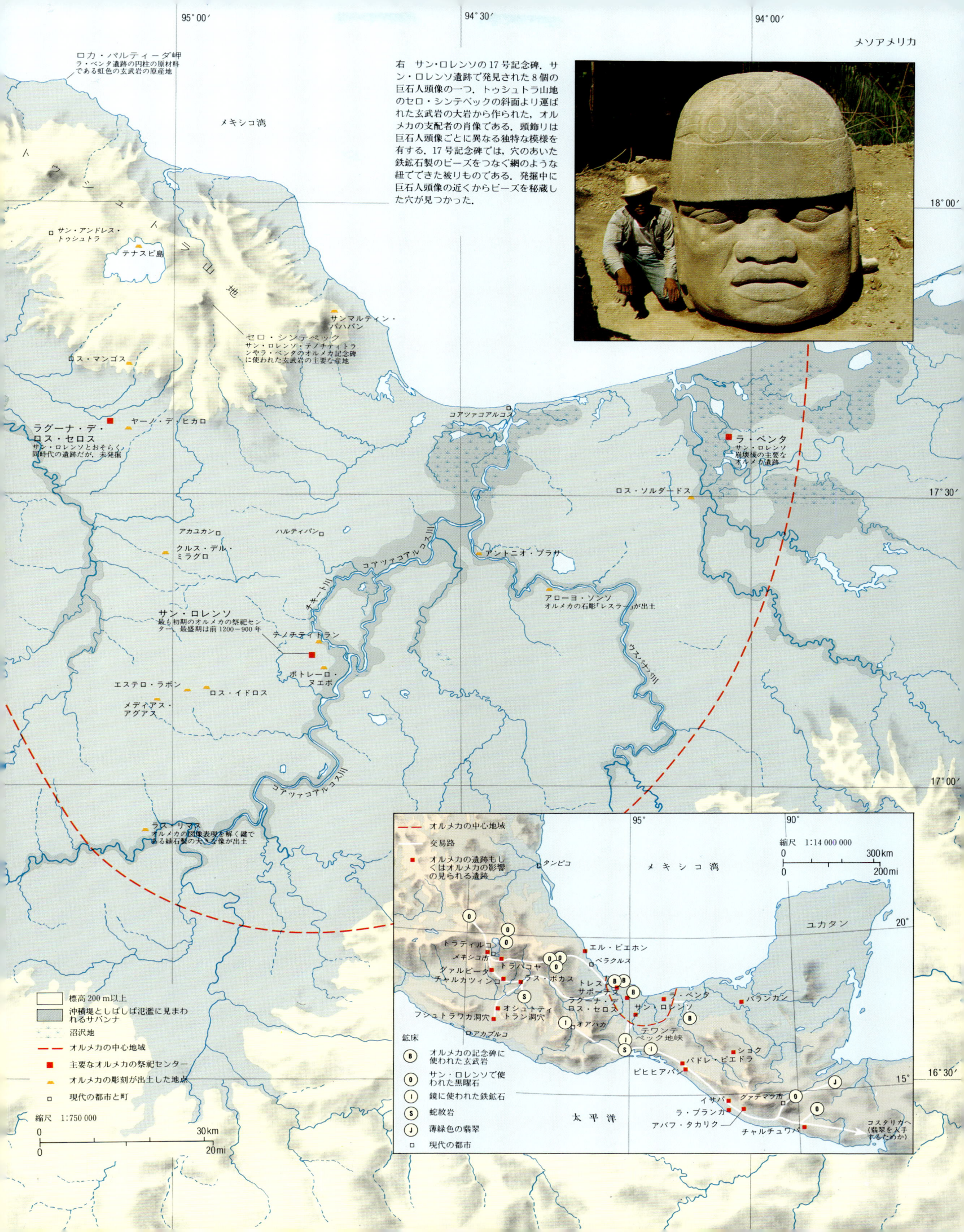

メソアメリカ

右 サン・ロレンソの17号記念碑．サン・ロレンソ遺跡で発見された8個の巨石人頭像の一つ．トゥシュトラ山地のセロ・シンテペックの斜面より運ばれた玄武岩の大岩から作られた，オルメカの支配者の肖像である．頭飾りは巨石人頭像ごとに異なる独特な模様を有する．17号記念碑では，穴のあいた鉄鉱石製のビーズをつなぐ網のような紐でできた被りものである．発掘中に巨石人頭像の近くからビーズを秘蔵した穴が見つかった．

メキシコ湾

ロカ・パルティーダ岬
ラ・ベンタ遺跡の円柱の原材料である虹色の玄武岩の原産地

サン・アンドレス・トゥシュトラ
テナスピ島
サンマルティン・パハパン
セロ・シンテペック
サン・ロレンソ・テノチティトランやラ・ベンタのオルメカ記念碑に使われた玄武岩の主要な産地
ロス・マンゴス

ラグーナ・デ・ロス・セロス
ヤーノ・デヒカロ
サン・ロレンソとおそらく同時代の遺跡だが，未発掘

コアツァコアルコス

ラ・ベンタ
サン・ロレンソ崩壊後の主要なオルメカ遺跡

ロス・ソルダードス

アクユカン
ハルティパン
クルス・デル・ミラグロ
コアツァコアルコス川
アントニオ・プラサ

サン・ロレンソ
最も初期のオルメカの祭祀センター，最盛期は前1200～900年
テノチティトラン
ポトレーロ・ヌエボ

アローヨ・ソンソ
オルメカの石彫「レスラー」が出土

エステロ・ラボン
ロス・イドロス
メディアス・アグアス

コアツァコアルコス川

ラス・リマス
オルメカの図像表現を解く鍵となる緑石製の大人と像が出土

凡例
標高200m以上
沖積地としばしば氾濫に見まわれるサバンナ
沼沢地
オルメカの中心地域
主要なオルメカの祭祀センター
オルメカの彫刻が出土した地点
現代の都市と町

縮尺 1:750 000

オルメカの中心地域
交易路
オルメカの遺跡もしくはオルメカの影響の見られる遺跡

メキシコ湾
ユカタン

タンピコ
トラティルコ
エル・ビエホン
メキシコ市
トラパコヤ
ベラクルス
ダルビータ
トレス・
チャルカツィンゴ
ロス・ボカス
サポーテス
ラグーナ・
ラ・ベンタ
パランカン
オシュトティ
ロス・セロス
サン・ロレンソ
トラン洞窟
フシュトラワカ洞窟
オアハカ
テワンテペック地峡
ロアカプルコ
ショク
パドレ・ピエドラ
ピヒヒアパン
イサパ
グアテマラ市
ラ・ブランカ
コスタリカへ（翡翠を入手するためか）
アバフ・タカリク
チャルチュワパ

太平洋

鉱床
オルメカの記念碑に使われた玄武岩
サン・ロレンソで使われた黒曜石
鏡に使われた鉄鉱石
蛇紋岩
薄緑色の翡翠
現代の都市

縮尺 1:14 000 000

オルメカの超自然的世界

下左 ラス・リマス出土の彫像の肩と膝に刻まれた神々。すべて,オルメカの神格に典型的な裂け目のある頭を有する。左上は,ラス・リマス以外では,メキシコ中央高原出土の刻文のある鉢にあらわれるのみである。おそらく,後代の文化における春の守護神であるシペ・トテクに相当する神と思われる。右上は,「オオギワシの神」で,オオギワシの冠毛が眉になっている。右下は,三日月形の眼と突き出した歯をもつ「鮫の神」。左下は,おそらく羽毛の蛇(ケツァルコアトル)の頭であろう。その特徴は,眼に十字形の模様がついていることである。

　メソアメリカで最初に出現した芸術は,オルメカ芸術である。支配者の肖像(たとえば,巨石人頭像)を除けば,オルメカ芸術は,基本的に宗教的な意味をもっておりきわめて多様な超自然的存在が中心テーマになっていた。これら超自然的存在は,動物の特徴と人間の特徴をあわせもち,たがいに混ざり合い,驚くほどの複雑さを呈している。オルメカでさまざまな神々が信じられていたことがわかったのは,やっと最近になってからである。以前はオルメカの神は,牙をむいたジャガーとうめく幼児の特徴を組み合わせた特異な「ジャガー＝人間」だけだと考えられていたからである。

　1965年にベラクルス州のラス・リマスで大きな緑石の像が偶然に発見されたおかげで,オルメカにはたくさんの神があり,たがいに属性を自由に交換し合うものの,これら超自然的存在にはそれぞれ固有の属性があったことが判明した。ラス・リマス出土の像は,あぐらをかいた若い男もしくは少年で,おなじみのジャガー＝人間の幼児を腕に抱いた姿をしている。他にいずれもオルメカの神独特の不思議な裂け目のある頭を有する4体の神が,その肩と膝に彫り込まれている。これらの神は,実はマヤの図像表現の構造を解明する最初の手がかりとなったのだが,その意味については必ずしも手がかりを与えてくれるものではなかった。

　オルメカの図像表現に最もよくあらわれる,恐ろしく危険な動物たちは,もしかするとトーテムであったのかも知れない。それらの動物の分布状態からいって,これらのトーテムの崇拝は,海岸から遠く離れていない熱帯密林ではじまったにちがいない。その動物とは,密林の樹上に住むサルを捕食するオオギワシ,ジャガー(豹の仲間で最大のもの),ワニの一種であるカイマン,ヘビ,そしてサメである。

オルメカの超自然的世界

右　翡翠製の「オルメカの竜」。変幻自在なこの神は，大地の神であったと思われ，オルメカの図像表現に特徴的な，さまざまな要素を組み合わせるという傾向を示している．この竜の場合，基本的な動物は，カイマン（ワニの一種）だが，ジャガー＝人間のへの字形の口と人間のような鼻をもち肩はオオギワシの冠毛の形をしている．オルメカの神々の中で，竜が一番重要な神であったかも知れない．というのは，低地と高地の双方で，記念碑芸術にも小さい翡翠の彫刻にも竜があらわれ，そして日常的，また埋葬用の土器にも速記字のように刻まれているからである．

左　ベラクルス州のラス・リマス出土の緑石製の像．年代は，前800－前400ごろ．若者あるいは少年の王位就任を祝う肖像である可能性が高い．腕に抱かれた，ぐったりした感じのジャガー＝人間の像は，この若者が王家の出身であることを象徴しているのかも知れない．まったく同じ幼い神を，オルメカ祭壇の前面にあるくぼみに彫刻された支配者が抱えているからである．高さ55cm．

右　翡翠製の「オオギワシの神」．高さ5.8cm．この傑作が示すように，オルメカの人々は，メソアメリカでも最高の翡翠彫刻家であった．制作年代は，前800－前400年ごろ．オルメカの動物神すべてにあらわれる人間的な要素がここにも見られる．ジャガー＝人間のような口の上につけられたくちばしと様式化した冠毛のみが猛禽としての特徴を露呈している．

右　サン・ロレンソの52号記念碑．高さ90cm．これは，嬰児のようなジャガー＝人間神で，ラス・リマス出土の肖像が抱いている像と微細な点に至るまで同一である．深く埋められた石の排水溝の上部で見つかった．したがって，水とかかわりがあると思われ，たぶん雨の神であったろう．

下　「鮫の神」．青緑色のオルメカの翡翠彫刻で，グァテマラの太平洋岸出土．形成期中期，前800－前400年．

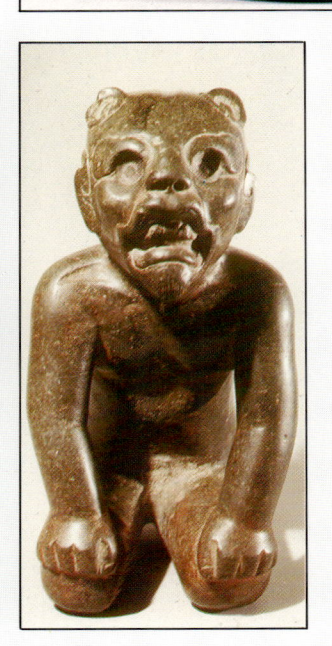

上　メキシコ盆地のトラパコヤ出土の鉢（土器）．高さ13cm．形成期前期，前1200－前900年．表面に刻まれているのは，ラス・リマス出土の肖像の右肩にある神格の頭と同じもので，曲がった帯模様が眼を貫くように描かれ，また牙をむいたジャガーのような口を有する．

左　ジャガーに変身しようとしているシャマンの坐像（石製）．

97

ラ・ベンタ

　今では石油開発のために大部分が破壊されてしまったが、ラ・ベンタ遺跡の中心部は、A複合とよばれる。完全にはわかっていないが、大きなマウンドと儀礼の供物からなる集合で、放射性炭素法で形成期中期という年代（前900—前400年ごろ）が出ている。通常の直線的配置（天文学的な北より8度西に傾いているが）を有するこのA複合では、いわゆる「大ピラミッド」がそびえ立っている。これは、実際には縦溝のある円錐形をした高さ30mのマウンドで、10万m³以上の盛り土で造られたと推定されている。このピラミッドが巨大な墓を納めてはいないだろうかという推測が、当然生ずるに相違ない。だが、現在までのところ一度も調査されていない。

　このラ・ベンタのピラミッドは、当時のメキシコで最大のものである。その構築には、延べ80万人を要し、1万8000人の人口をもつ後背地を必要としたと推定されている。

右　ラ・ベンタの高さ30mの「大ピラミッド」と一連の低い基壇——この建築はメソアメリカの基準ではさほど大きくない——は、この遺跡で見つかった、彫刻の施された石の記念碑および、みごとに仕上げられた翡翠を生み出したオルメカの芸術的巧妙さと、すべて人力に頼るその努力奮闘を必ずしも正確に伝えていない。ラ・ベンタ島の石油化学コンビナートの拡張により破壊の危機にさらされたために、記念碑は、タバスコ州のビヤエルモーサ市の野外博物館に移されている。

下　ラ・ベンタの4号祭壇。この種の石彫の機能は、わかっていないので、「祭壇」というのはきっと誤った命名であろう。座った人物は、両側面に描かれた捕虜を縛っている縄を握っている。

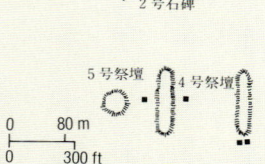

右　ラ・ベンタの4号供物。これは、一群の翡翠と蛇紋岩の小像で、儀式の光景を描写するかのように配置されている。直立する細い斧は、背景となる玄武岩の円柱をあらわすものであろう。地表面より下で発見されたこの供物には、明らかに標識が付けられていた。それは、後にオルメカ人自身が点検のために掘り出すためであった。

メソアメリカ

が低い土地一面にあふれ出る．水がひくと，肥えた土の層が河川の自然堤防に残る．この沖積堤は，メキシコで最高の生産性を誇り，ナイル川のようなこの状況が，急速に増加した人口と相まって，オルメカの複雑な文明を生んだと思われる．

オルメカ中心地域における遺跡の正確な数は，まだわかっていないが（植物が繁茂しているために調査は困難である），大部分の遺跡は，低い丘あるいは高台の上にある．いずれも沖積堤の近くで，洪水におそわれがちな草原よりは高い所に位置する．石材は，すべて外部からもってこなければならず，記念碑彫刻や排水路，それに挽き具を作るためだけに用いられたので，石造建造物は存在しない．盛り土をして鮮やかな粘土で上塗りをしたマウンドの頂上には，耐久性はないが草葺きの屋根と柱をもつ建築物が建てられていた．

オルメカ文明の編年に関しては，長いあいだ論争が絶えなかった．マヤ学者は，壮大な玄武岩製の記念碑や美しい翡翠の彫刻をともなった，オルメカの奇妙で複雑な芸術様式が，古典期マヤよりも古いことを信じようとしなかった．しかし，この30年間に行われた広範な発掘と一連の放射性炭素年代測定法のおかげで，中心地域でもその外でもオルメカという文化現象は，確かに形成期に属するものであることが証明されている．このオルメカ文明は，実際には二つのホライズン（ある文化特徴が広範囲にひろがった時期）に分けることができる．一つは，形成期前期の後半（前1200—900年）に相当し，もう一つのホライズンは，それにつづく形成期中期（前900—前400年）にあたる．そして，形成期後期のはじまるまでに，この文明は実質的に消滅してしまうのである．

サン・ロレンソ

オルメカ中心地域内の遺跡で，十分に調査されたものはほとんどない．詳しい地図が作られ，また考古学的編年が確実にわかっている唯一の遺跡は，サン・ロレンソ・テノチティトランで，テワンテペック地峡の北側の地域の大半の水を集めて流れるコアツァコアルコス川の支流に近い三つの遺跡からなる複合遺跡である．サン・ロレンソ遺跡自体は，紀元前1500年ごろにはすでに形成期の住民が住んでいたが，現在見られるような形になり最盛期に到達したのは，前1200—前900年のサン・ロレンソ期である．遺跡は，南北約1.25km，高さ50mの台地（メサ）の頂上にひろがっている．イェール大学の発掘によれば，この台地は，部分的に——場所により7mの深さまで——人工であることが判明した．人造の屋根が台地の北西側，西側，南側に突き出ている．この巨大な建築物は，数万m³の盛り土，粘土，砂でできていると考えられ，それはすべて人力で運ばねばならなかったのであった．

メキシコ湾岸にある他のオルメカ遺跡と同様に，サン・ロレンソ遺跡のもつ最も印象的な特徴は，記念碑の数，大きさ，美しさである．メソアメリカの最初の芸術家は，このオルメカの彫刻家で，世界中のいかなる芸術様式にも比肩しうる独特の様式を生み出している．巨大な記念碑は，サン・ロレンソから北北西に80kmほど離れたトゥシュトラ山地の石切り場から苦労して運ばれてきた玄武岩で造られた．その中には，8個の巨石人頭像がふくまれ，一番大きいのは，高さが2.3m，重さは20t以上はあろう．これらの巨石人頭像が，オルメカの支配者の肖像であることはほとんど確実である．めくれたような厚い唇，平たい鼻をした顔は，東南アジアの住民に見られる顔立ちを思いおこさせるが，その保護帽のような被りものにある象徴と同じく，一つ一つが異なった顔をしている．オルメカの人々が，神聖な球戯を行ったことが土偶から推測されるが，この被りものはその際に着用されたものかもしれない．

巨石人頭像のほかに「祭壇」も作られた．これは足のないテーブルような形をした大きな直方体で，前面につけられた窪みには足を交差した支配者が坐り，ジャガー＝人間の赤ん坊を腕に抱いているか，あるいは戦争の捕虜をしばった縄を握っている様子が彫刻されている．王位継承や武勇を祝して指導者をほめたたえるシンボルであったろうと思われる．それ以外の数多くの彫刻を見ると，サン・ロレンソの支配者は，信仰する神々と同一視されていたことが示唆される．神々は，人間と動物の特徴を組み合わせた，グロテスクな超自然的存在であり，きわめて複雑なパンテオンを構成していた．大抵オルメカの規範的表現ともいえる牙をむいた「ヘ」の字口と幼児的な容貌によって特徴づけられる．

サン・ロレンソが厳密な意味で祭祀センターだったことは確実だが，ここにはもう一つ明らかに非実用的な面がある．それは，石造の排水溝が大規模にめぐらされていることである．排水溝は，U字形の玄武岩の端と端とをつないでならべ，石のおおいを取り付けたものである．遺跡の上面にある人工池（儀礼的な沐浴のために使われたと思われる）の水を流すのに使われたと考えられている．オルメカには，石を加工する金属製の道具がなかったので，このような排水設備を作るのに要した労働力は，気の遠くなるほどのものであったろう．

サン・ロレンソは，その神聖さゆえに，形成期前期のメソアメリカ全域で崇拝された祭祀センターであったと思われる．ここには，オルメカの支配者や神官の中でも最上位の者が住んでいたにちがいない．周辺地域をふくめた人口を推定するのは不可能だが，家の建っていた土製マウンドがおよそ200あるので，祭祀センター内に約1000人の人々が居住し，支配者や神官に仕えていたと推定される．大量のメタテ（石臼）とマノ（碾石）は，河川の自然堤防やもう少し高い土地でのトウモロコシ栽培が経済の基盤であったことを示しているが，残存している動物遺残から，スズキを釣り，海ガメや家畜であるイヌをほふって得られる肉にも大きく依存していたこともわかっている．また，食物の残滓とともに殺された捕虜のものと思われる人骨が出土するので，食人の風習があったことはほぼ確実である．

オルメカの中心地域では各種の原材料が不足していた．サン・ロレンソのエリートたちは，そのためにかえって原材料を珍重したと思われる．たとえば，メソアメリカで西洋文明における鋼鉄のごとき役割を果たした黒曜石は，中心地域から遠いメキシコやグァテマラの火山地帯にのみ産する．それにもかかわらず，加工道具として役立つこの黒曜石は，微量元素分析が証明しているように，さまざまな地域にある産地からサン・ロレンソまでおそらく何トンも運ばれてきたのである．磨き上げると美しい光沢を出す鉄鉱石も，外部から運ばれてきて珍重された．これは，放物面鏡や凹面鏡になり，儀礼において重大な役割を担ったはずである．さらに，みごとに加工された細長い磁石が一つ出土しているが，これは，土砂占いに用いられた世界最古の羅針儀であったかも知れない．

サン・ロレンソ期の土器は，大部分がトウモロコシを調理する（たぶん，トウモロコシの蒸しパン，タマルを作った）無頸の壺だが，オルメカの神々を象徴するデザインが彫り込まれた土器もたくさん見つかっている．これらの家庭用の土

ゲレロ州のオルメカの洞穴絵画には、人間＝動物のモチーフと雨＝豊饒さらには起源神話を表す図像が組み合わされている。フシュトラワカの洞穴にあるこの支配者と捕虜の光景は、何らかの意味を有していたに違いないが、描かれた人物の正確な身分や民族はわかっていない。フシュトラワカの125km北方のオシュティトランの洞穴絵画にも、同じようなオルメカの支配者と動物のテーマが描かれている。メキシコ湾岸と高地との接触は、前1000年ごろまでにはじまった。ゲレロ州の洞穴絵画の制作年代は、前900―前700年と考えられている。

器は、メキシコ中央高原など、中心地域以外では、地位の高い者の墳墓から出土するという事実は重要である。同様のことが、赤ん坊をかたどった白色の大きな中空土偶についてもいえる。この裸で性別もなくまったく不可解な小児像は、何らかの儀礼で中心的な役割を果たしたものと思われる。年代的には前1200―前900年に限られている。だが、その意味合いに関しては、かいもく見当がつかない。

前900年ごろにサン・ロレンソは、原因は不明だが、はなはだしい破壊をこうむった。そして、この災厄はほぼ同時期にその双子の遺跡といえるラグーナ・デ・ロス・セロスも襲ったと思われるが、この遺跡の発掘は行われていないので、ほとんど何もわかっていない。サン・ロレンソでは、当時あった記念碑のすべてが故意に打ち砕かれ、穴に埋められ、削られ、溝を彫られるなどして壊わされてしまった。残骸は、屋根の上を引きずられ、線状に長くならべられ、ていねいに埋められている。侵略か革命かそれとも周期的に行われた儀礼的な破壊であろうか。これらが皆、破壊の原因として提唱されたが、オルメカ人は、文字による記録をのこさなかったので、真相が判明することはけっしてないであろう。ともかく、サン・ロレンソが完全に再興されることは、その後2度となかった。またスペイン人による征服時までに時折居住されてはいるものの、往時の姿にもどることはなかったのである。

ラ・ベンタ

サン・ロレンソの政治的地位を継いだのは、ラ・ベンタのようである。ラ・ベンタは、オルメカの中心地域の東端近くにあり、トナラ川沿いにひろがる沼の中の島に位置する。

形成期中期のラ・ベンタには、かつてのサン・ロレンソには見られない特徴がある。まず第1に、オルメカ人は、この時期までに主要な翡翠原産地を発見したことである。翡翠は、メソアメリカでは征服時まで富を象徴する主たる品であった。蛇紋岩は、サン・ロレンソ期にすでに知られていたが、ラ・ベンタのA複合では、地中にモザイク模様の三つの大きな敷石細工が作られて埋められていた。それぞれ485個の蛇紋岩が使われ、様式化されたジャガー＝人間の顔をあらわしている。これはラ・ベンタだけに見られる独特のものである。また、発掘の結果、A複合の南北中心線にそって多くの供物が埋められているのが見つかった。地中に作られた十字形の穴からは、翡翠の斧や鉄鉱石製の凹面鏡、さらに翡翠と蛇紋岩の斧と小像を会議の場面のように配置した、すばらしい4号供物が納められていた。

サン・ロレンソと同様に、ラ・ベンタも突発的におこった破壊活動におそわれ、中心地域の巨石人頭像も「祭壇」（玉座とよぶべきもの）もその他の彫刻もサン・ロレンソとほとんど同じ方法で壊わされている。中心地域のオルメカ文明は、大方消滅したが、トゥシュトラ山地の西斜面にあるトレス・サポーテスではオルメカの派生文化が存続していた。このオルメカの派生文化は、チアパス州とグァテマラで形成期に発展した原マヤ文化のイサパ文明と多くの要素――文字と暦など――を共有するものである。

中心地域外のオルメカ遺跡

オルメカの芸術様式と文化的影響が中心地域外の領域へ遠方までひろまったことは、メキシコの高地における発掘――正式のも不法なのもふくめて――によって昔から知られていた。このようにして発見されたものの中でも逸品はサン・ロレンソ期に属し、大きな町や村の家屋の床下に造られた豪勢な墳墓から出土している。一番よく知られている遺跡は、メキシコ市の北西部にあるトラティルコで、ここからは、ぜいたくな副葬品を納めた床下の墳墓が数百も発掘されている。明らかにこの土地で作られたと思われる土器とならんで、オルメカの白色粘土製の土偶と中空の「赤ん坊」が出土している。また、彫刻をほどこした土器は、サン・ロレンソで作られ、サン・ロレンソの指導者たちが野蛮人と見なしていたと思われる従属地区の支配者に輸出された可能性がある。オルメカの影響が見られる遺跡は、プエブラ州（中でもラス・ボカス）とモレーロス州（グァルピータ）でも知られている。

メキシコ市の南東約120kmに位置するチャルカツィンゴは、メソアメリカ全域で最もすばらしい遺跡の一つである。モレーロス州東部に位置するこの付近一帯では、ほとんど平坦な盆地の底に大きな峰が三つそびえ立っている。中央の峰が形作る断崖の下にある、斜面の一番高い部分にそった所で、メキシコ人の女性学者が1934年に巨大な丸石の上に彫られた一連の浅浮彫りを発見した。彼女は一目でオルメカのものだと察した。当時ラ・ベンタの彫刻として知られたものに似ていたのである。イリノイ大学の行った発掘の結果、チャル

メソアメリカ

カツィンゴでの最古の居住は，形成期前期にまでさかのぼり，またトラティルコのものに類似した土器と土偶が出土するが，この遺跡の最盛期は，前述の岩の彫刻もふくめて形成期中期に属し，サン・ロレンソではなく，ラ・ベンタと同時代であることが明らかになった．

チャルカツィンゴの彫刻の最大のものは，1号浮彫りとよばれ，オルメカの主神である「オルメカの竜」の開いた口の形をした洞穴のような穴の中の玉座に坐り，スカートをはき，高くそびえる頭飾りをつけた女性をあらわしている．竜の口からは蒸気もしくは煙が吹き出し，疑いなくチャルカツィンゴの支配者をあらわすと思われる女性の上方では，様式化された三つの雨雲が精液をしたらせている．すぐ近くの2号浮彫りには，ジャガー＝人間の面をつけた2人のオルメカ戦士によっておびやかされ，平伏し縛られ勃起した捕虜の図が彫られているが，これは，征服の光景をあらわしているのであろう．別の浮彫りには，裸の男たちを襲う，猛り狂ったジャガー神が彫り込まれている．

メキシコ南部の太平洋岸に面したゲレロ州では，以前からオルメカ様式の遺物が時折発見されていた．実際，この地方で出土した，青緑色のみごとなオルメカの翡翠彫刻は相当な量であり，芸術家で考古学者の故コバルビアス博士が，オルメカ文明の発祥地をゲレロとする説を提唱したほどである．しかし，ゲレロ州は，砂漠性の河谷と乾燥した険しい山地なので，この説はとうてい成り立ちそうにない．オルメカ人がゲレロ州にいたのは確かだが，灌漑技術を習得した後はじめてこの地に住んだにちがいないのである．

1966年までは真にオルメカといえる遺跡は，ゲレロ州では知られていなかった．だが，1966年7月にプリンストン大学のギレット・グリフィンと引退したイタリア人の実業家のカルロ・ガイが，フシュトラワカの注目すべき洞穴絵画を発見した．実は，この絵画は，数十年前から知られてはいたのだが，オルメカのものという正当な評価を得ていなかったのである．フシュトラワカは，ゲレロ州の中央東部の乾ききった丘陵にある洞穴で，深さ1.25 kmの下り坂になっている．絵は，その一番奥に近い二つの岩屋に描かれていて，死者と地下世界の信仰と結びついた儀礼の中心であったと考えられる．主要な絵は，黒やその他の土性顔料で描かれ，水平の縞の入った寛衣を着，ジャガーの皮のゲートルと小手をつけ，黒いひげをたくわえた堂々たるオルメカの支配者と，その足下にへつらう捕虜をあらわしていると推定される．奥の方の岩屋には，赤色の大きな蛇が，壁面から突き出した平石の上に描かれている．その目の中に描かれた十字文様と緑色の羽毛製の頭飾りは，メソアメリカで最古のそして最も重要な神の一つ「羽毛の蛇」であることを物語っている．

オルメカ文明が中心地域で発生したことについて現在ではまったく疑義がない．オルメカ社会は，メソアメリカで最初の複合社会を形成したのである．オルメカの製品と影響は，中央メキシコから南方のコスタリカまでの各地に見い出される．競合であれ征服であれ交易であれ，または布教活動（あるいは，この中のいくつかを組み合わせたもの）の結果であれ，神々と祖先の礼拝に専念するエリート階級が支配するという，オルメカが示した社会形態は，中心地域の外へひろく波及し，一般的なものとなった．そのような地域の内，オアハカ盆地などは，ほとんど土着の発展をとげたように思われるが，それに対して初期のマヤ文化などは，オルメカの直接の継承者であったようである．

初期サポテカ文明

モンテ・アルバンは，丘の上の遺跡で，オアハカ盆地をなす三つの河谷が合流する戦略的要衝に位置している．ここは，サポテカ文明の誕生（前500年ごろ）から衰退（後800年以降）までのあいだ，その軍事的，文化的，政治的権威の中心であった．形成期中期に相当するモンテ・アルバンⅠ期に，サポテカの最初の支配者は，丘の頂を平らにし，広大な広場をいくつも作った．この広場の一つに接した神殿基壇の側面には，浅浮彫りをほどこされた異様な平石が一列に配置されている．これは，浅いがくっきりと浮彫りにした，男性裸像で，目を閉じ，口を開き，しばしば生殖器が切断され，そこから血が花模様に流れ出ている．長いあいだ「踊る人」（ダンサンテ）とよばれてきたが，実際は，モンテ・アルバンの征服戦争の際に殺された首長の像であろう．この「踊る人」と共に記された象形文字は，首長の名を記していると考えられる．そのほかに，52年周期の循環暦による日付けをあらわしたもっと精巧な文字も刻まれている．これは，メソアメリカで最初の文字表記である．というのは，オルメカ人は，その末期にきわめて初歩的な文字を使用しただけだからで，もしかすると，文字とメソアメリカの暦法を考案したのは，サポテカ人であったかも知れない．

モンテ・アルバンⅡ期は，モンテ・アルバンⅠ期から発展したもので，この遺跡の形成期後期にあたる．この時期の建築の中で最も注目されるのは，建物Jとよばれる石の記念建造物で，上から見ると大きな矢じりのような形をし，内部には，持ち送り式アーチ，あるいは「擬似」アーチとよばれる工法を基本にして作られた，薄暗い通路がある．モンテ・アルバンⅡ期には，Ⅰ期よりも一層広い地域を征服したことが特徴で，征服は，クイカテカ族の地にまでおよんでいる．これらの土地で収めた勝利は，建物の壁に平石を取り付けることによって祝われた．平石には，征服した町の名前と征服の日付けをあらわす象形文字が長々と刻まれている．サポテカ人は，初期のメソアメリカにおいて最大級の国家を作りあげていたので，「征服の芸術」という用語が，先古典期のモンテ・アルバンの彫刻をさすのに適切であろう．

オアハカ市の南東にあるダインスーにも，モンテ・アルバ

左　「踊る人」．モンテ・アルバンの浅浮彫りのある平石．サポテカでは，体をねじ曲げた姿勢の裸体像は，殺された捕虜を象徴していた．モンテ・アルバンの最古の建物の一つで征服を記念する建物Lの側面には，このような平石が300個以上も，一列に配置されていた．後の時代にそのうちの少なくとも100個が，新しい建物の建築材料として再び使われた．

右　細長い頭，はっきり縁どられた目，とがった鼻，静止した姿勢は，「アメカ・グレイ」という中空土偶の特徴である．人間や動物をかたどり，現実離れしたこの種の土偶は，メキシコ西部の典型的な副葬品で，大量に出土している．博物館の展示品と個人の収集品——嘆かわしいことに，適切な考古学調査の行われる以前に，盗掘者が墳墓をほとんどさらってしまっている——の中に最良の作品が見られる．

ン II 期のものに大変似かよった彫刻様式が見られるが，ダインスーの彫刻の中心テーマは，捕虜ではなく球戯者であった．球戯者は，そろいのプロテクターを身につけている（球戯に使われた大きなゴムのボールは，固く大変危険であった）．ヘッドギアは，中世ヨーロッパの馬上槍試合の兜に似ている．また，球戯者の中には，すでに死んでいるかのように見える者もある．

メキシコ西部の墳墓文化

博物館にある先コロンブス期の収集品で，一番ありふれた品に，メキシコ西部で出土した人物や動物をかたどった大きな中空の土偶がある．この土偶は生き生きしたとした自然主義的様式で作られていることが多く，見る者をただちに魅了してしまう．いずれもコリマとナヤリーとハリスコの西部諸州の墳墓から出土しているようだが，残念なことに，すでに盗掘されてしまった墳墓については報告があるものの，墳墓を考古学者が発掘し記録した例はまったくない．

墳墓自体は通例，地面から地下の火山性凝灰岩の層まで掘り下げて造られ，墓室に至る堅穴が非常に深いものもある．盗掘者は，遺跡には興味を示さなかったので，そのまま放置

右　メキシコ西部の墳墓文化
何千もの大きな土偶が，地中深く作られた墳墓から出土している．これらの墳墓は，メキシコ西部のコリマ州，ハリスコ州，ナヤリー州の火山性凝灰岩を深く掘り下げた堅穴によって地上とつながっている．家族全員あるいは一族を埋葬できるように多数の墓室を有することが多い．満足のいく年代測定は行われたことがないが，おそらく形成期後期に属するだろう．

コリマ州の墳墓から出土した土偶は，ことのほかみごとで，棍棒や槍をふりかざした戦士をかたどったものが多い．これらの像は，悪霊やライバルのシャマンに対抗するために戦う姿勢をとったシャマンではないかという説もある．

ハリスコ州は，広大な州で，考古学的にはほとんどわかっていない．その墳墓から出土した土偶は，著しく多様な様式を有し，おそらく長期間にわたってさまざまなものが作られたのであろう．

最古の土偶は，ナヤリー州出土の「チネスコ」様式のものと思われる．後のナヤリー州の土偶は，常に男女一対をなしていて，それは，メキシコ西部の墳墓芸術の大部分が先祖の像とかかわっていることを物語るようだ．ナヤリー州の墳墓出土の土製品の中で最も著名なのは，2階建ての家と一村落全体をあらわしたもので，時にさまざまな仕事に従事する数十人の小像も付属している．球戯の光景をあらわした土製品も知られている．

されていることが多かった．そのためどの墓——多数の墓室を有する墓もある——も，かなり長期間にわたって家族あるいは一族の成員を埋葬するのに使われたことが明らかになった．

このような墳墓と土偶に関して考古学的情報がないために，その正確な年代は不明であるが，おそらく皆，形成期後半に属するものであろう．最古の土偶はたぶん，ナヤリー州から出土した，いわゆる「チネスコ」土偶と思われる．この一帯から出る，多少とも人物風の土偶すべてがそうであるように，チネスコ土偶も男女一対（おそらく祖先をあらわしているのであろう）で出土するようだが，目尻がつり上っており，坐った胴体が著しく長く，すばらしい様式美をもっている．

この後の時代の様式に属するが，ナヤリー州の土偶には戦士もある．また，家屋や人々，そして神殿さえもある村，さらに球戯者とそれを見まもる人などがいる球戯場の模型をあらわしたものも出土している．

芸術的に見れば，コリマ州の墳墓からの土偶が最もすばらしい．それには，さまざまな活動に従事する（市場へ土器の荷を運ぶところなど）人物やイヌがふくまれている．このイヌは，特別な種類で，トウモロコシを食べて太らされ，古代メキシコでは動物性蛋白源となったものである．

メキシコ西部の墳墓から出土する彫刻は，あの世にいる尊崇すべき死者を楽しませることを念頭におきながら，現世を描写した芸術であると長いあいだ考えられてきた．しかし，近年人類学者のピーター・ファーストは，それは基本的に葬礼のための芸術で，シャマニズムと死者の世界という二つの重要なテーマを有していることを示唆して，先の解釈に疑問を投げかけている．たとえば，戦士だといわれる土偶は実際には，新大陸原住民社会のシャマンが悪霊や他のシャマンと闘っている時にとる姿勢をしており，またナヤリー州出土の2階建ての家屋群は，生きている者の住む上の世界と死者の住む下の世界をあらわしていると考えられる．そして，メソアメリカの人々のあいだには，死後地下の世界に至る恐ろしい旅の途中で，かれらの信ずる「三途の川」をわたらなければならないが，その時に犬が主人の魂を導いてくれるという信仰があったことも指摘できよう．

現在の知識は，まだ不十分であるものの，メキシコ西部出土の土偶を通じて，メソアメリカ初期の世界についてこれまでとは異なった解釈をすることもできるのである．

古典期の国家テオティワカン

オルメカの影響が衰えた後，メキシコ盆地では際立った発展は見られず，文化的な停滞におちいったが，西暦紀元前後ごろテオティワカンが興隆するとともに，急激に文化的活力を取りもどした．征服前の南北アメリカ大陸で最大の都市テオティワカンの成立が，少なくとも古典期のはじまりを画するものである（マヤ低地では，古典期は2世紀以上も遅くはじまる）．メソアメリカのあらゆる都市や国家や文化の中でテオティワカンほど全土に影響をおよぼしたものはない．オルメカもトルテカもアステカでさえも比べものにならない．したがって，テオティワカンは，アステカ王国よりもむしろ強大な国家の都であったことは確かであろう．だが，このことは，領域内に独立した地域がなかったという意味ではない（事実，アステカ王国にもそれはあった）．たとえば，古典期モンテ・アルバンのサポテカ人は，政治的な独立を維持し，テオティワカンの人々とは外交関係をもっていたように思われるが，それにもかかわらずサポテカ文化にさえテオティワカンの影響の跡がうかがえるのである．

都市テオティワカン

この巨大な都市は，メキシコ盆地の北東部のテオティワカン盆地に位置する．ここは，水が豊かな平地で，サンフワン川とその支流がテスココ湖に流れ出るところにある．恵まれたこの地域は，もともと農業に適しているだけでなく，1年中水の枯れない大きな泉がいくつかあり，また，あまり水量は多くないが小川もあり，灌漑農耕が可能であった．ウィリアム・サンダースたちは，テオティワカンは灌漑文明，すなわち「水利」文明であるという考えを提唱してきたが，残念ながら，テオティワカン盆地では，この古い時代にさかのぼる水路に関する確かな証拠は実に乏しい．

テオティワカンは，新大陸で最も詳しくまた広範囲に発掘調査された遺跡の一つで，この仕事の大半は，ロチェスター大学のルネ・ミロンにより遂行された．ミロンは，テオティワカンの地図作製計画を指揮した．今ではテオティワカンの都市地区は，20 km²以上にひろがっていたことがわかっている．北西部に形成期後期の住居跡が少し見られるものの，都市の大部分は，大規模な作業の下にいちどきに測量が行われ，碁盤の目状に設計されたようだ．人口が正確にどれくらいあったかについては，推測の域を出ない．妥当な数値は，12万5千と25万のあいだであろう．これは，当時の旧大陸のほとんどの都市よりはるかに多い数である．テオティワカンの都市計画の基本単位は，1階建てで正方形の集合住居で，一辺の長さは，50—60 m，周囲を高い外壁で囲まれている．通常「死者の大通り」の近くにある富裕な人々の住む区画では，ローマ風の中庭のような空地に面して屋根のある日常の生活のための住居が建てられ，この空地のわきにはたいていタルー・タブレーロ様式の基壇が設けられ，その上で，家族あるいは一族の儀礼がとり行われたと考えられる．このような上流ないし中流の集合住居では，内部の壁に神話上の人物や光景が，様式化された反復的な構図で描かれている．最も著名なのは，テパンティトラ宮殿にある「トラロックの天国」とよばれる壁面である．これは，水にかかわること（溺死，落雷，水腫など）で死んだ者がいく天国を描いているとされているが，むしろ，ひろく信仰された「蜘蛛の女神」が治める王国であるように思われる．木や花や蝶を背景にたくさんの人物が踊り遊ぶ様子は，まさにこの壁画の名声にふさわしいものである．

テオティワカンの中心部にあるエリート用の住居から離れた所に，職人と中小の商人の住む，ひどくみすぼらしい住宅があった．発掘の結果，これらの住居は，中世ヨーロッパあるいは中東の古い町に見られるウサギ小屋——小さい部屋と狭い居住環境と建物の間のみすぼらしい路地——に近いものであることがわかった．

黒曜石の作業場が数百も都市内部で見つかっている．というのは，黒曜石は，古代メソアメリカでは鋭利な刃をもつ道具の材料として欠かせないもので，この地域の主要な資源であったからである．テオティワカンは，最も重要な黒曜石産地をいくつか管理していた．テオティワカンはまた，メソアメリカ全土，とりわけマヤ地域にひろく輸出された極上の土

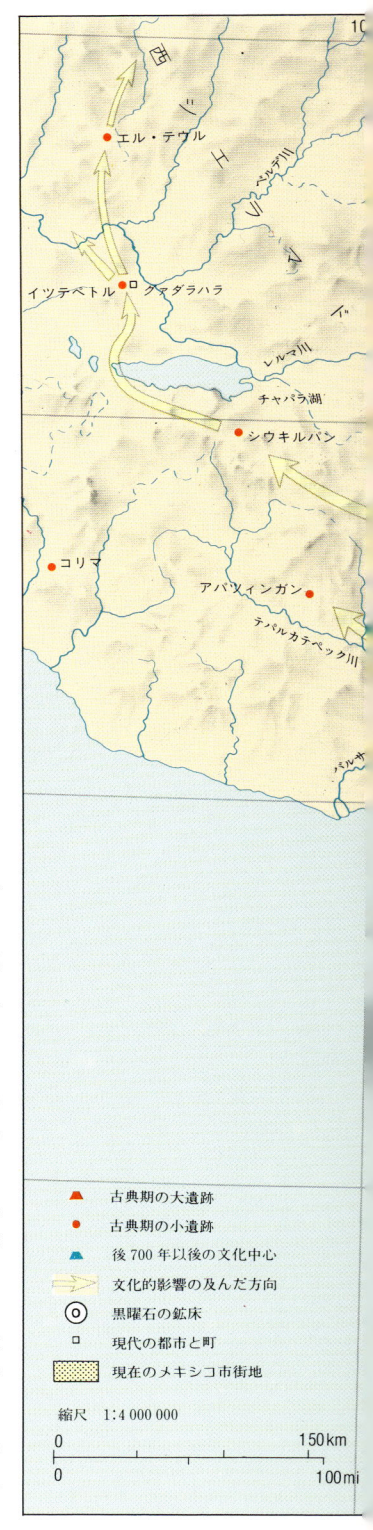

古典期のメソアメリカ文明
紀元前後から後2世紀にかけて始まった古典期メソアメリカ文明の全盛期は，指導者階級が権力を固め，周辺の領域に政治的，文化的な影響力をおよぼしはじめた時代である．一方，知識人であるこの指導者たちの下での貧しい農民の運命は，形成期と少しもかわるところがなかった．テオティワカンほど繁栄を謳歌したセンターはない．この都市はマヤ地域をふくめメソアメリカの大半を結ぶ幅広い交易網を作りあげたのである．商業面での交流とともに，文化的な交流がはじまった．テオティワカンの芸術は，当時興隆しつつあったその他の文明の芸術様式に大きな影響力をふるい，そのかわりにメキシコ湾岸やモンテ・アルバンの様式

テオティワカンの経済と文化

メソアメリカの研究者にとって最優先の課題は、テオティワカンが勃興し、圧倒的な優越を得ることができた経済的基盤は、何であったかという問題である。農業に関する限り、テオティワカン盆地は、たとえ灌漑が行われていたとしても、あのように膨大な人口を養いえたはずがない。だが、ミロンの地図は、テオティワカンのある区画にチナンパが存在したことをはっきりと示している。アステカ期のチナンパ（「浮かぶ畑」と誤ってよばれる）は、湖岸沿いの沼地に水路を設けながら作った方形の畑で、定期的に水草や泥をのせて地味が衰えるのを防いでいた。チナンパは、非常に肥沃で、アステカの首都の「穀倉」になっていた。チナンパは、現在でもメ

の影響を、少なくともその初期において受けたのであった。テオティワカンが7世紀に崩壊した時に、高地のメキシコ盆地周辺の諸民族とマヤ族——マヤ族は、それまでメキシコ中央高原の諸民族に抑えられていた——との関係は、変化しはじめた。カカシュトラやショチカルコのような遺跡、また、それより後のモンテ・アルバンから得られた証拠は、テオティワカンの崩壊にひきつづいてマヤの強い影響があらわれたことを示しているのである。

器をも生産した。高い地位をあらわすテオティワカンの土器は、テオティワカンの文化圏内の他のエリートたちが模倣し、また輸入さえもしたのである。その代表は、蓋付きで平底の三脚付円筒鉢で、しばしば漆喰が塗られ、テオティワカンの壁画様式で神話の光景が描かれている。薄手オレンジ色土器——これは、おそらく現在のプエブラ州で作られたのであろう——も、テオティワカンが、メソアメリカ各地におよぼした影響力を象徴するものである。なぜなら、遠いマヤ地域さえも高位の死者に捧げる供物の中に、この土器が入っているからである。

メソアメリカ

テオティワカン

右 テオティワカンの祭祀センターの地図．テオティワカンの地図作製計画で行われた空中および地上測量により，2300の住居を含む5000以上の建築物が確認された．建物がさかんに作られるようになったのは，後400年ごろで，そのころテオティワカンの形状は定まり，崩壊に至るまで同じ形を留めた．

　テオティワカンの主軸は，ほぼ南北（実際は，天文学的な理由からであろうが，真北より15度03分東にむいている）に走る「死者の大通り」である．空中写真から，この大通りと直角に交わる東西の大通りの存在が明らかになっている．この直交する大通りによって定められるテオティワカンの中心は，たぶん宮殿だと思われるが，シウダデーラ（城塞）として知られる大きな四角形の囲いのちょうど前ということになろう．はるか後世のアステカの都テノチティトランには四つの区画が存在したことがわかっているが，このように，テオティワカンも四分されていたのである．

　テオティワカンで最も壮大な建造物は，数km離れた所からも目に入る「太陽のピラミッド」である．ここ60年間に考古学者がトンネルを掘って調べた結果，このピラミッドは，数百万個にもおよぶアドベ（日乾レンガ）と筐で運んだたくさんの粗石を使って作られ，大部分は形成期後期のおわりに作られていたことが判明した．そして，最終的には4層で高さ70mに達し，頂上には平屋根の神殿が建っていたと考えられる．アステカの伝承が述べるように，この神殿が本当に太陽の崇拝に当てられていたかどうかはわからないが，ピラミッドの下方で最近発見された事実は，このピラミッドがなぜこの場所に建てられたかについて一つの示唆を与えている．というのは，ピラミッドの下には，自然の洞穴があり，古代人がそれをクローバーの葉形の部屋に拡張し，トンネルによりピラミッドの中心の真下に出るようになっていたからである．エスノヒストリーの研究成果から，最古のテオティワカン人は，この洞穴を超自然的な「発祥の地」，さまざまな部族の祖先が出現した一種の洞穴＝子宮と見なしたのではないかという推測が可能ではないかといわれている．「太陽のピラミッド」は，テオティワカンの最初の宗教的建造物であるだけでなく，最大のものでもあるので，この解釈は，なぜテオティワカンという都市が，メキシコ盆地の他の所ではなく，この場所に建設されたのかも説明していると思われる．

　「太陽のピラミッド」以外にも重要な建築物がある．「太陽のピラミッド」よりも小さいが，「月のピラミッド」が「死者の大通り」の北端に位置している．その外面は，重要な建造物の多くと同様に，傾斜したタルーの上に縁のある長方形のタブレーロをのせるという，テオティワカンに典型的な建築モチーフを呈している．建造物の外壁はすべて白く厚い漆喰でおおわれ，たいてい赤色に塗られるか，または多色で神話上の光景が描かれている．シウダデーラについてはすでに述べたが，基本的にこれは，周囲より低い広大な中庭で，その中心近くに堂々たるケツァルコアトル神殿を擁している．この神殿は，やはリタルー・タブレーロ様式の四角錐状のピラミッドで，側面には，「羽毛の蛇」の峻厳な浮彫り像が「火の蛇」と交互にならび，一方に新鮮さと生命，他方に暑く燃える砂漠という根本的な対立をあらわしている．

下　太陽のピラミッドは，西を向き，広い通り（「死者の大通り」）に面している．この南北にそってならぶマウンドは，1960年代までは大部分が未発掘で，墓を納めていると考えられていた．そのため「死者の大通り」という誤った名前がこの通りに付けられたのであった．しかし，考古学者がそれらの基壇を発掘した結果，神殿の基壇あるいは神官が儀礼を執り行った場所であると推定されている．ピラミッドの前面にある建物は，神官自身の住まいであった可能性がある．北方にそびえるセロ・ゴルドという山は，「月のピラミッド」をきわだたせる背景となっている．この山が死者の大通りの向きを定める上で格好の目標になったことは間違いない．

106

メソアメリカ

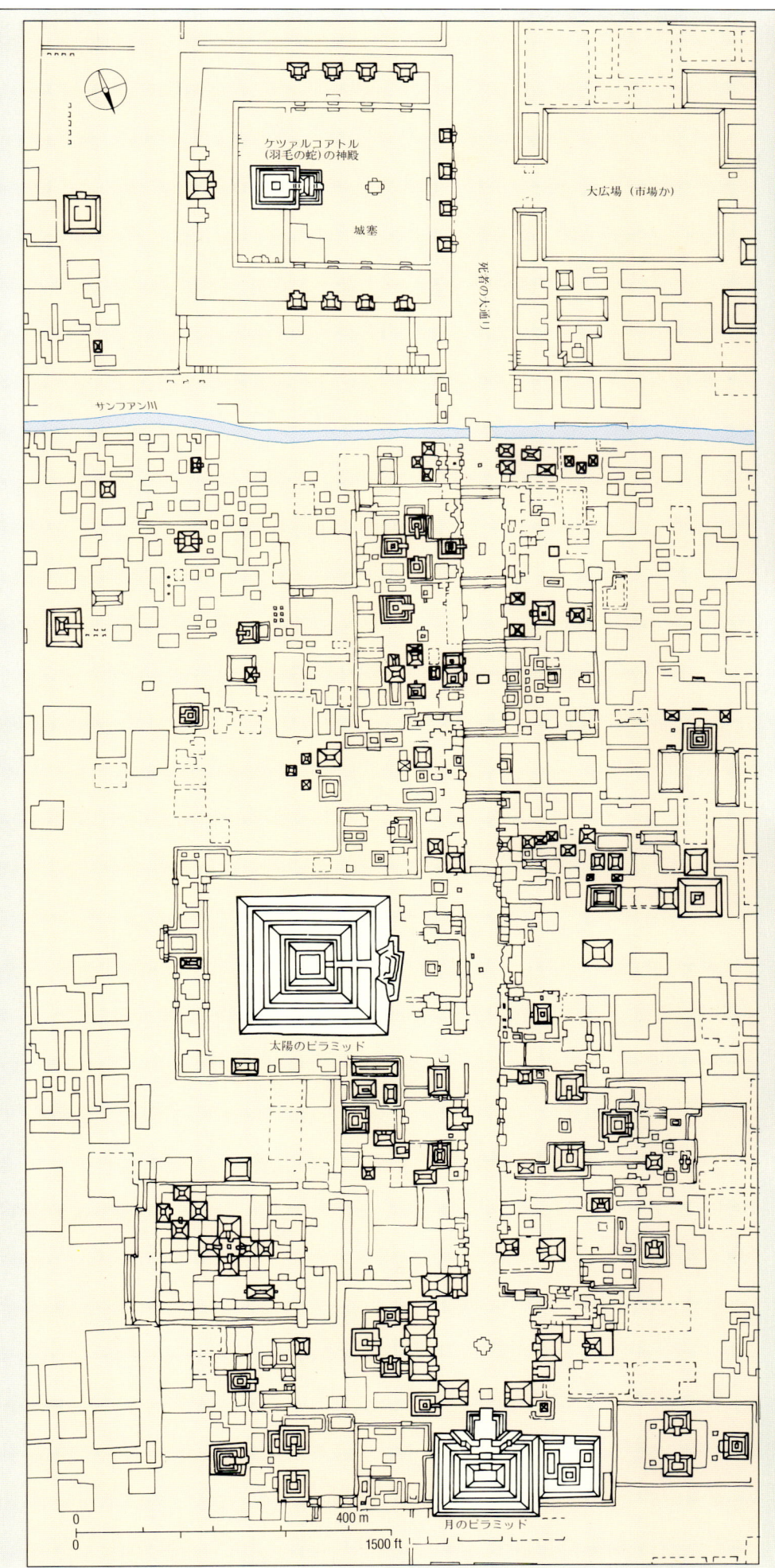

上 石や土製の仮面は、テオティワカンの各種の工芸品の中でも特徴的なものである。実物大の、あるいはわずかに小さい仮面は、ミイラの包みにつけられていたとも思われる。おそらくは肖像として作られたもので、その顔のつくりや大きさは、明らかにテオティワカン人の特徴を示しているのである。大量に生産された土偶や土製香炉、そしてこの小さな翡翠製の仮面にも同じ顔付きが繰り返しあらわれている。

下 壁面でも最古の時期に属する、自然主義的な傾向の強いワシで、「羽毛の貝の神殿」の基壇の基部に何羽も描かれている。

下端 この化粧漆喰を塗って彩文をほどこした三脚付土器は、テオティワカン芸術に共通してあらわれるテーマである羽毛のあるジャガーの頭をあらわしている。

107

メソアメリカの球戯

　球戯の分布範囲は、メソアメリカ全域におよぶ。専用の球戯場において二つのチームの間で硬く大きなゴムの球を使って戦われた。最古の球戯場は、オルメカ期にまでさかのぼり、土留めの土壁をもつたらいのような単純な構造であった。古典期になると石で造られた床面の傾斜した球戯場が、テオティワカンを除き、メソアメリカ各地に出現している。テオティワカンでは、「死者の大通り」にある低くくぼんだ部分が、球戯場として使われたのであろう。試合中にボールを手でさわることはできず、腰で打って飛ばすのが最も効果的だったが、試合の規則やどのように得点を数えたかについては、あまりわかっていない。負傷しないように体を守る防具として、木と皮でできた重くて広い腰帯、尻当て、手袋、そして地域によっては保護帽が用いられた。しかしながら、ゴムのボールは重く、速くとぶので、この球戯はきわめて危険であった。

　メソアメリカの球戯は、単なる競技ではなかった。球戯場自体が、宇宙の縮図であり、ゴムのボールは太陽を象徴していた。試合は、死と生贄のイメージに深くかかわり、試合後の儀礼では、敗者を生贄に捧げたといわれる。

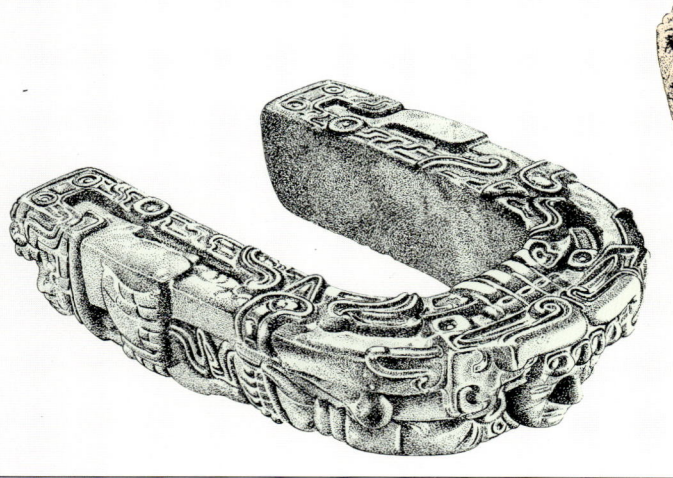

上左　ベラクルス州のエル・タヒンの球戯場の壁画パネルの浮彫り。古典期後期。負けたチームの主将は、生贄の石の上にひきすえられ、勝者がその胸にナイフを突き刺している。

左端　緑石製の「くびき」。ベラクルス州中部古典期文化。くびきは、球戯の防具である木と皮で作られたベルトの石製レプリカで、球戯試合後の儀式の際に参加者が身につけた。

左中央　縛られた捕虜をあらわす玄武岩製のパルマ（シュロ）。ベラクルス州中部古典期文化。パルマは、試合後の儀式の際にくびきの前面につけるへら状の石である。

左　玄武岩製のアチャ（斧）。この薄い石の頭像は、ハゲタカをあらわしている。アチャも、パルマと同様にくびきの前面につけたようである。

キシコ市南方のショチミルコ地区に存続している。ショチミルコの水路網の向きが，テオティワカンのものとまったく同じである点は重要だろう．都市テオティワカンの食糧基盤は，このようなチナンパ畑を含め，メキシコ盆地全体にあったと思われる．

テオティワカンが，メソアメリカの他の地域との交易に深くかかわっていたことも疑いのない事実である．何千人もの職人が，各地の市場で需要の多い黒曜石の刃，ナイフ，槍用の尖頭器などの道具，とりわけ，テオティワカン支配下のパチューカ鉱脈から出る緑色を帯びた上質の黒曜石で作った製品の生産に従事していた．考古学的な発掘により，他地域の商人が，そしておそらくは職人も，テオティワカンに住居を構えていたことが明らかになっている．ミロンの調査の結果，サポテカの灰色土製の神像まで備えたオアハカ出身者のみの住む地区の存在が判明し，1930年代にスウェーデンの調査団は，やはりテオティワカン内の別の地区で，ペテン低地で製造された古典期前期のマヤの多色土器を発掘している．

テオティワカンの象形文字が，わずかに確認されているが，大部分は暦法に関係するものと思われる．この文明には，文字による記録は存在していないことを強調しておくべきであろう．したがって，テオティワカンの政体や社会をどのようなものとして復元しようとも，それは推測の域を出ないことになる．その政体と社会をいかに再構成するかは結局，詳しい記録のあるアステカ王国のモデルを，遠い過去にどの程度投影しようとするのかにかかっている．アステカの人々は，トルテカの人々を通じてテオティワカンの文化を継承したのであろうか．テオティワカンの人々は，アステカの言語ナワトル語の古い形の言葉を話していたのだろうか．アステカの国家については，それが征服に基盤をおく王国で，その経済の根幹は，食糧などの生活必需品の生産よりも，納税に不本意な，征服された人々からむりやり取りたてる重い貢納にあったことがわかっている．メソアメリカにおいて「テオティワカン・ホライズン」が存在するという証拠から，アステカと大変よく似た状況があったであろうこと，しかもそれが一層広範囲におよぶものであったことが推察されよう．

テオティワカンの国家は，経済的な力だけでなく，イデオロギーによっても動かされていた．オルメカにも独特の神々があったが，後のメソアメリカの神々とオルメカの神々とのつながりは，きわめて間接的にしか確認できない．しかし，テオティワカンの神々は，後のメソアメリカの宗教体系，とりわけアステカの宗教体系によって十分に確認できるのである．雨の神トラロック，水の女神でトラロックの妻チャルチウトリクエ，地下の世界の主ミクトランテクトリ，「羽毛の蛇」ケツァルコアトル，その他テオティワカンの国家宗教をなす多くの神々がそれである．メキシコの学者イグナシオ・ベルナールが強調しているように，テオティワカンの登場によりはじめて，完全なメソアメリカ文化が出現したのである．

テオティワカンの没落

メソアメリカを支配した文化的勢力としてのテオティワカンは，後7世紀に終末をむかえた．文字による記録がないので，古代国家に死をもたらした要因を明らかにするのは，常に困難な作業である．かつてジョージ・ヴェイラントは，メキシコ中央高原での大規模な森林伐採が環境の悪化をひきおこしたであろうと推測した．テオティワカンの建設に用いられた莫大な量の漆喰は，やはり大量の木材を燃やして作られ

上　中部マヤ地域から出土した古典期後期の土器の側面の絵（展開図）．階段状の球戯場の前で，2人の男が，ゴムのボール——大きさは誇張されている——を飛ばしている．これは，『ポポル・ヴフ』（マヤのキチェー族の叙事詩）にある光景を描いているのかもしれない．それは，2組の双子がかわるがわる，地下の世界の主から球戯の挑戦を受けるという物語である．

左　モレーロス州のショチカルコ遺跡にある I 字型の球戯場．古典期末期．球戯場の側面の垂直の壁に付けられた輪（ゴール）をもつ最古の球戯場の一つである．アステカ期の慣習によると，輪に球を通した球戯者は，試合に勝利を収めるだけでなく，観客の衣装と装身具をも手に入れたという．

メソアメリカ

ねばならなかったことであろう．

確かなことが一つある．テオティワカンの大部分が侵略のためかあるいは内乱のためか，火災によって破壊されていることである．火災の証拠は，「死者の大通り」にそったエリートたちの居住区においてとくに目立っている．「月のピラミッド」の前の広場の西側にある，壮麗なケツァルパパロトル（「羽毛の蝶」）宮殿は，完全に焼かれ破壊されている．だが，少なくとも破壊をまぬがれた所で，それ以降もアステカ期まで人々はテオティワカンに住みつづけたのであった．

アステカの王は毎年テオティワカンに巡礼に訪れたが，そのころこの大都市は，ほとんど廃墟になっていた．テオティワカンの栄光は，神話の中でしか記憶されていなかった．テオティワカンは，巨人が建設したもので，大層重要な都市であったために，神々はここで世界を新たに創造したほどであると．

古典期ベラクルス文明

紀元開始前の数世紀のあいだにオルメカ文化の名残りは，すべて著しく変貌してしまったため，オルメカのものとはほとんど識別できなくなっていた．トゥシュトラ山地の斜面のトレス・サポーテスのように，人々が長期にわたって居住した大きな祭祀センターには，オルメカ彫刻の伝統がわずかに存続していたものの，昔のオルメカよりもチアパス州やグァテマラの原マヤ・イサパ文化との関係がはるかに緊密になっていた．非常に意義深いのは，ベラクルス州南部の知識人やエリート階層は，紀元前1世紀の末近くに長期計算法とよばれる暦法で日付を計算しはじめたことである．この偉大な進歩は，イサパ文化にも見られ，最終的に古典期マヤの暦法に受けつがれる．しかし後6世紀以後，この長期計算法は，低地マヤを除いてまったくすたれてしまうのである．

セロ・デ・ラス・メサス

形成期中期から後古典期まで居住の跡があるセロ・デ・ラス・メサスは，たいへん大きなマウンド遺跡である．アリゾナ州立大学のバーバラ・スタークにより現在ようやく測量図が作られているところで，長期にわたる考古学的編年は，まだほとんどわかっていない．だが，マシュー・スターリングの行った発掘と調査によると，この遺跡の最盛期は，およそ後300年から600年の古典期前期で，テオティワカンが覇権を維持していた時代と同時期である．おもに土と粘土で作られた建築物については，あまりわかっていないが，石の記念碑は多数あり，どれもオルメカのものではない．その中の二つの石碑には，長期計算暦の日付が刻まれ，それぞれ後468年と533年に相当し，日付とともに，闊歩する男の浮彫り像が刻まれている．日付をともなって記録されたこれらの出来事は，おそらく歴史的な事件であろう．

古典期のセロ・デ・ラス・メサスの支配者が，ある種の収集家であったことが偶然明らかになった．翡翠製と蛇紋岩製の品が大量に粘土製の階段の下に埋められ隠されているのが発見されたのである．地中から出たこの宝物には，ラ・ベンタ様式のオルメカのジャガー＝人間の顔が刻まれた翡翠のカヌー，コスタリカ産の翡翠の斧，古典期前期のマヤの翡翠の装飾板と耳輪などが含まれていた．セロ・デ・ラス・メサスは，古典期前期のベラクルス州中部のその他の遺跡と同様に，

エル・タヒン

上 「死の神」が入り組んだ渦巻模様の中から姿をあらわしている．エル・タヒンにある建造物の階段に置かれた彫刻．

右 壁龕のピラミッド（高さ18 m）．後600年ごろに建てられた，エル・タヒンで最古の建物と思われる．365個の壁龕（奥行き60 cm）がピラミッドの4面をおおい，ベラクルスの熱帯の空の下，光と影の鋭いきらめきを生み出している．

下　エル・タヒン遺跡．中央に壁龕のピラミッドが見え，それを小さなピラミッドと球戯場が囲んでいる．後の時代に建てられた，向きも異なるタヒン・チコとよばれる地区が北方に隣接する．マウンドの大部分がまだ発掘されていないが，祭祀センター自体は，950 haにわたって広がる遺跡内の60 haをしめるにすぎない．少なくとも12のマウンドは，球戯場であることが知られているが，この数は，メソアメリカの遺跡の中で最大である．エル・タヒンの編年は，ほとんど明らかにされていないものの，ベラクルス州の文化は，古典期後期に最盛期を迎えたと考えられている．

エル・タヒン遺跡の最も注目すべき建造物は，「壁龕の神殿」で，これは，365個の壁龕と東向きの階段のある4面6層のピラミッドである．伝説によると，365の壁龕のおのおのには，1年の365日に相当する神の像が納められていたといわれる．エル・タヒンに残存するその他の建造物は，宮殿もしくは行政のための建物であろうが，コンクリートを流し込んだ平たい屋根をしている．エル・タヒンの建築の主要な装飾モチーフは，階段状雷文で，雨雲をあらわすものと思われる．

エル・タヒンには，石造の球戯場が少なくとも三つ知られている．最大のものには，むかい合う壁の双方に三つの石の浮彫りがあり，いずれもベラクルス地方に典型的な，入り組んだ渦巻模様が描かれている．だが，その主題はけっして装飾的なものではない．そこには，球戯場での人身供犠の情景が描写され，球戯者は，制服のユーゴとパルマを，身につけている．さらに，別の浮彫りには，みずからの陰茎から血を流すという，メソアメリカ特有の苦行を行う神があらわされている．古典期ベラクルスの図像表現の研究は，本格的にはほとんどなされていないが，明らかに，古典期マヤのエリートたちの地下の世界に関する観念と密接な関係にある．

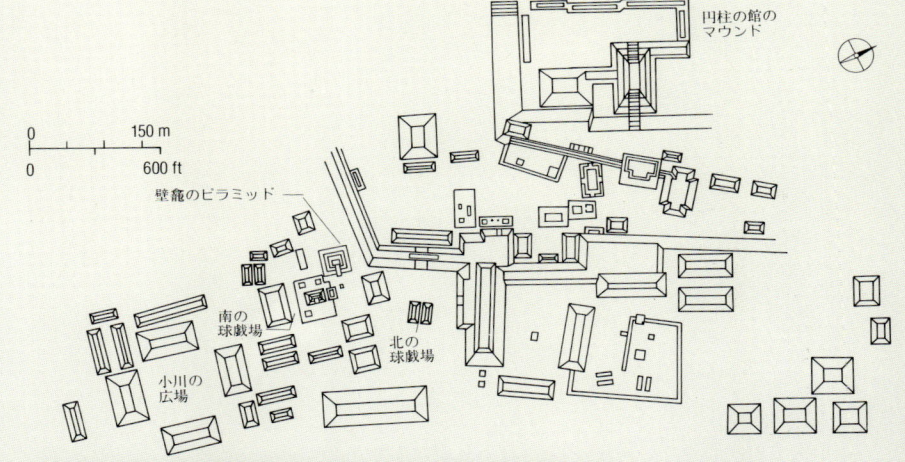

上　「円柱の館」のマウンドからは，北のタヒン・チコの広場を見おろすこともできる．「円柱の館」の名称の由来は，石の円盤（厚さ25 cm）を積み重ねて作られた6本の円柱にあり，これは，エル・タヒンのみに見られる建築上の工夫である．年代は，末期に属するものと思われる．

左　南の球戯場の南西の壁につけられたパネル（高さ1.7 m，幅2 m）．中央の鳥＝人間像は，横たえられた生贄の人物像の上に腕を振り上げ，両脇には，それぞれガラガラと打楽器をもつ楽士が控えている．骸骨の像が，この生贄の光景の上にある渦巻模様の中に浮かんでいる．石のパネル上に彫り込んで物語風に描いた球戯と生贄の儀礼が，エル・タヒンの主要な建築物を飾っている．

メソアメリカ

神々をかたどった中空の大きな土偶――「老いた火の神」の実にみごとな両性具有の像など――により有名でもある．

エル・タヒンと古典期ベラクルス文明

古典期のベラクルス文明を一つの特徴でいいあらわすならば，それは，球戯――オルメカ文化に深い根をもつ，きわめて儀礼的な競技――である．メキシコ湾岸では，このメソアメリカに普遍的な競技が人身供犠と冥界の観念に密接にかかわっていた．負けたチームの主将を生贄に捧げたと思われる．

古典期ベラクルスの出土品の中でとくに多いのは，3種類の石の品で，いずれも球戯に関係するものであると思われる．一つは，ユーゴすなわち石のくびきで，試合中に身を守るために腰のまわりにつけた木と皮のベルトをあらわし，U字型をしている．二つ目は，アチャ（斧）とよばれるが本当は「薄い石の頭像」で，三つ目は，パルマ（シュロ）すなわち「シュロの葉状の石」である．後者の二つはいずれも，試合後の生贄の儀礼の際，くびきの前部の上に立てられるようになっていた．これらの石製品は，ベラクルス州中部の芸術に普遍的な特徴である，縁の盛りあがった渦巻模様が構成する入り組んだ文様を背景にし，神話に出てくる地下の世界のモチーフがたくさん刻まれている．この様式は，考古学の文献の中ではしばしばトトナカ族と関係づけられている．また，トトナカ族が自分たちがテオティワカンを建設したと主張している事実も重要であろう．ベラクルス州中部にある石の浮彫りのいくつかは，テオティワカンのものとして知られ，テオテ

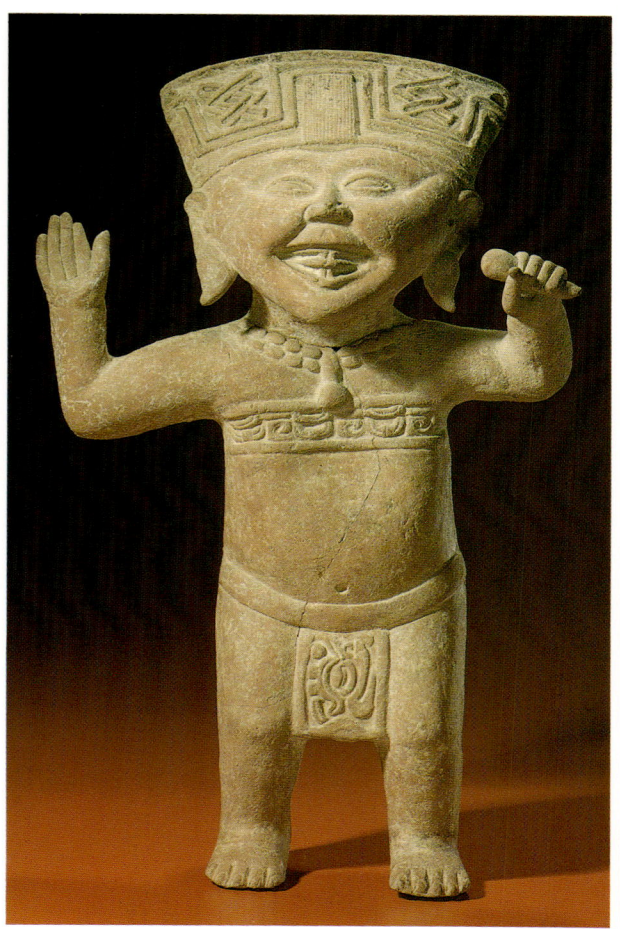

上　歯をむき出して笑う少年．ベラクルス中部から数多く出土する「レモハーダス」土偶の一つ．その豊かな表情は，この様式の写実主義を際立たせているが，文様には，幾何学的なものもふくまれている．このタイプの土偶のもつ意味合いは，まだわかっていない．レモハーダス文化の塑像の中には，戦士，球戯をする人，恋人たち，動物がある．

下　6号石碑は，地名をあらわす文字の上に縛られて立つ男を描いている．言葉をあらわす渦巻がその口から出ている．モンテ・アルバンIII期（後100―600年）のもので，捕虜や征服者を示す15個の石碑の一つである．もっと古い文字体系の証拠および征服に対する関心は，I期（前500―前200年）にすでにあらわれている．

モンテ・アルバン

古典期のモンテ・アルバンは，広場，高台，神殿基壇，そしてたいそう大きなピラミッド（未発掘）からなる石の大祭祀センターであった．この基壇には，平らで梁のある屋根をもつ低い神殿が建っていたと推定され，その様式は，どこかテオティワカンの様式ににているが，タブレーロの詳細が異なっている．1930年代のメキシコ人による発掘の際に，アルフォンソ・カソらはモンテ・アルバンで170もの墳墓――ほとんどが古典期（モンテ・アルバンIII A期およびIII B期）に属し，精巧なものが多い――を掘り出している．

古典期モンテ・アルバンには，大量の石碑と浮彫りがあり，その多くが基壇にはめ込まれている．それらの石彫には文字が刻まれ，それは，モンテ・アルバンI期やII期の文字に由来するものであることは明らかだが，大部分未解読である．暦に関するところだけ部分的に読むことができる．13日からなる「1週間」の曜日とともに，52年周期の循環暦（すなわち260日暦の日付と365日暦の日付が併用され，52年で1周期となる）の日付があらわされているようである．日付は，おもに征服と関係があるようで，これは，形成期モンテ・アルバン以来の伝統である．縛られた捕虜がしばしば，モンテ・アルバンの支配者によって征服された町の名を示す記号の上に立っている．もっと平和的な内容をあらわしていると思われる浮彫りが一つある．これは，ジョイス・マーカスによると，サポテカの権力者への贈物を携えているテオティワカンからの使者の行列を描写しているという．あの強大なテオティワカン帝国との関係は友好的であったように見える．

下 モンテ・アルバンの大広場に配置された建造物は，Ⅲ期に建造されている．人口はこのころ最大になり，おそらく2万人を超えたと思われる．モンテ・アルバン住民の大多数は山の側面に切り込まれた雛段状のテラスに建てられた住居に住んだ．政治的，宗教的活動は，大広場で執り行われた．建物は，付加され，拡張された．精巧な装飾がほどこされ，豪華な副葬品をともなう墳墓がたくさん造られた．しかし，Ⅳ期にはモンテ・アルバンの栄光はすでに色あせていた．モンテ・アルバンの住民は，盆地内の村落が重要なセンターとして成長するにつれ，各センターへ散らばっていった．

下端 大量の埋葬用象形土器が，モンテ・アルバンの墳墓や盆地の他の遺跡から出土している．この土器にあらわされた人物の特徴は，頬当てのようなマスクと先端が二つにわかれた舌である．円錐形の帽子（時に，Cと呼ばれる象形文字とともに見つかる），胸飾り，ビーズの首飾り，腰布という組合せが，この種の人物像に見られるのがふつうである．

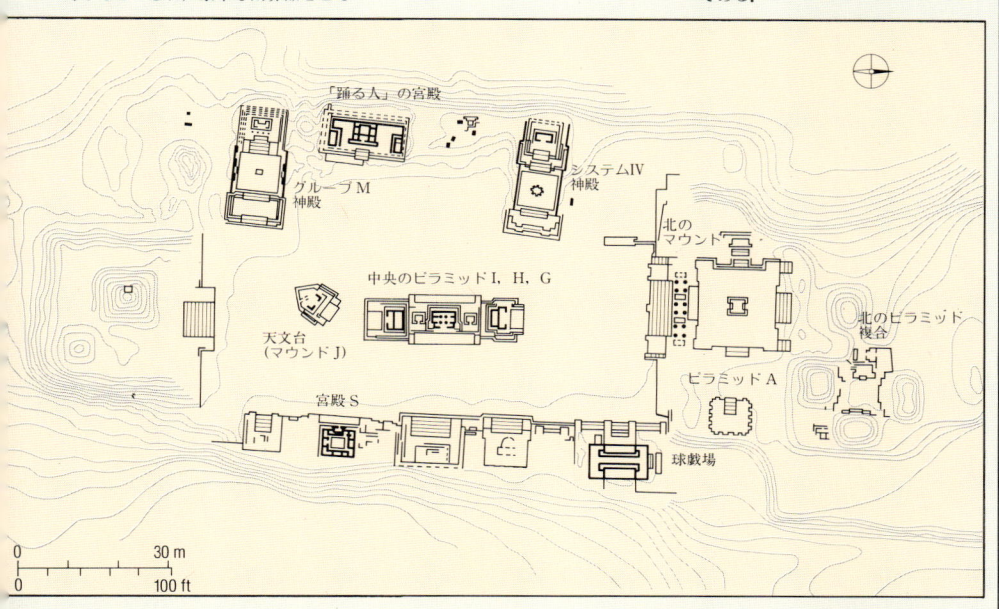

下 モンテ・アルバン遺跡の南西部．モンテ・アルバンⅡ期（前200—後100年）に，高さ400mの丘の頂上の大半は，平らにされ，建造物を建てる本格的な活動がはじまった．矢じりのような形をした建物J（Ⅱ期の建物で，その一部分が右端に見える）は，征服をあらわす文字の刻まれた50個の平石が側面にならんでいるが，天体観測所であったかもしれない．

メソアメリカ

イワカンの「死者の大通り」の近くには，ベラクルスの渦巻模様のモチーフを描いた多色の壁画で飾られた神殿基壇が存在するのである．

古典期ベラクルス文明の「標準遺跡」は，エル・タヒンで，この遺跡は，肥沃で，低い丘が多く，またバニラの産地として有名なベラクルス州中央北部のトトナカ族の地にある．ここは石の建築物が集中する広大な遺跡で，その大部分が古典期後期（後600—900年）に属する．マヤ低地の古典期の大祭祀センターを想起させるところがある．

ベラクルスとテオティワカン

テオティワカンの影響は，セロ・デ・ラス・メサスやエル・タヒンではさほど明らかでない．おそらく近年発掘が行われていないためであろう．しかし，トゥシュトラ山地にあるマタカパンというマウンド遺跡には，テオティワカンの人々が中継基地――長距離交易を取りしまる基地であろう――を設けていた明らかな証拠がある．というのは，古典期前期にタルー・タブレーロ様式により，土と粘土の基壇をいくつも建てているからで，これは，もっと遠いグァテマラ高地にある前哨基地の一つであるカミナルフユーのエリートの墳墓の基壇のまさに先触れになっている．

レモハーダス文化

ベラクルス州中部の低地には，マウンド群が点在している．考古学的に調査されたのは，その中のわずかだけであるが，大半は，古典期のものと思われる．多くのマウンドから副葬品の土偶が出てくるが，それは，レモハーダス様式とよばれる様式で作られ，しばしば瀝青の顔料（チャポポーテ）で飾られ，時代は形成期後期から後古典期前期（後900年以降）までのものである．

その中でとくに際立っているのは，古典期ベラクルスの住民が信仰した神と女神――とりわけ，出産の時に死亡して神格化したシワテテオで，恐ろしい戦士の女神として祭られた――をかたどった中空の大きな像である．現代人の目をもっと楽しませてくれるのは，馬鹿のようににやにや笑いながら，両手をあげている少年少女の「笑う像」である．この像については納得のいく説明はないが，向精神性のきのこなどの，幻覚をおこすある種の植物を摂取したところをあらわしているのだという推測もなされている．

レモハーダス文化については，さらに研究することが緊要である．一つには，その古典期後期の特色にマヤの強い影響が見られるからである．また，テオティワカンの要素も存在している．というのは，地理学者のアルフレッド・シーメンズは，この地域でテオティワカンと同じ方向（真北より約15°東寄リ）をもつ，広範囲におよぶチナンパの名残りを発見しているからである．しかし，チナンパが作られた時代はわかっていない．

古典期モンテ・アルバンのサポテカ

オアハカ盆地では，サポテカ人の国家――少なくとも前400年までに丘の上のモンテ・アルバンを中心に建国された――が，形成期から古典期にかけて少しも途絶えることなく繁栄しつづけていた．形成期の間は，盆地内にわずかしか祭祀・政治センターがなかったが，古典期までに数百も出現している．モンテ・アルバンの位置する高い丘は，居住区を設けるためにすべて階段状に整地され，隣接する丘もまた同様

に手が加えられた．まさに都市文明であり，テオティワカンと同列とはいえないまでも，同時代の古典期マヤ文明よりもかなり都市化が進んでいたのである．

最近の発掘調査により，古典期のサポテカ人はいくぶん乾燥した盆地の低地に灌漑を広くほどこし，人口も相当増大したことが明らかになっている．

モンテ・アルバンの宗教的図像表現の研究は，まだはじまったばかりである．問題の一つは，博物館などの収集品の中のモンテ・アルバンの埋葬土器の多くは近年の偽造品である（熱ルミネッセンス法により判明した）ことである．植民地時代初期のスペイン語辞書には，サポテカの神の名は少数しかあがっていないのだが，これは，ほんの一部分にすぎないと考えられる．その中で特に目立つのは，「雨の神」コシーホだが，「トウモロコシの神」の名もあがっている．埋葬用土器や墳墓の壁に見られる神は，特定するのが容易でない．確実に同定できるのは「老いた火の神」と「トウモロコシの神」と「雨の神」である．サポテカ族のパンテオンにふくまれるその他の神の中には，古典期マヤと同じ神も認められる．冥界をつかさどるジャガー神やマヤ族がパワフトゥンとよんだ「老いた大地の神」である．

古典期のモンテ・アルバン文明は，テオティワカンと同様に後700年の直後に崩壊しはじめた．低地マヤ文明もまもなく同じように衰退にむかう．古典期末の数百年のあいだにモンテ・アルバンⅢB期は，モンテ・アルバンⅣ期に受けつがれていった．モンテ・アルバンⅣ期は，おもにランビトイェコという重要な大遺跡から明らかにされている．この遺跡では，一対の老いた神をかたどった粘土製の彫刻を正面に置いた精巧な墳墓が見つかっている．興味深いことに，古典期末の数世紀のあいだにマヤ低地で作られた2種類の土器が，モンテ・アルバンⅣ期の堆積物の中から発見されている．これは，マヤ文化の浸透を示している．またメキシコ中央高原でも同時代の遺跡からマヤ文化の影響があったことが明らかになっている．

マヤ文明の出現

古典期マヤ文明が，スペイン征服以前の新大陸諸文明の中でも，ぬきんでてすぐれていたことは，疑いの余地がない．マヤ族は，確かに，科学史家の注意を引くに足るただ一つのアメリカ原住民であるだろう．長いあいだ，かれらの業績は，主として，西欧の基準に照らして「写実的」であるかに見えるその芸術の分野で，欧米の学者の評価を得てきたのだが，今では，この芸術が拠り所とする前提そのものが，欧米の思考法とはまるで異質のものであることがわかってきている．

原マヤ文明の形成にとって重要な地域は，メキシコのチアパス州とグァテマラの太平洋沿岸の平地，そして，現在のグァテマラ市周辺のグァテマラ高地である．ここには，マヤ低地の最古の芸術の原型をなすことが明らかな記念碑の浮彫りや，古典期マヤよりはるか以前の長期計算暦の碑文が見つかった多数の遺跡が存在する．

イサパ

グァテマラ国境に近接するチアパス州の太平洋岸平地にあるイサパは，マヤ文明の初期の発達の鍵となる遺跡である．ここは，形成期前期以来，長期にわたって使用された遺跡で，表面を河原石でおおった多数のマウンドが現存する．その絶頂期は，石彫のある多数の記念碑が作られた形成期後期である．そして，ここには，低地の古典期マヤの典型となる「石碑＝祭壇」複合の最古の例が見られる．

イサパやその関連遺跡で彫刻された記念碑の様式は，粗雑で装飾性がめだち，より古くそしてより「古典的」なオルメカ様式とはまるでかけ離れているが，その流れをくんでいることは確かである．そこには神々の活躍の様子が数場面にわたって描かれたものがある．また，明らかに『ポポル・ヴフ』（高地マヤの一部族の聖なる書物）の偉大な双生児英雄神話にまつわると思われる場面も描かれている．

イサパの記念碑には暦の表記や文字らしきものは何も見い出されない．しかし，その周辺は，後古典期や植民地時代，メソアメリカの先スペイン期の人々が賞味したチョコレートの原料となる良質のカカオ豆の大生産地域として有名であり，イサパは，その一大文化センターであった（アステカ時代には，カカオ樹は大切にされ，豆は貨幣として使われた）．太平洋岸平地がいち早く文明化した原動力は，おそらくこのカカオであった．

カミナルフユー

イサパ文明とペテン地方のマヤ文明をつなぐ最も重要な地域は，現在のグァテマラ市西郊，カミナルフユー遺跡周辺であった．野放図な土地開発によって破壊される以前，ここには，多くは形成期後期，一部は古典期前期に属する，広場をともなう大きな基壇マウンドが，幾百となく存在していたのである．

これらセンターのいくつかは，想像を絶する広大さである．マヤ文明形成期後期チカネル文化のエル・ミラドールでは，新大陸最大級のピラミッドが建造された．下部構造を合わせるとその高さは70mに達する．化粧しっくいを塗ったこのような大きな神殿基壇は，常に共通の特徴をそなえている．階段の両側には巨大な神の顔の石彫がならんでいるのである．

ほとんど移動焼畑農法に依存していたと推定される低地マヤの農耕は，この時代に活発化しつつあった証拠がある．少なくとも，南部低地の湿地帯に見られる土を盛りあげて作った畑の一部はこの時代のものであるようだ．近年しだいに明らかにされてきている形成期後期の急激な人口増加が，これによって説明できるかもしれない．いずれにしろ，人口増加と，イサパとカミナルフユーの文化の影響が相まって，ほどなく，今日われわれが知る古典期マヤ文明が誕生するのである．

古典期マヤ文明

古典期マヤ文明は，新大陸でただ一つ，完全な文字体系をもつ土着文化である．多数の石碑の上には歴史が刻まれているが，この四半世紀のマヤ文字解読のめざましい進歩により，今では，その歴史をかなり読みとることができるようになった．

「典型的」なマヤ文明は，ほぼ後300年から900年までの6世紀のあいだ，ペテン＝ユカタン半島の低地に栄えた．その特徴的な要素としては，まず，石灰岩で作り，石灰岩の化粧しっくいを塗って仕上げたそそりたつ神殿ピラミッド；時

上　グァテマラ高地，形成期後期ミラフローレス期，カミナルフユー遺跡の石碑Ⅱ．ベラクルス州のセロ・デ・ラス・メサス遺跡やグァテマラ太平洋岸のイサパ遺跡出土の石碑にも，同様の長い唇の神と羽毛の頭飾りのモチーフが見られ，古典期低地マヤ文化の主題を予示するとともに，広い地理範囲にわたって観念の密接な結びつきのあったことを示している．

右 マヤ文明，形成期後期と原古典期

複雑な儀式に彩られた古代マヤ人の生活は，南部高地および太平洋沿岸部とのあいだの山麓地帯ではじまった．ここには，チアパス州のイサパ遺跡にちなんで，イサパ様式と名付けられた様式にのっとった記念碑をともなう大きなマウンド遺跡が，多数ある．オルメカ文化域のトレス・サポーテス遺跡やチアパ・デ・コルソ遺跡ではより古いものが知られているが，アバフ・タカリク遺跡やエル・バウール遺跡とならんで，この地域の彫刻のいくつかにも，長期計算暦に基づく日付が刻まれている．

前約200年以後の形成期後期の時代に，イサパ文化は，カミナルフユーを経由して，人口が急増しつつあった北方のペテン低地に伝えられた．そこでは，初期の記念碑は欠けているように見受けられるが，ペテン地方北東部や北ベリーズには，ティカルやエル・ミラドールのような重要な大遺跡があり，大きな神殿基壇の階段は，化粧漆喰を塗ったマヤの神々の巨大な顔の石彫で飾られている．低地に日付の入った記念碑があらわれるのは，原古典期末になってからであった（ティカル29号石碑，後292年）．

マヤ地域形成期後期の「指標」となる土器は，オレンジ色の化粧土をかけ，ネガティブ技法で波状の数本の平行線をあらわしたウスルタン式土器である．これは，おそらくエルサルバドル南東部で作られたものと思われる．

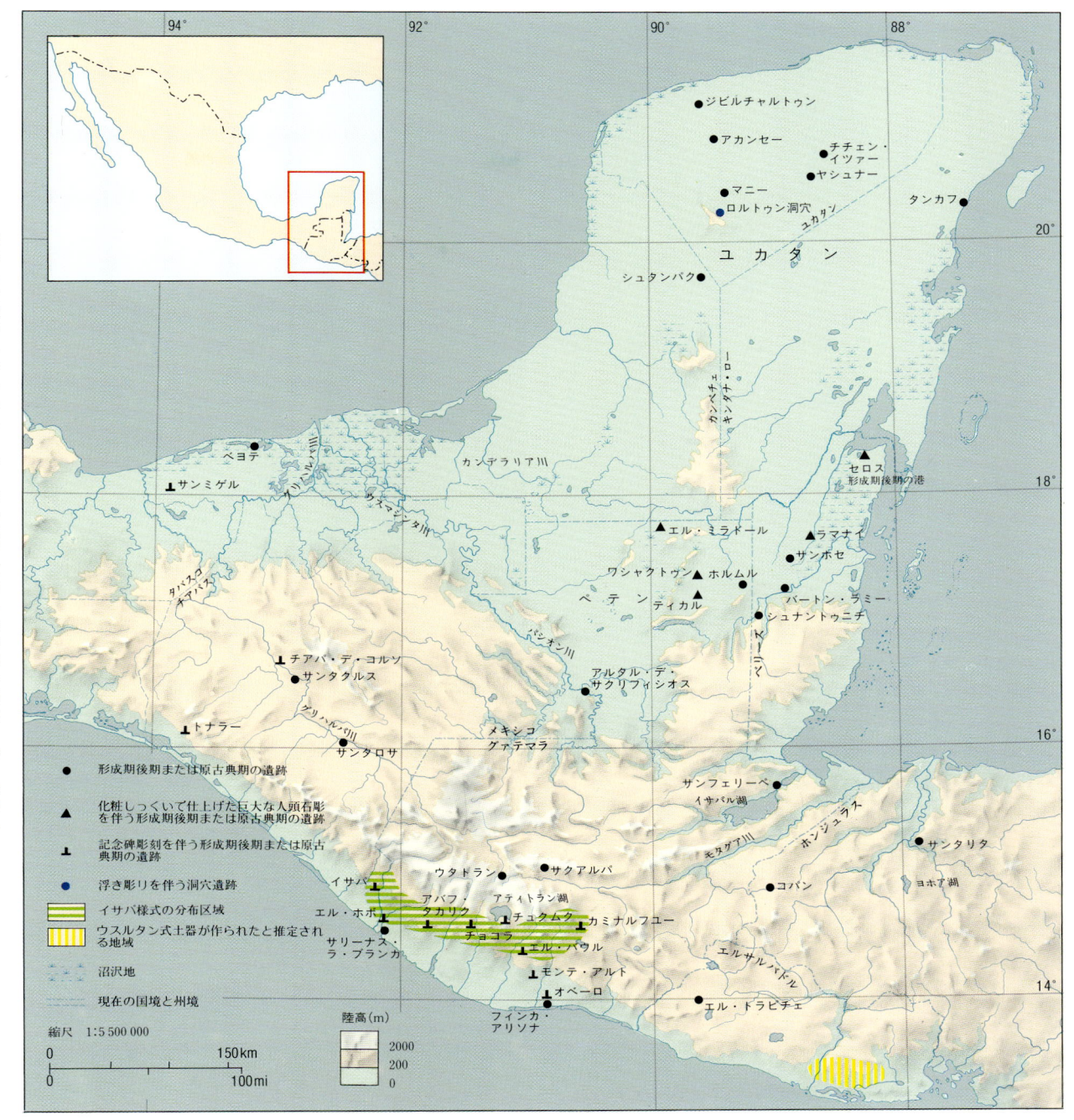

に「宮殿」とよばれる複数の部屋をもつ建築物；持ち送り技法すなわち「擬似アーチ」のある部屋；都市内部の建築群や時には都市と都市を結ぶ堤道；石造りの球戯場；石碑や祭壇，壁面パネル，階段，また建物そのものにも刻まれる碑文；そして，豊かな副葬品とともに建物の土台中に葬る凝った埋葬例．これらが特徴としてあげられる．

一方，古典期の高地マヤには，（形成期後期にはめざましく発達した文字体系をもちながら）文字，石造建造物，そしてもちろん持ち送り式アーチもまったく欠けていた．当時，グァテマラ高地と，チアパス高地の大半をおおっていた文化は，低地とはひどく異質であり，多くの点で，「マヤ」の呼称ではよびがたいものである．古代メソアメリカの大センターの一つにあらわれたこの高地マヤ文化について，まず考察してみよう．

古典期前期のカミナルフユー

グァテマラ市西郊のカミナルフユー遺跡は，形成期およびマヤ文明の萌芽期における早咲きの文化センターであったことが思いおこされるだろう．大西洋と太平洋の分水嶺にまたがる好位置にあったことで，ここは黒曜石のような重要な物質をメソアメリカ南西部各地に送り出す集散地となっていたようだ．後400—500年ごろの古典期前期のカミナルフユーは，当時メソアメリカ最強の力を誇ったメキシコ中央高原の大都市テオティワカンの関心をひいた．グァテマラにあるこの都市の大部分は，テオティワカンの建築様式にしたがって造り直された．もっとも，ここでは，メキシコの良質の建築用石材ではなく，粘土と石灰華を建築材料として使わなくてはならなかったのだが，1940年代初頭にワシントンのカーネギー研究所が二つのマウンドを発掘し，グァテマラ高地へのテオティワカン文明の進出を物語る多くの証拠が発見された．マウンドはどちらも，正面階段をもつ多段の神殿基壇で，上部には，今は消滅してしまったが，柱と草葺き屋根からなる建物が当初は建てられていた．基壇そのものは，スペイン語でタルーとダブレーロとよばれる傾斜壁と垂直壁の組み合わせを積みあげるおなじみの形式のものであった．ピラミッドの増築は貴人の埋葬を目的としたと考えられ，実際に新築

メソアメリカ

の基壇の階段の下にその埋葬のあとがある．アルフレッド・V・キダーとその助手たちは，すぐれた考古学手腕を発揮して，一連の目を見張るばかりのりっぱな墓をつぎつぎに掘り出した．

　この文化を担った人々が誰なのか，そして強大なテオティワカンがどうしてこの文化に強い影響を与えたのかと疑問をいだくのは当然である．ウィリアム・T・サンダーズをはじめ，この問題に精通する人々は，かれらがテオティワカンのエリート商人＝戦士集団に属しており，高地マヤ地域に勢力をのばし，その正当性を得るために土地の貴婦人と結婚した者たちであったと考えている．そうであるなら，かれらの勢力はその地域だけに限られるものではなく，複合構造の香炉をはじめとするさまざまなテオティワカン様式の品々の出土から想像されるように，グァテマラの太平洋岸にもおよんでいたと考えられる．後述するように，テオティワカンの人々はマヤ低地にも多数はいりこんでいた．古典期前期の後半の数世紀は，メソアメリカの大半が，パックス・テオティワカン，つまりテオティワカンの支配による平和の下にあったようだ．

古典期前期のマヤ低地

　マヤ低地の古典期前期，つまりツァコル期は，当初，後300年ころにはじまったと考えられていた．これは，グァテマラのカリブ海沿岸で後古典期の層から見つかったライデン碑板とよばれる翡翠の刻板（現在，オランダのライデン国立民族学博物館所蔵）に記された，かつてはマヤ最古と考えられた長期計算暦の日付を根拠としていた．その日付とは，後320年にあたる8.14.3.1.12である．しかし，ライデン碑板が製作されたと目されるティカル遺跡の発掘がさらに進むと，後292年にさかのぼる日付をもつ29号石碑が発見された．したがって，紀元後3世紀の最後の10年までには，ペテン地方のマヤは，マヤ地域の外で数世紀も前から発達していた「マヤ」暦をついに採り入れていたことになる．

　ティカル遺跡と北隣のワシャクトゥン遺跡は，北部ペテン地方における文化的主導権を，早くに確立した．ティカルの「中央アクロポリス」の古典期後期の建築群の下には，ツァコル期の大規模建築が埋もれている．これらの建物は，床岩まで掘り込んだエリートの墓の上に建てられたものである．ティカルの古典期前期の支配者たちは，何十という土器とともに埋葬されたのだが，その中には，テオティワカンの壁画の様式をもとに，化粧漆喰を塗り彩色をほどこした薄手オレンジ色土器もふくまれていた．

　古典期前期のペテン地方に対するテオティワカンの影響は，31号石碑の発見によって新たに解明の光があてられた．これは故意に切断された記念碑で，ティカルのツァコル期の建造物の底深く埋められていたものである．石碑には，きわめて重要な長文の王家の物語が刻まれている．きらびやかに飾り立てた中心人物は，碑銘学者が「嵐の空」というあだ名をつけたマヤの王で，左手を曲げて人をかたどったティカルの「紋章文字」をもっている．傍らには，まぎれもなくテオティワカン様式の装束を身にまとった戦士が2人，トラロックの顔を描いた盾をたずさえて立っている．異論がないわけではないが，この石碑に刻まれた後435年には，高地のカミナルフユーと同様，ティカルをはじめとするペテン地方のセンターも，テオティワカン出身の戦士＝商人集団の支配下に置かれていたと考えている研究者は多い．これら中央メキシ

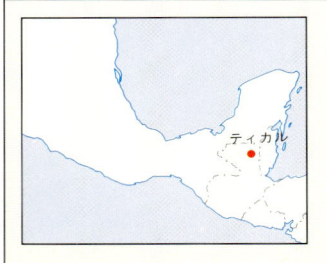

ティカル

　ペテン地方の雨林の中心部には，広さ16km²におよぶマヤの都市，ティカルがある．そこには，畏怖の念をよびおこす神殿ピラミッドや，凝った作りの宮殿が集中しているため，かつては，単に儀式の場として建設されたと考えられていたが，周辺には実際に人々が住んでいたことが明らかになってきている．形成期に小規模な祭祀センターの建設がはじまり，古典期前期に建造物の複雑さも増し，8－9世紀には，今日見られる壮大な建築群が完成した．石碑の銘刻文（最も新しい日付は後869年）には，マヤの人々が最も関心をもったと思われる暦と王朝に関する記述が，刻されている．石碑には，マヤの他のセンターとの関係も記されており，たとえば遠隔のテオティワカンとの結びつきがとくに強かったのは，古典期前期であったことがわかっている．卓越した地位を誇ったティカルは，古典期後期に衰退したが，これも不可思議なマヤの「崩壊」の一つであった．

下　織細な細工の小物から記念建造物に至るまで，マヤの芸術は秀逸であった．歯が欠けあごがへこんでいるところから，老神をあらわすことがわかるこの土製の人物香炉は，供物と思われる人頭をのせた皿をもっている．この香炉は，後450年と推定された北のアクロポリス（建築群A）の10号墓から発見された．墓には，神官の遺体と風変わりな供物のほかに，生贄にされたと思われる9人の遺体も，納められていた．

下右　空から見ると，神殿は森の天蓋の上に浮かんでいるように見える．8世紀に建てられたピラミッド（1－5号神殿）は，45mを越す高さである．

メソアメリカ

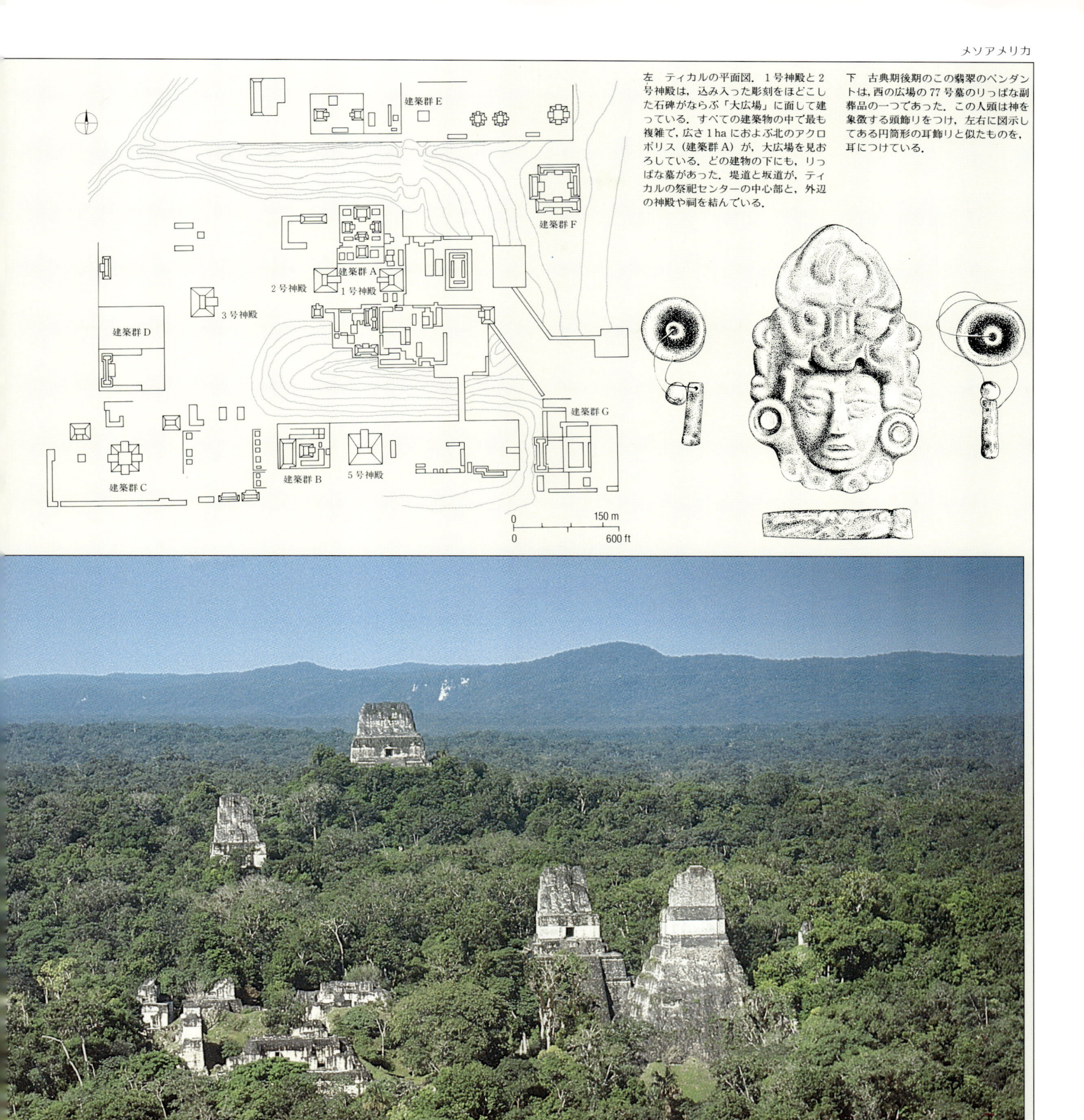

左　ティカルの平面図．1号神殿と2号神殿は，込み入った彫刻をほどこした石碑がならぶ「大広場」に面して建っている．すべての建築物の中で最も複雑で，広さ1haにおよぶ北のアクロポリス（建築群A）が，大広場を見おろしている．どの建物の下にも，りっぱな墓があった．堤道と坂道が，ティカルの祭祀センターの中心部と，外辺の神殿や祠を結んでいる．

下　古典期後期のこの翡翠のペンダントは，西の広場の77号墓のりっぱな副葬品の一つであった．この人頭は神を象徴する頭飾りをつけ，左右に図示してある円筒形の耳飾りと似たものを，耳につけている．

マヤの文字と暦

マヤの文字は，新大陸の古代文明の中でただ一つの完全な表記法である．すなわち，マヤ人だけが，言葉のすべてを文字に表現できたということである．

マヤ文字は，表意要素と表音要素の複雑な混合形で，その構造は，旧大陸のいくつかの文字，たとえばシュメール文字，エジプト文字，漢字ににている．このシステムは，完全な音節文字表を有し（すなわち，音節と記号が1対1に対応している），理論的には，すべてを発音通りに書きあらわすことができたはずだが，日本語同様，表意文字の方がはるかに重んじられ，それが宗教的意味さえ併せもっているために，表音文字だけの表記法とはならなかった．

マヤの書記は，マヤ語に多くの同音異義語があるという事実を利用して，表音表記を使って表意表記に変化を加えるという妙技を見せることがあった．たとえば，「空」，「四」，「ヘビ」，「捕虜」は，すべてチャン（チョル語）あるいはカン（ユカテカ語）と発音されたから，それらを示す記号は置き換えが可能であった．

マヤの文字は，多様な素材の上に記されている．マヤ文字による銘刻文は，後3世紀の最後の10年から古典期の終焉まで，石碑，壁面パネル，楣石，その他の石造記念物に，幾百となく刻まれた．その内容は，低地マヤを支配したエリート階級の誕生をはじめ，王権の継承，結婚，戦勝，死に至る王朝の記録であることが，現在確かめられている．

何千冊ものコデックス（絵文書）——樹皮紙の表面に石膏を塗り，屏風折りにした書物——も存在したにちがいないのだが，後古典期に書かれた4冊が残るだけで，古典期の絵文書はすべて，消失してしまっている．その他，墓に納められていた莫大な数の彩色土器や，彫刻をほどこした土器にも，マヤ文字が記されてあり，中には記念碑に劣らぬ長文のものもある．

ブロック様のマヤ文字は，（ほとんど例外なく）2列ずつ，左から右へ，つぎに上から下へと読む．古代エジプトの公の記念碑と同じく，石に刻まれた字句はひどく簡略で，捕虜の獲得や儀式での放血といった重要な出来事を描いた浮彫りと一緒に，刻まれることが多い．ヘミングウェイの短篇のように，古典期の碑文には，形容詞や副詞の使用が控えられている．王家の銘文によって肉付けされる「骨格」となるのは，長期計算暦であり，この暦は，マヤが考案こそしなかったが，極限まで洗練させたものであった．

長期計算暦は，係数をともなった5種の時のサイクルの累計で成り立っている．これらのサイクルは，バクトゥン（14万4000日），カトゥン（7200日），トゥン（360日），ウィナル（20日），キン（1日）である．長期計算暦の日付は，この世の創造された日と考えられている暦のはじめの日付に，この総計を加えて計算された．したがって，われわれの表記法でいえば長期計算暦による日付，9.8.9.13.0は，出発点から数えて135万7100日ということになり，循環暦では，8アハウ（260日暦），13ポープ（365日暦）にあたる．このシステムは13バクトゥン，つまり5000年以上の年月で1周期をなす．循環暦のわずか52年周期にくらべれば，歴史上の出来事を記すには，確かに理想的であった．

重要な日時にはすべて，占星術に基づいた判断が加えられそうだが，古典期には，王の誕生や継承であれ，子供の洗礼であれ，特定の日の運を定める主要因は，この暦であった．

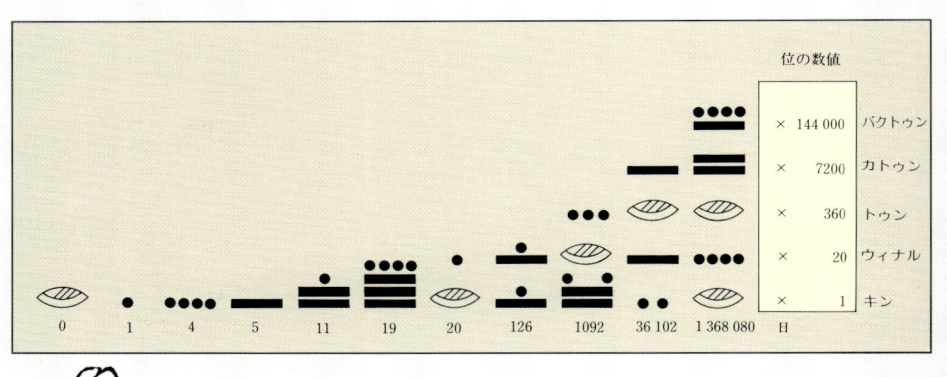

右 8世紀の彩色土器に，書記として描かれた「ウサギ神」．一方の手に筆をもち，ジャガーの皮の表紙のついた屏風折りの絵文書に記入している．

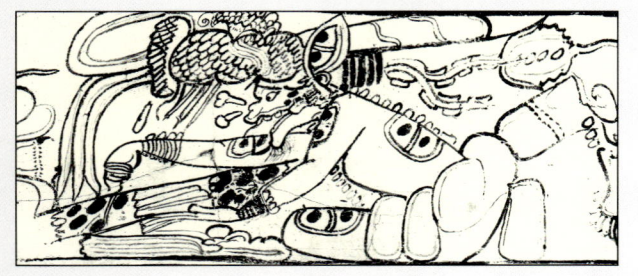

下 マヤの数はわずか三つの記号を用いてあらわされた．様式化された貝は，0あるいは繰り上った後の0をあらわし，点は1，横棒は5をあらわした．体系は二十進法を原則とし，位取りが定められていた．しかし，われわれが使う横並びのアラビア数字とは異なり，マヤの数字は縦に配列され，最下部が最小の位，最上部が最大の位をあらわしていた．マヤの数字はほとんど，360日に相当するトゥンを基礎とした長期計算暦における経過日数を記録するために用いられた．したがって，下から3番目の位は，20×20ではなく，18×20となる．

左 屏風折の絵文書を手にした書記の神「サル＝人間」を描いたユカタン地方出土，古典期後期の土器の細部．

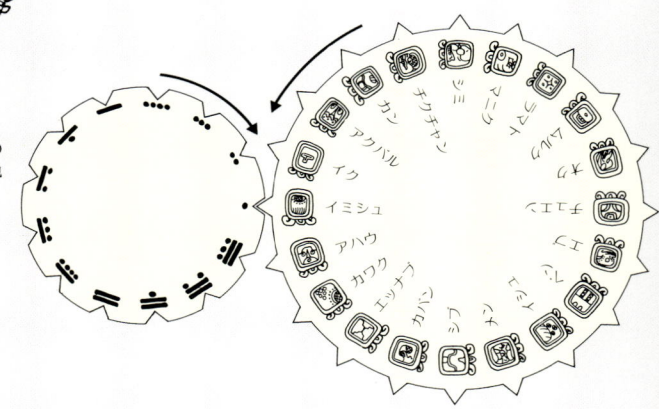

下 古典期の碑文に記された典型的な長期計算暦の日付では，各サイクルは，それぞれ異なった数値をもつ表意文字によってあらわされている．バクトゥンは14万4000日，カトゥンは7200日，トゥンは360日，ウィナルは20日，キンは1日をあらわす．これらの数値は，サイクルをあらわす文字に先だつ横棒と点を組合せてあらわした数によって累乗され，その総計が，起点日である前3114年8月13日からの経過日数をあらわす．

下 マヤの暦法の中核をなすのは，古代の260日暦であった．これは，1から13の数を，名前のついた20の日に順番につけていくという方法だった．マヤ高地のいくつかの地域では今でも

マヤの文字と暦

右 マヤのセンター，ヤシュチランで発見された楣石の一部．暦の文字が刻まれている．

260日暦とともに使われたのが，365日からなる「おおよその1年」で，これはそれぞれ20日間の18の月と，最後につくワイェブとよばれる5日間で構成されていた（下図は18の月とワイェブを示す記号）．古典期のマヤは，1太陽年が実際には365 1/4日であることを知っていたが，うるう年を使うことはなかった．不足分のために，「おおよその1年」は，常に季節より進んでいることとなり，農業活動を日付と合わせるのがむずかしかった．二つの暦の組合せで，52×365日の期間からなる循環暦ができた．これは，起源をオルメカ文化に発し，メソアメリカ全域で使用された暦であった．

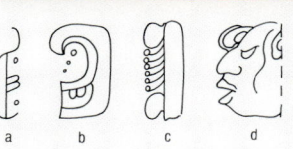

ていて，丹念に書き留められた．古典期の碑文にあらわれる人物や出来事は，真実とはとても考えられないほど遠い過去に属しているものも多く，それは古典期王朝の神話上の祖先についてふれているのにちがいない．

このような知識のすべて，そして文字体系そのものが，古典期には神官の手に握られていたと，しばしば主張されてきた．しかし今では，もし碑銘文や天文学や歴史の知識を身につけていたグループがあるとするなら，それは，神官ではなくて，創造神であり伝説上の文字の考案者であるイツァムナーや，『ポポル・ヴフ』の中の「サル＝人間」神をみずからの守護神とする書記階級（アフ・ジブ）であったことが，明らかとなっている．そうした書記は，きわめて高い位にあったはずである．

望遠鏡というものがなかったにもかかわらず，マヤは，1年の長さ，月や惑星の動きについて，実に正確に記録していた．これらの観察は，天体の地平線での出没やその南北移動に，完全にとはいわないまでも，大きく依存していた．その

下 名前は通常，数通りの書きあらわし方ができた．パレンケの7世紀の支配者パカル（「盾」）王は，いく通りもの書きあらわし方ができた．(a) 表意文字のみを使い，称号を示すマキナという文字を前につけた盾の形であらわす．(b) 表音接字ル（ラ）を下につけて読みを補った盾の形であらわす．(c) 音節文字でパーカール（ラという字だが最後の母音は無音となるのでルと発音する）と表す．

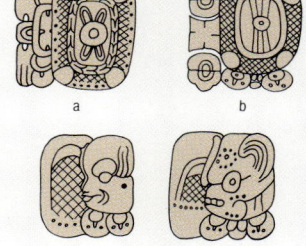

左 文法記号．(a) ウ，第三人称単数所有格．(b) アフ，動詞接尾辞．(c) アフ，男性に対する尊敬の接頭辞．(d) ナ，女性に対する尊敬の接頭辞．

ディエゴ・デ・ランダ司教の1566年の『ユカタン事物記』には，いわゆる「アルファベット」が使用事例とともに記されているが，現在では，これは音節文字の一部であると認められている．音節文字の体系は，近年の研究，特に文字素の置き換えの分析によって，大いに解明が進んでいる．単語や名称は完全に発音どおりに書くことができる．ただしその場合，最後の音節文字の最後の母音は無音である．また数個の音節文字を付した表意文字，あるいは表意文字のみを使うこともある．今までのところ，40〜50の音節文字（下図）の読みについては，学者の合意が成立しているが，まだ同定されていないものは数多いと思われる．

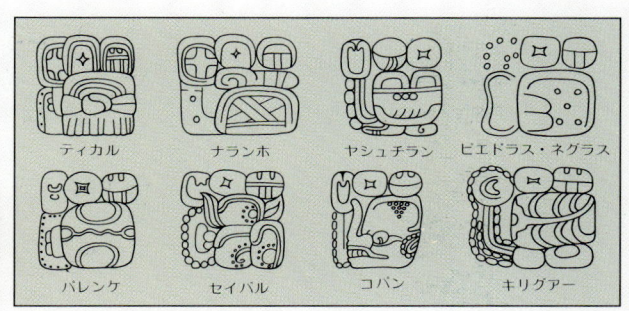

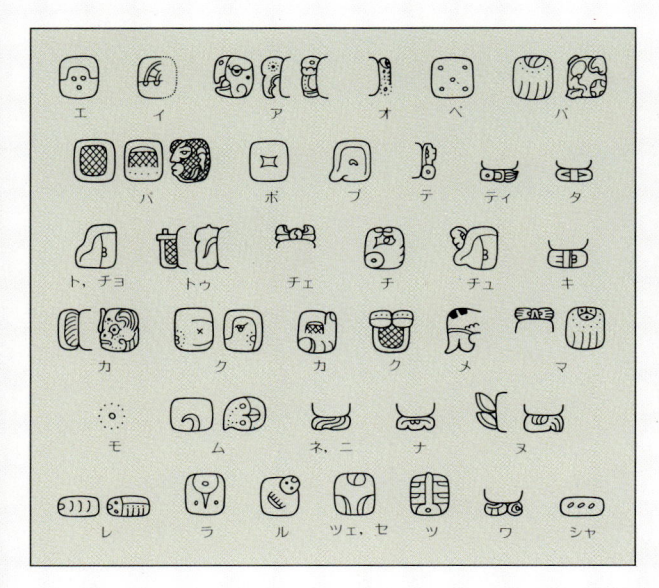

上 南部マヤ低地の政治的に重要な古典期の都市はどこも，碑銘中，おそらくはこれら諸都市の王の血統（「王の血」）をあらわすと思われる1ないし数個の紋章文字で表現された．各紋章文字は，特徴的な主記号と，その上の，アフボすなわち「支配者」を示す二つの記号，そしてそれらの前に置かれた自己犠牲の血をあらわす記号から成り立っている．紋章文字が識別されたことにより，古典マヤの記念碑が歴史的記録であると，理解されるに至った．

右 王やその神話上の祖先の誕生日が，古典期マヤの記念碑には数多く刻まれた．権力の継承には，人身供儀や自己犠牲もふくむ大がかりな儀礼がつきものであった．王はペニスから，妃は舌から血を流す儀礼にも，それをあらわす特定の表意文字や図像表現があった．都市間の戦争は，古典期マヤ文化の重要な特徴であったから，表意，表音双方の幾多の文字が，戦争に関することがらをあらわすものであっても，驚くにあたらない．近年認められた他の文字は，血統，結婚，称号に関するものである．

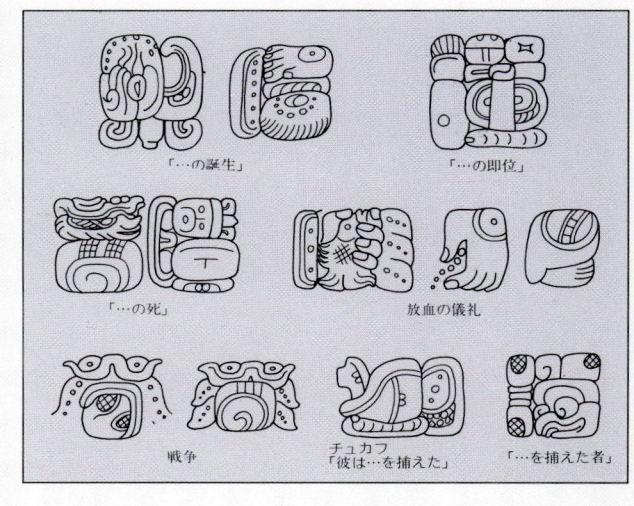

119

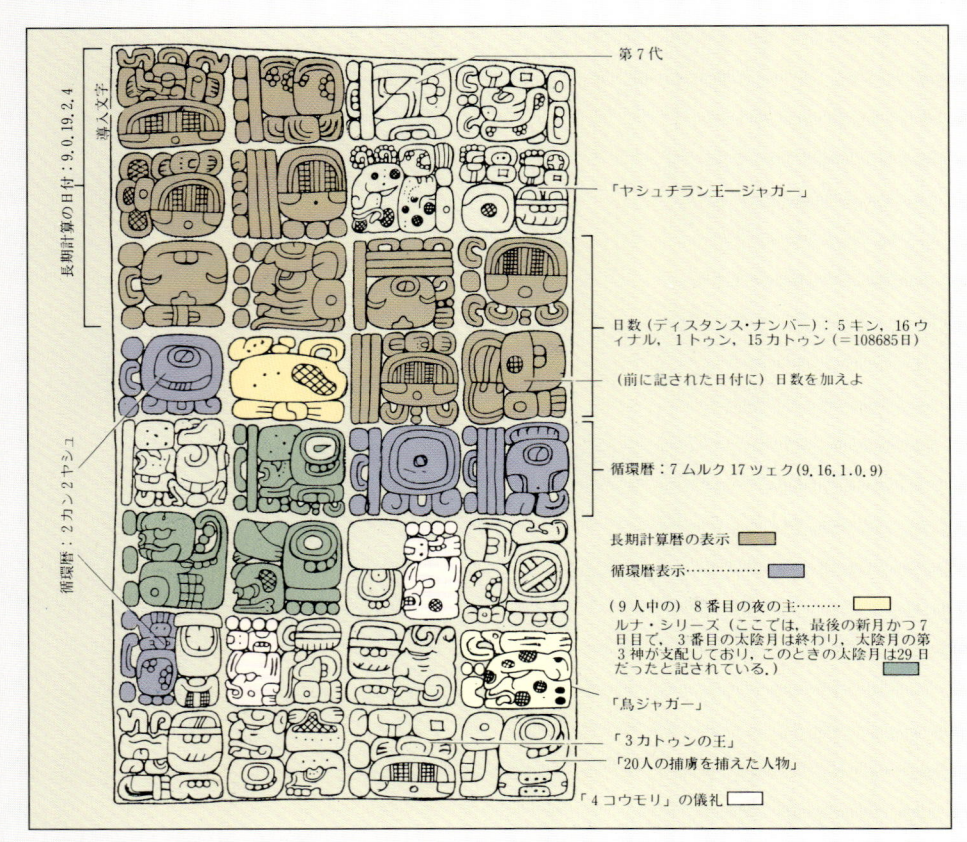

マヤの文字と暦

上 ヤシュチラン遺跡出土21号楣石。ヤシュチラン王「鳥ジャガー」の治世の王朝の記録で、かなり標準的な古典期後期の記録である。長期計算暦と循環暦の文字からはじまり、その日を支配していた夜の主を示す文字も見られ、同時に占星術上重要な月齢の計算も記されている。当時、第7代の王と記述されている「鳥ジャガー」の数代前の王は、かれの宮殿または神殿で、「4コウモリ」とよばれる謎の儀礼を催したと書かれている。ほぼ297½年後に「鳥ジャガー」も同じ儀礼を遂行したが、その時点でかれはすでに40年以上王位にあったこと(「3カトゥーン王」)、20人の捕虜を捕えたことを、誇らしく記している。

下 「鳥ジャガー」治世のもう一つの記録、ヤシュチラン8号楣石。「鳥ジャガー」王と従属する都市の統治者が、重要な人物を捕虜として捕えているところである。主文には、「7イミシュ14ツェク(の日に)、ヤシュチラン王「鳥ジャガー」の捕虜たる「宝石頭蓋骨」が捕えられた」とある。2人の捕虜の名は、それぞれの大腿部に書かれている。

測定と計算は、占星術のためであったが、マヤの天文学は、真の科学の域に迫っていた。たとえば、『ドレスデン絵文書』の日月食の記録では、月暦の405月は1万1958日に等しいという公式に基づいて、月の周期を29.52592日としているが、これは現在の算定値と7分しかちがっていない。絵文書には、他にも5頁にわたって、金星の軌跡のほか、木星や火星や水星と思われる軌道を保つ惑星の軌跡についても、記されている。

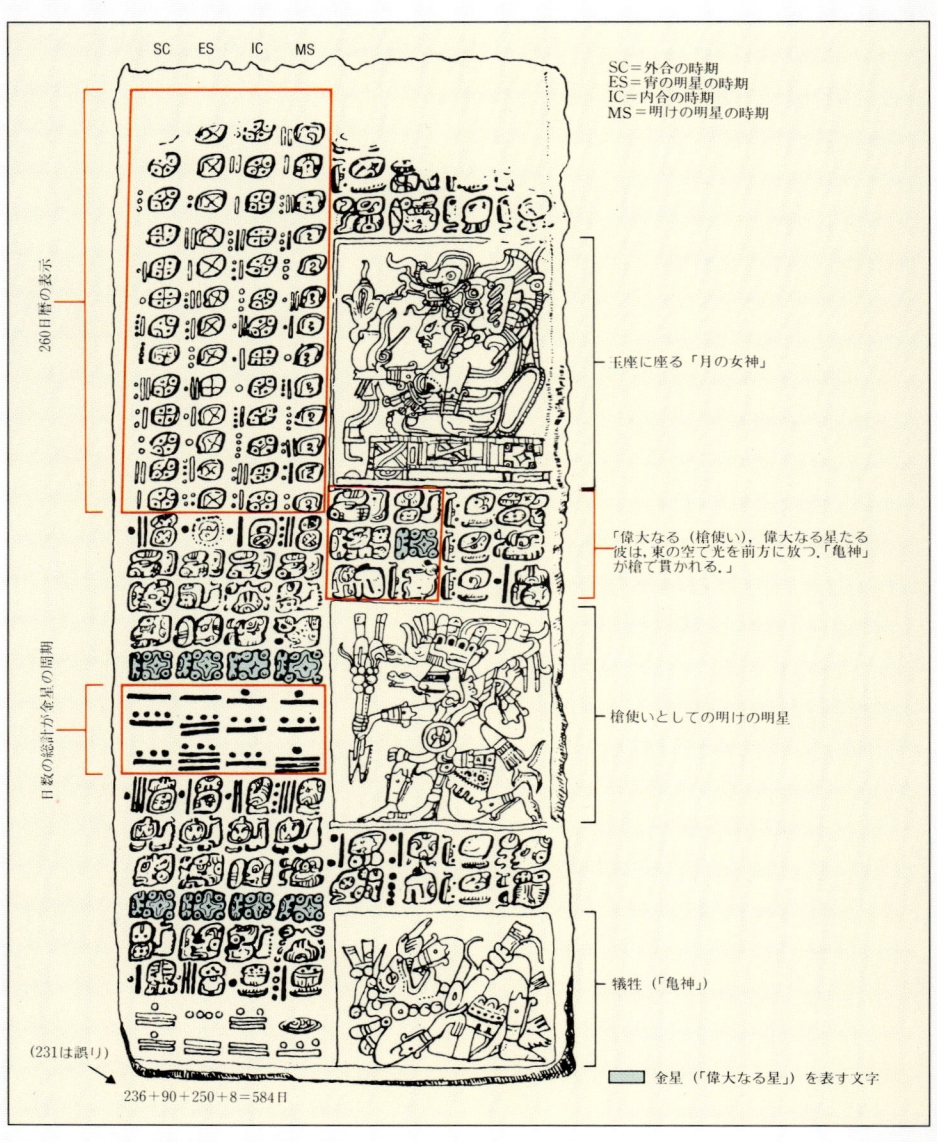

右 ドレスデン絵文書(コデックス)の49頁、金星暦が記載されている。ドレスデン絵文書は後古典期の初めに作られたものだが、金星暦は古典期にすでに存在していたことが、その記述から知られる。事実、他の星に対する金星の相対的な動きが、しばしば、都市間の重要な戦いの日を決めていたことが明らかになっている。マヤは、この惑星の会合周期を584日と算定していた(実際の周期583.920日に非常に近い)。5×584＝8×365であることから、金星の暦を5頁にわたって配置し、おおよその太陽年と相関させている。

ドレスデン絵文書は、金星の会合周期を、明けの明星の時期(236日間)、外合〔地球から見て太陽の真反対にあること〕の時期(姿を隠す90日間)、宵の明星の時期(250日間)、内合〔地球と太陽の間に入ること〕の時期(姿を消す8日間)に分けている。金星が太陽と同じころに東の空にあらわれる時期(明けの明星として最初にあらわれる時)はとくに恐れられた。金星の光は、マヤ社会の一つの階級を代表する生贄を槍で突く神である、と考えられていたからである。絵文書の49頁は、これを詳細に示している。

236+90+250+8＝584日

ヤシュチラン

下　ヤシュチラン遺跡は，河岸の台地の等高線にそう形で広がっている．神殿や宮殿は，斜面の平坦地や小山の頂に建てられていた．東側の建物群からは，川を一望のもとに見わたすことができた．

右　33号建造物から発見された24号楣石．偉風堂々たる「盾ジャガー」が，ひざまずき，みずからの舌にとげのついたロープを通している婦人の謝罪を，受け入れている．苦業の場面の写実的な石彫は，ヤシュチラン独特である．

右下　33号建造物は，内部が仕切られており，それぞれの部屋の入口の上部に，楣石が据えられている．

　ヤシュチラン遺跡は，ウスマシンタ川の河岸に位置し，近隣のピエドラス・ネグラス遺跡（45km下流の対岸，グァテマラ領）とともに，ウスマシンタ川中流域の諸センターの中核をなしていた．地理的な位置のほか，各センターを特徴づけているのは，石碑や楣石に彫られた浅浮彫りの手法である．ヤシュチランの初期と後期の様式は，この都市特有のものであり，それはピエドラス・ネグラスも同様である．

　マヤの石碑崇拝は後292年ごろにはじまった．760年（9.16.10.0.0.）には，人物像が正面ではなく横顔で表現され，物語が石面に繰り返し刻まれている．碑銘は，ヤシュチランが古典期後期の遺跡であることを示し，また，「盾ジャガー」とその後継者「鳥ジャガー」の時代の事件を記録している．

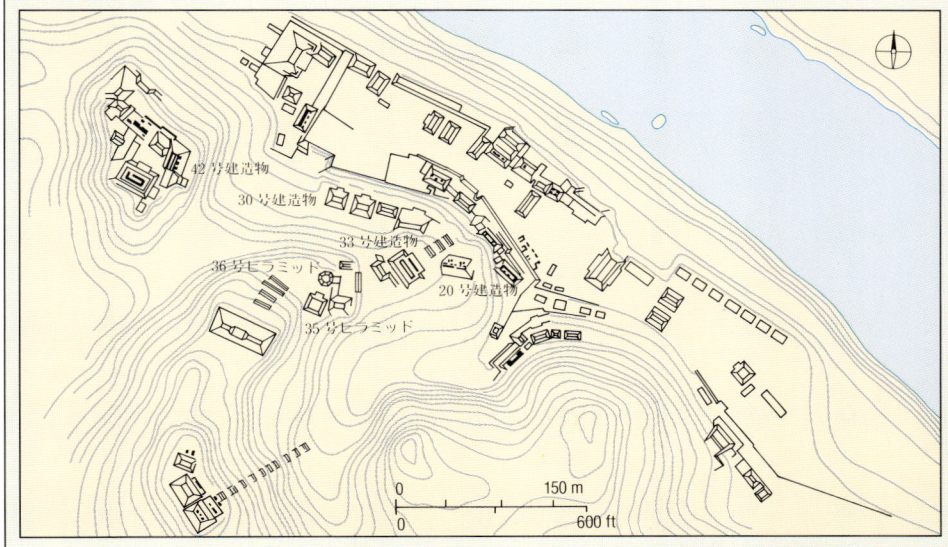

コからきた人々の存在は，ユカタン半島のアカンセー遺跡のような北部低地にも認められている．

　結局，テオティワカンの求めたものは何だったのだろうか．低地マヤの支配者たちは，アルタ・ベラパスでとれる貴重な青緑のケツァル鳥の羽など，メキシコの高原地帯にはない熱帯の産物をふんだんに入手してきた．一方，テオティワカン人の方は，支配下にあるパチューカ鉱山の上質の緑色黒曜石の他，化粧漆喰を塗った鉢や円筒形三脚土器などの極上の土器をもちこんだ．カカオ豆の宝庫である太平洋岸平地をふくむマヤ地域全域にわたるテオティワカンの支配は，政治的であると同時に経済的なものであった．

　テオティワカンが衰退し，そして滅んだ時，その支配力と存在は，マヤ文明から消え失せた．その崩壊は，マヤをふくむメソアメリカ世界のすみずみに，動揺というより破滅をもひきおこしたにちがいない．後534年から593年まで，南部マヤ低地では，新たな記念碑は建てられず，新たな建築物の造営も絶え，深刻な政治的経済的危機のあったことを示している．この時期の後で，テオティワカンの束縛から解き放たれた古典期後期の最初のマヤ文明が，息を吹きかえし高揚期をむかえた．

古典期後期マヤ文明

　昔の考古学者たちは，南部低地の古典期マヤ文明を，「旧帝国」とよんだ．しかし，今では，いかなる意味でも，そのような「帝国」は存在しなかったことがわかっている．マヤ低地は，シュメールやギリシアの都市国家に似た独立体に分かれていた．古典期マヤ最大の都市ティカルは，バシオン川沿いのいくつかのセンターを従えていたこともあったようだが，一都市が他のすべての都市を支配するということはなかった．

　古典期マヤの碑文解読のここ四半世紀における急速な進歩により，マヤの政治の性格について，また，大センターを支配したエリートたちの関心のありかについて，ある程度確かなことが語れるようになった．マヤ社会は常に戦争状態にあったらしく，その主たる目的は，領土の拡張ではなく，身分の高い捕虜の獲得にあった．捕われた不運な貴人たちの最終的な運命は，首斬りか，あるいは時には，性器切断など，えんえんとつづく拷問の果てに，生贄として捧げられることであった．

　マヤの王のもう一つの関心事は，血筋と王家の出自であった．王家の主神は，考古学者がK神とよぶ爬虫類のような動物であった．王家の人々は，男も女も，しばしば一種の筋と

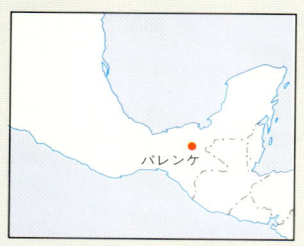

パレンケ

パレンケは，ウスマシンタ川からおよそ 50 km 支流をさかのぼった低地マヤ西部に位置する．この遺跡は，メキシコ湾にむけてひろがる沖積平野を見おろす樹木茂る丘陵に建てられた優美な建造物で知られている．ここには古典期前期にも人が住んでいたが，今日見られるおもな建物が建てられたのは，バカル王の治世にはじまる古典期後期になってからであった．パレンケは，後 600 年頃の南部マヤ低地の一時的停滞の後，その本領を発揮したように見える．バカル王の即位（12歳）は 615 年と記録されている．かれは 68 年間王位にあり，「碑銘の神殿」と名づけられたピラミッド内部の有名な墓に埋葬された．その後継者となったのは，息子のチャン・バールム 2 世（48 歳）で，かれは，「十字架の神殿」，「葉の十字架の神殿」，「太陽の神殿」を建てるという偉業を成しとげた．神殿の内部の石灰岩のパネルには，かれの権威を正当化する場面や文章，パレンケの守護神にはじまるその血統が，手の込んだ手法で彫られている．18 年の治世の後に崩御したあと，王位は，弟のカン・シュル 2 世（57 歳）に引きつがれ，拡大事業もつづけられた．宮殿は拡張され，塔が増設された．その後，短期の王の時代が 3 代，おそらくは空位の時期も経てつづくが，相かわらず建造物の洗練に力が注がれた．8 世紀末，少なくともその勢力圏内での，パレンケの支配力は衰えた．バカルの血を引く王の即位の最後の記録は，764 年のクク王のものである．

下　精巧で写実的な実物大の二つのスタッコ頭像が，バカル王の墓の中から発見された．石棺は，六つの石のブロックの上にのせられていたが，頭像はこの下から出土したものである．ここに図示した頭像は，長い間，バカル王の妻のものと考えられていた．しかし，最近の研究では，12 歳で即位した時のバカル王の肖像であると推測されている．

左　マヤの文字は，時として，全身体文字（フル・フィギュア・グリフ）とよばれる人物像や動物像であらわされた．「ゼロの日」をあらわす暦の表記は，ここでは，腕の花の模様でそれとわかる左側のゼロの神の形で見られ，人の形をした「サル神」が日をあらわしている．耳の長いサルは，書記の守護神である場合もある．この全身体文字は，カン・シュル 2 世の誕生日，9.10.11.17.0（後 643 年）をあらわすイニシャル・シリーズの一部であり，かれの即位を記念する「宮殿の碑板」に刻まれている．

上　「十字架の神殿」から北西に見えるパレンケの祭祀センターのながめ．後方，ピラミッド基壇の一部が繁茂する草木の中に埋まっている「碑銘の神殿」（左）が，宮殿複合を見下ろしている．パレンケの建築デザインで注目すべきは，格子の棟飾りと，腰折れ屋根の前面の化粧漆喰仕上げの彫刻で，「太陽の神殿」（前方）のものがとくに保存がいい．西欧の感覚から見れば，小さく狭苦しい神殿や住居の部屋は，周囲に広がる広々とした空間とは矛盾している．おそらく，古代マヤ人は，現代の住人や旅行者と同じく，1 日の大半を戸外で過ごして，熱帯の温暖な気候を満喫したにちがいない．

メソアメリカ

上　このモザイク細工の翡翠の仮面は，パカル王の石棺の蓋の上にのっていた．古代の人々が，儀礼用の他の小物類とともに，これを蓋の上に供えたのである．おそらくパカル王と目されるこの仮面の硬い幾何学的な線は，向かい側の頁の，より写実的な化粧漆喰仕上げの頭像とは，著しく対照的である．ここに表現されているマヤの美の理想，つまり平らな額と際立って高いワシ鼻は，生まれて後，子供の頭を骨が固まるまでずっと2枚の板にはさんでおく人工変形によって作られた．

奉納された飾り板，化粧漆喰仕上げの神や人の像，そして建物そのものに示されているごとく，パレンケの宮殿は，聖俗両方の多くの機能を果たしていた．塔は，天体観測に使われていたにちがいない．

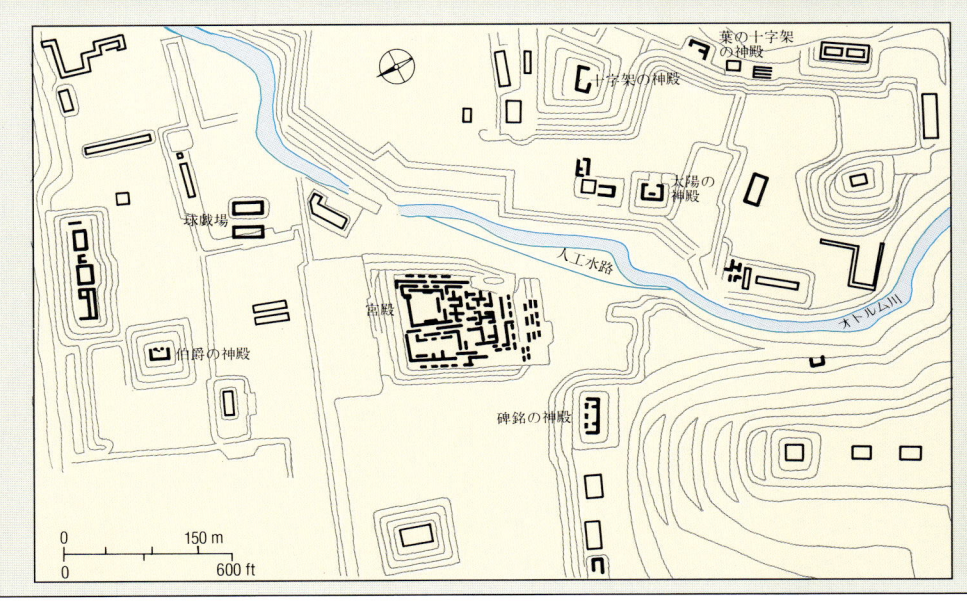

してもつなどして，定期的にK神の像を誇示した．

アステカをふくむメソアメリカの諸文明のエリートと同じく，マヤ低地の古典期の王たちも，神自身の子孫であると信じられていた．このことは，偉大な王パカルの長子チャン・バールムの家系を祭るパレンケ遺跡の「十字架の神殿」にある石板に刻まれた長文の碑文によって明らかにされている．王たちは，体内に神聖な出自の精髄である血をもっているから，時々それを公の場で流すことが必要であった．男は，アカエイの尾あるいは骨製のきリ（この道具は非常に重要で，神格化されていた）でペニスを貫いて血を流し，女は，舌にあけた穴に棘をつけた糸を通して血を流した．儀礼の様子は，ヤシュチランの二つのりっぱな楣石（まぐさ）に写実的に描かれている．

王位継承の記録の中には，まれに女性も登場するが，通例，王は男性であった．しかし，女性は，とくに婚姻による都市間の同盟をはかる場合などに，重要な役割を演じた．また王位の継承は，兄弟間の継承が少数例知られるが，父から長男へが原則であったらしい．おそらくは占星術の吉日にとり行われたと考えられる王位継承の壮大な儀式に際しては，捕虜が生贄として捧げられた．

王とその家族より下位の社会階級については，ほとんど知られていない．宮廷の階級組織には，儀式と軍事に重要な任務を果たす貴族階級が存在し，また，従属するセンターの長という特別の階級もあった．宮廷の下部組織を構成する身分の高い人物としては，書記，絵描き，彫刻師などがいた．これらの人々にも，超自然界のパトロンがついていた．それは，一対のサル＝人間神で，土器にも，ジャガー皮の表紙のついた屏風折りの書物に文字を書き入れている姿が，描かれている．中でも，書記は，文字，天文学，歴史，神話について豊富な知識を所有していたにちがいない．奇妙なことだが，スペイン征服直前のユカタン半島には神官階級（アフ・キン，「太陽神に仕える者」とよばれた）が存在したのに，古い時代に神官がいたという証拠は，まったくみあたらない．古典期には，その機能は，書記と，そしておそらくは王自身とが果たしていたにちがいない．

社会と経済

各都市には，地位を象徴するぜいたくな品々を，エリートに供給する熟達の工芸職人が，大勢いたはずである．古典期後期マヤの芸術様式は，ことに南部低地において，表現しがたいほど洗練され，きわめて写実的で，木（ほとんどは消滅してしまった），骨，貝殻，翡翠（最も高価な品），化粧漆喰の壁，書物，土器，黒曜石，フリントの剝片石刃（いわゆるエクセントリック・フリント）などさまざまな材料に，その技量が発揮された．このような工芸品の最終的な運命は，亡き王の最後の旅立ちの伴をすることであった．各都市の支配者は，死ぬと，みずからの埋葬のためのピラミッドに葬られた――したがって，古典期後期のそびえたつ神殿＝ピラミッドは，壮麗な墓である．そのほとんどは，死後に建てられたもののようであるが，パレンケ遺跡の「碑銘の神殿」は，パカル王が自身の亡きがらを納めるために，みずからの手で建てたものであった．王の一族や貴族たちは，他の建物に埋葬された．

このように，古典期後期マヤの都市のおもな建造物は，エリートの関心のあり方とイデオロギーを反映している．各センターには石造リの球戯場が2－3カ所あり，古典期のベラクルス州中部と同様に，競技は人身供犠や地下の世界と密接に結びついていた．戦争の勝利は，階段にマヤ文字で刻まれたらしく，たとえば，コパンの大碑文は，後737年，ここがはるかに小さな都市キリグワーによって征服された後建てられたことを示している．複数の部屋をもつ宮殿で実際にどのようなことが行われていたのか，完全にはわかっていないが，いくつかの部屋には玉座が設けられている．それは，王が王位のしるしを受けとリ，権力を誇示することのできる石造リのベンチであった．

都市には多くの人々が住み，また周辺部に散在する小集落にも人が集まり住んでいた．人々はおもに農耕にたずさわっていたと思われるが，それに加えて，大都市の建設と維持，すなわち，石灰岩の切り出しと運搬，石の細工，貯水池掘リ，堤道工事その他の間欠的な強制労働に従事させられていたらしい．

古典期後期のマヤ低地全域の人口，あるいはある一都市の人口の正確な値は，推量の域を出ない．たとえば，ティカル規模の都市人口の概算は，2万人から12万5000人まで幅があるが，低い数値の方がたぶん実態に近いだろう．低地の全人口となると，推測すら困難だが，300万人を超えていたかもしれない．

植民地時代以後のマヤ低地における支配的な農業形態が焼畑農耕であるところから，長いあいだ，考古学者たちは，古典期でも，これが唯一の耕作法であったと考えていた．しかし，古代マヤでは他の耕作法も行われていたことが，次第に明らかになってきている．盛リ土した畑は，自然排水の悪い低地，とくに川沿いの地方に広く分布していたし，南部低地の丘陵地帯では，段畑が作られていた．作物収穫高は，移動農耕が主流であった地域よりはるかに高かったはずであり，したがって，以前考えられていたよりも多くの人口を支える力があったことを，考慮に入れなければならない．

南部低地マヤ文明の崩壊

古典期後期マヤ文明，そして，おそらくもっと広くいえば，古代アメリカの文明は，マヤ南部低地で，後7世紀末に絶頂期をむかえ，8世紀にもそれがつづいた．しかし後800年ころから，漠として説明しがたい不安が，南部マヤ都市にひろがりはじめた．

つづく1世紀のあいだ，センターというセンターは，過去6世紀にわたってマヤの王国を率いてきた祖先とその事績を讃える石碑の建造を，つぎつぎにやめてしまった．後900年までには，マヤの長期計算暦の使用はほとんど途絶え，北部低地の後古典期には，最初の部分を省略した短期計算暦が使われた．この時期には，1000年あまり前のオルメカ文化を襲ったのと同じ，突発的な破壊の嵐が吹き荒れた証拠が，今もはっきリと残っている．ほとんどの遺跡で建設は止み，住人の去った都市は，熱帯の森林におおわれた．

人々はどこへいったのか．そして，何がこのような恐るべき大異変をひきおこしたのか．推測が絶えることはないが，だれにも事実はわからない．都市の中には，後古典期にも人が住みつづけ，文化らしきものを継承していたことを示す考古学的証拠が認められるものもあるが，エリートとそれを取リ巻く事象は確実に姿を消している．ありとあらゆる仮説が提唱されてきたが，それらは，大きくは，土地の酷使や気候変化がひきおこした農業の崩壊のような生態学的原因，あるいは，無思慮な王からの民衆の離反がまねいた社会革命とい

メソアメリカ

コパン

下 平均の高さ約3.5 mの石碑が7基，主広場に集まっている．他の石碑は遺跡の南の部分にある．コパンの芸術は，8世紀なかばに絶頂期をむかえた．「神聖文字の階段」には，マヤ地域で最も長文の碑文が刻まれている．63段の階段に刻まれた文字は，2500字におよぶ．

マヤのおもだった遺跡の中でも最南端のコパンは，ホンジュラスのモタグワ盆地を流れる同名の川の河畔に位置する．大都市コパンは，往時はおそらく長さ13 km，幅3 kmにおよぶ広さであったと思われる．しかし，今日残っているものといえば，そのほんの一部，廃墟と化した神殿，広場，そしてなによりもコパンの目玉ともいうべき立体彫刻の石碑ぐらいである．1839年，美術家であり建築家であったフレデリック・キャザーウッドとともに旅行中のジョン・ロイド・スティーヴンズが，この遺跡を50ドルで買い取り，古代の記念物を存分に発掘，記録した．1930年代に入ってから，ピラミッド群を大きく浸食していたコパン川の迂回工事を中心とする本格的な修復作業が，カーネギー研究所の手で行われた．

右 「碑銘の神殿」からながめると，球戯場（前方）の優美な線や，その後方の主広場に独立して立つ高雅な彫刻に，コパンの美を鑑賞することができる．

右下 戦争場面や暴力の場面がないのが，コパンの特徴である．人物像は，武器ではなく，地位をあらわす飾りをもっている．若い「トウモロコシ神」の彫刻は，おだやかな表情である．

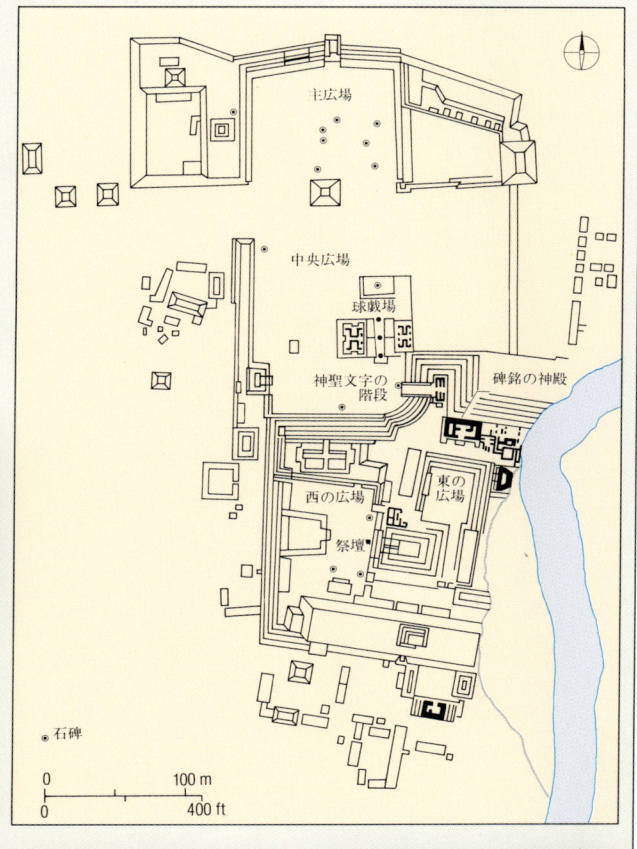

左 キャザーウッドの描いた「倒れた偶像」（石碑C）の絵は，ロマンティックな雰囲気をただよわせていながら，正確精密である．石碑Cや他の37の石碑は，今ではすべて立った状態にもどされている．それらはありとあらゆる王位のしるしを身にまとったコパンの王（と1人の女性）をあらわしている．どの王も儀杖をもち，複雑で手の込んだ衣服と宝石類を身にまとい，傍にはマヤ文字の文書が添えられてある．粗面岩の石碑の全面に彫られた細かな装飾は，立体的で，ヤシュチランやピエドラス・ネグラスでかたくなに守られた平面彫刻とは，趣を異にしている．神聖な動物をかたどった祭壇が，これらの人物像の前に置かれていた．

ジビルチャルトゥン
メリダ
イサマル
アカンセー
チチェン・イツァー
オシュキントク
コバー
ヤシュナー
ウシュマル
ムル・チク
チャクチョブ
ハイナ
カバー
タンカフ
コスメル島
シュカルムキン
サイール
ラブナー
チャクムルトゥン
ケウィク
ユカタン
カンペチェ
シュキチモーク
シュタムパク
ジビルノカク
エズナー
フンティチムル
フェリペ・カリヨ・プエルト
ホチョブ
メキシコ湾
北部地域
カンペチェ
キンタナ・ロー
ラグーナ・デ・テルミノス
ベカン
シュプヒル
オルミゲーロ
パシオン・デル・クリスト
ワークパル
リオ・ベック
コフンリチ
オシュペムル
ノフムル
ラ・ムニェカ
カンデラリア川
カラクムル
パレー・デ・ロス・レイエス
エル・パルマル
コマルカルコ
グリハルバ川
ピヤエルモーサ
アルタミラ
ウスマシンタ川
パランカン
ウカル
パランパル
コルハ
メキシコ
グァテマラ
ラマナイ
トルトゥゲーロ
エル・ミラドール
ナーチトゥン
リオ・アスル
アルトゥン・ハ
ポマナー
中部地域
タバスコ
チアパス
パレンケ
ラ・オンランデス
シュルトゥン
サンホセ
ベリーズ・シティー
チニキハー
サンペドロ川
ワシャクトゥン
ホルムル
ベイキング・ポット
ベルモパン
エル・ポルベニール
エル・ペルー
ティカル
ナクム
ピエドラス・ネグラス
ペテン
ナランホ
シュナントゥニチ
ラ・マル
エル・カヨ
ウォラントゥン
ヤシュハー
モトゥル・デ・サン・ホセ
フローレス
ペテン・イツァー湖
マウンテン・カウ
トニナー
ヤシュチラン
マヤ山地
カラコル
トゥストラ・グティエレス
ラカンハー
ボナンパク
アクトゥン・バラム
ポモナー
アグワ・エスコンディーダ
イツァン
サンタエレナ・ポコ・ウィニク
ラ・アメリア
エル・カリベ
セイバル
サクル
アルタル・デ・サクリフィシオス
ドス・ピラス
イシュトゥツ
アグアテカ
ニムリ・プニット
ナフ・トゥニチ
マチャキラ
ルバーントゥン
ベリーズ
グリハルバ川
チンクルティク
プシルハー
カンクエン
サリーナス・デ・ロス・ヌエベ・セロス
ケン・サント
ラガルテロ
チャマー
コバン
イサバル湖
サン・ペドロ・スラ
メキシコ
グァテマラ
ネバフ
キリグアー
グァテマラ
ホンジュラス
モタグア川
ロス・イゴス
サクアルパ
サンアグスティン・アカサグアストラン
エル・パライソ
南部地域
コパン
ウルア川
ヨホア湖
アティトラン湖
カミナルフユー
グァテマラ市
アマティトラン
エル・バウル
パンタレオン
アスンシオン・ミタ
ティキサテ
エル・サルバドル
タスマル
サンサルバドル
22°
94°
92°
90°
88°
20°
18°
16°
14°
古典期大センター
古典期小センター
洞穴遺跡
プウク様式
チェネス様式
リオ・ベック様式
コツマルワパ遺跡
交易路
北部・中部地域の集約耕作地
盛り土をした畑
石壁の段畑
沼沢地
現在の国境と州境
現代の都市と町
後 790 年当時の都市国家の境界
縮尺 1:3 400 000
0
150km
0
100mi

メソアメリカ

った社会政治学的原因の二つに分別される．今は，これら競合する多くの仮説の中で，全体の支持を得ているものはまだないというにとどめざるをえない．

北部の古典期都市

現在はもはや支持されていないが，故シルヴェイナス・モーリーのような初期の研究者は，南部低地にマヤ「旧帝国」，ペテン地方より北のユカタン半島に「新帝国」があったとする理論を提唱していた．この「新帝国」は，古典期マヤ文明の崩壊の後，南部をのがれてきた人々によって建設されたと考えられたのである．しかし，この理論は，北部諸都市が古典期後期にはすでに建設されて，それ以来人が住んでいたという事実が考古学者によって発見されて以来，支持されなくなった．

北部諸都市は，一般に，その建築様式によって分類される．ペテン地方に北接する南のリオ・ベック様式は，ティカルのような都市の神殿ピラミッドに外見上は似せてつくられ，(登れない「階段」のある)「見せかけの正面」の塔を取り付けた複数室の建物を特徴としていた．それより北方，カンペチェ州南部には，チェネス様式の遺跡があり，そこの祭祀建造物の内部には，南部の王たちがもった「儀杖」についている天界の双頭の竜とおぼしき巨大な怪物の口をかたどった入口から入るようになっていた．

古典期マヤ文明で最もすばらしい記念建造物は，カンペチェ州北部とユカタン州のV字型にひろがる低い丘陵地帯に位置する，プウク様式の遺跡群である．ウシュマル，カバー，サイール，ラブナーなどは，以前の研究者には最もよく知られた遺跡であり，その建物は，フランク・ロイド・ライトのような現代の建築家にも影響を与えた．この様式の特徴は，石灰岩の薄板を河原石で築いた核の上に張ることであり，建物正面上部に，彫刻をほどこした数千の石片をモザイク様に

左　**古典期マヤ文明**
後290年ごろから5世紀以上にわたり，古典期マヤの諸都市が，中部・北部地域の熱帯の森の中に栄えた．多くの古典期センターは，王族間の結婚によって結びついていたが，特定都市，たとえばペテン地方の大都市ティカルにしても，他の都市に対して支配権をもつということはなかった．大半は基本的に独立の二つであって，頻繁に都市間の戦争をおこしていた．790年ごろの南部低地には，22の独立都市が認められる．9世紀になると，どのセンターも，石碑を建てて支配者を讃えることをしなくなった．

マヤ低地では，おそらく，移動焼畑農耕が標準的な農法であったと考えられるが，これだけで古典期の大人口を養うことは，とうてい不可能であった．中部・北部地域の一部では，ほとんど1年を通して耕作できる集約農法も行われていたことが，考古学的にしだいに確かめられてきている．盛り土をして底上げした畑と，石で土留め壁を作る段畑の二つである．これらの方法は，人口圧に対する対応策であったと考えられる．

右　現在のマヤの住居が，古代の宮殿のそばに建っている．

上　プウク様式の建築の華麗な一例が，カバー遺跡のこの「仮面の宮殿」である．石のモザイクでできた雨神（チャク）の仮面がずらりとならんで，長さ46mの建物前面をおおっている．

127

メソアメリカ

ウシュマル

ウシュマル遺跡は，ユカタン半島最高の建築美で知られる．しかし，考古学的には未知の部分が多い．おもな建物の修復作業はほどこされているが，「大ウシュマル」の正確な地図の作成はまだできていない．ここには，日付のある石碑，長文のマヤ文字，絵文書など，メソアメリカの他の地域にあるような情報源も，歴史的出来事を描いた壁画もない．土器の予備調査，日付のない石碑，蓋石に書かれた日付（後909年）が，ウシュマル遺跡の時代推定の手がかりとされてきた．しかし，それ以上に決定的要因は，多くの遺跡の建築に組み入れられたプウク独特の建築・装飾様式である．

それらの証拠から見て，この遺跡が古典期後期のものであり，おそらくはメキシコ人の半島侵入で終焉をむかえたことが推測される．ウシュマル様式はプウクの伝統を基本とし，国際都市の趣きを添える外来の要素をアクセントにしている．

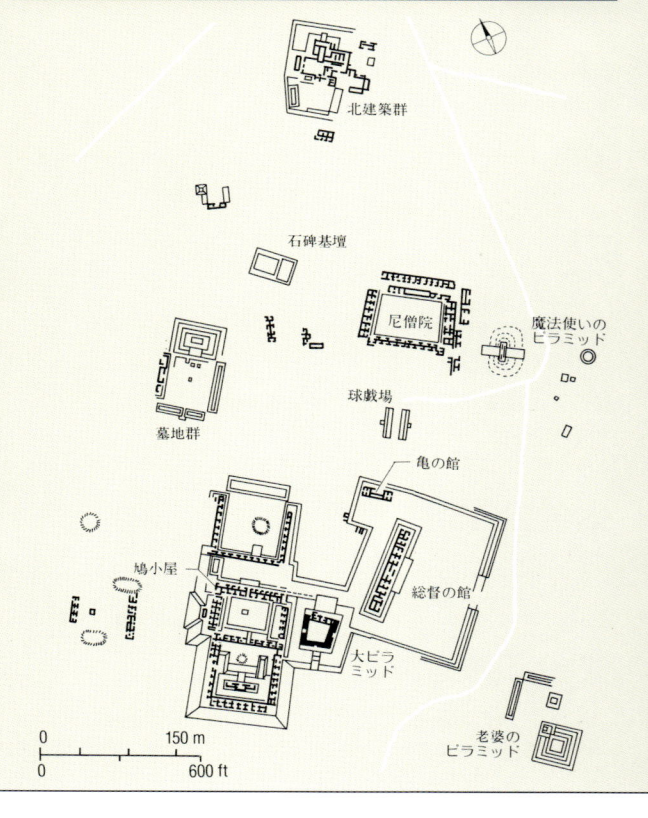

下　「総督の館」の主要入口の上の装飾は，幾何学文様，チャクの仮面，自然の題材を様式化した形が組み合わせられている（フレデリック・キャザーウッドの石版画の一部）．より簡素ではあるが同様の装飾が，長さ100mにおよぶ建物の四つの壁面すべてをめぐっている．大きなチャクの仮面は，11の入口の上にそれぞれ飾られ，また建物の角では，45度の傾斜で積み重ねられている．「尼僧院」のものと似た帯状の装飾壁（高さ3.5m）は，おそらく大量生産されたと見られる小さなモザイクを組んで作られているが，モザイクの切り方が非常にていねいであるため，隙間を埋めるための化粧漆喰を使う必要がなかった．

メソアメリカ

「亀の館」を右前方に置いた「尼僧院」(左)の描く低く水平な線は「魔法使いのピラミッド」(下)の高くそびえたつ巨大さと対照的である.「尼僧院」(初期の発見者が,小さな部屋を尼僧の部屋に似ていると考えた)は,垂直壁が,無装飾の下部と手の込んだ上部の二つの部分に分かれ,純粋なプウク様式の建築の特徴を示している.

「魔法使いのピラミッド」の楕円基底は,ウシュマル独特である.修復作業中の調査で,この建物は5期の建築層からなることが判明したが,そのいずれもが,底部と頂上の神殿と同様に,プウク様式のデザイン規範に従っている.

ユカタン半島では,地表にあらわれた水源は,存在しないも同然であるから,東部の初期の住人は,石灰岩の岩棚の陥没口の泉(セノーテ)の周辺に住んだ.しかし,西部には自然の泉はないので,住人は,乾期の6カ月に必要な水を確保するために,季節的降雨を集めておかなければならなかった.

人工の地下の溜池チュルトゥンは,北部マヤの天才が生んだ最も偉大な技術革新であった.それでもなお,水不足は一大関心事であった.というわけで,おびただしい数のチャク(雨神)の仮面が,建物前面を飾っているのである.

上左 頭蓋骨と交差した骨のモチーフが,「墓地群」の基壇の上端に繰り返し用いられている.これは,プウク様式の建築を飾るメキシコ中央高原のデザインの一例である.

上 方形の庭を囲む「尼僧院」の西の装飾壁には,幾何学模様のモザイクの上を,羽毛の蛇がはっている.

左 広さ100 ha を占めるウシュマルの建築群は,天文学的直線配置(北よりわずかに東に振れる軸に気付くだろう)を固守するとともに,劇的景観を作り出すことにも意をそそいで,配置されているように見える.「総督の館」は,現存するプウク様式の建築の中で,最も完璧な例と考えられている.2層の基壇の上に建てられ,その主入口は,ウシュマル最古の建物といわれる「老婆のピラミッド」の方向にある大広場を見おろしている.その北の「尼僧院」の入口は,りっぱな擬似アーチである.中庭(75 m×60 m)を取り囲む形の独立した四つの建物からなる「尼僧院」は,包囲しているというよりはむしろ,広々とした空間を感じさせる効果を出している.

129

ハイナ島の芸術

ハイナは，カンペチェ海岸沖にある泥灰質の小島である．この島は，今までに発見された幾百もの古典期後期の墓に副葬されていた土偶の美しさで知られる．それは中空で，普通背部に笛がとりつけてある．貴人や貴婦人，王や神の像で，皆さまざまな動きを見せている．墓のりっぱさから，ハイナ島は，近くのプウク諸遺跡を統治したエリートの共同墓地であったと推測される．

いわゆる「肥った神」(右)は，プウク様式の建築正面の石彫に見られるが，ハイナ島出土の土偶にもしばしばあらわれる題材である．おそらくはテオティワカンが起源であると推定されるが，メソアメリカの神々の中での，かれの役割は知られていない．ここでは羽毛の戦闘服を身にまとい，一方の手に盾をもっている．後帯機で織るマヤの若い婦人(左)が，織物の守護神の年老い月の女神と考えられるように，日常生活に従事する土偶は，仮の姿であるらしい．機が掛けられた杭に鳥が1羽とまり，下の方に別の2羽が見える．ハイナの土偶の多くはミニチュアの肖像(下)で，古典期後期のマヤの装束をよくあらわしている．あぐらをかいた座像は貴族で，胸に鏡のようなものを下げており，その右は，やはり鏡のようなものを手にもち，裾長の衣装をまとい宝石で飾り立てた婦人である．偉大なマヤの王は，「民の鏡」であると考えられていたから，鏡は王の観念と密接に結びついていた．

メソアメリカ

下　土偶を作るハイナ島の芸術家は，公的記念碑を彫る人々よりも，多くの自由を与えられていて，きわめて表情豊かな作品が残されている．おそらくは王と考えられるこの人物は，今まさに忘我の踊りのただ中にある．

下端　円い玉座に座ったこの王の像は，きわだって威風堂々としている．古典期のマヤの記念碑彫刻には，ひげはまれであるが，この像のように，ハイナ島の王はしばしばあごひげをたくわえている．左手にコパルの香を入れる袋を下げている．

ならべることである．よく作られたのは，天上の神（いわゆる「長鼻の神」）の印象深い顔で，それをトーテムポールのようにいくつも積みあげたものである．

この半島を北上するにしたがい，土の層は薄くなり，乾燥気候となり，池や湖や川は少なくなる．東端のチチェン・イツァーもふくめ，プウクの諸遺跡は，飲み水の源と強く結びついている．トウモロコシ栽培は北にいくにつれてむずかしくなるので，今に至るまで，塩とはちみつの交易が経済の支えである．

南方の都市が衰退するにつれて，そこからプウクの都市への移住が果たしてあったかどうかは疑わしいが，後900年当時，そこには人々が住み，儀式中心の生活をよく維持していたことはまず確実といってよい．これらの遺跡は，後10世紀末ごろに，トルテカ人がユカタン半島に進出した後，チチェン・イツァーに栄えた混成のトルテカ＝マヤ文明の誕生に大きな貢献をし，その芸術家や建築家は，後古典期に突如としておこったこの大センターの建設に，重要な役割を演じたのである．

中央メキシコのマヤ

古典期マヤ文明は，文化的には「出不精」で，他の地域に影響を与えることはほとんどなく，またけっしてその境界を越えて出ることもなかったと考えられるのが常であった．しかし，近年，古典期後期末100年間ほど，メキシコ中央高原にマヤが進出していたことを裏付ける有力な証拠が，いくつか発見されている．

この進出の性格を理解するためには，プトゥン族に目をむけなければならない．この人々は，チョンタル・マヤ語を話すグループで，スペイン人による征服当時，タバスコ州とカンペチェ州南部の海沿いの沼沢地に住んでいた．この地をアステカの人々はアカラン，すなわち「カヌーの土地」とよんだが，それはプトゥン族が，ホンジュラスからベラクルス州にかけての海岸沿いに，広範な海上交易網を張りめぐらしたことに対する賛辞であった．かれらはまた，ナワトル語で，オルメカ＝シカランカとよばれていた．後800年にはじまったペテン地方の諸都市の崩壊によって生じた支配力の空隙に，プトゥン族が入り込んだと信ずるに足る根拠は，十分にある．

丘の頂の大遺跡カカシュトラは，メキシコ盆地の東の乾燥した高地，トラスカラとプエブラ両州の境界に位置する．そこに見られる強い歴史的伝統から，ここは，オルメカ＝シカランカ，すなわちプトゥン・マヤ起源の王朝の拠点であったことが知られる．それがより確実になったのは，明らかにマヤのものとわかる壮麗で輝くばかりに彩色された壁面をそなえた，古典期後期のみごとな宮殿が，1974年に，盗掘者の手で偶然に発見されたことによる．

中央メキシコにおける古典期後期マヤとの関係を示すもう一つの遺跡は，メキシコ盆地の南西部，モレーロス州西部の丘の頂の巨大な建築複合，ショチカルコである．そこにある基壇には「羽毛の蛇」がとり付けられているが，そのうねる胴体には，明らかに古典期後期マヤの翡翠製品をまねたと思われる生粋のマヤ人の座像がかかえこまれている．また，低地マヤ諸都市のサクベ（「白い道」）を手本としたにちがいない堤道網もある．

このようなマヤの進出は，南部低地の諸都市に混乱がおこっていた時期の出来事であり，また少なくともカカシュトラ

メソアメリカ

左奥 コツマルワパとは、グァテマラ太平洋岸出土の、200を越える記念碑に彫られた、独特の彫刻デザインに与えられた名称である。
　それぞれの石碑には、球戯者の装備を身につけた男性が彫られるのが特色で、ここに見られる縦長の6号記念碑では、かれは片腕を神にさしのべている。石碑は、背景から突き出たように見える神の頭部以外は、浅浮彫りで彫られている。一連の石碑には、（死者の顔、はねられた首、花をつけたつる植物、擬人化したカカオのさや、天上のヘビなどの）図像要素が繰り返しあらわれるが、その組合せは石碑によってさまざまである。

左 コツマルワパ様式の石碑の細部。球戯者の格好をした神官が、一方の手に人の首、他方の手に生贄を刺し通すナイフをもっている。蛇は血を象徴している。

は、新大陸最大の文明の崩壊がもたらした無秩序の状況につけこんで建設された都市であった。

コツマルワパの謎

　古典期のメソアメリカ諸文化の中でも、最も謎深いものの一つは、グァテマラの太平洋岸にある標準遺跡サンタ・ルシア・コツマルワパにちなんで名づけられた、コツマルワパ文化である。ここは、かつてメソアメリカで最も豊かなカカオ産地の一つであった。この地域の非常に狭い範囲に、多数の小さな遺跡があり、河原石でおおわれたかなり素朴な建築と、おびただしい数の石碑が立っている。
　これらの様式と図像表現は、マヤ的でもメキシコ的でもなく、両者の結合型である。ぎょろ目の雨神トラロックや、「死者の国の主」ミクトランテクトリのような多くの神々は、明らかに中央メキシコ起源のものである。260日暦と関連する暦をあらわす文字は、メソアメリカでも、今知られている限りではユニークである。球戯する人を描いた彫刻や球戯場はいたるところにあり、メキシコ湾岸の古典期ベラクルス文化との関連を思わせるが、コツマルワパ文化がそれに由来するものとも、また、古典期前期にグァテマラ海岸に勢力を伸ばしていたテオティワカンに由来するものとも、はっきりと限定しがたい。
　この文化の栄えた時代についても、研究の第一人者リー・パーソンズ博士は、古典期前期のおわりと後期のはじめにまたがる「古典期中期」にあたると考えているが、まだ解明はされていない。いずれにしろ、この文化が花開いたのは、豊富なカカオの産出によって生みだされた富によることは確かである。
　この文化の担い手はどのような人々であったのだろうか。スペインによる征服当時、コツマルワパ地方には、アステカの言語であるナワトル語と遠い関係をもつナワ系言語を話すピピル族という非マヤ系の人々が住んでいた。専門家の大方

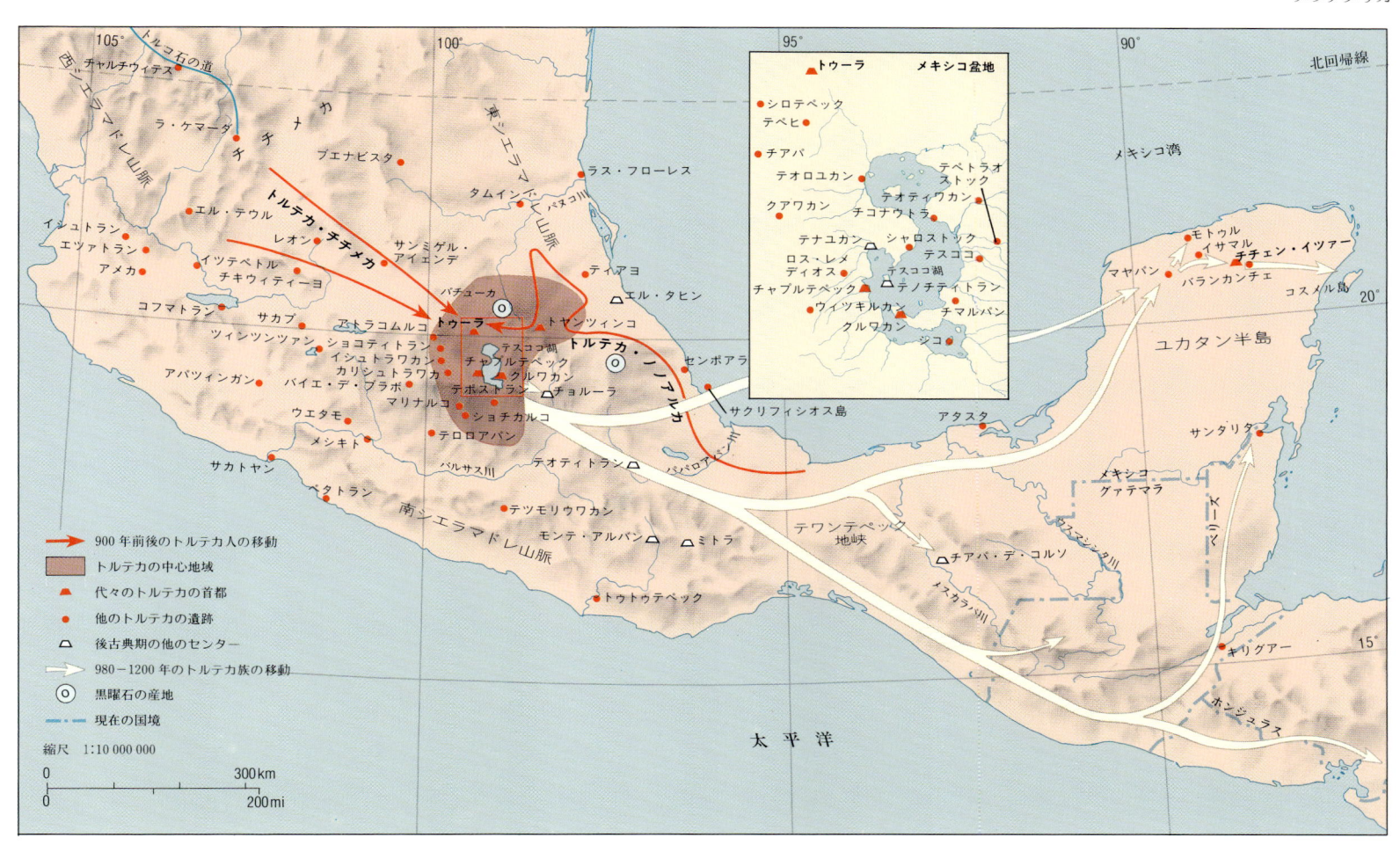

上 トルテカ王国
トルテカ時代は，メソアメリカの神話の中で伝説的な位置をしめている．マヤ末期やアステカ王国の支配者たちは，皆きまってトルテカの後裔であると称し，みずからの治世が，その先覚者の時代と同様に，あまねく繁栄するであろうと信じた．地図に示すように，メキシコのほとんどの地域がトルテカ勢力の影響を受けており，その伝播は，王国が消滅した後も，トゥーラからの亡命者が各地に離散したことにより，つづいた．しかし，トルテカもそのはじまりはみじめで，一部はチチメカ砂漠の遊動部族の出身で，旱魃と飢餓のために南方へ追いやられたのだった．

右 生皮を剝がれた神シペ・トテクが，実物大に近い中空のテラコッタ像であらわされている．この植物と収穫の神の化身は，犠牲となった生贄から剝いだ生皮を身にまとった．

の意見では，ピピル族が古典期のコツマルワパ文化の担い手であり，後6世紀までに，おそらくは中央メキシコから，海岸地方に移り住んでいたということである．しかし，依然としてその謎はとけないままである．

トルテカの出現

後900年からスペインによる征服までの期間は，後古典期とよばれ，歴史時代であるということによって，メソアメリカでそれに先立つすべての時代と区別される．すなわち，この時代に関しては，スペイン人と土着の知識層双方の手で，1521年より後に編纂された成文の記録と歴史が存在するのである．

確かに古典期マヤには書かれた歴史があったが，内容が極端に貧弱であり，しかもエリート層の出来事に限られていた．一方，後古典期に関する歴史記録の多くもあいまいであることが多いので，慎重に取り扱う必要がある．

古典期と後古典期には，もう一つ顕著な違いがある．冶金術の到来である．この技術は，南アメリカ，おそらくはペルーとエクアドル国境辺の沿岸地帯から伝えられたにちがいない．その他，良質の金と銅の「蠟型法」による鋳造を古くから行っていた中間領域の影響もあったと考えられる．しかし，メソアメリカの冶金術は，ほとんどが装飾品の製作に限られ，しかも同時代のアンデス地域では知られていた青銅が，メソアメリカではついに出現しなかった．したがって，後古典期は金属器時代とはいいがたい．

メソアメリカ

トルテカ＝チチメカ族

スペイン人がメキシコと中央アメリカにやってきたころ，そこを支配していた王家の人々や植民地時代に生きのびたかれらの子孫たちは，「トラン」（後に訛って「トゥーラ」となった），すなわち「アシの茂る土地」でかつてすばらしい文化を築きあげた「トルテカ」とよばれる人々のことを，語りついでいた．トルテカ人は驚くべき工芸と建築の腕を発揮し，一種の理想郷であったトゥーラの宮殿は宝石でできていたという．アステカ王国のモテクソマ・ショコヨツィン王（モクテスマ2世）自身が，みずからをトルテカの後裔であると称していた．

トルテカに関するいい伝えは数多く現存し，中にはいくばくかの歴史的真実性を示すものも存在する．もっとも，いわゆる歴史というものの解釈は簡単ではないのだが．

メソアメリカの北境のかなたには，2列にのびるシエラマドレ山脈のあいだにはさまれて，広大な砂漠の台地がひろがっていた．ここは，農耕の「境界」の外で，メソアメリカ先史時代古期以来の生活様式を守る移動狩猟採集民，チチメカ人の住む土地であった．後古典期前期，メソアメリカに北方から弓矢をもたらしたのは，たぶんかれらであったと考えられる．なぜなら，後にアステカ軍の中の唯一の弓の使い手となったのが，チチメカ諸族の中のオトミ語族の傭兵であったからである．

この放浪の民は，過去にいく度もメソアメリカの辺境を越えて南に侵入してきたようだが，古典期のおわりに，ミシュコアトル（「雲の蛇」）とよばれる指導者に率いられた一つのグループが，トルテカ族として知られるもう一つのグループとともに定着し，ここが後にトゥーラとなった．この混成の人々が，ショチカルコなどのマヤ化した中央メキシコの諸センターの影響も受けながら，新しい文化を発達させた．たとえば，トゥーラ遺跡の球戯場は，大きさから細部に至るまでことごとく，ショチカルコ遺跡のI字型の球戯場をそっくり模倣している．後古典期前期トラン文化（後900－1200年）の時期，トゥーラはついに，広大な王国，いや帝国ともよべるものの首都となった．そこはまた，後古典期後期のメソアメリカ諸国の模範となり，アステカばかりか終末期のマヤの王の家系も，トゥーラの王の子孫であると自称した．

トルテカの影響は，メキシコ湾岸地方をふくむメソアメリカのひろい地域で見い出される．各地の，そして首都そのものでのトルテカ文明の存在は，鉛土器として知られる上質の光沢のある土器によって証明される．この土器は，チアパス州やグァテマラの太平洋岸でトルテカの土器として作られ，トルテカ人がいくところならどこへでも交易品として運ばれていたようだ．実際，広い範囲におよぶ交易網は，トルテカが最初に作ったらしい．コスタリカ産の上質の多色土器が首都トゥーラで発見されているし，ラ・ケマーダやチャルチウイテスのような遺跡は，カサス・グランデスなど合衆国南西部の文化に属する交易基地からトルコ石をはじめとする奢侈品をもち込むために，トルテカ人がメソアメリカ北西部に建設したと考えられるからである．

ユカタン半島のトルテカ

邪悪なテスカトリポカ（「煙る鏡」）の手によるケツァルコアトル（「羽毛の蛇」）の敗退の伝説はまた，かれがトゥーラをのがれ，従者とともにメキシコ湾岸地方に落ちのびた旅についても語っている．一説によれば，「羽毛の蛇」はみずから

トルテカ王国の首都トゥーラ遺跡は，現在のメキシコ市の北西65 kmほどの所に位置していた．トゥーラは，テオティワカンよりはるかに貧弱だが，広大な国家の王宮所在地であったことは間違いない．ピラミッドBの頂上に立つ巨大な像（アトランテ）（下）は，トゥーラの象徴といっていい．遺跡の中でも際立って大きなこれらの彫像（ピラミッドが10 mをわずかに越える程度の高さであるのに対して，4.6 mもある）は，中央高原の後古典期表象芸術の中で優勢となった軍事主義要素を，最もよくあらわしている．

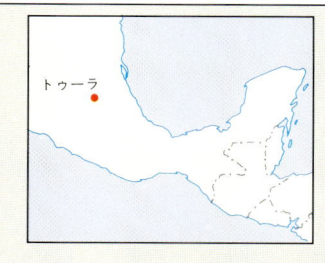

トゥーラ

イダルゴ州のトゥーラは，今日，より時代の古いテオティワカンよりは小規模ながら，印象深い大都市遺跡として知られている．遺跡の中心部には，おそらく「羽毛の蛇」ケツァルコアトルを祭っていたと思われるピラミッドBのような，低いとはいえかなり大きな神殿ピラミッドがいくつかそびえ立っている．その建造物下部の表面には，この都市を支配していた戦士階級をあらわすと思われる餌をあさるジャガーやコヨーテ，心臓を食うワシの浮彫りが彫られている．伝説によれば，トゥーラは，ケツァルコアトルの称号をもつ半ば神話的な王に支配されていたが，かれは，妖術師と戦士のパトロンである恐るべき神テスカトリポカによって，魔術をかけられ堕落してこの都市を追われた．

下 「蛇の壁」（コアテパントリ）．独立してたつ高さ2.6mのこの壁には，ガラガラヘビにのみこまれる人間の骸骨の図が，反復して彫られている．トゥーラの彫刻は，ケツァルコアトル神話の構成要素である羽毛の蛇と，金星と戦士を組み合わせて題材としている．

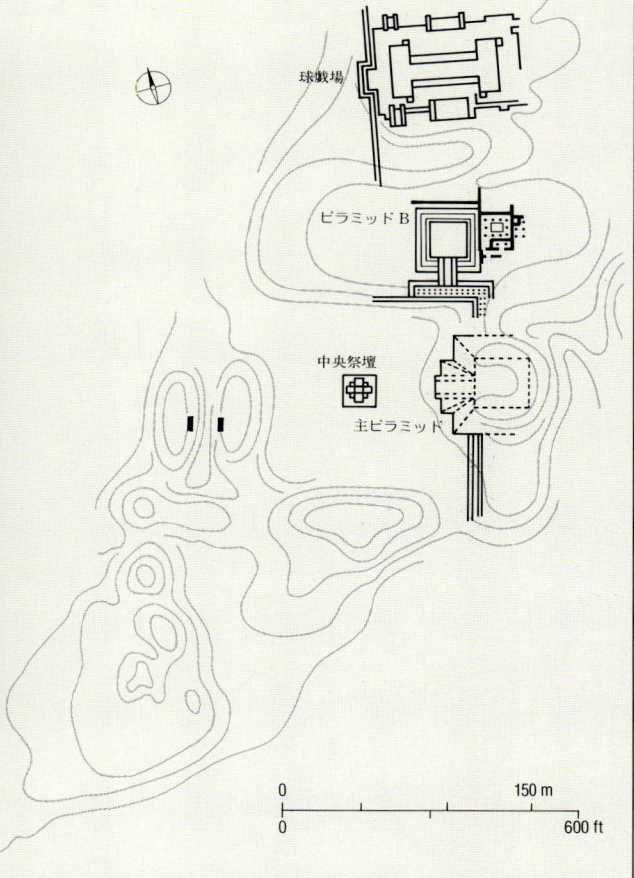

下 四つの巨像（アトランテ）の一つ（部分）．典型的，というよりはおそらく理想とされたトルテカの顔（右下のチャク・モールと比較していただきたい）の特徴が，彫刻技術に強力に反映されている．各像は四つの部分からなり，これを積みあげたものである．素材は玄武岩で，各部分がしっかりと結合されて1本の支柱となり，屋根を支えた．同じような戦闘服を着た巨像の立つピラミッドの背後の，浅浮彫りの角柱にも，同様の建築的な工夫がなされている．

左 南東から見たピラミッドBの前には，列柱の広間がある．ピラミッドの基壇は，心臓をむさぼり食うジャガーと，ワシの横向きの姿と，金星をともなう羽毛のはえた生き物（ナワトル語名トラウィスカルパンテクトリ）の顎から出てくる人頭の彫刻で，飾られている．

右中央 トゥーラの平面図．I字形の球戯場が，ピラミッドBの後方にある．ここは，広さも向きも，ショチカルコの球戯場とまるで同じである．このピラミッドに隣接して，パラシオ・ケマード（「焼けた宮殿」）がある．

右 人身供犠用の石と考えられているチャク・モール．すべて手足を切断された同様の石彫6体が発見された．

命を絶ったと伝えられるが，他の伝承では，かれは，いつの日かかれの土地を取りもどすために帰ってくるべく，海ヘビのいかだに乗ってメキシコ湾を東方にこぎ去ったと伝えられている．

考古学やエスノヒストリーが追認しているのは後者の伝承である．後987年におわるカトゥン（時のサイクルの単位，約20年）に，ククルカン（「羽毛の蛇」すなわちケツァルコアトル）と自称する男が，従者とともにユカタンに到来し，マヤを征服したと伝えられている．そうして，トルテカの政治方針に沿って変化を加えられることになったのは，ブウク期の文化であった．しかし，ブウクの都市の大半はこの時に捨てられた．ただ一つの例外が，有名なチチェン・イツァーである．

ユカタン半島の後古典期トルテカ・マヤの遺跡の中で，新しい支配者たちが，北部マヤの人々を周辺部からチチェン・イツァーに集めて，統御しようとしたことを示す遺跡は，他にはほとんどない．わずかにもう一つこの時期の重要な遺跡は，チチェンからさほど遠くない洞穴，バランカンチェで，ここには，トルテカの雨神トラロックを祭る地下の儀礼空間が造られていた．

北部マヤ地域におけるトルテカ以後の発展

カトゥン6アハウという時のサイクルがおわった1224年には，北部低地でのトルテカの覇権はすでに消滅し（トゥーラの偉大なるトラン期はおわっていた），メソアメリカの大半の土地で，トルテカ文化は輝かしい過去にすぎなくなった．それからまもなく，イツァー族がチチェン・イツァーに住みつき，「聖なるセノーテ」（「生贄の泉」ともよばれる）での雨神崇拝を確立強化し，神をしずめるためにそこに生贄を投げ入れた．

13世紀の後半，イツァー族は，チチェンの100kmほど西方にマヤパンを建設し，1世紀後に破壊されるまで，ここを首都とした．マヤパンは，町の外壁の中に約2000の建造物を囲いこむまが玉形の都市であった．数年にわたりマヤパン遺跡を発掘したワシントンのカーネギー研究所は，1万1000人から1万2000人の人が，そこに住んでいたと見積もっている．記録によると，これらの住人のほとんどは，北部ユカタンの支配階級の人々で，当時半島を支配していたココム家の大王への貢物の流れが絶えることのないよう，人質にとられていたのであった．

りっぱな住居の発掘によって，数多くの祠と，そこに祭られた神をかたどった土製の香炉が発見された．これらの偶像の中には，土着のマヤの雨神チャクとともに，中央メキシコ起源の神々も多くふくまれている．

スペイン人がユカタン半島に侵入してきたころには，マヤパンも，そしてもちろんチチェン・イツァーも，すでに荒れはてていた．

当時半島は，はるか昔の古典期マヤのころの独立した都市国家と，政治的・社会的組織にそれほど違いがないと考えられる16の独立小国に分かれていた．マヤに全体を統括する至上の権威が存在しなかったために，スペイン人にとっては，強力な中央集権国家アステカより，むしろその征服は困難をきわめた．

後古典期後期のマヤ高地

カミナルフユーをはじめとする重要なセンターに対するテ

チチェン・イツァー

チチェン・イツァー遺跡は，戦略上重要なユカタン半島の中央に位置していた．一般的な解釈に従えば，侵入者トルテカはここを新しい都と定め，より壮大華麗なトゥーラを建設すべく，マヤ・プウク様式の建築や工芸の職人を徴用した．チチェン・イツァー遺跡の「戦士の神殿」は，もとの都トゥーラにあるピラミッドBを基本としながら，それよりもはるかに大きく意欲的な建築であり，また球戯場は，トゥーラのどの球戯場をもしのぐ規模である．トゥーラ遺跡で最も特徴的なトルテカ様式の彫刻の一つが，なぜだかわからないがチャク・モールと名付けられた上向きに寝そべった像である．チチェン・イツァー遺跡でもこれは多数発見されているが，本家のトルテカの像を小さく見せるほど大きい．しかし，チチェンで最も印象深い建築物，「城塞」として知られる四面の大きな神殿ピラミッドについては，トゥーラには明確にこれと対応する建造物がない．唯一これの祖型と考えられるのは，ティカルとコパンで古典期後期に建てられた四面のピラミッドである．

チチェン・イツァー遺跡のトルテカ＝マヤ文化の年代決定については，後古典期ユカタン半島で使われていた暦のシステムがあいまいであったことも一因となって，未解決の問題がたくさんある．たとえば，ある学派は，チチェン・イツァーの「トルテカ」風建築は，遠く離れたイダルゴ州の，豪華さでは劣る都市トゥーラよりも実際には古いのだという，ふつうと逆の解釈をするほどである．この問題を解決するには，いうまでもなく，地道な発掘を大規模に行うことが必要であろう．

左 球戯場の東寄りのやや低い場所に建つ「ジャガー神殿」からの眺望．ジャガーの玉座が，中央のピラミッド，「城塞」に相対している．羽毛の蛇で飾られた城塞（高さ24m）は，数次にわたる建築の最後の姿である．チチェン・イツァーの建物の大半は，マヤとトルテカ双方のデザインの混合形である．

下 頭蓋骨をならべた棚（ツォンパントリ）を模したこの彫刻は，チチェン・イツァーの後期に建築された基壇の周囲をとり巻くもので，トルテカのモチーフである．

左 「戦士の神殿」と「千人の戦士の庭」は，トゥーラ遺跡のピラミッドBと「焼けた宮殿」にデザインが似ているが，構想と広がりはより雄大である．角柱の各面には，それぞれ個人の紋章をもった戦士像が彫られている．球戯場を見おろす神殿上部の屋根の支持部にも，ヘビのモチーフが見られる．

右 人の顔が動物の口からあらわれ出ているが，これは少なくともテオティワカン時代にはすでに，表現テーマとなっていた．これは，トルテカ時代のワシ＝ジャガー戦士集団の中でさらに重要となり，歴史記録の残るアステカ時代にもひき継がれた．

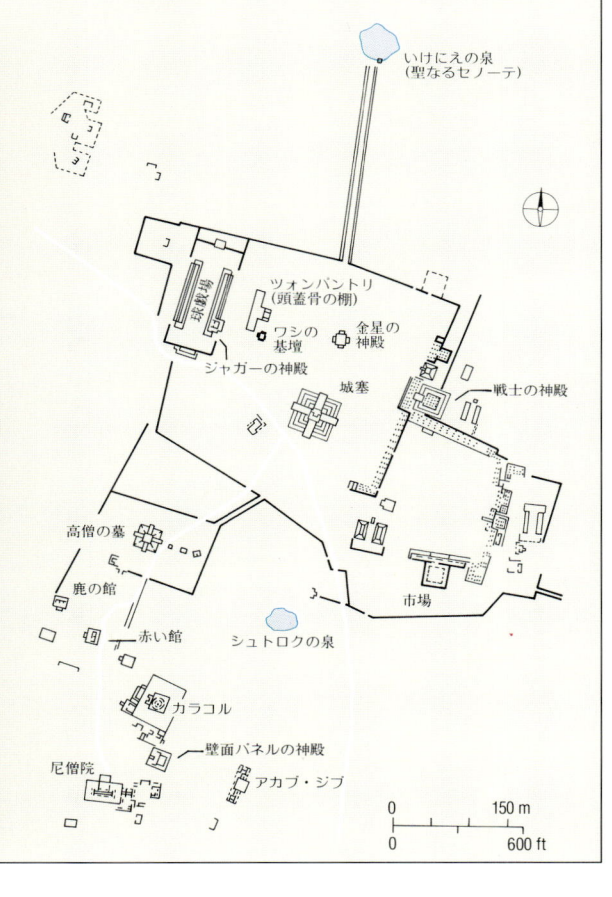

上 マヤ様式の彫刻をほどこしたこの小さな翡翠の飾り板は，聖なる泉（セノーテ），すなわち「生贄の泉」から発見された何千もの品物のうちの一つである．そこは，人身供犠をはじめ，翡翠や土器や金属製品をささげる儀礼の場所であった．トルテカ人とマヤ人の戦いの場面を，打ち出し技法で描いた金属板が何枚か見つかっているが，おそらく歴史的事実を記録したものであろう．

下 チチェン・イツァーの記念建造物は，幅約2km，長さ約3kmにおよぶ広さを占める．南のプウク様式の建物は，北の「新チチェン」より数世紀古いものである．メキシコ中央高原からもち込まれたアイディアの顕著な事例としては，戦士像の行列，チャク・モール，羽毛の蛇，人身供犠，ジャガーとワシの崇拝があげられる．

マヤの地下の世界

古典期マヤの絵画土器は，地下の世界シバルバー(「恐ろしい場所」)への死者の旅にともなう副葬品として作られた．シバルバーの詳細な記述は，スペイン人による征服の後，キチェー・マヤ族の聖なる書物『ポポル・ヴフ』に書き残された．それによると1(フン)・フンアフプーと7(ウクブ)・フンアフプーという名の2人の若者が，地下の世界の主たち(皆，死に至る病気の名をもっている)によばれて球戯をし，一連の試練を受け，ついに敗れて首を斬られる．カラバシュ樹(熱帯アメリカ産ノウゼンカズラ科の高木)にかけられたフン・フンアフプーの頭は，呪術を使って，シバルバーの主の娘，「血の婦人」を妊娠させる．彼女は，地上をさまよった後，双生児の英雄，吹矢と球戯の名手であるフンアフプーとイシュバランケーを産む．この2人もやがて地下の神々によばれて球戯をするが，ごまかしをして生きのび，地下の世界の主たちを倒し，空にのぼって太陽と月になる．『ポポル・ヴフ』に書き留められたこの話やその他の数多くのエピソードは，古典期マヤの絵画土器にはっきりと描かれているが，土器に描かれていて神話の方には対応する話のない場面もたくさんある．

下　ペテン地方で発見された7世紀の多色円筒壺の絵を，写真によって展開図としたもの．階段状の建物の前で，手にボールをもった2人の球戯者が，試合を前にして身構えている．この2人は1(フン)・フンアフプーと7(ウクブ)・フンアフプーか，双生児の英雄，またはそのうちの1人と地下の世界の主であるらしい．右側の空想的な鳥は，地上の人々を地下の世界の球戯によび出すために，シバルバーの主によって送られた魔法のフクロウではないかと思われる．上部の文字はまだ解読されていないが，おそらくその人物のためにこの壺に彩画された当の死者の名前と称号がふくまれているのだろう．

『ポポル・ヴフ』では，双子の英雄の異母兄弟たちが，双子が撃ち落とした鳥を取ってくるようにとの双子の命令で，木に登る．かれらはそこでわなにかけられ，双子はかれらをサルにかえてしまう．この壺(左)では，サル＝人間は文字の守護神として描かれ，ジャガー皮の表紙の絵文書を指している．しかし，多くのマヤの土器に描かれた地下の世界の場面は，直接『ポポル・ヴフ』に関連づけることはできない．絵文書風に描かれた壺(右)では，1人の王が筒にとじこめたヘビをもち，そのヘビの口から年老いた神が顔を出し，貝がらのらっぱを吹いている．

マヤの地下の世界

下　グァテマラの北部ペテン地方で発見された8世紀の円筒形の壺に描かれた絵の展開写真。明らかに妊娠している若い女が、怒っている様子で踊るシバルバーの主の前にあらわれる。『ポポル・ヴフ』によれば、この女は、後の双子の英雄を孕んだ「血の婦人」であるらしい。彼女の前にいるのは、おそらく、彼女の怒れる父とおぼしき男根のような鼻をもつ邪悪の神である。この奇妙な鼻と手にもったうちわから、かれが、実際に地下の世界と関係のあった商人の神、エク・チュウアフであると信じてよさそうだ。他の2人の男は彼の部下だろう。2列に並んでいるマヤ文字は、2人の主人公の名前であるらしい。

絵画土器を作った芸術家は、古典期エリート層の深奥な思考に無知な、文盲の職人であると考えられてきたが、今では、かれらは、絵文書を書き、記念碑を彫り、ボナンパクにあるような大壁画を描いた人々でもあったと、一般に認められている。

マヤの地下の世界

絵文書風に描かれた壺の展開図（上）では，GI神（犠牲と雨の神）と，骨と皮ばかりの「死の神」が，地下の世界の子供のジャガー神に勝って，踊っている．右の方にいるのは，魂を地下の世界に運ぶたいまつをもったホタルと，奇怪なイヌである．多色の壺（下）には，若い「トウモロコシ神」が描かれている．

右　後古典期マヤ文明

チョンタル語を話すプトゥン族は、ペテン地方の中心部にまでのびる交易網を支配し、また、ドゥルセ川沿いのニトやホンジュラスのナコのような諸センターと交易するために、小舟でユカタン半島をまわった．1502年、ユカタン半島沖で、コロンブスは、商人と商品を満載したカヌーを見たが、これはたぶんプトゥン・マヤ族であったのだろう．かれらの大商業中心地がシカランコで、ここは、遠隔のアステカ商人が、マヤ地域の交易者と品物を交易する国際「貿易港」であった．チチェン・イツァー、そして後にタヤサルに移ったイツァー族は、もとはメキシコ化したプトゥン族であったと一般に考えられている．

15世紀なかばのマヤパンの没落の後、北部地域は政治的混乱状態に陥り、16の小国がおこって、互いに力を競って隣国と戦った．それにもかかわらず、儀式のレベルでは、ある程度の中央集権化現象があったと考えられる．各小国の支配家系が、マニーの「羽毛の蛇の神殿」での礼拝をつづけたからである．ユカタン半島北部がこのような政治的「小国分立状態」にあったために、中央メキシコのように倒すべき絶対権力が存在せず、スペイン人がここを征服するのは非常に困難であった．

後古典期の主要センター

マヤパン．1283年から15世紀なかばまでのユカタン地方の中心地．

チチェン・イツァー．この古くからのプウク様式のセンターは、10世紀末、中央メキシコからやってきたトルテカ人に征服された．ここは、1200年以後衰退するまで、ユカタン半島全域におよぶトルテカ・マヤ文化の中心都市であった．

バランカンチェ．トルテカの雨神トラロックをかたどった香炉が多数発見された地下洞窟．

トゥルム．後古典期末からスペイン征服時まで使われた海岸の小さな町．

コスメル島．この島にはプトゥン・マヤ族が住み、かれらの海上の交易路を通って運ばれる物品の貯蔵場所であった．

タヤサル．イツァー・マヤ族がユカタン半島を去った後、島に築いた都．コルテスも訪れているが、ここがスペイン支配下にはいるのは1697年のことである．

ニト．ドゥルセ川の岸にある後古典期末の交易センター．

ナコ．プトゥン・マヤ族による海上交易に関連する後古典期後期の大商業基地．

サカレウ．古典期、後古典期のセンターで、ペドロ・デ・アルバラードが1525年にマヤ高地を征服した当時、マム・マヤ族の首都であった．

ウタトラン．強力なキチェー・マヤ王国の都で、ペドロ・デ・アルバラードの軍隊の攻撃で灰燼に帰した．

イシムチェー．後古典期末のカクチケル・マヤ族の中心都市．

ミシュコ・ビエホ．ポコマム・マヤ族の都．急峻な峡谷に囲まれて難攻不落の要衝であったが、裏切りの行為によってアルバラードの軍門に降った．

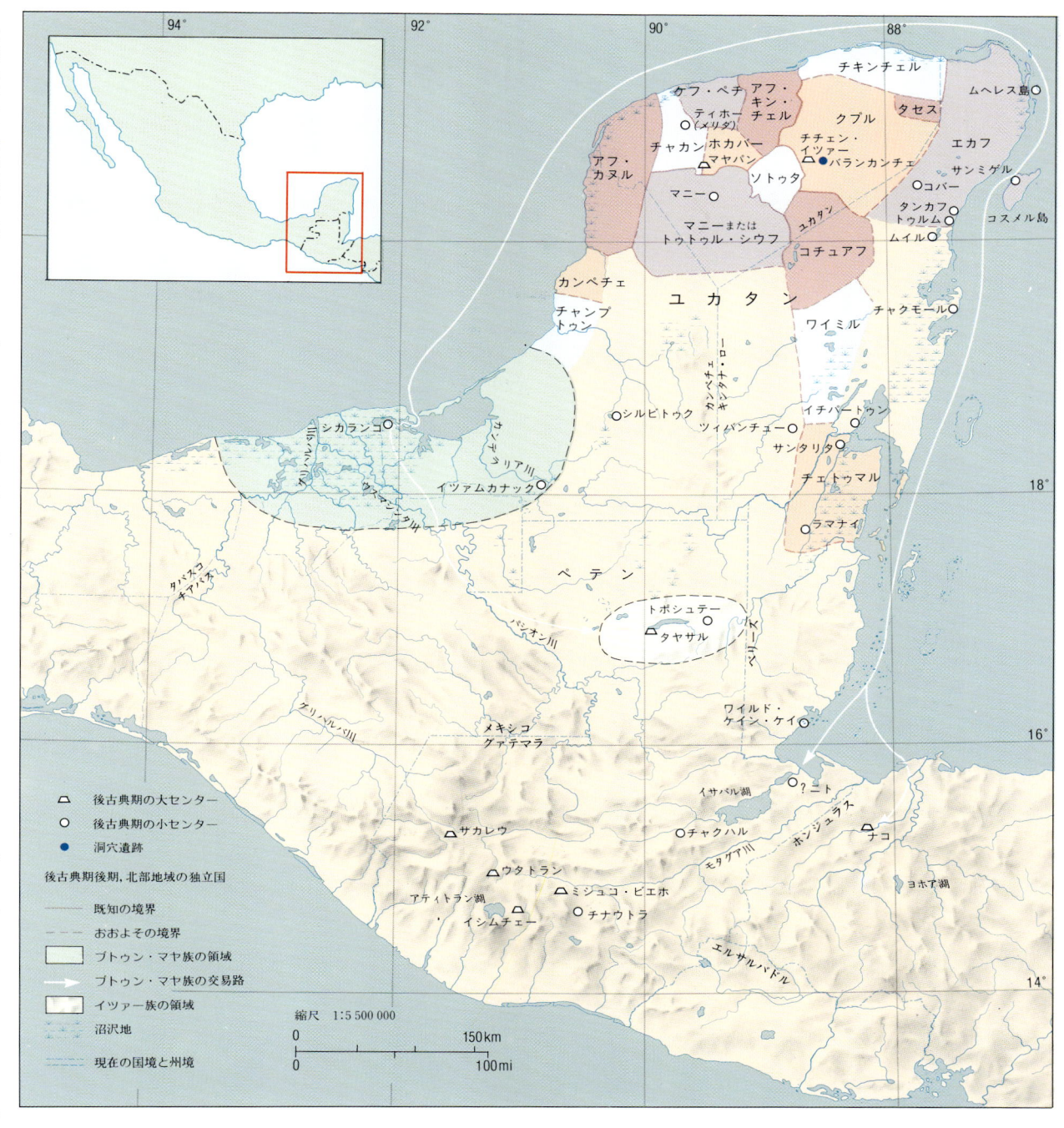

オティワカンの影響が、後500年以後衰えてからあとの時代については、高地グァテマラとチアパス地方の考古学上の成果は、非常に乏しい．勇猛なペドロ・デ・アルバラードが、中央メキシコのトラスカラ出身の原住民の傭兵を率いて、この地を征服した時、グァテマラ高地には、壮大な都を中心にして国を擁するカクチケル族とキチェー族、それよりは小国のツトゥヒル族（アティトラン湖の南岸）とポコマム族がいた．西の方には、チアパス州のマヤ族の一派、ツェルタル族とツォツィル族と境を接して、サカレウに都を置くマム族がいた．これら高地マヤ集団を率いていた支配者たちは皆、偉大なるトルテカの首都トゥーラから移住してきた人々の子孫であると称したが、（キチェー族の『ポポル・ヴフ』のような）かれらの記録が示すように、かれらの文化はやはりかなり土着マヤ的であった．

これら高地諸族の最もめざましい遺産は文学である．これは、植民地時代初期に書かれたものだが、内容はマヤ文字時代の原作を基にしている．とくに、『ポポル・ヴフ』（『マットの書』）として知られるキチェー・マヤ族の大叙事詩や、『カクチケル年代記』は、スペインの手がのびていないまったくの新世界に生きていたインディオ独自の考えを知る道しるべである．

後古典期のオアハカ

オアハカ州の西3分の1を占めるミシュテカは、汎メソアメリカ勢力としてのトルテカが衰えて後、後古典期後期にメソアメリカの舞台に登場したが、かれらの起源はずっと以前にさかのぼらなければならない．あいにく、ミシュテカの考古学は緒についたばかりである．この人々についての豊富な資料は、ミシュテカ人自身の手になるもので、スペイン征服以前、石膏を塗ったシカ皮に書いた屏風折りの絵文書が8冊残っている．その内容の大半は、ミシュテカ地方を支配し、広範な征服をなしとげた王朝の系図、その他の歴史的記述で

メソアメリカ

ある．

ミシュテカ地方はかなり山がちな地形であるから，ミシュテカの王たちは，この地形を利用し，おもだった町を要害の山の頂に建設した．したがって，特定の場所の名前をあらわす文字には，「山」を示す部分がふくまれているのがふつうである．

後1200年以後，おそらくは隣のプエブラ州のチョルーラのような古くて名声の高いセンターの影響を受けて，ミシュテカ人は，「ミシュテカ・プエブラ様式」とよばれる，絵画から建築にまでおよぶ様式を発達させた．

14世紀には，ミシュテカ人は，古くからのサポテカの領域，とくにオアハカ盆地に進出をはじめていた．ミシュテカの王は，軍事力と王家間の結婚をうまく合わせ使うという，メソアメリカでよく用いられた手段によって，サポテカの小国を支配下に置いていった．サポテカの権力者たちは，新しい権力に集まってくる貢物のおこぼれにあずかろうと，進んでこの関係を受け入れたようだ．

モンテ・アルバンが，形成期中期以来の古代サポテカの首都であったことを思い出していただきたい．スペイン征服に先立つ数世紀，この廃墟となっていた山頂の遺跡は，完全にミシュテカの支配下にあった．

左　雨神をかたどったミシュテカ文化の土製香炉．ミシュテカ・アルタ（ミシュテカ人の山地の王国）から多数発見されたこのような中空の像は，上部に穴があいていて，火にかけると煙が口や頭飾りから出るように作られていた．ぎょろ目と牙から，写真の例はトラロック（アステカ名）であることがわかる．他のものは，このような神の特徴をそなえていない．

左　後古典期オアハカ地方のミシュテカとサポテカ
スペイン征服以前に書かれた8冊の絵文書が残っているおかげで，ミシュテカ人については，メキシコ南部の現在のオアハカ州に住んでいた他のどの民族より，多くのことを知ることができる．これらの絵文書によると，トルテカ人の支配下からミシュテカ人の貴族政治国家がおこったのは，後古典期末であった．後1350年までには，この地図の西の部分の山岳地帯の大半は，かれらの支配下に入り，飽くことのない征服の目はより東へ，とくに美しいオアハカ盆地に転じられた．

そこには，外部から平穏を乱されることなく，何世紀もの間サポテカ人が住んでいた．しかし今や，かれらの首都モンテ・アルバンや他の重要な町々は，ミシュテカの王子や王女が政略結婚でサポテカの宮廷に入りこみ，簡単にミシュテカの手に落ちてしまった．スペイン人がやってきた時には，サポテカの都市はどこも，ミシュテカの影響下にあった．したがって，オアハカ地方の町々は，文化の二元性を反映していた．サーチラはサポテカ王国の首都で，サポテカの王を戴いていたが，そこで発掘された墓からは，ミシュテカ様式のすばらしい多色土器がいくつか発見されている．かってサポテカ文化の中心地で，サポテカの貴族や英雄たちがその地下の秘密の部屋に埋葬されていると伝えられるミトラ遺跡にも，ミシュテカ＝プエブラ様式の建築が見られる．

ミトラ

下左　ミトラ,「円柱の広間」の階段状雷文のモザイク．内外壁の150個のパネルには,モザイクや,楣石にほどこした彫刻に,八つの基本的な幾何学模様のバリエーションが描かれた．階段状雷文で飾った十字形の墓と絵文書風に彩色された楣石が,ミトラの芸術と建築の典型である．

下右　モンテ・アルバンV期には,ミトラの中心部の広さは1-2 km²,その生活を支える周辺部の広さは20 km²であったようだ．

　ミトラは,オアハカ盆地南東部に位置し,後古典期後期のオアハカ地方で最も重要な遺跡である．そこには五つの壮麗な宮殿群があり,いずれも建築の傑作である．それぞれの宮殿は,中庭の周囲に建つ細長い建物の集まりで,ユカタン半島古典期後期のプウク様式の建築にかなりにており,関連性がうかがえる．

　建築がミシュテカ＝プエブラ様式であることは確かだが,ミトラがサポテカ文化の遺跡なのか,あるいはミシュテカ文化の遺跡なのか,なお定かでない．現在のミトラは生粋のサポテカ人の町だが,オアハカ盆地では,ミシュテカ人とサポテカ人は深く混ざりあっているので,その疑問が解けることはないだろう．

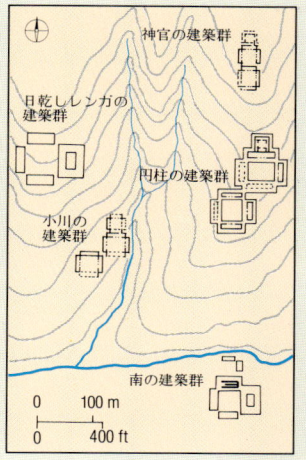

　アステカ王国のオアハカ征服は,第4代の王イツコアトル (1427-40年) の時にはじまり,アウィツォトル (1486-1502年) が引きつぎ,モテクソマ・ショコヨツィン (1502-20年) の時に完成した．時として,ミシュテカ人とサポテカ人は,たがいの争いを止めて共同防衛に努めたが,サポテカが孤軍奮闘せざるをえない時もあった．そして,とくにサポテカは,アステカの軍隊に対して,ギエンゴラの山頂の要塞で猛烈な抵抗を示し,防戦に成功したために,いくつかの小国は独立を守ることができた．

タラスカ王国

　タラスカ人またはプレペチャ人の故地,メキシコ西部のミチョアカン地方の先史時代について,知られていることは少ない．したがって,『ミチョアカン概史』に記録されているような,タラスカについての歴史伝承にどれだけ頼れるものか,判断がむずかしい．かれらのいい伝えによれば,少なくとも祖先の一部はチチメカ人で,北部からさすらいの旅をつづけ,魚が豊富で美しいパツクアロ湖を取り巻く肥沃な盆地にやってきたのだという．ミチョアカンの他の住人はナワトル語を話した．しかし,支配家系の人々は,他に近縁関係を見い出せないタラスカ語を話した．

　『ミチョアカン概史』によれば,王であるカソンシを戴くタラスカ王家は,後古典期後期のあいだにつぎつぎと都を築き,最後は,パツクアロ湖を見わたすツィンツンツァンに都を定めた．一部しか発掘されていないが,この印象的な遺跡には,大きな五つのヤカタをのせる巨大な石造リの方形基壇がそびえている．このヤカタというのは,円形の階段状「ピラミッド」で,背後にある方形の階段状基壇に直接つながり,表面にはすべて,ペルーのインカ帝国の石細工を想起させるような,完璧に細工して接合した非常にみごとな石板が張られている．先の都イワツィオのような他のタラスカの遺跡にも見られるヤカタは,カソンシとその従者の遺骸を納める墓だったらしい．

　『ミチョアカン概史』は,タラスカ宮廷の組織と,それが果たす機能について非常に詳細に記述している．そこには実にさまざまな職務の従者と宮廷付きの工芸職人がおり,その一部はカソンシの死に際して犠牲となった．宮廷とは別に,至高の神官を長とする妻帯の神官の大集団が存在した．かれらの任務は,太陽と月をふくめたタラスカの神々の礼拝であった．

　アステカ王国は,後古典期後期のあいだじゅう,スペインによる征服に至るまで,敵対するメソアメリカ諸国をつぎつぎに征服していったが,タラスカ王国はアステカ王国の猛攻に対してその国境を守り通した．したがって,アステカ王は,カソンシを対等の王として遇した．

アステカ王国

　アステカ文明は,新大陸先スペイン期諸文化の中で最もよく知られているが,考古学上の成果はごくわずかにすぎず,征服後に書かれたナワトル語とスペイン語のおびただしい数の記録が主要な情報源となっている．たとえば,征服初期の修道士ベルナルディーノ・デ・サアグンが,ナワトル語を話すインフォーマントから集めた聞き書きをまとめた12巻におよぶ事典は,物心両面のアステカの生活のあらゆる領域を網羅している．これほど豊富な資料がそろっている文化は,新大陸にはほかにない．

アステカの起源

　アステカの起源については,二つの異なった伝承があるが,そのどちらも,かれらが本来メキシコ盆地の住人ではなかったことを強調している．アステカの人々は,野蛮な祖先について語ることを好み,チチメカ人との関係を主張したが,実際には初期の段階では,何らかの方法で古いトルテカ文化,とくにその宗教行為と信仰を受け入れた農耕民であったらしい．

　13世紀初頭にかれらが侵入したメキシコ盆地には,どこにも古い伝統をもつ人々がすでに住んでいた．中でも有力であったのは,テスココ湖北西岸アスカポツァルコのテパネカ族,トルテカの流れをくむ湖東岸のテスココ,そして強力で洗練された南のクルワカンであり,その支配者たちは皆,トゥーラのトルテカ＝チチメカ族の後裔であると称していた．アステカの人々は,神のお告げによって,1羽のワシが嘴にヘビをくわえてウチワサボテンの上に止まっている沼地の島に,やがては世界の中心となるべきかれらの大都を建設すべきであると予言されていた．メキシコ盆地の1-2の勢力に隷属

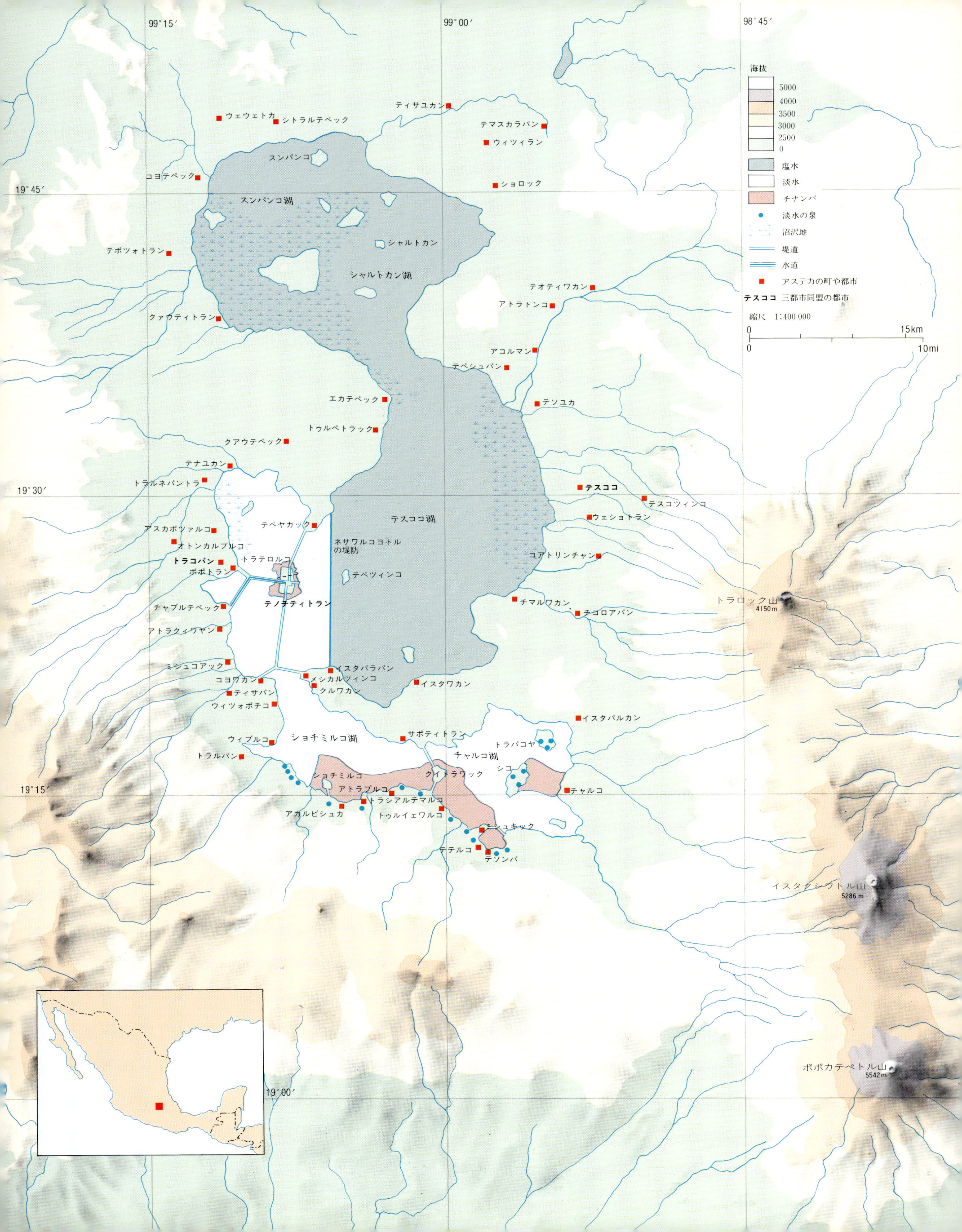

99°15′
99°00′
98°45′
19°45′
19°30′
19°15′
19°00′
海抜
5000
4000
3500
3000
2500
0
塩水
淡水
チナンパ
淡水の泉
沼沢地
堤道
水道
アステカの町や都市
テスココ 三都市同盟の都市
縮尺 1:400 000
0
15km
0
10mi
ウェウェトカ
シトラルテペック
ティサユカン
テマスカラパン
ウィツィラン
スンパンコ
コヨテペック
ショロック
スンパンコ湖
シャルトカン
テポツォトラン
シャルトカン湖
テオティワカン
アトラトンコ
クァウティトラン
アコルマン
テペシュパン
エカテペック
テソユカ
トゥルペトラック
クアウテペック
テナユカン
トラルネパントラ
テスココ
テスコツィンコ
テスココ湖
ウェショトラン
テペヤカック
アスカポツァルコ
ネサワルコヨトルの堤防
オトンカルプルコ
トラコパン
トラテロルコ
コアトリンチャン
ポポトラン
テペツィンコ
チャプルテペック
テノチティトラン
チマルワカン
チコロアパン
トラロック山
4150m
アトラクィワヤン
ミシュコアック
イスタパラパン
コヨワカン
メシカルツィンコ
クルワカン
イスタワカン
ティサパン
ウィツォポチコ
イスタパルカン
ウィプルコ
ショチミルコ湖
サポティトラン
トラパコヤ
チャルコ湖
トラルパン
シコ
ショチミルコ
クイトラワック
アトラプルコ
チャルコ
トラシアルテマルコ
アカルピシュカ
トゥルイェワルコ
ミシュキック
テテルコ
テソンパ
イスタクシワトル山
5286m
ポポカテペトル山
5542m

右 生贄のために作られたと思われるアステカのナイフ。刃は玉髄〔石英の緻密な結晶〕製，木製の柄にはトルコ石と貝が象嵌されている。モテクソマ・ショコヨツィンからコルテスに贈られ，その後ヨーロッパのカルロス5世のもとに送られた品々の一つと考えられている。

したり傭兵となったり，幾多の変遷を経て，ついに1325年，アステカは，テノチティトラン（「ウチワサボテンの場所」）に定住して，予言が現実となった。

傭兵としての経験から恐るべき軍事能力を身につけたアステカは，すぐに軍事力をかつての宗主国テパネカ打倒に行使した。そして，他の二つの都市国家，テスココとトラコパンと同盟（三都市同盟）を結ぶと，たちまちメキシコ盆地全域の覇者となった。アステカ族がメキシコ全土を征服する基盤がかためられたわけである。

アステカ王国の拡張

15世紀なかばには，アステカの王たち，イツコアトルにはじまり，モテクソマ・イルウィカミナ（1440―68年），そして第6代の王アシャヤカトル（1469―86年）に至る王たちは，帝国ともよべる組織を築きあげていた。北に近接するトラテロルコを打ち破ったのは，アシャヤカトル王の治世下であった。それ以後，都は双子の都市テノチティトラン＝トラテロルコとなった。

アステカの諸制度の中で最も理解しがたいものの一つが，テノチティトランと，敵国トラスカラ，ウエショツィンコとのあいだで制定された「花の戦い」である。これは平和どころか永遠の戦いの約束で，その目的は，生贄のナイフにかかる戦争捕虜の絶えまない供給であった。アステカの詩中の「花」は，人間の血の比喩であり，戦場は花畑と考えられた。資料によれば，トラスカラは，絶えまなく襲うこの暴力でかなり弱り苦しんだので，コルテスがメキシコに入った時，その王と軍隊は躊躇することなく，スペイン側についたのだった。

アステカの軍隊は非常に規模が大きく，捕虜の獲得で頭角をあらわした戦争指揮官のもとに組織されていた。アステカ戦士の身なりはりっぱであったが，とくにジャガーの戦士団とワシの戦士団に属するものは華麗をきわめた。戦闘には恐ろしい武器が使われた。その最たるものはマカウィトルという，黒曜石の刃を木の溝に埋めこんだ平たい剣であった。スペイン人たちでさえ，これらの武器には恐れおののいた。アトラトル（投槍器）で推進力をつけて飛ばす投げ槍が基本的な武器の一つであり，オトミ族の傭兵はアステカの弓兵として活躍した。

征服された国々は，アステカの大駐屯軍団の直接の統治のもとで，三都市同盟に税を納める属州として組織された。そして，支配体系が円滑に機能するよう，過酷な徴税官をふくむ巨大な官僚集団が整備されていた。征服された地域の多くがスペイン人たちを救世主として迎え入れたのも不思議ではなかった。

都市，国家，社会

王国の聖俗双方の中心は，島上の首都テノチティトラン＝トラテロルコであり，もっと特定すれば，その中の祭祀区と「大神殿」であった。道路とともに運河が縦横に走るこの都市を目のあたりにしたスペイン人征服者たちは，ここを「もう一つのベニス」とよんだ。かのアドリア海の強力な都市と同様に，水上輸送の便があったおかげで，大量の商品流通が可能であった。16世紀初頭には，約20万隻の小舟が大湖に浮かんでいたといわれている。

コルテスがはじめて訪れた1519年当時の首都の人口を，正確にはじき出すのはきわめてむずかしいが，10万人を下ることはなく，また一方，王国全体では，1千万人がその支配下にあったようだ。初期のアステカは，部族段階の社会政治組織であったらしいが，1500年には，階層社会に到達していた。階層社会の底辺には，わりあいに優遇された奴隷と，貴族の私有地で働く農奴がいた。住民の大部分は平民マセワリで，かれらは共有地に住み耕す権利をもっていた。これら自由人とその家族は，カルプリ（「大きな家」）とよばれる地域血縁集団に属していた。各カルプリは，独自の土地と「氏族」の長と神殿をもっていた。テノチティトラン＝トラテロルコには，約20のカルプリがあった。その上には，世襲の貴族階級ピリがあり，その成員はアステカ王国の最高官僚となり，また，王に助言を与えその後継者を王の血統から選出する審議機関を作っていた。

国家の最高指揮権は，王家が所有していた。しかし，この指導権は，スペイン人が考えたよりずっと複雑であった。スペイン人は，もっぱらトラトアニ（「話す人」）の称号をもつ人物に注目し，これを王とよんだ。1519年当時この称号をもっていたのは，不運のモテクソマ・ショコヨツィン（征服者は「モンテスマ」とよんだ）であった。記録を詳細に調べると，トラトアニは，平和時非平和時の都市と国家の対外関係

左 アステカ支配下のメキシコ盆地
スペイン征服以前，メキシコ盆地には外に流れ出す河川がなく，「月の湖」として知られる広くて浅い湖が水をたたえていた。アステカの都市や町の大半は湖畔にあり，何千隻もの舟が日々湖面を往き来して物資を運んでいた。島上の都テノチティトラン＝トラテロルコがある西部や南部（ショチミルコ湖とチャルコ湖）では，湧水がそこここにあり，水は清らかだった。土を盛って作ったチナンパとよばれる畑があったのは，そういう場所だった。雨期には，時折テスココ湖から塩分の多い水が流れ込んで，畑を浸し台なしにすることがあった。アステカ王国の「パン籠」であるチナンパを守るため，15世紀なかば，詩人でもあるテスココ王ネサワルコヨトルは，大きな堤を築いて二つの水域を分断した。

アステカ王国は建前はテノチティトラン，テスココ，トラコパン（現在のタクーバ）の王の同盟関係からなっていたが，実際にはテノチティトランが支配していた。しかし，テスココは，歴史の古さと支配者の学識教養の高さのゆえに大きな特権をもっていた。テスココ王の楽園と岩風呂がテシュコツィンコの丘にあり，当時の驚嘆の的だった。トラコパンにはほとんど力がなく，その役割は限られていた。

メソアメリカ

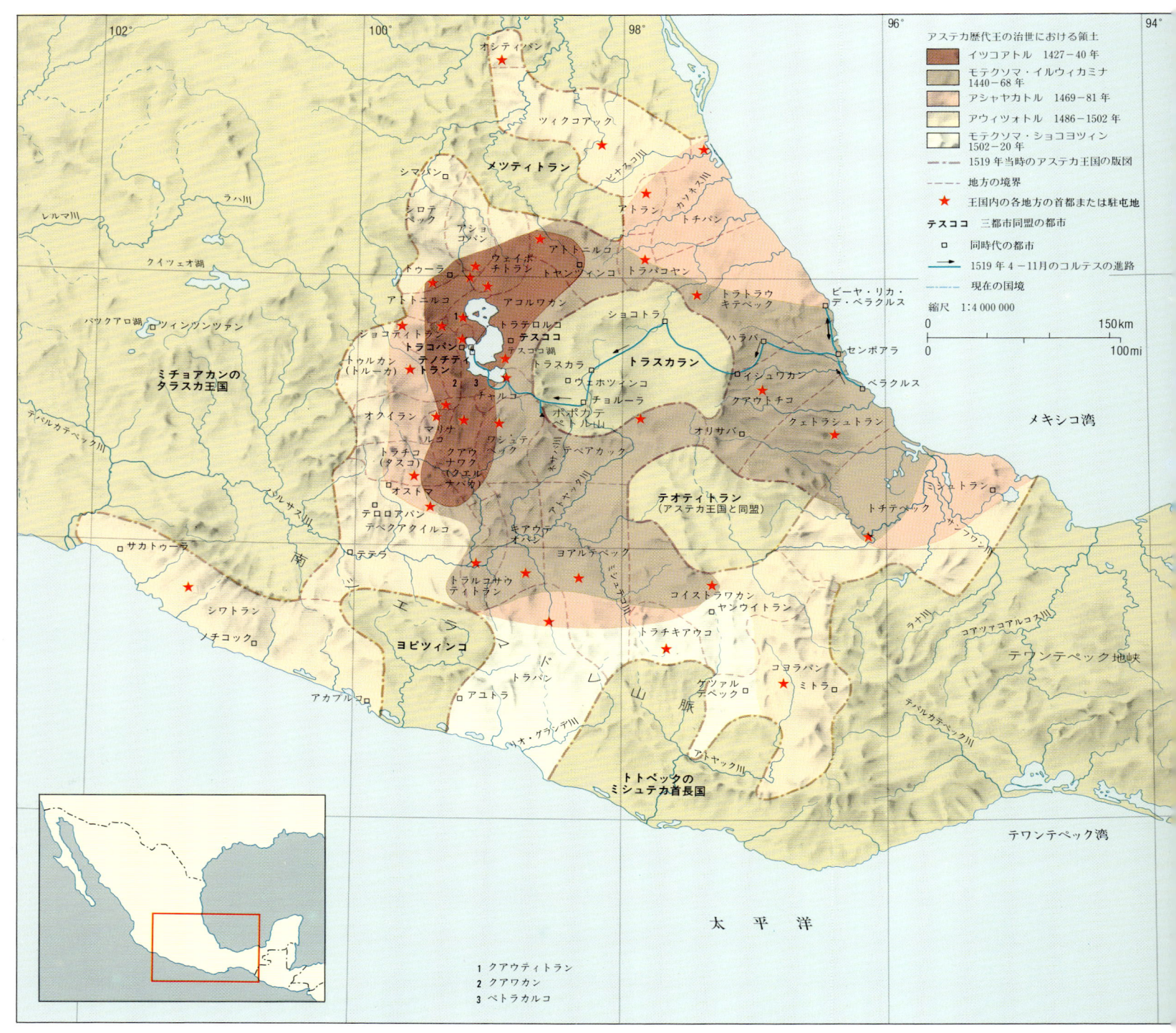

アステカ歴代王の治世における領土
- イツコアトル　1427-40年
- モテクソマ・イルウィカミナ　1440-68年
- アシャヤカトル　1469-81年
- アウィツォトル　1486-1502年
- モテクソマ・ショコヨツィン　1502-20年

1519年当時のアステカ王国の版図
地方の境界
★ 王国内の各地方の首都または駐屯地
テスココ 三都市同盟の都市
□ 同時代の都市
→ 1519年4-11月のコルテスの進路
現在の国境

縮尺　1:4 000 000

1 クアウティトラン
2 クアワカン
3 ペトラカルコ

アステカの経済

　首都には，年2回，莫大な量の食糧がもたらされた．それにおもにたずさわっていたことがわかる．スペイン人は知らなかったが，やはり王家の一員で，シワコアトル（「雌蛇」）の称号をもつもう一人の王が存在した．かれは，アステカ王国の首都内部の諸事に対する決定権をもっていた．したがって，コルテスがトラトアニを亡きものとした時，侵略者に対する首都の抵抗は，弱まるどころかますます激しくなったのである．

　長いあいだ学者を悩ませてきた経済集団が，ポチテカである．これは，遠隔地交易を行う商人の一種の世襲ギルドで，かれらは，豪奢な品々を求めて外国の市場まで出かけたが，非友好地帯での急襲を避けるため，夜間に旅したり，変装することもしばしばあった．

とともに工芸品も集まり，これはポチテカ商人が「請け負っ」て，プトゥン・マヤ領域のシカランコのような遠隔の貿易港で交換貿易されたようだ．しかしこれらを別とすれば，アステカ王国は，メキシコ盆地の食糧生産に依存していた．農耕の基盤となったのがチナンパ方式，つまり沼地に水草を敷き，その上に土を盛りあげて作った畑で，今でもショチミルコにそのままの浮島が残っている．このような大湖の南側の町々ばかりか，聖域を除くテノチティトラン＝トラテロルコの大半に，チナンパ農耕がひろがっていた．東アジアの水稲栽培を別にすれば，メキシコ盆地のチナンパほど生産性の高い農業システムは，ほかにない．

　中央メキシコの変化に富む地形と気候のため，季節ごとの食糧生産も非常に多様で，これらの産物が住民に万遍なくいきわたるよう，アステカ全域に市場が配置されていた．中でも最大規模の市場は，トラテロルコにあった．

上　アステカ王国
この地図は，アステカの書物，『租税台帳』をもとに，故R・H・バーローが集めたデータに基づいている．この本には，アステカ王国が征服した地方と町，および各地から三都市同盟のメンバー，とくにいちばん取り分の多いアステカ王国の首都テノチティトランに納める税を記録してある．

　三都市同盟に納める年貢は非常に重く，アステカに任命された地方の支配者や，ひどく恐れられた特別の徴税者が取り立てにあたった．たとえばテノチティトランの北のクアウティトランは，1200枚の木綿のマント，羽毛の盾のついた62着の戦士の装束，4000枚のアシのマット，4000枚のアシの座布，そしてトウモロコシ，マメ，チア（セージの種子），アマランサスをそれぞれ箱いっぱい納めなければならなかった．

　トラシュカラン（現代のトラスカラ）は王国内の独立国で，ここを征服しよ

メソアメリカ

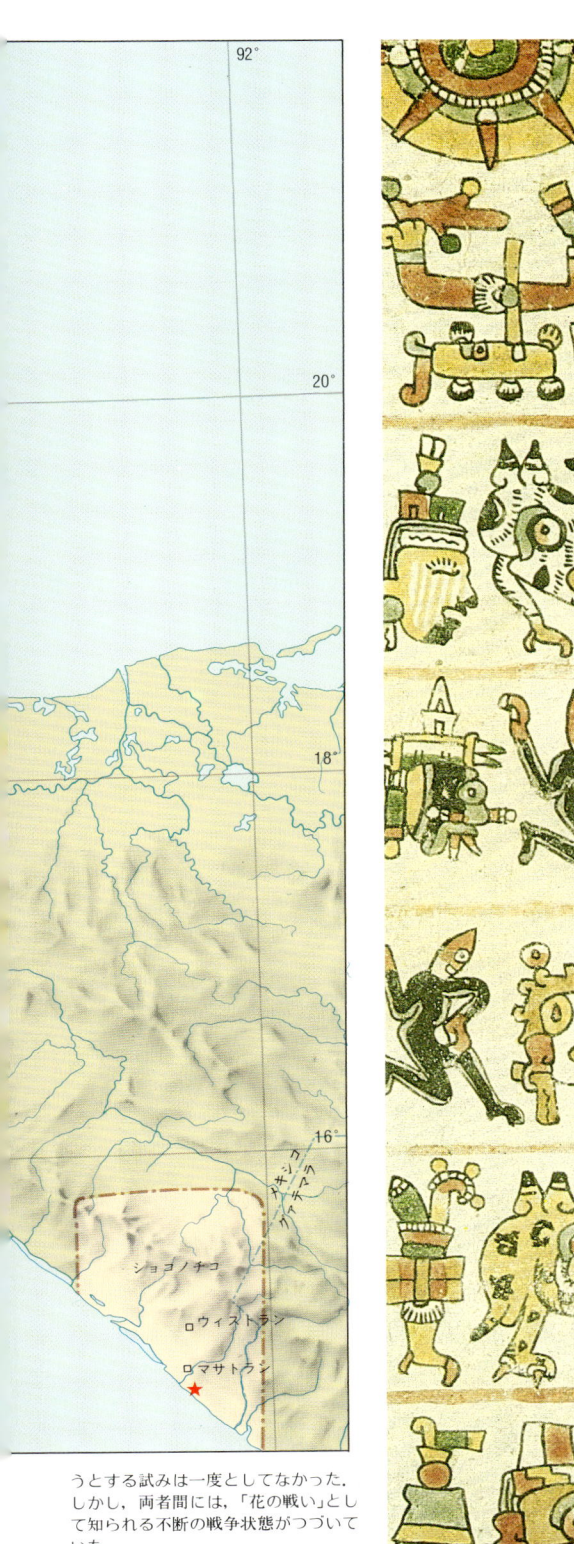

うとする試みは一度としてなかった.しかし,両者間には,「花の戦い」として知られる不断の戦争状態がつづいていた.

ショコノチコ(スペイン人はソコヌスコとよんだ)は,アステカ王国の中でも最も遠い地方だった.15世紀末アウィツォトルに征服されたこの地方は,チアパス州南東部とグァテマラの豊かな海岸平野と山麓地帯を擁していた.

右 コスピ絵文書の一部.起源については異論があるが,アステカの神官が所蔵していた書物の典型である.

アステカの神々

　アステカの宗教では，トルテカ文化およびトルテカに由来する後古典期のメキシコ高原諸国から受けついだ古い宗教体系と，拡張をつづけるアステカ王国のイデオロギーと深いかかわりのある宗教体系とは，区別して考えなければならない．後者の宗教体系は，部族の「太陽神」ウィツィロポチトリの奇跡の誕生を中心とする太陽神話に基づいていた．夜空にかがやく400の星と，その姉妹の月の女神コヨルシャウキをすでに生み落としていた大地の女神コアトリクエは，コアテペク，すなわち「蛇の山」にある彼女の神殿を掃除していて，羽毛の球によって懐妊する．生まれてくるはずの息子が，ウィツィロポチトリであった．激しい嫉妬に駆られた夜の星たちは，コアトリクエの首を切り落とそうとしたが，ウィツィロポチトリは，完全に成長し武装した姿で辛くも生まれ，異父兄弟たちを殺害した．これは，明らかに，太陽の光によって月と星が日々かき消される事象について，いっているのである．

　毎日明け方になると太陽神は再生し，「火の蛇」の背中に乗って天頂に登りつめる．すると，恐るべきシワテテオ，すなわち出産の時に死んだ女の魂が，かれを西の地平線下の地下の世界にひきずりおろした．勇敢な捕虜の心臓と血を常に与えられていないと，太陽そのものであるウィツィロポチトリは，夜明けに再びあらわれて，生命の源である光を人々に与えることができなくなる．そこで，アステカの首都では，たえず人身供犠が行われることとなった．

　一方，古い宗教伝統は，13層に分かれた天界の最上層に住む年老いた両性具有の神もふくめて，天地創造に関連している．

コアトリクエ（「蛇のスカート」）（上）は，アステカの太陽神ウィツィロポチトリの母親であった．彼女は，自分の神殿の掃除をしている時に，羽毛の球によって呪術的に懐妊した．彼女の他の子供たち，南天の400の星と娘の月コヨルシャウキは，嫉妬に狂って母親の首をはねようとしたが，ウィツィロポチトリは母の胎内から完全武装で躍り出て，敵を討った．夜の天体が太陽の光に打ち負かされるという宇宙神話である．トナティウ（左）は古い太陽神だが，アステカ時代には役割のほとんどをウィツィロポチトリに奪われていた．かれの背中には，宇宙が地震によって破壊されるという今現在の時代（すなわち「太陽」）の終末を象徴する日のしるしオリン（「地震」）が背負われている．

アステカの宗教

メソアメリカの思考の伝統は、オルメカ文明にさかのぼる。そして、古典期マヤ文明など、その後のさまざまな文明が、解釈をつけ加えていった。アステカも、この思考伝統をうけつぎ、新しい解釈を行ったのである。もちろん、先スペイン期の国や都市には、それぞれの守護神があったように、地域による差異や特殊性は存在した。しかし、メソアメリカ土着の宗教の一般的な輪郭は、すべて同じだった。

あらゆる超自然的存在の崇拝は、カルメカクという学校で専門的に学んだ独身の神官の指揮下にあった。かれらの任務は、屛風折りの皮の書物の記録をもとに、260日暦による儀礼の日を正確に数え、「大神殿」を頂点とするカルプリや国家の神殿への貢物と生贄を指示することであった。アステカ族が島にやってきてから、いく度となく建てかえられた「大神殿」は、古くからのメソアメリカの雨神トラロックと、生命の源である太陽神ウィツィロポチトリを祭る二つの神殿をのせた、巨大な建造物だった。

アステカの人々は、みずからの文明の滅亡を予言していた。260日暦と365日暦、そして金星の周期（584日）のある1日が重なる104年ごとに、「第5の太陽」（今の世界）がおわるのではないかと恐れおののき、極度に警戒して、それを防ぐため「火の神」に生贄を捧げた。ナワトル語の詩が今もたくさん残っているが、それは、詩人でもあったテスココ王、偉大なるネサワルコヨトル（「断食するコヨーテ」）の作といわれる以下の悲観的な詩が示すように、ほろ苦く抑制の強いものであった。

> 翡翠も砕ける
> 黄金も押しつぶされる
> ケツァル鳥の羽も裂ける…
> 誰も永遠に地上に生きる者はない
> ただ束の間の命！

スペイン人が到来した当時のアステカの王、モテクソマ・ショコヨツィンの深い絶望を、多くの資料が物語る。アステカの民の滅亡の予言に気落ちし、治世のあいだにおこったありとあらゆる前兆や異常を恐れ、偉大なるトルテカ王ケツァルコアトル（「羽毛の蛇」）が、王国を取りもどすために再来するという伝説の虜となったモテクソマは、1519年にスペイン人がやってきたことで、完全に気力が失せてしまった。

エルナン・コルテスは馬鹿ではなかったし、かれのインディオの妻であり通訳でもあるマリンチェ、またの名ドーニャ・マリーナも同様だった。帰還した「羽毛の蛇」として扱われたコルテスは、アステカに不満をいだく属国も加えて増強した軍隊を、大胆にも首都の中心部に進め、ついに、新大陸最後の、そして最大の文明の一つアステカ王国を倒した。1521年8月、勇敢に防戦した者たちのなきがらの死臭ただよう廃墟の都市で、3千年におよぶメソアメリカ文明は終末をむかえた。

シペ・トテク（上）は、春と降雨の神だった。新たに生えそろった草木や芽ぶいた作物は、生贄から剝いだ皮を身にまとった神官によって象徴された。最高神はテスカトリポカ、すなわち「煙る鏡」（左）だった。これは、1年間かれの役を演じた捕虜の頭蓋骨である。テスカトリポカの敵対者がケツァルコアトル（「羽毛の蛇」）（下）だった。

テノチティトラン

アステカ王国の首都テノチティトランは，現在のメキシコ市によって，今ではすっかりおおい隠されている．コルテスとその配下は，つぎつぎと神殿を破壊しては，その跡に教会を建てた．スペイン人は，征服にとどまらず植民地建設をも目的としたから，一般の住居も同じ運命をたどった．市の中心部，雨神（トラロック）と戦争の神（ウィツィロポチトリ）を祭るピラミッド「大神殿」は，取りこわされてキリスト教の大聖堂の建築用材となった．同じように，テノチティトランの主だった建物は，奪われてスペイン人の大邸宅となった．

征服の成果を享受するためには，スペイン人は労働力人口を保持しなければならなかった．最高位のアステカの指導者たちの死亡や離散にともなって権力機構がこわれると，アステカの政治的・宗教的統治が浸透していた領域をそのまま利用することによって，スペイン人の支配を強化した．

古代テノチティトランについて現在知られていることの大半は，征服後まもなく書かれた報告書によっている．この都市の全容を解明するような発掘作業は，人口の密集した都市部では不可能である．「大神殿」がアステカ世界の地上と宇宙の中心であるというスペイン人の書き残した記録は，破壊されたピラミッド（五つの建築が重なっている）と周囲の神殿を明るみに出す近年の発掘によって，しだいに確かめられつつある．

右　テノチティトランでは，沼地を貫いて水路が掘られていた．チナンパ農耕は，水路の底からさらった泥を積んで畑を作り，それを広げていくという埋め立てと灌漑の方法である．畑の縁にはつる植物や樹木を植えて，肥えた土の流失を防いだ．

右中央　石造りのツォンパントリ．「大神殿」の北の中庭で最近発掘された基壇を飾る頭蓋骨の列．骨が発見されていないところから，考古学者はこれを，頭蓋骨をならべる棚の土台ではなく，神殿の基壇と考えている．

下　体を分断された月の女神コヨルシャウキ．1枚岩の像（直径3.25m，推定重量5−8t）で，「大神殿」南側基底部に埋められていたのが発見された．アウィツォトル王（1486−1502）の時代の石彫である．

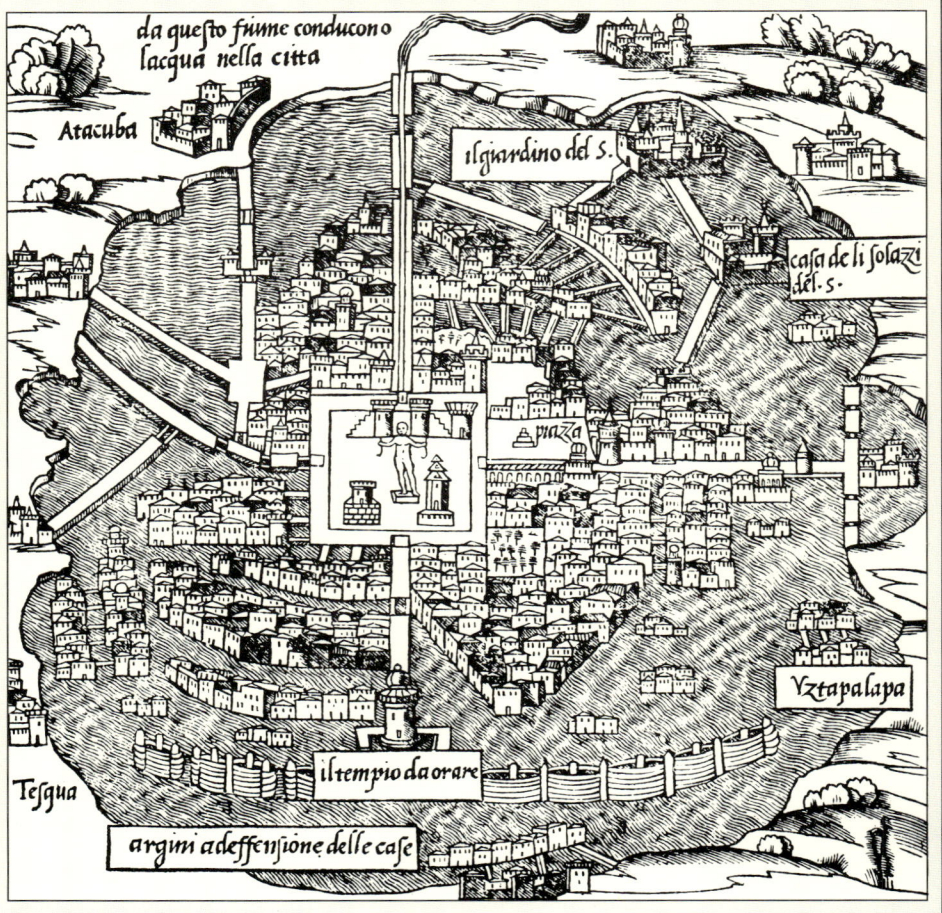

右　植民地時代初期のヨーロッパ人がテノチティトランをどうとらえていたか，1528年に書かれたベネデット・ボルドネの地図を見るとわかる．家はアステカ風ではなくヨーロッパ風に描かれている．祭祀の区域には，「大神殿」だけでなく，宮殿や学校や神殿が建ちならんでいた．アステカの神には皆，それを記念する建物や彫刻があった．階層化が進み，強い統制下にあったアステカの社会・政治組織は，この都市の空間的配置に反映しているように見受けられる．テノチティトランの都市計画者は，この島上の都に，堤道と運河を張りめぐらした．

第5部　南アメリカ

SOUTH AMERICA

南アメリカ大陸の植生

南アメリカ大陸の野生植物および栽培植物からなる幅広い植生に対して、多様な文化的、生態学的適応がなされてきた。最もたくみに適応した文化は、極端な気候が隣合せに共存する太平洋岸に集中して見られる。これらの文明は、自然の植生が東方の低地より貧しい地域で発展した。太平洋岸では、ほとんど植物の育たない砂漠地帯で、山から流れる水を利用して作物が栽培されている。

新大陸では数千年の間、植物が食糧、家屋の材料、衣服、道具、薬、染料、装飾品、そして交易品として使われた。土着の植物の一覧表が植民地時代初期に渡来した宣教師などのヨーロッパ人によって作成された。考古学者は、墳墓や洞穴で古代の植物性遺残の痕跡を見い出している。最近では、古植物学者と民族植物学者による数多くの研究調査の結果、植物の起源、古代におけるその利用法や伝播に関して新しい情報と推測が得られている。

凡例
- 山頂
- アンデスの「プーナ」植生
- 山岳地帯の熱帯森林
- 灌木性植物の森林、灌木のステップ、半砂漠
- 熱帯雨林
- 温帯と亜熱帯の森林
- 沖積氾濫原
- 草原
- 砂漠

縮尺 1:30 000 000

地勢と資源

南アメリカは，地形の上で著しい対照が見られる大陸である．アンデス山脈は，世界でも有数の山脈であり，標高7000mに近い山もある．その西側に世界でも最も乾燥した海岸砂漠がひろがり，フンボルト海流という，地球上で最も漁業資源の豊かな海域と接している．そして，アンデス山脈の東側には，世界中で最もひろく，またたくさんの樹木が生い茂った森林とやはり世界最大の河川アマゾン川が位置している．

南アメリカ大陸の風土は，蒸し暑い熱帯から酸素の少ない，雪におおわれた高地まで多様である．降水量も極端に異なる．雨が実質的にまったく降らない地域もあり，またコロンビアの太平洋岸のように年間1万mmもの雨が降る所もある．気候は時に，数km離れただけではなはだしく異なる．しかし，中央アメリカと南アメリカの大部分の地域の季節の変化は，気温ではなく雨量の違いにより区別される．高地での温度変化は，季節による差よりも1日のうちにおける差の方が大きいのである．

アンティル諸島と中央アメリカの地形は，概して荒々しく時に火山性である．コスタリカの北西部には火山脈が中央部にむかって走り，その両側に平野がひらけている．アンデス山脈を作る山々はコスタリカの東部にはじまっているが，ここでは海岸平野は狭く（隣接するパナマの大西洋岸でも同様），砂地の海岸と岩の絶壁からなるコスタリカの大西洋岸には川はほとんど流れていない．パナマの海岸地方や山地では雨量は極端に多く，農耕は実際上不可能である．

コロンビアの北海岸は，湿潤な低地，小川が流れる氾濫原，沼沢地，それに潟からなり，雨季と乾季がめぐってくる．だが，グァヒラ半島──南アメリカ大陸最北端で，コロンビアとベネズエラにまたがる──は，年間200mmの雨量しかなく，乾季には不毛の砂漠同然になる．エクアドルでは，少なくとも現在は，半乾燥性の海岸気候が一般的である．ところが過去においては，海岸沿いにマングローブの生い茂る低湿地がひろがっていた．そして，この湿地は，おそらくペルー北部の，川のまったくないセチューラ砂漠までつづいていたと思われる．セチューラ砂漠から南方では，海岸砂漠はところどころ川によって途切れている．しかしながら，ペルーとチリ北部は全体として，不毛の山地と海のあいだにはさまれて細長い帯のような砂漠が走っているといえる．山地にはまた，乾燥した山間盆地も存在する．

下 ボリビアのアルティプラーノ（高原台地）の荒涼とした景色．ボリビアのアルティプラーノは，アンデスの中央コルディエラと西コルディエラとの間に位置し，標高は，およそ4000mである．この高原台地は，樹木限界線より高いが，ラマとアルパカ（今日ではヒツジも）が長いあいだ飼育されてきた地方である．というのも，この「非人間的な」環境にも昔から人々が居住していたからである．ここでは，根茎類が重要で，トウモロコシやワタも保護してやれば育つが，霜の害をまぬがれない．この高原台地には，淡水性のティティカカ湖とともに塩水性の湖沼があり，水は外に流れず，これらの湖に流入している．

ペルーの北海岸では，山から下る川が海岸線に垂直に比較的等間隔にならんで海に流入している．最長の川はサンタ川である．北部の川は南部の川より多量の流水量があり，北海岸の平野は南海岸の平野より可耕地がひろい．

アマゾン盆地はまったくの別世界である．アマゾン盆地の大半とオリノコ川河口に至るその北側の地域をふくむ南アメリカ低地熱帯林は，260万km²の広さがある．アマゾン川の支流は1000以上にのぼる．そのうち17本は1500km以上の長さがあり，2本は世界中の川の中でも水量では3番目と4番目に多い．場所によりアマゾン川は幅が約15kmにも達する．支流の大部分は，アンデス山地から激しく流れ下る川だが，アマゾン盆地に入ると，その流れは緩やかになり，曲りくねって進みながら蛇のような曲線と三日月湖を形づくっている．

アマゾン盆地の南側には，森林とステップと牧草地がひろがり，山地は西側に片寄り，大陸は南端——不毛で強風の吹きすさぶティエラ・デル・フエゴの平原——にむかって次第に細くなっていく．

天然資源

この地域には，きわめて多様な野生植物種と栽培植物種が生育する（アマゾンの森林の中では1カ所で同種の木を2本見るのはむずかしいといわれている）．南アメリカ大陸の西側の低地では普通さまざまな品種のトウモロコシが主食で，それに対し東側ではマニオクが基本的な食料である．

マニオクは，東ベネズエラの熱帯雨林の住民が最初に栽培したと思われ，現在でもアマゾン＝オリノコ低地の農業は，おもにマニオクの焼畑農耕を基盤にしている．川沿いにのびる細長い氾濫原では，毎年おこる洪水により山から流れてくる沈泥が肥やしになる．このような畑は，栄養分がたえず補給されるので，連続して使用することができる．一方，氾濫原から遠く離れて住む焼畑農耕民は，土壌がやせてくるので数年ごとに畑を移動しなければならない．川から離れた奥地では，樹木は高く大層密生して茂るために天蓋のようになり，樹木の下の空間はかなり開けている．

高地では，とりわけ根茎類しか成長しない標高のたいへん高い土地では，ジャガイモが主食になっている．トウモロコシは，相当標高の高い所でも栽培可能であるが，雹と霜のためにしばしば大変な被害をこうむることがある．その他の重要な作物は，マメ，カボチャ，トウガラシ，ラッカセイであった．ワタは，はるか昔から低地で栽培され，ヒョウタンも道具として使えるので大切な作物であった．

ペルーとエクアドルの海岸に住む人々は，前2000年ごろまでに灌漑農耕を発展させていた．河谷は，単に水が流れ下るだけでなく，山地やそのむこうの森林地方とのあいだのコミュニケーションの路でもあったので，アンデス山地とその東側斜面で作られた品物を，交易を通じて入手することが可能であった．海岸の住民にはまた，食糧源としての海があり，肥料となるグァノの堆積する沖合の島々を利用することもできた．

高地では，農業に適した幅広い河谷はあまりない．アンデス山地内の最大の平坦な土地は，ペルーとボリビアの国境にまたがるアルティプラーノ（高原台地）で，標高は4000mに近い．広さがかなりある盆地の数は少なく，カイェホン・デ・ワイラス，ボゴタ高原，クスコ周辺にあるいくつかの盆地ぐらいである．アンデス山地における農耕はたいてい，段畑を構築して行われた．

必要に応じ耕作方法にはさまざまな工夫がなされた．たとえば，盛土をした畑で，これは，排水用の溝を掘り両側に土

左　南アメリカ大陸の気候
地図は，南アメリカ大陸の気候が変化に富んでいることを示している．雨量と温度には著しい差があり，また海流が陸地にさまざまな影響を与えている．太平洋岸の砂漠は，いくつかの環境条件が組み合わさって形成されたものである．アマゾン盆地から吹く，湿気をふくんだ風は，東方のアンデス山脈によりさえぎられてしまう．西方では，ペルー海流（フンボルト海流）が深い海溝を流れている（最深の海溝からアンデスの最高峰までおよそ15kmの高度差がある）．南極から流れてくる冷たい海水は，沖合いで湿気を凝結してしまう．海洋生物は，冷たい海域に最も豊富に生息するので，この付近は，通常は世界でも漁獲量の一番多

南アメリカ

い海域になっている．北方からの暖流はエル・ニーニョとして知られる．というのは，大抵クリスマスのころに南方に流れてくるからで，エル・ニーニョは，幼児キリストを指す．エル・ニーニョが，長期にわたり流れつづけると，漁労に影響をおよぼすだけでなく，広範囲にわたって気候を変化させることになる．

上　先コロンブス期の住民は，実用的な目的で，あるいは象徴的な必要性から自然を改変した．それは，モライにある円形の段畑にもうかがえる．この遺跡は，ペルー南高地にある自然の傾斜地をインカが農耕用に改変したものである．

を盛りあげて畑を作る方法で，増水して川があふれる時期に使われた．栽培植物は，量も種類も家畜よりはるかに多く存在した．家畜は，ラマ，アルパカ，テンジクネズミ（クイ），アヒル，イヌに限られていたが，ラマは，高地では数多くの利用法があった．第1に，新大陸において唯一の荷を運ぶ動物で，その他に獣毛，食料，薬としても役立った．イヌは，食用と狩猟用に飼育された．南アメリカの東部の川には，各種の魚のほかに淡水ガメ，カイマン，マナティーが生息している．これらは，食用以外にも役立った．たとえば，マナティーの牙やカメの甲羅である．草創期にペルーの海岸地方では，そして同時期のエクアドルにおいても，海にますます依存する生活形態が発達した．海岸の貝塚遺跡からは，軟体動物，腹足動物，また魚や鳥や海の哺乳類の遺物が出土するの

である．

さまざまな環境に適応し，そして異なる環境のあいだの複雑な相互作用に適応して次第にいろいろな生活様式が発展した．

南アメリカの言語分布と文化領域

文化領域名（地図中）
- アンティル諸島領域
- 環カリブ領域
- 北部および中央アンデス領域
- アマゾーニア領域
- 東部高地領域
- グランチャコ
- 南アンデス
- パンパス
- ティエラ・デル・フエゴ

海域・河川
- カリブ海
- 大西洋
- 太平洋
- オリノコ川
- アマゾン川
- パラナ川

基準線
- 赤道
- 南回帰線

凡例

- 文化領域の境界
- アラワク語族
- カリブ語族
- マクロ・チブチャ語族
- マクロ・ジェ語族
- マクロ・パノ・タカナ語族
- ケチュマラ語族
- トゥカノ語族
- トゥピ語族
- その他の言語
- 未分類あるいは未知の言語
- 現在の国境

縮尺 1：30 000 000
0　　　1200km
0　　　800mi

文化と宗教

左　南アメリカ大陸の土着言語
南アメリカ大陸のインディオの諸言語は、北アメリカやメソアメリカの言語とははっきり区別されるような共通の特徴を備えていない。その分布は、複雑な様相を呈し、未だに完全には把握されていない。分類についても、まだ意見の分かれるところがあり、南アメリカ大陸の言語の研究者はだれでも分類に際し、「未分類」の言語という項目を設けている。この地図は、大まかな分類を示している。言語は、当然のことであるが、人々が移動し互いに交流しあった結果、時間とともに変化してきた。一般的に、新大陸の住民は、話す言語に基づいてグループ分けされている。中央アメリカ南部と南アメリカ北部地方の主要な言語は、マクロ・チブチャ語族とアラワク語族に属する。ケチュマラ語族は、インカの言語であるケチュア語とその隣人の言語であるアイマラ語を指す。この二つの言語族は、現在でも広い地域で話されている。数千年のあいだ、互いに密接な交流があったのだが、ティティカカ湖周辺で話されているアイマラ語は、時に別個に分類されることもある。また、アイマラ語はケチュア語よりも古い言語だと考えられる。

先コロンブス期には、厳密な意味での文字——表音文字も象形文字も——は、なかった。ただし、絵文字は存在し、またある種のインカの模様を言語的に解釈しようと試みた学者もいる。数を記録するキープ（結び目のある縄）も、ある種の記録文書である。それでも、過去の言語の様相は、いくらかわかっている。なぜなら、これらの言語の多くが今日でも話されているからである。モチーカ語の話しは、20世紀の初頭までペルー北海岸で少しばかり残存していた。アマゾン盆地では、土着の言語が今でも優勢である。数多くの言語が死滅したか、死滅しつつあるが、それらの言語は外の世界から来た研究者によって広く調査研究されている。その結果、ある程度その言語を保存することになるだけではなく、多くの場合、インディオ自身の側での一種の言語復興あるいは再評価に結びつくことにもなっているのである。

南アメリカの諸文化を1枚の図にまとめるのは不可能である。というのは、その発展は有機的に生起しているからである。南アメリカの全域内における、もしくはその外の領域とのあいだの文化の相互関係を正確に一つの図表に示すことはできないし、時代のはじまりは地域ごとに異なり、また影響のおよぶ時期にはずれがあるために、それらを単一の図表にあらわすことはできないのである。

最も有効と思われる全般的図式は、大ざっぱではあるが、つぎのようになる。アンティル諸島は一つの地域を形づくり、ベネズエラ東部とかかわりが深い。中央アメリカ南部（ニカラグア東部、コスタリカ、パナマ）とベネズエラ西部とコロンビア北部は環カリブ地域を形成する。北アンデス地域には、コロンビア南部とエクアドルがふくまれる。中央アメリカ南部とコロンビアとエクアドルは、メソアメリカと中央アンデス地域の中間なので時に中間領域とよばれる。ペルーの大半は、隣接するボリビア領を加えて、中央アンデス地域を形成する。アマゾン地方は別個の地域をなす。南アンデス地域には、チリ北部とアルゼンチン北西部が入る。パタゴニア地方は別の地域と見なされる。

これらの地域のいずれもが近隣の地域と隔絶しているわけではない。すべてさまざまな時代にいろいろな影響をこうむり、各地域内でも個々の地方ごとにさまざまな影響を受けている。文化はたがいに密接に関係しあっていた。現代の国境線で述べたが、それはあくまでも便宜的なものにすぎない。考古学的にさまざまな文化を識別できるのは、おもに芸術様式の違いを通じてである。神々の図像表現に見られる特徴、土器の形や材料や装飾技法、そして建築様式、これらが現在にまで残されていて、宗教や政治や社会の状態に関してわれわれに教えてくれるのである。

中央アンデス

南アメリカにおける最も高度な文化的発展は中央アンデスでおこった。この複雑な考古学上の地域は、北高地、北海岸、中央高地、中央海岸、南高地、南海岸という六つの文化亜領域に分類される。中央アンデスでは、魚の豊富な海岸部、河川が流れ農耕にむいた海岸の河谷平野、海岸地方では得られない資源を提供する山地、さらに山脈のむこう側の熱帯林のあいだに文明の開始時から相互交渉があったはずである。

中央アンデスの編年は、大半の考古学者により、ホライズンと中間期の交替としてとらえられている。ホライズンとは、同一の芸術様式がたいへん広い領域にあらわれる時代で、中間期とは、地方ごとの芸術様式が各地に併存し広範囲の発展は見られない時代である。

草創期（前2000—前1400年ごろ）は、文明がまさに開始された時代で、遊動民が定住し祭祀センターのある村落を作ったが、農耕と土器・織物製作はまだ初期の段階にあった時代をさしている。

前期ホライズン（前1400—前400年ごろ）には、建築がめだった発展を見せ、アンデスの東側斜面に位置するチャビン・デ・ワンタル標準遺跡にちなんで名付けられたチャビン様式が各地にひろまって頂点に達する（チャビン様式は、それ以外の遺跡でもっと早くあらわれているようだが）。

チャビンの芸術様式は、この様式を生み出した勢力が消え去った後に発展した文化にも大いに影響をおよぼした。つぎにくる前期中間期（前400—後500年）は、地方様式の時代である。ただし、モチーカの場合のように明らかに首長制社会の政治的拡張にともなって各地にひろまるものもあった。

中期ホライズン（後500—900年）は、南高地からはるか北海岸と北高地のカハマルカにまで拡大したティアワナコ＝ワリに代表される。侵入を受けた各地方における芸術様式と建築様式のひろまり方は帝国支配であったことを物語っている。それは、多くの学者により、能率よく組織され野心的な征服事業を成功させた（少なくとも一時期は）インカ帝国の拡大の前駆的形態と考えられている。

ワリの勢力が衰えた後、再び地方様式の時代、すなわち後期中間期（900—1476年）が訪れる。だが、チムー王国などは、単なる一地方の首長制社会ではなく、かなり大きな国家で、侵略性があり強固に組織化されていた。インカが北海岸へ進撃した時には、このチムーという、北海岸全域を支配していた、インカにほぼ匹敵しうる大勢力と衝突したのであった。

このようにホライズンと中間期とのあいだを振り子が揺れ動くたびに、ホライズンは遠方にまでひろがり、その領域も一層拡大している。後期ホライズン（1476—1534年）には、新大陸における土着の帝国主義の最後の実例としてインカ帝国がおこった。それは、クスコに源を発し、北はエクアドルとコロンビアの国境まで、南はチリ中部とアルゼンチン北西部にまでひろがった帝国である。

帝国を形成する傾向は中央アンデスの特徴である。実際に侵略と征服が行われたことは明らかで、多くの芸術様式において戦争は重要なテーマになっていた。中央アンデス以外では、もっと小さい首長制社会が普通の統治形態であった。通常、首長あるいは支配者は、戦争と食糧の生産・分配と宗教儀礼について責任を負い、これらの大事な事柄に関して決定を下す階層化された組織の頂点に立っていた。首長は、おそらく超自然的な力を備えていると見なされていた。たいていの場合、首長の家系の先祖である神話上の人物は、神格化——もしくは少なくともなかば神格化——されていたと思われる。図像表現に見られる特徴の大半は、農業や首長の権力や宗教の政治的操作を考慮すれば説明がつく。

帝国を形成しようとする傾向がたびたびあらわれたことは、攻撃性や野心や強大化だけによるものではなく、南アメリカ大陸西部の地勢によるところが大きかったにちがいない。すなわち、この地域のもつ多様性、潜在的な力、また他の場所で産する物資を得たいという欲求あるいは必要性により、さらに近距離の場所（たとえ行き来するのが困難であったとしても）にある資源が多種多様であるという事実により促されたにちがいない。

建築と水

相互交渉と征服を引きおこす最も重要な誘因の一つは水であった。海岸砂漠における灌漑の必要性、そしてその結果、山地から流れ下る河川を管理する必要性が生じ、それが、高文化の特色である大規模な社会・政治的な組織化を一層促進した。そして、社会が拡大するにつれ、灌漑耕地の需要もそ

南アメリカ

れだけ増大した（水の管理は，海岸砂漠にだけ限られていたわけではない．実質上すべての高文明において多くの場合その必要性があった．ある時にはそれは実際に機能しており，ある時には象徴的，宗教的，儀礼的なものであった）．

灌漑の証拠は，サンタ川水系をさかのぼったところにある紀元前3千年紀の遺跡ラ・ガルガーダに見られる．高地で知られている最初の石造りの水路の利用——おそらく水を儀礼的に用いたと思われる——は，北高地のカハマルカ近くに見られ，時代は紀元前2千年紀である．水利工事は，主要な場所でだけ行われたわけではないし，地域的にも中央アンデスだけに限らなかった．盛り土をした畑や灌漑用の溝は，ボリビア，ペルー，エクアドル，コロンビア，ベネズエラで見つかっており，コスタリカでも儀礼用の水路が作られている．水はきわめて大切なもので，その実際の使用と宗教的な意味合いを，分離して考えることはできないであろう．

複雑な石造建築は，中央アンデスでは紀元前3千年紀にはじまる．一般に，石の建築と彫刻は高地の特徴で，アドベ（日乾レンガ）あるいはタピア（大きな平たいアドベ）は海岸地方の特徴である．アドベの形は時代とともに変化しているので，時期決定の助けになるが，タピアは通例新しい時代のものである．石彫という壮厳な図像表現の素材となる石がなかったためであろうか，そのかわりに海岸地方の人々は，古い時代からすぐれた冶金術を身につけ，またすばらしい土器と織物を生み出している．

宗教と儀礼

宗教に関するわれわれの知識は，神聖な建造物，工芸品にあらわれる描写，埋葬形式と副葬品，植民地時代初期のスペイン人による記録，そして現在でも生きつづけている土着の慣習から得られたものである．

南アメリカと中央アメリカには，違う点を数えあげたらキリがないが，一般的にいえば類似した宗教慣習が見られた．神々は，水や空や大地や山々や海を支配する自然の力を代表していた．大半の地域で，創造神が崇拝され，それは部族の起源や祖先と，またしばしば太陽や空ともかかわり，さらに空に接し，河川の源であり大地と地下の世界への入口と考えられた山々ともかかわりがあるとされた．アンデス文明の栄えた地では，太陽は山から昇った．山は，灌漑農耕に用いる水の源であった．東と西はとくに大事な方角で，太陽の通り道の起点と終点であった．

中央アンデスでは，ビラコチャが最も頻繁にあらわれる神であった．チャビン・デ・ワンタルに見られる神像は，おそらくビラコチャの原型であろう．この神は，もっと古い起源さえ有するかも知れない．ティアワナコの「太陽の門」の上の像，またワリ様式の土器に出てくる像も，疑いもなくビラコチャの先駆である．モチーカの主神も部族の起源だけでなく空と海の起源ともかかわりをもっており，この部類に属する神であるに相違ない．コロンビアのムイスカ族の主神ボチーカにも，ビラコチャによくにた側面がある．

儀礼は通常，暦に基づき組織化され，天体，農業，そして時に漁業にかかわる儀礼用の暦によって行事を祝うのが常であった．太陽の動き，とくに夏至，冬至，春分，秋分，すばる星団が東天にのぼる時刻，月の満ち欠け，金星の合も同様に儀礼を執り行う時期と関係し，また播種期と収穫期，さらに大漁の季節の到来も祝われた．

南アメリカ大陸の太平洋岸地方と高地でひろく行われていた儀礼の一つは，コカの葉を噛む儀礼であった．先コロンブス期のコロンビアのキンバヤ文化には，最上質の黄金製品の中に，コカの葉と一緒に噛む石灰を入れる容器がいくつかある．コカの葉を噛む儀礼は，いくつもの段階に分かれて行われる，重要で複雑なものであるだけでなく，戦争と生贄にかかわる儀礼でもあったことは，何百個ものモチーカの土器に描かれた内容からみれば明らかである．

チャビン文化とモチーカ文化においては，サン・ペドロという種のサボテンを幻覚剤として儀礼に用いた証拠が存在する．このサボテンの利用は，もっと広範囲であったかも知れない．というのは，たとえばエクアドルでも生育しているからである．アンデス地方の周辺地域の住民は，儀礼の際に幻覚を引きおこす植物としてピプタデニア，バニステリオプシス，ダトゥラを用い，また大陸北部の低地では，タバコを儀式の際に喫煙した．

先コロンブス期芸術の描写から判断すると，斬首による生贄は，奉献の儀礼の中でも最も重要なものであった．後ろ手に縛られた裸の男性像は芸術において頻繁にあらわれるテーマで，疑いもなくそれは生贄を待つ姿である．生贄の様子も時に描写されている．ほとんどすべての文化に，生贄を執行する人の像が見られるといってもよい．これは，片手にナイフをもちもう片方の手に人間の首をさげて立った姿をしている．この首は通常「戦勝首級」と称され，図像の研究者は，「戦勝首級崇拝」として考える傾向にあるが，実は，首は崇拝の対象というよりは，農耕神の食べ物と見なされていたと思われる．先コロンブス期の高文化全般に，作物の成長に欠かせない自然の力には，人間の血もしくは首を食させねばならないという信仰がひろまっていた．また人身供儀は戦争——生贄にする捕虜を捕えること——をおこす動機の一つであったかも知れない．

供儀は，しばしば燃やすという形でも行われた．紀元前3千年紀の祭祀用建造物の特徴は，供物を燃やす炉の存在である．供儀の遺物は，考古学的発掘により見い出だされている．その中にはトウガラシもある．16世紀の記録者も，ラマ，テンジクネズミ，コカの葉，布，食べ物，貝，水晶などいろいろな供物が依然として捧げられていることを記している．

儀礼と献納は，特別な折に行われるというだけでなく特別な場所が選ばれることもあった．初期の遊動民にとってある種の場所——岩，山，泉など——は神聖なものであった．このような場所は，その後も神聖視され，現在でもなおワカと見なされているものもある．ワカというのは，聖なるもので，自然の事物，先祖の遺品，小さな石，あるいは水晶のかけらなどである．インカ期には，ワカに食べ物と飲み物の供物を捧げ，布を供えたり衣装を着せたりした．インカの人々は，神聖な岩を黄金の薄板でおおったといわれる．

初期の定住民は，神殿をそのような神聖な場所に，あるいはその方向にむけて建てている．神聖な家である神殿は，定住民がそれだけではないにしても一番最初に建てた建造物の一つであったろう．村が大きくなり，共同体が強大になり，首長制社会が発展した時，権力を視覚的に誇示する主たるものは，人々の集まる豪勢で神聖な場所，祭祀センターであった．それは，神々の家すなわち神官と儀礼のための超自然的な空間であるばかりでなく，外の世界からくる人々にその地方の神々の力を示すものでもあった．当時それぞれの村あるいはそれぞれのセンターが世界の中心になっていたのである．

先コロンブス期の住民は皆，岩を特別視する性向があったようだが，アンデス地方においてはその傾向がとりわけ強く，多くの祭祀センターが岩をその聖域内に組み込んでいる．この傾向は，非常に古い時代の祭祀センターやモチーカの遺跡パチャマルカとモチェにも見られ，そして最も顕著なのはインカの神聖な場所であった．

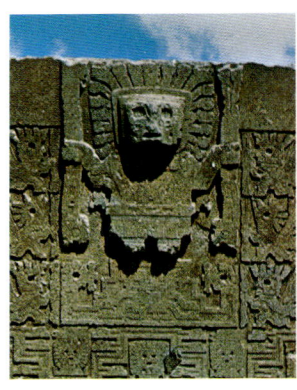

上 ティアワナコの「太陽の門」の上部の中央の像は，アンデス地方各地でさまざまな名前と形をとったと思われるが，全般的に見て，天空の神であったといえる．

下 ペルーのセロ・セチン遺跡の神殿の壁では，切断された首，閉じた目，なだらかに垂れた髪の毛，そして首から流れ出る血が描かれている．これらは，チャビンのモチーフの特徴である．

右　ペルー南海岸のパラカス・ネクロポリスから出土した織物の部分。パラカス文化は、前6世紀から紀元前後にかけて栄えた。この像は、「目の神」で、パラカス文化の遺跡で発見されたさまざまな遺物にとりわけ多く見られる（p.181参照）。

副葬品の製作に莫大な時間を費やす習慣は、死者の儀礼の重要性と布の価値を信じるアンデス地方の住民の信仰心を反映している。植民地時代初期のスペイン人記録者は、人々がミイラの包みを取り出し、巻き直し、新鮮な食べ物を供えたことを記している。パラカスの住民も、同様のことを行ったかも知れない。祖先は尊崇された。祖先に捧げうる最高の供物は、織物なのであった。

墓地もまたワカであった。なぜなら、祖先は神聖であると考えられ、死と地下の世界は、人々の主たる関心事だったからで、それはたぶん、地下の世界と農耕を営む大地とを関連づけていたためと思われる。最も豪華な工芸品の大半は、墳墓から見つかっている。副葬品をともなわない埋葬は例外的であった。副葬品は、宗教と社会的地位に関して手がかりを与えてくれる。というのも、その品々は、上質で余分な品物——日常用というより装飾用の土器、ありふれたものというより珍しい品——だからである。首長は、多くの象徴的な品とともに埋葬された。女性はしばしば織物作りの道具と一緒に葬られている。副葬品は、一定の様式でならべて埋められることもある。土器の配置には特定の意味合いが込められていた。埋葬の方法にも意味があった。屈葬は高地に見られる習慣で、それに対し伸展葬は通例海岸地方の習慣である。

骸骨だけの人物を描くことは、アンデスの芸術においてよく見られる。それは、死者の国をあらわしているか、死者のまねをする、もしくは地下の世界を訪れる神官やシャマンを描いていると思われる。どくろの顔をした者が、しばしば「生者の」生殖器を有し、また「死んだ」人が女性を抱いていることもある。性行為をあらわす数多くの場面にも、しばしば骸骨人間が見られる。それは、ここにも死と豊饒とのかかわり、すなわち、地下の世界＝大地は生命の源であるという考えがあらわれているのである。

日常の工芸品

衣裳は、中央アンデスではどこでもたいてい似通っていた。いろいろな大きさに長方形の布が織られ、さまざまな用途に使われた。最も普通の衣裳は、寛衣すなわちシャツで、2枚の長方形の布を縫い合わせ、頭と腕の出る穴を設けたものである。ポンチョも、たいへんよく似た形をしているが両脇があいている外套である。腰布とキルトスカートもよく見られ、一種のズボンも時には用いられた。たとえば、モチーカの主神は、ショートパンツをはいているように見える。また、パラカスの墳墓で見つかったようなマントやモチーカの土器に見られるように特別の折（コカの儀礼など）に特定の様式で身につけたケープも用いられた。

衣裳の中で特徴的なものは、かぶり物である。ていねいに巻いた布製の鉢巻から精巧な黄金製の冠や動物の顔のついた半円形の額飾りに至るまで、頭飾りは、地位——人間でも神でも——や儀礼的状態をあらわしている。重要人物はいつの時代でも、耳たぶに穴をあけて、通例貴金属製の耳飾りをつけた。一番ふつうの形は、前面が円形をしている。だが、その形は、身につける人や時と場合に応じて異なる。また、黄金や銀の鼻飾りを鼻中隔のところにつけた。これは、口をおおうマスクとよんだ方がよい時もある。というのも、鼻を飾るというよりも口をおおうためのものだからである。南海岸の神々は、金属箔でできた眉のおおいをつけており、実際に墳墓から眉のおおいが出土している。

音を出す道具は、各地方で作られた。土器の基部あるいは脚ががらがら（小石または粘土のかけらでできた）になっているものも多い。胴部が単一の、あるいは双胴の鳴笛型土器は、多くの文化に共通して見られる。容器内を流れる液体が穴から空気を押し出して笛の音色を発するものである。内部に小球の入った、黄金製または銅製のがらがらも数多くあった。楽器も豊富に存在した。最も多いのは、太鼓、笛、パンパイプ、らっぱ、オカリナ、法螺貝である。

先コロンブス期の諸文化には、共通の要素がたくさんあったが、どの文化にもそれぞれ特色が見られた。博物館にある各文化の展示品の大半は、かなり正確にどの時代でどの場所に属するものかが容易に認定できる。だが、諸文化のあいだの相互交渉、物々交換、発明、創造、そして絶えまのない発展が生じていたため、はっきり同定できないものも多い。知識が増えるとともに、解決すべき新しい問題が出現するのである。

文化領域

アンティル諸島：
アラワク文化，カリブ文化，
そしてこれらに先行する諸文化

クリストファー・コロンブスがアジアへいく海上ルートを求めて航海し到達したのは，アラワク族の住む土地であった．1492年10月，新大陸に最初に上陸した所は，かれがサンサルバドルと名づけた，バハマ諸島の小島で，その島のアラワク語名はイグアナを意味した．コロンブスは，手の込んだ羽飾りをつけた裸のインディオにむかえられた．だが，スペイン人が到着してから1世紀足らずのあいだに，アンティル諸島に住むこのアラワク族は絶滅してしまった．ヨーロッパからもたらされた病気に免疫をもたなかったため，またスペイン人の侵略に対して身を守るすべがなかったためにその犠牲になったのである．

アラワク族は，南方から，すなわちベネズエラからトリニダード島を経てカリブ海の島々に，長期のゆっくりした移動の末到達した．アラワクの遺物は，小アンティル諸島——キュラソー島からヴァージン諸島に至る小さい島々——とその北方にあるもっと大きい島々で構成される大アンティル諸島——プエルトリコ島，エスパニョーラ島（ハイチとドミニカ共和国），ジャマイカ島，キューバ島——において，そしてさらにバハマ諸島においても出土している．スペイン人による征服時に，アラワク族は主として大アンティル諸島に住んでいた．

アラワク族は，海洋と海岸の資源を活用していたようで，魚を捕る道具や銛打ち器などが見つかっている．だが，一番重要な道具はカヌーであった．この人々にとってのカヌーの重要性はいくら強調しても強調しすぎることはない．アラワク族はカヌーに頼って，河川や海岸沿いを移動し，交易，漁労，狩猟，採集を行ったのである．かれらは，多数の巨大な丸木船あるいは複式カヌーを所持していた．アラワク族は農耕民でもあり，トウモロコシ，マメ，サツマイモ，カボチャ，そして最も大切なビター・マニオク（毒性の強いマニオク）を栽培した．また，それ以外にもラッカセイ，トウガラシ，パイナップル，果樹を育てていた．食べ物ではないが有用な作物として，ヒョウタン，ワタ，身体に塗る顔料を得る植物も作った．食糧の供給が1年中絶えないように，菜園にさまざまな種類の作物を植えている．エスパニョーラ島の乾燥した地域では，灌漑農耕も行った．木の掘り棒が植えつけに使われ，木製の幅の広い刀が武器としてだけでなく藪をはらったり土を掘りおこすのに用いられた．

人々は，鐘型をした草葺きの家に住み，ハンモックに寝た．木綿の布，石や骨や貝の護符，多様の装飾がほどこされた上質の焼きものを製作した．焼きものには，土器，土偶，仮面があり，また，日常の土器としてはとくに，マニオクを焼い

左 コロンブスの第4回目の航海からとった物語を描いたヨーロッパの版画．コロンブスは，エスパニョーラ島の首長たちを集め，キリスト教徒から見た彼らの欠点——中でも，スペイン人に対して食料と援助を与えるのを怠ったこと——をあげて叱り，かれらがその生き方を改めるようにというキリスト教の神の戒めとして月食のおこることを予言した．月食が実際におこると，恐れおののいたインディオは，直ちにスペイン人の船に食料を運び，これからはスペイン人とその神に忠実に仕えることを約束した．新大陸の高文化の神官たちも，同じ方法を用いてその住民を搾取したことであろう．

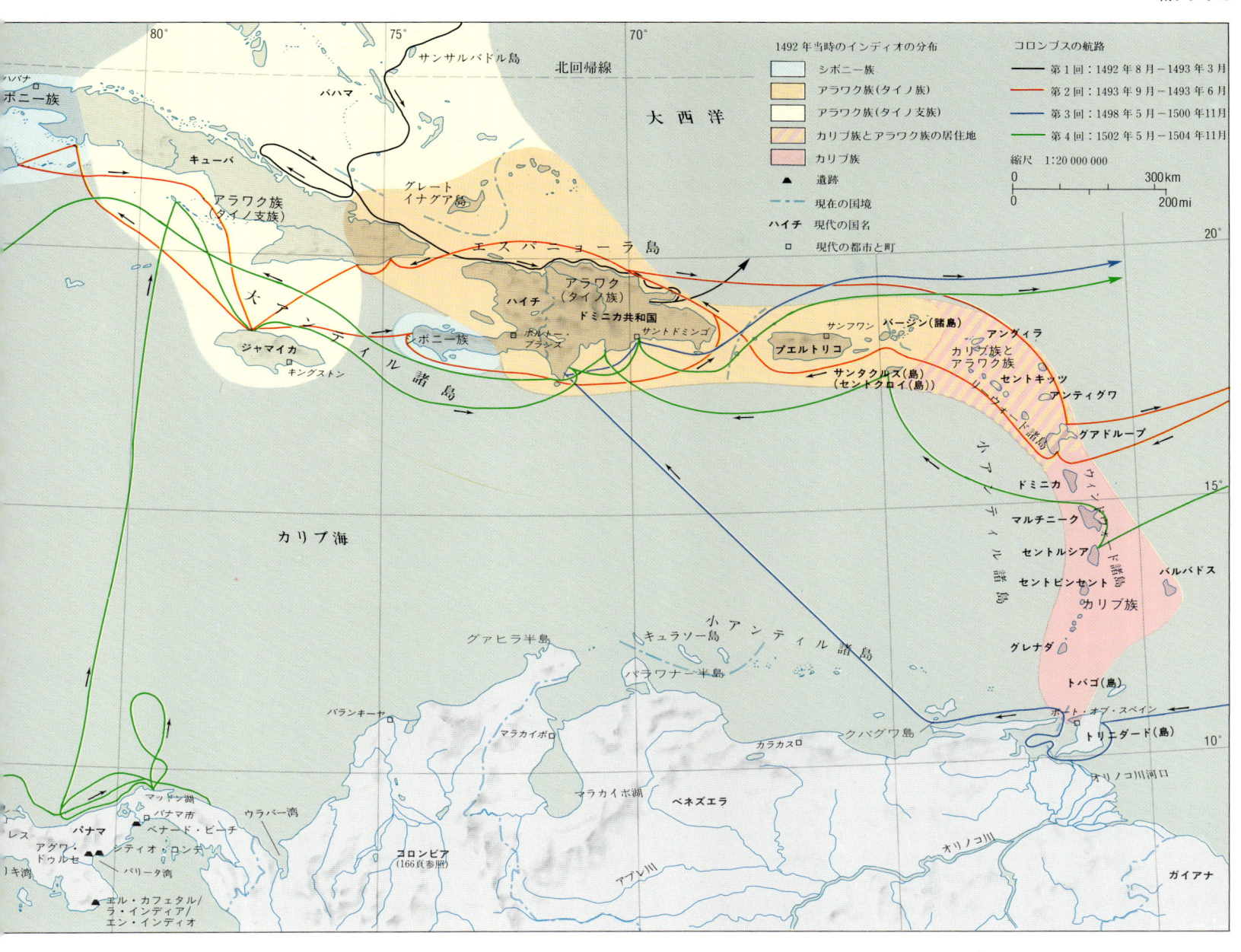

上 中央アメリカ南部とアンティル諸島の文化

地図は，諸民族の移動の様子を示す．南アメリカ大陸の北東部からアンティル諸島への移住は，カヌーに乗り数世代にわたって行われた．その際，ウィンドウード諸島とリーウォード諸島が，大アンティル諸島の大きな島々へとわたるとび石になった．早期の移住者であるシボニー族は，キューバ島の西のはずれとエスパニョーラ島の僻地に至った，あるいは追いやられたのかもしれない．アラワク族（すなわちタイノ族）は，この地域の中心地，主としてエスパニョーラ島において，最も発展した文化を築き，東はプエルトリコに，西はキューバ島の隣接する地帯にも居住した．新参者のカリブ族は，コロンブスがサンサルバドル島――タイノ族が住んだ地域の北方――に到着した時にはまだ，南アメリカ大陸から北方へ進出する途中であった．キューバ島の西部地方は，マヤ族の住むユカタン半島に大変近いが，両者の間の接触は，ほとんどなかったようだ．エスパニョーラ島は，カリブ海でのコロンブスの活動拠点になっている．コロンブスは，キューバ島にも上陸したが，ユカタン半島には到達しなかった．

てキャッサバのパンを作るための焙烙が重要であった．楽器としては，スイショウガイのらっぱ，木製のらっぱと太鼓，骨の笛，マラカス，がらがら，粘土製のオカリナが作られている．だが，腐敗しやすい材料――木，繊維，籐――で作られた数多くの工芸品は残存していない．

アンティル諸島で最も発達したアラワク文化はタイノ文化とよばれ，エスパニョーラ島，プエルトリコ島，キューバ島の一部で発展した．タイノ文化でも一番進んでいた地域は，サントドミンゴの高地で，後にスペインの主要な植民地になった所である．

コロンブスとその部下は，インディオの文化にほとんど関心を示さなかった．かれらは，黄金をさがし求めていた．スペイン人は，黄金の耳飾りや黄金で飾られた織物の帯を身につけ，やはり黄金の箔で飾られ，彫刻のほどこされた木製の腰掛けに坐った首長（カシーケ）に出会った．また，その娘たちも黄金の鼻飾りをつけていた．けれども，アラワク族は，金よりもグァニンとよんだトゥンバガの方に価値をおいていた．トゥンバガというのは，大陸部からもたらされた金と銅の合金である．トゥンバガ製品の価値が高かったのは，おそらく祖先の地である大陸部から輸入されたものて，しかもそこにはすぐれた冶金術師がいたからで，さらにこの合金の色が鮮やかだったからでもある．トゥンバガ合金はまた，銅のにおいがした．それが人々にとって大切な意味合いをもっていたのであろう．しかしながら，アラワク族が何にも増して珍重したのは，みごとに仕上げられた骨と貝の細工であった．

村落と儀礼

アラワクの神々は，セミとよばれた．この語は，意味内容においてアンデス地方のワカ（神聖）と似通っていた．というのも，数多くのもの――神々，その像や象徴，死者の遺品，天空，太陽，月，風，大地の力――がセミになっていたからである．それは，農耕民の神々であった．このような神の像は，いろいろな形態をとって表現され，高度に洗練された技術によりしばしば彫刻品に仕上げられた．コロンブスが言及しているかれらの身体彩色にも，セミが描かれている．プエルトリコ，ドミニカ共和国，ハイチでは，石や法螺貝で作られた三角形の神像が，後期において共通に見られた．これは，円錐状の火山の形に由来しているのかも知れず，マニオクを人間に授けた神をあらわしているようにも思われる（作物は大地の神からもたらされ，この大地の神々は山や火山に住んでいると考えられていたので，山を描く時に顔をつけるのも理にかなっていたといえよう）．植民地時代初期のスペイン人

の記録によれば，神像は儀礼の際に用いられた．その儀礼では，シャーマンが幻覚作用をもつピプタデニアをタバコと一緒にかぎ，セミと話をして天候と収穫を予測したのである．このように，セミは神像であるばかりでなく，人間と神とのあいだの仲介者，すなわち神託を授ける使いでもあった．

アラワク族の社会は階層化していた．首長は経済的な事柄を処理し，自分の直属の村よりも広大な地域を統治した．エスパニョーラ島にはそのような首長制社会が五つ存在し，各首長のもとにピラミッド状の階級組織が見られた．首長は，豪華な衣装をまとった側近に囲まれ，側近たちは，職務に応じて赤あるいは白の羽毛で作られたマントと頭飾りをつけていた．コロンブスは輿に乗せて運ばれた首長について記録している．

アラワク族の伝統は，南アメリカ大陸の北東部に由来するものであったが，中央アメリカやメソアメリカからも影響を受けたようで，副葬品をともなう墳墓や儀礼の際のタバコ喫煙などの慣習は，それらの地域の文化と共通している．

アラワク族の大きな村は，公共の広場を中心に構成されていた．この広場は単なる空き地のこともあり，土手が作られるか，立石がならべられ石が敷きつめられるか，もしくは丸石が敷かれた円形または長方形の広場の場合もあった．場所によっては，二つの平行の土手が囲いをなしていた．首長の家は，このような広場に面し，その家の近くには，岩絵があることが多かった．岩絵はまた，水源や洞穴の近くにもあった．

踊りと葬式は，その広場あるいは囲いの中でとり行われたのであろう．だが，最も重要な儀礼は球戯であったと思われる．これは，メソアメリカから伝えられたものかも知れない（ユカタン半島は，キューバ島からわずか195 kmだが，接触があったという確かな証拠は乏しい）．球戯は，南アメリカ大陸の北部でも知られていた——ベネズエラの球戯は，アンティル諸島のににている．ただし，南米では，メソアメリカほどさかんではなかった．植民地時代初期のスペイン人は，球戯用の場所がどの村の中心にも確保されていたことを記録している．また，規模の大きい村は，村はずれにもバテイ（広場あるいは囲いはこのようによばれた）を有した．このタイプの球戯場は，後500年以降にアンティル諸島で発達していた．最も入念に作られた球戯場は，プエルトリコ島にあり，後1200年ころのものである．アラワク族の球戯には，ゴムの球が使われ，そして人身供犠をともなっていた．さらに，農業生産の予測という役割も果たしたようで，水そしておそらくは雨とかかわりがあったと思われるのである．

起源と宿敵

アンティル諸島の住民は，ベネズエラ北東部からトリニダード島という「移住の門」を経てやってきた．この地域における考古学的発掘の結果は，アラワク族との密接な関係を示している．ベネズエラ沖合のクバグワ島には，アンティル諸島での初期の居住にかかわったと思われる民族の，紀元前5000年から1000年にかけての遺物が出土している．そして，紀元前およそ1000年から500年のあいだに，アラワク語を話す諸族がオリノコ川を下り河口に到達した．かれらは原始的な農耕民で，その主食はマニオクであった．実際，マニオクはベネズエラで最初に栽培化された可能性がある．アンティル諸島のアラワク族の祖先であるこの人々は，紀元開始前後にプエルトリコ島にあらわれはじめ，つづく数世紀間にアンティル諸島にひろがっていった．

アンティル諸島に着いたアラワク族は，紀元前2500年ごろから居住していたシボニー族という先住民を大方追いはらってしまった．スペイン人による征服時には，シボニー族はハイチ島の南西部とキューバ島の一部にわずかしか残っていなかった．土器をもたないこの民族も，やはりベネズエラからやってきた人々で，貝塚やその他の動物性遺残，そして道具，ペンダント，少数の墳墓を残している．このような初期の人々でさえカヌー，あるいは少なくともバルサ製のいかだをもち，珊瑚礁で漁労を行いながら，また豊富に食料が存する数多くのマングローブの沼地で狩猟・採集をしながらアンティル諸島に着いたと思われるのである．

アンティル諸島のアラワク族は，後期には小アンティル諸島内のカリブ族におびやかされるようになった（カリブ海という語や「カニバル（人食い）」という語はこの民族名に由来する）．それ以前の移住者と同様に，カリブ族ももともとは南アメリカ大陸の北東部からきた人々である．植民地時代初期のスペイン人は，カリブ族の食人風習の証拠を見い出したが，と同時にカリブ族の勇猛をも賞讃している．カリブ族にとり，戦争は社会の組織化の基本的原理で，常に戦争状態にあるか戦争や襲撃を準備していた．また，軍事指導者には共同体内で有能かつ力のある者がなっていた．カリブ族は，発達した投槍器よりも弓矢を使用した．カリブ文化は，アラワク文化ほどには発展しておらず，その社会も単純な構造であった．宗教的な像は，石や貝よりも木や布で作られたが，現在ではわずかしか残っていない．

ただ，植民地時代初期のスペイン人は，アラワク族とカリブ族との関係を幾分単純化したと思われる．スペイン人にはその区別は簡単で，おとなしいインディオがアラワク族で，勇猛なのがカリブ族であった．それに対し，現在の研究者は，移住，通婚，言語借用の様相がもっと複雑であったことを見い出している．というのは，たとえば，カリブ族の襲撃で捕えられた男は食べられたが，女は妻とされ生き延びたからである．カリブ族の脅威にもかかわらず，アラワク族は，征服者のスペイン人が新大陸に到着するまで，長期にわたって大アンティル諸島に住んでいた．そして，初期のヨーロッパ人探険者に強い印象を与えたのは，アラワク文化であった．ギアナ地方には現在でもアラワク族が住んでいるが，カリブ海の島々では，はるか昔に絶滅してしまった．カリブ族は，リーウォード諸島の保留地に今でもわずかながら生き残っている．

中間領域の首長制社会：中央アメリカ南部，コロンビア，ベネズエラ

コロンブスは，4回目の航海の時にパナマとコスタリカの沿岸に達し，コスタリカのタラマンカ族が黄金製の「鷲」のペンダントを下げ，パナマのグァイミ族が黄金の円盤を身につけているのを見た．その時のスペイン人の記録によれば，大きな村には中央広場があり，広場に面して首長の住居と首長の祖先の墓地があった．また，メキシコの文化要素でもあるボラドール（竿に結ばれ「飛ぶ」男たち）やパトリ（板の上でトウモロコシの粒を用いて行う遊び）も目撃している．

征服時に環カリブ海諸族は，1000人あるいはそれ以上の人口を擁する共同体を形成し，大小の首長がピラミッド状の組織を構成していた．頂点に立つ大首長は，自分が直接支配する村だけではなく，よりひろい領域に対し権威を保持していた．社会が階層化していた証拠の一つは，副葬品に差異があることである．首長は，念入りに埋葬されたが，一般人の墓は，簡素な副葬品しかともなわなかった．これらの環カリブ海諸族はまた，戦争の様式と階層化した宗教を発展させ，石や木や貝で作られた神像が，職業的な神官集団の管理する神

コスタリカの中央高地で作られた，石製の「飛ぶパネル」のメタテ（トウモロコシを碾く台）．メタテの下側には，曲芸を演ずる鳥，ワニ，ジャガー，人間が立体的に彫刻されている．これらの熱帯地方に住む動物や神話上の人物は，トウモロコシを挽いたと思われる台を支えている．この彫刻付きのメタテは，高さ約50cmで，先コロンブス期の中央アメリカでは最も複雑な部類に属するものである．端に戦勝首級がついたメタテが多く，また中には，織物の縁飾りのようなデザイン——これは，メソアメリカでは親族関係を示すモチーフであった——を有するものもある．コスタリカの中央高地では，三つのメタテを並べてその上に遺体が置かれることもあった．コスタリカの石の彫刻としては，このほかごとに彫り上げられた儀杖頭，そして美しい仕上げの翡翠もしくは翡翠に似た石のペンダントがある．

殿に安置されていた．

単一のマクロ・チブチャ語族が，ニカラグアからパナマを経てコロンビアの海岸地方とベネズエラに至る地域にひろがっていた．この地域の地形は，生態学的小環境を多数生み，また各小環境間の交流を可能にした．海岸沿いに，そして河谷を通じて高地と海岸地方とのあいだに交通の便が開けていた．黄金は広範囲の地域で交換され，多様な日用品が海岸にそって，また河谷の上流地方へそして下流地方へと交易された．エルサルバドルから南アメリカ大陸の北西部にかけての地域では，全般的に類似した生態学的適応が見られ，農耕は，トウモロコシとマニオク（ベネズエラではビター・マニオク，それ以外の所ではスイート・マニオク）とサツマイモに基盤を置いていた．土器の技術と冶金術も発展していた．

最初にこの地にやってきたスペイン人が目撃した交易様式には長い歴史があったと思われる．初期の土器だけでなくさらに古い先土器文化の遺物も，この海岸地帯とその南方につづくエクアドルの海岸地方からかなり出土している．しかし，内陸の高地にも重要な先土器時代の遺跡が存在する．初期の遺跡にはにたような生活の仕方が見られる．はじめは熱帯の森林における狩猟採集に依存していたが，後に原始的な農耕と海洋あるいは河川での採集のおかげで，次第に相互に交流と交易がさかんになる状況が生まれた．

初期の人類は，移住の過程において中央アメリカの南部を紀元前2万年以前に通過したと推定される．コスタリカの大西洋岸のトゥリアルバとパナマのマッドン湖で見つかったパレオ・インディアン文化の尖頭器の年代は，紀元前5000年以前にさかのぼる．パナマのセロ・マンゴーテ（紀元前約4800年）の貝塚やその他多数の洞穴と岩蔭遺跡からは，加撃剝離によって製作した石器が，かなり頻繁に発見され，しばしば動物の骨が共伴している．コロンビアのカリブ海沿岸にある数多くの貝塚遺跡のうちプエルト・オルミーガでは大量の土器が見つかっており，その年代は，紀元前約3000年である．一時はこの土器が最古のものと見なされたが，実際には二つの土器製作伝統の混交であるように思われる．そして近年この地域ではさらに古い土器が発見されている．土器は，通常農耕に付随するものであるが，これらの発見は，作物の栽培の明白な証拠をともなっていない．

紀元前約2500年ごろまで環カリブ海諸族の多くは，食料を採集していた．食料を調理する道具，そしてそのような道具を作る道具が，岩蔭や洞穴から出土している．根茎類栽培農耕は，たぶんベネズエラで紀元前4千年紀に発展し，大西洋岸沿いに普及していったようだ．いわゆるバランコイド式土器は，紀元前2千年紀にオリノコ川下流域からベネズエラの北部海岸地方に伝わり，そこからアンティル諸島を北方へまた大陸の海岸沿いを西方へとひろまっていった（この地域でさまざまな時期に見られた多くの文化伝播の一例である）．パナマのチリキーには，紀元前2千年紀の末にマニオクの栽培がはじまった証拠が存在する．トゥリアルバ河谷のラ・モンターニャ遺跡では，土製の焙烙が見つかり，その年代は，紀元前1500年にさかのぼる．このような道具は，通例マニオクの調理にかかわりがあるとされる．ラ・モンターニャ遺跡では，焙烙といろいろな形をした単色の土器に関連して放射性炭素法による測定年代が五つ——いずれも紀元前1500年から前3000年のあいだ——報告されている．トウモロコシ栽培は，マニオクよりもいくぶん遅れて開始されたと思われる．

中央アメリカの南部は，地理学的には北と南にある広大な二つの大陸の間の狭い橋梁になっている．したがって，さまざまな時代にさまざまな形で両大陸の影響をこうむったが，一方，時代や場所によってさまざまな独自の発展もとげている．近年まで，紀元前1000年以前の中央アメリカ南部地方に関しては，ほとんど情報が得られていなかったが，最近の発掘と調査により，とくにパナマのパリータ湾の内陸部では，

163

南アメリカ

200ほどの遺跡が発見され，先土器時代の遺物がたくさん出土した．紀元前1000年から後500年にかけての時期になると，大量の文化遺物が知られている．

コスタリカ

コスタリカは，考古学的に三つの主要な地域に分かれる．西方は大ニコヤ地方で，ここにはグァナカステ県とニコヤ半島，およびニカラグア湖と太平洋にはさまれたリバス地峡（ニカラグア領）がふくまれる．中央部は，国土の大西洋岸地方と中央高地からなる．南東部には，隣接するパナマのチリキー県と考古学的に関係の深いディキス川のデルタ地帯が位置する．これら三つの地域は，たがいにかなり重なり合う点があり，あるいは同一のテーマが少しずつ異なった形であらわれるが，明瞭に区別しうる特徴も備えている．

紀元前後に遺跡の数が著しく増加したことは，人口増大とそれにともなう社会の階層化を物語っている．記念碑のように巨大な彫刻のある大きな祭祀センターはまれであるが，ニカラグア湖やマナグア湖上の島々と近隣の遺跡からは，円柱状の丸彫リの石彫が見つかっている．同じような彫刻は，グァナカステ県でも発見されている．

コスタリカで最も広範囲に出土する重要な石の遺物は，三脚つきメタテ——トウモロコシを碾く台——である．グァナカステ＝ニコヤ地帯では，曲面をもつ長方形のメタテが出土し，その裏面にはしばしば彫刻がほどこされている．少し後期のメタテには，動物の形をあらわしたものがあり，ネコ科の動物（ジャガーか）の頭がついている．摩滅の跡が見られるものもあるが，トウモロコシを碾くためにマノ（石の棒）が使われたためであろう．これらのメタテは，地位の高い者の墳墓で見つかっている．

精巧なメタテは，いくつもの役割を有していたと思われる．儀礼用のトウモロコシを碾く台として，食料の調理と分配に責任をもつ支配者の腰掛けとして，また変化——トウモロコシが粉になる変化と死者となる変化の双方——を象徴する副葬品としての役割などである．メタテの裏面の彫り物は，地下の世界と大地の豊饒をよびおこして，宇宙のモデルとしての意義をメタテに付与するのであった．

上 ワタビッタ湖．ボゴタからさほど遠くない高地に位置し，山＝空＝水の神の住まいであった．深さ37m，周囲4kmのこの円形の湖は，隕石の落下による衝撃で形成されたものにちがいない．もしもムイスカ族の先祖たちが，赤く燃える流星が天から地上に落ちてこの穴ができ，水のたまるのを目撃したならば，その出来事は，この湖に特別の意味を付与したことであろう．湖に黄金を捧げるのは，貴重な水を引き続き確保するために，この自然の出来事を模したのであるかも知れない．

スペイン人の到来する前の500年間に，多くの変化が生じた．メタテは減り，かつて普通に見られた儀杖頭もなくなった．卵形をした多色土器が，一般的な土器の形になり，たいていネコ科動物の頭と前肢がとりつけられていた．高地では，石の基礎の上に建てられた円形のマウンド，広場，そして丸石を積んだ堤道のある遺跡が出現している．グァヤボ・デ・トゥリアルバという広大な複合遺跡には，石で内張りして作った導水管が見つかっている．板石が橋や床や棺の蓋に用いられ，石櫃の墓が一般化し，また縁に彫刻の装飾がある背の高い平石が，おそらく棺台として使われたようである．

大チリキー地方

ディキス川のデルタ地帯では，コスタリカのそれ以外の地方とは異なる品々を生み出している．ここは，考古学的には大チリキー地方として知られる地域に属しているのである．上質で特色ある金属製品は，この地方から出土するもので，石の細工と彫刻でも著名である．さらに，謎めいた大きな石の「球」が見つかっている．その最も重要で中心的な遺跡は，パナマ領に少し入った所にあるバルー火山の麓にあるバリレスであろう．発見された樽型の彫刻にちなんでバリレスと名づけられたこの遺跡からは，火山岩製の大きな彫刻がたくさん出土している．石でおおわれた低い基壇が祭祀場に作られ，また墓地は，丸石を積んで作った基壇と壁を備えている．

パナマ中央部とダリエン地方

コスタリカと同様，パナマも考古学的に三つの地域に分かれるが，やはりその端においては現代の国境を越えて隣国におよんでいる．西部は，コスタリカのディキス川デルタと密接な関係にある一方，東部は，コロンビアの領域とウラバー湾付近でつながっている．

中央部では，大変個性的ですばらしい芸術様式を生み出している．シティオ・コンテやベナード・ビーチのような墳墓遺跡からは，多色の立派な土器とともに，さまざまな上質の鋳造または板金細工の黄金製品が大量に見つかっている．この二つの品には，しばしば似通ったモチーフが見られ，時に双頭かあるいは一対となる複合的な動物像が描かれている．

パナマで知られている最古の金属細工は，紀元後の最初の数世紀のあいだにあらわれ，後400年ころにひろく普及した．初期の製品の中には，コロンビアから輸入されたものもあったに相違なく，またパナマで作られたものもコロンビアの強い影響を示している．パナマの様式は，高度な技術と個性を有する独特のものであるが，本質的にはコロンビアの金細工伝統に属している．

コロンビア北部

コロンビア北東部の隅にあるシエラ・ネバダ・デ・サンタ・マルタ山系は，アンデス山脈から独立している山脈である．この地で，タイロナ族とよばれた民族が，新大陸でもきわめて印象的な文明の一つを発展させた．石の建造物と都市としての特徴を備えたタイロナの遺跡が200以上も，海岸の低地から標高およそ2000mの高地にまで散在している．

最近調査が行われたブリタカ200号遺跡――1975年にはじめて発見された――は，14世紀に建設されたものである．現在は森林に囲まれているこの遺跡は，ブリタカ川より1000m近く高い所に位置する．かつてはこの地域の中心地の一つで，丘の斜面上に，外面が石でおおわれ外形が曲線をえがく

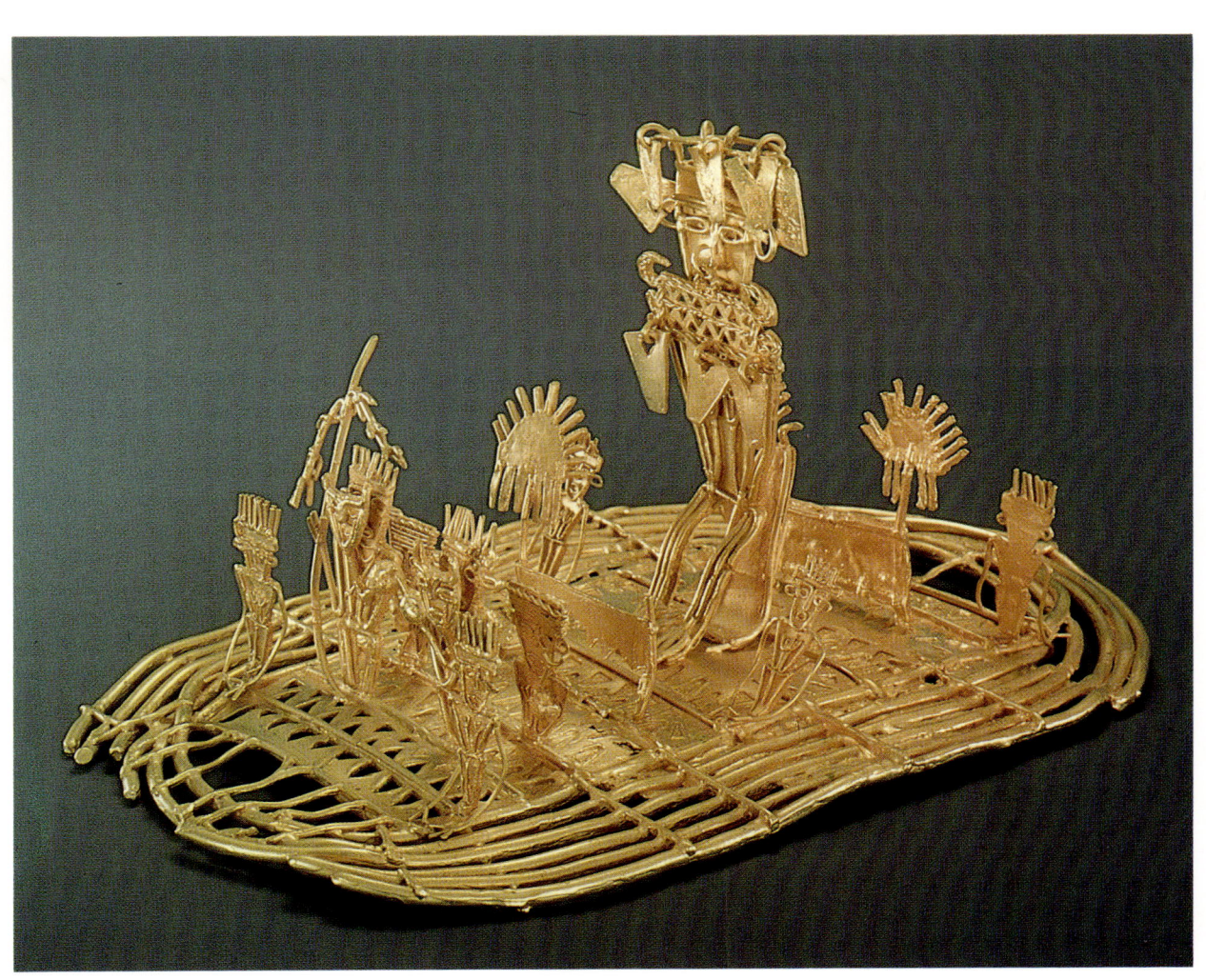

右　エル・ドラード――黄金の男――は，この作品では，いかだの上の腰掛けもしくは玉座に坐り，宝石を身につけ，小さな従者を従えた大きな人物像としてあらわされている．王位に就くと，黄金をまとったムイスカ族の支配者は，ワタビッタ湖で供物を捧げた．16世紀以来黄金を回収するために，この湖の排水が何度か試みられている．確かに黄金製品は回収されているが，未だにワタビッタ湖はうまく排水されたことは一度もない．きわめて精巧なこのトゥンホすなわち供物の品は，長さが18cm以上もある．トゥンホは大抵，平らで，細かい金線細工がほどこされている．多くの黄金製の像とは異なり，これらの供物の品には，吊り下げるための輪がついていない．

南アメリカ

家屋用基壇，石の階段，土留めの壁，水路と排水設備，儀礼用の広場，道路などが見られる．

約260もの家屋の遺構が付近を通る長さ500mにおよぶ石の道路とともに見つかっている．ここは，コロンビアから中央アメリカやベネズエラやエクアドルへの交易ルートの分岐点であった．と同時に，黄金を産出する重要な地でもあった．タイロナの金細工師は，現代の彫金師がうらやむほどの際立った質の高い作品を仕上げているのである．

タイロナ族は，紀元直後の数世紀ごろに勢力を固めはじめ，後1000年を過ぎてから最盛期をむかえた．彼らは強力な政治と社会の構造を作りあげたに相違なく，町々は，階層秩序をなし，ブリタカは，高位の町の中に入っていたのであろう．後にタイロナ族は，侵入してきたスペイン軍に100年ほどのあいだ抵抗しつづけた．今日この地域に住むコギ族は，往時のタイロナ族の子孫である．

西方の低地では，シヌーとよばれた文化が，シヌー川とマグダレナ川の下流域に存在した．シヌー族は，根茎類栽培農耕と河川・海洋・熱帯低地の豊かな資源にたよる採集とを巧妙に組み合わせた経済を営んでいた．最も印象深いその文化遺物は，鋳造また鍛造の黄金製装飾品である．

コロンビア中央部

ボゴタ高地のムイスカ族（別名チブチャ族）には，冶金に対してコロンビアの他の住民とは異なる態度が見られた．かれらは，タイロナ族やシヌー族などのようにたくみな細工，器用な鋳造，みごとな仕上げには関心を示さなかったようだ．仕上げにはほとんどこだわらず，むしろいくつも鋳造できるトゥンバガ合金の小型の——しばしばぞんざいな——製品を作っている．

黄金に飢えたスペイン人がエル・ドラード伝説を耳にしたのは，このムイスカ族の地であった．伝説を生み出した儀式は，ボゴタ北方のワタビッタ湖で，ムイスカの新しい統治者が即位する際にとり行われたものだった．新しい統治者は洞穴（洞穴はたいてい神聖な場所である）に隔離された後，湖にむかう．燃える松明と香を載せた葦のいかだが湖に浮べられると，かれは，衣服を脱がされ，粘土で全身をおおわれ，その表面に金粉がつけられる．それから，この黄金の男はいかだに乗るが，その前には，黄金とエメラルドを積みあげた供物が置かれる．新しい統治者には，黄金の装身具のみをつけた首長たちが付き添い，その首長たちも高価な供物を持参していた．楽器の音に合わせて，いかだは湖の真中へ漕ぎ出す．そこで，黄金とエメラルドは神に捧げられた．この神は，水・山・大地の神であったと考えられる．かくして，新しい統治者の治世がはじまったのである．

中央コルディエラ山系の斜面に住んだキンバヤの金細工師は，複雑な鋳造で，みごとに磨かれた大型の金製品を苦労して作り出している．キンバヤ族の生み出したぜいたくな品々の中には，コカの儀礼に用いる黄金もしくはトゥンバガ製の，石灰を入れる容器，仮面，投槍器の鈎部，トカゲやワニをかたどったペンダント，槌でたたいた打ち出し細工の兜などがあった．また，独特の土器もこの地方から出土している．

カリマ地方の金細工師は，仮面をつけた人物像をかたどったペンダントや装飾用のピンを鋳造している．ここの黄金作品には，装飾用のピンがほかでは見られないほど頻繁に出土する．それ以外のカリマの黄金製品は，浮き出し模様のある薄板細工で作られた毛抜き，耳飾り，そして光を反射する垂れ飾りの多数ついた胸飾り，冠や鼻飾りなどがある．トリマ様式の黄金細工は，マグダレナ川中流域から出土する．その典型的な鋳造の胸飾りは，角ばった腕と脚をひろげ，時に先が分かれた尾さえももつ抽象化された人像という独特のデザインを有する．

コロンビア南部

コロンビア南西部の高地には，簡素な材料でできた家に住むトウモロコシ栽培農耕民がいた．その家は，河谷を見おろす斜面上のテラスに建てられた．大河マグダレナ川の源流近くに位置し，植物の生い茂った一連の河谷と丘の斜面からなるサンアグスティン地方には，コロンビアで最もすばらしい遺跡群がある．

サンアグスティン地方は，紀元前1千年紀には人々が居住していたが，現在見られる壮大な土木工事は，紀元開始後にはじまる．そのころ新しい民族集団がやってきたようである．

カウカ川上流域のポパヤン地方の黄金細工は例数は多くないが，翼をひろげた鳥のペンダントを独特のスタイルで生み

上 コロンビア
険しい地形と食糧生産に比較的適した環境という取り合わせのために，古代コロンビアの人々は，帝国を形成しようなどとは思いもよらなかったらしい．各集団は，比較的狭い地域に住み，それぞれ独特の芸術様式を生み出したが，広い地域に影響力を有する王国の標識である建築や記念碑的彫刻は，ほとんど生まれていない．一方，南北に走る河谷と海岸沿いの低地では，人々の移動と交易が容易であったので，物資と知識が河谷や岸にそって行き交った．黄金細工の技術と様式は，コロンビアからパナマに伝わり，南方では，エクアドルとの交流が生じている．

南アメリカ

サンアグスティン

サンアグスティンでは,盛り土をした基壇,排水溝,埋葬用マウンド,石棺のある墳墓が約 500 km² の地域にひろがっている.中間領域には,この遺跡ほど豊富に彫刻が見られる所は存在しない.300 以上の像が発見されているが,それは中央アンデス高地の彫刻を思い出させるものである.半神半人のこれらの像は,アンデス芸術で神聖さや超自然性を意味するネコ科動物の犬歯もしくは牙をもっていることが多い.

右 サンアグスティン周辺のおもな遺跡.青々とした丘と河谷が,標高 1800 m のサンアグスティンの町を囲んでいる.付近に,北方の大西洋に流れ出る重要な川——マグダレナ川——の源流がある.この地域の主要な遺跡の一つであるラス・メシータスには,蓋石を載せ垂直に立てられた巨石でできた長方形の部屋がいくつかある.その上には土が盛られており,高さは約 4 m,直径は約 25 m にも達する.おそらく墓室だと思われる.これらの部屋のいずれからも一つまたは二つ以上の彫刻が見つかっている.アルト・デ・ロス・イードロスでは,半円形のマウンドから,石の墓,飼葉桶のような形をした石棺,彫刻が出土している.

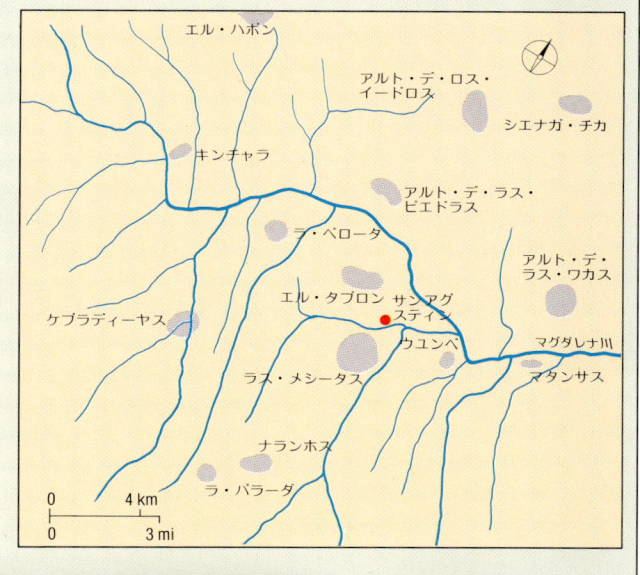

上 サンアグスティン地域内の遺跡から出た石彫.人物像の彫刻は,しばしば小型の戦勝首級や武器や人像をもち,それらは大層小さいので,人間像の超自然性が強調されている.彫刻の中には,本来の場所に置かれているものもあるが,大半は遺跡公園(左)に運ばれた.彫刻をしっかり固定するために作られた大きなほぞが風雨にさらされている.明らかに女性をあらわしている彫刻もある.

出している.北西部において芸術様式が現代の国境を越えてひろがっているように,南部においても同じことがおこっている.黄金製の浮彫り細工で,顔をあらわす抽象的な垂れ飾りと円盤は,コロンビアのナリーニョ地区とエクアドル北部から出土する耳飾りの典型である.ナリーニョとトゥマコの細工師は,エクアドル北部と同様に,金と銅とともに白金と銀も使用している.トゥマコの黄金細工は,コロンビアでは最も古く,紀元前 325 年ごろにさかのぼるものである.

アマゾーニア

アマゾン川は,数多くの支流をもつ複雑な水系の一部である.コロンビア,エクアドル,ペルー,ボリビアの東部地方は皆,ブラジルとベネズエラ東部と同じく,この水系の一部になっている.川沿いの地域の大部分に狭い氾濫原があり,その土壌は,毎年おこる洪水によって肥沃さが維持される.主要な河川から遠く離れた,多くの地域では,焼畑農耕が今日営まれているが,この方法では,土地は連続して 2,3 年しか耕作できない.森林は,大抵密生し,地表から 45 m ほどの高さの天蓋をなして樹冠がひろがり,驚くほど多様な動物・植物種が見られる.森林には,屋根をふく材料,縄,樹皮布,ゴムを供給する木々が生育する.初期の単純な狩猟民社会は,おそらく河川の近くに居住したことであろう.というのは,森林の中の狩猟条件は大してよくないからである.紀元前 5000 年ごろには川沿いの地域に人々が居住していた.

アマゾン盆地は,通例,文化的にアマゾン上流域,アマゾン中流域,アマゾン下流域の三つの地域に分けられる.アマゾン上流域は,源流域から,南側の最大の支流であるマデイラ川との合流点(北側で最大の支流であるネグロ川との合流点より少し下流)までの地域を指す.

アマゾン盆地では,数多くの言語が話されている.これは,多数の民族が流入したことの証拠である.その中には,アラワク語系の言語もある.これは,アンティル諸島のタイノ語と同じ語族に属するものである.アラワク語系の諸民族は,川を下り,アマゾン上流域とオリノコ川流域にひろがったと考えられている(アマゾン川からオリノコ川へはカヌーでいくことができる).かれらは,オリノコ川下流域に住み着き,そこから海岸沿いにひろがり,またトリニダード島とアンティル諸島へ移住した.アラワク語は最もひろい範囲にわたって使用された言語である.アマゾン盆地にはまた,カリブ語を話す人々も居住している.

南アメリカ大陸の熱帯林に住む人々は,くり舟を用いた.アマゾン盆地内の河川は皆,水生動物が豊富であったが,アンデス山脈から流れ下る川は,とくにこれらが豊かであった.最初のヨーロッパ人探険者は,細長い氾濫原沿いに杉の厚板で家を作って住む人々が高い人口密度をもっていたことを報告している.16 世紀なかばのアマゾン盆地の人口として 500 万人という推定がなされている.人々は,寝るためのハンモック,しゅろの葉でできた大きなござ,彩色された木綿の衣服,羽毛の外套,楽器(笛,がらがら,太鼓)を製造していた.そして,投槍器で狩猟し戦い,防御のために盾を使い,頭蓋骨を変形し,意匠をこらした墳墓を作り副葬品を添えた.初期のスペイン人は,かれらの土器をたいそう賛美している.

これらの住民は,マニオクなどの作物を栽培し,また河川の資源を利用した.食用とするため,そして甲羅から斧や手斧を作るためにカメを囲いに飼っていた.マナティーの肉も食用に供された.魚は,銛打ち器で岸辺からあるいはカヌーから捕った.現在では,各地で弓矢やクラレ毒を塗った吹き

南アメリカの冶金術

　新大陸における最古の冶金術の証拠は，紀元前1500年以前にさかのぼる．それは，ペルー南高地の墓に埋葬された男の両手に握られていた加工した薄い金箔の破片である．そばには，道具を作るための用具一式と思われるものが置かれていた．現存する最古の優美な黄金細工は，チャビン様式のもので，紀元前800年ころにさかのぼる．それにつづく数世紀のあいだに，冶金術は徐々にひろまり，紀元前1千年紀のおわりには，南方はアルゼンチンの北西部にまで，北方はコロンビアにまで普及し，紀元後数百年のうちに中央アメリカに達した．

　冶金の技術やそれをどの程度重視するかは，地域により異なるが，細工は，どこでも似通っている．最上質の製品の多くはペルー北海岸のモチーカの細工師の手になるもので，時代は紀元後数世紀である．モチーカの細工師は，確かに最も洗練され，また経験を積んだ職人であったといえる．

　スペイン人征服者が黄金製品を求めて先コロンブス期の墳墓を「盗掘」し，略奪を行って黄金細工を大量に溶解し，スペイン本国に送ったにもかかわらず，黄金製品は，先コロンブス期の金属製品の中で最も豊富でしかもすばらしいものとして残っている．だが，光り輝くものすべてが純金ではない．光りきらめく品は，表面はすべて金であるが，普通，合金でできていた．銀の細工もあり，銅も簡単な製品を作るのにひろく使われ，また銀と銅の合金もあった．

　金の鉱床は，高地にある沖積土の豊富な河川に存在し，石英の鉱脈も時に金を得るために採掘された．鉱石は，もち運びができる炉とるつぼを用いて吹管を使って溶解した．最古の技術では，金属は，かなとこのような円筒形の石の台の上で金属製または隕鉄製の道具でたたいて薄板にされ，それから細工されている．鋳造は，後から発達した技術で，中央アメリカとコロンビア北部では，主要な方法になったが，中央アンデス，エクアドル，コロンビア南部では，引きつづき板金細工が好まれた．時には二つの方法が一緒に用いられた．一つの製品を作るのにいろいろな金属を使うさまざまな方法が開発されるにつれ，冶金術は，次第に複雑で洗練されたものになっていった．

　道具や武器も製造されたが，金属は主として，超自然的な力を，そしてこの力と同じものと見なされた統治者の地位を象徴する品々を作るのに使われた．神話上の生き物やモチーフがしばしば描写された——それは，人間と自然の力とのあいだの仲介者である．黄金は，重要な交易品目で，ある地域に特有な様式をもった金属製品が製作地から遠く離れた場所で見つかっている．だが，黄金自体は，ほとんど市場価値をもたず，価値が置かれたのは，生命を与えるというその細工の仕方の方であった．金の象徴的意味合いは，通常，太陽とかかわりがあるとされ，そこから生命や農業生産とつながりがあると思われていた．金属の輝きは天体の光ににていることが重要であった．スペイン人の植民地時代初期の記録には，インカの人々は金を「太陽の汗」，銀を「月の涙」と考えていたと書かれている．

　冶金術，とくに青銅細工は，インカの庇護のもとに著しく洗練されたものになった．インカ時代以前にも金属は，さまざまに組み合わされて用いられていたが，象眼の技術は，スペイン人による征服の直前に発展したものである．高さ12.5 cm，青銅製儀仗頭（上）は，鳥の形をし，その羽毛は，銅と銀を象眼した縞模様であらわされている．このような儀仗頭は，いろいろな動物の形をとる．この鳥は，ペリカンの仲間で，おそらくウマまたはヘビウであろう．魚を食べているように見える．一般的に，海鳥は，コンドルやオオワシと同様に，アンデス地方の図像表現において重要であった．

　アンデスの黄金細工の複雑さは，印象的であるといえる．豪華な細工のほどこされた柄をもつナイフ（トゥミ）は，ペルー北海岸のシカン文化のものである（上）．この柄は，天空の神もしくは月の神をあらわしており，顔は打ち出し細工で作られ半円形の頭飾りからはハチドリがぶらさがっている．この神像には，ビーズと細線細工が加えられ，さらに象眼がほどこされ顔料が塗られている．ナイフ形装飾は，先コロンブス期の多くの芸術形式に採り入れられている．最上質の黄金細工のいくつかは，コロンビア北東部のタイロナ文化に由来するものである．人間の形をしたペンダント（右）——高さ13 cm——には，2羽の鳥の全身像，横から見た動物，そして渦巻の植物模様のある込み入った頭飾りが見られる．複雑な仮面は，木葉形の鼻をしたコウモリをあらわしている．垂れ飾りと突起は，失蝋法による型入れの後につけ加えられている．

南アメリカの治金術

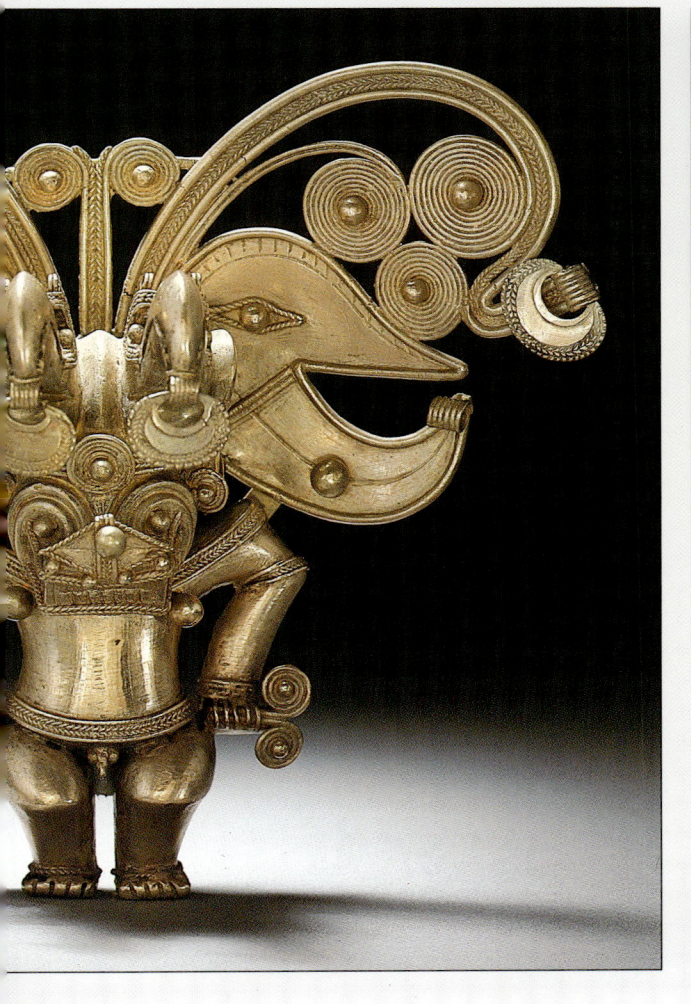

ペルー北海岸のランバイェケ河谷では、幅が広く比較的平らな仮面が墳墓から見つかっているが、一つは被葬者に直接つけられ、そのほかにいくつか遺体の包みの上に載せられていた。顔料の塗られたこの仮面（上）は、幅が50cm、1枚の黄金の板でてき、顔は浮き出し細工で作られ、垂れ飾りが針金で取りつけられている。目の部分の針金にも宝石がつけられていたであろう。この仮面は、おそらくシカン文化の主神をあらわしていると思われ、その神の顔は、各種の黄金製品——たとえば、p.168のナイフや槌でたたいた黄金製で、やはり墳墓に数多く添えられたコップ——だけでなく、土器にもあらわされている。幅広い顔と涙滴形の目は、シカン様式固有の特徴である。

金を鋳造して作った様式化したペンダントは、コロンビア南部のトリマ文化に典型的な作品で手足を広げた人物をあらわしている（左）。角張った腕と脚は、対称的、幾何学的で平たいデザインになっている。さらに、錨の形をした尾と浮き出し細工の四角い顔がついている。先コロンブス期の多くの黄金製装身具と同じく、この作品の裏側にも吊り下げるための輪がある。

169

南アメリカ

矢が狩猟に使われている．多くの昆虫も食されるし，森林棲の蜜蜂の蜜は，大切な食べ物である．

どの村にも首長がいた．神という意味の名前もしくは称号をもった首長がいたことが，少なくとも1例知られている．植民地時代初期の探険者の記録によると，その首長は，川沿いの遠い地方でも大いに尊敬されていた．首長は，疑いもなく，川の水の増減に応じて播種と収穫を注意深く計画しなければならないという現実を利用して，その地位に重みをつけたことであろう．天候と農業の神々も重要であった．それは，川が通常の範囲を越えて増水するかも知れないし，逆に畑を十分に肥やすだけの増水が得られない場合もあるからである．神々に対しては，その意思を聴き，そして尊敬しなければならなかった．アマゾンの森林では，アンデス地方の戦勝首級崇拝が，時に首級縮小と食人風習という形をとってあら

下　エクアドル東部の青々と繁った森林では，川が雲のようなしぶきをあげて山腹を流れ下る．この地方は，植物が密生し，年間降雨量は3000 mm以上に達する．キホス川は，このように高さ145 mもある壮大な滝となってコカ川と合流している．コカ川は，アマゾン川の重要な支流であるナポ川に流れ出る川である．この地域からは，

統合期に属する先コロンブス期の製品の遺物が出土している．また，原住民のインディオが現在もなお居住している．

われている．

オリノコ川中流域からは，年代が紀元前3600年の土器が出土している．アマゾン川河口では近年，前3100年ごろまで確実に年代のさかのぼる土器が発見され，それに類似した土器が，アマゾン盆地内のいくつかの地点で見つかっている．アマゾン下流域地方には，河口にある，もっと時代の新しいマラジョー島の遺跡がある．ここでは，100を超えるマウンド——住居，土台，墳墓——が発見されている．

アマゾン上流域

アマゾン上流域は，長期にわたり他の地方の高文化と交流があったので，最も関心が寄せられる地域になっている．ここでは，熱帯林文化が発達した．それは，河川の資源の利用と根栽農耕——中でもビター・マニオクの栽培——に依存した文化である．マニオクの加工に関係のある土製品，すなわち焙烙，薪をのせる台，酒の醸造用の瓶が考古学者により発見されている（植物性遺物は残っていない）．マニオク栽培は，前7000—5000年にすでにはじまっていたと思われる．それ以外の根茎類（すなわち根茎類と塊茎類）として，サツマイモ，新大陸ヤムイモ，クズウコン，ヒカマ，クサントソマがある．ラッカセイもおそらくこの地方で最初に栽培されたであろう．根茎類ではない他の作物には，ブラジル・ナッツ，各種のトウガラシ，マメ，ヤシ，果樹があった．タバコもここではじめて作られたと考えられる．アチラも染料として使うために育てられ，またワタとヒョウタンも重要な作物であった．

紀元前2000年ころにさかのぼる土器が，トゥティシュカイニョなどの遺跡で出土しているが，それは，とても土器製作のはじまりのものとは思えない．前期のトゥティシュカイニョの土器は，もっと昔の土器のかけらを粉々にして粘土に混ぜて作られている．土器と石斧（これは，農耕のために畑を切りひらいたことを意味する）が，アマゾン上流域から出る数少ない遺物である．ただし，多くの製品が木材で作られていたことであろう．アマゾン上流域文化は，西方の文化ほど高いレベルに達しなかったが，その文化に見られるモチーフの多くは高文化のものと同じで，中には，アマゾン上流域の森林において生まれたものもあったにちがいない．

エクアドル：アメリカ大陸の十字路

エクアドルが考古学者の心をとらえてやまないのには，多くの理由がある．まず，さまざまの文化発展の段階できわだって先駆的な役割を果たしたことがあげられる．サンタエレーナ半島のラス・ベガス文化は，およそ前10000—前6600年にさかのぼるし，高地でもキート市近郊のエル・インガ遺跡は，約前9000—前8000年という古さである．また，エクアドルは，新大陸最古の土器や織物，金属細工を生み出した．ことに土製品を作るための型の使用が，ほかのどの地域よりも早いように見える．さらに，エクアドルは，太平洋を北上する海流と南下する海流が出会う場所でもあり，山間の谷によって北へ東へと連絡するという意味で，文字通り交差点となっている．また，太平洋岸沿いは，実際の交通路でもある．自然の交差点エクアドルは，こうして民族の交差点でもあった．考古学的には，エクアドル北部の文化は，コロンビア南部と同じ文化に属する．たとえば，エクアドルのカルチ文化とコロンビアのナリーニョ文化とのあいだには，にたような特徴が見られる．高坏型土器や椅子にすわってコカをかむ男をかたどった土器などである．コロンビア南部のトゥマコ文化は，エクアドルのラ・トリッタ文化とほとんど同じといっ

てもよい．一方で，エクアドルの文化は，南に隣接する文化とも関連をもつ．ラ・トリッタ文化の金属細工は，ペルーの最北部のものととてもよくにている．また，ペルーの神話では，創造神ビラコチャが，エクアドル中央海岸のマンタで海のかなたへ消えていったと語られている．このような周辺との関係だけではなく，その他，遠い地方とも何かと関連があった．たとえば，チョレーラ文化（前1200—前300年）は，広範囲にわたる影響を与えた一つの例である．

非常に興味をそそられるのは，エクアドルとメソアメリカの関連の可能性である．両地域には数多くの類似した遺物や文化特徴が見られる．たとえば，衣服の形，円筒状の墓，土盛りをして作った畑，銅斧，靴型壺などである．かつてはバルサ材のいかだが太平洋岸の航海に使われていたと考えられる．しかし，仮にこの航海によって交易が行われていたならば，一方通行であったとは思われない．ところが，メソアメリカに見られるエクアドル的特徴の方が，その反対よりもきわだっているように見えるのである．

エクアドルの交易で中心的役割を担ったのは，スポンディルスだったのかもしれない．これは，エクアドル海岸で見られる二枚貝であり，その需要は広範囲にわたっていた．早くもバルディビア期（前3000—前1500年）には，交換のために内陸部に運ばれたようだ．またスポンディルスはペルーの文化発展の初期にあたるチャビン文化の石彫や土器にも表現されている．後の時代になると，これはさらに重要性を増す．ペルー北部ランバイェケ谷に栄えたシカンの伝説上の王は，スポンディルスの上だけを歩いたといわれ，シカンの墓からは，この貝で飾られたマントも見つかっている．ペルー北海岸後期のチムー芸術のなかでも，スポンディルスは超自然的存在とともに描かれている．また，植民地時代初期のスペイン人の記録は，貝殻が神々の食物であったと伝えている．まるのまま，あるいは粉にして，また，そのまま，あるいは火を通して捧げられたという．長いあいだ需要が高かったことから，エクアドル海岸では，スポンディルスは採りつくされてしまった可能性がある．しかし，同じ属の貝は，メキシコのバハ・カリフォルニアまでひろがっているので，この貝の採取に従事していた古代のダイバーは（スポンディルスは18—50mもぐらないと採れない），エクアドル海岸での「乱獲」の後，北方へ採りに出かけていったかもしれない．

初期の文化

エクアドルで考古学的に最もよくわかっているのは，海岸部である．今日，この地方は藪の茂る半乾燥地だが，植民地時代初期のスペイン人の記録によると，かつては木々におおわれていたというから，乾燥化はここ数世紀のあいだに進んだことは明らかだ．それでもまだ小さな森は点在し，中には青々と生い茂っているのもある．しかし，ほとんどの場合，過去の森の名残りといえるのは，パンヤの木ぐらいなもので，この木は内陸の藪の中でひときわ目立つ存在である．

グァヤキル湾の北，サンタエレーナ半島には，先土器時代のラス・ベガス遺跡があり，ここで貝塚と草葺き家屋用の柱が見つかった．また，ここでは，前6600年より前にトウモロコシやヒョウタンを栽培していたという証拠さえ認められている．陸生哺乳類の狩猟から海産資源へと重点が移り，やがて植物栽培の開始という生業の変化が認められるのは，ほかの場所と同じである．サンタエレーナ半島の北方の海岸にあるバルディビアや，それよりも後の時代に属する形成期遺跡から，織物，抽象的な表現をもった小型の石偶，土偶，土製の椀や広口壺が出土している．土器は単純なつくりで，装飾技法も限られたものであった．初期の共同体は，入り江や港

南アメリカ

湾曲した浜辺といった海岸近くに作られる傾向があった．そのような遺跡の背後は，なだらかな斜面となっており，農業を行うことができた．サンタエレーナ半島のバルディビア関連遺跡であるレアル・アルトでは，トウモロコシの珪酸体が確認され，これが含まれる土層には前2450年ごろの年代があてられている．バルディビア地域で貝塚がまれなのは，食料源として，海産物よりもトウモロコシやほかの農産物が重要であった可能性を示唆しているし，最近の内陸バルディビア遺跡の研究は，この見方を裏づけている．

バルディビアは，日本から渡来した舟によって，この地に土器やほかの文化要素がもち込まれたという説で話題となった．しかし，バルディビア河谷を上ったところにあるロマ・アルタ，コロンビアのプエルト・オルミーガやモンスー，さらにアマゾン盆地などいたるところに，同時期，あるいはもっと古い土器が存在することから，この論議はうまくいかなくなっている．また，バルディビア地域で非常に古い先土器社会が存在していたことは，むしろ，その中から土器をともなう社会が自生的に発展したことを示している．

今日では，サンタエレーナ半島の諸遺跡やバルディビア文化の諸遺跡は，漁村の下に埋もれてしまっている．昔は，そのあたりで，漁労，採集，狩猟が行われたし，農業も可能だったのだろう．古代の海岸の干潟は，マングローブにとり囲まれ，そこで海産物を採取することができた．今では，マングローブは姿を消してしまっているが，塩の採取作業は，まだ海辺沿いで見られる．当時，塩は調味料としてばかりでなく，魚を保存するのにも使われたのであろう．バルサ（オクロマ種）は，ところどころで育ち，ほかの木々（たとえばパンヤの木）と同様に，いかだ材として使われたと考えられる．

形成期のおわりごろ，チョレーラ文化が，それ以前の文化よりもはるかに広い地域に拡大していった．チョレーラ文化の標準遺跡は，グァヤキルから川をさかのぼった内陸にある．人々は，トウモロコシやマニオクを育てるために，海から離れた場所に耕地を求めたのである．しかし，チョレーラ様式の遺物は，それ以前の文化が栄えていた海岸の一部や，さらにずっと北のエスメラルダス州でも発見されている．洗練されたチョレーラの土器には新しい器形がいくつか見られる．たとえば，橋型注口壺であり，この器形は，その後の諸文化にも受けつがれていった．

後期

前500―後500年の地方発展期には，海岸，山，そしてアマゾン地帯で，数多くの地方様式が生み出された．とくにこれが顕著なのは，海岸の文化であった．北からあげると，ラ・トリッタ，ハマ・コアケ，バイーア，ワンガラ，グァヤキル，ハンベリーなどである．このうち北の文化では，同じころ金属器が登場する．おもに金細工であるが，銅やプラチナ製品もあった．また，焼きものについては，数多くの新しい器形がこの時期に出現する．たとえば，多脚の器，空胴部に土粒などを入れて揺らすとがらがらと音のする高坏や枕があげられる．

カラーケス湾の北，ラ・プラタ島で見つかったバイーア文化は，社会的にも，政治的にも，高度な発達をとげていたように見える．方形のプラットフォームのマウンドがあり，壁面は自然の石でおおわれ，スロープや階段をもつものもあった．ラ・プラタ島は聖域であったようだ――こうした建築はあっても，住居の跡らしきものが何もないからである．北のハマ・コアケやラ・トリッタも，高度の文化を発展させていた．とくにラ・トリッタの芸術家たちは，新大陸で最もみごとな金属細工を作り出したことで有名である．

500―1535年の統合期には，エクアドル西部で，マンテーニョとミラグロ＝ケベードの文化が栄えた．これらの文化は，それ以前の様式よりもさらに広い範囲に分布した．このほか，東部にも独特の文化が数多く存在していた．

マンテーニョ，あるいはマンテーニョ＝ワンカビルカとよばれる文化は，海岸から内陸はグァヤス川に至るエクアドルの中央部を占めていた．この社会の人々は農民であったが，同時に航海者でもあった．トウモロコシ，スイート・マニオク，マメ，ジャガイモ，トウガラシやほかの食物を栽培し，テンジクネズミ（現地で「クイ」と呼ぶ）やアヒルを飼育していたが，綿製の帆を備えた大きないかだで海に出かけることもあったのである．建築にも石材を用い，独特の石彫を生み出した．またマンテーニョの工芸職人も，精巧な金，銀，銅の製品をつくりあげている．

ミラグロ＝ケベード文化は，ペルーとの国境から，グァヤキル湾，さらにグァヤス川の東側をへて，ほとんどコロンビアとの国境にまで達する，北東方向に斜めにひろがった地域で認められている．これは，先インカ期のエクアドルで，最も広範囲にわたり分布した文化である．またこの文化は，みごとな金属細工と，埋葬用甕を積み重ねた円筒形墳墓で有名

地方発展期のエクアドル海岸に栄えたラ・トリッタ文化は，魅力的で，みごとな工芸品を生み出した．金製の仮面，あるいは人形の頭（左端）の目には象眼がほどこされ，これとは別に作られた鼻飾りと耳飾りが付けられている．にたような様式の金製品は，ペルーの最北部でも見られる．奇怪な神をあらわした土偶は，口にネコ科動物の牙を生やしている（左）．顔の半分は――あるいは，そこをおおっているのは――，とぐろを巻いたヘビである．左右別々の顔――半分はある動物，もう半分は別の動物――は，先コロンブス期の芸術において，かなり頻繁にあらわれる．また，この像は，蛇の頭の首飾りを付けている．

上　家の模型．地方発展期でよく見られる形である．神聖な家か，宇宙全体のモデルをあらわしているのであろう．

下　マンテーニョ文化で重要な彫刻は，石の椅子，あるいは玉座であり，時にはジャガー，また時には，身をかがめた人間が座部を支えている．人間の顔がどくろになっているのもある．「天の帯」がU字形の部分に彫られる例も見られる．この椅子は，中央アメリカ南部などで見られるメタテの玉座の形と関係するかもしれない．

右　バイーア文化の人々によって作られた土偶の人像であり，時に非常に大きなものもある．バイーア文化は，地方発展期に，エクアドル海岸の現在のマンタ市付近で興った文化である．これらの像の中には，型入れ製法のものもあれば，手づくねのものもあった．男女双方の像が見られる．顔とヘルメット状の頭飾りが，非常に特徴的である．この像は，耳飾りと鼻中隔にはさむ鼻飾りを付けている．これらは，アンデス全域で，重要人物の装飾要素として使われた．大きな像が小さな像を抱くのは，アンデス共通のテーマである．しばしば「母と子」と記されるが，実は犠牲に供される子供であったのかもしれない．というのも，しばしば子供は，とくに価値のある生贄と考えられたからである．ペルーの北海岸でも，土偶の人像が，彫像，あるいは人物象形壺を手にもつ例が見られる．

南アメリカ

である．

　高地エクアドルでは，後期の諸様式の遺物が出土する層位の上に，1463年ごろにはじまるインカ帝国の侵入を物語る遺物が，かなり豊富に見い出される．インカ帝国最北の拠点であったエクアドルで見つかる数多くの工芸品は，土着の伝統に影響されて変容しているとはいえ，形態やモチーフはペルー的である．しかし，インカは，エクアドルの海岸部を帝国に併合することがとうとうできなかった．そこには，インカ様式の工芸品はほとんど見られない．

　先インカ期のエクアドルには，見ばえのする大建築はないが，土木工事や石造の建物や石壁の痕跡が，しばしば村落遺跡近くの丘や山の頂上部で見つかっている．こうした活動の中には，かれらの世界観に基づいて自然の姿を改変しようとしたのだと考えられるものもある．スペイン人がはじめて接触した当時，夏至や冬至の儀礼を行っていたという記録があり，ある種の列状構造物は，この種の観念がそれ以前から存在していたことを示している．植民地時代初期のスペイン人の年代記記録者であるシエサ・デ・レオンは，マナビー海岸の住民が，「供犠や宗教儀礼に熱中していた」と記している．このほか，さまざまな資料から，空や火山や山々に対する崇拝のあったことがわかる．古代のエクアドル人は，隣接するペルーの人々と同様に，自然のいろいろな局面に，「ワカ」，すなわち神聖さを感得し，みずからの世界をそれと調和するようにかえていったのである．

　エクアドルの遺跡には，さまざまな文化が，長期にわたって連続して見られるものが多い．単一の遺跡が，すべての期間にわたり，連続して使用されることはなかったかもしれないが，一般に海岸部は，少なくとも1万2千年ものあいだ，利用されつづけてきた．

中央アンデス：文明のはじまり

　アンデスの最初の住民は狩猟民であったが，しだいに漁労や農耕が，狩猟より重要になっていった．前4千年紀なかばから前3千年紀なかばにさかのぼる夏期の漁労キャンプが，チルカやアンコンなどのペルー海岸で見つかっている．そのあいだに，本格的な定住がすでにはじまっており，前2500年ごろまでには，海岸でも，高地でも，恒久的建造物をもつ村落が成立し，生活様式もいっそう複雑になり，漁民は農民と食料を交換するようになった．

　ほぼこの時期にさかのぼる先土器時代の遺跡で，記念碑的建造物をもつものは，北部から中部の高地，北海岸南部や中央海岸——北はモチェ谷から南はマラ谷——に数多く見られる．南海岸にも初期の遺跡はあるが，明瞭な遺構はない．この時期の遺跡には，カイェホン・デ・ワイラスのワリコト，タブラチャカ川の近くのラ・ガルガーダ，ロス・モルテーロスなどがある．初期の建築は，比較的小さいのがふつうだが，前2千年紀のはじめまでに巨大なものもでてきた．アスペロは，前2000年ごろまでに巨大な先土器時代のセンターになっていた．ここには，調査の行われた七つのマウンドのほか，六つの遺構がある．最古の建築物は前2600年ごろ，後期のものは前2300—前1900年ごろに成立している．この定住社会の発展の時期の遺跡は，かなり多く知られている．たとえば，チカマ谷とナスカ谷のあいだには，前2000年以前の遺跡が30を数える．

　前2000年ごろに，中央海岸の各地にひろく見られた建築活動は，石造建築複合を特徴とし，少なくとも一つのプラットフォームと半地下式広場，あるいは窪地を一つ——しばしば

南アメリカ

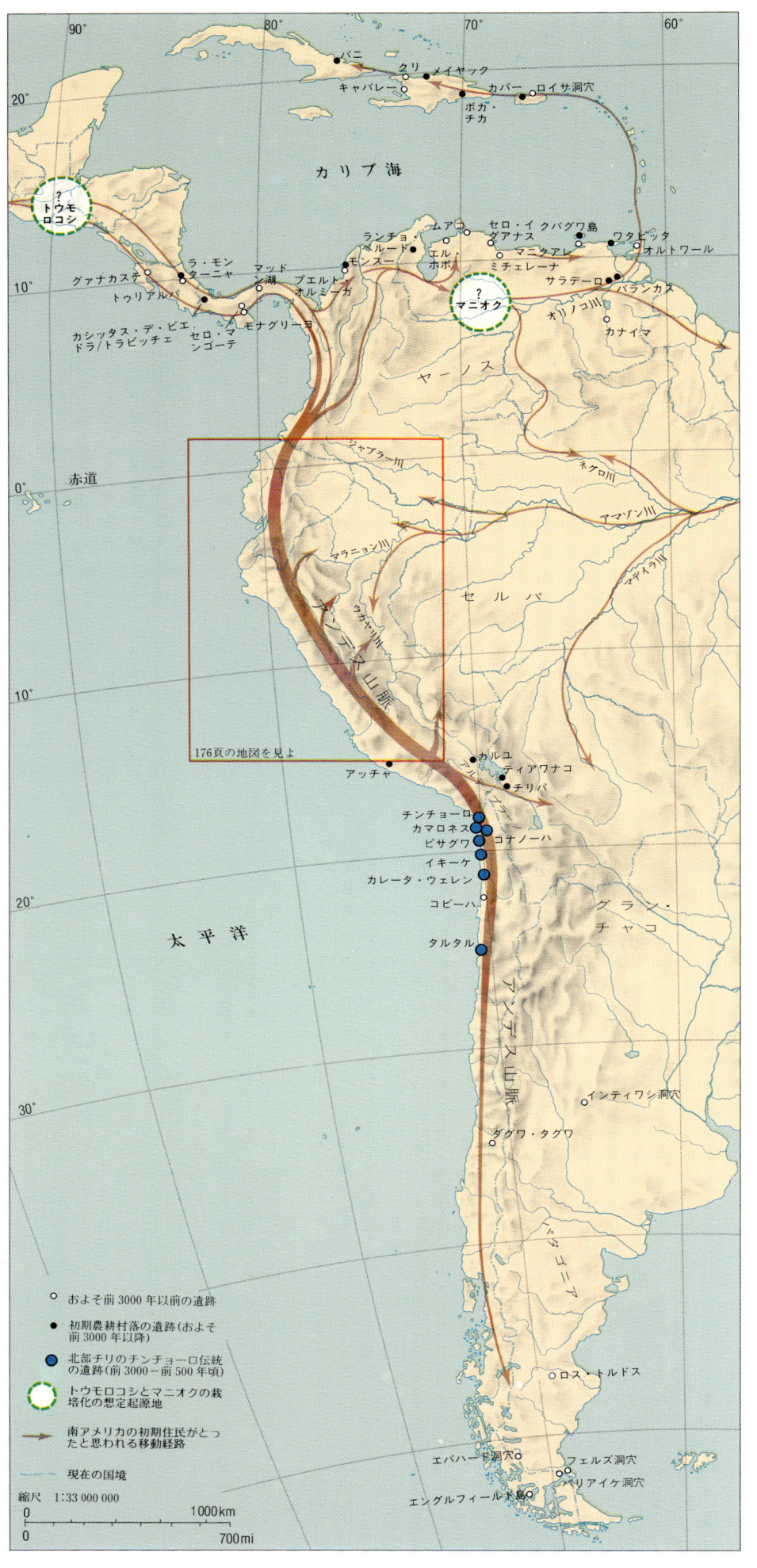

左 南アメリカの初期の遺跡

初期の人類は，ベーリング陸橋からアメリカへ渡り，食糧を求めてアメリカ大陸を南へ，東へと進んでいった。南アメリカの住民は，もともと，北アメリカから狭いパナマ地峡を通って南下してきた人々である。小舟が使われることも多少あったかもしれない。後になると，アンティル諸島，南アメリカの海岸，アマゾンなどで舟が用いられているからである。遠くティエラ・デル・フエゴまでたどり着いた集団もあった。また，南アメリカ大陸の海岸部から内陸に入っていった人々もいた。アマゾン盆地では，数多くの可航河川が交錯しており，こうした移住に便利だった。

これまでに発見された最も古い土器は，南アメリカ北部のさまざまな場所から出土している。考古学の発掘調査が，より広く，より深く行われ，考古学の技術が洗練されていくにつれて，新大陸の初期の人類の年代は，ますます古くなってきている。人々は移動し，最終的に食糧のある場所に定住するようになった。川と湖は，交通路ばかりでなく，食糧の源でもあった。

アンデス高地は，比較的単純な文化をもつ人々には，住みにくい環境のように思われる。雪におおわれた峰々をいただく険しい峡谷の夜は寒い。しかし，何千年ものあいだ，人々はこれらの環境を利用してきた。前1万年ごろの遺物が，数多くの洞窟で見つかっているのである。初期の狩猟採集民の遺跡は，高原台地で続々と発見されており，なかでも湖岸周辺は，狩猟に適した場所であった。魚，水鳥，シカ，ラ

クダ科動物などが捕れるからである．初期の人々にとって，ビクーニャは，重要な食用動物であったようだ．また，グァナコも，当時はこの高地に生息していた．標高約 4000 m のティティカカ湖周辺（上）からは，非常に古い文化遺物が出土している．

円形状のもの——もっていた．高地の古い遺跡も，円形半地下式広場をもち，この特徴は前 2 千年紀へとつづいていった．北海岸のラス・アルダス遺跡に見られる広場も，円形半地下式広場の一例である．

前 2 千年紀のあいだ，海岸では石造の U 字形建築複合がつくられ，チヨン川の河口にあるエル・パライソ（チュキタンタ）のように，広場，あるいは中庭の三方にマウンドが配置された．この遺跡は，前 1600 年ごろにさかのぼり，これまで南米で知られている先土器時代の記念碑的建築複合のうちで最大である．ここには，おもに切石で造られたマウンドが少なくとも六つある．切石は粘土で固定され，さらに，その上に泥を上塗りして仕上げられている．そのうちでも大きな二つのマウンドの長さは 300 m 以上ある．これがたがいに平行にならび，一端にある神殿建築とともに広場を囲んでいる．

この神殿建築の内部には，たくさんの部屋がある．

U 字形複合の開口部は，一般に北東，つまり山や河川の源流部にむいている．そして U の字の基部にあたる中心的プラットフォームが，この開口部の方をむいている．この U 字形複合と半地下式広場は，同じ遺跡に共存することはふつうないが，たとえばセチン・アルトのように，両方の特徴をもつ遺跡もある．

これらの遺跡の中心的な建築は，宗教的性格をもっている．山の頂きにむけて建てられ，また内部空間が狭く，神聖さをもっているからである．しかも，これらのマウンドは，しばしば祖先を埋葬した墓の上に築かれた．またアスペロなどの遺跡では，奉納物をしまう穴が見つかっている．彫刻をほどこした建築をもつ遺跡は少なく，海岸地方では，わずかにセロ・セチン，カバヨ・ムエルトのワカ・デ・ロス・レイエス，

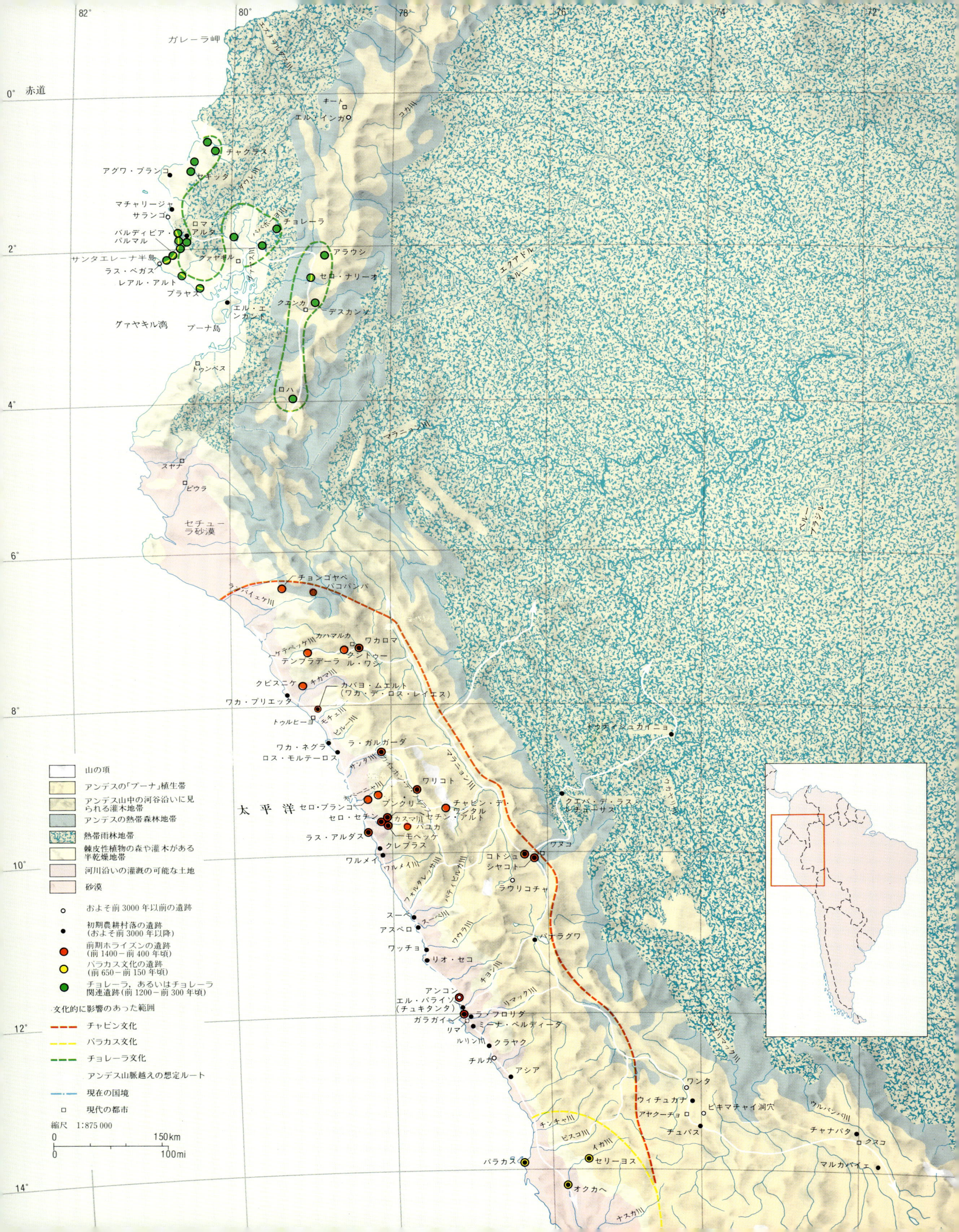

82°
80°
78°
76°
74°
72°
0°
赤道
2°
4°
6°
8°
10°
12°
14°
ガレーラ岬
キート
エル・インガ
チャクラス
アグワ・ブランコ
セキッタ
マチャリージャ
サランゴ
チョレーラ
ロマ・アルタ
バルディビア・パルマル
サンタエレーナ半島
ラス・ベガス
レアル・アルト
プラヤス
グァヤキル
アラウシ
セロ・ナリーオ
クエンカ
デスカンソ
エル・エンカント
グァヤキル湾
プーナ島
トゥンベス
ロハ
スヤナ
ピウラ
セチューラ砂漠
エクアドル
ペルー
ペルー
ブラジル
マラニョン川
チョンゴヤペ
パコパンパ
ワカロマ
クントゥール・ワシ
テンブラデーラ
カハマルカ
クピスニケ
カバヨ・ムエルト
(ワカ・デ・ロス・レイエス)
ワカ・プリエッタ
トゥルヒーヨ
ワカ・ネグラ
ロス・モルテーロス
ラ・ガルガーダ
ワリコト
太平洋
セロ・ブランコ
セロ・セチン
プンクリ
チャビン・デ・ワンタル
セチン・アルト
ハユカ
モヘッケ
ラス・アルダス
クレブラス
ワルメイ
コトシュ
シャヤコト
ワヌコ
ラウリコチャ
トゥティシュカイニョ
クエバ・デ・ラス・レチューサス
スーペ
アスペロ
ワッチョ
リオ・セコ
パチャラグワ
アンコン
エル・パライソ
(チュキタンタ)
ラ・フロリダ
ガラガイ
リマ
ミーナ・ペルディーダ
クラヤク
チルカ
アシア
ワンタ
ウィチュカナ
アヤクーチョ
ピキマチャイ洞穴
チュパス
チャナパタ
クスコ
マルカバイェ
パラカス
セリーヨス
オクカヘ
ナスカ川
イカ川
ピスコ川
チンチャ川
山の頂
アンデスの「プーナ」植生帯
アンデス山中の河谷沿いに見られる灌木地帯
アンデスの熱帯森林地帯
熱帯雨林地帯
棘皮性植物の森や灌木がある半乾燥地帯
河川沿いの灌漑の可能な土地
砂漠
およそ前 3000 年以前の遺跡
初期農耕村落の遺跡
(およそ前 3000 年以降)
前期ホライズンの遺跡
(前 1400－前 400 年頃)
パラカス文化の遺跡
(前 650－前 150 年頃)
チョレーラ、あるいはチョレーラ関連遺跡(前 1200－前 300 年頃)
文化的に影響のあった範囲
チャビン文化
パラカス文化
チョレーラ文化
アンデス山脈越えの想定ルート
現在の国境
現代の都市
縮尺 1:875 000
0
150km
0
100mi

北海岸のワカ・ブリエタからは，ワタなどの繊維でできた前3千年紀の織物が何千点も出土している．図（上）は，それらのデザインの一つである．海岸からモチェ谷を17kmさかのぼった所に，八つのワカより構成されるカバヨ・ムエルト遺跡がある．ワカ・デ・ロス・レイエスは，このうち最も大きなU字形複合（右）につけられた名称である．この建築の年代は，前1300年ごろにまでさかのぼり，石の芯部を泥土でおおった，39の浮彫りによって装飾されている．それらの図像表現は，チャビン・デ・ワンタルのものと非常によくにているが，チャビン自体が繁栄する以前に作られたものである．

左 中央アンデスの初期の文化
人々は定住するようになると，海岸線，河谷，湖の食糧源を利用するばかりでなく，土地を耕し，物資を交換するようになった．中央アンデスのさまざまな環境のあいだで，交渉がもたれるようになったのである．土器や他の工芸品の製作もはじまった．これらは，移動性の高かった祖先の時代には邪魔になって使えないものであった．文明の発展は，十分な食糧，より多くの「消費財」をもたらし，そして厳しい労働を認めていたにちがいない．神聖な場所の観念が建築に表現され，数々の大規模な祭祀センターが建設されたのは，前期ホライズンにおいてであった．

ガラガイがあげられる．高地での唯一の例は，コトシュ遺跡の最古の建築であり，神殿の内壁に，交叉した手（おそらく宇宙論的象徴）のレリーフが見られる．

先土器時代の高地の遺跡の多くに顕著な特徴として，儀礼用の炉があげられる．火が儀式の中心になっていたことは，疑いようがない．前2800年ごろに成立したカイェホン・デ・ワイラスのワリコトの祭祀センターには，2千年のあいだに作られた13の儀礼用の炉が見つかっている．他にも炉をもつ遺跡がある．それぞれの場所は，それほど遠く離れているわけではないし，ワリコトからも近い．コトシュやその近くのシヤコト，ラ・ガルガーダとカハマルカ市近郊のワカロマなどである．山岳地帯では，このような炉の信仰が，広範囲にひろまっていたように見える．炉からは，火にくべられた海の貝や水晶，肉，植物，とりわけトウガラシなどの供物が出土している．トウガラシを燃やして涙を出す行為は，類感呪術による雨乞いの儀礼の一部であったのかもしれない．

相互作用

この時期の遺跡の数，規模，それから暗示される社会の成層化などは，社会組織の発達，首長制社会の成立，集団，ないしは共同労働や宗教的儀式の発達，経済活動の拡大，ほかの集団との交互作用——一言でいって文明にむかう大きなうねりといえよう——をはっきりと示している．遺跡の中には，たとえばカバヨ・ムエルトやラ・フロリダのように，建設のためにかなりの労働力が投入されたものもあり，こうした状況は，集団間の相互の交渉が増大してきたことを示している．

カバヨ・ムエルトはモチェ谷にある．モチェ谷は，後の時代になると，首長制社会，あるいは国家を形成したモチーカの中心地となり，そのあとのチムー王国も中心をここに置いていた．現在のリマ市周辺には，かなり大きな初期の遺跡が集中している．そこには，海岸沿いの交通路とともに，リマック谷をさかのぼって，山地へ通じる道もあった．また，カスマ谷，フォルタレッサ谷，サンタ谷は，カイェホン・デ・ワイラスへ通じ，そこからはアンデス山脈を越えてアマゾンにおりることができる．これらの谷では，いずれも初期の遺跡が見られるのである．

このような祭祀センターは，農民と漁民のあいだの交換の場所，あるいは中継地でもあった．ほとんどのセンターは，このような商業活動の上に成り立っていたのであろう．

ラス・アルダスは，カスマ谷の南の海岸の砂漠地帯に位置する．おそらく，魚や海産物を，谷間で栽培された食物やワタと交換することで成立していたのであろう．発掘による証拠から，前3千年紀の末までに，海岸と山のあいだで，長距離交易が成立していたことがわかっている．カタクチイワシの魚粉は，重要な交易品であったと思われる．また，高地の遺跡では海の貝が見つかっているし，海岸では高地の塊茎類，さらにはアマゾンの鳥の羽毛さえ発見されている．

初期農耕

ワタでつくった漁網や織物は，チルカやアンコンなどの初期の漁労キャンプで見つかっている．細ひも，網，織物の原料となるワタの栽培は，少なくとも前3500年までに開始され，海岸の谷間やラ・ガルガーダのような高地でも主要な農作物となっていたようだ．織機は，前2000年ごろに使われるようになったかもしれない．ヒョウタンは，少なくとも前4千年紀までには栽培され，食物や飲み物の容器として，また漁労用の浮きとしても使われた．トウはさまざまな建築目的に使われ，おそらく火あかりにも利用されたであろう．パイナップルの類縁植物であるティランジアは，燃料として用いられたことであろう．

南アメリカ

初期の農耕民は，氾濫原や湧き水の近くで農業を営んでいたが，人口が増加し，定住生活が発展するにつれて，砂漠地帯に流れ下る川の水を統御することが必要となってきた．そのため灌漑システムが発達しはじめた．遺跡によっては，U字形構造物の中央広場に灌漑水を引いて，実際に，この空間で作物を栽培した可能性を示すものもある．大型の祭祀建築複合は，一般に耕地に隣接してつくられた．

家畜化された動物は少なかったが，前1800年より前のテンジクネズミの骨がクレブラスで発見されており，同じころ，高地では，ラマとアルパカが飼育化されていた．海岸の貝塚では，大量の魚の骨のほか，海棲哺乳動物や海鳥，カタツムリが見つかっている．海棲動物はこの後，何千年ものあいだずっと，生活に欠かすことのできない資源であった．

土器

新大陸で知られる最古の土器が見つかっているのは，中央アンデスではなく，アマゾンの河口部や中流域，コロンビアの大西洋岸のプエルト・オルミーガやモンスー，エクアドルのバルディビアなどである．これらの年代はさまざまだが，だいたい前3600年から前3000年のあいだである．ペルー海岸で土器が登場するのは，前2000年よりやや後のことである．古い土器をともなう遺跡を見ると，土器の出現の時期にいくぶんかの差が認められる．地域的な発展段階や必要度による違いであろう．土器はトウモロコシとほぼ同じころに登場する．トウモロコシと土器は，新大陸文明の二つの主要な指標である．「土器をもつ」とか「先土器の」というような言葉で，文化段階は区別される．つまり，土器は，文明段階へ移行する目印となる．またトウモロコシは，新大陸の高文明の主要作物であった．

中央アンデスでは，文明の構成要素——農業，水の統御，記念碑的建造物，土器，織物——が発展するのに2千年ほどかかった．これらの要素は，同一の文化発展をめざす一役をそれぞれが担いながら，たがいに関連性を保って発達した．この文化発展は，付随的に人口の増大と社会組織の複雑化とも関連していた．

チャビン・デ・ワンタルとチャビン様式

チャビン文化の標準遺跡は，アンデス山脈東斜面の小さな谷にある，現在のチャビン・デ・ワンタルの町に隣接している．現在の町が建つところは，かつては遺跡を支えていた後背地の一つであった．チャビン・デ・ワンタルは，辺びな場所のように見えるが，海岸や高地，さらにアマゾーニアからの交通も容易である．

いわゆるチャビン様式は，チャビン・デ・ワンタルからひろがり，高地を経て海岸へとおりていった．そしてチャビン様式の出現が，アンデスにおける華やかな文明の幕開けになった．長いあいだ，考古学者はこのように信じていた．チャビンは，確かに巨大な宗教センターであり，初期のセンターの中では最大級であるといってよい．それは規模においてではなく（もっと大きいものはほかにある），建築の洗練度，石造建築，ふんだんな石彫の存在などから見て最大級なのである——200以上のみごとな石彫が，聖域から発見されているし，それ以上あったことも間違いない．しかし，新しい炭素14年代測定値や，ほかの多くの古い時期の遺跡の調査の結果，チャビン・デ・ワンタルは，かつて考えられていたように，時期的に先行するセンターではないことがわかった．今では，チャビン・デ・ワンタルの繁栄期は，前850—前200年ごろ，また外部に影響をおよぼしたのは，前400—前200年ごろと考えられるようになった．さほど離れていない高地のコトシュ遺跡には，これより古い年代のチャビン様式をふくむ土層（前1200—前870年）がある．またラ・ガルガーダとシヤコトでは，先チャビン期の層から，チャビン様式の装飾品やそのほかの遺物が出土している．海岸の遺跡のうち，ワカ・デ・ロス・レイエスでは，前1200年ごろから建築に彫刻がともなうようになるが，その図像はチャビンのものと実によくにている．また，セロ・セチンの建築に見られる石彫の年代は前1300年ごろである．アンコンでは，前1000年ごろのチャビン的土器が出土しているし，ガラガイには，前1000年ごろのチャビンにた壁面装飾がある．このほかのチャビンより古い遺跡でも，チャビン建築のU字形配置や半地下式広場が見られる．つまり，チャビン・デ・ワンタルは，一つの文化発展の輝ける頂点であって，その源ではないのである．

工芸品

チャビンの石彫に見られる神話的動物は，自然界のいくつかの猛獣に特有の属性を組み合わせて表現されている．時には，そのモチーフが，まるで呪文の力を強めるかのように，規格化されて繰り返される．

チャビンの神々，あるいは神々の特性の象徴は，石彫，小型の石器や骨角器，土器，染色織物，黄金製品などに表現され，時には，遊びの要素をもってあらわされた——たとえば，ある顔を逆さにすると別の顔になるというものがある．チャビン芸術においては，あらゆる素材を用いて，基本的に同じ種類のデザインを非常ににたやり方で表現している．

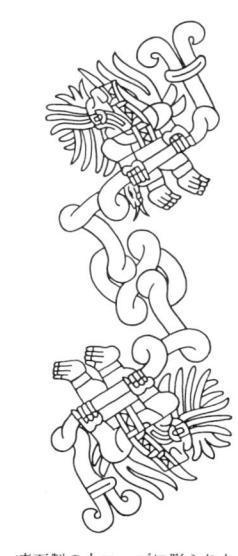

上　凍石製の大コップに彫られた一対の図は，チャビン・デ・ワンタルの「黒と白の玄関」にある彫刻と多少似ている．図案は，容器の底を横切ってつづいている．後のモチーカの土器にも，縄をもった人物が示されているし，インカでは，縄を握って行う儀礼があったことが記録されている．この図で，縄をもっているのは，明らかに超自然的存在である．この容器は，高さ10cmで，北海岸から出土している．

上左　高さ約20cmの中空の土偶であり，ペンダント状の円盤形耳飾りとジャガーの頭飾りを身に付けた笛の奏者をあらわしている．背中にはジャガーの皮の肩掛も見られる．彩色部分を刻線で区画する土器様式は，北海岸のヘケテペッケ谷に典型的に見られるものであるが，南海岸のパラカス文化の装飾方法にもにている．刻線で描かれた図案は，ほぼ同じ時期の石製品にも見られる．

チャビン・デ・ワンタル

チャビン・デ・ワンタルの神殿の内部には，石のブロックでできた天井をもつ回廊がめぐらされ，階段，傾斜路があり，壁龕，通気孔なども設けられている．神殿の正面には，大きな方形の半地下式広場がある．神殿の両側にはマウンドがあり，全体としてU字形を呈している．神殿の脇の階段を下りると，円形半地下式広場に出る．この広場の壁沿いにならんだ石のブロックには，ジャガーや半神半人の像が刻まれている．この部分が神殿構造の最も古い時期にあたり，やはり小型のU字形配置をとっている．U字の基部をなす中央の建物の内部には，二つの回廊が交差した十字形の空間がある．聖なる空間は，4.5mの高さをもつ堂々たる石彫によって占められており，この大神像はランソン（大槍の意．形が槍ににている）とよばれている．この像には，チャビン様式の図像表現が顕著に認められる．

チャビンの神殿は，増築活動の最終段階で，正面に「黒と白の玄関」が設けられた．この名の由来は，そのステップの北側に黒い石（石灰岩）が，南側に白い石（流紋斑岩）が使われたことにある．2本の円柱には翼をもった複合的な像（人間，ネコ科動物，鳥，ヘビの要素の組合せ）が刻まれ，楣石を支えていた．この楣石にも同じような彫刻が見られる．神殿の主要部分の外壁には，みごとに整形された切石が1段ごとに大小交互に積みあげられ，この壁面にほぞ付頭像がいくつか差し込まれていた．頭像一つ一つには違いがあるものの，全体としては同じ特徴をもつ顔が多い．これらの頭像は，チャビンにおける立体彫刻の唯一の例といってもよい．ほぞ付頭像は，確かに超自然的存在の頭であるが，戦勝首級儀礼と関連する可能性もある．

近年の考古学的調査によって，神殿を走りぬける排水溝のシステムが明らかになっている．おそらく，氷河を水源にもつワチェクサ川の水を儀礼に利用するために建設されたものと考えられる．水は，大神殿を構成するプラットフォームの中を通りぬけ，円形半地下式広場の下を走る．その結果，激しく流れる水の音が回廊に共鳴して，神殿は文字通りうなり声をあげたと思われる．

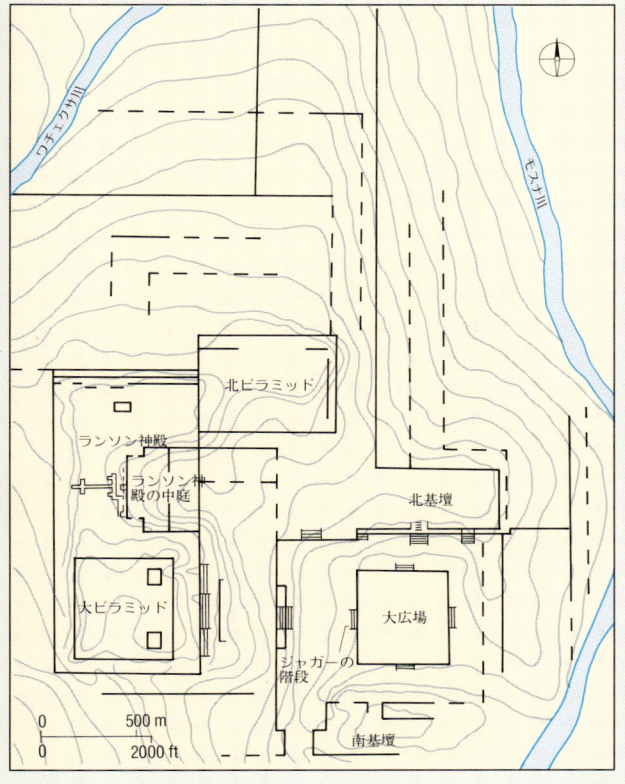

チャビン・デ・ワンタルの神殿正面（上中央）で，現在きれいに細工された化粧石でおおわれているのは，ほんの一部分だけである．神殿内部の部屋には，ランソンの大神像（上左）が立っている．これは，チャビンの神を表現した力強い彫刻であり，口には牙が生え，目は丸く上目づかいで，髪や眉毛は蛇となり，鼻皺ははっきりと描かれている．この神は，チャビンの他の彫刻にもあらわれている．この像の上部や衣裳に見られる，牙が互いにかみ合った顔などの特徴は，別の場所で発見されるチャビン様式の遺物にも認められる．前期ホライズンの海岸の遺跡，セロ・セチンでは，戦勝首級や手足を切断された胴体が，戦士像とともに，石彫として神殿の壁にはめ込まれている．

上　チャビン・デ・ワンタル遺跡の平面図．

左　チャビン・デ・ワンタル遺跡．ランソンの神殿の外壁にあるほぞ付頭像の一つ．

南アメリカ

チャビン問題

 土器や織物のように，もち運べる工芸品に描かれたチャビン的モチーフには，基本的にチャビン・デ・ワンタルの石彫のモチーフの複製のように見えるものが多い．たとえば，南海岸の乾燥した条件のもとで保存されてきた染色織物には，チャビンの石彫とほとんど同じモチーフをもつものがある．チャビン様式は，このもち運びのきわめて容易な織物によって，南海岸にもたらされたかもしれないと古くから主張されてきた．これらの織物の糸の撚り方が，南海岸特有のものではないという事実から，どこか別の場所で作られた織物がもち込まれたという推測が成り立つからである．以前は，この織物がチャビン・デ・ワンタルからきたと考えられたこともあるが，今では，北海岸もしくは中央海岸でつくられた可能性が高いとされている．

 古い時期のいくつかの遺跡から得られた資料を総合すれば，チャビン様式がチャビン・デ・ワンタル自体よりも早く出現していることは明らかである．チャビン的遺物の中には，チャビン遺跡自体が影響力をもった短期間のうちに複製されたものもあるが，放射性炭素年代測定値によれば，大半はそれよりも古いものであることがわかっている．では，チャビン伝統は，どこからやってきたのだろう．この伝統がいちはやく成立したのはどこだろう．また，どうやって伝わったのだろう．

 発展のある時点で，一見，チャビン・デ・ワンタル自体から影響を受けたのではないかと思われる遺跡はきわめて多い．この中には，チャビン遺跡よりも少なくとも1000年も前に建てられた遺跡もある．しかし，実際には，チャビン自体，あるいはチャビンの大神殿が建築される前から存在していた「チャビン」様式の影響がおよんだとする方が考えやすい．パコバンパは，チャビン・デ・ワンタルから400 km以上も離れた北高地の古い遺跡であり，先チャビン期における重要な祭祀センターであったことが明らかになっている．しかし，古い時期の堆積の最上層からは，チャビン様式の遺物も出土する．また，チャビン・デ・ワンタルにもっと近い，たとえば，コトシュやシヤコト遺跡でも，同じように先チャビン期の層が重要であり，その上層にチャビンの強い影響を受けた時期の層が認められる．遺跡によっては，「チャビン」の影響が習合現象によって吸収されてしまう場合がある．「チャビン」が，それ以前の宗教にとってかわるのではなく，融合したのである．ワリコトは，明らかにこのケースである．

 チャビン・デ・ワンタルの谷は，海岸地方とは関係がないかのように見えるが，実際には，山岳地帯を抜ける南北のルートと，海岸やアマゾン盆地へ伸びる東西のルートが出会う場所である．かつて，この谷は，聖地というだけでなく，主要な交通路が交差する場所でもあったにちがいない．チャビンに関連する遺跡の分布パターンを見ると，チャビンの図像の視覚的メッセージは，初期の海岸の遺跡に由来しているようだ．しかし，これらのきわめて重要な初期の海岸の遺跡の中には，すでに潮波や河川の氾濫によって破壊されてしまったものもあるかもしれない．最近は，このような可能性についても論議されている．

 チャビンの図像表現を構成する聖性を帯びた要素は，おもに熱帯森林地帯の動物からとられている——その図像表現は，アマゾン盆地からさほど遠くない高地の諸遺跡で，早くから登場しているのである．チャビン・デ・ワンタル自体，アマゾンへ下る斜面に位置しており，大神殿の建立のずっと前から，陸路によるアマゾンとの交通があったにちがいない．アマゾン地域が早くから発展をとげ，宗教と芸術的モチーフの源になった可能性は十分にある．しかし，アマゾンそのも

のやセーハ・デ・モンターニャ（山の眉の意，アンデス山脈の東斜面を指す）に起源を求める主張には一つの弱点がある．ラテン・アメリカの先スペイン期の図像表現は，いずれも低地森林地帯の動物を基本としているが，描かれた主要な動物の生息地が，必ずしも図像表現の起源地になるとは限らないのである．

チャビンの遺産

チャビンの起源がどこであるにせよ，またどのようにひろがったにせよ，その力が衰えた後も，長いあいだ影響力は残った．北海岸においては，その後数世紀にわたり栄えたさまざまな文化の中で，数多くのチャビン的要素が顕著に認められる．とくにモチーカ芸術にあらわれる主神は，チャビンの神にきわめてよくにている．また南海岸の文化で認められる「目の神」は，チャビンの「笑う神」とよくにている．後の時代の高地の芸術，とくにティアワナコやワリの芸術は，チャビンの伝統の影響を受けている．チャビン的遺物の中には，ティアワナコの「太陽の門」にあるように，杖をもった正面の神にむかって横向きの像がならんで描かれているものもある．中央アンデスでは，チャビンにつづく時代の神々のどれもが，チャビン・デ・ワンタルの神殿の神に少なからずにているのである．

パラカス文化

ペルー南海岸のパラカス半島は，太平洋の豊かな漁場に突き出た半島である——二つの入り江にはさまれた不毛な，吹きさらしの砂州である（「パラカス」は，ケチュア語で「暴風」を意味する）．今でこそ荒涼とした景観を呈しているが，かつては多くの人々が住んでいた半島であった．この地で数多くの遺物が発見されたことから，半島の名前が，付近一帯の初期の文化の名称として用いられるようになっている．

くすんだ砂漠の中で，ひときわ光彩を放っているのは，セロ・コロラドという，赤味を帯びた花崗斑岩の山である．1920年代に，ペルー人考古学者J・C・テーヨは，この砂におおわれた斜面部で，カベサ・ラルガ，カベルナス，ネクロポリスという三つの墓の調査を行った．これらの遺跡の年代は重複しているが，最も古い遺物が出土したのは，パラカス・カベルナスである．カベルナスの年代は，前期ホライズン後期（前600−前400年）にさかのぼり，またネクロポリスとカベサ・ラルガ遺跡の利用は，前6世紀にはじまって，前期中間期までつづく．にた様式の副葬品をともなう墓は，近くのイカ，ピスコ，チンチャ，ナスカなどの海岸河谷でも発見されている．

カベルナスという様式の名は，セロ・コロラド山の頂上部に掘られたびん状の円筒形の墓が，「地下洞穴（カベルナス）」のようになっているところからつけられた名称である．それぞれの墓には，30体から40体もの遺体が埋葬されており，さまざまな副葬品が共伴するが，その量はとりたてて多いともいえない．遺跡からは半地下式住居も発見された．ネクロポリスの墓の中には，カベルナス期のゴミ捨て場を掘り込んで作られたように見えるものもある．

カベルナスの墓から出土した頭骨は，男女を問わず，ほとんどすべて頭蓋変形がほどこされており，ほぼ半分の頭骨には手術の跡が見られた．この頭蓋穿孔手術は，アンデスの数多くの文化において認められている．手術にはいくつかのやり方があった．頭骨に直角に交差する切れ込みを4本入れて，四角形の切片を除去する方法，きりで小さな穴をいくつもあけて，円形の輪郭をつけ，そこをくりぬく方法，あるいは，骨を削って穴をあけるやり方などである．

カベルナスのミイラの包みの一番外側は，文様のある木綿の織物でくるまれていた．正面向きの顔だけや，あるいは人物や動物などが，暗褐色，紫，赤，灰色などの顔料で描かれている．この様式には，チャビン的な南海岸の織物の影響がうかがわれる．

パラカス・ネクロポリスは，明らかに，当時この地域を支配していた人々のための格式の高い墓地であり，おびただしい数の遺体の包みが埋葬されていた．これらの包みの中には，遺体とともに，手のこんだ色鮮かな毛糸の刺繡をあしらった綿製の衣裳を百点以上も収めていたものもある．テーヨは，石壁に囲まれた空間，あるいは家屋状建築の内部に置かれていた，このようなミイラ包みを429個も発見した．しかし，このほかにも盗掘者が見つけたものもたくさんある．円錐形の包みの大きさはまちまちである．大きいものになると，底から計った高さが1.5mを越え，内容量も小型の包みの3−4倍になるかもしれない．各々の包みは，細部において異なるものの，一般的な作り方の手順は同じである．

ミイラ化の処置がなされたかどうかが議論の的になった．テーヨが脳と内臓は除去されていたようだと指摘したからである．この点では議論が分かれるけれども，死体を乾燥させたり，いぶし出した可能性はあるかもしれない．遺体は，胎児のような屈曲位の姿勢をとり，紐で縛られていた．腰帯，ないしは装飾品が身につけられている場合もたまにあるが，基本的には裸であった．しばしば，口の中に金の小片が置かれ，胸と足のあいだには，食物を入れたヒョウタンの椀が，供物として置かれた．そのほかに，たとえば，金製の薄い板を細工した額飾り，鼻飾り，耳飾りなどが，遺体のそばに添えられることもあった．

遺体は，粗製の綿布で完全に包まれ，マットか籠の中に据えられた．籠の中のすき間には，衣裳や他の品物が詰められ，その上から刺繡のある大きな（2.5mあるいはそれ以上）マントがかぶせられた．これらのマントは，パラカス文化を代表する遺物である．

ネクロポリスの織物にあらわれる主たるモチーフは，「目の神」として知られる．正面をむいた人物で，大きな目をもち，その体からは何かが流れ出ているように見え，その先端には戦勝首級がある．顔はしばしばハート形をとることがあり，時には，頭のてっぺんから小さな頭がとび出している場合もある．これはギリシアの女神アテナが，母親の頭から出生したことを想いおこさせる．この図像は，パラカス・カベルナス様式から登場するモチーフであり，カベルナスの彩色布で認められる唯一の図像である．

土器

副葬品には土器もふくまれていた．鮮やかな刺繡をあしらったネクロポリスのミイラの包みといっしょに発見される土器は単色である．二つの注口とそれを結ぶ柄のついた橋型双注口壺で，胴部が卵形をしているもの，剔形装飾がほどこされたものや，あるいは動物をかたどったものがあった．しかし，ほかの墓からは，多色の土器やネガティブ文様の土器も見つかっている．最も有名なのは，内陸部のオクカへで発見された多量の土器であり，このうち最古の土器群のモチーフは，チャビンの図像表現に由来している．また，この時期の土器には，鐙形注口土器もいくつか見られる．この器形は北部に特有のものであり，外部からもち込まれた可能性がある．橋型の柄がついた器形が多く見られ，初期では，この柄が注口と鳥の頭（口のふさがった注口）とをつなぐ形となり，後

上　この燭台の形をした木は，現在のパラカス港の入口近くの山肌に描かれている．制作年代はわからないが，あたかも砂漠に樹木を生やそうとしているかのようだ．前面にひろがる海とそこにうかぶ岩の多い島々には，アシカや何千羽もの海鳥が生息している．またここはかつて，グァノ（海鳥糞）とよばれる肥料の大供給地であった．

左　パラカス・ネクロポリスのミイラ包みの中より発見された，刺繡をあしらった衣裳の細部．ここに描かれている「目の神」は，一種の頭帯の類をつけているが，よくにた金の板細工が，実際にミイラ包みとともに発見されている．この超自然的人物は，しばしば，水平，上下さかさまに，あるいはかがんだ姿で表現される．この写真の例では，ぎざぎざの長い舌の先端に，やはり頭帯を付けた人間の姿が見られる．

南アメリカ

期になると，一対の注口を結ぶようになる．初期のものには鳴笛壺が多い．後期では，カベルナスとネクロポリスの双方の織物に見られる「目の神」が，チャビン的な顔のモチーフにとってかわっている．

パラカスの初期文化は，チャビンの強い影響を受けており，おそらく，この地域における最初のチャビン様式の出現の時期にあたると考えられる．外部からもち込まれた様式は，その地方の宗教的，文化的要求にそって変化して，独自の様式として発展する．しかし，チャビンの影響は色濃く残った．パラカス様式は，そのはじまりにおいてチャビン様式からごく自然に，かつ独自の発展をとげ，やがて最後には，ナスカ様式へと自然に変化していったのである．

ナスカ文化

前期中間期(前370—後450年ごろ)を通して，南海岸で支配的だった芸術様式は，ナスカとよばれる．ナスカ様式は，パラカス様式を踏襲している．パラカスからナスカへは，スムーズに移行した．ナスカの彩色をほどこした平織の布に描かれた図柄は，パラカスの衣裳の図柄とにている．刺繡をあしらったマントも，やや異なる様式ながら，引きつづき製作されたし，また錦織や羽毛細工も見られた．しかし，なんといってもナスカで好まれたのは，つづれ織である．とはいえ，その図案は，パラカスの刺繡をあしらったマントのモチーフから派生したものである．ナスカ前期，あるいは原ナスカ期の土器は，彩色部分が区切られ，個々の文様要素が刻線で区画されているが，ナスカ後期の図案では，この刻線にかわって，色で輪郭をとる方法が採用されている．ナスカのモチーフには，パラカス芸術に見られるモチーフとよくにているものが多い．「目の神」の後裔も見られ，これは「神話上の擬人的存在」とよばれることもある．また，パラカスの橋型双注口土器が，ナスカの土器の主要な器形の一つになっている．

パラカスからナスカへの移行を明確に示すのは，焼成後に樹脂性顔料で着色する方法から，化粧土を用いて彩色してから焼きあげる方法へと変化した点と，重要な主題を表現するための主要な媒体が，織物から土器へ移った点である．ナスカの土器製作者は，6色から7色を用いて，新大陸で最もみごとな多色土器をつくりあげた．

戦勝首級の崇拝は，ナスカ文化で顕著に認められる．切断され，穴をあけられた首級を納めた特別の場所が，ナスカの墓地遺跡で発見されているし，象形壺の中には，戦勝首級をかたどっているものもある．また，器面全体に首級を繰り返し描いた土器もある．擬人化して描かれたコンドルやワシは，翼に戦勝首級をぶらさげていたり，口にくわえていたりする．「神話上の擬人的存在」は，さまざまな超自然的な属性を身につけた正体不明の存在であり，褌をつけている．首のない胴体だけの人間がいっしょに描かれることが多い．また，戦勝首級を口にくわえ，まるで食べているかのような図柄もある．

都市の跡

ナスカ文化が開花した地域は，基本的にはパラカス様式の芸術をつくりあげた人々が住んでいた場所である．たとえばナスカの土器が大量に発見されたオクカへは，パラカス文化の土器が出土することでも知られている．しかし，中心はやや南へ移り，とくにナスカ川とそのおもな五つの支流，そして，その南のアカリー川の流域に遺跡が集中している．これは，おそらく軍事的征服が行われた結果だと考えられる．これらの河谷には，放棄されたり，新たに登場したりする遺跡があるので，ナスカ文化の拡大と収縮の様相や，あるいは，少なくとも権力の推移の様相が見てとれるかもしれない．

ナスカの遺構で，現在残っているものはごくわずかである．灌漑水路の証拠はあるが，石造建築はほとんどない．重要な建造物は，一般に日乾レンガでつくられ，普通の住居用建築には，束ねたトウが用いられた．ナスカ谷にあるカワチの祭祀センターは，初期に拡張をとげつつあった首長制社会の中心地となっていたようであるが，後になると，その重要性は薄らぐ．カワチには，自然の丘を利用しながら，日乾レンガを用いて形を整えた階段状のピラミッドがある．それは20mの高さをもち，この時期の，この地域における数少ない大建造物の一つである．ピラミッドの周囲には，広場や日乾レンガで作られた部屋や墓がある．この遺跡は，他のいくつかの大きな遺跡と同様に，前期中間期がおわる前に放棄された．後の時代には，別の場所が発展をとげるのである．

ナスカ末期において，その影響は北や南へ，そして高地にのぼってアヤクーチョ方面へとひろがり，これが，おそらく中期ホライズンのワリ＝ナスカ関係の下地をつくったと考えられる．

モチーカ

先駆者と隣人

ペルーの北海岸では，チャビンという文化現象につづいて，

上 海と砂漠は，ペルーからチリに至る海岸部全域に見られる景観であるが，中でもパラカス湾は，ペルー海岸で海岸線の出入が最も入り組んだ場所の一つである．セロ・コロラドの墓地遺跡の近くでは，この砂漠の環境のもとで数多くの遺物が保存されてきた．パラカスは，先コロンブス期と同様，今も重要な漁場である．

南アメリカ

右上 ナスカ後期の円筒形壺の文様．投槍器をもった狩人とオウムが描かれている．生気あふれる表現やヘビの頭の縁飾りは，同時代の北海岸のモチーカ文化からの影響を反映しているのかもしれない．

右 ナスカの人物象形壺．人の形をした神話的存在が，戦勝首級を携えている．ここには複雑な神話的モチーフがあらわされているが，このように入り組んだ表現は，ナスカの人々が好んだ多色画の手法を使うことで可能になったのである．

ナスカでは，戦勝首級をかたどった土器が作られた．実際に，こうした目を閉じ，口を刺で閉じ合わせられた戦勝首級は，特別の場所に納められていた．頬の三角形は，先コロンブス期の文化でよく見られる顔面彩色をあらわしていると思われる．

砂漠の地上絵

ペルー南海岸の現在のナスカ市付近に，約500 km²にわたってひろがる遺跡は，おそらくアメリカ大陸における最も魅惑的な遺跡であろう．千年以上も前に，黒っぽい表面の砂利をどけて，その下の明るい土を露出させ，縁沿いに砂利や石をきちんと積みあげて，具象的図柄，線，幾何学的図形を地面に描いたのである．半神半人像，動物，鳥，花などが見られ，また，これとともに描かれた直線，台形，そして他の抽象的な図形は，まるで定規で引いたかのようにきちんと描かれている．

これらの模様は，まじめな研究ばかりでなく，乱暴な，また空想的憶測も生み出してきた．地上絵は，空からのみ正確にその形状を見ることができるからである．これは天体を配列したもので，天文学的な意味があるのではないかと考える学者も多い．確かにこの可能性をもつ模様もある．しかし，これはまだ地上絵全体について証明されたわけではない．直線は，神聖な儀礼のための通路であったとも考えられる．長々とまっすぐに伸びている線もあれば，1点に集まる線もある．

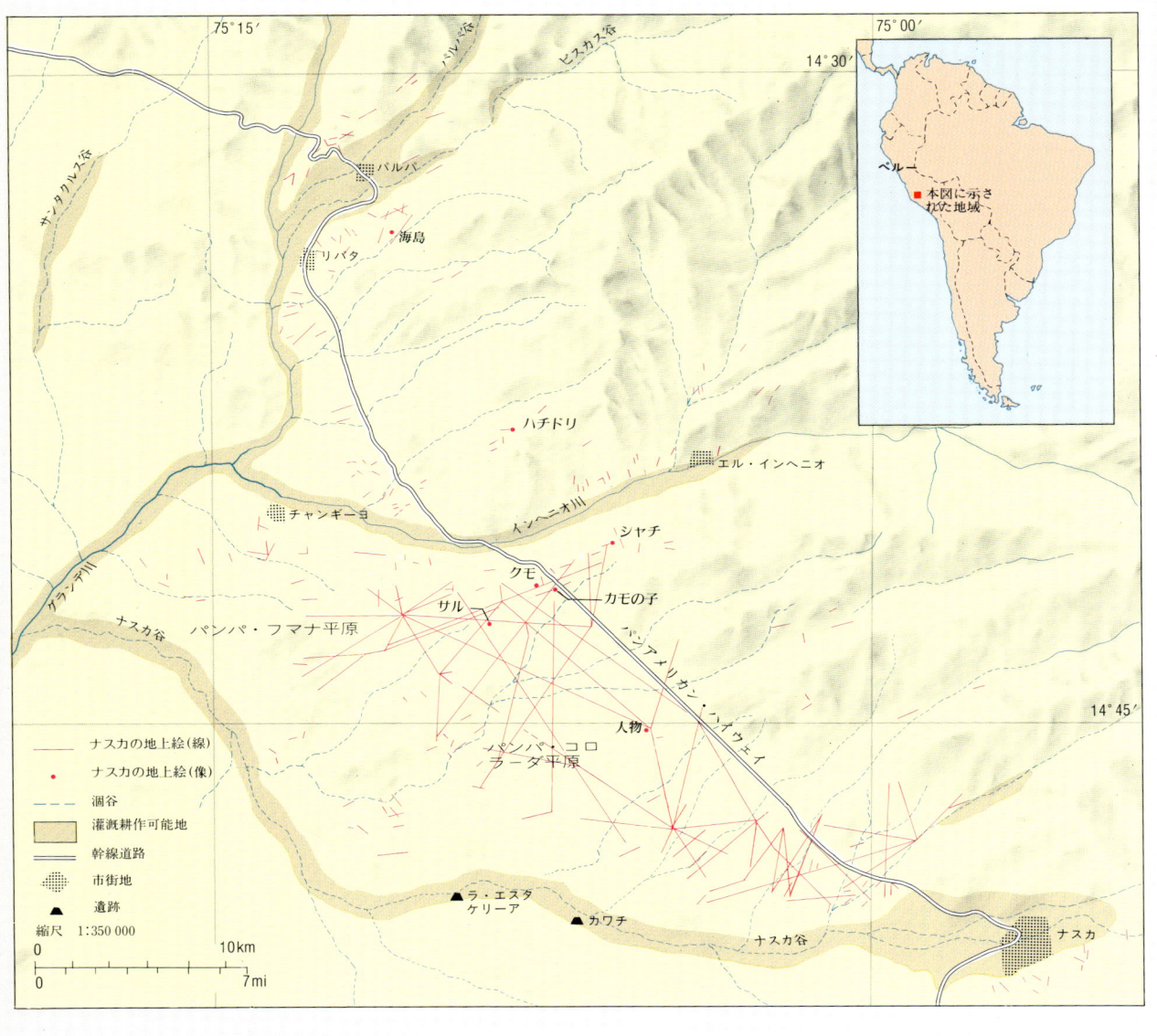

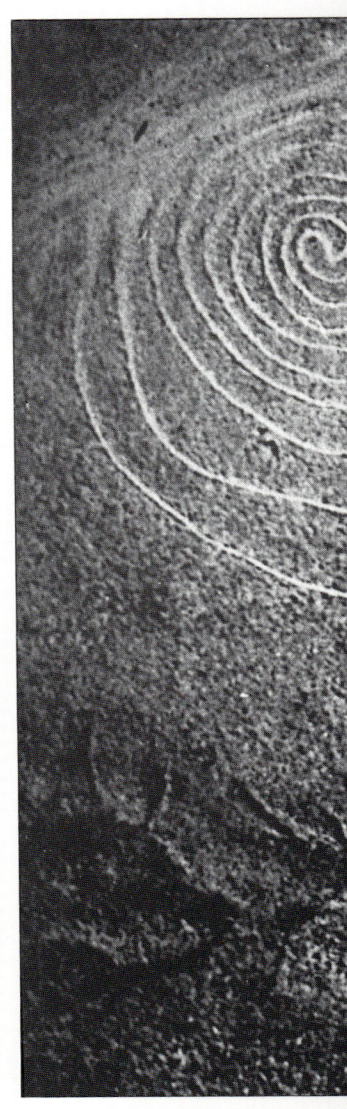

ペルー南部のナスカ市の北西に，地上絵が描かれている．近くに可耕地はあるが，ここは灌漑が不可能で，乾燥した砂漠になっている．地図（左）からもわかるように，起状のあるいくつかの台地を横切って，直線が引かれている．一点に集まる線もある（上左）．このような線は，とくに神聖視されたのかもしれない．おそらく，供犠がここでとり行われたのであろう．壮観なナスカの地上絵は，先コロンブス期の神々を讃え，当時のすぐれた技術を謳歌するものであり，巨大なピラミッドにも匹敵する．ナスカの地上絵は，とりわけ有名な例だが，同じように地上に描かれた絵や文字は，ペルー海岸の別の場所やチリ（次頁参照）でも見つかっている．

おそらく模様は，主に祖先への，あるいは空や山の神々（両者の本質は同じだった）への供物として作られたのだろう．山と空の神々は，海岸砂漠で貴重な水を制御し，豊穣の観念と強く結びついていたのである．

砂漠の地上絵

左 ナスカ平原で最も興味をそそられる図は，指を広げ，大きな尾をきっちりと巻いたサルである．サルはアマゾンの密林に棲む動物であり，海岸の砂漠にはいないが，海岸地帯の図像表現において重要なモチーフとなっている．

下 ナスカの「地上絵」の近接写真．この砂漠の作品の規模がいかに巨大であるかを示している．線は，表面の黒っぽい砂利を取り除き，下にある明色の岩を露出させることで作られている．

左 ハチドリ．エル・インヘニオ谷上方の平原に，長い直線を組み合わせて描かれている．ハチドリは，獰猛さ，美しさ，そして太陽との関連などの点で，神話上重要な役割を担っている．また，ナスカの土器にも頻繁にあらわれている．ナスカの地上絵には，他の鳥も見られる．

上 長さ約90m，人の形をしたこの巨大な像は，北部チリのセロ・ウニタスにある．約800km離れたナスカの地上絵とにている．セロ・ウニタスでは，地上絵が，耕地にも描かれている．もっと小さく，表現も簡単だが，ナスカにもこれによくにた像が描かれている．これは，豊穣の神，あるいは天空への捧げ物として，あおむけに寝かされた人物をあらわしているのかもしれない．

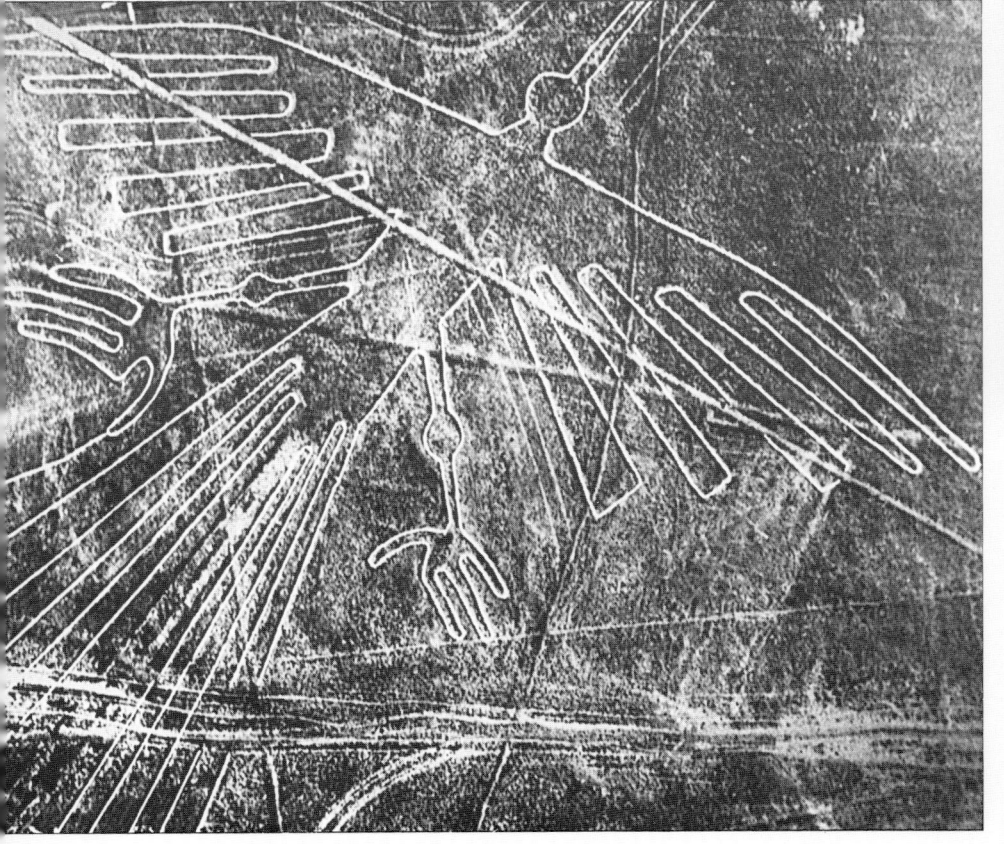

前期中間期(前400－後500年頃)のアンデス諸文化の範囲と遺跡
モチーカ文化
レクワイ文化
リマ文化
ナスカ文化
エクアドルの文化
カジナソ文化
他の重要な文化の中心地
現代の町，あるいは都市
現在の国境
縮尺 1:16 000 000
0 400km
0 300mi
80°
75°
70°
65°
60°
0°
5°
10°
15°
20°
25°
30°
赤道
南回帰線
ラ・トリッタ
ラ・トリッタ文化
コロンビア
エクアドル
ハマ・コアケ文化
カラーケス湾
バイーア文化
ラ・プラタ島
ワンガラ文化
グァヤキル
グァヤキル湾
ハンベリー文化
ハンベリー
ペルー
マラニョン川
セロ・ビクス
ロマ・ネグラ
ピウラ川
アンデス山脈
ランバイェケ川
パンパ・グランデ
カハマルカ
パカトナムー
ヘケテペッケ川
ワカ・デル・ブルーホ
ガリンド
トゥルヒーヨ
モチェ
パニャマルカ
ネペーニャ川
カイェホン・デ・ワイラス
チャビン(レクワイ文化)
レクワイ
挿入図の範囲
ウカヤリ川
ブラジル
ペルー
リマック川
ニエベリーア
リマ
パチャカマ
ワリ
アヤクーチョ
ドス・パルモス
パンパ・インヘニオ
ナスカ
タンボ・ビエホ
アッチャ
プカラー
ティティカカ湖
ティアワナコ
アルティプラーノ
アリカ
太平洋
プーナ
ボリビア
チリ
アントファガスタ
アタカマ砂漠
テベンキッチェ
カンデラリア
ワルフィン
ラ・シエナガ
トゥクマン
コンドルワシ
ベレン
タフィー
カタマルカ
アルゼンチン
チャコ
80°
78°
6°
8°
セロ・ビクス
ロマ・ネグラ
ピウラ川
セチューラ砂漠
ランバイェケ川
パンパ・グランデ
サーニャ川
ヘケテペッケ川
パカトナムー
太平洋
アンデス山脈
チカマ川
ワカ・デル・ブルーホ
ガリンド
トゥルヒーヨ
モチェ川
モチェ
トマバル
ビルー川
サンタ川
ネペーニャ川
パニャマルカ
カイェホン・デ・ワイラス
カスマ川
ワルメイ川
モチーカ様式の発展
I～II期
III期
IV期
V期
モチーカ文化の遺跡
現代の町，あるいは都市
現在の国境
縮尺 1:5 000 000
0 150km
0 100mi

左　前期中間期のアンデス文化
前期中間期には，数多くのさまざまな芸術様式が各地で発達した．中央海岸とリマック谷で栄えた様式は，リマ，前期リマ，ニエベリーアなど，さまざまな名前でよばれている．この芸術様式が，他の海岸の様式にくらべてあまり知られていないのは，一つには，その大半が，ペルーの首都リマの真下にあること，あるいは，後の先コロンブス期の文化遺物の下に埋もれていることにある．この様式は，ナスカやモチーカの様式の影響を受けてはいたが，これらにくらべ，個性が乏しく，洗練の度も高くない．パチャカマ遺跡には，リマ文化に属する日乾レンガのピラミッドが一つ残っているが，ここにある壁画は，後の時代に手が加えられたものである．パチャカマは，重要な遺跡であり，中期ホライズンの終わりごろ，政治力を高め，インカの時代には，ここで有名な神託が行われた．

前期中間期では，高地のアヤクーチョ地方でワルパ様式が栄えた．ここは，後にワリの権力の中心となった場所である．また，ティアワナコ様式もこの時期に発達した．

挿入図は，モチーカ文化の影響の広さを示しているが，周辺地域の限界は，はっきりしていない．モチェ様式の土器は，遠く南のワルメイ谷で発見されているが，さほど強い政治的影響はおよばなかったであろう．大量のモチーカ様式の土器は，最北海岸のピウラ谷から出土しているが，建築の痕跡は残っていない．モチーカの人々が，好戦的性格をもっていたことは明らかだ．これは，モチーカ文化が広い地域に拡大していったことからだけでなく，戦争に題材をもった図像表現が多いことからも明らかである．しかし，モチーカここまでの影響として語られている現象の大半は，モチーカ芸術の波及として考えた方がよいだろう．

サリナールとガジナッソ文化がおこった．サリナールは，注口に帯状把手のついた，どちらかといえば飾り気のない土器を生み出した．ガジナッソは，ネガティブ文様の土器をもつ．この技法は，最も早く出現したと考えられる南のアッチャから，北のピウラ地方（ビクス）までひろく分布している．

ネガティブ，あるいは防染剤を用いた彩色土器は，モチーカ文化がひろがった海岸地方ではなく，山地のカイェホン・デ・ワイラスに見られたレクワイ文化を特徴づけるものである．チャビン・デ・ワンタルとはそれほど遠くない，カイェホン・デ・ワイラスの町の名にちなんでつけられたレクワイ様式は，チャビン芸術に何らかの原型が求められるが，一方で，非常に個性的な特徴をもっていた．チャビンの優越が薄らいだ後，チャビン・デ・ワンタルの神殿は，レクワイの人々によって占領される．このレクワイ様式は，おそらくモチーカ様式よりやや早くはじまったようだが，ほとんど同じ時代と考えてよい．モチーカ芸術のモチーフのうちで，レクワイ様式から借用したかに見えるモチーフは多い．モチーカの諸河谷の灌漑用河川の水源地方は，レクワイの領域に属していたので，おそらく両者のあいだに接触があったにちがいない．レクワイからの借用モチーフは，コカの儀礼やそれに関連した動作を描いたモチーカの土器に見られる．モチーカの人々は，少なくともある時期，レクワイの領域でとれるコカ，あるいはその領域を経由してもたらされたコカを利用していたようだ．

地理的に近いことや，実際に接触していた可能性が高い点を考えると，モチーカとレクワイのあいだに認められる相違は興味深い．レクワイは，モチーカの土器に特徴的な器形である柄杓状の容器，象形土器，上部に塑像が付いた壺なども製作している．しかし，一般に土器の器形は異なっている．典型的なレクワイの土器は，頸部が外反する甕，胴部が輪状の土器，注口部が広口で朝顔状に張り出す壺，注口がじょうごのように肩の部分から上に突き出た形をとる球形壺などである．また同じモチーフが使われている場合でも，そのモチーフの意味にちがいがあるように思える．コカに関連するもの以外で，両者に共通しているモチーフは，家の中の場面，器をもった人物，ネコ科動物と男の組み合わせ，ハゲタカについばまれる人物，そして月の動物とよばれているものなどである．

領域と遺跡

少なくともモチーカ期の中で重要であった期間，つまり，紀元前後から600年ごろまでのあいだ，現在のトゥルヒーヨ市の近くにあるモチェ遺跡が，モチーカ（あるいはモチェ）の人々の祭祀や行政のセンターであった．ワカ・デル・ソル，すなわち，「太陽のピラミッド」は，高さが40m，長さは少なくとも350mある巨大な建造物である．日乾レンガを積んだ建築としては新大陸で最大である．おそらく，数百年にわたって積まれたもので，当時は現在よりもずっと大きな形をしていたにちがいない．今日残っている部分は，もとの大きさのおそらく3分の1にすぎない．ピラミッドからは河岸の灌漑された耕地が見わたせ，反対側には，くすんだ不毛の砂漠がひろがっている．「太陽のピラミッド」は，大きな広場をへだてて，「月のピラミッド」（ワカ・デ・ラ・ルナ）と対面している．「月のピラミッド」は，このあたりでひときわ目につく山，セロ・ブランコのちょうど真下にある．人工の小山である「太陽のピラミッド」と，この自然の山とがむかい合った形になっている．南北に平行な二つのピラミッド構造の北側には，「天然の岩」が東西に長くのび，遺跡の内陸側の境界をなしている．ピラミッド構造間の広場にあった遺構は，現在は砂の下に埋もれている．

モチーカの人々は，この谷間や他の海岸沿いの谷間で，砂漠を灌漑し，ワタ，トウモロコシ，ジャガイモ，ラッカセイ，トウガラシなどを栽培した．もちろん漁労も重要な生業の一つであった．海岸の人々は，漁労によって得られる産物を，食糧として自分たちが消費したり，内陸の住民との交換物にしていた．

モチーカの土器様式は，五つの時期に細分されている．モチェIとIIは，モチェ，チカマ，ビルーなどの谷で，ガジナッソ文化の層の上から見つかっており，紀元前後ごろ，あるいはそれよりやや古い時期にはじまったと考えられる．サンタ谷で確認されている最も古いモチーカ様式は，モチェIIIである．これは，南への拡大がこの時期におこったことを示している．ネペーニャ谷の壮麗な遺跡パニャマルカには，壁画やモチェIVの特徴が見られ，これまで知られているモチーカ建築のうちでは，最も南に位置している．ただし，土器にかぎれば，さらに南のワルメイ谷まで範囲はひろがる．北への拡大の状況は，もう少し複雑である．モチーカの墓は，パカトナムー遺跡で見つかっており，これが北への拡大の限界とされている．しかし，さらにずっと北のピウラ谷では，非常に早い時期のモチーカの土器が見つかっているし，モチーカ様式の最上の金属細工も発見された．ロマ・ネグラという広大な墓地からは，金，銀，銅のみごとな細工をこらした製品が何百点も出土している．また，明らかに同じ時期に，ビルー谷のネガティブ文様の土器と関連する土器が，この地域で発見されている．ただし，ネガティブ文様の土器と金属製品がいっしょに発見されたのかどうかは不明である．モチーカの人々は，北からモチェ谷にやってきたのかもしれない．また，逆にピウラには，初期にモチェから移住した人々の作る移民社会があったのかもしれない．あるいは，ピウラやモチェ谷の人々は，第3のまだ見つかっていない場所——おそらく二つの谷のあいだにある——からやってきたのかもしれない．今のところ，どの可能性も否定できない．ただ，由来がどうであれ，モチーカ文化は，紀元前後に北海岸の諸河谷に登場したことは明らかである．600年ごろにはモチェ遺跡が放棄され，権力の中心は，ランバイェケ地方へ移っていった．

芸術と宗教

モチーカの工芸職人は，新大陸でもとくに優秀な技術をもっていた．たくみに銀や銅に金メッキをかける腕前をもった金細工師，すぐれた機織師——わずかに残っている織物が証明するように——，それにすぐれた土器製作者などである．土器の装飾には，立体的な塑像や，スタンプを利用した浅い浮彫り，器面にさまざまな場面を彩色で描くことなどが見られる．型に入れてつくられた土器もあるが，大半の土器は，手でこねて作られた．さまざまな形の土器があるが，鐙形注口土器が，最も「好まれた」器形といえよう．モチーカの土器は，器形や装飾が実に多様である．しかし，それ以上に注目されるのは，他のアンデス文明の工芸品にくらべると，神話や儀礼について，はるかに多くのことを伝えてくれる点である．

モチーカの図像表現体系の基本は，一つの主題をいろいろな形で繰り返しあらわすことにあり，時にはそれらが重複することもある（現代のオリンピックの五輪マークのように）．たとえば，ある一連の図像は，コカの葉を儀礼でかむことに関連している（エクアドルやコロンビアの芸術にも見られるテーマである）．コカの葉を入れる袋や，葉と一緒に使う石灰を入れるヒョウタンや，石灰をすくう棒がはっきりと描かれることもあれば，これらが見あたらないこともある．しかし，

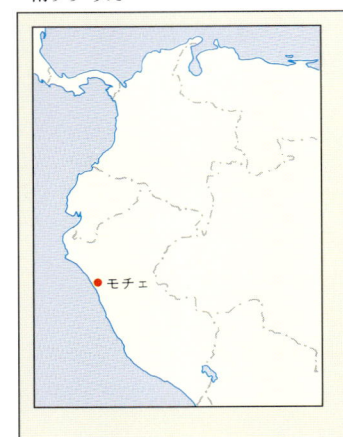

南アメリカ

モチェ

モチェ遺跡は，砂におおわれた岩山の陰に位置する．主要部をなす巨大なピラミッドの頂上からは，海にむかってひろがる砂漠や耕作された谷間全体が見わたせる．また，山々が迫る谷の上流の方を望むこともできる．多くのアンデスの遺跡は，山――聖なる場所であり，それと同時に周囲が見わたせる戦略上の要所であった――の近くに位置する．モチェ遺跡における最初の考古学的調査は，1899年，マックス・ウーレの手によって行われた．かれは，「月のピラミッド」で壁画（今は失われている）を，また二つのピラミッドのあいだの地域で墓を発見した．その後の調査は，ずっと最近になって実施されている．

前期中間期の末ごろに，モチェ遺跡は放棄され，上流のガリンドがこの谷の重要なセンターとなった．モチェ遺跡近くには，今でも村がある．先コロンブス期の祖先たちの生活様式の名残りがうかがわれるということで，20世紀の前半には，この村の慣習などが調査された．

下　この鐙形壺の胴部は，モチーカの神の顔をかたどっている．牙のある角ばった口，ひさしのようなまぶたをもつ目，耳の形，頭の上のヘビなどは，チャビンの神の表現を受け継いでいる．このような土器は，墓で見つかっており，おそらく副葬品として作られたのであろう．

下　壺に描かれた絵は，夜に行われる儀礼で，コカの葉を噛んでいる場面をあらわしている．左側の，天空に横たわるヘビの下に立つ人物は，超自然的な存在特有の角ばった口をもっている．一風変わった文様の衣裳を身に着けた人物は，コカの葉と一緒に口にふくむ石灰を入れるヒョウタンと，それをすくう棒をもっている．これらの品々は，袋に入れてもち運ばれた．

上　銅に金メッキをかけて，その上に彩色をほどこした仮面．目には貝が埋め込まれ，耳たぶには飾りのための穴があいている．「月のピラミッド」の墓から出土した．これは，被葬者の肖像なのだろう．

右　モチェ谷の灌漑耕地越しに見た「月のピラミッド」．

上　鐙形象形壺．左手に戦勝首級をもつフクロウ人間をかたどっている．フクロウに扮装した人間か，あるいは，フクロウの姿をした神なのかもしれない．

下　ティアワナコとワリの拡大
ワリとティアワナコの拡大と，その相互関係については，まだよくわかっていないが，これらの難問を解明するために，現在，数多くの調査が行われている．ごく最近の研究によれば，ワリの拡大は主に，650年ごろよりも前におこったという．しかもどちらの拡大は，おそらくいちどきに生じたのではないかともいわれている．ティアワナコの版図を確定するのは，もっとむずかしい．おそらく国家を形成しなかったろう．しかし，中心地域では，何らかの交易か宗教的諸センターを，あるいはその双方を統御し，広範囲にわたる影響力をもっていたと考えられる．ティアワナコ様式，あるいはその影響を受けた様式の遺物が，チリ北部あたりまで見られるが，中心地域以外では，ティアワナコ様式の建築はない．地図上で斜線をつけた地域は，ほとんどワリの支配下にあったが，遠く北のコンチョパタまで，この地域のさまざまな所で，ティアワナコの芸術的影響が認められる．今後，遺跡の発掘や後背地の調査が進めば，ワリとティアワナコ，およびそれぞれの版図の複雑な関係が明らかになることだろう．

これらの道具類が欠落していても，登場人物が身につけている独特の衣裳によって，コカの儀礼を行っていることがわかるのである．戦闘場面にコカの儀礼用の着物をまとった人物が描かれていることもある．戦闘や人身供犠的な捕虜の首切りの儀礼などは，モチーカ芸術において顕著に見られる主題である．

モチーカの主神は，多くのアンデスの神々と同様に，チャビンに起源をもつ．この神はネコ科動物の牙をもち，帯の先にはヘビの頭がついている．チャビン芸術の8の字型の耳や，あるいは，いくつかの前期ホライズンの土器に見られるかわった格好のまぶたをした目をもつ主神の図像もある．

モチェの終焉

Ⅳ期のおわりに，モチェ遺跡は放棄されたようだ．実際の権力中枢は，前の時代の前期ホライズンから居住がはじまっていたランバイェケ谷のパンパ・グランデに移ったらしい．砂漠がモチェ遺跡や周辺の灌漑システムをおおっていった証拠がいくつか認められている．これが，農業を阻害し，この土地から遠くへ移らざるをえない状況を生み出したのだろう．また，ほぼこの時期にはじまるワリ文化の拡大が，何らかの変化の契機になったとも考えられる．確かにモチェⅤ期の芸術では，様式と主題に変化が認められる．鐙形注口の形状もやや変化するが，これ以前の時期にも少しずつ変化して

きたことを考えれば，とくに驚くほどの変化とはいえない．色の使い方はかなり制約を受けているようで，彩色の仕方も一般に腕が落ちている．主な様式上の変化の一つは，絵画表現における空間恐怖症である．描写場面の余白が非常に乱雑に埋められてしまうので，もともと何を描こうとしていたのかを読みとることができないこともある．新しい主題が導入され，古い主題は捨てられた．モチェ最後の文化期においては，ワリのモチーフや彩色様式が，モチーカのモチーフや器形と融合した土器もあらわれる．これらの土器は，おそらくモチェⅤ期の土器と同時代に製作されたのであろう．一方，純然たるモチェⅤの土器でさえ，図像の細部——目や頭飾りの描き方——は，ランバイェケやチムーの様式のはじまりをうかがわせるのである．

ティアワナコとワリ

ティアワナコは，りっぱな石造建築と石彫をもった大遺跡である．ティティカカ湖から離れること約20km，海抜約4000mの広大なアルティプラーノ——ボリビアから南ペルーにかけてひろがる高原台地——に位置する．このボリビアの遺跡は，インカ帝国時代にすでに知られていたし，インカの起源神話の中には，ティティカカ湖の島が舞台となっているものもあり，そこにはインカの遺跡も残っている．

ティティカカ湖は，船が航行できる湖としては世界で一番高いところにあり，ティアワナコは，古代アメリカで最も高い場所に築かれた都市集落である．森林限界線の上にあるアルティプラーノは，地平線のかなたに山々を望み，人の住めそうもない荒涼とした景観を呈している．しかし，アルティプラーノは，アンデス山脈のうちで，最も大きなひろがりをもつ，耕作が可能な平地であり，何千年ものあいだ，そこに人々が住んできた．さまざまな方法によって，かなり大きな人口を養うことができたのである．最近，ティティカカ湖近くで，盛土をし，水路をめぐらせた畑の跡が発見された．おそらく，こうした工夫をして，水をため，うまく配分しながら，畑に水を流すことによって農業生産性を高めたことが，ティアワナコの住民に十分な食料を供給できた大きな要因になっていたことは間違いない．また，高原台地は冷凍乾燥処理が可能な根茎類の栽培に適しているばかりでなく，ラマやアルパカの群れを放牧することにもむいている．

ティアワナコに人が住んでいたのは，前1500年から後1200年までであり，このうち最盛期は，後500—1000年であった．主な建造物や石彫は，おそらくそれより前に建てられたと考えられるが，後500年ごろに建造物は改築され，そして独特の石彫や建築の装飾が新たにつけ加えられた．「太陽の門」も，いわゆる古典期ティアワナコとよばれるこの時期に造られている．

ティアワナコとワリ

ティアワナコ遺跡と，ペルー南部高地のアヤクーチョ市近郊のワリ遺跡とは，「太陽の門」に見られるような，いくつかのタイプの図像表現を共有している．これらのモチーフは，双方の遺跡で，後500年ごろに登場したようである．ワリの近くのコンチョパタ遺跡では，これらのモチーフが描かれた，この時期にあたる大型の甕を納めた場所が発見されている．この土器は，これに先立つ地方様式の土器とともに出土している．アヤクーチョ谷では，非常に古くから人間が住んでいたことがわかっており，前7000年以上も昔にさかのぼるような遺跡も見つかっている．この地に新しい図像表現が導入さ

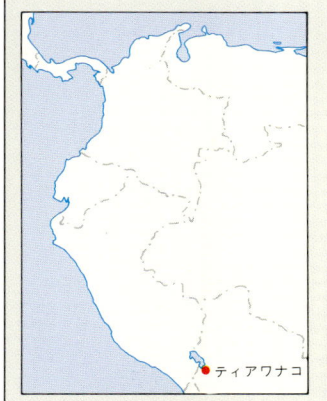

ティアワナコ

ティアワナコ遺跡で、最も重要な建造物が集中して見られるのは、アカパナとよばれる、石を外面に配した巨大なプラットフォーム——各辺が200m、高さは15m——とその周辺である。安山岩、あるいは砂岩の切石の中には、重さが100tを越えるものもある。それらは、遺跡から遠く離れた場所で切り出され、いかだや陸路を使って運ばれた。アカパナの北側には、半地下式神殿が隣接しており、これは、アンデス地帯において、非常に古い時期に見られる半地下式広場を思いおこさせる。壁からは火山性凝灰岩のほぞ付頭像が突き出ており、はるか昔のチャビンの影響をうかがわせる。隣に立つカラササヤは、最大にして最重要の建造物であり、主神殿であった。方形の構内は、砂岩の柱状ブロックと小型の方形の切石とを交互に配した壁に囲まれている。すぐ近くには、プトゥニという建築があり、宮殿であったと考えられる。石製の排水システムをもつ構造物もあった。少し離れてプマプンクがある。これもまた、外面に石を配した巨大なプラットフォームで、高さが5m、長さは150m以上もある。行政センターであったカタタイタも、アカパナからは離れた所に位置している。

カラササヤやプマプンク、そしてアカパナへ通じる入口には、それぞれ巨大な石で作られた門があった。中でもカラササヤの「太陽の門」は、ティアワナコで最も有名な石彫として知られる。これは一つの世界観を表現するものであり、門の上部中央には、大きな正面向きの像が彫られ、その両側には、3列にわたって翼をもった小さな横向きの像が、中央の像にむかって駆ける様子が描かれている。その下には、正面向きの顔が1列ならんでいる。

遺跡のいろいろな場所で発見された一枚石の彫刻は、しばしば円柱形の像の形態をとり、人間の顔をもち、祭祀用具を手にしている。これらの石像は、1.5mから7.6mの高さのものまでさまざまであり、みごとな刻線で衣裳が表現されている。また、顔や足は浅浮彫りであらわされた。カラササヤには、いまだにもとの場所から動かされずに立っている石像もある。このほか、石碑や壁面彫刻も発見されている。

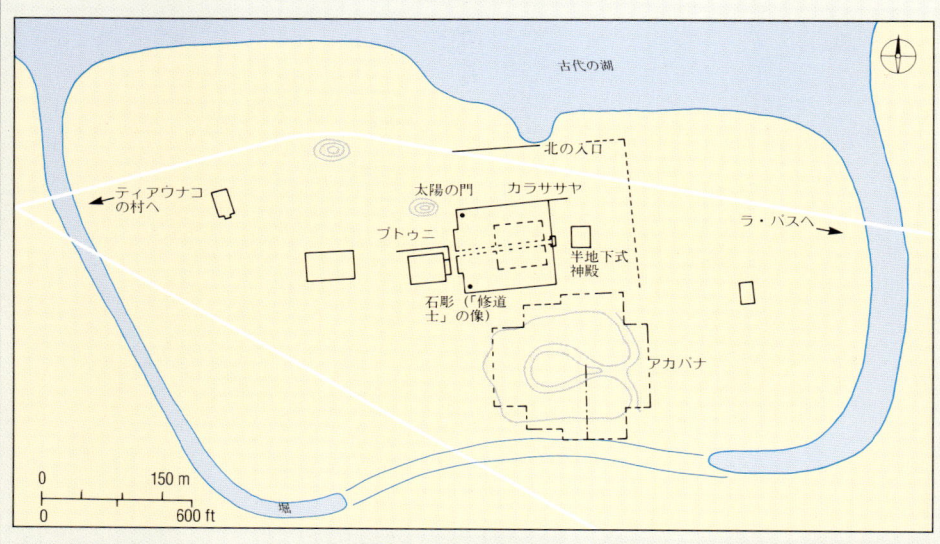

ティアワナコ遺跡で、最もみごとな石彫の一つ(左)は、ちょうどカラササヤに入った所に立っている。この全身像は、地上から約3.5mの高さをもっている。このような円柱形の丸彫彫刻には、入り組んだ浅浮彫りがほどこされ、緻密で対称性を好むティアワナコの石彫の特徴をあらわしている。また、この石彫には、ティアワナコ芸術の複雑な図像表現も見られる。典型的なのは、仮面のような顔であり、角張った、にらみつけるような目をもち、頬には方形のパネルが刻まれている。この石彫が作られたのは、7世紀の後半と考えられ、ティアワナコ遺跡で最も精力的に調査を行ってきた、ボリビアの考古学者の名前にちなんで、「ポンセの石碑」とよばれる。ここより少し離れたティティカカ湖では、インディオが漁や仕事にいく時、先コロンブス期にティアワナコの住民が作ったような葦のいかだ(右)をいまだに使っている。

ティアワナコ遺跡(上)は、ラ・パスとティティカカ湖南岸の間に広がる平原にある。この古代都市を最初に記録したのは、シエサ・デ・レオンであった。スペインの戦士であったかれは、1549年にこの地を訪れ、強い感銘を受けている。壮大なカラササヤは復元されている。右の写真は、半地下式広場の壁の一部である。奥に見えるのは、ティアワナコの大門の一つである。近くには「太陽の門」もある。一枚岩の彫刻が半地下式広場の中央に立てられ、壁面にもほぞ付頭像がはめ込まれている。135m×130mのカラササヤは、ティアワナコの祭祀の中心的役割を果たしたと思われる。

れた当時，ここにはワルパの名で知られる文化がひろがっていた．

どのようなメカニズムによって，この二つの遺跡に同じころ新しいモチーフがあらわれたのかについては，いまだに結論がでていない．二つの都市は，大筋においては独立して発展したと考えられるが，なんらかの接触があり，たがいに影響をおよぼしあったにちがいないし，宗教的モチーフについては，共通の源をもっていたかもしれない．宗教的モチーフは，第3の地からティアワナコとワリ双方にもたらされたものであり，その第3の地は，かつて，チャビンの影響を受けたプカラ芸術（前200—後220年）のモチーフを存続させていた場所であると考える研究者のグループもある．プカラは，確かにティアワナコとアヤクーチョのあいだに位置している．

ティアワナコでは，正面向きの神と翼をもった横向きの像が，主要な石碑にあらわれている．しかし，これらが土器に描かれることはほとんどない．一方で，このモチーフは，洗練された形で，ワリやその影響を受けた地方の土器に登場している．確かに，ティアワナコの石彫からこのモチーフをもち運びの可能な土器に模写した可能性はあるだろう．しかし，モチーフに見られる多様性は，第3の地からの派生と考えた方がよいかもしれない．また，石彫と土器という媒体の違いは，二つの文化において，それぞれ強調する点が違っていたことを反映しているのかもしれない．これは他の面でも明らかである．確かにワリの石彫は，ティアワナコのものにくらべて単純かつ粗雑なつくりであり，宗教は，おそらくティアワナコほど発達しなかったのだろう．ティアワナコにはより祭祀的な傾向が，ワリにはより世俗的な傾向があったように見える．しかし，両都市ともに，後500年以後，活動範囲をひろげ，各地方との連合関係を結びはじめた点は共通している．

ワリ＝ティアワナコ関係を解釈するもう一つの考え方としては，両都市が同じ政体の二つの都であり，ワリが，北方の土地を治め，ティアワナコが，その近隣，および南部の土地を支配したという説がある．たとえば，北部チリや北西アルゼンチンは，この時期にティアワナコから強い影響を受けたように見えるし，ワリは，海岸へ約300km下ったナスカ谷に植民地をもっていた．しかし，実際には，ナスカ地方は，ワリとティアワナコの双方と関係があったのである．

研究者の中には，ティアワナコがあらゆる拡大の背後に存在した真の力であり，ワリは北部におけるティアワナコの政治的，軍事的支配の中心地であったと考える者もいる．いずれにしても，両都市は，後500年を過ぎるとすぐ拡大をはじめたことは間違いない．

特徴的なモチーフ

正面向きの神の立像は，プカラ，ティアワナコ，ワリ，およびそれらに関連する地方的芸術様式の中で認められる．この神は，杖か何か象徴的な物を両手にもち，階段状プラットフォームの上に立っていることが多い．仮面のような顔をして，後背に包まれ，時にはその後光の先端が蛇になっていることもある．そして寛衣（チュニック），帯，短いスカートを身につけている．これは，おそらく後にビラコチャとよばれる汎アンデス的な天空の神であり，創造神の原形であろう．横向きの像は，しばしば翼をもち，走る姿，膝まずく姿，あるいは空を飛んだり，天空にただよう姿として描かれ，正面向きの像に随伴したり，それとは独立してあらわれる．この二つのタイプの像は，蛇の髪の毛という属性を共有し，同じような衣裳をまとっている．これらの横向きの像は，斧や戦

南アメリカ

左　鏡は，先コロンブス期のいくつかの文化で発見されている．写真は，ワリ＝ティアワナコ様式の鏡である．高さは24cmで，鏡面は黄鉄鉱の板で作られ，裏面はモザイクで装飾されている．裏面中央にある顔の頬には，下端に小さな頭がついたパネルが見られ，ティアワナコ様式の石彫に似ている．中央の顔の左右には，胴体のない小さな顔が二つずつ配されている．

後期中間期のアンデス文化
後期中間期に，チムーは，首都チャン・チャンから海岸沿いに南北両方向に向けて拡大をとげ，かれら以上に侵略的なインカの侵入に先立って，独立した帝国を建設した．チャン・チャンは別として，地図上の遺跡の大半は，この拡大期に建設されている．チカマ谷のチキトイは，建築はチムーのものに似ているが，後期ホライズンの遺跡である．現在，考古学者が調査中のマンチャン遺跡は，チムー王国南部における行政の中心地であった．パラモンガ要塞の南にも，チムーが居住，ないし支配した証拠が認められる．チャンカイの名で知られる文化の人々も，チムーによって征服された集団だった．チャンカイの墓からは，みごとな織物が数多く出土している．中には，チャン・チャンで作られたものもあった．
　後期中間期の南海岸の文化の中心は，イカとチンチャの谷にあった．チンチャ谷の日乾レンガ製のピラミッド建築，ラ・センティネーラ遺跡は，この時期にさかのぼる．この遺跡と近くのもう一つ別の大きなピラミッドは，幾何学文のフリーズ（帯状装飾）で飾られている．イカ様式の土器は，価値の高い交易品であったようで，山岳地帯や遠く北のアンコンでも発見されている．イカ文化に特徴的な遺物は，船の舵に取り付けられる板に似た，長い木製の板であり，墓標として使われた．この時期，南海岸とクスコの間の高地には，いくつもの小集団がいた，かれらは一般にチャンカとよばれ，後にインカによって征服された．

勝首級をもった供犠の執行人者と共に描かれたり，この執行者と同じ意味を担って表現されることもある．戦勝首級は，顕著に見られるモチーフである．このことは，ティアワナコとワリの支配者が，敬慕する過去の文化をみずからの権力と関連づけるために昔の芸術を模倣したことをうかがわせる．

ワリの建築とワリ帝国の拡大
中期ホライズンは，ワリの拡大によって定義づけられる．ワリは後500年直後におこり，この時，アヤクーチョ谷には，突如として新しい芸術様式が出現した．これにつづく600年ごろは征服の時代であり，ワリは，海岸のチャンカイや高地のカイェホン・デ・ワイラスへと拡大していった．
　これまでアンデス地帯では知られていなかった様式の大建築複合が，戦略上の要所に建てられた．巨大な壁が，家，通路，広場，何百もの部屋よりなる構造物をとり囲んでいる．行政や軍事のための施設もあり，倉庫や国家の官吏のための居住区，工芸職人や労働者の住む区域も見られる．また，近くの宗教的な聖所もワリの宗教施設へとかえられた．建築は，規則的な方形構造をなし，対称的に配置された．この点は秩序を重んじる傾向を示しているばかりでなく，これらが計画的に，また一気に作られた建築であることも示している．多くの先コロンブス期の建築が，少しずつ規模を増大させたり，建物を結合させる方法をとっているのとかなり異なっている．建築は堂々とした外観をもち，また，進駐勢力を1カ所に集中できるように設計されていた．こうして着々と帝国の歩みははじまったのである．
　ティアワナコの南方への影響を示す証拠は，主として幻覚剤を吸うための道具が発見されるということによっている．幻覚剤は，アンデスにおけるいかなる時代，いかなる地方でも宗教儀礼に欠かせないものであった．ピプタデニアという幻覚作用をもつ植物などが育つアマゾン側のセルバ地方と，この幻覚剤を必要とする海岸地方とのあいだにあるティアワナコの地理的位置は，このような儀礼用品の交易中心となるには好都合であり，ティアワナコの宗教的影響を強めることになった．この影響は，建築よりもむしろ小型の儀礼用具に見られたのである．北アルゼンチンのケブラーダ・デ・ウマワカ地方やチリのサンペドロ・デ・アタカマ地方へは，ティアワナコから直接，影響が波及したかもしれないが，一方で，アルゼンチンのワルフィン谷で発見された儀礼用具は，他の場所が媒介となって，二次的にもたらされた可能性がある．
　ワリの拡大期の直後，アヤクーチョ地方には何らかの社会的危機が訪れたようである．建設活動や征服事業が行われなくなり，放棄された村もいくつかあった．このころ，海岸地方の中心地であったパチャカマが重要性を増し，おそらく，

後期中間期(900－1475 年頃)のアンデスとエクアドルの文化の範囲と遺跡
ランバイェケ/シカン文化
チムー文化，あるいはチムーの領土
最盛期のチムー帝国(1475 年頃)
最盛期のインカ帝国の境界(1525 年)
他の重要な文化の中心地
現代の町，あるいは都市
現在の国境
縮尺 1:16 000 000
0 400km
0 300mi
歴代の王の下でのチムー帝国の範囲
タイカナモ(900 年頃？)
ニャンセンピンコ(12 世紀？)
1370 年頃まで
ミンチャンサマン(1475 年頃まで)
ランバイェケ・シカン文化の遺跡
チムー文化，あるいはチムー王国の領土
灌漑された耕地
チカマーモチェ間の水路
他の重要な文化の中心地
現代の町，あるいは都市
現在の国境
縮尺 1:5 000 000
0 150km
0 100mi
赤道
南回帰線
太平洋
挿入図の範囲
キート
マンタ
マンテーニョ文化
ミラグロ文化
ケベッド
グァヤキル
ミラグロ
グァヤキル湾
コロンビア
エクアドル
ペルー
ブラジル
ボリビア
チリ
アルゼンチン
トゥンベス
ピウラ
パタン・グランデ
エル・プル ガトリオ
チョトゥーナ
パカトナムー
ファルファン
カハマルカ
ワカ・コロラーダ
チャン・チャン
マンチャン
パラモンガ
チャンカイ
アンコン
リマ
パチャカマ
ワリ
ラ・センティネーラ
クスコ
ハアトゥン・コーラ
チュクイト
ティティカカ湖
アルティプラーノ
アルト・ラミーレス
アリカ
ケブラーダ・デ・ワマチューコ
ワマチューコ
サンペドロ・デ・アタカマ
アタカマ砂漠
アントファガスタ
サンタマリーア
トゥクマン
ベレン
コキンボ
アンデス山脈
セチューラ砂漠
太平洋

ワリの権力に対抗するまでになってきたと思われる．パチャカマは，後に独自に影響範囲をひろげ，それはナスカ地方にまでおよんだ．また，インカ時代には，その神殿やそこで下された神託は，きわめて重要視され，高い威信をかちえていた．ワリの征服は，きわめて短期間のうちに一気に推進されたのである．しかも帝国の権力は，ペルーの最北海岸や北部高地のカハマルカ地方にまでおよんでいた．

800年より前にワリは放棄された．偉大な征服の時代は，突如としておわりを告げたようである．しかし，その芸術様式は，引きつづき影響を与えていった．ティアワナコの方は，依然として，しばらくのあいだは繁栄をつづけ，南に新しい植民地を加えていった．

チムー

チムーもしくはチモールについては，古典期ランバイェケ，あるいはシカンとよばれる様式から話をはじめなくてはならない．これは，8世紀の前半に発達し，独特の黒地の土器を生み出し，これにつづく1世紀のあいだに，宗教的建築をともなうようになる．シカン様式が最もよく見られるのは，ランバイェケ谷の北端を流れるレチェ川とパコーラ川のあいだに位置するバタン・グランデ遺跡である．バタン・グランデは，約50の遺構群からなる複合遺跡であり，その歴史は前1500年ごろにまでさかのぼる．その当時のU字形神殿の遺構は，今でも目にすることができる．モチーカがこの地域に侵入してきたのは，モチーカ最後の時期であり，ここランバイェケ谷のパンパ・グランデに中心を移した．しかし，700年ごろには，その権勢もおわりを告げる．これにつづいて，南方のワリやパチャカマ，東の山岳地帯のカハマルカから影響を受ける時期となる．南からの影響によって取り入れられた特徴の中には，その後もずっと存続するものもあった．たとえば，ケーロ形とよばれる広口コップや，南海岸で生まれた橋型双注口土器などである．

850－1050年のシカン最盛期のバタン・グランデでは，日乾レンガで作った少なくとも17の大建造物がたちならび，大きな円筒形の墓やその他の建築も認められた．この巨大な建築群は，明らかに都市ではなく，儀礼や埋葬の場所であった．そこには壁画が見られ，新大陸でも有数の豊かな副葬品をもつ墓がある．中には200以上の金や銀製品がおさめられた墓もあった．この遺跡からは，金属加工の工程を示す証拠も発見されている．おそらく，ランバイェケ王朝の中心は，この近くにあるエル・プルガトリオ遺跡であったと考えられる．ランバイェケ谷は，やがてチムーによって1350年ごろに征服された．

アンデスの先インカ時代についての資料は，どの地域よりも，北海岸について多くふれている．たとえば，スペイン人による征服直後に採取された伝説によれば，バルサ材のいかだでランバイェケ谷に到着したといわれるナインラブが，その地に王朝を創設したと伝えている．しかし，この王がどこからやってきたのかについてはわかっていない．ナインラブは，おそらく神話上の人物と思われるが，その系譜をひく者が，チムーの征服まではランバイェケを支配したと考えられる．この後，政治的権力はもたないが，首長の地位を有する新しい家系が登場し，それはインカが北海岸を支配したあいだもずっとつづいていたようである．

チムー王国

チムーの場合にも，バルサのいかだでたどり着き，チャン・チャンの町を築いたタカイナモ王の伝説がある．その後継者は，おもに南北2方面にむかって進軍し，領土拡張を行い，チムー王国を創設した（チムーは，モチェ谷の古い名称チモールに由来している）．チムーは，最終的に最北海岸のトゥンベスから，リマの北のチヨン谷までを支配下に収めた．チムー王国は，征服と巧妙な行政を通じて領土を拡大していった．神聖視された王の指導の下で，整然と組織だって推進された．最初の王が神として崇められたことは確かで，これは，先コロンブス期のアメリカでよく見られることである．チムーの王は，超自然界との交流ができると信じられており，それを通して農業と臣民の幸福をはかったのである．

伝承はチムーの宗教についても触れている．月の女神シは主神であり，国家の資産の守護者と考えられていた．おそらく，シは夜間においても目を光らせ，暗闇の中でも盗人を見つけ出し，その姿を照らし出すことができると信じられたからであろう．月は海を越えて西へ旅をする．この海はニとよばれる神と考えられ，海岸に住む漁民の生活にとって重要な神であった．植民地時代初期の記録によると，海岸の人々の祖先は四つの星であり，二つは王と貴族となり，他の二つの星は一般の人々になったと伝えられている．この神話における階級制度は，チャン・チャンの階層社会において，まさに現実のものになっていたと考えられる．

チャン・チャンは，モチェ遺跡とは反対側のモチェ川の北岸にあり，海辺に近く，北のチカマの谷にほとんど隣接している．北海岸地方の灌漑システムは，チムーの時代より2千年も前に確立していたが，チムーはそのシステムを拡張し，隣のチカマ谷上流からモチェ谷の耕地にまで水を引くために約65kmもの長さの灌漑水路を建設した．しかし，これが実際に完成し，利用されたのかどうかについては，かなり議論の余地が残っている．

最初のチムーの王は，いついかだで渡来したのか，その人物が何をもたらしたのかはよくわかっていない．チムーの芸術様式は，基本的にはモチーカと中期ホライズン（ワリ）の要素との融合からなる．巨大な壁に囲まれた複合的な建築や正面向きの神像は，ワリの特徴を残している．建築はワリとにており，モチェとは確かに違う．一方，チムーの工芸職人は，モチーカ文化の土器の形やモチーフをある程度受けついている．しかし，主題や器形はずっと限られていた．海のモチーフも多かったが，複雑な祭祀の場面が描かれることはまれであった．

1462年から1470年のあいだに，チムーとインカとの抗争がはじまり，チムー王国は，急速に拡大をとげたインカ帝国に併合される結果となった．チムー自体も帝国であり，インカと同じくらい高度な発展をとげており，むしろインカ以上に長い発展の歴史をもっていたと考えられる．しかし，南部の高地民の軍事力に屈したのである．皮肉なことに，チムー様式の工芸品は，インカによる征服の後に，以前よりもひろい範囲にわたって見られるようになる．これは，交易のあり方や徴税の仕組みと関連し，さらに，インカがチムーの工芸職人の技芸を高く評価したことと関連しているのかもしれない．チムーの金属細工師は，クスコへ連れていかれ，インカのために働いた．しかしながら，この時期のチムーの織物となると，以前のものにくらべて質が落ちている．

南海岸

この時期，南海岸のイカ谷やチンチャ谷および，チンチャ谷とひとつづきの平野を形づくるカニェーテ谷では，相互に関連性をもった文化が栄えた．チャン・チャンのものにた帯状装飾をもつ土壁のピラミッド，細かな幾何学文様が全面

チャン・チャン遺跡の日乾レンガの壁には，さまざまな装飾モチーフが見られる．何か機能をもったと思われるものもあれば，単に装飾的，あるいは象徴的なものもある．一般に，一つの図案が繰り返されることが多いが，複雑な構成をもつものもある．チャン・チャン遺跡では，海鳥や魚や小舟に乗る人といった，海に関する図案が，かなり多く見られ，リスのような図案（下）はめずらしい．機能的な役割を果たした装飾もいくつか見られる（最下段）．この写真では，中空のダイヤモンド形の文様と市松文様が認められる．残念なことに，シウダデーラの中の壁のほとんどは壊れてしまっている．

チャン・チャン

チャン・チャンの大都市遺跡は、およそ6 km²の範囲にわたってひろがっている。ここには巨大な壁で囲まれた10個の大区画シウダデーラのほかに、小型の建造物や簡素なつくりの居住地区、作業場があった。シウダデーラはすべて方形で、ほぼ南北の方向性をもち、内部はおおむね同じ設計になっている。最大のものは、22万1000 m²の面積をもつ。外周壁の高さは9 mほどあったようで、最長の壁は650 mにもおよぶ。厚い日乾レンガの壁の基部には、一般に河原石が敷かれていた。

これらのシウダデーラは、チムーの支配者の王宮であり、高くそびえる北壁にただ一つ設けられた入口から中に入ることができた。入口からは回廊がつづき、ひろい中庭に通じている。この中庭の南側には長いベンチ状基壇があり、そこに上がるための傾斜路が設けられていた。発掘調査の結果、傾斜路の下に遺体が埋葬されていたことがわかった。おそらく、建設に際して、人身供犠が行われたと考えられる。シウダデーラ内に見られる迷宮のような建築群には、小さな中庭、貯蔵室、アウディエンシア（謁見室）などがある。アウディエンシアは小さなU字形の構造で、この形は海岸地方でかつて見られた大きなU字形建築と関係があるのかもしれない。アウディエンシアは、5—6 m²の床面積をもち、物資の分配と統御のセンターであった可能性が論じられてきた。しかし、それらの内部、あるいは近くで埋葬が行われたという事実がわかり、またその形が、家の原型、ないしは宇宙を小さくしたものの表現として考えることができるという点から、儀礼的機能をもっていたことが想定できるのである。

シウダデーラ内の北側の地区は、ほぼ正方形になっている。これに接して北側に、ほぼ同じ大きさの、もう一つ別の壁に囲まれた正方形の空間がある。そこもやはり北壁にあるただ一つの入口を通ってしか入れない。中には多くの貯蔵室や二、三のアウディエンシアと、居住区域が設けられていた。

シウダデーラで最も重要な建築は、王家の埋葬基壇であり、この構造物は、建築全体の最後に建てられるのが一般的であった。10個のシウダデーラのうち、9個までが区画全体の南東端に、頂上部を平坦にしたこの埋葬用ピラミッドをもっていた。その内部には多数の小部屋があり、特別の広場を通って上にのぼり、頂上部から内部に入ることができた。中心部に見られる他よりもひろい部屋には、支配者の遺体が安置されていたにちがいない。

チムーの王のリストには、10人の王の名前があがっており、一方、チャン・チャンには壁で囲まれた10の広大な建造物が存在する。今日、考古学者たちは、それぞれのシウダデーラは、特定の王の宮廷であり、大チムー王国の行政センターであったと考えている。王が死ぬと、その宮廷は閉ざされ、聖なる墓所となったのである。

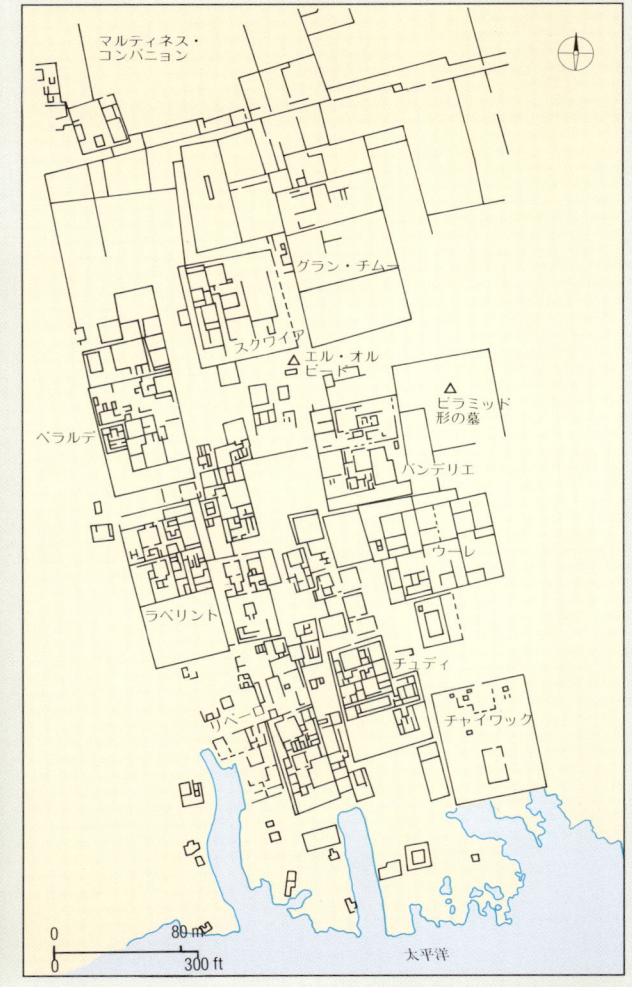

下 シウダデーラ、すなわち壁で囲まれた区画は、海辺から内陸部にむかって次々と建造されていった。内部の基本的な設計は、それぞれ異なっている。これらは、1470年ごろにすべて放棄された。各シウダデーラの名称の大半は、19世紀にここを調査した考古学者や、観察を行った旅行家にちなんでつけられた。

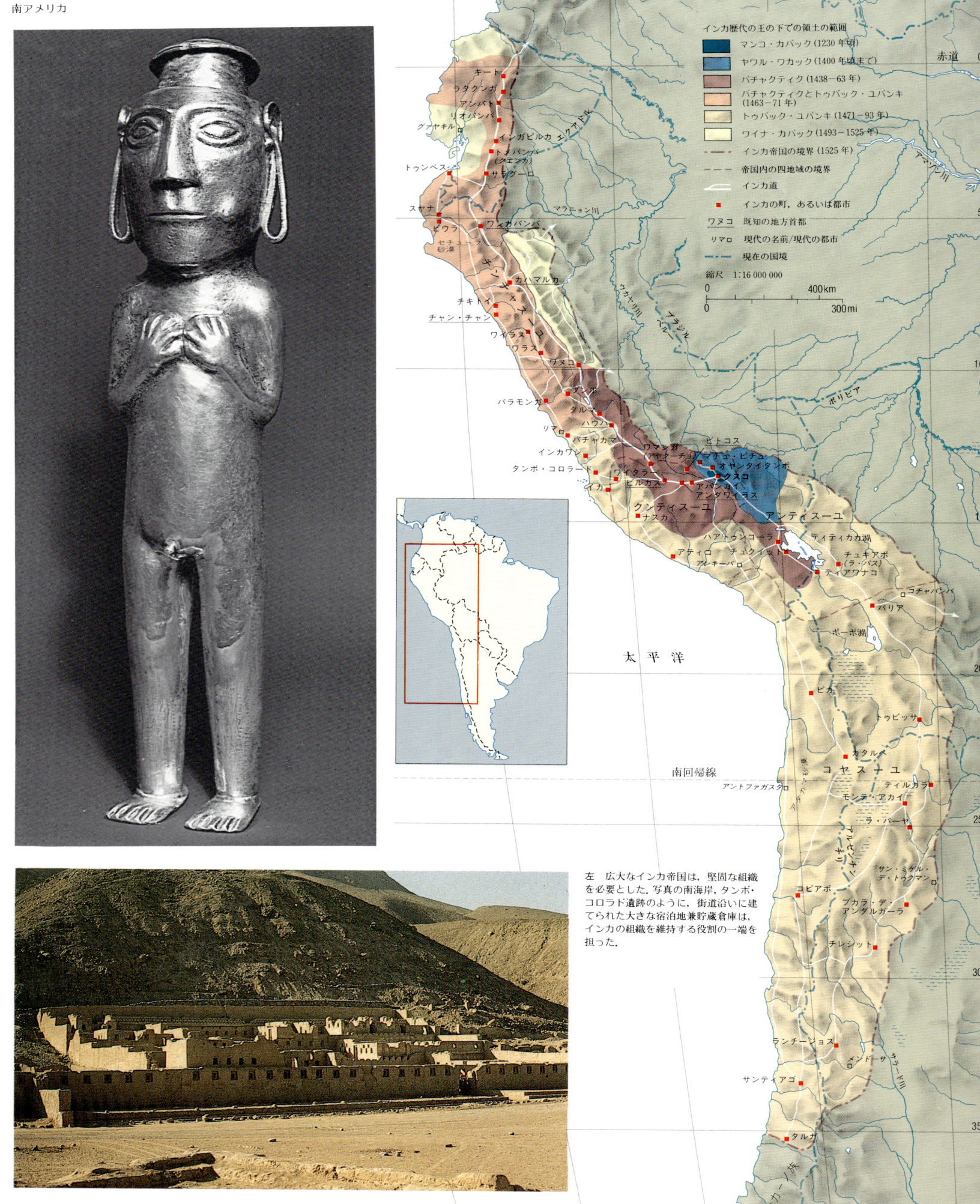

南アメリカ

インカ歴代の王の下での領土の範囲

- マンコ・カパック（1230年頃）
- ヤワル・ワカック（1400年頃まで）
- パチャクティク（1438–63年）
- パチャクティクとトゥパック・ユパンキ（1463–71年）
- トゥパック・ユパンキ（1471–93年）
- ワイナ・カパック（1493–1525年）
- インカ帝国の境界（1525年）
- 帝国内の四地域の境界
- インカ道
- インカの町、あるいは都市
- ワヌコ　既知の地方首都
- リマ　現代の名前/現代の都市
- 現在の国境

縮尺 1:16 000 000　　400km / 300mi

太平洋

南回帰線

左　広大なインカ帝国は、堅固な組織を必要とした。写真の南海岸、タンボ・コロラド遺跡のように、街道沿いに建てられた大きな宿泊地兼貯蔵倉庫は、インカの組織を維持する役割の一端を担った。

左　インカ帝国
タワンティンスーユ，すなわち四つに分割された世界――チンチャスーユ（北），クンティスーユ（西），アンティスーユ（東），コヤスーユ（南）――とは，実際には，南アメリカの西海岸にそって帯のようにのびる細長い地域をさす．これは，宇宙は四つの方向によって構成されるという，かつて先コロンブス期の諸文化に共通して見られた観念に合わせて案出された公的な称号である．タワンティンスーユには，多様性に富んだ気候と地勢が見られ，これらは，牧畜，採石，農耕，漁労，採鉱などさまざまな目的に利用され，その産物は各地に分配された．都市とよべるものがあったかどうかは，議論の尽きぬ問題ではあるが，インカ道沿いには拠点集落が設けられ，そこでは品々が貯蔵され，積み換えられ，また，官吏が滞在して，帝国の運営を監視した．ここで示したインカの拡大の順序は，かれの「正史」と一致しているが，これはおそらく伝説にすぎないと見てよいだろう．インカの歴史は，神話と区別できないほど融合しているからである．初期の王達とその業績は，確実な典拠によるものとはいえまい．先コロンブス期の支配者たちは，神話上の過去において超自然的性格をもつ祖先との関係を主張することで，王権を強化しようと望んだと思われる．石にかわったインカの始祖であり，太陽の子とされるマンコ・カパックは，実体のない伝説上の人物であることは明らかだ．本当の歴史がはじまるのは，パチャクティである．かれの父，ビラコチャ・インカは歴史上の人物だが，この図に示した帝国を創りあげたのは，パチャクティと息子のトゥパック・ユパンキ（トパ・インカ）であった．これに加えて，王，ワイナ・カパックも帝国形成に多少貢献した．

左上　インカの金属細工職人が作った裸像．このような裸像は，金，あるいは銀で作られ，男女両性が題材となった．チリで見つかった同種の像は服を着ており，また，ミニチュアの衣裳が発見された所もあるので，おそらくすべての人形に服が着せられたと考えてよい．この像の耳たぶは，重い耳飾りを着用して延びてしまったかのように作られている．もちろん，この人像は，耳飾りを着けていない．しかし，耳たぶが延びていることから，重要な人物像であり，何らかの神聖な機会には，衣服と耳飾りを双方とも取り除かれた上でひき出されたものと思われる．

上　インカの生活と歴史は，ワマン・ポーマ・デ・アヤラの絵に，生き生きと描かれている．この図は，武器を手にし，王族特有の寛衣（チュニック）を身にまとっているワイナ・カパックを描いている．

にわたって見られる美しい土器や織物などが，これらの文化の特徴となっている．

これらの谷は，前期中間期ではさほど重要性をもたず，また，その後はワリの支配下にあり，最後にはインカの征服者にあっさりと降参してしまった．

インカ

アンデスの帝国は，スペイン人が新大陸に到着する前の数十年のあいだに絶頂期をむかえた．当時，インカ帝国の領土は，ペルー南部高地のクスコを中心に，南はチリと北西アルゼンチン，北はエクアドル全域までおよんでいた．インカについてしばしば注目される点の一つに，その短命さがあげられる．国家としてのインカでも90余年，インカ帝国になると50年そこそこしかつづかず，ほどなくスペイン人が到来し，これを滅ぼしてしまった．しかし，大規模な領土拡大の後は短命におわるのが，それまでにも見られたアンデスの帝国や大国家の宿命であった．スペイン人の到来時には，すでに帝国内部で王位の継承をめぐる争いがおこっていたのである．

インカは，クスコ地方の小王国として出発し，徐々にその地方における勢力を増大していった．1440年ごろ，近隣地方への拡大に成功した後，インカ王朝史において，「偉大な人物」と称せられる首長パチャクティの指導の下に，さらに大規模な征服をはじめた（インカという言葉は，元来王を指し，太陽の子，あるいは太陽の現世での化身と考えられた．しかし，この言葉は，帝国における支配的集団であったケチュア語を話す人々にも適用されるようになった）．パチャクティは，小王国の時代の経済と政治の構造を再編成し，階層制に基づく中央集権的な国家につくりかえ，木造と草葺き屋根の家からなる町にすぎなかったクスコを再建して，都市を築いた．こうして誕生した都市クスコは，後にスペイン人を感嘆させ，インカの建築を世界的に有名なものにした．

インカには注目に値する特徴が数多くあるが，その中でも，おそらく都市建築とみごとな石細工がとくに目を引くものであろう．不規則に切られた巨大な石が，目地土なしでナイフの刃が入らないほどぴたりと組み合わされている様子は，信じがたいほどである．インカは，クスコばかりではなく，帝国中に都市を建設した．時には無からはじめ，時にはすでに存在していた建物を改修して造りあげた．巨大な石のブロックは，石の道具を使って穴をうがち，打ちたたいてようやく切り出され，そして丸太の上かソリに乗せて綱で引いて運ばれた．これには莫大な人力を要した．建設中の壁にそって土と石の傾斜路が造られ，それを利用して石が引きあげられた．最終的な切断と研磨は，その場で，やはり石の道具を使って行われた．しかし，完全に石が組み合うまでに，何度ももちあげて，切り直し，再び下ろして据えてみる作業が繰り返された．植民地時代初期の年代記録者ポーロ・デ・オンデガルドは，大きな石の場合には，一つを仕上げるのに20人の男がまる1年かかるものもあったと述べている．インカは，垂直を測るおもり，2本の尺を組み合わせた計算尺，青銅製や木製のバールやてこ，青銅製ののみをもっていたが（インカは，青銅鋳造の先駆的業績をあげた），青銅製の道具は，石切りにはほとんど用いられなかった．石は，石製のハンマーで細工され，石や湿った砂を利用して磨かれていた．

莫大な労働力は，段畑や水利施設の建設にもむけられた．クスコは周辺に広大な谷を有するが，一般にアンデス山脈には平らで耕作可能な土地は少なく，作物は山の斜面につくられた段畑で栽培された．中には，驚くほどみごとな段状構造をもつものもある．畑は石の土留壁で支えられ，排水のために土の下は砂利床となっていた．そして，石組みの排水溝が，段畑全体にめぐらされていた．

社会構造と宇宙観

多くの古代都市同様に，クスコは世界の「へそ」であった．これはクスコという名前の意味でもある．インカ帝国は，タワンティンスーユ，「四分割された世界」とよばれていた．方位は先コロンブス期の人々にとっていつも重要であり，インカも例外ではなかった．インカの場合には，東西が重要な方向であった．インカの人々は，太陽の動きに注意をはらっていたからである．インカは，人々が住む世界全体と，実際にそこに住む住民の双方を，四分割ないしは二分割しようとしていた．

理論上は，インカの社会は，厳密な構造になっていた．そして実際にも，かなりの点で厳密さが保たれていた．構造の頂点には，神聖なる王インカがいた．帝国の領土が四分割されたのと同じように，クスコの町も四分割され，各々の区域に，社会生活や遂行すべき義務などの点で厳格な区分が設けられていた．タワンティンスーユの四区分は，さまざまな大きさの地方に細分され，各地方には首都が置かれ，さらにその地方は二分された．四区分それぞれを管轄する長官は，クスコに住んだ．また，細分された各地方には行政の長がいた．これらの役職についたのはすべて貴族であり，おそらく，王の血縁者であったと考えられる．

地方の住民は，理念的には10進法にのっとって分けられ，約1万人の住民を統轄する長官を筆頭にして，千人の長，あるいは百人の長などからなる階層組織ができていた．

こうしたシステムを円滑に動かすためには，さまざまな理由で人々を移動させる必要があった．インカの支配に抗して不穏な動きを見せる集団があれば，別の場所に移し，騒動がおこる可能性を少なくした．労働力が必要になれば，それに応じて人々は移動させられた．新しい土地の開墾や農業の集約化，あるいは他の資源の開発なども，こうした移動を引きおこす要因となった．これらのミティマとよばれた移住者集団は，クスコにもしばしば連れてこられた．同じ出身地からきた人々は，クスコ市内や周辺の同じ場所に住み，伝統的な親族集団アイユを結成し，出身地独自の衣裳をまとった．言葉も自分たちの言語を使っていたが，公用語としてケチュア語も用いられた．そのためか，今日，遠くエクアドルにおいても，いまだにケチュア語の地名が残っている．

租税は主として労働の形態をとった．一般に生産された作物やその他の物資の1/3はインカ，つまり国家のもとへ，1/3は神（これもおそらく国家のものとなった）の下へいき，そして残りの1/3が生産者に残された．

農業が最も重要であったのは当然である．インカの儀礼は，主として農作業の暦にそってとり行われた．王自身が最初の植え付けを行い，これによって農期がはじまった．人口が増加するにつれ，そして版図がひろがるにつれ，食料の生産と分配のコントロールはますます重要になった．王を太陽と同一視することは，政治的には王の農業に対するコントロールを強化する方法であったと考えられる．

記録はキープによって保存された．キープは，縄でできたそろばんのような装置であった．10進法の数の位をあらわすそれぞれの場所に，結び目をつくることで計算できるのである．これは，20世紀においても，日々の記録を残すために使われつづけている．しかし，過去においては，一部の者のみにしかわからない使用法もあり，天文学や宗教的目的のために用いられたことも十分に考えられる．

聖なる石

　先コロンブス期の諸文化は、いずれも聖なる石、もしくは特別な石の観念をもっていたように見えるが、インカ時代にはとりわけ、このような石の観念が発達した。インカの建築に見られる石への思い入れは、神話に反映しているようだ。16世紀の記録には、インカの始祖神話について、さまざまな伝承があげられている。ある伝承では、創造神は人間を石から創ったと述べているし、別の異伝では、創造主は人間をうまく創ることに失敗して、その実験の産物を石にかえてしまったという。また、インカの始祖は、4人の兄弟と4人の姉妹よりなり、かれらは、ティアワナコに近いティティカカ湖の島の石の扉——すなわち洞窟——からあらわれたと伝える話もある（別の神話では、太陽がこの島の聖なる岩から生まれたという）。4人の兄弟のうちの1人は、洞窟にもどって、2度と姿をあらわさなかった。残りのうちの2人は石にかえられた。4人目が初代のインカの支配者であり、クスコを建設したマンコ・カパックであった。かれは、大地の四隅をめがけて投石器で四つの石を投げ、土地を区分したと伝えられている。マンコ・カパック自身も最後には石にかわったと信じられ、その石は、後に戦闘の時インカの戦士によって戦場へ運び出されたという。

　クスコ周辺には、聖なる石が放射状に分布している。装飾のない風化した石もあれば、階段文様、蛇の形や他の図案が彫られた岩もある。これらはある集団が「所有」し、そこで儀礼がとり行われた。

　マチュ・ピチュ遺跡は、ウルバンバ川を見下ろす険しい山の頂上にある。周囲には高い山々がそびえ、すばらしい景観が現出している。マチュ・ピチュはインカ帝国の辺境を守る戦略上重要な遺跡であったが、同時に、ここは聖なる場所でもあり、自然岩に彫刻をほどこしたものが数多くある。インカの人々が、「ワカ」とよんだものである。最も際立っているのは、玉座のような形をしたインティワタナ「太陽をつなぎとめる柱」で、小高い場所に作られ、岩に刻まれた階段を上ると、ここに着くようになっている（右端）。きれいな形に彫り込んだ水溜めがいくつも作られ、水はここから遺跡の中を流れ落ちている（右）。

　台形の入リロや壁龕は、インカ建築に特徴的なものであり、マチュ・ピチュ遺跡の「王の建築群」（上左）やクスコの真東のタンボマチャイ遺跡にあるみごとな石造建築物に見られる。タンボマチャイの四つの壁龕（左）は、洞穴から4人の兄弟があらわれたというインカの始祖神話と関係があるのかもしれない。インカにおいては、石、洞穴、祖先は密接に関連していたからである。石段を段状に配したタンボマチャイ遺跡は、クスコから放射状にのびる線にそって作られた聖所の一つであり、聖なる泉を囲い、そこから水を流す役割をもっていた。昔から宗教的建造物は、泉の周辺に建てられた。スペイン人の記録によれば、インカの王は、タンボマチャイに逗留し、祖先を祭る儀礼として狩猟を行ったという。壁龕のある壁は、下段の壁よりも細工がみごとである。このようなインカの対照的建築法の例は多い。

聖なる石

左 インカの人々は、人間の技を自然の素材に印した。自然岩の中でも目立ったものは、その一部を加工して明らかに人の手になる彫刻に仕上げたのである。彫刻は三つの部分から構成されることが多く、一般に階段モチーフが印された。写真の岩は、「インカの玉座」とよばれ、大きな石灰質の露頭の一部が加工されたものである。ここには、壁龕、階段、通路などの彫刻のほかに、めずらしい火成岩の奇観も見られる。玉座は東をむき、クスコの町の上にそびえる巨大な建造物、サクサワマンを望む。玉座に朝日があたってから、ようやく谷の下部が光を浴びる。この岩は、玉座か祭壇であると同時に、聖なる石であったとも思われる。伝承によれば、インカの王は、祭などの特別の日に、この岩に坐ったという。また天文学的な意味があったのではないかとも考えられている。

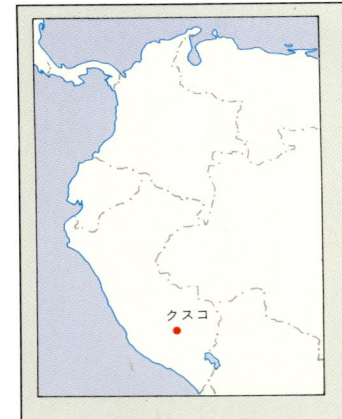

南アメリカ

クスコ

クスコは，チュンチュルマーヨ川，トゥルマーヨ川，そしてワタナイ川の合流点にあたる海抜約3500 mの谷に位置する．町の東側を流れるのはウルバンバ川の源流であり，この川は，最終的にはアマゾン川に注ぐ．クスコの谷は小さく，周囲の山々に堅固に囲まれているが，いくつかの河谷を通れば，往時のインカ帝国の都に入ることができる．

伝説では，マンコ・カパックが，後にインカの「太陽の神殿」が建てられた場所に都を定めたという．今日，サント・ドミンゴ教会が建っている所である．植民地時代初期のスペイン人，ペドロ・サルミエント・デ・ガンボアの記録によれば，インカの支配者の家族は，町が成長しはじめるまではこの場所に簡素なつくりの家を構えており，その後，別の場所に王の宮殿が建てられるようになったという．

クスコを大都市に造りあげたのは，パチャクティであった．このインカ王が，昔の都市ティアワナコを訪れた時に，非常な感銘をおぼえたがゆえに，クスコを石造建築で再建したと伝える話もある．しかし，みごとな石造建築は高地の伝統であり，クスコの建築には，ティアワナコの建築との関係はあまり認められない．さらに，クスコの近くには，みごとな建物の例もある．たとえば，ピキヤクタは，クスコに近いコヤスーユ道にあるりっぱなワリ時代の大遺跡である．パチャクティは，新たにみごとな「太陽の神殿」を建立した．今日見られるのはこの大神殿のごく一部である．かれは，ほかにも石造の神殿，宮殿，そして上質の布を織り，さまざまな儀礼と関連した仕事にたずさわる「選ばれた女性」のための館などを建設した．さらに，パチャクティは，町の上にそびえる巨大な神殿型城塞であるサクサワマンの建設にも着手した．

フランシスコ・ピサロの秘書であったペドロ・サンチョと，フランシスコの甥であったペドロ・ピサロは，スペイン人の略奪や，所有権をめぐる争いによって破壊されてしまう前のクスコの町について記録を残している．とはいえ，インカの巨大な石壁は，簡単には破壊されたり，建てかえられるようなものではなく，その多くは，現在の町の土台としてクスコに残っているのである．

下　ベルギー人テオドーレ・ドゥ・ブリーが描いたクスコ．アメリカ的というよりも，むしろヨーロッパ的である．かれはクスコを一度も見ていないので，外周を壁で囲まれ，完全な格子状に区画されたヨーロッパの都市のように描いたのである．しかし，この絵は，インカの帝国と世界が四分割されていたことをきちんと表現している．また，三重の壁をめぐらせた場所があったのも事実である．絵には，町を流れる川も描かれている．しかし，実際には，クスコは壁に囲まれていなかったし，この絵ほど整然とした形をしてもいなかった．

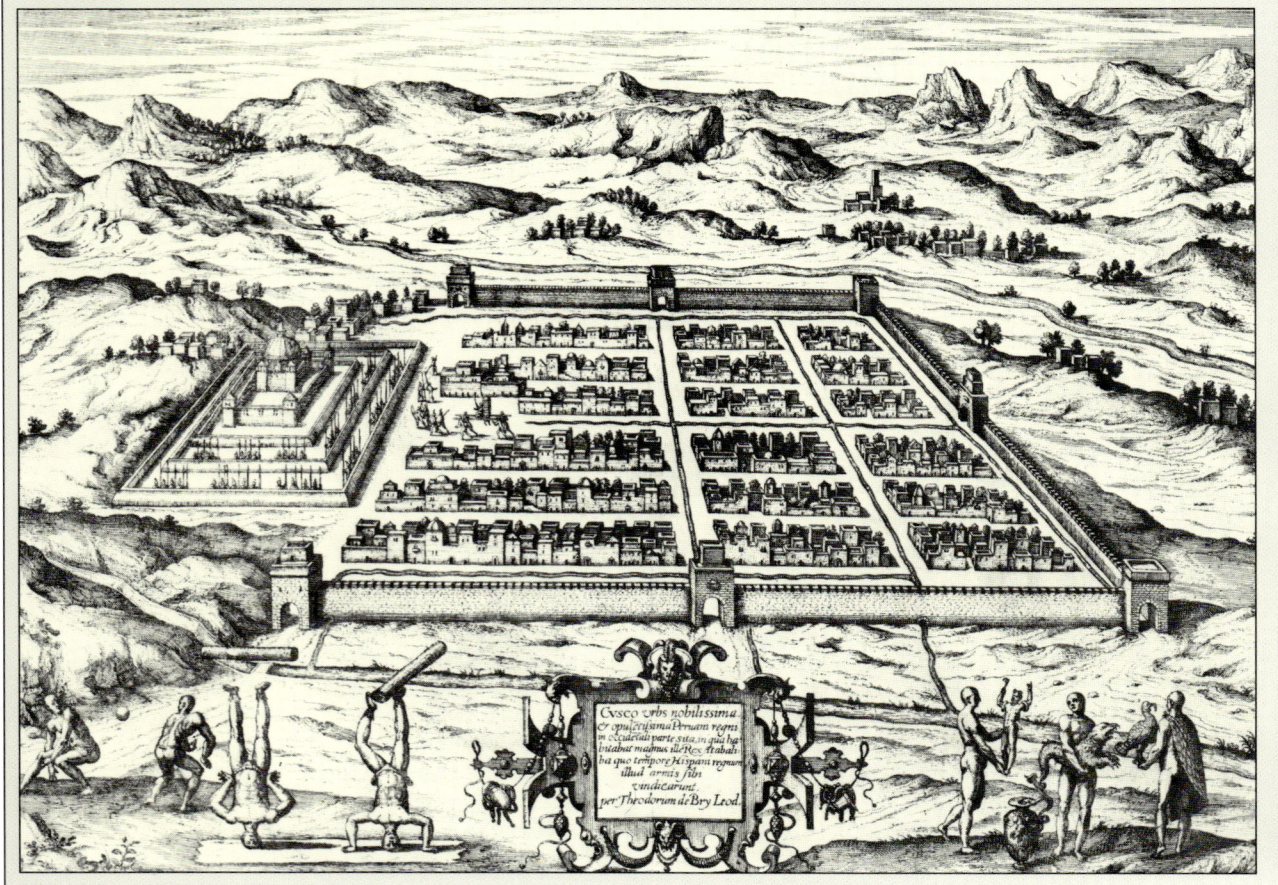

下　インカの最も重要な建築であり，クスコの祭祀の中心だったのは，太陽の神殿コリカンチャ，すなわち「黄金の囲い」である．これは破壊されてしまったが，今日，その半壊した神殿の一部に，サント・ドミンゴ教会が建っている．コリカンチャの壁は，金と銀の板でおおわれていた．内部は，現在復元中である．

植民地時代のクスコの町は，インカの遺跡の上に建設された．インカ時代の町割りや多くの壁がそのまま残っている．クスコは，新大陸の都市の中で最も古くから人が住み続けた所である．

下端　サクサワマン遺跡は，クスコ中心部の一番高い所のさらに上方，つまり西側に築かれている．町を見おろす険しい山の上にあるこの巨大な遺跡は，15世紀のなかばにパチャクティによって建設が開始され，スペイン人による征服当時には，ほぼ完成していた．三つの巨大なジグザグの壁で守られている．壁の高さは，現在でも約16mあるが，かつてはもっと高かった．1万人，つまりクスコの人口の大半が，壁の内側に避難できたという．サクサワマンは，スペイン人による征服当時，戦争の舞台となった．またここは，太陽を祭った聖所でもあり，儀礼がとり行われていたようである．

道路網

インカ帝国の生命線は，発達した道路網にあった．その長さはまだ完全にわかってはいないが，おそらく，総延長4万kmに達したと思われる．最も主要な道路は，アンデス山脈の中をクスコからキートまで設けられており，道路沿いには，多くのインカの行政センターが置かれた．キートからさらに北へ延びた道は，今日のコロンビア南部にまでおよんだ．高地のもう一つの街道は，クスコから南へ延び，北西アルゼンチンやチリのサンティアゴを越えたあたりまで達していた．海岸の道もあり，さまざまな地点で山の道とつながっていたし，山や海岸の町同士を結ぶ道もあった．

道路を建設する時は，高い場所，湿地，砂漠などの条件の悪い土地はできるだけ避けたが，やむをえない場合には，それを克服するすぐれた技術をもっていた．車輪のある乗物は存在しなかったので——牽引動物もなかった——，建設は，地勢や道路の使用目的だけに合わせて行われた．道の幅は，1mから16mまでさまざまであるが，場所によっては，もっとひろいところもあった．正式に道路が建設されない場所もあり，昔から人がかよう小道がそのまま利用されることもあった．インカ時代以前の道路が使われた場所は多い．中期ホライズンの道路もあったと思われる．「インカ」の道路が，実際には，数多くのワリやティアワナコ様式の遺跡をつないでいるからである．さらに，遠く前期ホライズンにまでさかのぼる道路についての証拠も認められる．山のインカ道は，時には崖縁にそって狭くなっていた．海岸の道は，山の道よりもひろく，またまっすぐに作られ，両側に石や日乾レンガ，ないしはタピア（大型の日乾レンガを芯にした泥壁）の低い壁か，木の柱列を設け，砂漠の砂で道が埋まらないようにした．農耕地帯を通りぬける道路沿いには，高い側壁が建てられた．湿地帯を通る際には，土手道，排水溝，敷石が作られた．

深い峡谷にかけられたインカの吊り橋は有名である．石積の橋脚の上に，木製，あるいは石製の上部構造を載せた橋もあり，自然の石をそのまま利用した橋もごくわずかながらあった．ティティカカ湖地方では，葦を浮かせて橋とした．旅人が太綱に吊られた籠で川をわたる例もあったし，バルサ材，ヒョウタン，葦などでできた渡し船が備えられた川もあれば，旅人が泳いでわたらなければならない場合もあった．

道路沿いには，タンボというさまざまな大きさの建物が作られ，宿泊施設や倉庫として役立てられた．ここはおそらく地方行政や他のさまざまな活動の中心地でもあったのだろう．いろいろな大きさや建築形態をもつタンボが，少なくとも1000以上は存在したようで，大きなものは町に置かれ，小さなものは道沿いに，およそ1日の旅程間隔で配置されたと考えられる．

道路は一般の旅行者が利用するためにあったのではない．道路は帝国を統御する重要な手段であり，通行は王の命令のもとで行われていた．皇帝の輿もこれらの道を通ったのかもしれない．インカは，この道路網を利用して，住民をある場所から別の場所へと移動させ，広大な帝国内の住民を統制するために軍隊を各地に派遣した．そして荷を積んだラマ——ラマは，45kgまで荷をかつぐことができる——の群れが，帝国のさまざまな場所へ物資を運んだのである．

次頁　マチュ・ピチュ．壮大な背景のもとに，多様な建築技法を駆使して，さまざまな石造築物が建てられていることが，この写真に示されている．「太陽をつなぎとめる柱」は，中央左，段畑の上の石壁の囲いの中にある．

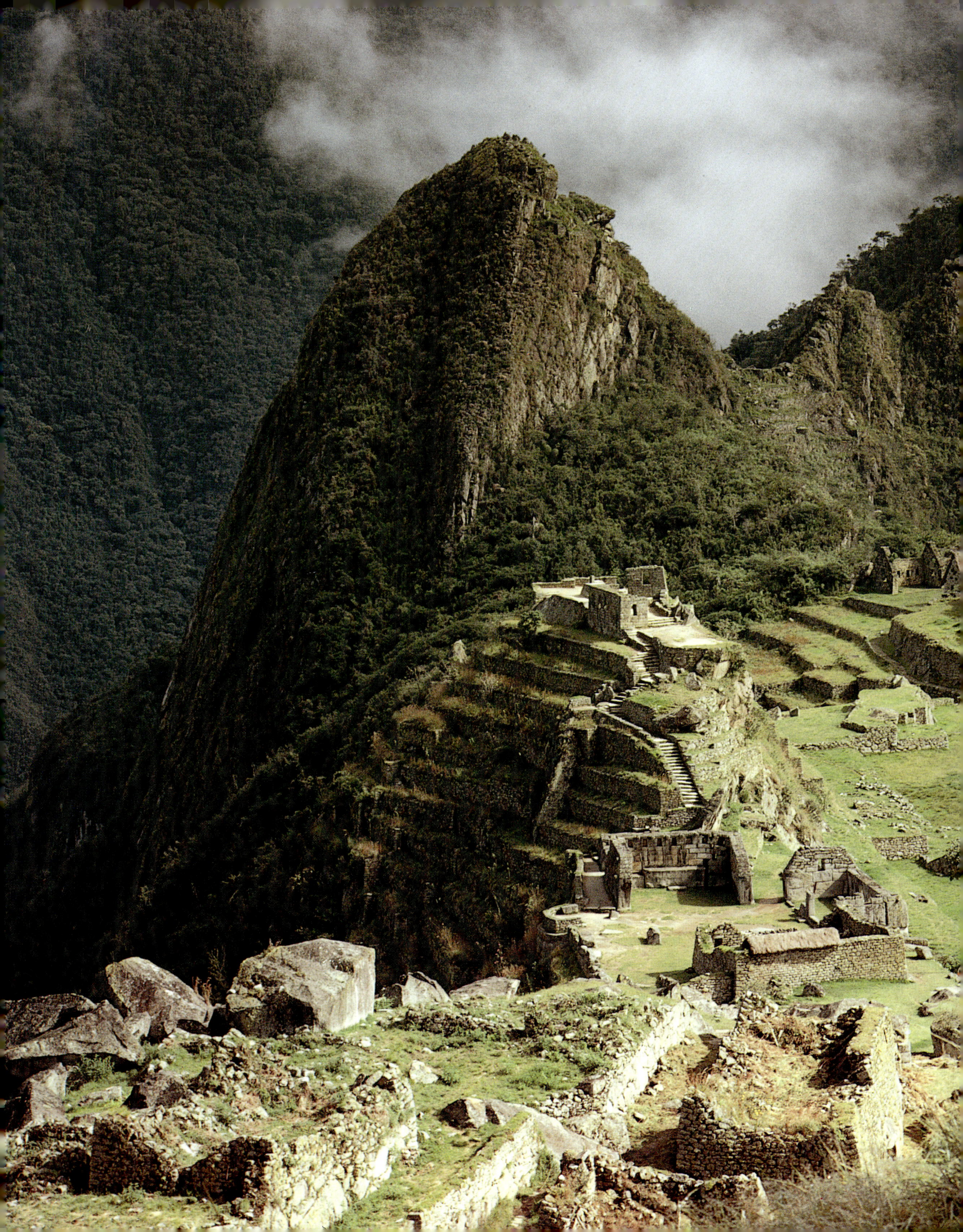

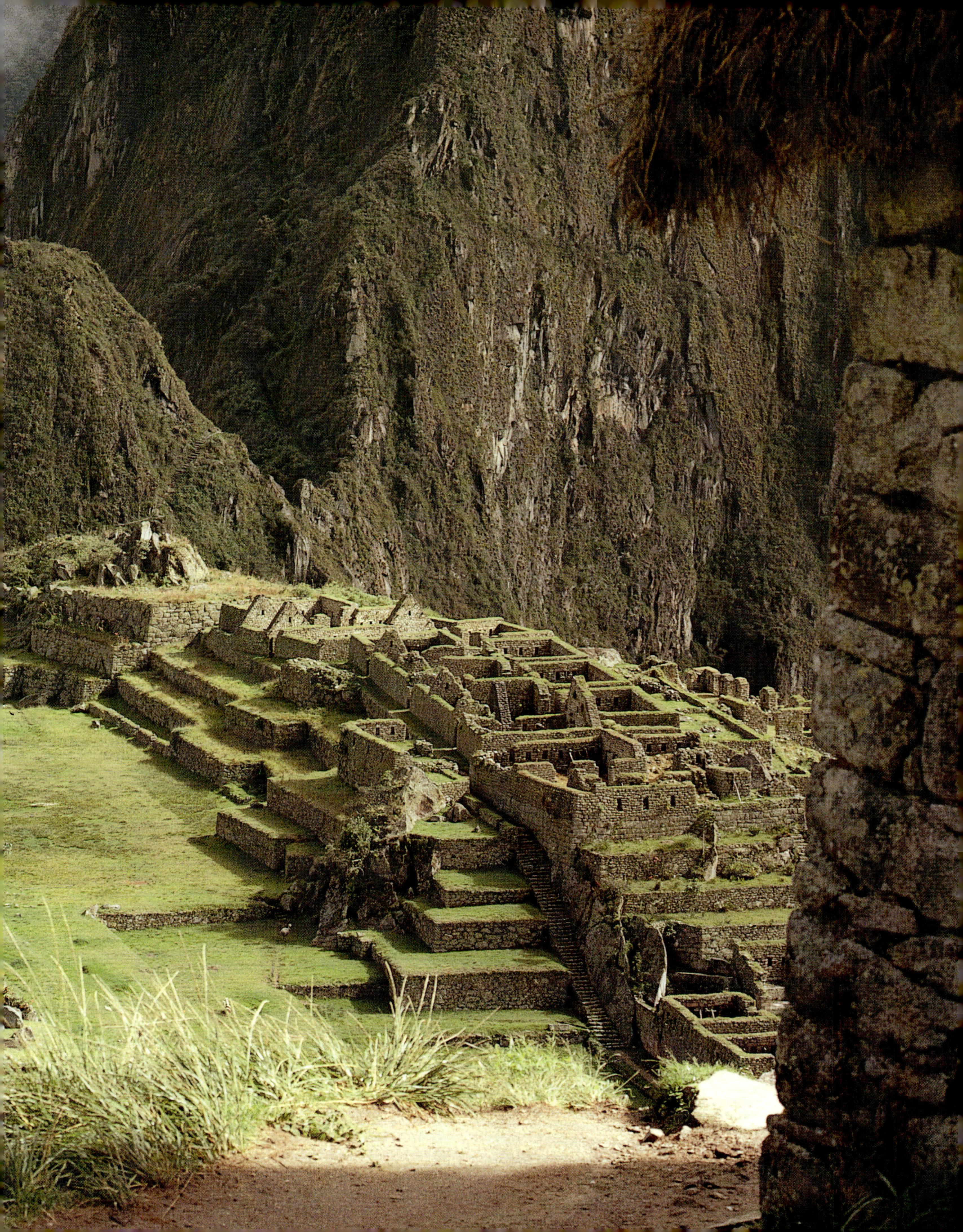

アンデスの織物

　布は，古代ペルー人にとって最も重要なものであった．すなわち，布は富の一形態であり，支配者のあいだで贈り物として交換され，儀礼に使われ，下賜品として用いられ，供物として焼かれたり神に捧げられたりした．また，布は，人の一生におけるかわり目を示すために用いられたし，埋葬の時には大量の布が墓に入れられた．象徴的な工程によって織られた布は，それ自体が一つの象徴であり，そこには最も重要な宗教的モチーフが見られる．一般に織物でつくられた衣裳は，地位をあらわし，儀礼的な役割ももっている．つまり，ある種の衣裳はある特定の人々が身にまとい，特定の場面で特定の行為を行うためのものであった．

　先コロンブス期のペルーの織物職人は，さまざまな技術を有し，世界で最もすぐれた織物を生み出した．後帯機が最もよく使われた．これは幅の狭い織機で，一方の端を木や家の柱に結び，他端を織り手の腰に固定して用いた．

　布の製作は，おそらくサボテンの繊維を使った輪編みや，もじり編みにはじまったと考えられる．綿の織物は，北部チリ，ペルー，エクアドルで前3千年紀に作られていた．綿は，南アメリカの西海岸の河谷で，最も早く栽培化された作物のうちの一つであった．中央アンデスで，初期の文化をしばしば「綿・先土器」とよぶのは，その時期の人々が，まだ土器をつくりはじめていないが，綿を育て，利用していたからである．前期ホライズンのはじめの織物は，たいてい綿製の平織であった．ところが，この時期の末ごろになると，ラマ，アルパカ，グアナコ，ビクーニャなどのラクダ科動物の獣毛が利用されるようになり，パラカスの衣裳の色あざやかな刺繡や（毛は綿よりも染料ののりがよい），南海岸初期のつづれ織などに用いられた．

　衣裳は裁断して仕立てるということはなかった．寛衣（チュニック）は，織機と同じ幅の方形の2枚の織物を縫い合わせてつくる．縫合部の中央は残して頭を通す穴にする．また，両脇も腕を通す穴を残して縫い合わされた．この形は，時間や場所を問わず，アンデスの衣裳の基本形であり，これに手を加えてさまざまな衣裳が生まれたのである．

　植民地時代初期の記録によれば，インカの織物職人にも身分の違ういろいろな人々がいたという．館に籠った「選ばれた女性」は，崇拝対象である神々の像，インカ皇帝，供犠のためにみごとな布を織っていた．役人の妻は，毎年インカに衣裳を献上した．上質の布を織ることを労働税として課せられた男の職人もいた．ラクダ科動物からは毛がとれるので，その飼育は政府が管轄した．後には，ビクーニャの毛は，支配者自身の衣裳にのみ使用された．

　インカ最後の王アタワルパは，ピサロとカハマルカで会した際，スペイン人を非難してこういったと伝えられる．「余は，お前達がここにくる道すがらしてきた行いを知っている．お前達は，いくつかの神殿から織物をもち出した．余は，それが余の許へもどされるまでここを立ち去るまい」．

　今日のアンデスでも，年老いたインディオの女性は，いまだに日がら1日糸をつむいでいる．布を織るということが，今でも高地の人々の中にかなり深く根づいているようだ．現代風の衣服を身に着けた若い女性が，町の広場で編み物をしながら通り過ぎる様子もしばしば目にすることができる．

左　パラカス・ネクロポリスの衣裳の刺繍．この動物は，ネコの頭と鳥の尾をもっている．また上方にのびる付属物の先端には，小さな人物が見られる．動物の胃の中には四足動物がおり，その胃の中には，また別の動物がいる．パラカスの刺繍は，このような複雑な図像に満ちている．

左下　描き染めの大きな布は，後期中間期の海岸によく見られる．天空の帯として描かれたヘビの下に人物が立つというモチーフが多い．この織物の丈は，1.25 m である．

四つの突起をもつパイル織——「ペルーのベルベット」——の帽子は，ワリーやティアワナコに特徴的な儀礼衣裳である．この帽子（下左）は，ふつうのものよりかなり深く作られている．無地の綿布に鳥の羽根をあしらった織物は，チムーの図案が描かれた首あて（下右）のように，特別な衣裳として使われた．

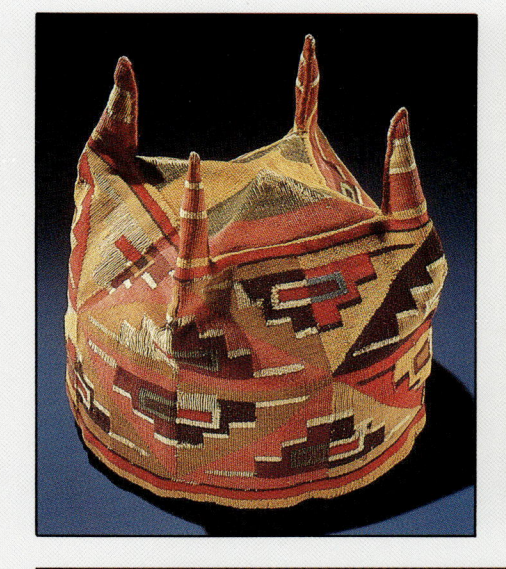

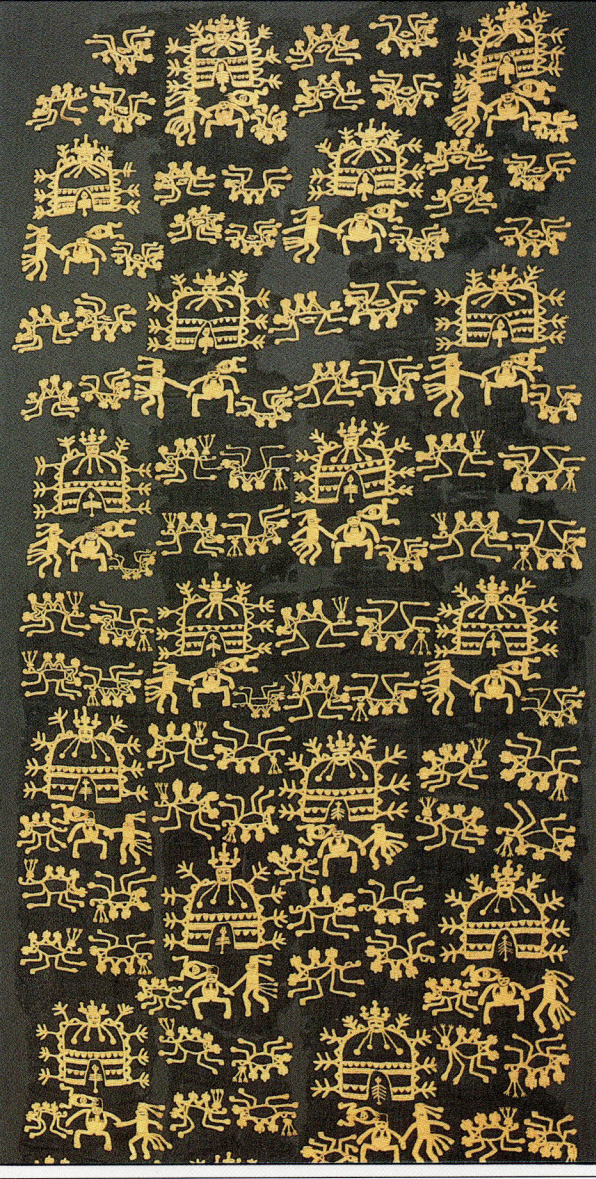

ナスカのマント（左）．255 cm×95 cm ある．文様の刺繍には，わずか一色しか使われておらず，多色の刺繍がほどこされた前の時代のパラカスのマントとは対照的である．繰り返し刺繍された図案は，聖なる山，「ワカ」をあらわしているように見える．山からは植物が芽生えている．頭に冠を載せているのは精霊であろう．洞穴の中には，泉があるのかもしれない．洞穴の正面で，2 人の人物が中央の人物をつかんでいる．1 人は髪の毛をつかみ——アンデスでは征服の印である——，もう 1 人は，手首をつかんでいる．縛ろうとしているのだろう．これは，捕虜を今まさに犠牲に捧げようとしているのかもしれない．超自然的動物が対になって表現されている．1 匹は正位置で，もう 1 匹はさかさまになっている．このようなマントは，主として埋葬用に作られたものと思われる．また，綿布はおそらく，モチェの壺に描かれた絵（上）にあるように，木に縛って使う後帯機で織られたのであろう．

南アンデスとティエラ・デル・フエゴ

北西アルゼンチンとして区分される考古学的領域は，中央アンデス地帯の南で最も高度な発展をとげた文化領域であり，三つの地域からなっている．プーナ（高原台地），バジセラナ（山間盆地），セルバス・オクシデンターレス（西方密林）であり，とくに山間盆地に文化が集中した．北西アルゼンチンは，その地ですでに定着した人々と，北部チリや中央アンデスの人々，東のチャコ——経済の未発達な遊動民——，それに，南東のパタゴニア平原地域の狩猟採集民などの人々が出会う場所であり，それぞれの地域からの影響がもたらされる場所であった．

前期，あるいは形成期——前 500 年から後 650 年——は，文化が発展した時代である．はじめの 300 年間に，初期農耕が成立し，前 200 年ごろより，土器の製作と金属細工が，中央盆地の前期コンドルワシ文化や北東部のカンデラリア文化で開始された．コンドルワシ文化は，おそらくアンデス起源の人々とチャコや熱帯森林地帯からきた文化レベルのずっと低い人々とが融合してきた文化であり，遺物は盆地の低部で発見されている．コンドルワシの村の工芸職人は，型入製法を用いて，かなり質の高い多色土器や石の彫刻，金や銀の簡単なペンダントなどを作った．

西暦紀元のはじめころに，コンドルワシやラ・カンデラリアの文化は最盛期をむかえた．この時期には，ラ・シエナガ文化やタフィー文化，そしてチャコ地方の木々におおわれた平地とアンデス山脈の東側の境，および高地プーナに囲まれたカタマルカ県やトゥクマン県に見られる他の文化でも発展が認められる．西部のプーナ地域では，テベンキッチェ文化が発展し，人々は小さな村に住み，アルティプラーノ（高原台地）でラマの飼育やジャガイモ栽培を行った．そこでは，比較的進歩した織物や土器の製作技術が見られる．この文化に金の装飾品が存在したことは，社会の成層化が進みつつあったことを示しているのかもしれない．

650 年から 850 年とされる中期には，アグアーダ文化が見られた．この文化は，ティアワナコの影響を受けてはいるが，球状容器に刻線で図柄を描くという独特の土器様式を生み出しており，中には，この地域で最もみごとな土器とされるものもある．また，アグアーダ文化は，すばらしい金属製品をも生み出した．ティアワナコのケーロ型の容器は，この地では金や銀で作られていた．新しい種類の植物が導入されたのもほぼこのころである．

後期，もしくは地方発展期とよばれる時代は，850 年ごろより 1480 年までつづく．サンタマリーア文化やベレン文化に特徴づけられる時期で，大型で多色の埋葬用の甕が出土することで有名である．最後の時期は，インカの支配と影響下にあった時代である（1480−1535 年）．

北西アルゼンチンでは，同盟関係に立脚した首長制社会が多く見られた．これは，1 人あるいは複数の指導者によって率いられる社会である．村落内の特殊な家が神殿として使われたが，建築面ではほとんど見るべきものはない．集約的な灌漑農耕と家畜の飼育が行われ，余剰生産物も生まれた．工芸職人は岩絵を描き，2 色，ないしは 3 色の彩色土器や造型装飾をほどこした良質の土器を製作した．さらに，金，銀，銅，青銅などの金属製品を作り，織物や籠も作った．木の彫刻も行っていたが，製品はほとんど残っていない．

南アメリカ

チリ

　チリの北部海岸のアタカマ砂漠は，世界で最も乾燥した地域の一つである．アリカのすぐ南の最北海岸地域は，考古学上の資料がとくに豊富な所である．墓からは数百の保存状態のよい埋葬が見つかり，この中には，高度に洗練された方法でミイラ化された遺体もあった．チリの海岸地方は，現在のアントファガスタ近くの南回帰線あたりで半乾燥気候になり，チロエ島に近づくにつれて湿潤になる．コキンボ近くの中央海岸の半乾燥地域では，後期にディアギッタ文化が栄えた．後になって，チリの南部の湿潤な海岸部に住むようになったアラウカーノ族は，まずインカの侵入を阻み，その後もスペイン人，そしてチリ人の侵入を許さなかった．農業を行うアラウカーノ族は，石斧で土地を切り開き，焼畑農耕を行って，トウモロコシ，カボチャ，ジャガイモ，マメ，トウガラシ，キノア（アカザ科の雑穀）などを栽培した．また丸木をくりぬいたカヌーや葦のいかだをもち，陸上ではラマを荷運びに使った．アラウカーノ族の一集団であるマプチェ族は，グァナコ，シカ，キツネ，鳥などを捕る半定住型の狩猟民であり，植物採集民であった．植民地時代初期のスペイン人の記録者は，これらの人々が川の土手にそってならび，水面をたたき，その後，先端が三つに分かれた棒でたくさんの魚を引っ掛けて捕る様子を生き生きと写している．

　狩猟民や採集民の時代である前期は，前1万年ごろにはじまった．人々は，今は絶滅している動物を追っていたが，前7000年ごろには，現生種の動植物が狩猟，採集，漁労の対象となった．この時期の末ごろ，「貝製釣針」文化が登場した．その遺物はコピーハ周辺で認められる．前3000年ごろに，草創期，もしくはチンチョーロとよばれる文化伝統がはじまり，これは前500年ごろまでつづいた．海岸では，チンチョーロ伝統が，はるか南のタルタルまで認められた．この先土器文化では農業は行われていなかったが，籠，狩猟具，漁具，自然色，ないしは赤い染料で染めた織物（綿や後には毛で織られた），それに羽毛と繊維でできた手の込んだ頭飾りなどが製作された．

　中間期には，アルティプラーノとよばれる文化伝統がおこった．ティアワナコや南部ボリビアとの接触が認められる．この伝統は，後にインカの影響と支配がおよんだ時期までつづいた．この時期のはじめにあたるアルト・ラミーレス文化では村落が発達したが，建築はごく小規模であった．トウモロコシ，マメ，ヒョウタン，トウガラシなどが栽培され，簡単なつくりの土器が焼かれ，織物の技術にやや進歩が見られるようになった．

パタゴニア，ティエラ・デル・フエゴ，南部チリ

　人類は，少なくとも前9000年までに，南アメリカの最南端にまで到達していた．考古学者ジュニアス・バードは，ほぼこの時期にあたる人々の遺物を，マゼラン海峡の大陸側に位置するフェルズ洞穴やパリアイケ洞穴で発見した．これらの洞穴は，石製の投槍用尖頭器を使った狩猟民のキャンプ遺跡であり，人々は，もはや絶滅したウマやオオナマケモノや，そのほかにまだ現在も生息しているグァナコを追っていた．さらにもっと古い痕跡（前9400年）は，チリ海岸のずっと北，タグワ・タグワ湖で見つかっている．ここは湖畔のキャンプ遺跡であり，狩猟民は水を飲みにやってくる動物を待ち伏せることができた．また，ほぼ同じ緯度に位置する内陸のインティワシ洞穴からは，前6000年より前にさかのぼる遺物が出土している．

　厳密に規定するならば，ティエラ・デル・フエゴは，マゼラン海峡とビーグル海峡のあいだに位置する南アメリカの南東端の群島のうち，北にある大きな島を指す名前であるが，実際には，群島全体をよぶ時にも使われている．そしてフエゴ文化は，西チリの群島にまで連続して認められ，遠く北のチロエ島にまで分布している．ティエラ・デル・フエゴ島の氷河は，西の山岳部から下りてくる．アンデス山脈の斜面は，うっそうとした森林におおわれ，東にはゆるやかな草原がひろがっている．チャールズ・ダーウィンは，ティエラ・デル・フエゴの気候は苛酷で，原住民は悲惨な条件下にあると記している．しかし，ティエラ・デル・フエゴの気候は，北半球の人々が暮しているいくつかの場所にくらべれば，極端にひどいとはいえない．狩猟のための森や野生動物は豊かであるし，制約が大きいとはいえ，農耕も可能であり，かなりの人口が養えた．しかし，ここのインディオ文化は，早くからはじまったにもかかわらず，非常に低い水準にとどまった．20世紀になっても土器や織物がなく，投槍器，斧，錐ももたず，料理用の容器も見あたらなかった．

　この地域には，四つのインディオ集団が存在し，そのうち二つは陸地に適応し（フット・インディオ），他の二つは海に適応（カヌー・インディオ）していた．双方の集団とも狩猟・採集民であった．かれらは驚くほどわずかなものしか身に着けていなかった．マント，ペニス・ケース，防水性モカシン（皮靴），羽毛と繊維の頭飾り，装身具などである．儀礼の際には，みずからの体に顔料で彩色し，「衣服」を描いた．

　海に最も接し，移動性の高い生活を送っていたヤーガン族やアルカルフ族は，カヌー，櫂，船のあかを汲み出す容器，停泊用の綱をもっていたが，釣針は使わなかった．魚は，槍で突いたり，餌でおびき寄せて手でつかんだりして捕った．鯨の肉はたいへんなごちそうであり，また水鳥，とくにカモや魚を食べた．さらにアザラシを殺して主食としていた．

　移動性の高いオナ族や，さらに小集団のハウシ族は，植物を採集し，絶滅してしまったフエゴ犬の助けを借りてグァナコやキツネを狩猟していた．獲物は食料となるほか，皮はマントや袋などを作るために利用した．獣皮や樹皮で風よけを作り，柱で支えた．海獣は海辺で狩猟し，魚は干潟の水たまりで集めた．オナ族の神話は，北の諸民族の神話とよくにている．創造神，ないしは最初の人間が世界のはじめに神となり，世界のいくつかの要素を創造するのである．このような神話のパターンは，新大陸全体にひろく認められる．オナ族の始祖神話は，最初の人間が空から綱を伝わって下りてきたことを伝えており，この神話も北方の諸民族のあいだで見られるものである．北西部のチョノ族は，チリ海岸沿いで海産物を狩猟・採集している人々である．かれらもわずかな衣服しか身につけてはいないが，グァナコの皮でできた長いマントや防水性のモカシンはもっていた．

　パタゴニア地方は，ティエラ・デル・フエゴの北，アンデス山脈の東に横たわる．ここには乾燥した平原がひろがり，北の草原，パンパスへと延びている．これらの大平原は，ブエルチェ族やテウェルチェ族の故地であった．かれらは，50人から150人よりなる小規模の遊動的バンドを編成し，グァナコやキツネ，小型動物などを狩猟した．これらのインディオは，皮をなめしたり，武器として使う石器をもっていた．獣皮製のマントに装飾をほどこし，仮面や籠を作り，骨の細工品に彫刻をほどこした．また，南の隣人フエゴ島民と同様に，身体に彩色をした．後には質の悪い土器をわずかに作る集団もあらわれた．

　20世紀の初頭以来，インディオの人口はほとんど壊滅状態になっている．他の多くの新大陸原住民と同様に，フエゴ島民も，ヨーロッパ人とかれらがもたらした病気によって絶滅の危機にさらされているのである．

石製の仮面．目も鼻も口も幾何学的に表現されている．高さは11 cm．北西アルゼンチンのタフィー文化．

青銅製の儀礼用斧．北西アルゼンチンの後期，あるいは地方発展期にあたる．

第6部　生きている遺産
THE LIVING HERITAGE

文化の衝突

アメリカ原住民の文化とヨーロッパの文化との接触は今もつづいており，両者のあいだには依然として深い溝があるという見方もできる．しかし，それでも，16世紀におこった接触は特別であった．この接触はある時突然生じたのであり，それぞれの文化は以前に出会ったこともなく，相互理解のための基盤を何らもっていなかったからである．アメリカの文化とヨーロッパの文化は（双方とも単一の文化ではなく，さまざまな文化を内包している）まったく別の原理に基づいており，たがいに相容れない面を多くもっていた．最初の接触時においては，なんでもない仕草が誤解をまねいたり，ちょっとしたことで相手の感情を害するなど，どちらの側にとっても苦々しい結果になることが多かった．

品物の交換はヨーロッパ人から見れば商業行為になるが，アメリカの原住民にとっては社会的な互酬行為であった．しかし，まもなく双方とも相手の習慣に合わせはじめる．ヨーロッパの商人は原住民がほしがる物を取り扱うようになった．真ちゅうの鍋，ビーズ，鉄砲，斧などである．一方，原住民の側もヨーロッパ人の需要に合わせて毛皮のとれる動物の狩猟を行うようになった．

ヨーロッパ人は原住民の土地を奪い，そこに入植することを試みた．植民はカリブ海の島々では順調に進んだ．その後まもなくメキシコとペルーにあった大国家がスペイン人の手に落ちた．しかし，その他の地域がヨーロッパ人の支配下に置かれるまでには100年あるいはそれ以上の年月がかかった．その場合でも探検や一時的に試みられた植民だけで疫病がもたらされ，それが蔓延して深刻な打撃をうけることもあった．もち込まれた病気は旧大陸では何世紀も前から出現していたので，ヨーロッパ人はすでに慣れて免疫になっていた．

その多くはいろいろな旧大陸原産の家畜の病気から突然変異で発生したものである．これらの病気がアメリカの原住民には猛威をふるった．時にはいくつかの疫病が一緒に流行することもあった．天然痘やその他の伝染病は人口を激減させ，その後の100年間から200年間に原住民人口はもとのわずか10％になってしまった．このように，文化の衝突は社会的，政治的次元だけの問題ではなかった．予測もしなかった疫病の流行によって生物学的次元で最も大きな影響を与えたのである．

16世紀のヨーロッパの銅版画家の題材はしばしばアメリカ各地の出来事の寄せ集めであることが多い．インディオの村における大虐殺の図（左）は南北両アメリカ大陸でおこった数々の同様な事件のどれにもあてはまりそうである．

南アメリカのインディオ文化の中には，ごく最近までほとんど外部世界と接触をもたなかったものもある（左上）．しかし実際には交易商人や宣教師がもたらすさまざまな事柄が次第に伝統的文化を変質させてきたし，ここ数十年の間でも疫病が深刻な人口減少をまねいている．

16世紀のヴァージニアにおける原住民の治療の様子をあらわした銅版画（上）は，実は南アメリカの話からの借用である．治療師は薫蒸消毒をほどこし，シャマニズムの技術を駆使して正体不明の病気と戦っている．これは当時のヨーロッパの病気治療法と本質的にはかわりがなかった．

文化の衝突

下 この嘲笑のポールは，文化の枠を越えると社会的制裁がうまく働かないことを物語るおもしろい例である．この場合には，いんちきをした白人の商人（ポールの一番上にいる）があざけりの対象になっている．これは北アメリカ北西海岸インディアンの文化においては非常に強力な社会統制の手段であった．しかし，立ち去ってしまった商人には何の効き目もなかった．

19世紀中ごろには合衆国政府は西部のインディアン諸部族と正式の外交交渉をもつようになっていた．インディアンとの戦争は，完全におわったとはいえないが，大体過去のものになりつつあり，条約がきちんと締結されるようになった．時にはインディアンの代表がワシントンを訪問することもあった．この写真（上）は，インディアンの代表が1867年にアンドリュー・ジョンソン大統領をホワイトハウスに訪問した時のものである．

合衆国憲法は各州政府やそのほかの公的・私的団体が個別にインディアン諸部族と協定を結ぶことを禁止し，インディアン諸部族は合衆国内に住んでいるけれども，実際には独立した主権国家として扱われるべきであるとした．この条項によって，以前に個々に州政府とインディアン諸部族の間に結ばれていた協定はすべて無効になってしまった．このため，現在もインディアン諸部族は土地問題やそのほかの主張について係争中であるが，それらは21世紀になっても解決しないかもしれない．

エスキモーの社会は伝統的な文化を最後まで保持しようとしてきた．多くの伝統は今も残されている．しかし犬ぞりとカヤックはそのほとんどがスノーモービルとモーターボートにかわってしまった．写真（左）は初期の探検家が撮影したものである．

エスキモーの生活

エスキモーとその近縁集団アリュートは，5000年前から4000年前のあいだにシベリアからアメリカの極北地方に渡来した人々で，古くからの住民ではない．他のアメリカ・インディアンとは形質，言語，文化などいろいろな面でかなり異なっている．渡来してきた時すでにかなり進んだ石器技術をもっており，樹木ひとつない極北の苛酷な環境のもとで暮す必要性から，その技術をますます洗練させていった．

エスキモーの技術は工夫に満ちたものと評される．開閉式の刃がついたトグルもり，皮張りの小舟カヤック，犬ぞりなどは，原材料の制約のもとではこれ以上改良の余地がないほど洗練された道具といえる．「オオカミ殺し」とかアザラシの皮で作った浮きなどの道具は単純なものだが実に巧妙に用いられている．「オオカミ殺し」は両端を鋭く尖らせたクジラのひげで作られている．それを輪状に巻いてクジラの脂肪の中に入れて凍らせておく．飢えたオオカミがそれをのみこむと脂肪が溶け，ひげがはじけて体内で突きささる．アザラシの皮の浮きはカヤックに乗る漁師がもりに結びつけて使う．もりの刺さったアザラシやセイウチは，カヤックではなく浮きを引きまわし，やがて疲れて浮かびあがってくる．これならばカヤックが傷むことはない．

たくみな工夫がこらされた道具の数々，オイルランプ，それに獲物としての海獣がいたおかげで，エスキモーの集団は世界で最も苛酷な環境のもとでも暮すことができた．その適応はわずかな失敗も許さないほど厳しいものであるが，長い極北の夜は娯楽や工芸制作の時間もあたえてくれた．

エスキモーは押し寄せる現代文明の波にもかかわらず伝統を保持しつづけてきた．しかし，それでもかなりの道具は近代的なものにかわってきている．

下 弓形のドリルは硬い物に小さな穴を正確に手早くあけることができる．交易品として鉄が入ってくるまでは，エスキモーは石や銅や隕鉄をドリルの先端につけて細工を行っていた．この写真は20世紀初頭に撮影されたもので，セイウチの牙で作ったゲーム板に穴をあけているところである．

右下 氷の家はイグルーの一つの形態にすぎない．しかし雪と氷でたくみに建てられた家は外部社会の人々にとって最も印象深いものである．極北においてもずっと冬がつづくわけではない．エスキモーは冬以外の季節には皮張りのテントや岩石，草などを利用して家を作っていた．

右 極北エスキモーは仕留めたセイウチを氷上に引きあげるのにイヌの群れを使う．樹木が生えない北の地方では，引き具はイヌが扇形に散開できるようになっている．木がじゃまになって，イヌがうまく引けない時や，そりが壊われるおそれがある時は，縦並びの2頭を単位にして，もっと複雑なつなぎ方を採用した．強いイヌはとくに冬のエスキモーの暮らしには欠かせないものである．先史時代において，このたくましい生き物なしでは極北の環境にとても適応できなかったにちがいない．

下 鳥は食糧として，あるいは羽根をとるためにさまざまな方法で捕獲された．槍，網のほかにボーラも用いられた．

エスキモーの生活

左　氷の縁で1人の男が静かにじっと待っている．一方の手にある短い棒でアルプスイワナをおびき寄せるおとりの餌を操っている．もう一方の手ではやすを構えている．手前に見えている予備のやすと同じものである．やすの中央の針が魚を突き刺し，両側の2本の腕が魚をとらえる．逆にむいた針(返し)は魚が体をよじって逃げないようにする工夫である．

上　現代のグリーンランド・エスキモーは柄の長い網を使ってウミスズメを空中で捕獲する．グリーンランド・エスキモーは北極海をわたって東に広がった偉大なトゥーリー・エスキモーの子孫である．今から1000年前に北欧人も西に進んでやはりグリーンランドに達したが，この地に長いあいだ住みつづけたのはエスキモーだけである．

ホピの儀式

2億3100万人もの人口を擁する現代国家アメリカ合衆国の中で，わずか6500人ほどのホピの人々は，いったいどのようにして一つの文化集団として存続しつづけているのだろうか．ホピは単一の政治的組織によってしっかりと結ばれているわけではない．ホピの村は，それぞれに首長がいて，母系クランによる土地保有のシステムのもとに独立した自治単位を構成している．実際にホピの文化や社会を一つにまとめあげているのは，ホピの人々が必ず参加する一連の儀式であり，それを支えている宗教的，哲学的な観念である．

ホピの儀式の基本となっているのはカチーナである．カチーナは情け深い死者の霊，つまり祖先であり，仮面をつけた踊り手がそれを体現している．およそ335のカチーナがそれぞれ別々の仮面，別々の人格をもち，超自然界の村で自分たちの首長のもとに暮している．カチーナは11月にホピの村にやってきて，冬，春および夏の一時期を村人と過ごし，人々に祝福を与え，作物のための雨をもたらす．そして7月に山にあるカチーナの村に帰っていく．

ホピではあらゆることがキーヴァとよばれる半地下式の方形の建物を中心に考えられている．それは天井に入リ口があり，はしごで中におりるようになっている．キーヴァは「大地の母」であり，床にあいている穴（シパプ）は「出現の場所」とよばれている．かつて祖先が過去の世界から，その穴を通って現在の世界にあがってきたという．ほとんどの儀式は，まず村のキーヴァではじめられ，ある場合には最後もキーヴァにもどってくる．キーヴァの祭壇に祈リを捧げる時は，羽根飾りのついた祈禱棒，神聖なるトウモロコシの粉，それにタバコを用いて効き目を確かなものにする．

他のプエブロ・インディアンの場合と同様に，儀式においては道化役が重要な役割を果たしている．黒と白の横縞に塗リ分けた扮装で下品な笑い話，物まね，風刺，社会批評などを行い，時には見物の白人を笑いものにしたりする．道化は，ホピのような厳格な社会においては「流れを円滑にする」ための重要な安全弁になっているのである．

儀式や公けの踊りが行われる前には必ず「ふれ役の長」が皆に告げてまわる．カチーナの踊りでは，太鼓たたきをともなった「祖父」が先導し，参加者は歌をうたいながら広場に入ってくる．そこでは踊り手のリーダーを中心にして全員が左回りにまわる．普通の社交的な踊りだけが行われる場合には，歌い手と太鼓たたきは別々になる．

プエブロ・インディアンの儀式は土着のものであり，スペインの影響はほとんどない．征服以降に習合現象が見られたメソアメリカとは対照的である．ホピの儀式には合衆国南西部の征服前の古典的プエブロ時代の宗教や儀式の本流がうかがわれるし，そればかりか，1521年以前にアステカの首都テノチティトランで行われていた暦に基づく儀式もこれを大規模にしたものではなかったかと想像させてくれる．

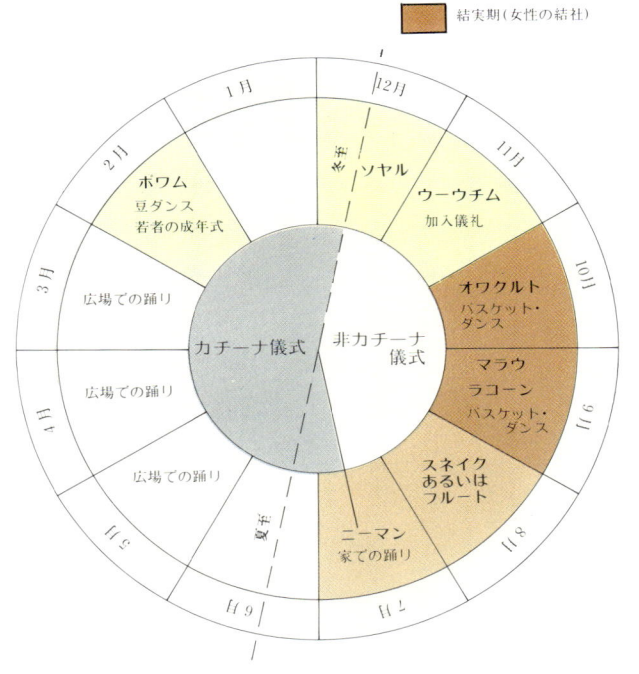

ホピの儀式暦
- 発展期
- 成長期
- 結実期（女性の結社）

カチーナ儀式／非カチーナ儀式
- 12月 ソヤル
- 11月 ウーウチム　加入儀礼
- 10月 オワクルト　バスケット・ダンス
- 9月 マラウ　ラコーン　バスケット・ダンス
- 8月 スネイクあるいはフルート
- 7月 ニーマン　家での踊り
- 6月 広場での踊り　夏至
- 5月 広場での踊り
- 4月 広場での踊り
- 3月 広場での踊り
- 2月 ポワム　豆ダンス　若者の成年式
- 1月 冬至

左　儀礼によって彩られるホピの1年は太陽や星の動きによって定められている．はじまりはウーウチムの儀式で宇宙の創造を祝って16日間行われる．そのあいだにさまざまな宗教結社がそれぞれのキーヴァで「新しい火の儀礼」を行い，若者は成年式の最後の儀式をうける．次のソヤルが行われているあいだに冬至になり，突然カチーナが村にあらわれる．トルコ石で飾った兜をかぶり，幼児のようによろけながら歩きまわる．この儀式そのものとカチーナは新しい生命が再生したことを象徴している．ポワム（浄化）は3段階にわたる成長の儀式の最後にあたる．キーヴァでは豆が促成栽培され，冬の死の時にもかかわらず芽を出す．この時，ホピの少年少女はカチーナに導かれて大人の社会にはじめて仲間入りする．

7月になるとトウモロコシとそのほかの作物が育ち，カチーナが自分の家にもどるので盛大な踊りが催される．8月の中ごろには作物のための雨を祈願するスネーク結社あるいはフルート結社の大儀式が毎年交互に行われる．

最後に9月と10月に女性の結社が作物の結実と収穫を祝って踊る．女性の結社は治療も行う．1911年以降，ホピの神聖な儀式を写真にとることは禁じられている．しかしその前の20世紀初頭に何人かの人がホピの村を訪れ，なんとか写真を撮るのに成功していた．その多くはスネークダンスの写真であった．1904年から1906年にかけてジョウゼフ・モラという若者がホピの村を訪れて一連の儀式をみごとに記録した．その一部はここに掲載してある．

下　16日間つづくニーマンの儀式は7月に催される．このとき最後のカチーナ踊りが行われ，カチーナは霊の家にもどっていく．カチーナは12月までは村にやってこない．写真はワルピの村の広場の様子で，緑色の仮面をつけたクワン・へへヤというカチーナが一列にならんできしむような音に合わせて踊っているところである．仮面には雨雲が描かれている．この踊りを縞模様の道化役ハノの一団が見守っている．

右　毎年交替でフルート結社とスネーク結社が，村に雨雲をよび貯水池に水を満たすための重要な儀礼を行う．写真はフルート結社が村の主要な泉で儀式をはじめるところである．2人のフルート娘と1人のフルート少年が先に進み，その後からフルート司祭がついていく．

ホピの儀式

下　カレタカ（戦士）を先頭にしてフルート結社の人々が行列をなして丘を上っている．歌をうたう一団は村の広場に入るときに，清められた白いトウモロコシの粉で描いた雨雲を象徴する絵を踏んでいく．

上　ボワムの儀礼の途中あるいはおわった後，怪物の一団が村にあらわれ，一軒一軒を訪れて食べ物を求め，行いのよくない子供がいれば食べてしまうぞ，とおどす．写真ではキーヴァの屋根の下にいるキーヴァの長にむかって，怪物が，生肉をくれ，さもないとおまえを食ってしまうぞ，とよびかけている．

下　秋には三つの女性の結社が作物の実りを祝って踊り，食べ物や日用品を配る．このバスケット・ダンスは第1の丘にあるワルピ村の広場でラコーン結社によって行われている踊りである．右にはスネーク・ロック（蛇の岩）が見える．この岩は自然の形そのままである．

213

ホピの儀式

下 2月に行われるポワム「豆の栽培」儀式のカチーナ。1893年撮影。ふつうは夜おそくなってから行われる豆ダンスの最も重要な演技者である。このカチーナには男と女がいるが、女のカチーナの役も男が演じる。

右 19世紀中ごろに作られたホピの木の人形。高さ約20cm。目は雨雲を、まつげは雨をあらわしている。

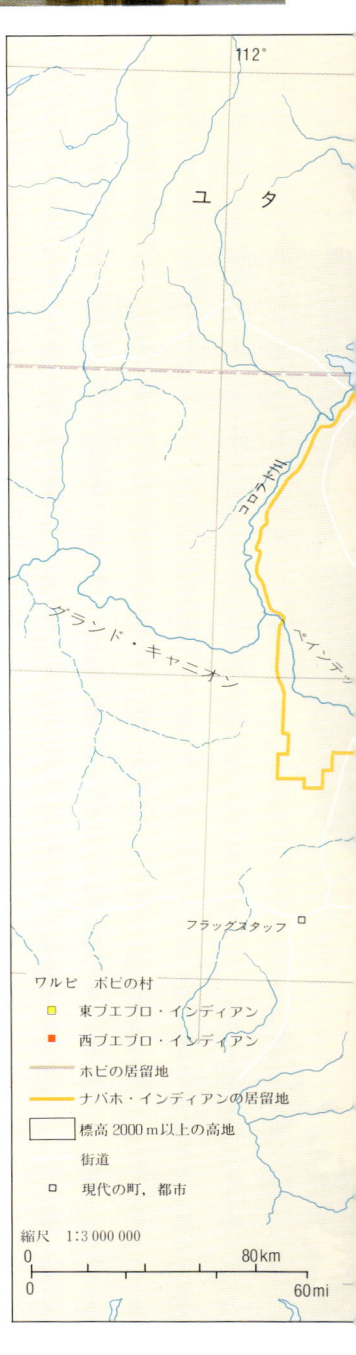

ホピの起源伝説

プエブロ・インディアンの社会はそれぞれ起源神話をもっている．それは文字で書かれてはいないが，儀式や社会行動を規定する憲章のようなものである．ホピ（ホピトゥフ・シヌム「平和な人々」の短縮形）の人々は，過去にいくつかの不完全な地下の世界があって，祖先がシパプすなわち「世界の膣」を通りぬけてこれらの地下世界をつぎつぎに昇ってきたと信じている．このように，過去あるいは地下の世界をつぎつぎと経過して現世に到達したという考えはアステカなど新大陸の他の文化の人々のあいだにもみられる．複数の地下世界はそれぞれ特定の方位，色，鉱物，植物，鳥と関連していた．この考え方はもとをたどればアジア的といえるかもしれない．

最初の地下世界「果てしなき空間」は幸福に満ちた汚れなき世界で，そこには「最初の人々」がいた．しかし，ホピの倫理観とは相容れない不和や争いが生じたため，その世界は炎で焼きはらわれてしまった．第2の世界「暗黒の真夜中」も再びおこった争いのために，寒さと氷に閉ざされてしまった．しかし「選ばれた人々」は蟻塚の中で生きのび，はしごを昇って3番目の世界に到達した．またも同じことが繰り返され今度は大洪水で滅んでしまった．この時「蜘蛛女」がホピの祖先を葦の中に隠して助け，水没していない陸地へと流してくれた．第4の世界は現在の「完全な世界」であり，生命を支配する火の神マサウウが守ってくれている．シパプを通りぬけて上に昇っていく話は，実際に，現在ホピの人々が住んでいる台地（メサ）の上の村への移住と関連しているのかもしれない．

下 インディアンの村とホピおよびナバホの居留地
現在のホピの村は八つあり，三つの台地（メサ）に分布している．ただし，下の図では四つの村しか記されていない．ズーニはプエブロ・インディアンでは最大で1970年当時の人口は5460人であった．プエブロ・インディアン全体の総人口は3万5000人あまりである．これに対してナバホ・インディアンは1970年には12万5000人の人口を擁し，その数は今も急速に増えつつある．

タウスは東プエブロ・インディアンの居住域の北東端にありグレートプレーンズの南端近くに位置している．実際にタウスの人々は衣裳や音楽，踊りなどプレーンズ文化の影響をかなり受けている．タウスには小さな群れながらバッファローも生息している．

右 カチーナ人形は玩具ではなく，本当のカチーナを覚えるために子供達に与えられる．これはニーマン・カチーナ踊りの主人公ヘミスの人形である．

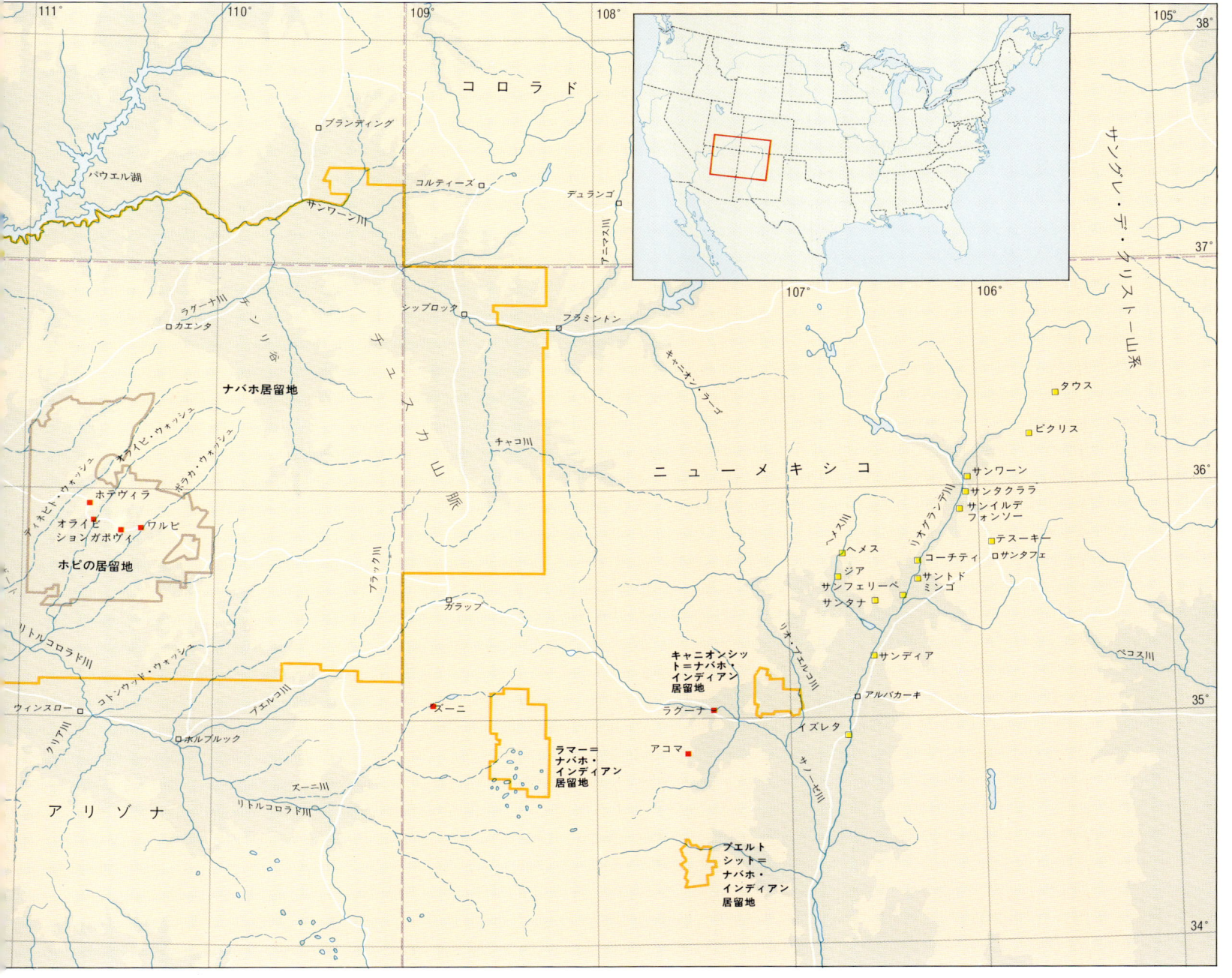

プレーンズ・インディアンの生活

　馬に乗って，はなやかに遊動するグレートプレーンズ（大平原）のインディアンの生活は，本来の姿ではなく，かなり後になってから形成されたものである．アメリカ・インディアンはもともと馬を知らず，16世紀になって，南西部地方に作られたスペイン人の前進基地から逃げ出した馬を捕えたり，盗み出して，はじめて馬をもつようになった．そして18世紀には多くの部族が馬を取り入れ，西部の広大な草原でバッファローを追う遊動生活を行うようになっていた．

　プレーリーやプレーンズで土着文化が変貌していくにつれて，ヨーロッパ系アメリカ人のインディアンに対する見方も変化した．19世紀初頭には，かつての否定的態度にかわって，むしろロマンティックなイメージをいだくようになってきた．西部への探検と開拓がはじまるころには，プレーンズ・インディアンの文化変化も定着し，これがあらゆるアメリカ・インディアンの文化を代表する本来の文化であるかのような神話ができあがった．

　カール・ボドマーやジョージ・キャトリンなどの19世紀の画家，あるいはやや後にあらわれる写真家は，初期の探検家と一緒に旅をし，自分たちのもっているロマンティックな考えを対象であるインディアンとその文化に投影した．こうしてできあがった絵画，線画，写真などが，今ではこれらのインディアンの文化を視覚的に見ることのできる唯一の資料になっている．

ブレーンズ・インディアンの生活

上　ブレーンズ地方の村を描いた銅版画で，スイスの画家カール・ボドマー（1809－93年）の絵をもとにして作られている．ボドマーはドイツの皇太子マクシミリアン・フォン・ヴィード＝ノイヴィードが1833年に実施したミズーリ川探検に同行した人物である．

左奥　ジョージ・キャトリン（1796－1872年）が1832年に描いたマンダン族の第2酋長マー＝ト＝トーパー（4頭の熊）．上衣に描かれている小さな人の姿や頭髪の束は敵を殺したり頭皮を剝いだことを物語るものである．掌は敵を一騎打ちで倒したことを示している．

左　マンダン族などのブレーンズ・インディアンはバッファロー・ダンスを踊って呪術の力で獲物を引き寄せようとしていた．バッファローが近くにきたという斥候の報告があるまで若者は昼夜を問わず交替で踊りつづけた．

右　ボドマーが描いたミネタリー（ヒダーツァ）・インディアンの頭皮ダンス．ヒダーツァはずっと定着農耕民であったが，遊動的狩猟民であるブレーンズ・インディアンのさまざまな慣習をもっていた．

北西海岸の儀礼用仮面

北アメリカの北西海岸では,豊富な天然資源が大きな村落社会を発展させる基盤になっていて,初期的な農耕すら行う必要はなかった.この地方の温暖な雨林では杉が生育する.これを切り倒し,くさびと木槌を使って板材を作った.こうして,栽培植物も家畜も鉄器ももたなかった北西海岸インディアンは,りっぱな家屋を建設し,大きな共同体を構成していた.

ヨーロッパ人との直接の接触以前にも,太平洋の漂流物から集めた鉄片を使って道具が作られていた可能性はある.接触後はすぐにヨーロッパ製の鉄器が導入され,創作活動は急激にさかんになった.こうして作られた作品は今でもその生命力を失っていない.

下 このシャマンのがらがらは北西海岸美術に典型的な曲線表現をよく示している.がらがらは二つの半球形の部分からなり,半球状の取っ手を結び合わせて使われた.

右 この北部クワキウートルの仮面は単純な線で表現され,着色がなされていない点であまり例のない作品といえる.天体をあらわすものかもしれない.

上左 ほとんどの北西海岸インディアンは死者の幽霊を恐れ,生前は愛していた人物の幽霊にもおびえていた.クワキウートルでは,このような恐怖観念は踊りの結社が行う儀礼の中にもあらわされていた.写真は死者の長ボウクスの仮面である.

左 北西海岸インディアンの世界は超自然的存在に満ちていた.このような存在は公式の儀礼の場で,さまざまな超自然的体験を盛りこんだテーマの中に登場し,人々の信仰や観念を劇によって表現していた.このヌートカの鳥の仮面はくちばしが動くようになっていて,儀礼的な演劇の場であたかも超自然的存在が実在するかのような効果をもっていた.

北西海岸の儀礼用仮面

下　ブリティッシュ・コロンビア州の キティマットの近くの村にあった埋葬 用の彫像で，彩色はなく流木で作られ たように見える．クワキウートルの彫 刻では，目と口の表現法によって死者 をうまくあらわしていた．

下端　ベラ・コーラの彩色仮面で，北 西海岸美術に多い曲線のモチーフが見 られる．空白を残さず装飾しようとす る意図がうかがえるが，模様としては 整然としている．

今日に残る伝統的な生活

ラテンアメリカでは，昔ながらの基本的な生活様式が今日も見られる．主要作物は同じで，調理の仕方もあまりかわっていない．ヨーロッパ人が導入した家畜が多少の変化を生じさせ，たとえばアンデス地方ではラマが減少して，羊がこれにとってかわったし，全体として食用動物の種類が増えた．しかしインディオはいまもそれほど肉を食べない．

市場はどこにでも見られ，野菜，果物，薬草，土器その他の昔ながらの品物が売られている．女性が生産物を篭にいれ，あるいは頭にのせて運ぶ姿も時々見うけられる．大きな町では大量生産による工業製品や色鮮やかな化学合成製品も売られているが，基本的には昔から扱われてきた品物が多い．

メソアメリカとアンデスの高地では織物が重要である．多くの地方では，いまだにその地方独特の形や文様が決まっており，衣装を見ればどの地方の人かがわかるし，誰が織ったものかわかる場合もある．

造りの簡単な建築にはほとんど変化が見られない．今でも草葺きの屋根が一般的であり，竹のような茎と日乾レンガが用いられている．インカ時代の橋がまだ使われていたり，人が往来する道が，実はインカ以前の古い道であることも多い．

このようなことは発展途上の国々ではよく見られる．しかし昔からのやり方が踏襲されている理由は，それが最もうまくいく方法だからという点を考える必要がある．昔ながらの方法が依然として役に立っているのである．人々は長い年月をかけて環境ととり組み，原材料をいろいろ試しながら今日でも十分通用する方法を作りあげてきたのである．

ワマン・ポーマが描いた植民地時代初期の絵で，インカ王が最初の作物の植え付けを行っている（上）．王と背後の男たちが使っている農具は踏み鋤で，メソアメリカの掘り棒とも似ている．現在のペルーの農民（右）も畑で同じような湾曲した農具を足で踏んで使っている．このような農具はアメリカ大陸の各地で今も見られるが，耕作土が浅い場所では，われわれの知っている犂よりもこの簡単な道具の方が具合がよい．

タンプリン（額にかけ肩のうしろにたらして使う布紐）で荷物を運ぶやり方は昔からの習慣であり，現在も行われている．17世紀の絵（左）にはインカ時代に荷物を倉庫に運びいれている様子が描かれている（手前にいる鶏はスペイン人が導入したもので作者が時代を間違えている）．メキシコのチアパス州の高地地方では現代のマヤの女性が同じようにして薪を運んでいる（上）．

今日に残る伝統的な生活

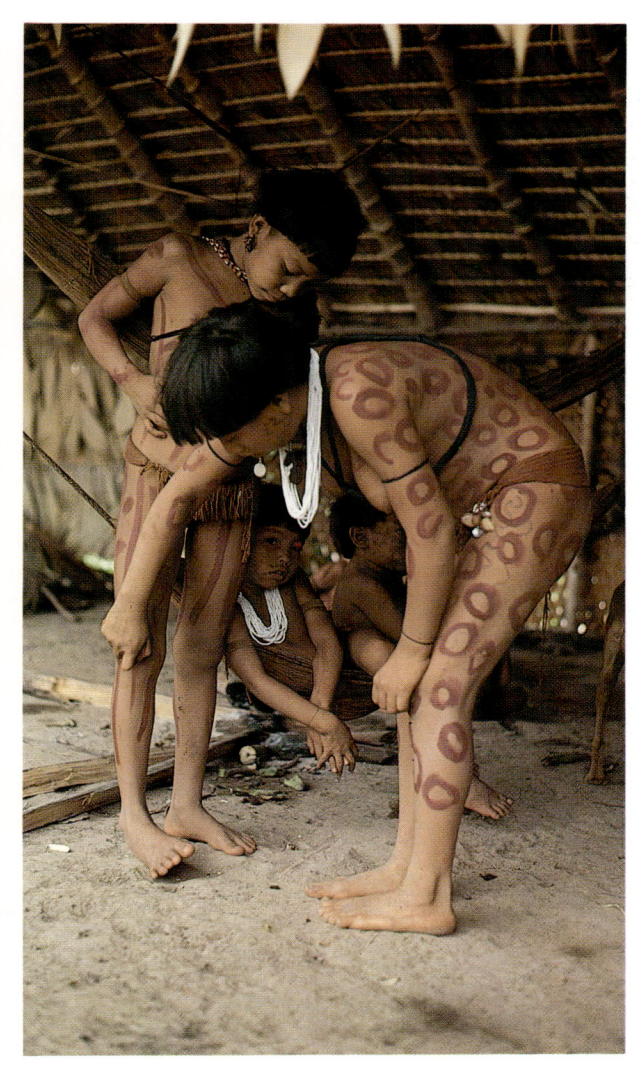

左奥　クスコ市の近くのチンチェーロ村では週に1度、典型的なインディオの市が開かれる。そこには大きなインカの石造建築遺跡も見られ、かつては人々が集まる重要な場所であった。女性は「四分割された世界」をあらわす模様のある独特の帽子をかぶっている。

左　顔や身体の彩色は今日ではめったに見られない習慣になっているが、かつてはさまざまな地域で広く行われていた。コロンブスが最初に見たインディオのように、多くのアマゾン地方のインディオは衣服は何もまとわず、そのかわりに色あざやかな彩色を身体にほどこしていた。身体彩色は多くの場合、特別な時だけに行われる。写真ではヤノマモの女性が宴会の前に身体を赤い模様で描いている。

石臼にはいろいろな形のものがある（下）。トウモロコシの粉を碾くなどの日常の仕事は普通女性が行っている。石臼はもっと小さくて1人で使うものが多い。碾く道具もさまざまである。ここではただの大きな石を左右に揺するようにして碾いている。シャマンが儀礼のための幻覚剤を石臼で作ることもある。

後帯機は古代アンデスで最も一般的に利用された機織りの道具であり（右下）今日でもまだ使われている（左）。写真は独特のインカ様式の切り石建築が見られる伝統的な村チンチェーロで女性が機織りをしているところである。このような織機は現在も各地で使用されている。簡単にもち運びができ、端を固定する場所があればどこでも仕事がはじめられる。

今日に残る伝統的な儀礼

　ラテンアメリカの伝統的な儀礼を見ると，土着の要素とキリスト教の要素が相互におどろくほどかみ合っているのがわかる．二つの要素が混交した宗教的習合の例は実に多い．植民地時代初期の宣教師が，改宗を進めるために習合を助長した面もある．たとえば十字架はマヤ社会でも重要なシンボルであった．太陽はラテンアメリカ全域において昔から重要な神とされていたが，多くのインディオはそれをイエス・キリストと同化させている．聖母マリアはしばしば月の女神（マヤの場合）や大地の女神（アンデスの場合）と同一視される．インカ時代に重要な神であった雷神はスペイン人兵士の守護聖人サンティアゴと一緒にされた．スペイン軍が銃砲をもっていたからであろう．キリスト教の聖人の日がインディオの祭りの日となり，教会を中心に祝われるが，そこで仮面を着けた踊りが行われたりする．

　教会とは別の場所で行われる儀礼もある．スペイン人の古い記録には，毎年きまった時期に，神聖なる場所で供物や犠牲を捧げていたという話が見られるが，今でも山や泉あるいは洞穴などが神聖視され，供物や犠牲が捧げられることがある．それがキリスト教の儀式と結びついている場合も多い．山はとくに神聖なものと考えられている．新大陸の山々は地質学的には新しい時代のものが多いので火山活動が活発で地震も多い．山では大地が揺れ，岩がひとりでに動き，水や岩石がなだれをうって落ちてくる．そして天にむかって火を吹きあげる．

　このような天変地異と結びついたアニミズムだけではなく，基本的な世界観もかわることなく伝えられている．太陽は聖なる山から昇る．そこでは今でも儀礼がとり行われる．そして太陽は西において死ぬ．西は死者の場所と考えられている．

インカの人々は聖なる場所ワカにトウモロコシの酒，食物，衣服，コカなどを捧げていた．これらの供物はしばしば燃やされた．供物のなかではラマが最も重要なものであった（上）．現在でも，たとえば山の神への供犠など重要な儀礼の時にはラマが犠牲として捧げられている．ラ・パスの町の上にあるエル・カルバリオの丘（右）では人々が集まって香をたき祈りを捧げる．香りのよい煙とともに供物が谷のむこう側の雪を頂く峰々に昇っていく．

今日に残る伝統的な儀礼

北部メキシコのタラウマラのインディオが「パリサイ人の聖週間の踊り」を演じている（左頁）．人々は身体に彩色して七面鳥か鶏の羽根の冠をかぶり，ユダの人形をもって，太鼓や葦の笛に合わせて踊る．このとき教会では聖人像に食物が供えられる．

メソアメリカの祭礼の踊りでは，踊り手が鹿，サル，ジャガーなど昔から重要視された動物の衣装を身につけることがある．とくにジャガーは熱帯雨林にすむ猛獣で最も力をもつ動物とされていた．グレロ州では，祭礼の中でジャガーの衣装をまとった男が模擬戦を行う（左）．

役職者が杖をもつのは世界中どこでも共通しているようだ．新大陸でもかつて役職者は杖をもっていたし，今でもその習慣は残っている．上クスコの役職者はインカの皇族であった（上）．この人物はインカの皇族独特の冠と長衣を身につけている．チアパス州高地に住む現代のツォツィル系マヤ人の役職者は街を歩くとき杖をもち，正式の服を着て，リボンで飾った帽子をかぶる（上端）．

クスコ市の近くのパウカルタンボでは7月15日に聖母マリアを祝う祭礼が催される（左）．聖母マリアの像は教会から出され，インカ風のコンゴウインコの羽根で作られた傘がさしかけられて行進する．この行進には仮面をつけた踊り手が従う．パウカルタンボの踊りの中には，昔のスペインの衣装をつけて太いロープを手にした踊りがあるが，古代アンデスの場合には細い紐がしばしば踊りに用いられていた．聖母マリアはインカの大地の女神ママパチャと結びつけて考えられている．このパウカルタンボには今でもインカ時代の墓チュルパの跡が見られる．

インカ帝国では11月はアヤマルカとよばれ，死者の月とされていた．この時はミイラを安置所から出し輿にのせて行進した（上）．輿は普通は地位の高い者だけが使用する乗り物である．これが死者のために用いられるのは，祖先が神聖視されていたからであろう．キリスト教の世界でも11月1日は万聖節の死者の日である．とくにメキシコではこの日に盛大な祭りが行われる．

図版リスト

謝辞
イクイノックス社は，ロンドン大学考古学研究所のスー・スコット氏とリヴァプール大学のジョン・フィッシャー氏のご協力に謝意を表す．またエリザベス・ベンソンは，調査にご協力いただいた以下の方々に御礼を申し上げる．パトリシア・アナウォルト，エリザベス・ブーン，リチャード・クック，エルナン・クレスポ・トラール，アールバーン・エイガ，オールガ・フィッシュ，オラフ・ホルム，ジューリ・ジョウンズ，ナンシー・メイスン・ゴードン・マキューアン，ブレスリー・ノートン，マイケル・スネアスキス，ジョージ・スチュアトの各氏である．

図版リスト
略記：t＝上図，tl＝上段左図，tr＝上段右図，c＝中図，b＝下図，等．
遺跡地図制作は，ゾウイ・グドウィン（オックスフォード在住）．
見返しの図：「新大陸アメリカの新しき描写」は，アブラハム・オルテリウス編の地図帳『地球概観』による．

頁 2–6 Hunters and raiders: rollout photos from Maya vases by Justin Kerr, New York.
8–9 Drawings by John Fuller, Cambridge, England.
11. East coast Indian, painted for the hunt, watercolor by John White: British Museum, London, photo Equinox Picture Archive, Oxford.
13l. Jívaro of Upano River: Smithsonian Institution, Washington, photo no. SA 220.
13c. Medicine Crow: Smithsonian Institution, Washington, photo Charles Bell no. 3413-A.
13r. Nostak eskimo, 1877–81: Smithsonian Institution, Washington, photo E. W. Nelson no. SI 3854.
14. Air view Chaco Canyon: Georg Gerster, John Hillelson Agency, London.
18. Columbus in Hispaniola: Fotomas Index, London.
20. Torturing of Indians: Fotomas Index, London.
21. Indian woman of Florida, by John White: British Museum, London, photo Equinox Picture Archive, Oxford.
22–23. Scenes from Inca life, from F. Guaman Poma de Ayala *Nueva Coronica y Buen Gobierno*: Marion and Tony Morrison, Woodbridge.
25t. Temple at Tulum by Frederick Catherwood: Equinox Picture Archive, Oxford.
25b. Thomas Jefferson: Mansell Collection, London.
27. Folsom point: Werner Forman Archive, London.
29. Bering Straits: Fred Bruemmer, Montreal.
31t. Folsom excavation: Denver Museum of Natural History.
31b. Folsom point: John Fuller, Cambridge.
33. Clovis point: John Fuller, Cambridge.
35. Feathered man, from a Southern Cult engraved shell, adapted by Simon Driver, Oxford.
36. Canyon de Chelly: Walter Rawlings, Robert Harding Associates, London.
37. Yellowstone River: Zefa, London.
38–9. Mount McKinley, Alaska: Robert Harding Associates, London.
40. Danger Cave, Utah: Werner Forman Archive, London.
41l. Hematite plummet: John Fuller, Cambridge.
41c. Poverty Point: Dick Barnard, Milverton.
41tr. Poverty Point figurine: Thomas Gilcrease Institute, Tulsa, photo Dirk Bakker, Detroit Institute of Arts.
42. Arctic landscape: Susan Griggs Agency, London.
49. Great Serpent Mound: Smithsonian Institution, Washington, photo no. 237, 1934.
52l. Mica hand: Ohio Historical Society, Columbus, photo Dirk Bakker, Detroit Institute of Arts.
53t. Copper falcon: National Parks Service, Mound City National Monument, Chillicothe, photo Dirk Bakker, Detroit Institute of Arts.
55bl. Soapstone panther effigy pipe: Brooklyn Museum, photo Dirk Bakker, Detroit Institute of Arts.
55br. Beaver effigy platform pipe: Thomas Gilcrease Institute, Tulsa, photo Dirk Bakker, Detroit Institute of Arts.
55tr. Feline figure from Key Marco: National Museum of Natural History, Smithsonian Institution, Washington, photo Dirk Bakker, Detroit Institute of Arts.
55cl. Moundville reconstruction: Dick Barnard, Milverton.
55b. Hand-eye motif: detail, by John Fuller, from Moundville palette (see p. 59)
56l. Cahokia figurine: Museum of Science and Natural History, St Louis, photo Dirk Bakker, Detroit Institute of Arts.
56–7. Cahokia reconstruction: Dick Barnard, Milverton.
58t. Shell gorget with male profile: Museum of the American Indian, Heye Foundation, New York, photo Werner Forman Archive, London.
58l. Shell effigy: Museum of the American Indian, Heye Foundation, New York, photo Werner Forman Archive, London.
58br. Copper profile of man: Ohio Historical Society, Columbus, photo Dirk Bakker, Detroit Institute of Arts.
59t. Engraved stone palette: Mound State Monument, University of Alabama Museum of Natural History, Moundville, photo Dirk Bakker, Detroit Institute of Arts.
59c. Effigy vessel from Paducah: Museum of the American Indian, Heye Foundation, photo Dirk Bakker, Detroit Institute of Arts.
59b. Incised conch shell: Oklahoma State Museum, photo Walter Rawlings, Robert Harding Associates, London.
60t. Emerald Mound reconstruction: Dick Barnard, Milverton.
60b. Kneeling prisoner pipe: Brooklyn Museum, photo Dirk Bakker, Detroit Institute of Arts.
61b. Caughnawaga reconstruction: Dick Barnard, Milverton.
62l. Ulm Piskun buffalo jump, Montana: Werner Forman Archive, London.
62–3. Buffalo hunt: lithograph by George Catlin, Fotomas Index, London.
65. Medicine wheel and sun-dance lodge: Simon Driver, Oxford.
66. Bryce Canyon, Utah: Susan Griggs Agency, London.
68. Fremont figurine: John Fuller, Cambridge.
70–71. Montezuma's Castle: Walter Rawlings, Robert Harding Associates, London.
72–73. All photographs of Mimbres pots by Justin Kerr, New York, Courtesy the American Federation of Arts and Hudson Hills Inc. from the following collections:
72tl. Janss Foundation, Thousand Oaks, California.
72b. Maxwell Museum of Anthropology, University of New Mexico, Albuquerque.
72–73. Private Collection.
73tr. Maxwell Museum of Anthropology, University of New Mexico, Albuquerque.
72br. Arizona State Museum, University of Arizona, Tucson.
72c. Cliff Palace, Mesa Verde: Robert Harding Associates, London.
72–73. Canyon de Chelly: Werner Forman Archive, London.
76–77. Mesa Verde under snow: David Muench, Santa Barbara.
78b. Ceramic vessel from Chaco Canyon: Werner Forman Archive, London.
78–79. Reconstruction of Pueblo Bonito: Dick Barnard, Milverton.
79t. Pueblo Bonito: Walter Rawlings, Robert Harding Associates, London.
80. Pomo basket: Lee Boltin, Croton-on-Hudson, New York.
82. Northwest coast totem pole: Werner Forman Archive, London.
83. Olmec adze: Werner Forman Archive, London.
85. Xochicalco landscape: Michael Coe, New Haven.
87. Temple at Tikal: Roy C. Craven Jr, Gainesville, Florida.
90t. Evolution of maize: Robert S. Peabody Foundation for Archaeology, Andover, Mass.
90c. View from Coxcatlan Cave: Michael Coe, New Haven.
90b. Wild maize reconstruction: John Fuller, Cambridge.
92–93. Highland scrub landscape: Susan Griggs Agency, London.
94. Olmec jade bust: Dumbarton Oaks, Washington.
95tr. Colossal head, San Lorenzo: Michael Coe, New Haven.
96l. Linear heads of deities: John Brennan, Oxford.
96r. Greenstone figure from Las Limas: Michael Coe, New Haven.
97t. Jade Olmec dragon: David Joraleman, New Haven.
97cl. Monument 52 from San Lorenzo: Michael Coe, New Haven.
97crt. Jade Harpy Eagle God: Michael Coe, New Haven.
97crb. Pottery bowl from Tlapacoya: Michael Coe, New Haven.
97bl. Jade Shark God: William R. O'Boyle, New Haven.
97br. Kneeling shaman figure: Michael Coe, New Haven.
98b. La Venta altar: Roy C. Craven Jr, Gainesville, Florida.
98–99. La Venta figurines: Michael Coe, New Haven.
101. Juxtlahuaca mural: Michael Coe, New Haven.
102. Danzante, Monte Albán: Drs A.A.M. Van der Heyden, Amsterdam.
103t. Jalisco figurines: Justin Kerr, New York.
106. Pyramid of the Sun: Lee Boltin, Croton-on-Hudson, New York.
107tr. Stone mask: Dumbarton Oaks, Washington.
107cr. Eagle mural: Michael Coe, New Haven.
107br. Tripod vessel: Dumbarton Oaks, Washington.
108cl. El Tajín relief: Simon Driver, Oxford.
108b. Yoke, *palma* and *hacha*: John Fuller, Cambridge.
108–109. Ballgame scene on Maya vase: Dallas Museum of Fine Art, photo Justin Kerr, New York.
109b. Ballcourt at Xochicalco: Michael Coe, New Haven.
110t. View of El Tajín: Warwick Bray, London.
110c. Deity monument: Michael Coe, New Haven.
110–111. Pyramid of the Niches: Werner Forman Archive, London.
111br. Stone relief: Roy C. Craven Jr, Gainesville, Florida.
112bl. Remojadas figurine: Justin Kerr, New York.
112c. Monte Albán stela: John Fuller, Cambridge.
112–113. View of Monte Albán: Justin Kerr, New York.
113br. Funerary urn: National Anthropological Museum, Mexico City.
114. Miraflores stela: Michael Coe, New Haven.
116bl. Pottery effigy censer: Michael Coe, New Haven.
116–117. Air view Tikal: Nicholas Hellmuth, New Haven.
117tr. Jade pendant: John Fuller, Cambridge.
118–120. Maya glyphs drawn by Simon Driver from originals supplied by Michael Coe.
118bl. Monkey Men: from a Maya vase, photo Justin Kerr, New York.
119tr. Lintel from Yaxchilán: Michael Holford, Loughton.
121tr. Lintel 24, Yaxchilán: British Museum, London, photo Lee Boltin, Croton-on-Hudson, New York.
121br. Structure 33: Marion and Tony Morrison, Woodbridge.
122cl. Stucco head: John Fuller, Cambridge.
122bl. Zero and the Monkey God: Michael Coe, New Haven.
122–123. View of Palenque: Marion and Tony Morrison, Woodbridge.
122tr. Jade mask: National Museum of Anthropology, Mexico, photo Werner Forman Archive, London.
122br. Palenque Palace: Marion and Tony Morrison, Woodbridge.
125c. Copán ballcourt: Michael Coe, New Haven.
125bl. Fallen idol: lithograph by Frederick Catherwood, collection Michael Coe, New Haven.
125br. Maize God: Dumbarton Oaks, Washington.
127tl. Palace of the Masks, Kabah: Justin Kerr, New York.
127br. Maya house, Sayil: Warwick Bray, London.
128bl. Doorway of Palace of the Governor: lithograph by Frederick Catherwood, Equinox Picture Archive.
128–129t. The nunnery: Justin Kerr, New York.
128cr. Skull and crossbones carving: Michael Coe, New Haven.
129cl. Feathered serpent relief: Justin Kerr, New York.
129r. Pyramid of the Magician: Werner Forman Archive, London.
130tl. Weaving figurine: Justin Kerr, New York.
130bl. Pair of figurines: Werner Forman Archive, London.
130–131. Fat God: Lee Boltin, Croton-on-Hudson, New York.
131. Jaina Figurines: Lee Boltin, Croton-on-Hudson, New York.
132. Cotzumalhuapa reliefs: Museum of Ethnology, West Berlin, photos Werner Forman Archive, London.
133. Xipe Totec: Lee Boltin, Croton-on-Hudson, New York.
134l. Atlantean figure: Marion and Tony Morrison, Woodbridge.

135c. Face of Atlantean figure: Marion and Tony Morrison, Woodbridge.
135bl. Pyramid B: Michael Coe, New Haven.
135tr. Serpent Wall: Michael Coe, New Haven.
135br. Chac Mool: Michael Coe, New Haven.
136t. Temple of the Jaguars and the Castillo: Michael Holford, Loughton.
136b. Temple of the Warriors: Justin kerr, New York.
137cl. Skull-rack relief: Michael Coe, New Haven.
137bl. Human head in animal jaws: Michael Holford, Loughton.
137tr. Jade plaque: Michael Coe, New Haven.
138–140. All rollout pictures of Maya pots by Justin Kerr, New York.
142. Mixtec censer: Werner Forman Archive, London.
143cl. Mitla wall: Warwick Bray, London.
145. Aztec knife: British Museum, London.
147. Codex Cospi: Werner Forman Archive, London.
148l. Tonatiuh: Museum für Völkerkunde, Basel, photo Werner Forman Archive, London.
148t. Coatlicue: National Museum of Anthropology, Mexico City, photo Werner Forman Archive, London.
149t. Xipe Totec: Museum für Völkerkunde, Basel, photo Werner Forman Archive, London.
149bl. Tezcatlipoca: British Museum, London, photo Lee Boltin, Croton-on-Hudson, New York.
149br. Quetzalcoatl: John Fuller, Cambridge.
150l. Coyolxauhqui: John Fuller, Cambridge.
150cr. Carved skulls: Michael Coe, New Haven.
150br. Engraving of Tenochtitlan: *Gran Citta di Temistan* by Benedetto Bordone.
151. Coclé painted bowl from Panama: Museum of the American Indian, Heye Foundation, photo Equinox Picture Archive.
153. Bolivian Altiplano landscape: Marion and Tony Morrison, Woodbridge.
155. Inca terraces: Walter Rawlings, Robert Harding Associates, London.
158t. Tiahuanaco deity: Equinox Picture Archive, Oxford.
158b. Relief heads from Cerro Sechin: John Fuller, Cambridge.
159. Textile from Paracas necropolis: Lee Boltin, Croton-on-Hudson, New York.
160. Eclipse of the sun engraving: Fotomas Index, London.
163. Flying-panel *metate*: New Orleans Museum of Art.
164–165. Lake Guatavita: Marion and Tony Morrison, Woodbridge.
165b. The golden raft of El Dorado: Lee Boltin, Croton-on-Hudson, New York.
167bl. San Agustin archaeological park: Warwick Bray, London.
167br. Figure with trophy head: John Fuller, Cambridge.
168l. Sicán knife: Lee Boltin, Croton-on-Hudson, New York.
168tr. Inca mace head in form of bird: Dumbarton Oaks, Washington.
168–169b. Tairona pendant: Jan Mitchell Collection, New York, photo Justin Kerr.
169t. Lambayeque painted mask: Lee Boltin, Croton-on-Hudson, New York.
169br. Tolima pendant: Lee Boltin, Croton-on-Hudson, New York.
170. Río Quijos, Ecuador: Marion and Tony Morrison, Woodbridge.
172l. La Tolita gold mask: Banco Central Museum, Quito, photo Marion and Tony Morrison, Woodbridge.
172c. La Tolita clay deity: Banco Central Museum, Quito, photo Marion and Tony Morrison, Woodbridge.
172r. Both drawings by John Fuller, Cambridge.
173. Bahía figure with offering: Banco Central Museum, Quito, photo Marion and Tony Morrison, Woodbridge.
174–175. Lake Titicaca: Marion and Tony Morrison, Woodbridge.
177l. Huaca Prieta fabric design: Simon Driver, Oxford.
177r. Huaca de los Reyes: American Museum of Natural History, Shippee-Johnson Archive.
178l. Chavín flute-player: Brooklyn Museum, New York.
178tr. Steatite tumbler: Dumbarton Oaks, Washington.
178cr. Cord-holding figures from the tumbler above: Simon Driver, Oxford.
179cl. The Great Image: Simon Driver after Tello.
179c. Temple facade: Michael Coe, New Haven.
179b. Chavín stone head: Michael Coe, New Haven.
180–181t. Paracas candelabra: Tom Owen Edmunds, London.
180b. Paracas necropolis textile: Lee Boltin, Croton-on-Hudson, New York.
182–183. Paracas Bay: Marion and Tony Morrison, Woodbridge.
183t. Late Nazca cylinder vase design: Simon Driver, Oxford.
183bl. Trophy head pots: Simon Driver, Oxford.
183br. Nazca effigy jar: Lee Boltin, Croton-on-Hudson, New York.
184t. Lines running to a point: Marion and Tony Morrison, Woodbridge.
185tl. Monkey image: Robert Estall, London.
185tr. Ground view of Nazca lines: Johan Reinhard, Lima.
185bl. Bird Image: Robert Estall, London.
185br. Cerro Unitas figure: Johan Reinhard, Lima.
188tl. Coca-leaf chewing design: motif from a Moche pot, transcribed by Simon Driver, Oxford.
188tr. Stirrup-spout vessel in form of deity head: Linden Museum, Stuttgart.
188bl. Gilt-copper mask from Pyramid of the Moon: Linden Museum, Stuttgart.
188bc. Pyramid of the Moon: Warwick Bray, London.
188br. Stirrup-spout vessel in form of owl-man: Phaidon Press Picture Archive, Oxford.
190–191. All pictures Marion and Tony Morrison, Woodbridge.
192. Huari-Tiahuanaco mirror: Dumbarton Oaks, Washington.
194–195t. Squirrel motifs, Chan Chan: Marion and Tony Morrison, Woodbridge.
195–196b. View of Chan Chan: Warwick Bray, London.
196. Silver Inca figurine: Dumbarton Oaks, Washington.
196b. tambo Colorado: Elizabeth Benson, Washington.
197. Huayna Capac by Guaman Poma de Ayala: Marion and Tony Morrison, Woodbridge.
199t. Stone basin: Michael Coe, New Haven.
199c. Doorway, Macchu Picchu: Michael Coe, New Haven.
199b. Tambomachay stonework: Marion and Tony Morrison, Woodbridge.
199t. "Hitching post of the Sun," Macchu Picchu: Michael Coe, New Haven.
199b. Sacsahuaman stone throne: Robert Harding Associates, London.
200tr. Santa Domingo Church, Cuzco: Marion and Tony Morrison, Woodbridge.
200bl. Cuzco: from Theodore de Bry *Historia Americae*, 1592, Fotomas Index, London.
200–201b. Sacsahuaman: Tom Owen Edmunds, London.
202–203. Macchu Picchu: Michael Coe, New Haven.
204t. Cat-bird figure on Paracas textile: Lee Boltin, Croton-on-Hudson, New York.
204b. Chimú fabric from Chan Chan.
205tl. Huari-Tiahuanaco cloth hat: Lee Boltin, Croton-on-Hudson, New York.
205tr. Chimú feather breastplate: Werner Forman Archive, London.
205bl. Nazca mantle: Linden Museum, Stuttgart.
205bl. Figure weaving, from a Moche pot: Phaidon Press Picture Archive, Oxford.
206. Drawings by John Fuller, Cambridge.
207. Indians in boats meeting European vessel from Théodore de Bry *Historia Americae*, 1592, Fotomas Index, London.
208t. Francisco von Teuber with the chief of the Garipuna tribe: Smithsonian Institution, Washington, photo no. SA 219-17.
208bl. Europeans destroying native village: From Théodore de Bry, *Historia Americae*, 1592, Fotomas Index, London.
159br. Native medicine: from a 16th-century engraving, Dean Snow, Albany, New York.
209t. Delegation of Indians with President Andrew Johnson 1867: Smithsonian Institution, Washington, photo no. 3684-B.
209bl. Eskimos in kayaks, trading with passengers on Str. Roanoke: Smithsonian Institution, Washington, photo n. 76-926.
209r. Northwest coast ridicule pole: Dean Snow, Albany, New York.
210t. Unaligmuit man casting bird spear: Smithsonian Institution, Washington, photo no. SI 3846.
210bl. Man using bow drill to make ivory cribbage board, 1902–1903: Smithsonian Institution, Washington, photo no. 44,826B.
210br. Eskimo building snow house: Smithsonian Institution, Washington, photo no. 55,019.
211. All photographs by Fred Bruemmer, Montreal.
212tr. Hopi calendar: Roger Gorringe, Crowborough.
212. All photographs by Joseph Mora, 1904–1906.
214l. Hopi kachinas of the Powamu or "Bean-planting" ceremony: Smithsonian Institution, Washington, photo no. 1821-A-2.
214tr. Kachina doll: Werner Forman Archive, London.
215t. Hemis kachina: Lee Boltin, Croton-on-Hudson, New York.
216bl. Mah-to-tohpah: lithograph by George Catlin, Fotomas Index, London.
216–217t. Plains village: engraving after Karl Bodmer, Fotomas Index, London.
216br. Buffalo dance: Equinox Picture Archive, Oxford.
217b. Minnetaree scalp dance: engraving after Karl Bodmer, Robert Harding Associates, London.
218tl. Mask of Bowkus, chief of the dead: Museum of Anthropology, University of British Columbia, photo Werner Forman Archive, London.
218tr. Shaman's rattle: Provincial Museum, British Columbia, photo Werner Forman Archive, London.
218b. Nootka bird mask: Lee Boltin, Croton-on-Hudson, New York.
219l. Northern Kwakiutl mask: Provincial Museum of British Columbia, photo Werner Forman Archive, London.
219tr. Kwakiutl grave effigy: Anthropological Museum, University of British Columbia, photo Werner Forman Archive, London.
219br. Bella Coola mask: Provincial Museum of British Columbia, photo Werner Forman Archive, London.
220–223. Line drawings: scenes from Inca life, from F. Guaman Poma de Ayala *Nueva Coronica y Buen Gobierno*: Marion and Tony Morrison, Woodbridge.
220–221t. Chinchero market: Michael Coe, New Haven.
220bl. Farmers digging: Neil Stevenson.
220br. Carrying firewood: Robert Harding Associates, London.
221tr. Yanomamo women body-painting: Robert Harding Associates, London.
221bl. Woman weaving: Robert Harding Associates, London.
221br. Men grinding: David Simson, Brookwood.
222–223t. Dance of the Pharisees: Robin Bath, Robert Harding Associates, London.
222b. Prayer meeting at El Calvario: Marion and Tony Morrison, Woodbridge.
223tl. Jaguar dance in Guerrero: Nick Saunders, Werner Forman Archive, London.
223tr. Tzotzil Maya officials: Justin Kerr, New York.
223b. Festival of the Virgin: Marion and Tony Morrison, Woodbridge.

参考文献

第1部 新大陸
G. Ashe, T. Heyerdahl, H. Ingstad, J. V. Luce, B. J. Meggars and B. L. Wallace, *The Quest for America*. New York 1971.
J. D. Jennings (ed.), *Ancient Native Americans*. San Francisco 1978.
B. Landström, *Columbus*. New York 1967.
M. Magnusson and H. Pálson (trans.), *The Vinland Sagas: The Norse Discovery of America*. Baltimore 1965.
R. L. Wauchope, *Lost Tribes and Sunken Continents*. Chicago 1974.
G. R. Willey, *An Introduction to American Archaeology*, vol. 1 *North and Middle America*, vol. 2 *South America*. Englewood Cliffs, N.J. 1966.
G. R. Willey and J. A. Sabloff, *A History of American Archaeology*. San Francisco 1974. 【＊1】

第2部 最初のアメリカ人
A. L. Bryan, *Paleo-American Prehistory*. Pocatello, Idaho 1965.
A. L. Bryan (ed.), *Early Man in America from a Circum-Pacific Perspective*. Edmonton, Alberta 1978.
D. Dincauze, "An archaeo-logical evaluation of the case for pre-Clovis occupations," *Advances in New World Archaeology*, vol. 3, pp. 276–323, 1984.
J. E. Ericson et al (eds.), *Peopling of the New World*. Los Altos, Calif. 1982.
W. S. Laughlin and A. B. Harper (eds.), *The First Americans: Origins, Affinities and Adaptations*. New York 1979.
K. Macgowan and J. A. Hester, Jr, *Early Man in the New World*. Garden City, N.Y. 1962.
R. S. MacNeish, "Early man in the New World," *American Scientist*, vol. 63, no. 3, pp. 316–27. New Haven 1976.
P. S. Martin and H. E. Wright, Jr, *Pleistocene Extinctions: The Search for a Cause*. New Haven 1967.
I. Rouse. "Peopling of the Americas," *Quarternary Research*, vol. 6, pp. 597–612, 1976.
Scientific American, *Early Man in America*. San Francisco 1973.

第3部 北アメリカ
L. M. Alex, *Exploring Iowa's Past: A Guide to Prehistoric Archaeology*. Iowa City 1980.
J. B. Billard (ed.), *The World of the American Indian*. Washington, D.C. 1974.
D. S. Brose, J. A. Brown and D. W. Penney, *Ancient Art of the American Woodland Indians*. New York 1985.
L. Campbell and M. Mithun (eds.), *The Languages of Native America: Historical and Comparative Assessment*. Austin, Tex. 1979.
J. L. and K. K. Chartkoff, *The Archaeology of California*. Stanford, Calif. 1984.
L. S. Cordell, *Prehistory of the Southwest*. New York 1984.
—— "Southwest Archaeology," *Annual review of Anthropology*, vol. 13, pp. 301–332, 1984.
D. Damas (ed.), *Arctic*, Handbook of North American Indians, vol. 5. Washington, D.C. 1984.
P. Druker, *Cultures of the North Pacific Coast*. San Francisco, Calif. 1965.
P. S. Essenpreis, "Fort Ancient Settlement: Differential Response at a Mississippian–Late Woodland Interface," in B. D. Smith (ed.), *Mississippian Settlement Patterns*. Orlando, Fla. 1978.
W. W. Fitzhugh and S. A. Kaplan, *Inua: Spirit World of the Bering Sea Eskimo*. Washington, D.C. 1982.
F. and M. E. Folsom, *America's Ancient Treasures*. Albuquerque, NM 1983.
H. S. Gladwin, *A History of the Ancient Southwest*. Portland, Me. 1957.
J. B. Griffin, "Eastern North American Archaeology: A Summary," *Science*, vol. 156, pp. 175–191, 1967.
W. G. Haag, "The Bering Strait Land Bridge," *Scientific American*, 1962.
C. W. Hibbard et al., "Quaternary Mammals of North America." in H. E. Wright, Jr, and D. G. Frey (eds.), *The Quaternary of the United States*. Princeton, N.J. 1965.
B. Hayden, "Research and Development in the Stone Age: Technological Transitions among Hunter-Gatherers," *Current Anthropology*, vol. 22, pp. 519–548, 1981.
R. F. Heizer (ed.), *California*, Handbook of North American Indians, vol. 8. Washington, D.C. 1978.
J. Helm (ed.), *Subarctic*, Handbook of North American Indians, vol. 6. Washington, D.C. 1981.
C. Hudson, *The Southeastern Indians*. Knoxville, Tenn. 1976.
A. S. Ingstad, *The Discovery of a Norse Settlement in America*. New York 1977.
J. D. Jennings, *Prehistory of North America*. New York 1974.
J. D. Jennings (ed.), *Ancient Native Americans*. San Francisco, Calif. 1978.
R. Kirk and R. D. Daugherty, *Exploring Washington Archaeology*. Seattle, Wa. 1978.
A. L. Kroeber, *Cultural and Natural Areas of Native North America*. Berkeley, Calif. 1963.
D. J. Lehmer, *Introduction to Middle Missouri Archaeology*. Washington, D.C. 1971.
R. H. and F. C. Lister, *Chaco Canyon*. Albuquerque, NM 1981.
R. J. Mason, *Great Lakes Archaeology*. Orlando, Fla. 1981.
J. T. Milanich and C. H. Fairbanks, *Florida Archaeology*. Orlando, Fla. 1980.
—— and S. Proctor (eds.), *Tacachale: Essays on the Indians of Florida and Southeastern Georgia during the Historic Period*. Gainesville, Fla. 1978.
W. N. Morgan, *Prehistoric Architecture in the Eastern United States*. Cambridge, Mass. 1980.
D. F and P. A. Morse, *Archaeology of the Central Mississippi Valley*. New York 1982.
A. Ortiz (ed.), *Southwest*, Handbook of North American Indians, vol. 9. Washington, D.C. 1979.
—— *Southwest*, Handbook of North American Indians, vol. 10. Washington, D.C. 1983.
J. Pfeiffer, "America's First City," *Horizon*, vol. 16, pp. 58–63, 1974.
D. B. Quinn (ed.), *North American Discovery Circa 1000–1612*. Columbia, S.C. 1971.
W. A. Ritchie, *The Archaeology of New York State*, Harrison, N.Y. 1980.
V. E. Shelford, *The Ecology of North America*. Urbana, Ill. 1963.
B. D. Smith (ed.), *Mississippian Settlement Patterns*. Orlando, Fla. 1978.
D. R. Snow, *The Archaeology of new England*. Orlando, Fla. 1980.
—— *The Archaeology of North America*, New York 1976. (Published in London as *North American Indians: Their Archaeology and Prehistory*.)
R. F. Spencer and J.D. Jennings (eds.), *The Native Americans*. New York 1977.
E. G. Squier and E. H. Davis, *Ancient Monuments of the Mississippi Valley, Comprising the Results of Extensive Original Surveys and Explorations*. Washington, D.C. 1874; reprinted New York 1965.
J. B. Stoltman, "Temporal Models in Prehistory: An Example from Eastern North America," *Current Anthropology*, vol. 19, pp. 703–746, 1978.
J. B. Stoltman and D. A. Baerreis, "The Evolution of Human Ecosystems in the Eastern United States" in H. E. Wright, Jr (ed.), *Late-Quaternary Environments of the United States, Vol. 2, The Holocene*. Minneapolis, Minn. 1983.
G. E. Stuart, "Mounds: Riddles from the Indian Past," *National Geographic*, vol. 142, pp. 783–801, 1972.
B. G. Trigger (ed.), *Northeast*, Handbook of North American Indians, vol. 15. Washington, D.C. 1978.
W. R. Wood, *The Origins of the Hidatsa Indians: A Review of Ethnohistorical and Traditional Data*. Lincoln, Neb. 1980.
J. V. Wright, *Ontario Prehistory: An Eleven-Thousand-Year Archaeological Outline*. Ottawa 1972.
—— *Quebec Prehistory*. Ottawa 1979.

第4部 メソアメリカ
A. F. Aveni, *Skywatchers of Ancient Mexico*. Austin 1980.
E. P. Benson, *The Maya World*. New York 1967.
—— (ed.), *The Olmec and Their Neighbors*. Washington, D.C. 1981.
I. Bernal, *The Olmec World*. Berkeley and Los Angeles, Calif. 1967.
R. E. Blanton, *Monte Albán: Settlement Patterns at the Ancient Zapotec Capital*. New York 1978.
D. S. Byers and R. S. MacNeish (eds.), *The Prehistory of the Tehuacan Valley*. Austin, Tex. 1967–77.
M. D. Coe, *Lords of the Underworld: Masterpieces of Classic Maya Ceramics*. Princeton, N.J. 1978.
—— *Mexico*. London 1984. 【＊2】
—— *The Maya*. London 1984. 【＊3】
M. D. Coe and R. A. Diehl, *In the Land of the Olmec*. Austin, Tex. 1980.
N. Davies, *The Ancient Kingdoms of Mexico*. London 1982.
—— *The Aztecs*. London 1973.
R. A. Diehl, *Tula, The Toltec Capital of Ancient Mexico*. London 1983.
K. V. Flannery (ed.), *The Early Mesoamerican Village*. New York 1976.
P. D. Harrison and B. L. Turner II (eds.), *Pre-Hispanic Maya Agriculture*. Albuquerque, NM 1978.
P. D. Joralemon, *A Study of Olmec Iconography*. Washington, D.C. 1972.
J. S. Justeson and L. Campbell (eds.), *Phoneticism in Mayan Hieroglyphic Writing*. Albany, N.Y. 1984.
M. E. Kampen, *The Sculptures of El Tajín, Veracruz, Mexico*. Gainesville, Fla. 1972.
D. H. Kelley, *Deciphering the Maya Script*. Austin, Tex., and London 1976.
J. Kelley, *The Complete Visitor's Guide to Mesoamerican Ruins*. Norman, Okla. 1982.
R. Millon, *Urbanization at Teotihuacan, Mexico*. Austin, Tex. 1973.
H. B. Nicholson and E. Quiñones, *Art of Aztec Mexico*. Washington, D.C. 1983.
J. Paddock (ed.), *Ancient Oaxaca*. Stanford, Calif. 1966.
E. Pasztory, *Aztec Art*. New York 1983.
W. T. Sanders, J. R. Parsons and R. S. Santley, *The Basin of Mexico: Ecological Processes in the Evolution of Civilization*. New York 1979.
L. Schele, *Notebook for Maya Hieroglyphic Writing Workshop at Texas*. Austin, Tex. 1986.
—— and M. E. Miller, *The Blood of Kings: A New Interpretation of Maya Art*. Austin, Tex. 1986.
M. E. Smith, *Picture Writing from Southern Mexico: Mixtec Place Signs and Maps*. Norman, Okla. 1973.
J. Soustelle, *The Olmec*. New York and London 1984.
R. Spores, *The Mixtec Kings and Their People*. Norman, Okla. 1967.
J. Eric S. Thompson, *Maya Hieroglyphic Writing: An Introduction*. Norman. Okla. 1971.
—— *Maya History and Religion*. Norman, Okla. 1970.
M. P. Weaver, *The Aztecs, Maya, and Their Predecessors*. New York 1981.

第5部 南アメリカ
R. E. Alegria, *Ball Courts and Ceremonial Plazas in the West Indies*, Yale University Publications in Anthropology. New Haven, Conn. 1983.
G. Bankes, *Moche Pottery from Peru*. London 1980.
—— *Peru Before Pizarro*. Oxford 1977.
E. P. Benson, *The Mochica*. New York 1972.
—— (ed.), *Dumbarton Oaks Conference on Chavín*. Washington, D.C., 1971.
—— (ed.), *Pre-Columbian Metallurgy of South America*. Washington, D.C., 1979.
W. J. Conklin, J. B. Bird and S. J. Chavez, *Museums of the Andes*. New York and Tokyo 1981.
W. Bray, *The Gold of El Dorado*. London 1978.
D. Browman, *Advances in Andean Archaeology*. The Hague and Paris 1978.
B. C. Brundage, *Empire of the Inca*. Norman, Okla. 1963.
R. K. Burger, *The Prehistoric Occupation of Chavín de Huantar*, University of California Publications in Anthropology no. 14. Berkeley, Calif. 1984.
G. H. S. Bushnell, *Peru*. London and New York 1957.
C. B. Donnan, *Moche Art of Peru*. Los Angeles, Clif. 1978.
—— (ed.), *Early Ceremonial Architecture in the Andes*. Washington, D.C., 1985.
A. R. González, *Arte Precolombino de la Argentina*, Argentina 1977.
J. Henning and E. Ranney, *Monuments of the Inca*. Boston, Mass. 1978.
J. Hyslop, *The Inka Road System*. Orlando, Fla. and London 1984.
J. Jones, *The Art of Pre-Columbian Gold*. London 1984.

L. Katz (ed.), *Art of the Andes*. Washington, D.C., 1983.
P. Kosok, *Life, Land and Water in Ancient Peru*. New York 1965.
F. W. Lange (ed.), *Recent Developments in Isthmian Archaeology*. Oxford 1984.
—— and D. Stone (eds.), *The Archaeology of Lower Central America*. Albuquerque, NM 1984.
E. P. Lanning, *Peru Before the Incas*. Englewood Cliffs, N.J. 1967.
A. Lapiner, *Pre-Columbian Art of South America*, New York 1976.
D. W. Lathrap, *The Upper Amazon*, London 1970.
——, A. Gebhart-Sayer and A. M. Mester, "The Roots of the Shipibo Art Style," *Journal of Latin American Lore*, vol. 11. Los Angeles, Calif. 1985.
S. K. Lothrop, *The Indians of Tierra del Fuego*, Contributions from the Museum of the American Indian, Heye Foundation, vol. 10. New York 1928.
L. G. Lumbreras, "Excavaciones en el templo antiguo de Chavín," *Ñawpa Pacha*, vol. 15. Berkeley, Calif. 1977.
—— *The Peoples and Culture of Ancient Peru*, Washington 1974. 【*4】
G. F. McEwan, *The Middle Horizon in the Valley of Cuzco, Peru*. Ann Arbor, Mich. 1984.
B. J. Meggers, *Amazonia*. Chicago 1971. 【*5】
D. Menzel, *The Archaeology of Ancient Peru and the Work of Max Uhle*. Berkeley, Calif. 1977.
T. Morrison, *Pathways to the Gods*. New York 1978.
M. Moseley and K. C. Day, *Chan Chan*. Albuquerque, NM 1982.

J. V. Murra, "Cloth and Its Functions in the Inca State," *American Anthropologist*, vol. 64. Menasha, Wisc. 1962.
P. I. Porras G., *Arqueología del Ecuador*. Quito 1984.
D. A. Proulx, "The Nasca Style," in L. Katz (ed.), *Art of the Andes: Ceramics from the Arthur M. Sackler Collections*. Washington, D.C., 1983.
R. Ravines (ed.), *Chan Chan*. Lima 1980.
G. Reichel-Dolmatoff, *Colombia*. London and New York 1965.
J. Reinhard, *The Nazca Lines: A New Perspective on their Origin and Meaning*. Lima 1985.
J. W. Rick, *Prehistoric Hunters of the High Andes*. New York 1980.
M. A. Rivera, *Prehistoric Chronology of Northern Chile*. Ann Arbor, Mich. 1977.
I. Rouse and J. M. Cruxent, *Venezuelan Archaeology*. New Haven and London 1963.
A. P. Rowe, E. P. Benson and A. L. Schaffer (eds.), *The Junius B. Bird Pre-Columbian Textile Conference*. Washington, D.C., 1979.
J. H. Rowe, *An Introduction to the Archaeology of Cuzco*, Papers of the Peabody Museum of American Archaeology and Ethnology, Harvard University, vol. 27. Cambridge, Mass. 1944.
—— *Chavín Art*. New York 1962.
—— *The Kingdom of Chimor*, Acta Americana vol. 6 1948.
C. Ponce Sangines, *Tiwanaku*, La Paz 1972.
A. R. Sawyer, *Ancient Peruvian Ceramics*. New York 1966.

J. H. Steward (ed.), *Handbook of South American Indians*, Bureau of American Ethnology Bulletin vol. 143, Washington, D.C., 1946–59.
—— and L. C. Faron, *Native Peoples of South America*. New York 1959.
K. E. Stothert, "The Preceramic Las Vegas Culture of Coastal Ecuador," *American Antiquity*, vol. 50. Washington, D.C., 1985.
J. C. Tello, *Chavín*. Lima 1966.
—— *Paracas: Primera parte*. Lima 1959.
—— *Paracas: II parte*. Lima 1979.
G. R. Willey, *An Introduction to American Archaeology*, vol. 2, South America. Englewood Cliffs, N.J. 1971.

第6部 生きている遺産
K. Birket-Smith, *The Eskimos*. London 1936.
D. Damas (ed.), *Arctic*, Handbook of North American Indians, vol. 5. Washington, D.C., 1984.
G. M. Foster, *Culture and Conquest*. New York 1960.
C. J. Frisbie (ed.), *Southwestern Indian Ritual Drama*, Albuquerque, NM 1980.
J. C. H. King, *Portrait Masks from the Northwest Coast of America*. London 1974.
C. Levi-Strauss, *La vie des mesques*. Geneva 1975. 【*6】
R. H. Lowie, *Indians of the Plains*. New York 1954.
J. H. Steward and L. C. Faron, *Native Peoples of South America*. New York 1959.
F. Waters, *Book of the Hopi*. New York 1963.
G. Weltfish, *The Lost Universe*. New York 1965.

邦訳書
* 1 G. R. ウィリー, J. A. サブロフ「アメリカ考古学史」(小谷凱宣訳) 學生社, 1979.
* 2 マイケル・コウ「メキシコ」(寺田和夫・小泉潤二訳) 學生社, 1975.
* 3 マイケル・コウ「マヤ」(寺田和夫・加藤泰建訳) 學生社, 1975.
* 4 ルイス・G. ルンブレラス「アンデス文明——石器からインカ帝国まで」(増田義郎訳) 岩波書店, 1977.
* 5 B. J. メガーズ「アマゾニア」(大貫良夫訳) 社会思想社, 1977.
* 6 クロード・レヴィ＝ストロース「仮面の道」(山口昌男・渡辺守章訳) 新潮社, 1977.

訳者のことば

近年とくに国際化という言葉が使われるようになってきた．それぞれの国の出来事が必然的に地球規模においてさまざまな影響を及ぼしあうという現実，また国どうしが以前とはくらべものにならないほど密接な関係をもつようになってきたという現実が反映している．そして，このような事態に対処しうる能力を身につけることもまた国際化という言葉で呼ばれる．しかし，国際社会の形成は，今に始まったわけではない．むしろ，わが国ではこれまでそのような認識が希薄であったというべきかもしれない．

国際化の始まりは大航海時代にあったともいえる．ただし，それはヨーロッパを中心とする国際社会の形成である．大航海時代の中で，もっとも大きな出来事の一つが，ヨーロッパ人によるアメリカの発見，征服，植民地化であった．そして，ヨーロッパの社会がアメリカ大陸と深く関係を持つようになり，偏った形にしろ国際化へと踏み出し，ひいては現代の文明へと歩み始めたとき，一方で，アメリカ大陸にももともとあった原住民の社会や文化の多くは失われていった．やや感傷的にいえば，最初の国際化の波の中で犠牲になったのである．

今日われわれが直面している国際化という問題のそもそもの起こりをたどってみると，その時切り捨てられてしまった別のさまざまな文明の存在を見いだすことができる．本書が扱っているのは，そのような自立的な発展の道を閉ざされた歴史の一つ，古代アメリカの歴史である．

アメリカはわれわれにとってなじみのある，ある意味ではもっとも身近に感じられる外国かもしれない．しかし，それはアメリカ合衆国についてであり，広い南北アメリカ大陸の一部にしかすぎない．わが国では，アメリカ大陸を全体としてとらえようとする視野はあまりみられないようである．古代アメリカにおいては，またヨーロッパの植民地であった時代を含めても，むしろラテンアメリカの方が先進国であった．今日では，これらの地域はどちらかといえば発展途上国とみなされており，少なくともわれわれには遠い世界とされている．

本書は，アメリカ大陸という場を中心に展開した様々な文化をできるだけ広い視野でとらえようと試みている．そして，単に古代の文化を概説するのではなく，それが，はたして現代のわれわれにとって無関係な遠い過去の存在なのかを問いかけているのである．一般向きの書物にしては，やや専門的な内容に立ち入ることもあり，時には，あまり徴細な事実に退屈されるかもしれない．また，遺跡や文化名が多すぎて読みにくい面もあろう．そして考古学が意外に地味な学問であることに気付かれるかもしれない．豊富な地図，その他の図版，写真が理解の助けになると思う．とくに地図には文章では表現できない多くの情報が含まれている．しかも，ともすれば時間の流れに追われがちな読者に，たえず地理的なひろがりを思い起こさせる重要な役割を果たすだろう．

わが国でほとんど紹介されていない北アメリカの先史についてかなりの頁数をさいている点も注目される．アンデスやメソアメリカに比べると，壮大な神殿や古代芸術として称賛される見事な彫刻や絵画表現はあまりみられないが，研究面からいえば北アメリカ考古学は極めて高い水準にある．本書が，けっして平面的な概説の書ではなく，発掘などの考古学的研究の成果をなによりも重視していることの表れである．

本来，ここには監訳者のことばが載るべきである．しかし監訳者の寺田和夫先生は昨年の9月に亡くなられた．寺田先生は30年間にわたりアンデスの発掘調査に従事され，わが国における新大陸考古学研究の指導的な立場にあっただけではなく，アメリカや中南米の研究者との幅広い交流を通じて，国際的にも著名な研究者であった．

古代アメリカについては，わが国でも，インカに代表されるアンデス文明，マヤ，アステカなどのメソアメリカ文明などがよく知られている．しかし，南北両アメリカ大陸全体を扱った書物になるとそれほど多くはない．とくに北アメリカの考古学についてはほとんど紹介されていないのが実状である．寺田先生は，かねてから個々の古代文明の紹介にとどまらず，ひろくアメリカ大陸全般にわたって古代文明の展開を論じる概説書の構想をもっておられた．しかし，それをひとりで執筆するにはあまりにも資料が膨大であり，なかなか実現できないでいるとのことであったが，はからずも，その構想に似た本書の翻訳を先に手掛けられることになった．原著はそれぞれ専門分野の違う3人の分担執筆であり，先生の構想とはやや異なっているし，まとめかたも当然違いがある．しかし，本書の翻訳には大変積極的に取り組まれた．

昨年の1月に訳者全員が集まり，翻訳の基本方針や分担についての最初の話し合いが持たれたとき，内容，体裁とも完璧な訳書を作ろうという先生の熱意が強く感じられたことを思い出す．まず手はじめに，膨大な地名表記や学術用語の訳語等の一覧を数日のうちに作成され，全員に配布するという意気込みであった．

翻訳原稿が揃い始めた夏，寺田先生は入院された．誰もが夏休みの静養ぐらいのつもりでいた．病室内の机に向かい，われわれの手書き原稿を読まれては，疑問箇所に赤字をいれ，原典などにあたって調べ直すようになどとの指示を克明に記されていた．しかし病魔はあまりにも早く先生の体を蝕んでいった．高熱をおしての精読であったことを後に知った．夏が終わる前に先生は帰らぬ人となられてしまった．病室の机に積まれた原稿用紙の束を目にした時はなんとも複雑な思いであった．本書の監訳が，長年にわたって日本における新大陸考古学の研究を推進され，世界的レヴェルにまで高めてこられた先生の最後のお仕事になってしまった．

監訳者を失ったまま翻訳作業は続行された．訳者はいずれも，東京大学教養学科文化人類学分科において先生の指導を受けた者である．遺された原稿用紙の書き込みをもとに，これまでの数々の教えを思い出しながら各自が分担部分の原稿を再検討した．また加藤，松本，関の三名は先生が率いるアンデス考古学調査にも参加しており，新大陸考古学を専門にしている．そこで，この三名が，全体を再度読み直し最終的な訳語の統一をはかった．さらに，印刷された段階では全員が目を通し万全を期したつもりである．翻訳として不十分な点があるとすれば，不肖の弟子たちが未だ力及ばずということである．

翻訳の分担は次の通りである．第1部：加藤泰建，第2部：加藤泰建，第3部：松本亮三，第4部：小池佑二（83～114頁），板橋礼子（114～150頁），第5部：小池佑二（151～171頁），関 雄二（171～206頁），第6部：加藤泰建．

最後に，舵取を失いながらもなんとか刊行に至ったのは，朝倉書店編集部の方々の熱意によるところが大きかったことを記し，深く感謝の意を捧げる次第である．

1988年12月　訳者一同

地名索引

ア 行

アカトラン（メキシコ）18°12′N98°03′W 105
アカトラン・デ・フアレス（メキシコ）20°27′N103°37′W 103
アカプルコ（メキシコ）16°55′N98°52′W 105, 146
アカリ川（ペルー）15°30′S74°50′W 186
アーカンソー（アーカンザス）川（合衆国）37°30′N101°00′W 37
アキレス・セルダン（メキシコ）14°51′N92°30′W 91
アグアーダ（アルゼンチン）27°32′S67°36′W 189
アグアテカ（グアテマラ）16°24′N90°12′W 126
アクトゥン・バラム（ベリーズ）16°40′N89°05′W 126
アグワ・エスコンディーダ（メキシコ）16°39′N91°29′W 126
アグワ・ドゥルセ（パナマ）8°18′N80°21′W 161
アグワ・ブランコ（エクアドル）1°04′S80°50′W 176
アコーキーク・クリーク（合衆国）38°37′N77°02′W 51
アコマ（合衆国）34°48′N107°30′W 215
アコルマン（メキシコ）19°37′N98°55′W 144
アコルワカン（メキシコ）19°21′N98°52′W 146
アコンカグア山（アルゼンチン）32°40′S70°02′W 12
アサバスカ湖（カナダ）61°00′N110°00′W 12, 47
アサンガロ（ペルー）12°53′S74°30′W 189
アシア（ペルー）12°50′S76°31′W 176
アショコパン（メキシコ）20°08′N99°03′W 146
アスカポツァルコ（メキシコ）19°28′N99°12′W 105, 144
アスタラン（合衆国）43°20′N88°41′W 54
アステカ（合衆国）36°51′N108°00′W 69
アーズバーガー（合衆国）44°21′N100°10′W 64
アスペロ（ペルー）10°58′S77°40′W 176
アスンシオン（パラグアイ）25°15′S57°40′W 19
アスンシオン・ミタ（グアテマラ）14°20′N89°45′W 126
アタカマ砂漠（チリ）23°30′S69°30′W 152, 186, 193, 196
アタスタ（メキシコ）18°41′N92°11′W 133
アタルコ（ペルー）14°55′S75°43′W 189
アーチ・キャニオン（合衆国）37°27′N109°23′W 69
アッチャ（ペルー）15°26′S74°36′W 174, 186
アティコ（ペルー）16°14′S73°40′W 196
アティトラン湖（グアテマラ）14°40′N91°13′W 115, 126, 141
アディーナ・パーク（合衆国）37°58′N84°31′W 51
アーテュート（合衆国）66°56′N159°58′W 46
アトトニルコ（ハリスコ州，メキシコ）20°20′N103°40′W 103
アトトニルコ（メキシコ州，メキシコ）19°59′N99°10′W 146
アトトニルコ（イダルゴ州，メキシコ）20°19′N98°38′W 146
アトヤック（メキシコ）20°00′N103°33′W 103
アトヤック川（オアハカ州，メキシコ）16°37′N96°52′W 105, 142, 146
アトヤック川（プエブラ州，メキシコ）18°25′N98°15′W 105, 146
アトラクィワヤン（メキシコ）19°23′N99°11′W 144
アトラコムルコ（メキシコ）20°00′N99°59′W 133
アトラータ川（コロンビア）6°28′N76°54′W 166
アトラトンコ（メキシコ）19°39′N98°49′W 144
アトラブルコ（メキシコ）19°15′N99°03′W 144
アトラン（メキシコ）20°40′N97°49′W 146
アナークトゥヴク峠（合衆国）68°10′N152°00′W 46
アナルトグ（グリーンランド）78°35′N72°00′W 47
アナングラ（合衆国）53°00′N168°50′W 46
アニマス川（合衆国）37°10′N107°55′W 215
アパツィンガン（メキシコ）19°08′N102°20′W 103, 104, 133
アパフ・タカリク（グアテマラ）14°37′N91°47′W 91, 95, 115
アパラチア山脈（合衆国）35°00′N80°00′W 12, 37
アハルバン（メキシコ）18°21′N97°15′W 89
アパンカイ（ペルー）13°37′S72°52′W 196
アビティビ・ナローズ（カナダ）48°42′N79°57′W 40
アフ・カヌル（メキシコ）20°40′N90°10′W 141
アフ・キン・チェル（メキシコ）21°05′N88°55′W 141
アプリマック川（ペルー）12°25′S73°45′W 176
アプレ川（ベネズエラ）8°00′N70°00′W 161
アペーハス洞穴（メキシコ）18°10′N97°07′W 89
アマクナク島（合衆国）63°35′N166°27′W 46
アマゾン川（ブラジル）3°30′S64°00′W 12, 152, 166, 174, 196
アマティトラン（グアテマラ）14°28′N90°38′W 126
アマパ（メキシコ）21°47′N105°14′W 103
アームストロング（カナダ）48°38′N93°41′W 40
アメカ（メキシコ）20°34′N104°03′W 103, 133
アメカ川（メキシコ）20°58′N104°40′W 103
アヤクーチョ（ワマンガ）（ペルー）13°10′S74°15′W 176, 186, 189, 196
アヤタイェット（合衆国）64°35′N161°00′W 46
アユトラ（メキシコ）16°54′N99°09′W 146
アヨケスコ（メキシコ）16°40′N96°51′W 142
アラウワ（エクアドル）2°09′S78°50′W 176
アラグアイア川（ブラジル）8°00′S50°00′W 12, 152
アラスカ山脈（合衆国）63°30′N150°00′W 12, 37
アラスカ湾（合衆国）59°00′N145°00′W 12
アラバーティーズ（合衆国）35°39′N101°31′W 40
アラモ（合衆国）37°44′N122°02′W 80
アルカリ・リッジ（合衆国）37°48′N109°18′W 69
アルタミラ（カンペチェ州，メキシコ）17°58′N89°37′W 126
アルタミラ（チアパス州，メキシコ）14°48′N92°25′W 91
アルタル・デ・サクリフィシオス（グアテマラ）16°29′N90°33′W 91, 115, 126
アルティプラーノ（ペルー，ボリビア）17°00′S68°00′W 152, 174, 186, 193
アルトゥン・ハ（ベリーズ）17°45′N88°20′W 126
アルト・ラミーレス（チリ）18°14′S69°49′W 189, 193
アルバカーキの岩絵（合衆国）35°05′N106°38′W 69
アルマディーヨ（メキシコ）23°23′N98°10′W 91
アルメリア（メキシコ）18°55′N104°00′W 103
アルメリア川（メキシコ）19°04′N103°55′W 103
アレグザンダー群島（カナダ）56°00′N134°00′W 81
アローヨ・セキット（合衆国）34°05′N118°35′W 80
アローヨ・ソンソ（メキシコ）17°21′N94°21′W 95
アワルルコ（メキシコ）20°40′N104°00′W 103
アンコン（ペルー）11°44′S77°17′W 176, 193
アンダーソン（合衆国）40°07′N85°42′W 51
アンダワイラス（ペルー）13°39′S73°24′W 196
アンデス山脈（南アメリカ）10°00′S76°00′W 12, 152
アントニオ・プラサ（メキシコ）17°24′N94°28′W 95
アンドルーズ（合衆国）43°12′N84°01′W 40
アンバト（エクアドル）1°18′S78°39′W 196
アンマサリク（グリーンランド）65°36′N38°00′W 47

イーヴァ（合衆国）36°10′N88°00′W 46
イエローストーン川（合衆国）47°30′N104°30′W 64
イカ（ペルー）14°02′S75°48′W 196
イカ川（ペルー）14°15′S75°40′W 176, 186, 193
イギウギク（合衆国）59°19′N155°58′W 46
イキーケ（チリ）20°15′S70°08′W 174
イグルリックガジュク（カナダ）63°22′N91°04′W 47
イグルーリク（カナダ）69°10′N83°59′W 47
イサバ（メキシコ）14°54′N92°10′W 91, 95, 115
イサバル湖（グアテマラ）15°30′N89°15′W 115, 126, 141
イサマル（メキシコ）20°57′N89°01′W 126, 133
イシムチェー（グアテマラ）14°41′N91°01′W 141
イシカキストラ（メキシコ）18°36′N97°59′W 105
イシュタユトラン（メキシコ）16°35′N97°41′W 142
イシュトゥッツ（グアテマラ）16°25′N89°32′W 126
イシュトラワカン（メキシコ）19°34′N99°50′W 133
イシュトラン・デル・リオ（メキシコ）21°00′N104°28′W 103, 133
イシュカン（メキシコ）19°18′N97°10′W 146
イスタクシワトル山（メキシコ）19°11′N98°39′W 144
イスタパラパン（メキシコ）19°21′N99°06′W 144
イスタパルカン（メキシコ）19°19′N98°53′W 144
イスタワカン（メキシコ）19°21′N99°01′W 144
イズレタ（合衆国）34°54′N106°41′W 215
イスロナ・デ・チャントゥート（メキシコ）15°10′N92°57′W 91
イチパートゥン（メキシコ）18°34′N88°16′W 141
イツァムカナック（メキシコ）18°06′N91°49′W 141
イツァン（グアテマラ）16°40′N90°27′W 126
イッテベトル（メキシコ）20°41′N103°30′W 105, 133
イティネラ（グリーンランド）64°38′N51°20′W 47
イナーサック（グリーンランド）72°40′N56°05′W 47
イヌアフィスサグ（グリーンランド）78°32′N71°00′W 47
イビウタック（合衆国）68°21′N166°50′W 46
イマハ（カナダ）60°01′N70°01′W 47
イリャンプ山（ボリビア）15°54′S68°30′W 12
イルタリク（グリーンランド）61°09′N45°18′W 47
イルメーシュート（グリーンランド）74°08′N56°55′W 47
インヴァヒューロン（カナダ）44°20′N81°31′W 40, 51
インガピルカ（エクアドル）2°30′S78°56′W 196
インカワシ（ペルー）13°04′S76°21′W 196
イングルフィールド・ランド（グリーンランド）78°46′N69°59′W 47
インスクリプション・ハウス（合衆国）36°42′N110°48′W 69
インディアン・ノール（合衆国）37°26′N86°35′W 40
インティワシ洞穴（アルゼンチン）33°15′S65°57′W 32, 174
インヘニオ川（ペルー）14°41′S75°08′W 184

ヴァイス岩陰（合衆国）46°00′N116°37′W 40, 67
ヴァイン谷（合衆国）42°46′N77°21′W 51
ヴァージェンズ（合衆国）44°10′N73°18′W 40
ヴァーミリオン谷（合衆国）37°24′N118°55′W 67
ヴィクトリア島（カナダ）70°00′N110°00′W 37
ウィスキータウン貯水池（合衆国）40°36′N122°29′W 80
ウィストラン（メキシコ）15°08′N92°28′W 146
ウィチュカナ（ペルー）13°03′S74°10′W 176
ウィツィラン（メキシコ）19°47′N98°58′W 144
ウィツォ（メキシコ）17°16′N96°51′W 142
ウィツォポチコ（メキシコ）19°20′N99°09′W 144
ウィツキルカン（メキシコ）19°19′N99°23′W 133
ウィーデン島（合衆国）27°42′N82°50′W 54
ウィニペグ湖（カナダ）53°00′N98°00′W 12, 37, 47
ウィブルコ（メキシコ）19°18′N99°09′W 144
ウィリアムスン（合衆国）37°02′N76°40′W 32
ヴィール遺跡（合衆国）38°01′N122°10′W 80
ウィルカワイン（ペルー）9°35′S77°50′W 189
ウィルスン・ビュート洞穴（合衆国）42°35′N114°02′W 32, 40, 67
ウィンターヴィル（合衆国）33°18′N91°01′W 54
ウィンドミラー・マウンド（合衆国）38°18′N121°38′W 40, 80
ウェイクマップ・マウンド（合衆国）45°42′N121°22′W 67, 81
ウェイポチトラン（メキシコ）19°50′N99°00′W 144
ウェウェテナンゴ（グアテマラ）15°21′N91°45′W 91
ウェウェトカ（メキシコ）19°49′N99°11′W 144
ウェショトラン（メキシコ）19°29′N98°53′W 144
ウェスト川（合衆国）38°46′N76°39′W 51
ウエスト・バークリー・マウンド（合衆国）37°52′N122°17′W 80
ヴェストリビグド（グリーンランド）64°10′N50°49′W 16, 47
ウエタモ（メキシコ）18°38′N100°51′W 105, 133
ウェホツィンコ（メキシコ）19°09′N99°26′W 105, 146
ウェルズ・クレーター（合衆国）36°18′N87°04′W 32
ヴェール・ランチ（合衆国）33°35′N117°09′W 80
ヴェンターナー洞穴（合衆国）32°31′N112°17′W 40
ウォータータウン・アーセナル（合衆国）42°29′N71°21′W 40
ウォーム・ミネラル・スプリングズ（合衆国）27°00′N81°58′W 40
ウォラントゥン（グアテマラ）17°10′N89°39′W 126
ウォルナット・キャニオン（合衆国）35°10′N111°27′W 69
ヴォーン（カナダ）70°06′N124°33′W 47
ウガシック・ナローズ（合衆国）57°32′N157°25′W 46
ウカヤリ川（ペルー）8°00′N74°50′W 152, 174, 176, 186, 193, 196
ウシュマル（メキシコ）20°22′N89°49′W 126
ウスパナパ川（メキシコ）17°12′N94°11′W 95
ウスマシンタ川（グアテマラ，メキシコ）17°50′N92°35′W 84, 115, 126, 133, 141
ウタトラン（グアテマラ）15°00′N91°08′W 115, 141
ウーツ（合衆国）39°19′N93°00′W 54
ウッドン（合衆国）38°09′N122°12′W 80
ウーナラクリート（合衆国）63°52′N160°50′W 46
ウーナラスカ湾（合衆国）53°51′N166°35′W 46
ウパッキ（合衆国）35°33′N111°17′W 69
ウマワカ（アルゼンチン）23°13′S65°20′W 189
ウラバー湾（コロンビア）8°25′N77°00′W 161, 166

地名索引

ウルア川(ホンジュラス) 15°00′N 88°25′W 126
ウルバンバ川(ペルー) 13°25′S 72°30′W 176
エイストリビグド(グリーンランド) 60°59′N 43°00′W 16,47
エカテペック(メキシコ) 19°35′N 99°03′W 144
エカブ(メキシコ) 20°50′N 87°40′W 141
エシラオ(カナダ) 49°31′N 121°27′W 81
エスカランテ(合衆国) 37°24′N 108°21′W 69
エステロ・ラボン(メキシコ) 17°10′N 94°58′W 95
エズナー(メキシコ) 19°31′N 90°10′W 126
エスパニョーラ島 18°00′N 72°00′W 16,19
エスメラルダス川(エクアドル) 0°40′N 79°40′W 32
エツァトラン(メキシコ) 20°46′N 104°07′W 103,133
エトラ(メキシコ) 17°12′N 96°48′W 142
エトワー(合衆国) 34°34′N 84°52′W 54
エバハード洞穴(チリ) 50°51′S 72°24′W 174
エフィジー・マウンズ・パーク(合衆国) 43°05′N 91°31′W 51
エマリーヴィル貝塚(合衆国) 37°52′N 122°17′W 80
エメラルド・マウンド(合衆国) 31°23′N 91°27′W 54
エリー湖(カナダ,合衆国) 42°30′N 80°30′W 12,37
エリス・ランディング(合衆国) 37°52′N 122°17′W 80
エル・アルボリーヨ(メキシコ) 19°38′N 99°15′W 91
エル・インガ(エクアドル) 0°12′N 78°29′W 32,176
エル・インディオ(パナマ) 7°21′N 80°23′W 161
エル・エンカント(エクアドル) 2°47′S 80°03′W 176
エル・オベーニョ(メキシコ) 20°00′N 102°19′W 91,103
エル・カフェタル(パナマ) 7°21′N 80°23′W 161
エル・カヨ(メキシコ) 17°07′N 91°18′W 126
エル・カリベ(グァテマラ) 16°33′N 90°25′W 126
エル・キャピタン(合衆国) 34°27′N 120°00′W 80
エルク丘陵(合衆国) 35°16′N 119°23′W 80
エルク島(合衆国) 55°05′N 94°52′W 40
エルズミーア島(カナダ) 80°00′N 80°00′W 37
エル・タヒン(メキシコ) 20°27′N 97°28′W 105,133
エル・チャナル(メキシコ) 19°18′N 103°41′W 103
エル・チャヤル(グァテマラ) 14°49′N 90°25′W 91
エル・テウル(メキシコ) 21°28′N 103°31′W 105,133
エル・トラピチェ(エルサルバドル) 14°00′N 89°36′W 115
エル・トラピチェ(メキシコ) 19°58′N 96°33′W 126
エル・パウル(グァテマラ) 14°23′N 90°02′W 115,126
エル・パライソ(チュキタンタ)(ペルー) 11°53′S 77°09′W 176
エル・パライソ(ホンジュラス) 15°01′N 88°59′W 126
エル・バルマル(メキシコ) 18°02′N 89°19′W 126
エル・ビエホン(メキシコ) 19°51′N 96°31′W 91,95
エル・ブリガトリオ(ペルー) 6°32′S 79°59′W 189,193
エル・ベルー(グァテマラ) 17°29′N 91°15′W 126
エル・ホボ(グァテマラ) 14°40′N 92°09′W 115
エル・ホボ(ベネズエラ) 11°10′N 70°49′W 32,174
エル・ボルベニル(メキシコ) 17°15′N 91°23′W 126
エル・ミラドール(グァテマラ) 17°42′N 89°59′W 115,126
エル・メソン(メキシコ) 18°05′N 95°26′W 95
エル・モーロー(合衆国) 35°00′N 108°21′W 69
エル・リエゴ洞穴(メキシコ) 18°25′N 97°26′W 89
エングスチアク(カナダ) 69°06′N 139°37′W 47
エングルフィールド島(チリ) 53°02′S 71°58′W 174
エンジェル(合衆国) 37°58′N 87°23′W 54
エングルウッド(合衆国) 26°59′N 82°28′W 54
エンシーノ(合衆国) 34°17′N 118°14′W 80

オアハカ盆地(メキシコ) 17°00′N 96°45′W 84,91,142
オーインズ谷(合衆国) 37°20′N 118°21′W 67
オーウッド第2号マウンド(合衆国) 37°58′N 121°47′W 80
オウル川(合衆国) 34°04′N 88°52′W 54
オカンポ(メキシコ) 22°52′N 99°19′W 91
オクイラン(メキシコ) 18°57′N 99°23′W 146
オクカ(ペルー) 14°32′S 75°48′W 176,186
オーク・グローヴ(合衆国) 34°24′N 119°40′W 40
オーク・ヒル(合衆国) 43°00′N 74°52′W 54
オークフィールド(合衆国) 43°06′N 78°35′W 54
オークマルギー(合衆国) 32°48′N 83°34′W 54
オコントー(合衆国) 44°42′N 88°00′W 40
オシオーラ(合衆国) 42°49′N 90°40′W 40
オシティバン(メキシコ) 21°35′N 98°57′W 146
オーシャン湾(合衆国) 57°26′N 153°23′W 46
オシュキントク(メキシコ) 20°31′N 89°53′W 126
オシュトティトラン(メキシコ) 17°47′N 98°57′W 91,95
オシュベムル(メキシコ) 18°18′N 89°50′W 126
オストマ(メキシコ) 18°31′N 99°51′W 146
オーゼット(合衆国) 48°09′N 124°40′W 81
オット・マウンド(合衆国) 37°40′N 121°19′W 80
Od Pc-4(カナダ) 70°35′N 112°55′W 47
オトンカルブルコ(メキシコ) 19°28′N 99°14′W 144
オニオン・ポーテイジ(合衆国) 66°55′N 157°03′W 32,46
オニール(合衆国) 43°02′N 76°59′W 40
オハイオ川(合衆国) 38°00′N 86°30′W 12,37
オブシディアン・クリフ(合衆国) 44°50′N 110°49′W 64
オベーロ(グァテマラ) 14°01′N 90°55′W 115
オヤンタイタンボ(ペルー) 13°14′S 72°17′W 196
オライビ(合衆国) 35°51′N 110°38′W 215
オライビ・ウォッシュ(合衆国) 36°10′N 110°18′W 215
オリエント(合衆国) 41°18′N 72°41′W 40
オリサバ(メキシコ) 18°49′N 97°03′W 146
オリノコ川(ベネズエラ) 8°00′S 64°00′W 12,152,156,161,174
オリンピック半島(合衆国) 47°40′N 123°30′W 81
オルセン・チャボック(合衆国) 38°05′N 102°41′W 32
オールドクロー(カナダ) 67°34′N 139°43′W 32,47
オールドヌーリート(グリーンランド) 78°12′N 72°00′W 47
オールドフォート(合衆国) 39°21′N 93°18′W 54
オルトワール(トリニダード) 10°28′N 61°29′W 174
オルミゲーロ(メキシコ) 18°26′N 89°40′W 126
オワズコ(合衆国) 42°46′N 77°12′W 54
オンタリオ湖(カナダ,合衆国) 43°30′N 77°30′W 12,37
オンド川(メキシコ) 18°09′N 97°12′W 89

カ行

カイェホン・デ・ワイラス(ペルー) 9°15′S 77°45′W 176,186,189,193
カイオーティ丘陵(合衆国) 37°24′N 121°56′W 80
海岸山脈(カナダ) 55°00′N 130°00′W 12
ガヴィオタ(合衆国) 34°28′N 120°14′W 80
カウカ川(コロンビア) 7°10′N 75°40′W 166
カウ岬(カナダ) 45°53′N 66°24′W 40
カカシュトラ(メキシコ) 19°19′N 98°12′W 105
カケター川(コロンビア) 0°55′N 75°50′W 166
カサ・グランデ(合衆国) 33°00′N 111°30′W 69
カサス・グランデス(メキシコ) 30°22′N 108°00′W 69
カシオ(合衆国) 46°08′N 93°42′W 54
カシケ(メキシコ) 17°10′N 96°50′W 142
カシッタス・デ・ピエドラ(パナマ) 9°10′N 82°32′W 174
ガジナッソ(ペルー) 8°45′S 78°31′W 186
カスケード山脈(合衆国) 43°00′N 122°00′W 12,67
カスマ(ペルー) 9°30′S 77°50′W 176,186,193
カソネス川(メキシコ) 20°30′N 97°25′W 105,146

カタルペ(チリ) 22°55′S 68°10′W 196
カーティンガ(ブラジル) 9°00′S 40°00′W 152
カテモ(メキシコ) 18°27′N 95°04′W 105
カナイマ(ベネズエラ) 6°31′N 62°49′W 174
カナポテ(コロンビア) 10°25′N 75°32′W 166
カニェーテ川(ペルー) 12°50′S 76°20′W 186,193
カバー(メキシコ) 20°16′N 89°42′W 126
カバー(プエルトリコ) 18°29′N 66°57′W 174
カバイート・ブランコ(メキシコ) 16°56′N 96°27′W 142
カバッチャ(メキシコ) 19°00′N 104°08′W 91
カハマルカ(ペルー) 7°08′S 78°25′W 16,176,186,189,193,196
カハマルキーヤ(ペルー) 11°40′S 76°51′W 189
カバヨ・ムエルト(ワカ・デ・ロス・レイエス)(ペルー) 8°00′S 78°48′W 176
カーフ川(合衆国) 37°45′N 111°19′W 69
カホキア(合衆国) 38°48′N 90°02′W 54
カモロネス(チリ) 19°08′S 70°10′W 174
カミナルフユー(グァテマラ) 14°38′N 90°33′W 91,115,126
ガラガイ(ペルー) 12°00′S 77°06′W 176
カラカス(ベネズエラ) 10°35′N 66°56′W 19
カラクムル(メキシコ) 18°03′N 89°51′W 126
カラーケス湾(エクアドル) 0°36′S 80°26′W 186
カラコル(ベリーズ) 16°45′N 89°07′W 126
カリシュトラワカ(メキシコ) 19°25′N 99°47′W 105,133
ガリンド(ベリーズ) 8°02′N 78°49′W 186
ガルフ・ハザード(カナダ) 56°31′N 76°55′W 40
カルブラルパン(メキシコ) 19°35′N 98°33′W 105
カルユ(ペルー) 15°18′S 70°01′W 174
カレータ・ウェレン(チリ) 21°04′S 70°12′W 174
ガレーラ岬(エクアドル) 0°40′N 80°02′W 176
カロ遺跡(合衆国) 40°34′N 121°52′W 80
ガローガ(合衆国) 43°10′N 74°40′W 54
カワチ(ペルー) 14°51′S 75°07′W 184,186
カーン(合衆国) 35°46′N 119°27′W 80
カンクエン(グァテマラ) 16°01′N 89°59′W 126
カンゲック(グリーンランド) 64°15′N 51°40′W 47
ガンサ島(合衆国) 40°49′N 124°05′W 80
カンデラリア(アルゼンチン) 26°04′S 65°07′W 186
カンデラリア川(メキシコ) 18°15′N 91°10′W 115,126,141
カンペチェ(メキシコ) 19°40′N 90°25′W 141
カンポス(ブラジル) 17°00′S 51°00′W 152
キアヴァク(合衆国) 56°50′N 153°49′W 46
キアウテオパン(メキシコ) 17°47′N 98°42′W 146
キアトゥスラナ(合衆国) 35°01′N 109°42′W 69
キオテペック(メキシコ) 17°54′N 96°58′W 142
キート(エクアドル) 0°14′S 78°30′W 16,19,176,193,196
キート・シール(合衆国) 36°58′N 110°18′W 69
キニシバ(合衆国) 33°48′N 109°58′W 69
キー・マーコ(合衆国) 25°58′N 81°49′W 54
ギャーガメル・コーヴ(カナダ) 51°19′N 56°41′W 47
ギャストン(合衆国) 36°20′N 77°23′W 51
キャスパー(合衆国) 42°50′N 106°21′W 32
キャッペル谷(合衆国) 38°09′N 122°30′W 80
キャニオン・ドゥ・シェイ(合衆国) 36°07′N 109°20′W 69
キャニオン・ラーゴ(合衆国) 36°25′N 107°30′W 215
キャニオンランズ国立公園(合衆国) 38°05′N 110°10′W 69
キャバレ(ハイチ) 18°32′N 72°30′W 174
ギャラガー・フリント採集地(合衆国) 68°51′N 148°38′W 46
キャンディ川(合衆国) 35°26′N 84°59′W 51
キャントレル・マウンド(合衆国) 38°18′N 121°38′W 80
キャンベル・マウンド(合衆国) 40°02′N 82°56′W 54
キラーニー(カナダ) 46°08′N 81°53′W 51
キラルカン(カナダ) 72°38′N 78°00′W 47
キリグアー(グァテマラ) 15°17′N 89°02′W 126,146
キングズ・ビーチ(合衆国) 39°15′N 120°02′W 67

キングズ・マウンド(合衆国) 36°59′N 89°02′W 54
キンリチー(合衆国) 35°38′N 110°01′W 69
クアウティトラン(メキシコ) 19°39′N 99°11′W 144,146
クアウテペック(メキシコ) 19°33′N 99°08′W 144
クアウテモック(メキシコ) 19°22′N 103°35′W 103
クアウトチコ(メキシコ) 19°09′N 96°59′W 146
クアウナウク(クエルナバカ)(メキシコ) 18°57′N 99°11′W 146
グァダラハラ(メキシコ) 20°40′N 103°20′W 19
クァチルコ(メキシコ) 18°19′N 97°17′W 89
グァテマラ市(グァテマラ) 14°38′N 90°22′W 19
グァナカステ(コスタリカ) 10°38′N 85°33′W 161,174
グァヒラ半島(コロンビア) 12°00′N 71°30′W 152,161
グァヤキル湾(エクアドル) 3°00′S 81°00′W 152,176,186,193
グァヤス川(エクアドル) 2°20′S 79°45′W 176,193
グァヤボ・デ・トゥリアルバ(コスタリカ) 9°59′N 83°39′W 161
グァルピータ(メキシコ) 18°56′N 99°03′W 91,95
クアワ(合衆国) 35°17′N 106°40′W 69
クアワカン(メキシコ) 19°38′N 99°27′W 133,146
クイカトラン(メキシコ) 17°49′N 96°58′W 105,142
クイクイルコ(メキシコ) 19°16′N 99°10′W 91
クイツェオ湖(メキシコ) 19°55′N 101°00′W 84,105,146
クイトラワック(メキシコ) 19°16′N 99°00′W 91
クイラバン(メキシコ) 17°00′N 96°47′W 142
クイーンエリザベス諸島(カナダ) 77°00′N 100°00′W 12,37
クイーンシャーロット諸島(カナダ) 53°00′N 132°00′W 81
グヴィーダ・ファーム(合衆国) 42°03′N 72°38′W 54
クエトラシュトラン(メキシコ) 18°50′N 96°30′W 146
クエバ・ウミーダ(メキシコ) 23°13′N 98°18′W 91
クエバ・デ・ラス・レチューサス(ペルー) 9°10′S 75°53′W 176
クエヨ(ベリーズ) 18°03′N 88°30′W 91
クェルナバカ →クアウナウク
クエンカ(トメバンバ)(エクアドル) 2°54′S 79°00′W 176,196
クカク(合衆国) 58°19′N 154°11′W 46
クージュア川(カナダ) 71°26′N 116°00′W 47
クスコ(ペルー) 13°32′S 71°57′W 16,176,189,193,196
クスバラ(メキシコ) 20°37′N 103°28′W 103
グドール(合衆国) 41°23′N 86°25′W 51
クバグワ島(ベネズエラ) 10°50′N 64°12′W 161,174
クビスニケ(ペルー) 7°41′S 79°09′W 176
クブル(メキシコ) 20°50′N 88°25′W 141
クラグ岬(合衆国) 57°48′N 152°50′W 46
グラースホッパー(合衆国) 34°12′N 110°34′W 69
クラブ・オーチャード(合衆国) 37°41′N 89°02′W 51
クラヤク(ペルー) 12°25′S 76°43′W 176
グランキヴィアラ(合衆国) 34°14′N 106°07′W 69
グランチャコ(アルゼンチン,パラグアイ) 23°00′S 63°00′W 12,152,174,186
グランデ川(メキシコ) 16°40′N 98°25′W 105,146
グランデ川(ペルー) 14°40′S 75°20′W 186
グランドヴィレッジ(合衆国) 31°33′N 91°23′W 54
グランド・ガルチ(合衆国) 37°15′N 109°58′W 69
グランド・キャニオン 36°10′N 112°20′W 215
グランド・マウンド(合衆国) 48°29′N 93°40′W 51
グランド・ラピッズ(カナダ) 53°12′N 99°19′W 40
クリ(ハイチ) 19°54′N 72°58′W 174
クリア川(合衆国) 34°50′N 110°45′W 215
クリエル・マウンド(合衆国) 38°24′N 81°50′W 51
クリギタヴィク(合衆国) 65°39′N 168°09′W 46

クリスタル川(合衆国) 28°53′N82°40′W 51
クリスタルII(カナダ) 63°42′N68°33′W 47
グリハルバ川(メキシコ) 16°15′N90°40′W 115,126,141
クルーザンスタン岬(合衆国) 67°10′N163°50′W 46
クルス・デル・ミラグロ(メキシコ) 17°24′N95°01′W 95
クルワカン(メキシコ) 19°21′N99°07′W 133,144
グレーアム洞穴(合衆国) 38°42′N91°50′W 40
グレイヴ・クリーク・マウンズ(合衆国) 39°58′N80°45′W 51
クレイグ・ハーバー(カナダ) 75°00′N80°02′W 47
クレイバン(合衆国) 30°15′N89°27′W 40
クレイブール(合衆国) 40°24′N102°27′W 32
グレーシャ湾(合衆国) 58°30′N136°03′W 81
クレスポ(コロンビア) 10°25′N75°32′W 166
クレーソンズ岬(合衆国) 40°51′N73°47′W 54
クレツィン(合衆国) 43°33′N87°48′W 51
グレート・サンド・デューン(合衆国) 37°45′N105°37′W 69
グレートスレーヴ湖(カナダ) 61°30′N114°00′W 12,37,47
グレートソルト湖(合衆国) 41°10′N112°30′W 67,69
グレートプレーンズ(カナダ,合衆国) 45°00′N110°00′W 12,37
グレートベア湖(カナダ) 66°00′N120°00′W 12,37,67
グレートベースン(合衆国) 40°00′N116°30′W 12,37,67
クレブラス(ペルー) 9°52′S78°11′W 176
クレムソンズ島(合衆国) 40°32′N76°58′W 54
クロー川(合衆国) 44°00′N99°20′W 64
クロージャー(カナダ) 62°51′N69°49′W 47
クワッド(合衆国) 34°35′N86°45′W 32,40
クワーライー(合衆国) 34°27′N106°18′W 69
グングヌク(合衆国) 64°33′N163°00′W 46
クンティスーユ 14°30′S74°30′W 196
クントゥール・ワシ(ペルー) 7°15′S78°38′W 176

ケイトー(合衆国) 38°23′N87°11′W 51
ケウィク(メキシコ) 20°02′N89°39′W 126
ケース遺跡(合衆国) 39°41′N141°56′W 80
ケツァルテペック(メキシコ) 16°56′N97°10′W 146
ゲートクリフ岩蔭(合衆国) 38°22′N116°26′W 67
ケフ・ベチ(メキシコ) 21°15′N89°25′W 141
ケブラーダ・デ・ワマチューコ(アルゼンチン) 22°25′S63°25′W 193
ケベード(エクアドル) 1°20′S79°22′W 193
ケルソー(合衆国) 43°00′N76°32′W 54
ケン・サント(グァテマラ) 15°59′N91°42′W 126
ケント岬(グリーンランド) 78°32′N71°00′W 47

コアツァコアルコス川(メキシコ) 17°24′N94°36′W 95,146
コアテペック(メキシコ) 18°20′N97°14′W 89
コアトリンチャン(メキシコ) 19°27′N98°53′W 144
コイシュトラワカン(メキシコ) 17°44′N97°20′W 142,146
コカ川(エクアドル) 0°03′S77°40′W 176
コギウング(合衆国) 59°05′N156°59′W 46
コキンボ(チリ) 29°57′N71°25′W 16
ココ川(ニカラグア) 14°00′N85°30′W 84
コシュカトラン台地(メキシコ) 18°12′N97°20′W 89
コシュカトラン洞穴(メキシコ) 18°11′N97°08′W 89,91
コスター(合衆国) 39°23′N90°21′W 40
コスメル島(メキシコ) 20°20′N87°00′W 126,133,141
ゴダード・マウンド(合衆国) 38°09′N122°12′W 80
コーチィ(合衆国) 35°40′N106°18′W 215
コチュアフ(メキシコ) 19°50′N88°35′W 141
ゴッズ湖(カナダ) 54°58′N94°53′W 40
コディアク島(合衆国) 57°30′N153°30′W 46
コトシュ(ペルー) 10°00′S76°27′W 176
コトンウッド・ウォッシ(合衆国) 35°10′N110°20′W 40
コトンウッド川(合衆国) 59°58′N151°58′W 46
コトン岬(合衆国) 33°30′N117°46′W 80
コネホ岩蔭(合衆国) 34°19′N118°50′W 80
コバー(メキシコ) 20°29′N87°47′W 126,141
コバレス(メキシコ) 19°07′N103°31′W 103
コバン(ホンジュラス) 14°52′N89°04′W 91,115,126

コピアポ(チリ) 27°20′S70°23′W 196
コピーハ(チリ) 22°32′S70°15′W 174
ゴフス島(合衆国) 33°30′N117°46′W 80
コフモトラン(メキシコ) 20°08′N102°51′W 103,133
コフンリチ(メキシコ) 18°21′N88°48′W 126
コマラ(メキシコ) 19°19′N103°48′W 103
コマルカルコ(メキシコ) 18°17′N93°16′W 105,126
コミタン(メキシコ) 16°15′N92°04′W 91
コムルコ(メキシコ) 18°19′N97°10′W 89
コヤスーユ 23°00′S67°30′W 196
コヨテペック(メキシコ) 19°46′N99°12′W 144
コヨラバン(メキシコ) 17°04′N96°54′W 146
コヨワカン(メキシコ) 19°21′N99°09′W 144
コラリートス(メキシコ) 19°14′N103°30′W 103
コーラール・キャニオン(合衆国) 34°03′N118°32′W 80
コラル・ファルソ(メキシコ) 21°12′N104°40′W 103
コリエンテス岬(メキシコ) 20°26′N105°42′W 103
ゴリタ・スラウ(合衆国) 34°25′N119°49′W 80
コリマ(メキシコ) 19°11′N103°42′W 105
コリマ山,ネバード・デ・(メキシコ) 19°34′N103°37′W 103
コリマ山,ボルカン・デ・(メキシコ) 19°30′N103°37′W 103
コルナエス・ウミヤック(グリーンランド) 82°30′N22°00′W 47
コルハ(ベリーズ) 17°53′N88°21′W 126
コロモキ(合衆国) 31°21′N84°59′W 54
コローダ平原(合衆国) 14°46′S75°08′W 184
コロラド川(アルゼンチン) 35°00′S67°00′W 152
コロラド川(合衆国) 34°00′N114°30′W 37,69
コロラド高原(合衆国) 36°00′N112°30′W 69
コロラド砂漠(合衆国) 33°00′N115°00′W 69
コロンビア川(合衆国) 45°45′N121°00′W 37,67,82
コンチョバタ(ペルー) 12°48′S74°25′W 189
コンドルワシ(アルゼンチン) 27°28′S67°47′W 186

サ 行

サイブ(合衆国) 39°07′N83°10′W 51
サイール(メキシコ) 20°10′N89°40′W 126
サウス・フォーク・シェルター(合衆国) 40°45′N115°48′W 67
サカカウィーア(合衆国) 47°23′N101°26′W 64
サーカック(グリーンランド) 68°52′N51°10′W 47
サカテンコ(メキシコ) 19°33′N99°04′W 91
サカトゥーラ(サカトヤン)(メキシコ) 17°58′N101°45′W 133,146
サカトヤン →サカトゥーラ
サカブ(メキシコ) 20°00′N101°44′W 133
サカレウ(グァテマラ) 15°17′N91°35′W 141
サクアルパ(グァテマラ) 15°02′N90°52′W 115,126
サクラメント川(合衆国) 39°40′N121°55′W 80
サクリフィシオス島(メキシコ) 19°09′N95°51′W 133
サクル(グァテマラ) 16°31′N89°16′W 126
サグルーズ湾(カナダ) 58°45′N62°33′W 47
サーチラ(合衆国) 16°58′N96°46′W 142
サーニャ川(ペルー) 7°10′S79°30′W 186,193
サノーゼ川(合衆国) 34°40′N106°55′W 215
ザブスキー(合衆国) 28°20′N80°40′W 40
サプライズ谷(合衆国) 41°58′N120°44′W 67
サーペント・マウンド(カナダ) 44°13′N78°00′W 51
サポティトラン(ハリスコ州,メキシコ) 19°31′N103°46′W 103
サポティトラン(メキシコ市,メキシコ) 19°18′N99°02′W 144
サポティトラン川(メキシコ) 18°17′N97°20′W 89
サポティルティック(メキシコ) 19°28′N103°27′W 103
サポトラン(メキシコ) 19°42′N103°29′W 103
サメミウト(グリーンランド) 68°49′N52°00′W 47
サーモン(合衆国) 36°42′N107°59′W 69
サーモン川(合衆国) 45°35′N116°00′W 67
サユラ(メキシコ) 19°53′N103°37′W 103
サラグーロ(エクアドル) 3°42′S79°18′W 196
サラデーロ(ベネズエラ) 8°41′N62°52′W 174
サラード川(アルゼンチン) 35°00′S66°30′W 152,196

サラード川(メキシコ) 18°02′N97°06′W 89
サランゴ(エクアドル) 1°33′S80°51′W 176
サリーナス・デ・ロス・ヌエベ・セロス(グァテマラ) 16°01′N90°40′W 126
サリーナス・ラ・ブランカ(グァテマラ) 14°32′N92°08′W 91,95,115
サンアグスティン(コロンビア) 1°53′N76°14′W 166
サンアグスティン(セントオーガスティン)(合衆国) 30°00′N81°19′W 19
サンアグスティン・アカサグァストラン(グァテマラ) 14°56′N89°59′W 126
サンイルデフォンソー(合衆国) 35°52′N106°02′W 215
サンヴィセンテ(合衆国) 33°08′N116°57′W 80
サングレゴリオ(メキシコ) 20°12′N102°32′W 103
サングレ・デ・クリスト山系(合衆国) 37°00′N105°20′W 215
サンクレメンテ島(合衆国) 32°40′N118°23′W 80
サンシミアン川(合衆国) 35°38′N121°11′W 80
サンセット川(合衆国) 46°40′N120°00′W 67
サンタイサベル・イスタパン(メキシコ) 19°44′N99°13′W 32,91
サンタエレーナ半島(エクアドル) 2°15′S80°45′W 176
サンタエレナ・ポコ・ウィニク(メキシコ) 16°38′N91°50′W 126
サンタカタリーナ島(合衆国) 33°22′N118°21′W 80
サンタ川(ペルー) 8°40′S78°25′W 176,186,193
サンタクララ(カリフォルニア州,合衆国) 37°20′N121°58′W 80
サンタクララ(ニューメキシコ州,合衆国) 35°59′N106°01′W 215
サンタクルス(チアパス州,メキシコ) 16°34′N92°49′W 91,115
サンタクルス(ナヤリー州,メキシコ) 21°28′N105°10′W 103
サンタクルーズ島(合衆国) 34°00′N119°48′W 80
サンタナ(合衆国) 35°30′N106°31′W 215
サンタバルバラ(メキシコ) 26°48′N105°50′W 16
サンタフェ(サンフワン)(合衆国) 35°41′N105°52′W 16,19,215
サンタフェ・デ・ボゴタ →ボゴタ
サンタマリーア(アルゼンチン) 26°40′S66°02′W 193
サンタマルタ(メキシコ) 16°40′N93°41′W 91
サンタリタ(ホンジュラス) 15°13′N87°54′W 115
サンタリタ(ベリーズ) 18°25′N88°21′W 133,141
サンタロサ(メキシコ) 16°03′N92°27′W 115
サンタローザ島(合衆国) 33°59′N120°04′W 40,80
サンディア(合衆国) 35°15′N106°30′W 32,215
サンティアゴ(チリ) 33°30′S70°40′W 19
サンティアゴ(メキシコ) 23°32′N109°47′W 16
サンティアゴ川,リオグランデ・デ・(メキシコ) 20°50′N103°20′W 84,103
サンティアゴ・キャニオン(合衆国) 33°52′N117°30′W 80
サンディー・ヒル(合衆国) 38°26′N76°11′W 51
サンド・デューン洞穴(合衆国) 37°04′N110°50′W 40
サントドミンゴ(合衆国) 35°35′N106°19′W 215
サントドミンゴ川(合衆国) 18°00′N96°50′W 142
サンドヒル・マウンド(合衆国) 38°45′N121°39′W 80
サンニコラス島(合衆国) 33°14′N119°27′W 80
サンハ(メキシコ) 16°49′N99°49′W 91
サンパウロ(ブラジル) 23°33′S46°39′W 19
サンフアニート(メキシコ) 20°50′N104°06′W 103
サンフェリーベ(グァテマラ) 15°41′N88°59′W 115
サンフェリーベ(合衆国) 35°30′N106°21′W 215
サンフランシスコ・アリーバ(メキシコ) 16°04′N97°37′W 142
サンフランシスコ川(ブラジル) 10°00′S42°00′W 152
サンフワン →サンタフェ
サンフワン川(コロンビア) 5°00′N76°50′W 166

サンフワン川(メキシコ) 18°20′N95°25′W 105,146
サンフワン・デル・リオ(メキシコ) 20°22′N100°00′W 105
サンペドロ・カロ(合衆国) 20°10′N102°33′W 103
サンペドロ川(グァテマラ) 17°20′N90°35′W 126
サンペドロ・デ・アタカマ(チリ) 22°48′S69°18′W 189,193
サンペドロ・デ・ラ・シエラ(コロンビア) 10°36′N73°59′W 166
サンヘロニモ(メキシコ) 17°07′N100°29′W 91
サンホセ(ベリーズ) 17°31′N88°53′W 115,126
サン・ホセ・モゴーテ(メキシコ) 17°20′N96°59′W 91
サンホルヘ川(コロンビア) 7°40′N75°45′W 166
サンマルコス洞穴(メキシコ) 18°23′N97°23′W 89
サンマルティン・パハパン(メキシコ) 17°49′N95°42′W 95
サンミゲル(キンタナ・ロー州,メキシコ) 20°30′N86°58′W 141
サンミゲル(タバ州,メキシコ) 18°02′N93°51′W 115
サンミゲル・アイェンデ(メキシコ) 20°56′N100°47′W 133
サンミゲル・トナヤ(メキシコ) 19°48′N104°00′W 103
サンラファエル(グァテマラ) 14°42′N90°57′W 91
サンルイス・ベルトラン(メキシコ) 17°07′N96°40′W 142
サンロケ岬(ブラジル) 5°28′S35°17′W 152
サン・ロレンソ(メキシコ) 17°13′N94°45′W 91,95,105
サンワーキーン川(合衆国) 37°10′N120°40′W 80
サンワーン(合衆国) 36°01′N106°01′W 215
サンワーン川(合衆国) 37°18′N109°30′W 69

ジア(合衆国) 35°38′N106°42′W 215
シウキルパン(メキシコ) 19°57′N102°41′W 105
シウテテルコ(メキシコ) 19°40′N97°19′W 105
シェイマーク(カナダ) 63°45′N68°32′W 47
ジェークタウン(合衆国) 33°29′N90°19′W 40,51
シエナガ・デ・オロ(コロンビア) 8°54′N75°39′W 166
シエラ・デ・ペリハ山脈(コロンビア,ベネズエラ) 73°00′N 166
シエラネバダ山脈(合衆国) 37°00′N118°30′W 12,37,67
シエラネバダ・デ・サンタ・マルタ山脈(コロンビア) 10°40′N73°30′W 166
シカランコ(メキシコ) 18°35′N92°08′W 141
シコ(メキシコ) 19°16′N98°57′W 105,133,144
シシロップ(合衆国) 34°13′N119°11′W 80
シティオ・コンテ(パナマ) 8°20′N80°14′W 161
シトラルテペック(メキシコ) 19°49′N99°08′W 144
シヌー川(コロンビア) 8°30′N76°00′W 166
死の谷(合衆国) 36°06′N116°50′W 67
ジビチャルトゥン(メキシコ) 21°02′N89°39′W 91,115,126
ジビルノカク(メキシコ) 19°35′N89°37′W 126
シピロテ(メキシコ) 15°39′N96°37′W 142
シーブ・ロック(合衆国) 40°08′N77°48′W 40
シーホース・ガリ(カナダ) 58°45′N94°04′W 47
シマパン(メキシコ) 20°45′N90°20′W 146
シモンセン(合衆国) 43°32′N95°47′W 40
シャイロー(合衆国) 35°06′N88°19′W 54
シャカヤ(メキシコ) 21°00′N99°11′W 105
ジャクソン(カナダ) 70°06′N124°33′W 47
ジャクソン湖(合衆国) 30°33′N84°16′W 54
シャコト(ペルー) 10°02′S76°16′W 176
ジャプラー川(ブラジル,コロンビア) 1°40′S68°30′W 12,152,174
シャーマン・パーク(合衆国) 43°36′N96°54′W 64
シャルトカン(メキシコ) 19°43′N99°03′W 144
シャルトカン湖(メキシコ) 19°41′N99°03′W 144
シャロストック(メキシコ) 19°31′N99°04′W

地名索引

133
シュカルムキン(メキシコ) 20°10′N 90°02′W 126
シュキチモーク(メキシコ) 19°52′N 89°33′W 126
シュタンパク(メキシコ) 19°46′N 89°39′W 115, 126
シュナントゥニチ(ベリーズ) 17°03′N 89°04′W 91, 115, 126
シューブ(合衆国) 40°19′N 75°29′W 32
シュブヒル(メキシコ) 18°30′N 89°28′W 126
シュルトゥン(グアテマラ) 17°30′N 89°25′W 126
ショク(メキシコ) 16°20′N 91°48′W 91, 95
ショコティトラン(メキシコ) 19°56′N 99°50′W 133, 146
ショコトラ(メキシコ) 19°40′N 97°40′W 146
ショコノチコ(メキシコ) 14°47′N 92°21′W 146
ジョージア海峡(カナダ) 49°40′N 124°40′W 81
ショショ(メキシコ) 17°01′N 96°44′W 142
ジョス(カナダ) 70°39′N 113°00′W 47
ショチカルコ(メキシコ) 18°51′N 99°17′W 105, 133
ショチミルコ(メキシコ) 19°16′N 99°06′W 144
ショチミルコ湖(メキシコ) 19°18′N 99°06′W 144
ショロック(メキシコ) 19°45′N 98°57′W 144
ションガボヴィ(合衆国) 35°48′N 110°28′W 215
ジョンソン・マウンド(合衆国) 38°18′N 121°38′W 80
シルヴァー・スプリング(合衆国) 29°18′N 82°00′W 40
シルヴァン湖(合衆国) 41°15′N 73°45′W 40
シルビトゥク(メキシコ) 18°40′N 91°13′W 141
シルミウト(カナダ) 63°32′N 91°02′W 47
シロテペック(メキシコ) 19°55′N 99°31′W 133, 146
シワトラン(メキシコ) 17°45′N 101°14′W 146
シングー川(ブラジル) 5°00′S 53°00′W 152
シーンズヴィル(合衆国) 43°18′N 88°00′W 40
スウィフト川(合衆国) 33°10′N 83°47′W 51
スキーナ川(カナダ) 54°40′N 128°30′W 81
スクウォーキ・ヒル(合衆国) 42°27′N 78°20′W 51
スコッツ湖(合衆国) 33°27′N 80°12′W 54
スコッツブラック(合衆国) 41°04′N 102°05′W 32
スタテン島(合衆国) 40°34′N 74°10′W 40
スタンディング・ロック(合衆国) 46°24′N 97°40′W 64
スチルキトンゴ(メキシコ) 17°14′N 96°52′W 142
スツェラクス(カナダ) 49°19′N 123°08′W 81
スティキーン川(カナダ) 57°30′N 131°40′W 81
ストラスコーナ湾(カナダ) 72°12′N 86°00′W 47
ストーリングズ島(合衆国) 33°02′N 81°38′W 40
ストーン湖(合衆国) 43°38′N 123°51′W 80
ズーニ(合衆国) 35°03′N 108°50′W 215
ズーニ川(合衆国) 34°40′N 109°20′W 215
スネーク川(合衆国) 42°50′N 115°20′W 67
スネークタウン(合衆国) 33°12′N 111°59′W 69
スノー川(合衆国) 33°56′N 116°41′W 80
スパイロー(合衆国) 35°15′N 94°34′W 54
スーベ(ペルー) 10°48′S 77°42′W 176
スーベ川(ペルー) 10°52′S 77°30′W 176, 193
スペリオル湖(カナダ) 47°30′N 87°00′W 12, 37
スメルト川(合衆国) 58°11′N 157°25′W 46
スヤナ(ペルー) 4°52′S 80°39′W 176, 196
スラント(合衆国) 46°38′N 100°52′W 64
スリー・キーヴァ・プエブロ(合衆国) 37°42′N 109°02′W 69
スンパンコ(メキシコ) 19°47′N 99°06′W 144
スンパンコ湖(メキシコ) 19°45′N 99°09′W 144
セイバル(グアテマラ) 16°31′N 90°03′W 91, 126
セキュラ(エクアドル) 1°13′S 80°29′W 176
セチュラ砂漠(ペルー) 6°00′S 80°20′W 152, 176, 186, 193, 196
セチン・アルト(ペルー) 9°27′S 78°08′W 176
セーフティ・ハーバー(合衆国) 27°59′N 82°45′W 40
セボナック(合衆国) 40°52′N 72°31′W 54
セボルコ火山(メキシコ) 21°06′N 104°48′W 103

セリーヨス(ペルー) 13°49′S 75°30′W 176
セルバ(ブラジル) 7°00′S 65°00′W 12, 152, 174
セルバス・オクシデンターレス(アルゼンチン) 27°00′S 62°00′W 186
セロ・イグアナス(ベネズエラ) 10°58′N 68°22′W 174
セロ・エル・ビヒア(メキシコ) 17°43′N 95°13′W 95
セロ・エンカンタード(メキシコ) 21°28′N 102°32′W 103
セロ・グランデ(メキシコ) 16°11′N 97°57′W 142
セロ・サンガンゲイ火山(メキシコ) 21°24′N 104°45′W 103
セロ・シンテペック(メキシコ) 17°41′N 94°57′W 95
セロス(ベリーズ) 18°20′N 88°14′W 115
セロ・セチン(ペルー) 9°30′S 78°12′W 176
セロ・デ・ラス・メサス(メキシコ) 18°43′N 96°09′W 91, 105
セロ・デ・ラ・ボンバ(メキシコ) 16°22′N 95°11′W 91
セロ・ナリーオ(エクアドル) 2°29′S 79°11′W 176
セロ・ピクス(ペルー) 5°08′S 80°10′W 186
セロ・ブランコ(ペルー) 9°09′S 78°19′W 176
セロ・マンゴーテ(パナマ) 8°12′N 80°21′W 174
センチュリー・ランチ(合衆国) 34°13′N 118°38′W 80
セントオールバンズ(合衆国) 38°24′N 81°52′W 40
セントジョーンズ川(合衆国) 38°57′N 75°22′W 51
セントローレンス川(カナダ) 45°00′N 75°00′W 37
セントローレンス湾(カナダ,合衆国) 47°30′N 62°30′W 12
センボアラ(メキシコ) 19°27′N 96°20′W 133, 146
ソウル・パーク(合衆国) 34°23′N 118°56′W 80
ソガモソ(コロンビア) 5°43′N 72°56′W 166
ソトゥタ(メキシコ) 20°38′N 89°00′W 141
ソノラ砂漠(メキシコ) 30°00′N 111°00′W 69
ソーファス・モラース・ナース(グリーンランド) 81°21′N 16°00′W 47
ソラ・デ・ベガ(メキシコ) 16°32′N 96°58′W 142
ソールズベリー・ボトレーロー(合衆国) 35°13′N 119°53′W 80
ソールツ洞穴(合衆国) 37°07′N 86°49′W 40, 51

タ 行

ダイアナ湾(カナダ) 60°55′N 69°41′W 47
ダイヤー(合衆国) 41°37′N 87°28′W 40
ダインス―(メキシコ) 17°00′S 96°39′W 91
ダウス(合衆国) 36°24′N 105°33′W 215
ダウレ川(エクアドル) 1°10′S 79°50′W 176
タウン・クリーク(合衆国) 35°02′N 80°00′W 54
タクリ島(合衆国) 57°35′N 156°01′W 46
タグワ・タグワ(チリ) 34°49′S 71°13′W 174
タシュラ(メキシコ) 18°31′N 95°17′W 91
タスケット滝(合衆国) 43°50′N 65°59′W 40
タスコ →トラチコ
ダスト・デヴィル洞穴(合衆国) 37°04′N 110°50′W 40
タスマル(エルサルバドル) 13°59′N 89°39′W 126
タセス(メキシコ) 21°05′N 87°50′W 141
ダーティ・シェーム岩蔭(合衆国) 42°11′N 117°19′W 67
タートル・マウンド(合衆国) 29°02′N 80°55′W 54
ターナー(合衆国) 39°09′N 84°15′W 51
ターナー・ファーム(合衆国) 44°08′N 69°01′W 40
タパジョス川(ブラジル) 6°00′S 57°00′W 152
タフィー(アルゼンチン) 27°46′S 66°24′W 186
ダブル・アドービ(合衆国) 32°29′N 110°00′W 40
ダブル・ディッチ(合衆国) 46°53′N 100°50′W 64
ダブル・ハウス・ヴィレッジ(合衆国) 46°00′N 116°37′W 67
タマウリパス洞穴(メキシコ) 23°15′N 98°22′W 32, 91
タマスーラ(メキシコ) 19°43′N 103°11′W 103
タムイン(メキシコ) 22°00′N 98°45′W 133
タヤサル(グアテマラ) 16°58′N 89°23′W 141
ダリエン湾(コロンビア) 9°00′N 77°00′W 152, 166

103
タルカ(チリ) 35°28′S 71°40′W 196
ダルズ,ザ・(合衆国) 45°33′N 121°10′W 40
タルタル(チリ) 25°26′S 70°33′W 174
ダルトン諸遺跡(合衆国) 38°38′N 91°13′W 32
タルマ(ペルー) 11°28′S 75°41′W 196
ダンヴィル(合衆国) 37°44′N 122°02′W 80
タンカフ(メキシコ) 20°17′N 87°26′W 115, 126, 141
タンガンワト(メキシコ) 18°10′N 100°30′W 105
ターンストーン・ビーチ(カナダ) 78°40′N 76°02′W 47
ダンダス島(カナダ) 75°59′N 94°57′W 47
タンボ・コロラード(ペルー) 13°30′S 75°54′W 196
タンボ・ビエホ(ペルー) 15°08′S 74°21′W 186
チアパ(メキシコ) 19°43′N 99°33′W 133
チアパ・デ・コルソ(メキシコ) 16°43′N 92°59′W 91, 105, 115, 133
チェトゥマル(ベリーズ,メキシコ) 18°08′N 88°25′W 115
チェフンクテ(合衆国) 30°29′N 89°59′W 51
チカマ川(ペルー) 7°45′S 78°55′W 176, 186, 193
チキウィティーヨ(メキシコ) 20°32′N 102°00′W 133
チキトイ(ペルー) 8°02′S 79°10′W 189, 196
チキート川(メキシコ) 17°20′N 94°44′W 95
チキンチェル(メキシコ) 21°20′N 88°00′W 141
チコナウトラ(メキシコ) 19°37′N 99°01′W 133
チコロアパン(メキシコ) 19°24′N 98°53′W 144
チチェン・イツァー(メキシコ) 20°39′N 88°38′W 115, 126, 133, 141
チナウトラ(グアテマラ) 14°40′N 90°29′W 141
チニキハー(メキシコ) 17°26′N 91°41′W 126
チマルパン(メキシコ) 19°22′N 98°56′W 133
チマルワカン(メキシコ) 19°25′N 98°56′W 144
チャカン(メキシコ) 20°50′N 89°30′W 141
チャクチョブ(メキシコ) 20°19′N 89°15′W 126
チャクハル(グアテマラ) 15°19′N 89°49′W 141
チャクムルトゥン(メキシコ) 20°07′N 89°22′W 126
チャクモール(メキシコ) 19°24′N 87°29′W 141
チャクラス(エクアドル) 0°47′S 80°16′W 176
チャコ川(合衆国) 36°10′N 108°25′W 215
チャコ・キャニオン(合衆国) 36°04′N 107°57′W 69
チャチャラカス(メキシコ) 19°18′N 96°17′W 105
チャチョアパン(メキシコ) 17°33′N 97°17′W 142
チャッツ・ウォース(合衆国) 34°17′N 118°14′W 80
チャナバタ(ペルー) 13°28′S 72°01′W 176
チャパラ湖(メキシコ) 20°15′N 103°00′W 84, 103, 105
チャビン・デ・ワンタル(ペルー) 9°18′S 77°19′W 176, 186
チャブルテペック(メキシコ) 19°25′N 99°11′W 133, 144
チャマー(グアテマラ) 15°38′N 90°33′W 126
チャルカ(合衆国) 52°58′N 168°50′W 46
チャルカツィンコ(メキシコ) 18°47′N 98°50′W 91, 95, 105
チャルコ(メキシコ) 19°15′N 98°54′W 144, 146
チャルコ湖(メキシコ) 19°17′N 98°58′W 144
チャルチウィテス(メキシコ) 23°39′N 103°45′W 103
チャルチュワパ(エルサルバドル) 13°46′N 89°51′W 91, 95
チャンカイ(ペルー) 11°38′S 77°22′W 193
チャンカイ川(ペルー) 11°18′S 76°55′W 193
チャーンス(合衆国) 42°35′N 74°26′W 54
チャンチャン(ペルー) 8°10′S 79°02′W 193, 196
チャンチョバ(メキシコ) 18°51′N 103°52′W 103
チャンブトゥン(メキシコ) 19°20′N 90°25′W 126
チュガチク島(合衆国) 60°00′N 149°57′W 46
チュカリッサ(合衆国) 35°05′N 90°00′W 54
チュキアボ(ボリビア) 16°30′S 68°10′W 196
チュキバンバ(ペルー) 15°47′S 72°44′W 189
チュクイト(ペルー) 15°59′S 69°48′W 193, 196
チュクムク(グアテマラ) 14°39′N 90°10′W 126

115
チュスカ山脈(合衆国) 36°30′N 108°55′W 215
チュパス(ペルー) 13°21′S 74°00′W 176
チュピクアロ(メキシコ) 20°01′N 100°22′W 91
チョーク・ホロー(合衆国) 35°05′N 101°40′W 40
チョコラ(グアテマラ) 14°37′N 91°23′W 115
チョトゥーナ(ペルー) 6°42′S 80°02′W 193
チョルーラ(メキシコ) 19°03′N 98°22′W 105, 133, 146
チョレーラ(エクアドル) 1°31′S 79°34′W 176
チョン川(ペルー) 11°30′S 76°50′W 176, 186, 193
チョンゴヤペ(ペルー) 6°22′S 79°27′W 176
チリキ湾 8°00′N 82°00′W 161
チリコフ島(合衆国) 55°50′N 155°40′W 46
チリパ(ボリビア) 16°49′S 68°42′W 174
チルカ(ペルー) 12°33′S 76°40′W 176
チレシット(アルゼンチン) 29°10′S 67°30′W 196
チロエ島(チリ) 43°00′S 74°30′W 152
チワワ砂漠(メキシコ) 28°00′N 104°00′W 69
チンクルティク(メキシコ) 16°07′N 91°50′W 126
チンカ川(ペルー) 11°30′S 76°00′W 176
チンチャスーユ 7°30′S 78°30′W 196
チンチョーロ(チリ) 18°39′S 70°13′W 174
チンリ川(合衆国) 36°25′N 109°35′W 215
チンリ谷(合衆国) 36°40′N 109°50′W 215
ツィクコアック(メキシコ) 21°00′N 98°10′W 146
ツィナペクアロ(メキシコ) 19°49′N 100°48′W 105
ツィバンチェー(メキシコ) 18°31′N 88°45′W 141
ツィラカヨアパン(メキシコ) 17°31′N 98°10′W 105, 142
ツィンツンツァン(メキシコ) 19°37′N 101°34′W 133, 146
ツーマ川(合衆国) 34°05′N 118°35′W 80
ツレイ(合衆国) 42°43′N 124°31′W 80
T-1, T-3(カナダ) 64°10′N 83°10′W 47
ディア・キャニオン(合衆国) 34°06′N 118°48′W 80
ディアブロ(メキシコ) 23°45′N 98°14′W 91
ティアヨ(メキシコ) 20°48′N 97°51′W 133
ティアワナコ(ボリビア) 16°41′S 68°38′W 174, 186, 189, 196
デイヴィス海峡(カナダ,グリーンランド) 66°00′N 56°30′W 12, 16
ティエラデントロ(コロンビア) 2°30′N 75°35′W 166
ティカル(グアテマラ) 17°12′N 89°38′W 91, 115, 126
ティキサテ(グアテマラ) 14°19′N 91°23′W 126
ディクソン(合衆国) 40°26′N 90°01′W 54
ティサパン(ハリスコ州,メキシコ) 20°09′N 103°03′W 103
ティサパン(メキシコ市,メキシコ) 19°20′N 99°11′W 144
ティサユカン(メキシコ) 19°49′N 98°59′W 144
ディズマル湖(カナダ) 67°45′N 116°40′W 47
ティック島(合衆国) 29°21′N 81°38′W 40
ティティカカ湖(ペルー,ボリビア) 15°50′S 69°20′W 12, 152, 186, 189, 193, 196
ティネビト・ウォッシュ(合衆国) 35°55′N 110°50′W 215
ティブロン(合衆国) 38°00′N 122°29′W 80
ティホー(メキシコ) 20°58′N 89°39′W 141
ティヤラ(カナダ) 62°10′N 75°41′W 47
ティラントンゴ(メキシコ) 17°18′N 97°21′W 105, 142
ティルカラ(アルゼンチン) 23°36′S 65°23′W 196
デヴィルズ湖(合衆国) 43°17′N 89°55′W 51
テオティトラン(メキシコ) 18°35′N 97°25′W 146
テオティトラン川(メキシコ) 18°09′N 97°06′W 89
テオティトラン・デル・カミーノ(メキシコ) 18°08′N 97°04′W 89, 133, 142
テオティトラン・デル・バイェ(メキシコ) 17°02′N 96°23′W 142
テオティワカン(メキシコ) 19°40′N 98°53′W 91, 105, 133, 144
テオロユカン(メキシコ) 19°48′N 99°19′W 133
テキスキアック(メキシコ) 20°00′N 99°07′W 91
テコラル峡谷(メキシコ) 18°22′N 97°25′W 89
テコラル洞穴(メキシコ) 18°23′N 97°24′W 89

デスカンソ(エクアドル) 2°39′S 78°54′W 176
テスキー(合衆国) 35°46′N 105°57′W 215
テスココ(メキシコ) 19°30′N 98°53′W 133, 144, 146
テスココ湖(メキシコ) 19°29′N 99°01′W 105, 133, 144, 146
テスコツィンコ(メキシコ) 19°30′N 98°50′W 144
テズリ(カナダ) 52°57′N 124°29′W 81
テソユカ(メキシコ) 19°35′N 98°55′W 144
テソンバ(メキシコ) 19°11′N 98°58′W 144
テツモリウカン(メキシコ) 17°34′N 98°59′W 133
テテラ(メキシコ) 17°58′N 100°02′W 146
テテルコ(メキシコ) 19°12′N 98°58′W 144
テナスピ島(メキシコ) 17°56′N 95°03′W 95
テナユカン(メキシコ) 19°32′N 99°11′W 133, 144
テナンコ(メキシコ) 19°08′N 99°32′W 105
テノチティトラン(メキシコ市,メキシコ) 19°25′N 99°08′W 133, 144, 146
テノチティトラン(ベラクルス州,メキシコ) 17°15′N 94°44′W 95
デパート(カナダ) 45°25′N 63°32′W 32
テパルカテペック川(メキシコ) 18°50′N 102°20′W 103, 105, 146
テピック(メキシコ) 21°28′N 104°56′W 103
テベアカック(メキシコ) 19°02′N 97°50′W 105, 146
テベクアクイルコ(メキシコ) 18°25′N 99°22′W 146
テベシク(メキシコ) 19°57′N 99°26′W 105
テベシパン(メキシコ) 19°36′N 98°57′W 91, 144
テベツィンコ(メキシコ) 19°26′N 99°05′W 144
テベツィントラ(メキシコ) 21°10′N 97°51′W 105
テベトラオストック(メキシコ) 19°33′N 98°48′W 133
テベヒ(メキシコ) 19°52′N 99°20′W 133
テベヤカック(メキシコ) 19°29′N 99°07′W 144
テベンキッチェ(アルゼンチン) 24°50′S 66°58′W 186
テポストラン(メキシコ) 19°09′N 99°00′W 133
テポツォトラン(メキシコ) 19°42′N 99°14′W 144
テマスカラパン(メキシコ) 19°48′N 98°55′W 144
テメクラ川(合衆国) 33°35′N 117°09′W 80
デューム岬(合衆国) 34°03′N 118°32′W 80
デルタテフラッセルネ(グリーンランド) 82°06′N 31°35′W 47
テルミノス,ラグーナ・デ・(メキシコ) 18°35′N 91°40′W 126
テロロアパン(メキシコ) 18°21′N 99°53′W 133, 146
テワカン(メキシコ) 18°29′N 97°22′W 89, 105
テワカン谷(メキシコ) 18°25′N 97°25′W 32, 91
テワンテペック(メキシコ) 16°21′N 95°02′W 105
テワンテペック川(メキシコ) 16°40′N 95°35′W 105, 146
テワンテペック地峡(メキシコ) 17°00′N 95°00′W 84
テワンテペック湾(メキシコ) 16°00′N 95°00′W 84
デンジャー洞穴(合衆国) 40°47′N 113°53′W 40, 67
デント(合衆国) 39°05′N 104°51′W 32
テンブラデーラ(ペルー) 7°17′S 79°09′W 176
テンポアル川(メキシコ) 21°30′N 98°25′W 80
ドアショック(合衆国) 35°24′N 80°01′W 40, 51
トーウォサージ(合衆国) 36°43′N 89°10′W 54
トゥキディ(メキシコ) 15°46′N 96°31′W 142
トゥーサイアン(合衆国) 35°58′N 112°07′W 69
トゥージグート(合衆国) 34°50′N 111°59′W 69
トゥシュカクエスコ(メキシコ) 19°43′N 103°59′W 103
トゥシュテペック(トチテペック)(メキシコ) 18°08′N 96°08′W 105, 146
トゥシュトラ山地(メキシコ) 18°00′N 95°05′W 95
トゥシュバン(メキシコ) 19°33′N 103°25′W 103
トゥティシュカイニョ(ペルー) 8°20′S 74°29′W 176
トゥトゥテペック(メキシコ) 16°08′N 97°39′W 133, 142

トゥトゥル・シウフ →マニ
トゥピッサ(ボリビア) 21°27′S 65°45′W 196
トゥーラ(イダルゴ州,メキシコ) 20°01′N 99°19′W 133, 146
トゥーラ(ハリスコ州,メキシコ) 20°38′N 103°43′W 103
トゥーラローサ洞穴(合衆国) 33°53′N 108°28′W 40
トゥーリー(グリーンランド) 77°30′N 69°29′W 47
トゥリアルバ(コスタリカ) 9°58′N 83°40′W 32, 161, 174
トゥリイェワルコ(メキシコ) 19°14′N 99°00′W 144
トゥルカン(トルーカ)(メキシコ) 19°17′N 99°40′W 105
トゥルペトラック(メキシコ) 19°33′N 99°04′W 144
トゥルム(メキシコ) 20°11′N 87°30′W 141
トゥンハ(コロンビア) 5°33′N 73°23′W 166
トゥンベス(ペルー) 3°37′S 80°27′W 16, 176, 196
トギアク(合衆国) 59°05′N 160°30′W 46
ドス・パルモス(ペルー) 13°44′S 75°56′W 186
ドス・ピラス(グアテマラ) 16°28′N 90°20′W 126
ドス・プエブロス(合衆国) 34°27′N 120°00′W 80
トチテペック →トゥシュテペック
トチパン(メキシコ) 20°58′N 97°21′W 146
ドッジ島(カナダ) 54°08′N 130°10′W 81
ドデマンスブグテン(グリーンランド) 74°2′N 20°56′W 47
トトベック(メキシコ) 16°10′N 97°40′W 146
トナラー(メキシコ) 16°05′N 93°43′W 91, 105, 115
ドナルドソン(カナダ) 44°31′N 81°19′W 51
トニナー(メキシコ) 15°33′N 92°02′W 126
トノパー(合衆国) 38°06′N 117°17′W 32
トパンガ・キャニオン(合衆国) 34°11′N 118°29′W 40, 80
トボシュテー(グアテマラ) 17°00′N 89°26′W 141
トボック・メイズ(合衆国) 34°42′N 114°29′W 69
トーマス・リッグス(合衆国) 44°31′N 100°34′W 64
トマバル(ペルー) 8°27′S 78°43′W 186
トミ・タッカー洞穴(合衆国) 40°34′N 121°52′W 40
ドミングス(合衆国) 37°24′N 108°21′W 69
トメバンバ →クエンカ
トヤンツィンコ(メキシコ) 20°05′N 98°20′W 105, 133, 146
トラスカラ(メキシコ) 19°19′N 98°13′W 146
トラパン(メキシコ) 19°26′N 99°11′W 144, 146
トラシアルテマルコ(メキシコ) 19°14′N 99°04′W 144
トラスカラン(メキシコ) 19°30′N 97°40′W 146
トラチキアウコ(メキシコ) 17°15′N 97°40′W 146
トラチコ(タスコ)(メキシコ) 18°33′N 99°34′W 146
トラティルコ(メキシコ) 19°30′N 99°15′W 91, 95
トラテロルコ(メキシコ) 19°27′N 99°08′W 144, 146
トラトラウキテペック(メキシコ) 19°52′N 97°28′W 146
トラトラヤン(メキシコ) 18°31′N 100°07′W 105
トラバコヤ(メキシコ) 19°18′N 98°55′W 32, 91, 144
トラバコヤン(メキシコ) 20°10′N 97°48′W 146
トラパン(メキシコ) 17°33′N 98°31′W 146
トラビッチェ(パナマ) 9°10′N 82°32′W 174
トラルコサウティトラン(メキシコ) 17°52′N 99°05′W 146
トラルネバントラ(メキシコ) 19°31′N 99°12′W 144
トラルパン(メキシコ) 19°17′N 99°10′W 144
トラロック山(メキシコ) 19°25′N 98°43′W 144
トランカス・キャニオン(合衆国) 34°03′N 118°32′W 80
トランクィリティー(合衆国) 36°22′N 119°50′W 40
ドランケン・ポイント(カナダ) 47°58′N 82°28′W 40
ドリッピング・スプリングズ(合衆国) 32°50′N 116°18′W 80

トリニティ貯水池(合衆国) 40°36′N 122°29′W 80
トリマン(メキシコ) 20°56′N 99°54′W 105
トルーカ →トゥルカン
トルトゥゲーロ(メキシコ) 17°37′N 92°38′W 126
トレイル・クリーク洞穴(合衆国) 65°49′N 163°18′W 46
トレス・サポーテス(メキシコ) 17°58′N 95°26′W 91, 95, 105
トレンパー(合衆国) 38°47′N 83°02′W 51
トレンパロー(合衆国) 44°01′N 91°28′W 51
トント(合衆国) 33°33′N 111°12′W 69

ナ 行

ナイト(合衆国) 39°16′N 90°39′W 51
ナイトファイヤ島(合衆国) 42°00′N 121°32′W 67
ナカスコロ(コスタリカ) 10°32′N 85°42′W 161
ナクム(グアテマラ) 17°21′N 89°23′W 126
ナコ(ホンジュラス) 15°18′N 88°14′W 141
ナコ(合衆国) 31°21′N 110°01′W 32
ナジャン(カナダ) 66°30′N 90°08′W 47
ナスカ(ペルー) 14°53′S 74°54′W 184, 186, 196
ナスカ川(ペルー) 14°52′S 75°02′W 176, 184
ナタル(ブラジル) 5°46′S 35°15′W 19
ナタルクズ湖(カナダ) 53°25′N 125°00′W 81
ナーチトゥン(グアテマラ) 17°45′N 89°43′W 126
ナチュラル・ブリッジズ(合衆国) 37°35′N 110°00′W 69
ナップ・マウンド(合衆国) 35°01′N 92°30′W 54
ナフ・トゥニチ(グアテマラ) 16°24′N 89°19′W 126
ナム(カナダ) 51°52′N 127°52′W 81
ナランホ(グアテマラ) 17°09′N 89°18′W 126
ナランホ川(メキシコ) 19°23′N 103°28′W 103
ニエベリーア(ペルー) 12°02′S 77°12′W 186
ニカラグア湖(ニカラグア) 11°50′N 86°00′W 84
ニコヤ半島(コスタリカ) 9°50′N 85°10′W 152, 161
西シエラマドレ山脈(メキシコ) 25°00′N 105°00′W 12, 84
ニト(グアテマラ) 15°47′N 88°49′W 141
ニーボー・ヒル(合衆国) 39°10′N 94°24′W 40
ニムリ・ブニット(ベリーズ) 16°20′N 88°50′W 126
ニューアーク(合衆国) 40°03′N 82°27′W 51
ニューアーク洞穴(合衆国) 39°45′N 115°43′W 67
ニューファンドランド島(カナダ) 48°30′N 56°00′W 12, 16
ニューポート湾(合衆国) 33°38′N 117°49′W 80
ヌユ(メキシコ) 17°41′N 97°54′W 142
ヌングヴィック(カナダ) 73°05′N 80°58′W 47
ネヴィル(合衆国) 42°36′N 71°19′W 40
ネグロ川(ブラジル) 2°00′S 61°00′W 152, 174
ネサパ川(メキシコ) 18°30′N 98°35′W 105, 146
ネサワルコヨトルの運河(メキシコ) 19°28′N 99°06′W 144
ネシケップ川(カナダ) 50°40′N 122°00′W 81
ネステベ(メキシコ) 17°39′N 95°28′W 95
ネターツ・サンド・スピリット(合衆国) 45°31′N 123°59′W 81
ネチ川(コロンビア) 7°55′N 74°45′W 166
ネバフ(グアテマラ) 15°21′N 91°11′W 126
ネペーニャ川(ペルー) 9°00′S 78°10′W 176, 186, 193
ノースプラット川(ペルー) 41°40′N 103°00′W 64
ノチコック(メキシコ) 17°20′N 100°48′W 146
ノートン(アラスカ州,合衆国) 64°00′N 160°55′W 46
ノートン(ミシガン州,合衆国) 42°43′N 85°27′W 51
ノフムル(ベリーズ) 18°15′N 88°34′W 126
ノーム岬(合衆国) 64°26′N 164°58′W 46
ノリエガ(メキシコ) 16°59′N 96°44′W 142
ノルタク湖(合衆国) 66°02′N 154°22′W 46

ハ 行

バイーア(ブラジル) 12°58′S 38°21′W 19
バイェ・デ・ブラボ(メキシコ) 19°10′N 100°09′W 105, 133

バイクス・ピーク(合衆国) 43°00′N 91°10′W 51
ハイクリフ(合衆国) 44°10′N 88°17′W 51
ハイナ(メキシコ) 20°16′N 90°30′W 126
バイナム(合衆国) 33°37′N 88°50′W 51
ハイワーシ島(合衆国) 35°32′N 84°43′W 54
パイン谷(合衆国) 32°50′N 116°18′W 80
パインローン谷(合衆国) 33°41′N 108°41′W 69
ハヴァナ(合衆国) 40°17′N 90°01′W 51
バウエル湖(合衆国) 37°20′N 110°40′W 215
ハウエルズ・ポイント・マウンド(合衆国) 38°45′N 121°39′W 51
ハウキュー(合衆国) 34°46′N 108°41′W 69
バウダー川(合衆国) 45°30′N 105°40′W 64
バウチャー(合衆国) 44°58′N 73°03′W 51
ハウハ(ペルー) 11°50′S 75°15′W 196
バウマ(合衆国) 37°10′N 88°29′W 51
バウマ(合衆国) 33°25′N 117°03′W 80
バカトナム(ペルー) 7°21′S 79°34′W 186, 189, 193
バコバンバ(ペルー) 6°42′S 78°00′W 176
ハサウェイ(合衆国) 45°23′N 68°41′W 40
パシオン川(グアテマラ) 16°45′N 90°40′W 115, 126, 141
パシオン・デル・クリスト(メキシコ) 18°27′N 89°19′W 126
バジセラナ(アルゼンチン) 26°00′S 67°00′W 186, 193
パシャシュ(ペルー) 8°19′S 77°42′W 186
ハーダウェイ(合衆国) 35°15′N 80°09′W 40
パタゴニア(アルゼンチン) 45°00′S 68°00′W 12, 152, 174
バタタカン(合衆国) 36°43′N 110°30′W 69
バタン・グランデ(ペルー) 6°29′S 79°51′W 193
バーチ(合衆国) 41°54′N 85°01′W 40
パチェコ(ペルー) 14°47′S 74°38′W 189
バチャカマ(ペルー) 12°15′S 76°53′W 186, 189, 193, 196
パチューカ(メキシコ) 20°09′N 98°41′W 105, 133
パックアロ湖(メキシコ) 18°32′N 101°38′W 84, 105, 146
バック川(カナダ) 65°00′N 105°00′W 47
バット洞穴(合衆国) 33°41′N 108°01′W 40
バティア川(コロンビア) 1°50′N 77°35′W 166
バティビルカ川(ペルー) 10°48′S 77°30′W 176, 193
バトゥカ川(ホンジュラス) 14°50′N 85°30′W 84
ハドソン湾(カナダ) 57°00′N 85°00′W 12, 37
バトリックス岬(合衆国) 42°43′N 124°31′W 80
バドレ・ピエドラ(メキシコ) 16°11′N 93°20′W 91, 95
バートン・マウンド(合衆国) 34°24′N 119°34′W 80
バートン・ラミー(ベリーズ) 17°13′N 88°59′W 91, 115
バナマ(パナマ) 8°57′N 79°30′W 16, 19
パナマ湾 8°30′S 79°30′W 152
パナミント谷(合衆国) 36°06′N 117°15′W 67
パナラグワ(ペルー) 11°01′S 76°11′W 176
バニ(キューバ) 21°08′S 76°10′W 174
バーニック(合衆国) 71°18′N 156°47′W 46
バニャマルカ(ペルー) 9°12′S 78°28′W 186
パヌコ川(メキシコ) 22°05′N 98°04′W 84, 133
ハーネス(合衆国) 39°16′N 82°52′W 51
ババガヨ(コスタリカ) 10°32′N 85°42′W 161
ババガヨ川(メキシコ) 16°55′N 99°38′W 105
ハバナ(キューバ) 23°07′N 83°25′W 19
ババホーヨ川(エクアドル) 1°50′S 79°40′W 176
ババロアパン川(メキシコ) 18°15′N 96°00′W 105, 133
バフ(合衆国) 46°34′N 100°40′W 64
バフィン島(カナダ) 67°00′N 70°00′W 12, 37
パボン(メキシコ) 22°02′N 98°10′W 91, 105
パマー(合衆国) 27°17′N 82°30′W 40
ハミルテペック(メキシコ) 16°17′N 97°50′W 142
バユカ(ペルー) 9°05′S 78°00′W 176
パラカス(ペルー) 13°56′S 76°11′W 176
パラグアイ川(パラグアイ) 22°00′S 57°00′W 152, 156
パラクバル(メキシコ) 17°54′N 89°35′W 126
パラダイス・コーヴ(合衆国) 34°03′N 118°32′W 80
パラタイン・ブリッジ(合衆国) 43°02′N 74°21′W 51
バラ・デ・ナビダー(メキシコ) 19°11′N 104°41′W 103
パラナ川(アルゼンチン,パラグアイ,ブラジル) 28°00′S 58°00′W 12, 152, 156
ハラバ(メキシコ) 19°31′N 96°55′W 146
パラモンガ(ペルー) 10°41′S 77°50′W 193, 196

地 名 索 引

バラワナー半島(ベネズエラ) 12°00′N 70°00′W 161
バランカス(ベネズエラ) 8°45′N 62°13′W 174
バランカン(メキシコ) 17°48′N 91°39′W 91, 95, 126
バランカンチェ(メキシコ) 20°38′N 88°28′W 133, 141
バーリー(カナダ) 43°18′N 81°47′W 51
バリア(ボリビア) 17°52′S 67°00′W 196
バリアイケ洞穴(チリ) 52°18′S 69°42′W 174
ハリスコ(メキシコ) 21°22′N 104°55′W 103
バリセイズ(合衆国) 67°20′N 164°00′W 46
バリータ湾(パナマ) 8°10′N 80°20′W 161
バリ・ヒル(カナダ) 70°00′N 80°03′W 47
バリレス(パナマ) 8°40′N 82°36′W 161
バル火山(パナマ) 8°48′N 82°37′W 161
バルグヴィク(合衆国) 60°50′N 146°30′W 46
バルサス川(メキシコ) 18°15′N 102°00′W 84, 105, 133, 146
バルセキーヨ(メキシコ) 18°59′N 97°39′W 32, 91
バルディビア・バルマル(エクアドル) 2°04′S 80°49′W 176
バルナイバ川(ブラジル) 4°00′S 43°00′W 152
ハルパック岬(グリーンランド) 81°30′N 19°59′W 47
バルロベント(コロンビア) 10°27′N 75°29′W 166
バレー・デ・ロス・レイェス(メキシコ) 18°00′N 89°50′W 142
バレンケ(メキシコ) 17°29′N 92°01′W 126
ハワード湖(合衆国) 45°00′N 93°10′W 51
ハンガリー・ホール(カナダ) 48°41′N 94°11′W 40
バンクス島(カナダ) 73°00′N 121°00′W 37
バンクーバー島(カナダ) 49°00′N 126°00′W 81
パンサー・インタリオ(合衆国) 42°51′N 88°59′W 51
パンサー洞穴(合衆国) 30°03′N 101°32′W 40
バンタレオン(グァテマラ) 14°21′N 90°01′W 126
バンドリア(合衆国) 35°45′N 106°18′W 69
バンバ・インヘニオ(ペルー) 14°50′S 74°59′W 186
バンバウア遺跡(合衆国) 39°41′N 121°56′W 80
バンバ・グランデ(ペルー) 6°50′S 79°32′W 186
パンパス(アルゼンチン) 35°00′S 62°00′W 152
ハンベリー(エクアドル) 3°11′S 79°58′W 186

ビアリーランドヴィル(グリーンランド) 82°15′N 32°56′W 47
ピウラ(ペルー) 5°15′S 80°38′W 176, 193, 196
ピウラ川(ペルー) 4°56′S 80°30′W 186, 193
ピエドラス・ネグラス(グァテマラ) 17°09′N 91°18′W 126
ピエドラ・パラダ(メキシコ) 16°23′N 97°47′W 142
ピカ(チリ) 20°30′S 69°19′W 196
東シエラマドレ山脈(メキシコ) 25°00′N 100°00′W 12, 84
ビキマチャイ洞穴(ペルー) 13°11′S 73°59′W 32, 146
ピキヤクタ(ペルー) 13°26′S 71°48′W 189
ヒキルバン(メキシコ) 20°01′N 102°43′W 103
ビクスビ・スラウ(合衆国) 33°46′N 118°12′W 80
ヒクソンの岩絵(岩絵遺跡)(合衆国) 39°30′N 116°02′W 67
ピクトグラフ洞穴(合衆国) 45°41′N 108°34′W 40
ビクリス(合衆国) 36°14′N 105°45′W 215
ピサグワ(ペルー) 19°34′S 70°14′W 174
ビスカイノ砂漠(メキシコ) 28°00′N 113°00′W 69
ピース川(カナダ) 58°30′N 115°00′W 47
ビスコ川(合衆国) 33°57′N 76°00′W 176, 186
ビタス岬(合衆国) 34°13′N 119°11′W 80
ビッグウェストウォーター(合衆国) 37°17′N 109°39′W 69
ビッグキャニオン(合衆国) 33°38′N 117°49′W 80
ビッグシカモア・キャニオン(合衆国) 34°06′N 118°48′W 80
ビッグトゥージュンガ(合衆国) 34°17′N 118°14′W 80
ビッグヒダーツァ(合衆国) 47°27′N 101°32′W 64
ビッグホーン・メディスン・ホイール(合衆国) 44°52′N 107°22′W 64
ピトコス(ペルー) 13°26′S 73°00′W 196
ピナスカ川(メキシコ) 20°45′N 98°00′W 105, 146
ビヒヒアパン(メキシコ) 15°59′N 93°15′W 91, 95

ビーヤ・アルタ(メキシコ) 17°20′N 96°08′W 105
ビーヤ・リカ・デ・ベラクルス(メキシコ) 19°47′N 96°28′W 146
ビュイ(合衆国) 36°06′N 106°03′W 69
ピュキャナン(カナダ) 69°41′N 106°46′W 47
ビューナ・ヴィスタ丘陵(合衆国) 35°10′N 119°14′W 80
ヒューバー(合衆国) 41°40′N 87°32′W 54
ヒューロン湖(カナダ,合衆国) 45°00′N 82°00′W 12, 37
ヒーラ(合衆国) 33°12′N 108°16′W 69
ビラコチャ・パンパ(ペルー) 7°36′S 78°03′W 189
ビルカス(ペルー) 13°32′S 73°48′W 196
ビルー川(ペルー) 8°26′S 78°45′W 176, 186, 193
ピンギトカリク(カナダ) 68°47′N 82°35′W 47
ピンソン(合衆国) 35°29′N 88°44′W 54
ピント盆地(合衆国) 33°55′N 115°40′W 40

ファイヴ・マイル・ラピッズ(合衆国) 45°34′N 121°11′W 67, 81
ファニング(合衆国) 39°49′N 95°10′W 64
ファルパン(ペルー) 7°23′S 79°26′W 193
フィッシャー(合衆国) 41°24′N 87°50′W 54
フィンカ・アリソナ(グァテマラ) 13°59′N 90°55′W 115
フィンチ遺跡(合衆国) 39°41′N 121°56′W 80
フエゴ島(チリ,アルゼンチン) 54°00′S 67°00′W 12, 152
ブエナビスタ(メキシコ) 22°01′N 101°16′W 133
ブエノスアイレス(アルゼンチン) 34°35′S 58°29′W 19
ブエブリート(コロンビア) 11°20′N 73°50′W 166
ブエブロ・グランデ(合衆国) 33°23′N 111°55′W 69
ブエルコ川(合衆国) 35°05′N 109°40′W 215
フェルズ洞穴(アルゼンチン) 51°40′S 69°00′W 174
ブエルト・アンヘル(メキシコ) 15°40′N 96°31′W 142
プエルト・オルミーガ(コロンビア) 9°50′N 75°38′W 166, 174
ブエルト・マルケス(メキシコ) 16°56′N 100°00′W 91
フェルナンデズ遺跡(合衆国) 38°01′N 122°10′W 80
フォート・ウォルトン(合衆国) 30°24′N 86°38′W 54
フォート・エンシェント(合衆国) 39°24′N 83°24′W 51
フォート・センター(合衆国) 26°58′N 81°10′W 51
フォート・ヒル(合衆国) 39°09′N 83°26′W 51
フォルサム(合衆国) 36°50′N 103°54′W 32
フォルトレッサ川(ペルー) 10°20′S 77°45′W 176, 193
ブカラー(ペルー) 15°15′S 70°24′W 186, 189
ブカラ・デ・アンダルガーラ(アルゼンチン) 27°33′S 66°18′W 196
フシュトラワカ(メキシコ) 17°23′N 99°16′W 91, 95
プシルハー(ベリーズ) 16°09′N 89°10′W 126
フチビーラ川(メキシコ) 21°17′N 103°13′W 103
ブーナ(ボリビア) 21°00′S 67°00′W 186
ブーナ島(エクアドル) 2°55′S 80°10′W 176
ブニーク岬(合衆国) 68°00′N 156°10′W 46
フーバー湾(合衆国) 61°29′N 166°10′W 46
フマナ平原(ペルー) 14°43′S 75°14′W 184
ブライス・インタリオス(合衆国) 33°37′N 114°32′W 69
ブライス・キャニオン(合衆国) 37°30′N 112°12′W 69
ブラジル高地(ブラジル) 18°00′N 47°00′W 12, 152
ブラックウォーター・ドロー(合衆国) 34°24′N 103°12′W 32
ブラック川(合衆国) 35°25′N 109°10′W 215
ブラック・スター・キャニオン(合衆国) 33°52′N 117°30′W 80
ブラックダック(合衆国) 47°52′N 94°32′W 54
ブラック・メサ(合衆国) 36°30′N 110°19′W 69
ブラッディ滝 67°48′N 115°13′W 47
ブラティナム(合衆国) 40°40′N 98°30′W 64
ブラティナム(合衆国) 59°00′N 161°50′W 46
ブラヤス(エクアドル) 2°38′S 80°31′W 176
ブラヤ・デル・テソロ(メキシコ) 19°07′N 104°21′W 103
プラヤ・デ・ロス・ムエルトス(ホンジュラス) 15°09′N 87°43′W 91

プラヤ・ビセンテ川(メキシコ) 17°40′N 96°10′W 142
ブランド(合衆国) 35°30′N 90°58′W 40
フリオ岬(ブラジル) 22°59′S 42°00′W 152
ブリタカ(コロンビア) 11°16′N 73°37′W 166
ブリック・ドゥ・ケベック(カナダ) 75°37′N 97°32′W 47
ブルックス川(合衆国) 58°28′N 156°00′W 46
ブルックス山脈(合衆国) 68°00′N 155°00′W 37
ブル・ブルック(合衆国) 42°36′N 71°00′W 32
フレーザー川(カナダ) 54°30′N 123°00′W 37, 81
フレーザー・キャニオン(カナダ) 53°00′N 122°20′W 81
ブレーンヴュー(合衆国) 34°12′N 101°40′W 32
ブローム(カナダ) 48°24′N 88°45′W 40
フローレンス(合衆国) 34°48′N 87°39′W 54
ブロン洞穴(メキシコ) 18°10′N 97°07′W 89
ブーン(合衆国) 42°03′N 93°57′W 51
ブンクリー(ベリーズ) 9°11′S 78°26′W 176
フンティチムル(メキシコ) 19°32′N 89°24′W 126
ブンボ(ペルー) 10°39′S 76°43′W 196

ベイキング・ポット(ベリーズ) 17°13′N 89°01′W 126
ベイコス(合衆国) 35°32′N 105°39′W 69
ヘイ・ホロー谷(合衆国) 34°23′N 109°37′W 69
ペインテッド・デザート(合衆国) 35°50′N 111°20′W 215
ベカン(メキシコ) 18°30′N 89°30′W 126
ヘケテペッケ川(ペルー) 7°17′S 78°50′W 176, 186, 193
ベシュバボワ(合衆国) 33°15′N 110°48′W 69
ベタトラン(メキシコ) 17°30′N 101°12′W 133
ベタンソ(コロンビア) 8°33′N 75°59′W 166
ベテン・イッツァー湖(グァテマラ) 17°00′N 89°50′W 126
ベドフォード(合衆国) 39°34′N 90°38′W 51
ペトラカルコ(メキシコ) 19°30′N 99°13′W 146
ベトログリフ・キャニオンズ(合衆国) 35°27′N 117°19′W 80
ペドロ湾(合衆国) 50°46′N 154°10′W 46
ベナード・ビーチ(パナマ) 8°55′N 79°37′W 161
ベニータス(メキシコ) 21°53′N 105°12′W 103
ベネット・マウンド(合衆国) 38°18′N 121°38′W 80
ヘメス(合衆国) 35°43′N 106°41′W 215
ヘメス川(合衆国) 35°40′N 106°40′W 215
ベヨテ(メキシコ) 18°25′N 93°13′W 115
ベラクルス(合衆国) 19°10′N 96°09′W 146
ベリーヨ(メキシコ) 18°58′N 103°50′W 103
ベーリング海峡(合衆国,ソ連) 66°00′N 169°00′W 12, 37, 46
ベル(カナダ) 69°43′N 106°50′W 47
ベルーガ岬(合衆国) 61°13′N 150°40′W 46
ヘル・ギャップ(合衆国) 42°27′N 105°02′W 32
ベルデ・オハアカ州,メキシコ) 16°28′N 97°38′W 105, 142
ベルデ川(サカテカス州,メキシコ) 20°50′N 103°02′W 103, 105
ベレン(アルゼンチン) 27°36′S 67°00′W 186, 193
ベローテ(メキシコ) 19°32′N 97°16′W 105
ベント(合衆国) 43°08′N 73°50′W 40
ベントゥーラ70(合衆国) 34°19′N 118°50′W 80
ベンブローク・クレア(カナダ) 69°40′N 106°48′W 47

ホイットニ山(合衆国) 36°35′N 118°17′W 12
ポイント・オヴ・バインズ(合衆国) 33°18′N 109°29′W 69
ポイント半島(合衆国) 44°00′N 76°03′W 51
ポヴァティ・ポイント(合衆国) 32°44′N 91°37′W 54
ホーヴェンウィープ(合衆国) 37°15′N 109°08′W 69
ボカ・チカ(ドミニカ共和国) 18°58′N 70°00′W 174
ホガップ洞穴(合衆国) 41°30′N 113°28′W 40, 67
ホカバー(メキシコ) 20°55′N 89°10′W 141
ホコ川(メキシコ) 48°17′N 124°25′W 81
ボゴタ(サンタ・フェ・デ・ボゴタ)(コロンビア) 4°38′N 74°05′W 19, 166
ポーター(合衆国) 32°07′N 88°12′W 51
ポチュトラン(メキシコ) 15°44′N 96°20′W 142
ホチョブ(メキシコ) 19°23′N 89°43′W 126
ホッチキス・マウンド(合衆国) 37°58′N 121°47′W 80

ポーツマス(合衆国) 38°44′N 83°00′W 51
ボディーガ湾(合衆国) 38°20′N 122°57′W 80
ホテヴィラ(合衆国) 35°56′N 110°39′W 215
ポトラッチ(カナダ) 52°21′N 125°28′W 81
ポート・レフュージ(カナダ) 76°21′N 95°00′W 47
ボトレーロ・ヌエボ(メキシコ) 17°12′N 94°44′W 95
ホーナー(合衆国) 44°45′N 108°58′W 32
ボナンパク(メキシコ) 16°41′N 91°08′W 126
ボーニー・インディアン・ヴィレッジ(合衆国) 39°53′N 98°44′W 64
ポパヤン(コロンビア) 2°27′N 76°32′W 166
ホープウェル(合衆国) 39°17′N 83°29′W 51
ポプラー・グローヴ(カナダ) 52°13′N 125°52′W 40
ポポカテペトル山(メキシコ) 19°01′N 98°38′W 105, 144, 146
ポボ湖(ボリビア) 18°50′S 67°00′W 189, 196
ポボトラン(メキシコ) 19°26′N 99°11′W 144
ポマナー(メキシコ) 17°33′N 91°31′W 126
ポーマンズ・ブルック(合衆国) 40°39′N 74°10′W 54
ポモナー(ベリーズ) 16°40′N 88°29′W 126
ポラカ・ウォッシュ(合衆国) 36°05′N 110°05′W 215
ボーラクス洞穴(合衆国) 38°45′N 122°41′W 32, 40
ボラーニョス川(メキシコ) 21°35′N 103°55′W 103
ホーリス(合衆国) 66°20′N 161°25′W 46
ボルトー・ショワ(カナダ) 50°40′N 57°18′W 47
ホルムル(グァテマラ) 17°18′N 89°18′W 115, 126
ボレご(合衆国) 33°35′N 116°28′W 69
ホンダ(コロンビア) 11°10′N 73°45′W 166
ホーン岬(チリ) 56°00′S 67°15′W 12, 152

マ 行

マイアミズバーグ(合衆国) 39°38′N 84°19′W 51
マウンテン・カウ(ベリーズ) 16°48′N 89°01′W 126
マウンドヴィル(合衆国) 33°32′N 87°08′W 54
マウンド・シティー(合衆国) 39°23′N 83°01′W 51
マウント・ロイヤル(合衆国) 29°25′N 81°37′W 54
マキーン(合衆国) 44°28′N 105°11′W 40
マクイルショチトル(メキシコ) 16°59′N 96°34′W 142
マークスヴィル(合衆国) 31°11′N 91°49′W 51
マグダレナ川(コロンビア) 8°30′N 73°45′W 152, 166
マコーミ(合衆国) 40°22′N 82°16′W 40
マサトラン(メキシコ) 14°56′N 92°25′W 146
マーシー・クリーク(合衆国) 38°41′N 77°02′W 40
マスカデイ・マウンズ(合衆国) 43°12′N 90°28′W 51
マスタング・マウンド(合衆国) 38°27′N 121°38′W 80
マゼラン海峡(アルゼンチン,チリ) 53°00′S 71°30′W 16, 152
マゼラン海峡の諸遺跡(チリ) 53°30′S 71°02′W 32
マタカネラ(メキシコ) 18°17′N 95°13′W 105
マタカパン・ピエドラ(メキシコ) 18°30′N 95°14′W 105
マタトラン(メキシコ) 16°52′N 96°23′W 142
マチャキラ(グァテマラ) 16°17′N 89°57′W 126
マチャリージャ(エクアドル) 1°29′N 80°48′W 176
マチュ・ピチュ(ペルー) 13°08′S 72°30′W 196
マッキンレー山(合衆国) 63°02′N 151°01′W 12, 37
マックスウェル湾(カナダ) 74°52′N 85°08′W 47
マッケンジー川(カナダ) 63°30′N 123°30′W 12, 37, 47
マッケンジー山脈(カナダ) 64°00′N 135°00′W 12, 37
マッデン湖(パナマ) 9°04′N 80°00′W 161, 174
マディラ川(ブラジル) 6°00′S 62°00′W 12, 152, 174
マディラ・ビックル・マウンド(合衆国) 27°34′N 82°31′W 54
マナシャ・マウンズ(合衆国) 44°13′N 88°29′W 51
マニー(トゥートゥル・シウフ)(メキシコ) 20°05′N 89°30′W 141
マニー(メキシコ) 20°26′N 89°19′W 91, 115,

地 名 索 引

141
マニクアレ(ベネズエラ) 10°37′N64°08′W 174
マーボール(カナダ) 49°12′N122°38′W 81
マーミス岩蔭(合衆国) 46°36′N118°12′W 40, 67
マミー洞穴(合衆国) 44°29′N110°00′W 40
マヤ山地(グァテマラ,ベリーズ) 16°40′N 88°50′W 126
マヤパン(メキシコ) 20°37′N89°31′W 133, 141
マラカイボ湖(ベネズエラ) 9°40′N71°30′W 161
マラガ・コーヴ(合衆国) 33°48′N118°18′W 80
マラジョー島(ブラジル) 1°00′S50°00′W 152
マラニョン川(ペルー) 4°50′S76°30′W 152, 174,176,186,193,196
マランボ(コロンビア) 10°55′N74°48′W 166
マリエッタ(合衆国) 39°25′N81°29′W 51
マリナルコ(メキシコ) 18°58′N99°21′W 133, 146
マリブ・キャニオン(合衆国) 34°03′N 118°32′W 80
マルカバイェ(ペルー) 13°55′S71°40′W 176
マレルアリク(ペルー) 68°39′N97°00′W 47
マン(合衆国) 37°53′N87°54′W 51
マンチャン(ペルー) 9°34′S78°21′W 189,193
マンデヴィル(合衆国) 32°00′N85°01′W 51
マン・マウンド(合衆国) 43°31′N89°47′W 51
マンモス・クリーク(合衆国) 37°43′N 118°50′W 67

ミシガン湖(合衆国) 44°00′N87°00′W 12,37
ミシシッピ川(合衆国) 35°00′N90°30′W 12, 37
ミシュキック(メキシコ) 19°13′N98°58′W 144
ミシュコアック(メキシコ) 19°22′N99°11′W 144
ミシュコ・ビエホ(グァテマラ) 14°50′N 90°37′W 141
ミシュテコ川(メキシコ) 17°27′N97°53′W 142,146
ミシュトラン(メキシコ) 18°27′N95°10′W 146
ミズーリ川(合衆国) 43°00′N98°00′W 12,37, 64
ミチェレーナ(ベネズエラ) 10°29′N68°02′W 174
ミチョアカン(メキシコ) 19°10′N101°20′W 146
ミッチェル(合衆国) 43°42′N98°00′W 64
ミッティマタリク(カナダ) 72°40′N77°59′W 47
ミディーア・ヴィレッジ(合衆国) 34°13′N 118°38′W 38
ミディーア川(合衆国) 34°13′N118°38′W 80
ミトラ(メキシコ) 16°56′N96°24′W 133,142, 146
ミドルポート(カナダ) 43°05′N79°54′W 54
ミーナ・ペルディーダ(ペルー) 12°09′S 77°01′W 176
南シエラマドレ山脈(メキシコ) 17°40′N 99°00′W 142
ミニシンク(合衆国) 41°21′N74°47′W 54
ミュール・キャニオン(合衆国) 37°22′N 109°51′W 69
ミラー(合衆国) 34°35′N88°28′W 51
ミラグロ(エクアドル) 2°11′S79°36′W 193
ミラー・フィールド(合衆国) 40°52′N74°47′W 40
ミラー・マウンド(合衆国) 38°45′N121°39′W 80
ミリケン(カナダ) 49°50′N121°28′W 81
ミンカ(コロンビア) 10°44′N73°59′W 166
ミンブレス谷(合衆国) 32°38′N107°50′W 69

ムアコ(ベネズエラ) 11°30′N69°37′W 32,174
ムイル(メキシコ) 20°01′N87°38′W 141
ムース川(合衆国) 60°30′N150°48′W 46
ムーター・フラット(合衆国) 34°23′N 118°56′W 80
ムヘレス島(メキシコ) 20°12′N86°44′W 141
ムル・チク(メキシコ) 20°20′N89°43′W 126

メイヤック(ドミニカ共和国) 19°50′N71°43′W 174
メキシコ市 19°20′N99°10′W 86, 105
メキシコ盆地(メキシコ) 19°30′N91°05′W 84,91
メサ・ヴァーデ(合衆国) 37°12′N108°22′W 69
メサ・グランデ(合衆国) 33°25′N111°48′W 69
メシキト(メキシコ) 18°23′N100°44′W 133

メスカラ(メキシコ) 17°52′N99°54′W 91
メスカラバ川(メキシコ) 16°15′N92°40′W 84,133
メツティトラン(メキシコ) 20°50′N98°40′W 146
メディアス・アグアス(メキシコ) 17°09′N 95°02′W 95
メディスン川(合衆国) 40°13′N100°47′W 64
メディスン・ロック(合衆国) 46°22′N 102°16′W 64
メドークロフト(合衆国) 40°03′N80°44′W 32
メノケン(合衆国) 47°12′N100°32′W 64
メモラーナ(カナダ) 70°41′N117°40′W 47
メリル(合衆国) 60°30′N150°48′W 46
メンジョーレット(合衆国) 37°06′N120°48′W 80
メンドシーノ500(合衆国) 39°19′N123°25′W 80
メンドータ・マウンズ(合衆国) 43°09′N 89°22′W 51

モカシン・ブラフ(合衆国) 42°00′N86°19′W 54
モゴヨン(合衆国) 33°22′N108°47′W 69
モージャ・マウンド(合衆国) 38°18′N 121°38′W 80
モタグア川(グァテマラ) 15°10′N89°25′W 84,115,126,141
モチェ(ペルー) 8°12′S78°52′W 186
モチェ川(ペルー) 8°00′S78°35′W 176,186, 193
モトゥル(メキシコ) 21°03′N89°18′W 133
モトゥル・デ・サン・ホセ(グァテマラ) 17°01′N89°59′W 126
モードック(合衆国) 37°53′N89°50′W 40
モナグリーヨ(パナマ) 8°00′N80°20′W 174
モナシュカ湾(合衆国) 57°28′N152°35′W 46
モハーヴィ湖(合衆国) 35°14′N116°04′W 40, 69
モハーヴィ砂漠(合衆国) 36°30′N116°30′W 69
モヘッケ(ペルー) 9°36′S78°02′W 176
モーホーランド(合衆国) 34°11′N118°29′W 80
モミル(コロンビア) 9°15′N75°40′W 166
モランダー(合衆国) 47°02′N101°00′W 64
モリソンズ島(カナダ) 46°00′N77°25′W 40
モレット(メキシコ) 19°10′N104°37′W 103
モンスー(コロンビア) 9°59′N75°36′W 166, 174
モンテ・アカイ(アルゼンチン) 24°21′S 66°08′W 196
モンテ・アルト(グァテマラ) 14°12′N90°57′W 115
モンテ・アルバン(メキシコ) 17°02′N96°45′W 91,105,133,142
モンテズーマ・キャッスル(合衆国) 34°38′N 111°46′W 69
モンテ・ネグロ(メキシコ) 17°12′N97°16′W 91,142
モンテレイ(メキシコ) 25°40′N100°20′W 19
モンテレイ(合衆国) 36°34′N121°55′W 80

ヤ 行

ヤギラ(メキシコ) 17°23′N96°38′W 142
ヤグル(メキシコ) 16°58′N96°29′W 105, 142
ヤシュチラン(メキシコ) 16°50′N91°00′W 126
ヤシュナーヨ(メキシコ) 20°27′N88°40′W 115, 126
ヤシュハー(グァテマラ) 17°05′N89°26′W 126
ヤーノス(コロンビア,ベネズエラ) 7°00′N 68°00′W 152,174
ヤーノ・デ・ヒカロ(メキシコ) 17°36′N 95°04′W 95
ヤルメラ(ホンジュラス) 14°10′N87°39′W 91
ヤンウィトラン(メキシコ) 17°32′N97°19′W 91,146
ヤングーナ(合衆国) 34°05′N118°06′W 80
ユカタン半島(メキシコ) 20°00′N89°00′W 12,84
ユクイタ(メキシコ) 17°30′N79°19′W 142
ユクニュダウィ(メキシコ) 17°35′N97°18′W 105,142
ユーコン川(合衆国) 65°00′N155°00′W 12, 37,46
ユーコン島(合衆国) 59°06′N151°51′W 46
ユタ州立アナサジ歴史記念物(合衆国) 38°15′N 111°24′E 69
ユニヴァーシティ(合衆国) 43°00′N89°12′W 51
ユーレン(カナダ) 42°51′N80°22′W 54

ヨアルテペック(メキシコ) 17°45′N98°19′W 146
ヨビツィンコ(メキシコ) 17°20′N101°10′W 146
ヨホア(ホンジュラス) 15°00′N87°58′W 91
ヨホア湖(ホンジュラス) 14°50′N87°59′W 115,126,141
ヨワリンチャン(メキシコ) 20°12′N97°36′W 105

ラ 行

ラ・アメリア(グァテマラ) 16°31′N90°28′W 126
ライ(合衆国) 44°01′N88°32′W 40
ライグラス・クーリー(合衆国) 46°57′N 120°02′W 67
ライティング・ロック(合衆国) 48°48′N 103°48′W 64
ラ・インディア(パナマ) 7°21′N80°23′W 161
ラウリー(合衆国) 37°28′N108°57′W 69
ラウリコチャ(ペルー) 10°14′S76°32′W 32, 176
ラヴロック洞穴(合衆国) 40°11′N118°30′W 67
ラ・エスタケリーア(ペルー) 14°50′S75°09′W 184
ラ・オンラデス(グァテマラ) 17°33′N89°17′W 126
ラ・ガルガーダ(ペルー) 8°37′S78°10′W 176
ラガルテロ(メキシコ) 15°45′N91°57′W 126
ラカンハー(メキシコ) 16°42′N91°11′W 126
ラグーナ(合衆国) 35°01′N107°21′W 215
ラグーナ川(合衆国) 36°45′N110°00′W 215
ラグーナ・デ・ロス・セロス(メキシコ) 17°37′N95°06′W 91,95
ラ・ケマダ(メキシコ) 22°51′N102°41′W 133
ラ・シエナガ(アルゼンチン) 27°31′S67°20′W 196
ラス・アルダス(ペルー) 9°41′S78°16′W 176
ラス・アルティセス(メキシコ) 19°08′N 103°42′W 103
ラス・カノアス(メキシコ) 18°20′N97°15′W 89
ラス・セボーヤス(メキシコ) 21°03′N 104°45′W 103
ラス・ビクトリアス(エルサルバドル) 13°58′N 89°40′W 91
ラス・フローレス(メキシコ) 22°20′N97°51′W 133
ラス・フローレス・ランチ(合衆国) 34°23′N 117°01′W 80
ラス・ベガス(エクアドル) 2°15′S80°56′W 176
ラス・ボカス(メキシコ) 18°40′N98°19′W 91, 95
ラス・リマス(メキシコ) 16°55′N95°03′W 95
ラスル洞穴(合衆国) 34°53′N85°50′W 40,51
ラスル岬(グリーンランド) 78°32′N71°00′W 47
ラ・センティネーラ(ペルー) 13°29′S76°07′W 193
ラタクンガ(エクアドル) 0°58′S78°36′W 196
ラ・トリッタ(エクアドル) 1°18′N78°52′W 186
ラトルスネーク島(合衆国) 38°57′N122°38′W 80
ラナ川(メキシコ) 17°40′N95°35′W 105,146
ラナス(メキシコ) 20°52′N99°35′W 105
ラハ川(メキシコ) 20°30′N101°00′W 105,146
ラ・バーヤ(アルゼンチン) 25°02′S65°38′W 196
ラ・ビクトリア(グァテマラ) 14°37′N92°08′W 91
ラビット・マウンド(合衆国) 32°20′N81°08′W 40
ラフター湖(カナダ) 44°55′N63°39′W 40
ラブナー(メキシコ) 20°10′N89°38′W 126
ラブラーダ(メキシコ) 18°24′N94°50′W 105
ラプラタ(ボリビア) 19°06′S65°14′W 19
ラプラタ川(アルゼンチン,ウルグアイ) 35°00′N57°00′W 152
ラ・プラタ島(エクアドル) 1°16′S81°19′W 186
ラブラドル(カナダ) 55°00′N60°00′W 12
ラ・フロリダ(ペルー) 12°01′S77°00′W 176
ラ・ベラ(メキシコ) 23°58′N97°17′W 91
ラ・ベンタ(メキシコ) 17°36′N94°06′W 91,95
ラマー(合衆国) 32°32′N83°30′W 54
ラマナイ(ベリーズ) 17°44′N115°、88°34′W 115,141
ラ・マル(メキシコ) 17°03′N91°27′W 126
ラ・ムニェカ(メキシコ) 18°14′N89°34′W 126
ラモーカ湖(合衆国) 42°11′N77°42′W 40
ラ・モンターニャ(コスタリカ) 9°59′N 83°38′W 161,174
ランソー・メドーズ(カナダ) 51°26′N55°37′W 16,47
ランチージョス(アルゼンチン) 32°08′S 69°42′W 196
ランチョ・サンルイス・レイ(合衆国) 33°13′N 117°17′W 80
ランチョ・ベルード(ベネズエラ) 10°57′N 72°28′W 174
ランバイェケ川(ペルー) 6°42′S79°30′W 176, 186,193

リアリー(合衆国) 40°09′N95°27′W 64
リーヴァイ(合衆国) 29°40′N98°28′W 32
リヴァーサイド(合衆国) 45°01′N87°39′W 51
リヴァトン(合衆国) 38°54′N77°33′W 40
リーヴィエール・オー・ヴァーズ(合衆国) 42°40′N82°43′W 54
リオ・アスル(グァテマラ) 17°44′N89°28′W 126
リオ・グランデ(メキシコ) 15°59′N97°30′W 142
リオ・グランデ川(オアハカ州,メキシコ) 16°40′N96°05′W 142
リオグランデ川(合衆国,メキシコ) 29°00′N 101°00′W 12,37,84
リオ・セコ(ペルー) 11°19′S77°37′W 176
リオデジャネイロ(ブラジル) 22°53′S43°17′W 19
リオバンバ(エクアドル) 1°44′S78°40′W 196
リオ・プエルコ川(合衆国) 35°20′N107°00′W 215
リオ・ベック(メキシコ) 18°20′N89°23′W 126
リオ・ベルデ(メキシコ) 21°56′N100°00′W 105
リカ(ペルー) 8°02′S79°08′W 186
リザド・マウンド(合衆国) 43°22′N88°25′W 51
リッチモンド・ヒル(ベリーズ) 17°59′N 88°32′W 91
リトルコロラド川(合衆国) 35°20′N110°55′W 215
リトルシカモア・キャニオン(合衆国) 34°06′N 118°48′W 80
リトルハーバー遺跡(合衆国) 33°26′N 118°29′W 40
リバス地峡(ニカラグア) 11°40′N86°00′W 161
リフューリオー(合衆国) 34°28′N120°14′W 80
リマ(ペルー) 12°06′S77°03′W 16, 19, 176, 186,189,193,196
リマック川(ペルー) 11°48′S76°35′W 176, 186,193
リンコン岬(合衆国) 34°21′N119°24′W 80
リンデンマイヤー(合衆国) 40°32′N104°59′W 32

ルーイン島(グリーンランド) 78°32′N71°00′W 47
ルバーントゥン(ベリーズ) 16°17′N88°58′W 126
ルリン川(ペルー) 12°15′S76°55′W 176

レアル・アルト(エクアドル) 2°28′S80°41′W 176
レイズ岬(合衆国) 38°04′N122°50′W 80
レインディア湖(カナダ) 57°00′N102°30′W 47
レオン(メキシコ) 21°08′N101°41′W 133
レーガン(合衆国) 44°27′N73°11′W 32
レクワイ(ペルー) 9°50′S77°31′W 186
レストレポ(コロンビア) 3°58′N76°36′W 166
レゾリュート(カナダ) 74°40′N95°00′W 47
レチューザ・キャニオン(合衆国) 34°05′N 118°35′W 80
レディー・フランクリン岬(カナダ) 68°30′N 113°10′W 47
レナ(合衆国) 39°10′N94°32′W 51
レモハーダス(メキシコ) 18°59′N96°19′W 91,105
レルマ川(メキシコ) 20°22′N102°20′W 84, 103,105,146
レンナー(合衆国) 31°26′N110°04′W 32

ロイサ洞穴(プエルトリコ) 18°28′N66°14′W 174
ロカ・パルティーダ岬(メキシコ) 18°12′N 95°11′W 95
ローガン川(合衆国) 41°51′N96°30′W 40
ロジャーズ・シェルター(合衆国) 38°17′N 93°15′W 40
ロス・イゴス(ホンジュラス) 15°09′N88°48′W 126
ロス・イドロス(メキシコ) 17°10′N94°56′W 95

235

ローズ・スプリング(合衆国) 36°21′N 118°02′W 67
ロス・ソルダードス(メキシコ) 17°30′N 94°06′W 95
ロス・タピアレス(グァテマラ) 14°59′N 91°19′W 32,91
ロス・トゥシュトラス(メキシコ) 18°29′N 95°07′W 105
ロス・トルドス(アルゼンチン) 47°23′S 71°36′W 32,174
ロス・トレス・セリートス(メキシコ) 16°57′N 96°45′W 142
ロス・マンゴス(メキシコ) 17°43′N 95°04′W 95
ロス・ムエルトス(合衆国) 33°26′N 112°02′W 69
ロス・モルテーロス(ペルー) 8°37′S 78°42′W 176
ロス・レメディオス(メキシコ) 19°29′N 99°15′W 133
ローゼンクランス(合衆国) 40°55′N 75°02′W 51
ロッキー・ギャップ(合衆国) 36°28′N 115°23′W 67
ロッキー山脈(カナダ,合衆国) 45°00′N 115°00′W 12,37
ロック・イーグル(合衆国) 33°31′N 83°17′W 54
ロハ(エクアドル) 3°59′N 79°21′W 176
ローバック(カナダ) 44°50′N 75°20′W 54
ロビンソン(合衆国) 43°05′N 76°07′W 40
ロマ・アルタ(エクアドル) 1°50′S 80°37′W 176
ロマ・ネグラ(ペルー) 5°18′S 80°08′W 186
ロマイアルガ(メキシコ) 16°54′N 96°26′W 142
ローリング湾(合衆国) 57°11′N 153°14′W 46
ロルトゥン洞穴(メキシコ) 20°17′N 89°22′W 115
ローレンシア台地(カナダ) 52°30′N 70°00′W 12,37
ロワー・ヒダーツァ(合衆国) 47°19′N 101°25′W 64
ロワー・ベンチ(合衆国) 67°00′N 163°46′W 46
ローンサム・クリーク(カナダ) 81°59′N 64°57′W 47

ワ 行

ワイタラー(ペルー) 13°36′S 75°21′W 196
ワイナモータ川(メキシコ) 21°58′N 104°28′W 103
ワイミル(メキシコ) 19°25′N 88°30′W 141
ワイラス(ペルー) 8°40′S 77°59′W 196
ワイルド・ケイン・ケイ(ベリーズ) 16°10′N 88°43′W 141
ワウラ川(ペルー) 11°00′S 77°15′W 176,193
ワカ・コロラーダ(ペルー) 8°00′S 79°06′W 193
ワカ・デル・ブルーホ(ペルー) 7°57′S 79°13′W 186
ワカ・ネグラ(ペルー) 8°27′S 78°51′W 176
ワカ・ブリエッタ(ペルー) 7°50′S 79°23′W 176
ワカロマ(ペルー) 7°14′S 78°28′W 176
ワークバル(メキシコ) 18°19′N 89°46′W 126
ワシャクトゥン(グァテマラ) 17°23′N 89°38′W 91,115,126
ワシュテベック(メキシコ) 18°53′N 98°51′W 146
ワタビッタ(コロンビア) 4°58′N 73°52′W 166
ワタビッタ(ベネズエラ) 10°41′N 62°36′W 174
ワッチョ(ペルー) 11°09′S 77°36′W 176
ワヌコ(ペルー) 9°55′S 76°11′W 176,196
ワバナケット(合衆国) 41°59′N 71°08′W 40
ワマチューコ(アルゼンチン) 22°49′S 65°40′W 193
ワマンガ →アヤクーチョ
ワメルルバン(メキシコ) 17°24′N 97°37′W 142
ワラクバ(合衆国) 71°15′N 156°49′W 46
ワラス(ペルー) 9°33′S 77°31′W 196
ワリ(ペルー) 12°51′S 74°20′W 186,189,193
ワリコト(ペルー) 9°02′S 77°47′W 176
ワルビ(合衆国) 35°50′N 110°20′W 215
ワルフィン(アルゼンチン) 27°34′S 67°33′W 189
ワルメイ(ペルー) 10°02′S 78°10′W 176
ワルメイ川(ペルー) 10°00′S 78°00′W 176,186,193
ワンカバンバ(ペルー) 5°17′S 79°28′W 196
ワンタ(ペルー) 12°54′S 74°11′W 176

索　引

イタリック数字の頁は，図版または地図の説明文に対応する．

ア 行

アイオワ州　55,65
アイスランド　17
アイダホ州　30,33,68
アイマラ語　*157*
アイユ　197
アイリョン，ルーカス・バスケス・デ　19
アイルランド　17
アウィツォトル　143,*147*,150
アーウィン＝ウィリアムズ，シンシア　30
アーヴィング，ウィリアム　30
アカザ　48,60
アカプルコ　92
アカラン　131
アカリー川　182
アカンセー遺跡　116
アーカンソー川　59
「赤ん坊」　101
アキレス・セルダン　93
アクマク文化　34
アゲート・ベイスン式　33
アコスタ，ホセ・デ　24
アサバスカン語　13
アサバスカン(ナデネ)語族　46,65
アザラシ　15,34,47
アジア　24,25,29,34
アジア内陸＝沿岸伝統　34
アシニボイン族　64,65
アシャヤカトル　145
アスカポツァルコ遺跡　26,143
アスタラン遺跡　54,56
アステカ　10,15,*18*,22,23,26,33,70,85,*85*,92,94,104,105,*109*,131,134,*137*,141,143,145,*147*,148,212
── の神々　148
── の経済　146
── の宗教　148,149
アステカ王国　87,*133*,146
アステカ語族　87
アズテック遺跡　78
アストゥリアス，ミゲル・アンヘル　10
アスペロ　173
アース・ロッジ　65,68
アタカマ砂漠　206
頭飾り　50,102,159,162,*178*
アタワルパ　204
アチラ　171
アッシュ，ジェフリー　17
アッチャ　187
アーツバーガー　64
アッパー・リプブリカン　64
アティトラン湖　141
アディーナ　48,49
アディーナ＝ホープウェル文化　50
アドヴァジオ，ジェイムズ　30
アトウォーター，ケイレブ　25
アドベ(日乾レンガ)　106,158
アトラトル(投槍器)　38,57,145
アトランティス　24
アナウサギ　68,80
アナサジ　15,36,67,68,69,*69*,70,74,75,78,*78*
アナングラ伝統　46
アニミズム　222
アパッチ族　13,65,70,74,75
アバフ・タカリク遺跡　115
アパラチア山脈　15,24,30,52
アヒル　155,172
アビレス，ペドロ・メネンデス・デ　20
アフェレアード文化　33
鐙形注口土器　181,187
アベーハス期　90
アボガド　90,93
雨乞いの儀礼　177
アマゾニア　167,178
アマゾン　13,15,18,23,153,167,170,*170*,171,*174*,177,178,185,*192*,221

アマゾン盆地　154,*154*,*157*,167,171,*174*,180
アマダス，フィリップ　21
アマランサス　90,*146*
網　177,*210*
雨　162
『アメリカ考古学史』　26
アメリカ古極北伝統　34
アメリカ独立戦争　24
アメリカヘラジカ　38
アヤクーチョ　31,33,182,*187*,189
アラウカーノ族　23,206
「嵐の空」　116
アラスカ　15,24,25,28,*28*,31,33,34,*38*,42,43,81,82
アラバホー　65
アラバマ州　55,*55*,59
アラミーノス，アントニオ・デ　19
アラワク　*157*,160,161,*161*,162,167
アリカ　206
アリーカラ族　65
アリゾナ州　31,36,69,*69*,70,71,74,*74*,79
アリソン・カピーナ文化　52
アリューシャン伝統　46
アリューシャン列島　46
アリュート　13,15,34,46,*46*,210
アリュート語族　46
アルカルフ族　206
アルゴンキアン語族　42,*61*
アルゴンキアン・リトワン語族　42
アルゼンチン　*157*,168,191,197,201,206
アルダン川　34
アルティプラーノ　153,154,189,206
アルト・デ・ロス・イードロス　*167*
アルト・ラミーレス文化　206
アルパカ　33,*153*,155,178,189,204
アルバータ州　65
アルバラード，ペドロ・デ　141,*141*
アルプスイワナ　34
アルマグロ，ディエゴ・デ　22
アレグザンデル，ハーバート　30
アレクサンデルVI世　18
アレヤー，トリスタン・デ・ルナ・イ　20
アワビ　81
アンコン　173,178,*192*
アンティル諸島　153,160,161,*161*,163,167,*174*
アンデス　15,*17*,*18*,34,133,153,*157*,158,159,*159*,*162*,167,168,*170*,174,177,178,181,*187*,188,189,*192*,204,220,*221*
アンデス山脈　15,23,29,153,154,167,177,201,206
アントファガスタ　206

イ

イアリ　61
家　*162*
イエズス会　10,20,23
イエローストーン　*36*,52,64
イカ　181,*192*
イカ谷　194
イカ様式　*192*
いかだ　162,171,172,*190*,194
イギリス　18
イギリス人　19
イグアナ　160
イグルー　47,*210*
「ウサギ神」　118
牛　24
生贄　108,116,120,121,*132*,133,145,*145*,149,*149*,158
「生贄の泉」　*137*
イサパ　101,*114*,*114*,115
イサベル　18
石　198
石臼　81,93,*221*
石斧　70,171
石杵　81
石細工　197
石鉢　81
イシムチェー　*141*
イーストセントルイス市　56
泉　158

イダルゴ州　135
イツァー族　136,*141*
イツァムナー　119
イツコアトル　143
移動農耕　60,65,88,124
移動焼畑農耕　114,*127*
イードゥン式　33
イトラン　88
移入交雑　91
イヌ　47,100,104,*140*,155,*210*
イヌスト　15
犬ぞり　*209*,210
イビュータック　47
イリノイ州　50,52,53,56,57,62
入墨　50
イロクォイ諸族　60,*61*
イロクォイ族　10,*60*
イロクォイ同盟　61
イロクォイ連合　62
岩　158
岩絵　81,162,205
イワツィオ　143
インカ　10,15,18,*18*,22,23,*157*,*157*,158,168,173,178,*187*,189,*192*,194,196,198,*198*,199,200,*200*,201,204,220,221,222,223
インカ，ビラコチャ　*196*
インカヌー　34
イングスタ，ヘルゲ　17
イングラム，デイヴィッド　20
インコ　223
『インディアスの破壊についての簡潔な報告』　22
インディアナ州　49,52,62
インティワシ洞穴　206
インデペンダンス文化　47
インド　18
インド人　25
インドネシア　18
インド＝ヨーロッパ語族　13
インフルエンザ　21
インペリアル・マンモス　31

ヴァイキング　17
ヴァヴィロフ，N・I　89
ヴァージニア州　25,29,*208*
ヴァージン諸島　160
ヴァーデ(ベルデ)河谷　69,70,79
ヴァーモント州　50
ウィスコンシン州　54,55,57,62,64
ウィスコンシン氷河　*28*,33
ウィスコンシン氷期　28,31,34
ウィチトー族　65
ウィツィロポチトリ→太陽神
ウィーデン島伝統　57
ヴィード＝ノイヴィード，マクシミリアン王子　217
ウィルカーソン，ジェフリー　90
ウィルスン・ビュート洞穴　30,33
ウィレー，ゴードン　26
ウィンドウォード諸島　161
ヴィンランド　17
ヴェイラント，ジョージ　109
ウエッツィンコ　145
ウェストヴァージニア州　49,*50*
ヴェラツァーノ，ジョヴァンニ・ダ　19
ウェールズ人　24
ウェンロ　61
(ウクブ)・フンアフプー　138
ウサギ　89
「ウサギ神」　118
ウシュマル　127,128,*129*
雨神　88,114,*141*,*142*
雨神(チャク)　127,136
雨神(トラロック)　109,*132*,136,149,150
ウスマシンタ川　88,121
ウスルタン式土器　115
ウタトラン　*141*
腕輪　70
ウパノ川　13
ウマ(馬)　15,24,29,30,33,34,45,

46,62,*62*,63,65,68,89,206,216
海ガメ　100
ウミヤック　48
羽毛細工　182
「羽毛の貝の神殿」　*107*
羽毛の蛇(ケツァルコアトル)　96,102,106,109,*129*,131,134,135,*135*,*137*,149
「羽毛の蛇の神殿」　*141*
ヴュルム氷河　28
ウラバー湾　165
ウリ　90
ウーリー・マンモス　31
ウルバンバ川　*198*
ウーレ，マックス　26,188

エイリック　17
エイリックソン，レイヴ　17
疫病　13,21,22,45,58,60,*60*,62,208,*208*
エクアドル　*13*,15,93,133,153,*157*,158,*162*,163,166,*166*,168,170,171,172,178,*187*,197,204
エスキモー　13,*13*,15,17,29,*29*,33,34,46,*46*,65,*209*,210,*211*
エスキモー・アリュート語族　42,45
エステバン　15
エスパニョーラ島　*18*,21,160,*160*,161,*161*
エスベーホ，アントニオ・デ　21
エスメラルダス州　172
エダツノレイヨウ　30,33,62,68
エマリーヴィル　26
エメラルド　166
エメラルド・マウンド　60,*60*
絵文字　*157*
絵文書　25,118,141
エル・アルボリーヨ　94
エル・インガ遺跡　171
エル・カヘニオ谷　*185*
エルサルバドル　93,*115*,163
エルズミーア島　17
エル・タヒン遺跡　*108*,110,*110*,*111*,112
エル・ドラード　165,166
エル・ニーニョ　155
エル・パウール遺跡　115
エル・パライソ　175
エル・ブルガトリオ　194
エル・ミラドール　114,*115*
エル・リエゴ期　90
園耕　69
エンコミエンダ　22,23
エンジェル　56
「円柱の広間」　*143*
「円柱の館」　*111*
円筒形墳墓　172

オアハカ　86,90,93,109,141,*142*
オアハカ市　102
オアハカ盆地　88,91,92,102,113,143
「老いた大地の神」　114
「老いた火の神」　110
オイルランプ　46,81
押圧剥離技法　33
王位の継承　124
黄金　158,161,163,*164*,*165*,166,168,*169*,178
オウム　183
(オオカミ殺し」　210
オオギワシ　96,*168*
「オオギワシの神」　96,*97*
オオナマケモノ　29,33
オーカー　50
オカリナ　159
オクカヘ　181,182
オクラホマ州　58
オコス文化　92,93
オーシャン湾伝統　46
オシュトティトラン　101
オシロイヤギ　82
オジロジカ　62

オーストラリア・アボリジニ　29
オーセイジ　65
オーゼット遺跡　82
オチューズ　20
オートー　65
オトミ語族　134
オトミ族　145
踊り　162,223
「踊る人」　102
オーナイダ　61
オナ族　13,206
オナンダーガ　61
オニオータ文化　54,60,61,65
オニオン・ポーテイジ遺跡　34,46
オニャーテ，フワン・デ　21
斧　50
オハイオ川　24,28,30,49,59
オハイオ州　25,30,*48*,49,50,*50*,52,*52*,53,64
オマハ　65
錘　*41*
オリノコ川　15,18,154,162,163,171
織物　10,50,58,82,*130*,*157*,158,159,*159*,161,171,177,181,182,*187*,*192*,194,204,205,*205*,206,220,221
オリンピック半島　82
オルセン＝チャボック　33
オールド・クロー遺跡　30,46
オルメカ　10,24,26,86,88,91,92,93,94,95,96,*96*,98,101,108,110,114,*115*,119,124,149
オルメカ人　102
オルメカの竜　*97*,102
オレゴン州　67,*68*
オレゴン・ペヌーティアン　82
オレゴン・ペヌーティアン語族　43
オンタリオ州　52
オンデガルド，ポーロ・デ　197

カ 行

貝　158
カイェホン・デ・ワイラス　154,173,177,187,*192*
ガイ，カルロ　102
塊茎類　177
貝製装身具　70
貝塚　26,155,162,163,171,178
カイマン　96,155
海洋文化　46
カウカ川　166
カエル　52
家屋　70
カカオ豆　114,121,132,*132*
カカシュトラ　105,131
鏡　94,100,*192*
核石器　46
拡大ミドル・ミズーリ伝統　64
「核」地域　15
カクチケル族　*141*
『カクチケル年代記』　*141*
加撃剥離　33,163
かご　91
カサ・グランデ遺跡　70
カサス・グランデス　70,88,134
カサス，ラス　22,23
カシーケ　22
ガジナッツ文化　187
数　118
ガスカ，ペドロ・デ・ラ　22
カスケード山脈　68
カスマ谷　177
風　161
火星　120
カソ，アルフォンソ　112
火葬　70
カソンシ　143
カタクチイワシ　177
カタツムリ　178
カタマルカ県　205
カチェマック伝統　47
家畜　178
カチーナ　212,*212*,214,215
楽器　167
カトリナイト　52

索　引

カナダ　20,30,31,41,43,46,*46*,75,81
カナリーニョ文化　81
カーナワーグ　*60*
カニェーテ谷　194
カヌー　18,61,80,81,110,141,160,*161*,162,167
カヌー・インディオ　206
カーネギー研究所　26
カバー遺跡　127,*127*
カバック,マンコ　*196*,198,200
カバック,ワイナ　23,*196*
カハマルカ　157,158,177,204
カハマルカ地方　194
カバヨ・ムエルト遺跡　175,177,*177*
兜　166
かぶり物　159
カブリーリョ,フワン・ロドリゲス　20,21
貨幣　114
カベサ・ラルガ　181
カベルナス　181
カホキア遺跡　15,55,*56*,59
カホキア川　56
カボチャ　15,48,57,60,85,89,90,94,154,160,206
カボット,ジョン　18
カボット,セバスチャン　19
カマス　50
神　158,161
ガミオ,マヌエル　26
カミナルフユー遺跡　93,113,114,*114*,115,116,136
カムチャッカ半島　34
仮面　10,82,*107*,123,128,*129*,160,*162*,166,*169*,188,*206*,212,*212*,218,*218*,*219*,223
「仮面の宮殿」　127
カヤック　48,*209*,210
ガラガイ　177
がらがら　159,167,*218*
カラーケス湾　172
カラサヤ　*190*
カラーヤ文化　*172*
ガリステオ盆地　26
ガリナ,ウォルトン　90
カリブー　30,31,34,38
カリフォルニア州　21,67,68,79,80,81
カリフォルニア大学　26
カリフォルニア(文化)領域　42,79,*81*
カリフォルニア湾　70
カリブ海　21,22,208
カリブ語　167
カリブ族　*161*,162
カリブ文化　160
カリマ地方　166
ガリンド　188
ガルヴェストン　20
カルキ文化　171
カルチエ,ジャック　20
カルチ文化　171
カルプリ　145,149
カルメカク　149
カロリーヌ砦　20
カワチ　182
寛衣　159,191,204
岩蔭遺跡　33
灌漑　59,70,88,157,178,182,189,194
灌漑農耕　104,154,160,205
環カリブ海諸族　162,163
環カリブ地域　157
環境　13,15
カンザスシティー・ホープウェリアン文化　64
カンザス州　64,*64*
かんじき　47
カン・シュル2世　122
カンセル,ルイス・デ　20
カンソー　65
カンデラリア文化　205
間氷期　28
カンペチェ州　127
ガンボア,ペドロ・サルミエントデ　200
冠　159,166

ギアナ　162
キーヴァ　71,74,*74*,79,212,*212*,*213*
気温変動　41
キクイモ　48
気候　37,*84*,154
儀式　212
「儀杖」　127
犠牲　205

犠牲と雨の神　140
貴族　124,145
『北アメリカ・インディアン・ハンドブック』　42
キダー,アルフレッド・V　115
キチェー族　*109*,138,141,*141*
唇飾り　81
屈葬　55,159
喫煙　81
喫煙儀礼　50
キツツキ　81
キティマット　*219*
ギディンズ,ルイス　34
キト　171,201
クマ　52,55
キノア　206
きのこ　113
キーブ　*157*,197
キホス川　170
キー・マーコ遺跡　55
キャザーウッド,フレデリック　24,26,*125*,*125*,128
キャッサバ　10,161
キャドーアン族　58
キャドーアン・ミシシッピアン文化　65
キャトリン,ジョージ　*216*,*217*
キャニオン・ドゥ・シェイ　74
球戯　85,100,103,108,*108*,*109*,112,*132*,*132*,138,162
球戯場　70,85,104,108,*108*,*109*,111,115,124,125,132,134,*135*,137,*137*
球形壺　187
旧約聖書　24
キューバ　18
キューバ島　160,161,*161*
キュラソー島　160
ギュンベルヘン　17
教会　24
供犠→くぎ
玉髄　50,64
極北小型道具伝統　46
極北領域　43,46
鋸歯状剝片　30
巨石人頭像　*95*,96,100,101
魚尾形尖頭器　31,33,*33*
漁民　177
漁労　34,160,162,172,173,177,187,206
きり　*33*,50
キリグワー　124
キリスト教　222
キルトスカート　159
ギルバート,ハンフリー　21
キルヒホフ,ポール　85
儀礼　50,52,59,60,72,85,94,100,104,*106*,112,*119*,120,*123*,137,149,158,159,161,164,173,177,179,184,187,188,192,194,195,197,198,*198*,200,201,205,206,*206*,212,218,*218*,221
金　50,133,*162*,165,166,*169*,172,187,*188*,194,*196*,200,205
銀　50,167,168,*168*,172,187,194,196,*209*,205
キング,エドワード　24
金星　120,*120*,*135*,149,158
金星暦　120
金属器　26
金属細工　171,172,187,194,*196*,205
金属製品　137,165
キンバヤ族　166
キンバヤ文化　158

グアイミ族　162
クアウティトラン　146
グアテマラ　24,31,87,88,91,93,97,100,101,110,114,*114*,121,132,134,139,147
グアテマラ高地　93,113,114
クアドロス文化　93
グアナカステ　31,164
グアノ　21,*175*,204,206
グアナハニ　18
グアノ　154,*181*
グアヤキル　*162*
グアヤキル湾　171,172
グアヤス川　172
グアヤボ・デ・トゥリアルバ　165
後期石期　34
工芸職人　124,194
工芸品　59,158,159,*177*,178
高原台地(アルティプラーノ)　88
交叉した手　177
更新世　28,30,33,36,89
後帯機　130,204,205,221
コウモリ　168
香炉　94,*107*,116,*116*,136,141,142

クサントソマ　171
クジラ　15,34
クズウコン　171
クスコ　22,23,154,157,*192*,194,198,*199*,200,*200*,201,221
クスメル島　141
クスコ族　*138*,141,*141*
クバグワ島　162
クーパー・ホープウェリアン文化　64
首飾り　50,*113*
クマ　52,55
「蜘蛛の女神」　104
腰布　159
クラカ　22
クラマス湖　*50*
クラマス族　68
クラマス=モドック族　68
クラレ毒　167
クラン　50,61,71,82
グランド・バンク　19
クリ　89
クリカボチャ　90
グリハルバ盆地　93
グリフィン,ギレット　102
くり舟　81,167
クリフ・パレス　74,*75*
グリーンランド　17,19,43,46,*46*
グリーンランド・エスキモー　211
クルーザンスターン岬　47
グルジュ,ドミニク・ド　20
クルワカン　143
クレイグ・マウンド　58
クレイブール式　33
グレイバー　30
グレーシャル・ケーム文化複合　49
グレートソルト湖　40,67
グレートプレーンズ　29,33,*33*,42,52,62,*62*,63,*64*,215
グレートベースン　21,41,67,67,68
グレートベースン文化領域　42
クレブラス　178
巨石人頭像　*95*,96,100,101
「黒い伝説」　22
クロー・インディアン　13
クローヴィス　28,*29*,30,31,*33*
クローヴィス尖頭器　31,33
クロー川　64
クロー族　65

芸術　187
K神　121
形成期　26,90
ケイユーガ　61
毛皮交易　61
夏至　67
ケチュア語　157,181,197
ケチュアラ語族　157
ケツァルコアトル→羽毛の蛇
ケツァルコアトル神殿　106
ケツァルババロトル(「羽毛の蝶」)宮殿　110
結核　60
結社　218
ケープ　159
ケブラーダ・デ・ウマワカ　192
ケベック　20
ゲレロ州　88,101,*102*,223
幻覚剤　158,*158*,192
言語　13,42,*42*,45,87,157
現生人類　28
ケンタッキー州　49,*59*
原マヤ・イサパ文化　110
原マヤ文化　101

コアツァコアルコス川　100
コアトリクエ(「蛇のスカート」)　148
香　166,222
交易　15,18,19,21,26,41,49,50,52,61,62,65,70,78,79,80,82,88,93,94,102,*104*,109,113,131,134,141,146,152,160,163,166,171,189,192,194,210
交換　40,79,177,187,208
後期石期　34
工芸職人　124,194
工芸品　59,158,159,*177*,178
高原台地(アルティプラーノ)　88
交叉した手　177
更新世　28,30,33,36,89
後帯機　130,204,205,221
コウモリ　168
香炉　94,*107*,116,*116*,136,141,142

コカ　10,171,187,*188*,222
——の儀礼　166,187,189
——の葉　158
コカ川　170
古期　36,90
古期インディアン　38
コギ族　166
コキンボ　206
黒曜石　50,52,64,94,*94*,100,104,115,121,145
黒曜石水和法　69
ココヤムイモ　93
コシュカトラン期　90
コシュカトラン洞穴　91
コスタリカ　31,87,102,110,134,153,157,158,162,163,*163*
コスビ絵文書　147
コスメル島　141
五大湖地方　15
古地磁気法　69
国家　59,62,65,80,177
骨角器　178
コッド岬　17
コツマルワパ　132,*132*
コディヤック島　47
古典期ランバイェケ　194
コトシュ遺跡　177,178,180
木葉形尖頭器　33,34
コバルビアス　102
コバルビアス　102
コバン　124,125,*125*,137
コピーハ　206
護符　81
コブック川　34
コブック文化　34
古捕鯨文化　47
コマンチ　65
ゴム　167
小麦　24
ゴメス,エスタバン　19
コヨーテ　135
コヨルシャウキ　148
コリマ州　103,*103*
コルディエラ山系　153,166
コルディエラ氷床　28,29,30,31,34,*42*
コルテス,エルナン　19,69,141,145,*145*,146,150
コルテ=レアル,エアネス　20
コルテ=レアル,ガスパル　19
コルテ=レアル,ミゲル　19
コレピドール　22
コロナス,ペドロ・デ　20
コロナード,フランシスコ・バスケス・デ　19,20
コロラド川　79
コロラド州　31,64,69,71,74
コロンビア　15,153,157,158,162,163,*166*,166,167,168,169,171,172,178,187,201
コロンビア川　68,81,*81*
コロンブス,クリストファー　10,15,17,17,18,18,24,141,160,*160*,161,*161*,221
根茎類　154,166,171,189
根栽農耕　163,171
ゴンサーレス,ビンセンテ　21
コンチャス文化　93
コンチョパタ遺跡　189,*189*
コンドル　168,*168*
コンドルワシ文化　205

サ 行

サアグン,ベルナルディーノ・デ　143
サイオータ川　52
彩色土器　59,205
祭祀センター　78,100,*106*,110,111,112,113,117,122,157,158,164,*175*,177,180,182,187
採集　160,172
細石刃　30,34,46
栽培　34
栽培生態系　48
サイール　127
サウスカロライナ　19
サウスダコタ州　64
サガ　17
サーカック　46
サカテンコ　94
サカレウ　141,*141*

サスケハナック　61
サーチラ　142
サツマイモ　160,163,171
サハプティン語系　68
サブライズ湾　68
サブロフ,ジェレミィ　26
サーペント・マウンド　48
サポテカ　88,93,102,*102*,109,112,113,142,*142*,143
サボテン　88,158
サメ　50,96
「鮫の神」　*97*
サ,メンデ　23
サーモン遺跡　78
サラード　70
サリナール文化　187
サル　*138*,*185*,*223*
「サル神」　*122*
サルアグスティン　20,166,167,*167*
サンアグスティン　20,166,167,*167*
サンサルバドル　18,160,*161*
サンセット・クレーター　70
サンタエレナ　20
サンタエレーナ半島　171
サンタ川　154,158
サンダース,ウィリアム　104,116
サンタ谷　177,187
サンタマリーア文化　205
サンタルイサ　90
サンタ・ルシア・コツマルワパ　132
サン・ダンス　65
サンチョ,ペドロ　200
サンティアゴ　201
サントドミンゴ　161
サンフランシスコ湾　26
サンフワン　21
サンフワン川　78,104
サン・ペドロ　158
サン・ペドロ・デ・アタカマ　192
サン・ホセ期　94
サン・ホセ・モゴーテ　94
サンマテオ　20
サンマルコス洞穴　90
サンミゲル・デ・グァルダペ　19
サン・ロレンソ　94,*95*,*97*
サン・ロレンソ期　93,100
サン・ロレンソ・テノチティトラン　100

シェイクスピア　20
シェ期　93
シェサ・デ・レオン　173,*190*
ジェシー・ジェニングス　33
シェトランド諸島　17
シェトロ・ケートル　78
ジェファスン,トマス　24,*25*
シエラ・ネバダ・デ・サンタ・マルタ山系　165
シエラマドレ山脈　84,134
塩　131,172
シカ　38,68,89,94
シカランコ　141,146
シカン　168,*169*,171,194
シクトリ火山　94
「死者の大通り」　104,106,*106*,112
刺繡　181,*181*,182,204,205
七面鳥　223
シティオ・コンテ　165
シナグア　69,70,79
シヌー　166
シヌー川　166
シヌー族　166
ジネズミ　33
「死の神」　110,140
シバブ　71
シバルバー　138
「四分割された世界」　197,221
シベ・トテク　*133*,149
シベリア　24,25,28,34,46
シボニー族　*161*,162
シーメンズ,アルフレッド　113
シャイアン　45,65
ジャイアントバイソン　89
ジャガー　96,100,*107*,*118*,124,135,*135*,*137*,138,*162*,163,*164*,178,179,223
社会人類学　26
社会組織　40
ジャガイモ　10,154,172,187,205
ジャガー神　114,140
「ジャガー神殿」　87,*137*
ジャガー=人間　96,*97*,101,110
ジャコウウシ　34
シャコト　177,178
ジャックウサギ　33,89
ジャマイカ島　160

索　引

シャマニズム　25, 104, *208*
シャマン　50, *73*, *97*, *103*, 159, 162, *218*, 221
シャルルファート　20
シャルルブール・ロワイヤル　20
ジャレディット族　24
シャンブラン　19
宗教　15, 157, 158, 187, 191
宗教儀礼　157, 192
宗教センター　178
宗教的習合　222
習合現象　212
「十字架の神殿」　122, *122*, 124
集落　65
首級縮小　170
首級崇拝　170
首長　22, 157, 159, 161, 162, 166, 170, 194
首長制　15, 62, 70, 182
首長制社会　59, 60, 65, 70, 157, 158, 162, 177, 205
ジュノー市　42
樹皮紙　25
樹皮布　167
狩猟　160, 172, 173, 206, 208
循環暦　102, 118, *119*, *120*
殉死　56
ジョアン2世　18
小アンティル諸島　160, 162
象形土器　57
象形マウンド伝統　57
象形文字　85, 102, 109, *157*
「城塞」　*137*
小ダイアメッド島　29
食人　100, 162, 170
植生　*152*
植物と収穫の神　*133*
ショコノチコ　*147*
ジョージア海峡　81
ジョージア州　58
ショーショーニ族　65, 68, 75
ショチカルコ　85, *105*, *109*, 131, 134, *135*
ショチミルコ　109, 146
ショチミルコ湖　145
織機　177
ジョンソン, アンドリュー　209
シワコアトル　146
シワテテオ　113
シンカ=レンカ語族　87
神宮　119, 149, 158, 159
人口　13, 15, *17*, 21, 22, *45*, 60, 62, 78, 90, 100, 104, 114, 124, 145
真珠　24
人種　13
人身供犠　85, 111, 112, *119*, 124, *135*, *137*, 148, 158, 162, 195
身体彩色　*221*
『新大陸自然文化史』　24
神殿　55, 59, 85, 91, 93, 94, 102, 114, 124, 125, 158, 179
伸展葬　159
神殿ピラミッド　116, 127, 135
神殿マウンド　57
「神殿文字の階段」　*125*
神話　82, *101*, *133*, *148*, 171, 187, 194, *198*, 206, 215

水晶　158
水星　120
水路　158
スウェイジー文化　93
崇拝
　　戦勝首級の——　*182*
　　空や火山や山々に対する——　*173*
頭蓋穿孔手術　181
頭蓋変形　167, 181
スクコ　*223*
スクレイパー　33
スクレリング　17
スクワイヤー, E・G　26
スー語　65
スー語族　60
スコッツブラッフ式　33
スターク, バーバラ　110
スタダコネ　20
スターリング, マシュー　110
スティーヴンズ, ジョン・ロイド　24, 26, 125
ストリキニーネ　10
ズーニ語　45
ズーニ・プエブロ族　71, *215*
スネーク結社　212
スネーク・タウン　69, 70
スパイロー遺跡　58
スペイン人　13, 163
スポンディルス　171

スミス, ジェイスン　34
スミス, ジョウゼフ・ジュニア　24
スミソニアン研究所　26
スモーキー・ヒル　64
スラント　64

セイウチ　47, *210*
生態学　26
青銅　10, 133, *168*, 197, 205, *206*
聖なる石　198
成年式　212
セイリッシュ系言語　68
セイリッシュ語　82
石偶　171
石刃　30, 46
石造建築　158
石彫　158, 171
石碑　*114*, 118
石器　26, 29, 30, 46, 178
石器時代　30
セニカ　61
セブールベダ, フワン・ヒネス・デ　22
セミ　161
セルバス・オクシデンターレス(西方密林)　205
セルバ地方　192
セレベス島　25
セロ・ウニタス　185
セロ・コロラド　181, *182*
セロ・シンテペック　95
セロ・セチン遺跡　158, *175*, 178, *179*
セロ・デ・ラス・メサス遺跡　110, *114*
セロ・ブランコ　187
セロ・マンゴーテ　163
前インカ期　*172*
前期石期　30
前期リマ　187
先古典期　*133*
「戦士の神殿」　*137*, *137*
戦士の女神　113
戦勝首級　58, 59, *59*, 65, 158, *163*, 167, *179*, 181, *183*, 188, *191*
占星術　118, *120*, 124
戦争　158, 162
戦争の神(ウィツィロポチトリ)　*150*
先チャビン期　178, *180*
尖頭器　34, 81, 109, 163
先土器時代　173
先土器文化　206
セントジョンズ川　20
先ドーセット　46
セントルイス市　64
セントローレンス・イロクォイ　61
「千人の戦士の庭」　*137*
層位法　26
象眼　*162*, *168*
葬式　162
槍状尖頭器　30, *33*
槍状尖頭器伝統　*33*
創造神　119, 158, 191, 198, 206
創造神ビラコチャ　171
「総督の館」　*128*, *129*
租税　197
ソト, エルナンド・デ　19, 20
ソノラ州　69
そり　47
村落　30, *64*, 91

夕　行

大アンティル諸島　160, *161*, 162
太鼓　159, 167
「大神殿」　*149*, *150*
大ダイアメッド島　29
大地の神　*97*, 161, 166
大地の女神　222, *223*
大地の女神コアトリクエ　148
大チリキー地方　165
大ニコヤ地方　164
タイノ語　167
タイノ族　18, 21, *161*
タイノ文化　161
太陽　45, 67, 133, 143, 158, 161, 168, 197, 198, *198*, 201, 222
太陽神　148
太陽神(ウィツィロポチトリ)　148, *149*
「太陽の神殿」　122, *122*
太陽の神殿コリカンチャ　200, *200*
「太陽のピラミッド」　106, *106*, 187
「太陽の門」　158, *158*, 181, 189, *190*
タイロナ　165, 166, *168*
ダインスー　*102*

ダーウィン, チャールズ　206
タウス　215
「倒れた偶像」　*125*
タカイナモ王　194
タクーバ　*145*
ダグラス, A・E　26
タグワ・タグワ湖　206
ダコタ　64
多色土器　134, 165, 182
打製石器　50
打製両面加工　31
タタール人　24
タデ　48
タバコ　50, *53*, 158, 162, 171, 212
タバスコ州　86, 94, *98*, 131
タピア　158, 201
タブラチャカ川　173
ダブル・ディッチ　64
タマウリパス　89, *91*
タヤサル　*141*
タラウマラ　*223*
タラスカ　85, 143
タラスカ族　*143*
タラスカ語　143
タラスカ語族　87
タラマンカ族　162
ダリエン地方　165
タルタル　206
タワンティンスーユ　*196*, 197
短期計算暦　124
淡水ガメ　155
炭素14年代測定　26, 178
段畑　154
タンパ湾　20
タンプリン　220
タンボ　201
タンボ・コロラド遺跡　*196*
タンボマチャイ遺跡　198

チア　*146*
チアパス州　88, 91, 93, 101, 110, *114*, 115, 134, *147*, 220, *223*
チアパ・デ・コルソ遺跡　93, *115*
チェサピーク海峡　17
チェネス様式　127
チェロキー族　61
チカネル文化　114
チカマ　187
チカマ谷　173, *192*, 194
地上絵　184, *184*, 185
チチェン・イツァー　131, 136, *137*, *137*, *141*
チチメカ砂漠　*133*
チチメカ族　88, *134*, 143
チナンパ　85, *105*, 113, *145*, 146, *150*
チヌーカン　82
「チネスコ」様式　*103*
「血の婦人」　*139*
チマクアン　82
チムー　157, 171, 177, *192*, 194, 195
チモール　194
チャク(雨神)　*128*, *129*
チャク・モール　*135*, *137*, *137*
チャコ　15, 23, *79*, 205
チャコ・キャニオン　15, *78*, *78*
チャート　41, 50
チャビン　157, 158, *158*, *168*, 171, 178, 179, *179*, 182, 188, 189, 190
チャビン・デ・ワンタル　157, 158, *177*, 178, 179, *179*, 180, 187
チャムスカード, フランシスコ・サンチェス　21
チャルカツィンゴ　101
チャルコ湖　*145*
チャルチウイテス　134
チャルチウトリクエ　109
チャンカイ　192, *192*
チャン・チャン遺跡　*192*, 194, 195
チャン・バールム2世　122
中央アメリカ　153, 162
中央アンデス　157, 159, 173, 178
中央コルディエラ　153
中央広場　162
中央プレーンズ伝統　*64*
中間領域　*65*
チュキタンタ　175
チュクチ海　29, 34
チュディ, J・J　26
チューマッシュ族　81
チュンチュルマーヨ川　200
長期計算暦　110, 114, 118, *118*, 124
彫刻刀形石器　30

徴税　194
チョッピング・トゥール　34
チョクトー族　206
チョル語　118
チョルーラ　56, *142*
チョレーラ　171, 172
チヨン川　175
チヨン谷　194
チョンタル・マヤ語　131, *141*
チリ　22, 23, 30, 153, 157, *182*, *184*, 185, *189*, 191, *196*, 201, 204, 206
チリキ県　163, 164
チルカ　173
チルカット族　82
「盾ジャガー」　121, *121*
ダトウ市　*158*
チワワ州　69, 70
チンチェーロ市　*221*
チンチャ　181, *192*
チンチャ谷　194
チンチョーロ　206
チンリ川　36

ツァコル期　116
ツィンツンツァン　143
ツェルタル族　*141*
ツォツィル族　*141*
ツォンパントリ　*150*
月　*119*, 138, 143, 158, 161, 168
突きぎり　34
月の神　168
月の女神　*130*, 222
「月のピラミッド」　106, *106*, 110, 187, *188*
月の女神コヨルシャウキ　148, *150*
月の女神シ　194
つづれ織　*182*, 204
ツトゥヒ族　*141*
吊り橋　201
釣り針　81

ディアギッタ文化　206
ティアワナコ　158, *158*, 181, 187, 189, *189*, 190, *190*, 198, 200, 201
ティアワナコ=ワリ　157
ディーヴィ, エドワード　34
デイヴィス, E・H　26
デイヴィス海峡　17
デイヴィス, ジョン　21
ディウクタイ　34
ティエラ・デル・フエゴ　26, 154, *174*, 205, 206
ティエラ・デル・フエゴ島　10
ティカル　87, *115*, 116, 117, 124, *127*, *127*, *137*
ディキス川　164
ティティカカ湖　153, 157, 175, 189, 190, 198, 201
ディドロ　10
ディスオオカミ　29, 30
テウェルチェ族　206
テオシンテ　89, 90, 91
テオティワカン　26, 85, 86, 94, 104, *104*, 106, *107*, 110, 115, 116, *130*, 132, *134*, 135, 136, *137*
テキサス州　20, 30, 33, 34, 88
テコマテ　92, 93
デジネフ岬　29
テスカトリポカ　134, 135, *149*
テスココ　*143*, *145*
テスココ湖　94, 104, 143
デ・ソト　58
鉄　10, 17, 50, 82, 100
鉄器　218
デニケン, エリック・フォン　24
テネシー川　59
テノチティトラン　*145*, *145*, *146*, *146*, *150*, 212
テパネカ族　143
テパンティトラ宮殿　104
テベンキッチェ文化　205
手槍　33
テーヨ, J・C　181
テラコッタ像　*133*
テワカン河谷　33, 88, 89, *89*, 90, 91, 92
テワンテペック地峡　84, 87, 88, *92*, 100
天空の神　158, *168*, 191
テンジクネズミ　155, 158, 172, 178
デンジャー洞穴　40, *68*
天上の神　131
天然痘　21, 22, 62
デンバー自然史博物館　31

トウ　177
銅　24, 53, 58, 64, 70, 82, 133, 161, 167, 168, *168*, 171, 172, 187, *188*, 205, *210*
トウガラシ　15, 85, 89, 94, 154, 158, 160, 171, 172, 187, 206
トゥクマン県　205
道化　212
洞穴絵画　*101*, 102
トゥージグート遺跡　70
投射用尖頭器　29, 30, 34, 68, 70
トゥシュトラ山地　94, *95*, 100, *101*, 110, 113
投石器　198
投槍器　38, 162, 167, *183*, 206
トゥティシュカニョ　171
トゥパック, サイリ　23
トゥピ=グァラニー系諸族　23
トゥピナンバ族　10, 23
東部亜極北文化領域　42
東部ウッドランド　42, *45*, 48, *48*, 52, 55, 58, 59, 62
トウマコ　167, *171*
トウモロコシ　10, 15, 48, 57, 60, 65, 71, 85, 89, *89*, 90, *90*, 93, 100, 104, 134, *146*, 153, 154, 160, 162, 163, *163*, 166, 171, 172, 178, 187, 206, 212, *212*, 213, 221, 222
「トウモロコシ神」　*114*, *125*, 140
トゥーラ　*133*, 134, *134*, 135, 137, *137*, 143
トゥリアルバ　31, 163
トゥーリー・エスキモー　*46*, 211
トゥーリー文化　48
ドゥルセ川　*141*
トゥルヒーヨ市　187
トゥルマーヨ川　200
トゥルム　24, *141*
トゥンバガ　161, 166
トゥンベス　194
土器　10, 26, 47, 50, 59, 64, 65, *65*, 69, 70, *72*, 78, *79*, 81, 90, 91, 92, 93, 97, 100, 101, 104, 109, 113, 114, 115, 118, *118*, 121, 124, 134, *137*, 138, *138*, *139*, 157, 158, 159, 162, 163, 166, 171, 172, *174*, 177, 178, 178, 181, 182, *183*, 185, 187, *187*, 188, *192*, 194, 205, 206, 220
土偶　50, 91, 93, 100, 101, *102*, 103, *103*, 109, 113, 130, *130*, 160, 162, 171, *178*
トグルもリ　210
トスカネリ　18
ドーセット・エスキモー　*46*
ドーセット文化　17, 47
トーテム　96
トーテム・ポール　*82*, 82
トトナカ族　112
トナティウ　148
トナラ川　101
ドーニャ・マリーナ　149
トーマス・リッグス　64
ドミニカ　21, 160, 161
ドミニコ会　21, 23
トラコバン　*145*, *145*
トラスカラ(トラシュカラン)　131, *141*, *145*, *146*
トラティルコ　94, 101
トラテロルコ　145
トラトアニ　*145*
トラバコヤ　*97*
トラロック　116, *141*, *142*
「トラロックの天国」　104
トラン文化　134
「鳥ジャガー」　*120*, *121*
トリニダード島　160, 162, 167
トリマ文化　166, *169*
ドリル　47
トリンギット族　82
トルコ石　*78*, 134
トルストイ, ポール　25
トルテカ　10, 86, 104, 109, 131, 133, *133*, *134*, 134, 135, *137*, *137*, *141*, *142*, 143, 148
トルテカ=チチメカ族　*134*, 143
トルデシリャス条約　18
奴隷狩り　23
ドレイク, フランシス　20, 21
ドレイク湾　21
トレス・サポーテス遺跡　101, 110, *115*
『ドレスデン絵文書』　24, 25, *120*, *120*
ドングリ　79

索引

ナ 行

ナイトファイヤ島　68
ナインラブ　194
長い鼻の神　114
「長鼻の神」　131
投げ槍　33
ナコ　141
ナスカ　181,182,183,184,185,187,194,205
ナスカ川　182
ナスカ市　184
ナスカ谷　173,191
ナチェズ族　60
ナッシュヴィル　60
ナデネ・インディアン　38
ナデネ語族　42,42,75,82
ナバホ族　13,36,74,75,215
ナボ川　170
ナマケモノ　30,34
鉛土器　134
ナヤリー州　103,103
ナリーニョ文化　167,171
ナルバエス, パンフィロ・デ　19
縄　91,178
ナワ系言語　132
ナワト語　87
ナワトル語　87,109,131,135,143,149
南西部(文化)領域　42,68

ニ　194
ニエベリーア　187
ニカラグア　157,163
ニカラグア湖　164
ニコヤ半島　164
ニーサ, マルコス・デ　20
錦織　182
西シエラマドレ山脈　88
尼僧院　128,129
日月食　120
日本　34,172
ニト　141
ニーニャ号　18
「花の戦い」　145,147
ニーファイト　24
ニーマンの儀式　212
ニューアーク　50
ニュージャージー州　29,50
ニュートラル　61
ニューファンドランド島　17,21
ニューブランズウィック　20,41
ニューメキシコ州　15,21,26,31,69,71,72
ニューヨーク州　50,57
鶏　223
ヌエバ・エスパーニャ　22
布　158,204
ヌミック語　68

ネガティヴ彩色技法　59
ネグロ川　167
ネクロポリス　181
ネコ科動物　162,164,167,189
ネサワルコヨトル　145,149
ネズ・パース　65
ネズミ　33
ネバダ州　67,68,69
ネブチャ族　166
ネブラスカ州　64,64
ネペーニャ谷　187
ネルソン, ネルズ・C　26
年輪年代決定法　26,69,71

ノヴァスコシア地方　31
農耕　85,89,90,153,157,173
農耕神　158,177
ノウサギ　68
農奴　145
農民　177
ノースダコタ州　52,64,64
ノートン　47
ノバスコシア　41
ノルウェー　17

ハ 行

バイーア　23,162,172
ハイイログマ　50,62
貝貨　80
バイソン　29,31,36,46,62,65,68
ハイダ　10
ハイチ　21,160,161
パイナップル　160
ハイナ島　130,130
パイプ　50,52,59,81

パイユート　68
パイル織　205
パウエル, ジョン・ウェズリー　13
バウカルタンボ　223
ハウシ族　206
パオロ　18
ハカタヤ伝統　75
バカトナム遺跡　187
バカル王　119,122,122,123,124
バク　31
剥片石刃　124
剥片石器　30
ハゲタカ　108,187
パコ　180
バーグル海峡　206
バコーラ川　194
バジオン川　121
はしか　21
橋型双注口土器(壺)　181,182,194
バシセラナ(山間盆地)　205
バスク人　18,19
バスケット　33,68,81
バスケットメーカー期　71
バスケットメーカー文化　26
バーンズ, リー　33
パタゴニア　23,157,205,206
バタヤーン　69,69,75
バタン・グランデ遺跡　194
ハチドリ　81,185
はちみつ　131
パチャカマ遺跡　187,192
パチャクティ　196,197,200,201
パチューカ鉱山　121
白金　167
バックアロ湖　88,143
バッファロー　15,215,217
バテイ　162
バドゥーカ市　59
バード, ジュニアス　33,206
ハドソン　19
バトリ　162
鼻飾り　159,161,162,166,181
パナマ　22,31,33,90,153,157,162,163,166,174
バニステリオプシス　158
バーニーク　48
バニャマルカ　158,187
バヌコ川　88
「葉の十字架の神殿」　122
パパゴー・インディアン　69
ハーバード大学　26
ババ　160
バハマ諸島　10,18
ハフ　64
バフィン島　17
ハマ・コアケ　172
ハモンド, ノーマン　93
バラカス　159,159,178,181,182,205
バラカス湖　181
バラカス・ネクロポリス　159,181,205
バラカス半島　181
バラカス湾　182
パラグアイ　10,13,23
バラヒッパリオン・サルダシ　33
バラ文化　92
バラモンガ要塞　192
バランカンチェ　136,141
バランコイド式土器　163
針　33
バリアイケ洞穴遺跡　33,206
バリスコ州　103,103
バリータ湾　163
バリ島　20
パリドレード　22
バリレス　165
バルー火山　165
バルサ　162,171,201
バルセキーヨ　31
バルディビア　171,178
パレオ・インディアン　28,30,33,34,36,90
パレオ・インディアン文化　29,31,46,163
パレット　70
バレンケ遺跡　25,119,122,122,124
フェルズ洞穴遺跡　33,206
バーロー, R・H　146
バーロウ, アーサー　21
バンクーバー島　21
半地下式住居　46,181
半地下式神殿　190
半地下式広場　173,178,179,190,190
バンド　31,36,43,60,68,89,89,206

バンパイプ　50,159
バンバ・グランデ　189,194
ハンベリー　172
ハンモック　160,167
火　177
ピウラ谷　187,187
東シエラマドレ山脈　88
ヒカマ　171
ヒキガエル　52
碾石　81
ピキマチャイ洞穴　30
ピキヤクタ　200
ピクス　187
ピクーニャ　175,204
ピサロ, ゴンサーロ　22
ピサロ, フランシスコ　19,22,200,204
ピサロ, ペドロ　200
ビーズ　50,70,81
翡翠　10,94,97,98,100,101,110,117,123,124,131,137,163
ビスコ　181
ヒダーツァ族　64,65
ビッグ・ヒダーツァ　64
ビッグホーン山脈　65
ビッグ・マン　80
ヒツジ　68,153
ピッツバーグ　30
ビッド=リヴァース　26
人食い　162
火の神　94,149
火の神マサウウ　215
ビーバー　19,53
ヒバロ族　13
ビビル族　87,132
ビプタデニア　158,162,192
日乾レンガ　70,182,187,192,194,201,220
ピーボディ博物館　26
ビーマ・アルト・インディアン　69
ヒマワリ　48,59,60
「碑銘の神殿」　122,122,124,125
ビヤエルモーサ　98
ヒューロン　61
ヒョウ　55
表意文字　118
表音文字　118,157
氷河　26,36
氷河時代　28,43
病気　17,160
ヒョウタン　48,59,60,89,90,154,160,171,177,181,187,188,201,206
ビラコチャ　158,191
ピラミッド　15,56,60,85,91,94,98,98,110,111,114,116,122,124,125,134,135,137,143,182,187,188,192,194,195
ビリ　145
ビリャファーネ, アンヘル・デ　20
ビルー谷　187
ビンガム, ハイラム　18
ピンク・クリフ　67

ファグンデス, ジョアン　19
ファースト, ピーター　104
ファンディ島　21
ブウ　127,128,129,130,136,137,137
風土病　60
笛　159,167
フェアウェル岬　19
フエゴ人　15
フエゴ島民　206
プエブラ州　30,33,56,88,89,101,105,131,142
プエブロ　15,26,78
プエブロ・インディアン　21,70,212,215
プエブロ・グランデ　70
プエブロ・ボニート　15,78,78,79
フェルス洞穴遺跡　33,206
プエルチェ族　206
プエルト・オルミーガ　163,172,178
プエルトリコ島　160,161,161
フェレーロ, バルトロメー　20
フェロー諸島　17
フォート・エンシェント文化　54,55
フォート・コリンズ　31

フォルサム尖頭器　30,30,31,33
フォルタレッサ谷　177
ブカラ　191
副葬品　41,50,52,55,71,72,101,102,113,115,117,158,159,159,162,167,181,188,194
フクロウ　52,188
フシュトラワカ洞穴　101
フット・インディオ　206
ブトゥン族　131,141,146
「肥った神」　130
プーナ(高原台地)　205
舟　172
踏み鋤　220
ブラケメン・ミシシッピアン文化　60
ブラジル　18,23,167
ブラジル高原　15
ブラジル・ナッツ　171
プラチナ　172
ブラックウォーター・ドロー遺跡　31
ブラックフット　65
プラトー　21,42,67,68
フラナリー, ケント　90,94
ブラノ(平原)文化　31,33,33
ブリストル地方　18
プリズム形剥片石器　33
プリタカ200号遺跡　165
ブリティッシュ・コロンビア州　68,82,219
ブリー, テオドーレ・ドゥ　18,20,200
プリンスエドワードアイランド　41
プリンスバーグ　81
ブルターニュ人　19
ブル・ブルック遺跡　31
フレーザー川　68,81,81,82
フレモント　67,68,69,75
プレーリー　21
プレーリー・ホープウェリアン文化　64
ブレーンヴュー尖頭器　33
プレーンズ　21
プレーンズ・インディアン　15,24,216,217
プレーンズ・ヴィレッジ期　65
プレーンズ・ウッドランド期　65
ブレンダン　17,18
フロビッシャー, マーチン　20
フロリダ州　19,20,55,57
プロン期　90
(フン)・フンアフブー　138
墳墓　159,162
フンボルト, アレクサンダー・フォン　26
フンボルト海流　153,154

ベイアスク語　45
ヘインズ, C・ヴァンス・ジュニア　29
「壁龕の神殿」　111
碧玉　10
ヘケテベック谷　178
ペテン地方　88,93,109,114,115,116,127,127,138,139,141
ベトゥン　61
ベドフォード・マウンド　53
ベナード・ビーチ　165
ベニス・ケース　206
ベヌーティアン語族　43
ベネズエラ　15,153,158,160,162,163,166
ベネデット・ボルドネ　150
ヘビ(蛇)　50,96,102,132,137,143,162,179,183,188,191
「蛇の壁」　135
ベラクルス　86,87,88,90,94,96,97,108,110,110,111,112,112,114,124,131,132
ベラ・コーラ　219
ヘラジカ　46,62
ベラスケス, ディエゴ　19
ベラ, ブラスコ・ヌーニェス　22
ベリーズ　90,91,93,115
ベリーズ川　88
ベーリング海峡　13,24,29,30,34,47
「ベーリング伝統」　46
ベーリンジア亜大陸　30,34
ペルー　10,21,22,23,26,30,133,153,155,157,158,158,159,162,167,168,168,169,171,172,182,184,184,187,189,197,204,208,220
ペルー海流　154
ヘル・ギャップ遺跡　33
ペルー山地　33

ベルナール, イグナシオ　109
ヘルランド　17
ベレンジャー, エティエン　21
ベレン文化　205
ペンサコーラ湾　20
ペンシルヴェニア州　29,30,49
ペンダント　50,81,162,163,166,168,169,178,205
片面石器　30,31,46
ボアズ, フランツ　26
ホア, リチャード　20
ポイント・ペニンスラ伝統　57
ボヴァティ・ポイント　41,41
ホウィート, ジョー・ベン　33
放射性炭素年代(測定法)　17,26,29,30,33,34,69,91,93,98,100,163,180
豊穣の神　185
焙烙　161,163,171
ポカール, ステバン・デ　21
ホガップ洞穴　68
ホカン語族　43,79
ホーキンス, ジョン　20
北西海岸(文化)領域　42,81
北部イロクォイ諸族　61
母系クラン　212
ホコ川遺跡　82
ボコタ　154,164,166
ポコマム族　141,141
ホタル　140
ポチーカ　158
ポチテカ　70,146
ポップコーン　93
ボドマー, カール　216,217
ポトラッチ　82,82
ボナンパク　139
ポーニー族　65
骨製品　46
ポパヤン地方　166
ホピ　212,212,215
ホープウェル　26,48,49,50,52,52,54,64
ホホカム　68,69,69,70,79
『ポポル・ヴフ』　109,114,119,138,138,139,141
ボーマ, ワマン　220
ホームズ, ウィリアム・H　26
ポモ・インディアン　80,81
ポモナ遺跡　64
ボーラ　210
法螺貝　59,159,161
ボラドール　162
ホーリー, イーミル　31
ホーリス　47
ボリビア　26,153,154,158,167,189,206
掘り棒　160,220
ポルトガル　19
ボーロ, マルコ　24
ホワイト, ジョン　20
ホワイト・ハウス遺跡　36,74
ボンカ　65
ホンジュラス　18,87,125,131,141
「ポンセの石碑」　190
ポンチョ　159
ホーン岬　13

マ 行

マイアミズバーグ　50
マイクロエングレイバー　30
埋葬　25,41,50,52,64,70,159,194,195,204,205
マウンドヴィル遺跡　55,59,59
マウンド・シティー遺跡　50,53
「マウンド・ビルダー」　24
マカウイトル　145
マーカス, ジョイス　112
榴石　118,119,120,121,143
マグダレナ川　166,167
マグダレン島　21
マクニーシュ, リチャード・S　30,33,89,90,93
マクロ・チブチャ語族　157,163
マサチューセッツ州　31
マジソン　55
マーシュ・エルダー　48
マスク　113
マストドン　29,30,36,89
磨製石器　40,59,91
マゼラン I 期　33
マゼラン海峡　13,33,206
マゼラン II 期　34
マセワリ　145
マタカバン　113
マタクス遺跡　72

マチュ・ピチュ遺跡 18,*198*,201
マツ 68
マッキンリー山 *38*
マッケンジー回廊 31,34
マッドン湖 31,*163*
マデイラ川 167
マーティン,ポール 29,33
マドック伝説 24
マナグア湖 164
マナティー 155,167
マナビー海岸 173
マニオク 10,15,89,90,93,154,160, 161,163,167,171,172
マニトバ州 64
マノ(磨石) 90,100,164
マプチェ族 206
「魔法使いのピラミッド」 *129*
マム族 141,*141*
マメ(豆) 10,15,57,60,65,85,89,90, *146*,154,160,171,172,206
マモム期 93
マヤ 10,15,18,24,*24*,25,85,*85*, 87,88,91,*91*,93,102,104,*104*, *105*,109,110,113,114,*114*, *115*,116,*118*,118,*119*,120, *123*,127,*129*,133,137,149, *161*,220,222
　——の住居 *127*
　——の文字 *122*,*124*,*125*,*139*
　——の暦法 *118*
マヤパン 136,*141*
マラカス 161
マラジョー島 171
マラ谷 173
マランダー *64*
マリンチェ 149
丸木船 160
マルクランド 17
マルサス 91
マン遺跡 52
マンゲルスドルフ,ポール・C 89,93
マンタ市 173
マンダン族 24,64,65,*217*
マンチャン遺跡 *192*
マンテーニョ文化 *162*,172
マンテーニョ=ワンカビルカ 172
マント *146*,159,171,181,182,*205*, 206
マンモス 29,30,31,34,36,89

ミイラ 107,*159*,181,*181*,206,*223*
ミクトランテクトリ 109,132
ミシガン州 50,52,53
ミシシッピ川 24,26,28,41,48,56, 59,60
ミシシッピ文化 15,26,54,55,57, 59,60,62,65
ミシュコアトル 134
ミシュコ・ピエホ *141*
ミシュテカ 141,142,*142*,*143*
ミシュテカ・アルタ *142*
ミシュテカ=プエブラ様式 *142*,143
ミシュトン 22
水の神 166

水の女神 109
ミズーリ川 36,*64*,65,*217*
ミズーリ州 56
『ミチョアカン概史』 143
ミチョアカン地方 143
ミッドランド式 33
ミティマ 197
ミトラ遺跡 *142*,*143*,*143*
ミドル・ミシシッピ文化 54,55,*55*, *56*,60
ミドル・ミズーリ伝統 *64*
南アパラチア・ミシシッピアン文化 54
南カナダ文化領域 42
ミネソタ州 52,55
ミネタリー(ヒダーツァ)・インディアン 217
耳飾り 50,*159*,161,*162*,166,*178*, 181
耳輪 110
ミュールジカ 63
ミラグロ=ケベード文化 172
ミラ・フローレス期 *114*
ミルンサンド式 33
ミロドン・リスタイ 33
ミロン,ルネ 104,109
ミンブレス 71,72,*72*,73

ムー 24
ムーア,ヘンリー 10
ムイスカ族 158,*164*,*165*,166
ムース 38
胸飾り 50,*113*,166
ムラサキガイ 81

メイカン・プラトー 54
メイグラス 48
鳴笛型土器 159
鳴笛壺 182
メキシコ 19,21,22,23,24,25,26, 29,31,33,34,41,50,52,56,57, 59,69,70,*84*,85,87,90,96,100, 102,103,208,*220*,223
メキシコ国立人類学歴史学研究所 26
メキシコ中央高原 33,86,101,129
メキシコ盆地 88,91,*91*,94,97, 105,131,143,*145*,146
メキシコ湾 20,52,*84*,86,88,90,94, *104*,122
メキシコ湾岸伝統 57
メサ・ヴェルデ(メサ・ベルデ) 74,75
メサ・グランデ 70
メスキーテ 88
メスティーソ 17,23
メタテ(石臼) 90,100,*162*,*163*,164
メディソン川 *64*
メディスン・ホイール 65,*65*
メドウクロフト岩陰遺跡 30
「目の神」 *159*,181,182
メノケン *64*
メーラー,テオバート 26
メリーランド州 50
メーン州 41

モア,トマス 10
モカシン 206

木星 120
モゴヨン 69,*69*,70,72
文字の守護神 *138*
モーズレー,アルフレッド・P 26
モタグワ盆地 125
モチェ 158,173,*177*,187,*187*,188, *188*,189,194,*205*
モチーカ 157,*157*,158,168,177,181, 187,*187*,188,194
モテクソマ・イルウィカミナ 145
モテクソマ・ショコヨツィン 23,70, 134,143,145,*145*
モホーク族 *60*,61
銛 47
銛打ち器 167
モルッカ諸島 25
モルモン教 24
『モルモン教典』 125
モレーロス州 101,*109*,131
モンゴロイド 15
モンス― 172,178
モンタナ州 31
モンテ・アルバン 86,88,93,102,*102*, *104*,112,*112*,113,*113*,142, *142*,143
モンティズーマ・キャッスル遺跡 *69*, 70
モンテシーノス,アントニオ・デ 21
モンテーニュ 10
モンテ・ベルデ遺跡 30

ヤーガン族 13,206
焼畑農耕 60,124,154,167,206
冶金術 133,158,*163*,168,*168*
「焼けた宮殿」 135,*137*
ヤシ 171
ヤシュチラン 119,120,121,*121*, 124,*125*
ヤノマモ 221
山=空=水の神 *164*
山の神 *164*
ヤムイモ 93,171
槍 *210*

有溝尖頭器 31,*33*
ユカイ 23
ユカタン *84*,88,93,116,*118*,127, 128,*129*,137,141,*161*,162
『ユカタン事物記』 119
ユカテカ語 118
雪ナイフ 47
ユーコン川 29
ユーコン地方 30,46
ユタ州 40,67,67,69,71,75
ユダヤ人 24
ユート 68
ユート・アズテック語族 68,75
ユパンキ,トゥパック 196
ユーマン語 79
ユーマン族 79
弓矢 47,57,81,134,*162*

妖術師 135
ヨーク川 20

ライエル,チャールズ 26
雷神 222
ライデン碑板 116
ライト,フランク・ロイド 127
ラウス,アービング 30,34
ラ・ガルガーダ 158,173,*177*,178
ラグーナ・デ・ロス・セロス 101
ラ・ケマーダ 134
ラコーン結社 *213*
ラ・シエナガ文化 205
ラス・アルダス遺跡 175,*177*
ラス・チャルカス 93
ラス・ビクトリア遺跡 93
ラス・ベガス 171
ラス・ボカス 101
ラス・メシータス *167*
ラス・リマス 96,*96*,97
ラ・センティネーラ遺跡 *192*
ラッカセイ 154,160,171,187
ラット,ジョン 19
らっぱ 159
ラテックス 70
ラ・トリッタ文化 *162*,171,172
ラ・パス *190*,222
ラ・ピクトリア 92
ラブナー 127
ラ・プラタ島 172
ラプラドル 17,19,29,41
ラ・フロリダ 177
ラ・ベンタ 93,98,*98*,101,110
ラマ 33,*153*,155,158,178,189,201, 204,220,222
ラマナイト 24
ラ・モンターニャ 163
ランソー・メドーズ 17
ランソンの大神像 *179*
ランダ司教,ディエゴ・デ 119
ランバイェケ谷 169,171,187,189, 194
ランピトイェコ 114
ランプ 47

リーヴァイ岩蔭遺跡 30,34
リーウォード諸島 *161*,162
リオ,アントニオ・デル 25
リオグランデ谷 21
リオ・ベック様式 127
リニッジ 61,62
リパス地峡 164
リビー,ウィラード・F 26
リボー,ジャン 20
リマ 22,71,*187*,194
リマック谷 177,*187*
リュウゼツラン 88
リンディマイヤー遺跡 31

類感呪術 177
ルイジアナ州 41,57,60
類ディウクタイ伝統 34
ルソー 10

レアル・アルト 172
冷凍乾燥処理 189
レオン,フワン・ポンセ・デ 19
暦法 25,85,102,109
レクワイ文化 187
レコンキスタ 22
レチェ川 194
レッド・オーカー文化複合 49
レッド川 59
レナ川 34
レーナー・ランチ遺跡 31
レビ 24
レモハーダス文化 113
レルマ川 88
レルマ尖頭器 33

炉 158
ロアノウク 21
ロス・モルテーロス 173
ロッキー山脈 15
ロードアイランド 17
ロードニエール,ルネ・グレーヌ・ド 20
ロベルヴァル 20
ロマ・アルタ 172
ロマ・ネグラ 172
ローリー,ウォルター 21
ローレンタイド氷床 28,29,31,34
ロングハウス(複数家族用家屋) *60*

ワイオミング州 33,52,65
ワイナ・カパック 22
ワカ 158,161,173,*198*,*205*,222
ワーカシャン 82
ワカ・デ・ロス・レイエス 175,*177*, 178
ワカ・プリエタ *177*
ワカボチャ 89,90
ワカロマ 177
ワシ 52,135,*135*,*137*,143,182
ワシャクトゥン遺跡 116
ワシントン州 68,82
ワステカ語 87
ワタ *153*,154,160,171,177,*177*, 187
ワタナイ川 200
ワタビッタ湖 *164*,*165*,166
ワタリガラス 52
ワチェクサ川 179
ワニ 50,*163*
ワベ語族 87
ワマン・ポーマ・デ・アヤラ 196
「笑う神」 181
「笑う像」 113
ワリ 157,158,181,*187*,189,*189*, 192,194,200,201
ワリコト 173,*177*,180
ワリ=ティアワナコ 191,*192*,205
ワリ=ナスカ 182
ワルパ *187*,191
ワルフィン谷 192
ワルメイ谷 187,*187*
ワンガラ 172

監訳者

寺田和夫
1928年　神奈川県に生まれる
1953年　東京大学大学院
1971年　東京大学教養学部教授となる
1987年　逝去
　　（専攻　文化人類学）

訳　者

加藤泰建
1946年　東京に生まれる
1973年　東京大学大学院社会学研究科
現　在　埼玉大学教養学部教授
　　（専攻　文化人類学）

松本亮三
1951年　島根県に生まれる
1977年　東京大学大学院社会学研究科
現　在　東海大学文学部助教授
　　（専攻　文化人類学，先史学）

小池佑二
1947年　愛媛県に生まれる
1981年　東京大学大学院社会学研究科
現　在　東海大学文明研究所助教授
　　（専攻　人類学）

板橋礼子
1949年　富山県に生まれる
1973年　東京大学教養学部卒業
現　在　翻訳業
　　（専攻　文化人類学）

関　雄二
1956年　東京に生まれる
1983年　東京大学大学院社会学研究科
現　在　東京大学総合研究資料館助手
　　（専攻　新大陸先史考古学）

図説 世界文化地理大百科
古代のアメリカ（普及版）

1989年 1月25日　初　版第1刷
1997年 9月10日　　　　第3刷
2008年11月20日　普及版第1刷

監訳者　寺　田　和　夫
発行者　朝　倉　邦　造
発行所　株式会社　朝　倉　書　店
　　　　東京都新宿区新小川町6-29
　　　　郵便番号　162-8707
　　　　電話　03(3260)0141
　　　　FAX　03(3260)0180
　　　　http://www.asakura.co.jp

〈検印省略〉

© 1989〈無断複写・転載を禁ず〉　　凸版印刷・渡辺製本

Japanese translation rights arranged with EQUINOX (OXFORD) Ltd.,
Oxford, England through Tuttle-Mori Agency Inc., Tokyo

ISBN 978-4-254-16865-5　C 3325　　　　Printed in Japan

ANIAN.

Ulterius Septentrionem versus hę
regiones incognitę adhuc sunt.

SEPT

Tuchana
QVIVIRA
Quivira Sierra nevada
Cicuic
TOLM.
Axa Chucho
Teronicac fl.
Tiguas rio.
TOTO TEAC.
Tiguex Totonteac Ceuola MARATA Suala mons
Abacus flumi Granata
y. del ripa ro. P. Sardinas ASTATLAN. Guaiaual rio. TERLICHICH
Cazones iuj. Costa blanca Baia de S. Clara R. del papagaio Marata Coana
C. de cruz Astatlan Omettan R. Palmar.
insi Cedri. Culuae XALISCO Chicil Cuculo Meschiti.
Los diamantes. Perlatas ticulo HISPANIA NOVA
Baia de la C. de la C. di Chamet Petatlan Guesaco TOPIRA S. Michel
trinidad. for mia. insi. de S. Thomas Caraconi Tuta Chinas
Las dos hermanos Los bolcanes Xalisco. Colima Calchuicin Vicilla
Malabrigo La farfana Roccha La Anubi Ajatulan MECHUACAN
ARCHIPELAGO DI partida ada. Leopua Keebu
SAN LAZARO.

Restinga de ladrones
Zamal
Insi. de los corales.
Los iardines Insi. de los reys
OCCIDENS.
martyres
y de crespos
primo y. dos hombres
de mala gente blancos Circulus Aequinoctialis
210 220 230 240 250 260
La barbada
La Caimana
Los bolcanes
Calarmejo
r. des Lazo Ysola de los
NOVA GVINEA, Andre tiburones
as Corsalus Florent: videtur eū Hę duę insulę, infortunatę sunt dictę
sub nomine Terrę Piccinnacoli à Magellano, quod nec homines nec
designare. victui apta haberent.
S. Petri

AMERICAE SIVE
NOVI ORBIS, NO-
VA DESCRIPTIO.